Der Schutz unterlegener Bieter bei der Vergabe öffentlicher Aufträge nach deutschem und U.S.- amerikanischem Recht

Europäische Hochschulschriften

Publications Universitaires Européennes
European University Studies

Reihe II
Rechtswissenschaft

Série II Series II
Droit
Law

Bd./Vol. 3743

PETER LANG
Frankfurt am Main · Berlin · Bern · Bruxelles · New York · Oxford · Wien

Till M. Achenbach

Der Schutz unterlegener Bieter bei der Vergabe öffentlicher Aufträge nach deutschem und U.S.- amerikanischem Recht

PETER LANG
Europäischer Verlag der Wissenschaften

Bibliografische Information Der Deutschen Bibliothek
Die Deutsche Bibliothek verzeichnet diese Publikation in der Deutschen Nationalbibliografie; detaillierte bibliografische Daten sind im Internet über <http://dnb.ddb.de> abrufbar.

Zugl.: Jena, Univ., Diss., 2002

27
ISSN 0531-7312
ISBN 3-631-51247-3

www.peterlang.de

Vorwort

Die vorliegende Arbeit wurde im Sommersemester 2002 von der rechtswissenschaftlichen Fakultät der Friedrich-Schiller-Universität Jena zur Dissertation angenommen.

Mein aufrichtiger Dank gilt meinem Doktorvater, Professor Dr. Peter M. Huber, der nicht nur das Thema anregte, sondern die Bearbeitung jederzeit mit wertvollen Anregungen unterstützte.

Professor Dr. Karl M. Meessen danke ich für die zügige Erstellung des Zweitgutachtens. Ihm gilt auch Dank als Initiator und Sprecher des Jenenser Graduiertenkollegs: „Möglichkeiten öffentlich-rechtlicher und privatrechtlicher Steuerung im Europäischen und Internationalen Wirtschaftsrecht", dessen Teilnehmer ich zwei Jahre lang sein durfte. Während dieser Zeit entstand, von der Deutschen Forschungsgemeinschaft mit einem Promotionsstipendium gefördert, diese Abhandlung.

Meine Freundin, Ramona Schardt, hat das Manuskript Korrektur gelesen und mir jederzeit moralisch beigestanden. Ihr fühle ich mich besonders verbunden.

Die Arbeit ist meinen Eltern gewidmet.

Frankfurt am Main, im Frühjahr 2003 — Till M. Achenbach

Inhaltsübersicht

Inhaltsverzeichnis

1. Teil: Einführung

A. Die Entwicklung bis zum Vergaberechtsänderungsgesetz

Das am 1. Januar 1999 in Deutschland in Kraft getretene Vergaberechtsänderungsgesetz[1] bindet das Recht der öffentlichen Aufträge in das Wettbewerbsrecht[2] ein. Mittels dieser Kodifizierung implementierte der deutsche Gesetzgeber die europarechtlichen Anforderungen an das legislative Umfeld staatlicher Beschaffungstätigkeit. Das Vergabeverfahren[3] wurde nach den Vorgaben der EG-Koordinierungsrichtlinien[4] gestaltet; zur Überprüfung der Rechtmäßigkeit staatlicher Auftragsvergaben kann in Übereinstimmung mit den EG-Rechtsmittelrichtlinien[5] eine Nachprüfung vor verwaltungsinternen Vergabekammern eingeleitet und gegen deren Entscheidungen Beschwerde zu den Vergabesenaten der Oberlandesgerichte[6] erhoben werden. Die „Magna Charta"[7] des deutschen Vergaberechts bildet § 97 Abs. 7 GWB. Danach haben die Unternehmen nunmehr gegenüber den öffentlichen Auftraggebern einen Anspruch auf die Einhaltung der Vorschriften über das Vergabeverfahren. Das Vergaberechtsänderungsgesetz stellt den derzeitigen Endpunkt einer überaus kontroversen Entwicklung der gesetzlichen Grundlagen staatlichen Einkaufs dar. Die explizite Gewährung eines subjektiven Rechts gegenüber der einkaufenden öffentlichen Hand unterscheidet das neue Vergaberecht ganz erheblich von seinen Vorgängern. Das öffentliche Auftragswesen fand seine Regelung traditionell aus-

---

1 Vergaberechtsänderungsgesetz vom 26.08.1998 (BGBl. I 1998 S. 2546 ff.); im Folgenden VgRÄG.

2 §§ 97 ff. GWB (Gesetz gegen Wettbewerbsbeschränkungen in der Fassung der Bekanntmachung vom 26.08.1998, BGBl. I 1998 S. 2546 ff.).

3 §§ 97 ff. GWB – Erster Abschnitt – Vergabeverfahren.

4 Baukoordinierungsrichtlinie RL 93/37/EWG vom 14.06.1993, ABl. EG Nr. L 199/54 vom 09.08.1993 (im Folgenden BKR); Lieferkoordinierungsrichtlinie RL 93/36 EWG vom 14.06.1993, ABl. EG Nr. L 199/1 vom 09.08.1993 (im Folgenden LKR); Dienstleistungskoordinierungsrichtlinie RL 92/50 EWG vom 18.06.1992, ABl. EG Nr. L 209/1 vom 24.07.1992 (im Folgenden DKR); Sektorenkoordinierungsrichtlinie RL 93/38/EWG vom 14.06.1993, ABl. EG Nr. L 199/84 vom 09.08.1993 (im Folgenden SKR).

5 RL 89/665/EWG des Rates vom 21.12.1989 zur Koordinierung der Rechts- und Verwaltungsvorschriften für die Anwendung der Nachprüfungsverfahren im Rahmen der Vergabe öffentlicher Liefer- und Bauaufträge, ABl. Nr. L 395/33 vom 30.12.1989; erweitert auf Dienstleistungsaufträge durch Art. 41 DKR (im Folgenden RMR); RL 92/13/EWG des Rates vom 25.02.1992 zur Koordinierung der Rechts- und Verwaltungsvorschriften für die Anwendung der Gemeinschaftsvorschriften über die Auftragsvergabe durch die Auftraggeber im Bereich der Wasser-, Energie- und Verkehrsversorgung sowie im Telekommunikationssektor, ABl. Nr. L 76/14 vom 23.03.1992 (im Folgenden SRMR).

6 §§ 102 ff. – Zweiter Abschnitt – Nachprüfungsverfahren.

7 So *Gröning*, Rechtsschutzqualität und Verfahrensbeschleunigung im Entwurf für ein Vergaberechtsänderungsgesetz, ZIP 1998, 370, 372.

schließlich im Haushaltsrecht, das die Auftraggeber bei ihren Beschaffungen auf die Grundsätze der Wirtschaftlichkeit und Sparsamkeit[8] und nicht zuletzt auf die öffentliche Ausschreibung ihrer Aufträge verpflichtet[9]. Haushaltsrechtliche Vorschriften binden jedoch nach allgemeiner Ansicht die verpflichteten Auftraggeber nicht im Verhältnis zu den betroffenen Bietern; sie können somit aufgrund nur objektivrechtlicher Ausrichtung[10] keine einklagbaren Rechtspositionen für die bietenden Unternehmen bereithalten[11]. Ein Anspruch auf öffentliche Ausschreibung oder auf Zuschlagserteilung bei Abgabe des wirtschaftlichsten Angebotes bestand daher nicht. Bieterschützende Normen fanden sich auch nicht in den das Vergabeverfahren näher ausgestaltenden Verdingungsordnungen (VOB/A, VOL/A). Die Verfahrensvorschriften hatten keine Gesetzesqualität und waren von den Vergabebehörden lediglich auf der Grundlage interner Dienstanweisungen anzuwenden. Benachteiligten Bietern war es mithin nicht möglich, rechtswidrige Entscheidungen öffentlicher Auftraggeber von staatlichen Gerichten überprüfen und gegebenenfalls revidieren zu lassen. Einen äquivalenten Ausgleich schaffte schließlich auch nicht der Schadensersatzanspruch aus den Grundsätzen der „culpa in contrahendo", der grundsätzlich nur auf den Ersatz des negativen Interesses, mithin den Ausgleich der für ein erfolgloses Angebot aufgewandten Kosten, gerichtet ist[12].

---

8 Vgl. § 6 Abs. 1 HGrG, §§ 7 Abs. 1 BHO/ThürLHO: „Bei der Aufstellung und Ausführung des Haushaltsplanes sind die Grundsätze der Wirtschaftlichkeit und Sparsamkeit zu beachten."

9 § 30 HGrG, §§ 55 Abs. 1 BHO/ThürLHO: „Dem Abschluß von Verträgen über Lieferungen und Leistungen muß eine öffentliche Ausschreibung vorausgehen, sofern nicht die Natur des Geschäftes oder besondere Umstände eine Ausnahme rechtfertigen."

10 VGH Bad.-Württ., Urt. vom 29.06.1999, DÖV 1999, 79.

11 Vgl. auch ausdrücklich für den Bereich der öffentlichen Auftragsvergabe die Begründung des Bundestages zum VgRÄG: „Die deutschen Vergabevorschriften waren traditionell nur Verwaltungsvorschriften, die sich – dem Hauhaltsrecht zugeordnet – mit dem alleinigen Zweck an die Vergabestellen wandten, die korrekte und wirtschaftliche Verwendung öffentlicher Gelder zu sichern." (BT-Drucks. 13/9340, S. 12).

12 Vgl. dazu und zur ausnahmsweisen Gewährung des positiven Interesses, wenn dem Bieter der Nachweis gelang, dass bei ordnungsgemäßem Vergabeverfahren der Zuschlag auf sein Gebot hätte ergehen müssen: BGHZ 120, 281, 281; 139, 259, 261; 139, 273, 275; 139, 280, 282-283; BGH, Urt. vom 26.03.1981, BauR 1981, 368-369; BGH, Urt. vom 12.07.1984, BauR 1984, 631; OLG Düsseldorf, Urt. vom 26.11.1985, BauR 1986, 108, 109; OLG Düsseldorf, Urt. vom 05.03.1993, BauR 1993, 597, 598; OLG Düsseldorf, Urt. vom 28.03.1995, BauR 1996, 98, 99; *Boesen*, Der Rechtsschutz bei der Vergabe öffentlicher Aufträge, NJW 1997, 345, 349; *Bornheim/Stockmann*, Die neuen Vergabevorschriften – Sind auch private Auftraggeber zur europaweiten öffentlichen Vergabe von Bauaufträgen verpflichtet ?, BB 1995, 582; *Dreher*, Der Rechtsschutz nach „Umsetzung" der EG-Vergaberichtlinie, ZIP 1995, 1874 ff.; *Noch*, Vergaberecht und subjektiver Rechtsschutz 1998, S.

I. Die europarechtlichen Vorgaben

Ab Anfang der siebziger Jahre wurde die Europäische Gemeinschaft durch die Tätigkeit des Rates zum Schrittmacher des öffentlichen Auftragsrechts in Deutschland[13]. Die vom europäischen Gesetzgeber erlassenen EG-Koordinierungsrichtlinien[14] zur Harmonisierung der Vergabeverfahren gestalteten das Vergaberecht in „unvorstellbarem Tempo"[15]. Die Herstellung eines europäischen Binnenmarktes (Art. 14 Abs. 1 EG, Art. 7 a EG-V) für staatliche Einkäufe bedurfte der sekundärrechtlichen Beschleunigung. Denn trotz der primärrechtlich gewährten Grundfreiheiten, dabei insbesondere der für das öffentliche Auftragswesen relevanten Freiheit des Warenhandels (Art. 28 ff. EG, Art. 30 ff. EG-V), der Freiheit des Dienstleistungsverkehrs (Art. 49 ff. EG, Art. 59 ff. EG-V) und Niederlassungsfreiheit (Art. 43 ff. EG, Art. 52 ff. EG-V) wurden Aufträge hauptsächlich an einheimische Unternehmen vergeben. Insbesondere mangels europaweiter Ausschreibungen blieb der staatliche Einkauf Relikt nationaler Abschottung.

Die grundlegenden Eckwerte europarechtlich bestimmter Auftragsvergabe ergeben sich bereits aus den Begründungserwägungen der Koordinierungsrichtlinien. Europaweiter Wettbewerb um den öffentlichen Auftrag ist oberstes Prinzip richtlinienkonformer Beschaffung. Die nationalen Gesetzgeber sind verpflichtet, mittels sekundärrechtlich vorgezeichneter Bekanntmachungsvorschriften[16], Eignungs- und Zuschlagsbestimmungen[17] die Vergabebehörden auf die Durchführung eines wettbewerblichen Verfahrens zu verpflichten. Allgemein gilt: „Damit auf dem Gebiet des öffentlichen Auftragswesens ein echter Wettbewerb entsteht, ist es erforderlich, daß die beabsichtigten Auftragsvergaben der öffentlichen Auftraggeber der Mitgliedstaaten in der gesamten Gemeinschaft bekannt gemacht werden. Die in diesen Bekanntmachungen enthaltenen Angaben sollten es den in der Gemeinschaft ansässigen Unternehmen ermöglichen zu beurteilen, ob die vorgesehenen Aufträge für sie von Interesse sind, und sie zu diesem Zweck über die zu erbringenden [...] [L]eistungen und die damit verbundenen Bedingungen ausreichend informieren. Bei

---

206 ff.; *Schumacher*, Rechtsschutz im öffentlichen Auftragswesen 1998, S. 130 ff.; *Quack*, Deliktischer Rechtsschutz im Vergaberecht oder ist die VOB/A ein Schutzgesetz ?, ZVgR 1997, 92 ff.

13 Eine Übersicht der europarechtlichen Entwicklung bis zu diesem Zeitpunkt gibt *Hailbronner*, Die Vergabe öffentlicher Aufträge nach europäischem Gemeinschaftsrecht, WiVerw 1994, 174, 181.

14 Vgl. dazu schon eine der Vorgängerinnen der derzeitigen EG-Koordinierungsrichtlinien: RL 71/305/ EWG des Rates vom 26.07.1971 über die Koordinierung der Verfahren zur Vergabe öffentlicher Bauaufträge, ABl. Nr. L 185/5 vom 16.08.1971.

15 *Rittner*, Das öffentliche Auftragswesen im europäischen Kontext, NVwZ 1995, 313.

16 Art. 11 ff. BKR; Art. 9 ff. LKR; Art. 15 ff. DKR; Art. 21 f. SKR.

17 Art. 24 ff. BKR; Art. 20 ff. LKR; Art. 29 ff. DKR; Art. 30 ff. SKR.

den nicht offenen Verfahren sollte die Bekanntmachung den Unternehmen [...] ermöglichen, ihr Interesse an den Aufträgen dadurch zu bekunden, dass sie sich bei den öffentlichen Auftraggebern um eine Aufforderung bewerben, unter den vorgeschriebenen Bedingungen ein Angebot einzureichen. [...] Es bedarf gemeinsamer Vorschriften für die Beteiligung an öffentlichen [...] [A]ufträgen, die sowohl Kriterien für die qualitative Auswahl als auch Kriterien für die Auftragsvergabe umfassen müssen."[18]

Trotz dieser sekundärrechtlichen Vorgaben wurden noch im Jahre 1996 lediglich 3% aller öffentlichen Aufträge in Europa grenzüberschreitend vergeben[19]; die praktische Durchsetzung der Grundfreiheiten als konstitutive Voraussetzung wirtschaftlicher Integration und eines einheitlichen Beschaffungsmarktes[20] ist bis heute noch nicht vollständig erreicht[21].

II. Die Implementierungsversuche des deutschen Gesetzgebers

Einen Beitrag dazu leistete der deutsche Gesetzgeber, der bis zum Erlass des VgRÄG einen legislativen „Abwehrkampf"[22] gegen die Europäisierung des hiesigen Vergaberechts ausfocht.

1. Die „gesetzlose" Umsetzung in den Verdingungsordnungen

So versuchte man zunächst, die Umsetzung der EG-Koordinierungsrichtlinien durch eine Implementierung in die verwaltungsintern wirkenden Verdingungsordnungen zu bewerkstelligen. Die Bau- und Lieferkoordinierungsrichtlinie wurden daher als zweiter Abschnitt der Teile A der Verdingungsordnung für Bauleistungen und der Verdingungsordnung für Leistungen – ausgenommen Bauleistungen – eingefügt[23]. Die-

18 Vgl. dazu die Begründungserwägungen zur BKR.

19 Grünbuch der Kommission vom 26.11.1996, abgedr. in: Forum öffentliches Auftragswesen, Heft 2, S. 11.

20 Vgl. *Brenner*, Neuere Entwicklungen im Vergaberecht der Europäischen Union 1997, S. 15.

21 Vgl. die Vertragsverletzungsverfahren der EG-Kommission gegen Deutschland, Großbritannien, Italien, Belgien, Österreich und Frankreich wegen Nichteinhaltung der EG-Koordinierungsrichtlinien im Rahmen öffentlicher Auftragsvergaben, mitgeteilt in: Forum Vergabe e.V., Monatsinfo 7-8/2000, Anlagen 21-22.

22 *Huber*, Die Europäisierung des öffentlichen Auftragswesens in Deutschland, in: Dörr/Fink/Hillgruber/Kempen/Murswiek (Hrsg.), Die Macht des Geistes, FS Schiedermair 2001, S. 765, 766.

23 Die Umsetzung der LKR RL 88/295/EWG vom 22.03.1988 erfolgte als a-Paragraphen im Teil A der Neufassung der VOL/A, Ausgabe 1990, bekanntgemacht im Bundesanzeiger Nr. 45 a vom 06.03.1990. Die Baukoordinierungsrichtlinie 89/440/EWG wurde als a-Paragraphen im Teil A der

ser Ansatz wurde im Rahmen eines von der EG-Kommission eingeleiteten Vertragsverletzungsverfahrens vom Europäischen Gerichtshof für europarechtswidrig erklärt. Der EuGH stellte fest, dass die „[...] in den Richtlinien über die Koordination der Verfahren zur Vergabe öffentlicher Aufträge enthaltenen Vorschriften über die Teilnahme und die Publizität den Bieter vor der Willkür des öffentlichen Auftraggebers schützen sollen."[24] Die nationale Umsetzung einer Richtlinie habe so zu erfolgen, dass „[...] die vollständige Anwendung der Richtlinie in so klarer und bestimmter Weise gewährleistet [wird], daß – soweit die Richtlinie Ansprüche des einzelnen begründen soll – die Begünstigten in der Lage sind, von all ihren Rechten Kenntnis zu erlangen und diese vor den nationalen Gerichten geltend zu machen."[25]
Das Gericht leitet diese Verpflichtung nicht zuletzt aus dem Grundsatz der Gemeinschaftstreue ab (Art. 10 EG)[26], so dass dem deutschen Gesetzgeber unmissverständlich die europarechtlich vorgezeichnete Pflicht oblag, „[...] für eine Subjektivierung des Gemeinschaftsrechts insoweit zu sorgen, als sie all jenen subjektive Rechte einräumen muß, deren Interessen vom Regelungsgehalt des unmittelbar anwendbaren Gemeinschaftsrechts erfaßt werden."[27] Diesen Anforderungen wurde das Vergabeverfahren auf der Grundlage lediglich behördenintern wirkender Verdingungsordnungen nicht gerecht, da die fehlende Außenrechtsqualität eine bieterschützende Wirkung dieser Bestimmungen verhinderte.

Verdingungsordnung für Bauleistungen, bekannt gemacht im Bundesanzeiger Nr. 132 vom 19.07.1990, integriert.

24 Vgl. EuGH, Urt. vom 11.08.1995, Rs. C-433/93, Slg. 1995, I-2203, Tz. 19 – Kommission./. Bundesrepublik Deutschland.

25 Vgl. EuGH, Urt. vom 11.08.1995, Rs. C-433/93, Slg. 1995, I-2203, Tz. 18 – Kommission./. Bundesrepublik Deutschland.

26 EuGH, Urt. vom 20.09.1988, Rs. 31/87-Slg. 1988, 4635, Tz. 39 – Beentjes./.Niederländischer Staat: „Hierzu ist zunächst daran zu erinnern, daß [...] die sich aus einer Richtlinie ergebende Verpflichtung der Mitgliedstaaten, das in dieser vorgegebene Ziel zu erreichen, sowie die Pflicht der Mitgliedstaaten gem. Art 5 EWGV, alle zur Erfüllung dieser Verpflichtung geeignete Maßnahmen allgemeiner oder besonderer Art zu treffen, allen Trägern öffentlicher Gewalt in den Mitgliedstaaten obliegen, und zwar im Rahmen ihrer Zuständigkeiten auch den Gerichten. Hieraus folgt, daß die Gerichte der Mitgliedstaaten bei der Anwendung ihres nationalen Rechts, namentlich der Bestimmungen eines speziell zur Ausführung einer Richtlinie erlassenen staatlichen Gesetzes, dieses Recht im Lichte des Wortlauts und des Zwecks der Richtlinie auszulegen haben, um das in Art. 189 III des Vertrages genannte Ziel zu erreichen."

27 *Huber*, Gemeinschaftsrechtlicher Schutz vor einer Verteilungslenkung durch deutsche Behörden, EuR 1991, 31, 55.

2. Die „haushaltsrechtliche Lösung"

Dieses Defizit konnte auch die am 1. Januar 1994 in Kraft getretene so genannte „haushaltsrechtliche Lösung"[28] nicht beheben, mit der die Umsetzung der EG-Koordinierungsrichtlinien in einem zweiten Anlauf versucht wurde. Denn mit der Etablierung der formell-gesetzlichen Grundlage in den §§ 57 a-c HGrG löste der Gesetzgeber das Recht der öffentlichen Aufträge nicht aus seiner innenwirtschaftlichen Umklammerung.

a. Bieterschützende Normen und Vergabeverfahren

Diese Rechtssätze begründen nur objektive Pflichten der Auftraggeber, so dass den Bietern kein materiell-rechtlicher Anspruch zur Durchsetzung der Vergabenormierungen zustehen konnte. Um jegliche Missverständnisse in dieser Hinsicht zu vermeiden, schloss der Gesetzgeber in der Begründung zum Gesetzesentwurf des HGrG das Entstehen individueller, einklagbarer Rechtspositionen der Bieter ausdrücklich aus[29]. Es sollte verhindert werden, dass sich Bieter auf der Grundlage subjektiver Rechte gegen rechtswidrige Maßnahmen der Vergabebehörden vor unabhängigen Foren zu wehren vermochten[30].
Durch die „haushaltsrechtliche Lösung" wurde das deutsche Vergaberecht in ein dreiteiliges Kaskadensystem zerschnitten. Die §§ 57 a-c HGrG stellten das formell-gesetzliche Fundament staatlichen Einkaufs dar. § 57 a HGrG konkretisierte den persönlichen Anwendungsbereich der Vergaberegulierungen und verwies zur Ausgestaltung des Verfahrens auf eine materiell-gesetzliche Vergabeverordnung (VgV)[31]. Diese Rechtsverordnung wiederum enthielt einen starren Verweis auf die für die jeweilige Auftragsart anwendbare Verdingungsordnung, welche durch diesen Verweis normenhierarchisch ebenfalls auf materiell-gesetzliche Ebene befördert wurde[32]. Die Vergabe von Bauleistungen, freiberuflichen Leistungen und anderen Leistungen wurde in den zweiten bis vierten Abschnitten der VOB/A und VOL/A, sowie der VOF geregelt, welche neben der Bau- und Lieferkoordinierungsrichtlinie

---

28 Zweites Gesetz zur Änderung des Hauhaltsgrundsätzegesetzes vom 26.11.1993, in Kraft getreten am 01.01.1994 (BGBl. I 1993 S. 1928).

29 Vgl. dazu die Begründung zum Gesetzentwurf des HGrG, BT-Drucks. 12/4636, S. 12; BR-Drucks. 5/1993, S. 21; Antrag der Fraktionen, BT-Drucks. 12/770.

30 Kritisch *Brinker*, Anmerkung zum Urteil des EuGH vom 11.08.1995 Kommission./. Bundesrepublik Deutschland, JZ 1996, 89.

31 Verordnung über die Vergabebestimmungen für öffentliche Aufträge (Vergabeverordnung-VgV) vom 22.02.1994 (BGBl. I 1994 S. 321).

32 Vgl. insgesamt dazu *Boesen*, Vergaberecht 2000, Einleitung, Rdnr. 139 ff.

die inzwischen erlassene Dienstleistungs- und Sektorenkoordinierungsrichtlinie in nationales Recht implementierten. Die Vorschriften der VOB/A, VOL/A und der VOF waren damit nicht länger auf der Grundlage interner Dienstanweisungen anwendbar; ihre Rechtsverbindlichkeit ergab sich vielmehr unmittelbar aus dem Gesetz.

b. Das Nachprüfungsverfahren

Bieterschutz gegen willkürliche Entscheidungen der öffentlichen Auftraggeber stand mithin nicht im Brennpunkt legislativer Bemühungen. Zwar wurde mit der „haushaltsrechtlichen Lösung" den unterlegenen Bietern ein Verfahren zur Nachprüfung öffentlicher Auftragsvergaben an die Hand gegeben, welches die im Gefolge der EG-Koordinierungsrichtlinien erlassenen EG-Rechtsmittelrichtlinien umsetzen sollte. Dieses Verfahren eröffnete jedoch lediglich die Prüfung vergabebehördlicher Entscheidungen im Wege einer objektiven Rechtmäßigkeitskontrolle vor verwaltungsinternen Vergabeprüfstellen und Vergabeüberwachungsausschüssen.
Grundlage waren die §§ 57 b und c HGrG und eine auf diesen Normen basierende Nachprüfungsverordnung (NpV)[33]. Die „erstinstanzlichen" Vergabeprüfstellen waren verpflichtet, eine Nachprüfung von Amts wegen einzuleiten, wenn sich Anhaltspunkte für einen Verstoß gegen Vergabevorschriften ergaben oder ein Unternehmen mit einem Interesse am Auftrag einen solchen Verstoß geltend machte (scil. § 57 b Abs. 3 S. 1, 2 HGrG). Rechtswidrige Maßnahmen konnten aufgehoben und rechtmäßige Entscheidungen der Vergabestellen von der Vergabeprüfstelle angeordnet werden (scil. § 57 b Abs. 4 S. 2 HGrG). Als „Rechtsmittelinstanz" gegen die Entscheidungen der Vergabeprüfstellen agierten die Vergabeüberwachungsausschüsse. Diese Foren überprüften auf Antrag eines vor der Vergabeprüfstelle unterlegenen Bieters (scil. § 57 c Abs. 6 S. 2 HGrG) die Rechtmäßigkeit der „unterinstanzlichen" Entscheidungen. Die Vergabeprüfstelle hatte daraufhin unter Berücksichtigung der „höherinstanzlichen" Rechtsauffassung erneut zu entscheiden (scil. § 57 c Abs. 5 S. 2, 3 HGrG). Die EG-Rechtsmittelrichtlinien standen grundsätzlich einem behördeninternen Nachprüfungsverfahren nach Ansicht des EuGH nicht entgegen: „Eine für Nachprüfungsverfahren zuständige Instanz, die kein Gericht ist, muss ihre Entscheidungen stets schriftlich begründen. Ferner ist in diesem Falle sicherzustellen, daß eine behauptete rechtswidrige Maßnahme der zuständigen Grundinstanz oder ein behaupteter Verstoß bei der Ausübung der ihr übertragenen Befugnisse zum Gegen-

---

[33] Verordnung über das Nachprüfungsverfahren für öffentliche Aufträge (Nachprüfungsverordnung-NpV) vom 22.02.1994 (BGBl. I S. 324).

stand einer Klage oder einer Nachprüfung bei einer anderen gegenüber den öffentlichen Auftraggebern und der Grundinstanz unabhängigen Instanz, die ein Gericht im Sinne des Artikel 177 des Vertrages ist, gemacht werden können."[34] Diesen Anforderungen wurde durch die Einrichtung der „Grundinstanz" – Vergabeprüfstelle – und der „Rechtsmittelinstanz" – Vergabeüberwachungsausschuss – nach den Ausführungen des EuGH in „Dorsch Consult./.Bundesbaugesellschaft"[35] entsprochen.

c. Zusammenfassung / Fazit

Das dogmatisch komplexe Geflecht an der Schnittstelle der europarechtlichen Anforderungen und der national-rechtlichen Umsetzung konnte bis zum Erlass des VgRÄG nicht vollständig entwirrt werden. Von einer europarechtskonformen Umsetzung der EG-Rechtsmittelrichtlinien durch die „haushaltsrechtliche Lösung" konnte zumindest nach den Ausführungen des EuGH in „Dorsch Consult"[36] ausgegangen werden[37]. Daraus ergab sich – theoretisch denkbar – auch eine aus europarechtlicher Sicht hinreichende Umsetzung der materiellen Vergaberichtlinien, deren bieterschützende Teilnahme- und Publizitätsvorschriften[38] in Übereinstimmung mit den EG-Rechtsmittelrichtlinien durch das verwaltungsinterne Nachprüfungsverfahren hätten durchgesetzt werden können[39].
Gleichwohl war die Umsetzung der EG-Koordinierungsrichtlinien für das Beschaffungsrecht in Deutschland unzureichend. Denn die vom EuGH[40] definierten indivi-

---

34 Vgl. Art. 2 Abs. 8 RMR; Art. 2 Abs. 9 SRMR.

35 EuGH, Urt. vom 17.09.1997, Rs. C-54/96, Slg. 1997, I-4961, Tz. 38 – Dorsch Consult./. Bundesbaugesellschaft Berlin.

36 EuGH, Urt. vom 17.09.1997, Rs. C-54/96, Slg. 1997, I-4961, Tz. 38 – Dorsch Consult./. Bundesbaugesellschaft Berlin.

37 A.A. LG Hannover, Urt. vom 17.04.1997, WuW/E LG/AG 740 = WuW 1997, 737, 738 – Leitplanken: „Nach der Richtlinie [...] über die Anwendung der Nachprüfungsverfahren [...] hat die Bundesrepublik Deutschland sicherzustellen, daß für die Nachprüfungsverfahren der in den Anwendungsbereich der Richtlinien [...] fallenden Verfahren zur Vergabe öffentlicher Aufträge die erforderlichen Befugnisse vorgesehen werden, damit so schnell wie möglich im Wege der einstweiligen Verfügung vorläufige Maßnahmen ergriffen werden können, um den behaupteten Rechtsverstoß zu beseitigen [...]. Die Umsetzung dieser Richtlinie in nationales Recht ist durch die §§ 57 a, 57 b und 57 c HGrG nur unzureichend geschehen."

38 EuGH, Urt. vom 11.08.1995, Rs. C-433/93, Slg. 1995, I-2203, Tz. 19 – Kommission./. Bundesrepublik Deutschland.

39 Deshalb wurde auch teilweise die politische Forderung laut, die Notwendigkeit einer nochmaligen Reform zu überprüfen; vgl. *Däubler-Gmelin*, FAZ vom 30.09.1997, S. 20. Die Bundesregierung begann trotzdem mit der Erarbeitung des VgRÄG; Kabinettsbeschluss vom 25.09.1996, VgR 1996, 57.

40 EuGH, Urt. vom 11.08.1995, Rs. C-433/93, Slg. 1995, I-2203, Tz. 19 – Kommission./. Bundesrepublik Deutschland.

dualschützenden Normen mussten zumindest aus dem Grundsatz der Gemeinschaftstreue im deutschen Rechtsraum durch ein subjektiv-öffentliches Recht implementiert werden[41]. Diesen Anforderungen wurde der Gesetzgeber mittels seiner „haushaltsrechtlichen Lösung" nicht gerecht[42]. Diese Verweigerungshaltung des deutschen Gesetzgebers musste die unmittelbare Anwendbarkeit der EG-Koordinierungsrichtlinien auslösen, deren individualschützender Charakter insbesondere hinsichtlich ihrer Teilnahme- und Publizitätsvorschriften den Bietern kein national-rechtliches, wohl aber ein europarechtlich determiniertes subjektives Recht vermittelten[43]. Aber auch diese Wirkung der materiellen EG-Vergaberichtlinien entließ die Legislative nicht aus ihrer Verantwortung, dem bieterschützenden Charakter der sekundärrechtlichen Vorgaben durch die Regelung des Vergabeverfahrens in drittschutzvermittelnden Normen Rechnung zu tragen. Der EuGH hatte in „Kommission./.Bundesrepublik Deutschland" diesen Grundsatz nochmals deutlich werden lassen: „Denn nach Art. 189 Abs. 3 EGV [Art. 249 Abs. 3 EG] erfolgt die Durchführung der Gemeinschaftsrichtlinien dadurch, daß die Mitgliedstaaten hierzu geeignete Maßnahmen ergreifen. Nur unter besonderen Umständen, insbesondere wenn ein Mitgliedstaat nicht die erforderlichen Durchführungsmaßnahmen getroffen hat oder aber die ergriffenen Maßnahmen nicht der betreffenden Richtlinie entsprechen, hat der Gerichtshof dem einzelnen das Recht zuerkannt, sich vor Gericht gegenüber einem Mitgliedstaat, der der Richtlinie nicht nachgekommen ist, auf diese zu berufen. Diese Mindestgarantie, die sich aus dem zwingenden Charakter der Verpflichtungen ergibt, die den Mitgliedstaaten nach Art. 189 Abs. 3 EGV [Art. 249 Abs. 3 EG] durch die Richtlinien auferlegt ist, kann keinem Mitgliedstaat als Rechtfertigung dafür dienen, daß er sich der Verpflichtung entzieht, rechtzeitig durch Erreichung des Ziels der jeweiligen Richtlinie geeignete Durchführungsmaßnahmen zu ergreifen."[44]

---

41 EuGH, Urt. vom 20.09.1988, Rs. 31/87, Slg. 1988, 4635, Tz. 39 – Beentjes./.Niederländischer Staat; *Huber*, Gemeinschaftsrechtlicher Schutz vor einer Verteilungslenkung durch deutsche Behörden, EuR 1991, 31, 55.

42 Vgl. dazu die explizite Verweigerung solcher Rechtspositionen in der Begründung zum Gesetzentwurf des HGrG, BT-Drucks. 12/4636, S. 12; BR-Drucks. 5/1993, S. 21; Antrag der Fraktionen, BT-Drucks. 12/770.

43 LG Hannover, WuW/E LG/AG 740 = WuW 1997, 737, 738 – Leitplanken: „[...] der der Kl. aus den materiellen Vergaberichtlinien zustehenden subjektiven Rechte [...]"; vgl. auch *Huber*, Die Europäisierung des öffentlichen Auftragswesens in Deutschland, in: Dörr/Fink/Hillgruber/ Kempen/Murswiek (Hrsg.), Die Macht des Geistes, FS Schiedermair 2001, S. 765, 773; *ders.*, Gemeinschaftsrechtlicher Schutz vor einer Verteilungslenkung durch deutsche Behörden, EuR 1991, 31, 55.

44 EuGH, Urt. vom 11.08.1995, Rs. C-433/93, Slg. 1995, I-2203, Tz. 24 – Kommission./. Bundesrepublik Deutschland.

Aus diesen Gründen standen zu Zeiten der „haushaltsrechtlichen Lösung" unterlegenen Bietern parallele Rechtsschutzsysteme zur Verfügung. Auf der einen Seite konnte durch Einlegung eines entsprechenden Nachprüfungsantrages vor den Vergabeprüfstellen nach § 57 b Abs. 3 S. 2 HGrG der verwaltungsinterne Prüfmechanismus ausgelöst werden. Auf der anderen Seite war bei Verletzung der aus den EG-Koordinierungsrichtlinien resultierenden subjektiv-öffentlichen Rechte der Rechtsweg zu den staatlichen Gerichten nach Art. 19 Abs. 4 GG eröffnet, denn die gesetzlichen Grundlagen des verwaltungsinternen haushaltsrechtlichen Nachprüfungssystems schlossen diesen Rechtsweg nicht explizit aus[45].
Es oblag mithin den Gerichten, die Rechtsschutzlücke zu schließen, welche der Gesetzgeber mittels der „haushaltsrechtlichen Lösung" zwischen das individualschützende Europarecht und die Bieter zu schlagen gedachte. Diesem Anspruch wurde die deutsche Richterschaft allerdings nur in Ausnahmefällen gerecht[46]. Eine subjektiv-rechtliche Wirkung der EG-Koordinierungsrichtlinien wurde entweder unter Hinweis auf den expliziten Ausschluss einklagbarer Rechte durch den Gesetzgeber[47] oder aufgrund einer behaupteten hinreichenden Umsetzung der EG-Vergaberichtlinien[48] abgelehnt. Einigkeit bestand jedenfalls darüber, dass die materiellen Vergaberichtlinien zumindest nach erfolgter Zuschlagserteilung keinen Anspruch auf Aufhebung des Vergabevertrages mit dem Konkurrenten gewährten[49].

---

45 So wurden entsprechende Klagen sowohl von den Verwaltungs- als auch den Zivilgerichten zur Entscheidung angenommen; vgl. KG Berlin, Urt. vom 10.04.1995, EuZW 1995, 645 – General Electrics./.VEAG; KG Berlin, Beschl. vom 31.05.1995, NVwZ 1996, 415 – Saalebrücke; LG Saarbrücken, Urt. vom 07.02.1996, IBR 1996, 289; LG Hannover, Urt. vom 17.04.1997, WuW/E LG/AG 739 = WuW 1997, 737 – Leitplanken; VG München, Beschl. vom 02.12.1996, ZVgR 1997, 61; VG Regensburg, Urt. vom 22.09.1997, VgR 1997, 47.

46 LG Hannover, Urt. vom 17.04.1997, WuW/E LG/AG 739 = WuW 1997, 737, 738 – Leitplanken; VG Regensburg, Urt. vom 22.09.1997, VgR 1997, 47.

47 KG Berlin, Beschl. vom 31.05.1995, NVwZ 1996, 415, 416 – Saalebrücke: „Jedoch verfolgte der Gesetzgeber bei Umsetzung der genannten EG-Richtlinie ausdrücklich das Ziel, individuelle, einklagbare Rechtsansprüche der Bieter nicht entstehen zu lassen [...]. Der Gesetzgeber hat sich bei der Regelung des Vergaberechts für die sogenannte haushaltsrechtliche Lösung und gegen eine Regelung durch ein förmliches Vergabegesetz entschieden, damit die Überprüfung der Vergabeentscheidungen in Weiterentwicklung des herkömmlichen deutschen Vergabeverfahrens unter Ausschluß der ordentlichen Gerichtsbarkeit stattfinden konnte. Eine Umsetzung der gemeinschaftsrechtlichen Vergaberegeln in Form eines Vergabegesetzes hätte selbständig einklagbare subjektive öffentliche Rechte begründet und damit die Möglichkeit langwieriger gerichtlicher Verfahren über die Rechtmäßigkeit von Vergabeentscheidungen eröffnet. Dies sollte im öffentlichen Interesse an einer zügigen Abwicklung der Vergabeverfahren und zur Vermeidung investitionshemmender Auswirkungen solcher langwieriger Gerichtsverfahren vermieden werden."

48 LG Saarbrücken, Urt. vom 07.02.1996, IBR 1996, 289.

49 KG Berlin, Urt. vom 10.04.1995, EuZW 1995, 645, 647 – General Electrics./.VEAG; VG München, Beschl. vom 02.12.1996, ZVgR 1997, 61, 62; VG Regensburg, Urt. vom 22.09.1997, VgR 1997, 47.

3. Europäischer und transatlantischer Anpassungsdruck

Die „haushaltsrechtliche Lösung" stand allerdings von Anfang an im Kreuzfeuer europäischer und U.S.- amerikanischer Kritik. Die Beanstandungen der EG-Kommission konzentrierten sich dabei auf die fehlenden einklagbaren Rechte für Bieter und das lediglich verwaltungsinterne Nachprüfungssystem[50]. Hinsichtlich fehlender subjektiver Bieterrechte verwies die Kommission insbesondere auf die Entscheidung des EuGH „Kommission./.Bundesrepublik Deutschland"[51], in welcher die individualschützende Wirkung zumindest eines Teiles der Vergabenormen der EG-Koordinierungsrichtlinien festgestellt wurde.
Das verwaltungsinterne Nachprüfungsverfahren wurde unter Hinweis auf eine fehlende Gerichtsqualität der Vergabeüberwachungsausschüsse i.S.v. Art. 177 EG-V (Art. 234 EG) angegriffen. Diesen Gremien sollte insbesondere die konstitutive Unabhängigkeit fehlen. Sie seien keine Einrichtungen mit ständigem Charakter; die fehlende Vollstreckbarkeit der Entscheidungen würde die Voraussetzungen an die obligatorische Gerichtsbarkeit nicht erfüllen und es würde kein streitiges Verfahren durchgeführt[52]. Auch wenn diese Ansicht letztendlich nicht vom EuGH[53] geteilt wurde, war eine legislative Neuorientierung der vergaberechtlichen Grundlagen nur eine Frage der Zeit. Denn neben die Beanstandungen der EG-Kommission trat die Drohung der US- amerikanischen Regierung mit Handelssanktionen auf der Grundlage des „Omnibus Trade and Competitivness Act 1988", wenn rechtswidrig benachteiligten Bietern keine gerichtlich durchsetzbaren primärrechtlichen Ansprüche gegen die Entscheidungen deutscher Vergabebehörden an die Hand gegeben würden[54]. Auslöser dieser drakonischen Androhung war das Urteil des KG Berlin in „General Electrics./.VEAG", in welchem dem antragstellenden Unternehmen richterlich bescheinigt wurde, keinerlei Ansprüche auf eine Revidierung behaupteter Rechtsver-

---

50 Vgl. Mahnschreiben der Kommission vom 31.10.1995, abgedr. in: ZIP 1995, 1940 ff. und die mit Gründen versehene Stellungnahme der Kommission gerichtet an die Bundesrepublik Deutschland gemäß Art. 169 des EG-Vertrages betreffend die Umsetzung der RL 89/665/EWG vom 31.07.1996, abgedr. in: Schriftenreihe des Forum Vergabe e.V., Heft 6, Kapitel 10.1.

51 EuGH, Urt. vom 11.08.1995, Rs. C-433/93, Slg. 1995, I-2203, Tz. 19 – Kommission./. Bundesrepublik Deutschland.

52 Stellungnahme der Kommission gerichtet an die Bundesrepublik Deutschland gem. Art. 169 des EG-Vertrages betreffend die Umsetzung der RL 89/665/EWG vom 31.07.1996, abgedr. in: Schriftenreihe des Forum Vergabe e.V., Heft 6, Kapitel 10.1., S. 3, 5 ff.

53 EuGH, Urt. vom 17.09.1997, Rs. C-54/96, Slg. 1997, I-4961, Tz. 38 – Dorsch Consult./. Bundesbaugesellschaft Berlin.

54 Vgl. Fact Sheet, Title VII Decisions On Discriminations In Foreign Government Procurement Issued By The Office Of The U.S. Trade Representative, (April 30, 1996), abgedr. in: Schriftenreihe des Forum Vergabe e.V., Heft 6, Kapitel 10.2., Anlage 1.

stöße im streitgegenständlichen Vergabeverfahren zu haben[55]. Unter diesem kombinierten Anpassungsdruck musste der Widerstand des Gesetzgebers gegen die Gewährleistung eines rechtsstaatlichen Ansprüchen genügenden Nachprüfungsverfahrens schließlich zusammenbrechen.

Das VgRÄG mit seiner expliziten Anspruchsgewährung und der Nachprüfungsmöglichkeit vor den Oberlandesgerichten als Gerichte i.S.v. Art. 92 GG war logische Konsequenz dieser von europäischer und transatlantischer Seite vorgetragenen Forderungen.

Die Euphorie über solch rechtsstaatlichen Fortschritt wird jedoch durch die gesetzgeberische Entscheidung getrübt, sich bei der Umsetzung des europäischen Vergaberechts „minutiös"[56] an die sekundärrechtlichen Anforderungen zu halten und den sachlichen Anwendungsbereich des VgRÄG[57] auf die Vergabe solcher Aufträge zu beschränken, deren Volumina die EG-Schwellenwerte erreichen oder überschreiten[58].

Nichtsdestotrotz widerspiegelt die evolvierende Kasuistik seit In-Kraft-Treten des VgRÄG aufgrund der immensen Fülle eingeleiteter Nachprüfungsverfahren[59] den Willen privater Unternehmen, gerade auch unter Einsatz der eingeführten Rechtsschutzmöglichkeiten an der Verteilung öffentlicher Aufträge zu partizipieren. Das kann vor dem Hintergrund der für den staatlichen Einkauf von Gütern und Dienstleistungen investierten finanziellen Mittel nicht verwundern. Die öffentlichen Auftraggeber in Deutschland vergeben jährlich Aufträge im Wert von 400,- Mrd. DM[60].

---

55 KG Berlin, Urt. vom 10.04.1995, EuZW 1995, 645 f. – General Electrics./.VEAG.

56 *Huber*, Der Schutz des Bieters im öffentlichen Auftragswesen unterhalb der sog. Schwellenwerte, JZ 2000, 877 ff.

57 Vgl. § 100 Abs. 1 GWB: „Dieser Teil gilt nur für Aufträge, welche die Auftragswerte erreichen oder überschreiten, die durch Rechtsverordnung nach § 127 festgelegt sind (Schwellenwerte)."

58 Art. 6 Abs. 1 BKR: 5.000.000,- Euro für Bauaufträge; Art. 5 Abs. 1 lit. a LKR/Art. 7 Abs. 1 DKR: 200.000,- Euro für Liefer- und Dienstleistungsaufträge; Art. 14 Abs. 1 SKR: 400.000,- Euro bei Liefer- und Dienstleistungsaufträgen, 5.000.000,- Euro bei Bauaufträgen der Sektorenauftraggeber.

59 Auf der Grundlage des VgRÄG ergingen zwischen dem 01.01.1999 und dem 31.12.2000 456 Beschlüsse der zuständigen Nachprüfungsgremien; 356 Beschlüsse der Vergabekammern und 100 Beschlüsse der Vergabesenate der Oberlandesgerichte, mitgeteilt in: Forum Vergabe e.V., Monatsinfo 1/2001, S. 9.

60 Studie des Statistischen Bundesamtes vom 25.08.1999 – Size and structure of the German public procurement market in 1995, An empirical survey from the Federal Statistical Office of Germany, launched by the EU-Commission, S. 2, 6. Die Angaben für den Umfang der jährlich vergebenen Aufträge sämtlicher öffentlicher Aufträge in Deutschland sind allerdings nicht ganz einheitlich. So weist die Statistik im – Zweite[r]n Jahresbericht über die Funktionsweise der gemeinschaftlichen Güter- und Kapitalmärkte, Tabelle 18 vom 26.01.2000, KOM (2000) – ein Auftragsvolumen sämtlicher öffentlichen Auftraggeber in Deutschland im Jahre 1998 von 282,53 Mrd. Euro aus; abgedr. in: Forum Vergabe e.V., Monatsinfo 4/2000, Anlage 6.

Davon unterfallen Aufträge im Wert von etwa 200,- Mrd. DM dem Anwendungsbereich des VgRÄG[61].
Doch nicht nur in der anwaltlichen Praxis verzeichnet das Vergaberecht aufgrund zunehmender Auseinandersetzungen zwischen Bietern und öffentlichen Auftraggebern eine ständig wachsende Popularität; vielmehr belegen vielfältige Stellungnahmen in der Literatur auf die Neuregulierung[62] den wissenschaftlichen Stellenwert, den das Recht der öffentlichen Aufträge inzwischen einnimmt[63].

B. Anlass der Untersuchung

Eine isoliert vorgenommene Analyse des Rechtsschutzes unterlegener Bieter in Deutschland auf dem Boden der europa- und national-rechtlichen Anforderungen muss jedoch in vielfältiger Hinsicht fragmentarisch bleiben.
So lässt der Mangel einer gefestigten Rechtsprechung eine Prognose zukünftiger Rahmenbedingungen, die von den konkurrierenden Unternehmen vor den zuständigen Nachprüfungseinrichtungen vorgefunden werden könnten, nur in begrenztem Umfang zu. Auch die Vor- und Nachteile der eigenen Rechtsordnung mit der Durchsetzung subjektiver Bieterrechte durch das gemischt verwaltungsinterne und gerichtliche Nachprüfungs-verfahren vor Vergabekammern und Oberlandesgerichten kann nur vor dem Hintergrund der „[...] in langen Wachstumsprozessen und vielfältigen Diskursen in verschiedenen Ländern erarbeiteten Vorrat an Lösungen [...]“[64] hinreichend ermessen werden.
Die parallele Untersuchung eines Rechtssystems, welches auf dem Gebiet des Rechtsschutzes im öffentlichen Auftragswesen auf eine längere Historie zurückschauen kann, bietet sich demzufolge an. Primärrechtsschutz hat im öffentlichen Auftragswesen des anglo-amerikanischen Rechtsraumes eine über 30jährige Traditi-

---

61 *Wilburn/Reichling*, Germany Adopts New Procurement Code, 1 The International Construction Law Review, 130 (2000).

62 *Bechthold*, Kartellgesetz - Gesetz gegen Wettbewerbsbeschränkungen - Kommentar 1999; *Boesen*, Vergaberecht - Kommentar zum 4. Teil des GWB 2000; *Korbion/Hochstein*, Vergaberechtsänderungsgesetz 1999; *Niebuhr/Kulartz/Kus/Portz*, Kommentar zum Vergaberecht: 4. Teil des GWB, Vergabeverfahren, Nachprüfungsverfahren und Schadensersatz 2000; *Reidt/Stickler/Glahs*, Vergaberecht - Kommentar 2000; *Huber*, Die Europäisierung des öffentlichen Auftragswesens in Deutschland, in: Dörr/Fink/Hillgruber/Kempen/Murswiek (Hrsg.), Die Macht des Geistes, FS für Schiedermair 2001.

63 Vgl. dazu noch eine der Motivationen Jost Pietzckers zu seiner Habilitationsschrift: „Der Reiz der Beschäftigung mit den Staatsaufträgen [...] liegt nicht nur darin, daß das Thema nicht „ausgeschrieben“ ist.“; *Pietzcker*, Der Staatsauftrag als Instrument des Verwaltungshandelns 1978, Einleitung, S. 1.

on. Mit der Entscheidung „Scanwell v. Shaffer" ermöglichte bereits im Jahre 1970 ein U.S.- amerikanisches Revisionsgericht einem benachteiligten Bieter die Revidierung rechtswidrigen Behördenhandelns[65]. Vor diesem Hintergrund wird der Schutz unterlegener Bieter bei der Vergabe öffentlicher Aufträge in Deutschland und den Vereinigten Staaten rechtsvergleichend analysiert. Somit können die entsprechende Entwicklung nachgezeichnet und einschlägige Erfahrungen in den Vereinigten Staaten ausgeleuchtet werden, um daraufhin die rechtliche Situation in den Vereinigten Staaten für die rechtswissenschaftliche Auseinandersetzung in Deutschland fruchtbar zu machen.

Aus der Parallelität von Ereignissen können sich mögliche Entwicklungen für den deutschen Rechtsraum antizipieren lassen; Erfolg und Misserfolg dortiger Regulierungen können die Argumentationsgrundlage rechtspolitischer Vorschläge für das deutsche Beschaffungsrecht und seine Rechtsschutzmöglichkeiten bilden.

In den Vereinigten Staaten existiert indes kein einheitliches Vergaberecht; vielmehr bestehen getrennte Zuständigkeiten für die Gesetzgeber der Union und der Einzelstaaten. Aufgrund der Fülle legislativer Grundlagen und einschlägiger Rechtsprechung wird daher das Thema auf einen Rechtsvergleich des Bieterschutzes im deutschen Vergaberecht und des U.S.- amerikanischen Bundesvergaberechts beschränkt.

C. Gang der Untersuchung

Rechtsvergleichung ist also kein Selbstzweck. Es sollen vor dem Hintergrund der U.S.- amerikanischen Erfahrungen die Vor- und Nachteile des deutschen Vergaberechts und seines Rechtsschutzsystems transparent werden.

Um die Erkenntnismöglichkeiten rechtsvergleichender Untersuchung vollständig ausschöpfen zu können, wird der Schutz unterlegener Bieter bei der Vergabe öffentlicher Aufträge anhand der in der rechtsvergleichenden Wissenschaft entwickelten Methodik vorgenommen.

Daher wird es darauf ankommen, mittels des „rechtspositivistisch-textualistischen" Ansatzes[66] die Erkenntnisquellen des positiven Rechts auszuschöpfen, mithin abstrakt die legislativen Grundlagen von Vergabeverfahren und Schutzmechanismen in beiden Rechtsordnungen zu verdeutlichen. Ein solcher textbezogener Ansatz muss jedoch in seinem Erkenntniswert beschränkt bleiben. Denn Rechtsnormen lassen

---

64 *Sommermann*, Die Bedeutung der Rechtsvergleichung für die Fortentwicklung des Staats- und Verwaltungsrechts in Europa, DÖV 1999, 1017, 1020.

65 Scanwell Laboratories, Inc. v. Shaffer, 424 F.2d 859 (D.C.Cir. 1970).

66 *Sommermann*, Die Bedeutung der Rechtsvergleichung für die Fortentwicklung des Staats- und Verwaltungsrechts in Europa, DÖV 1999, 1017, 1022.

sich nur vor dem Hintergrund der jeweiligen historischen, kulturellen, sozialen und wirtschaftlichen Voraussetzungen des jeweiligen Landes erfassen. Der Erkenntnisgewinn des textbezogenen Ansatzes beschränkt sich demnach auch darauf, das fremde Rechtssystem im Vergleich zur eigenen Rechtsordnung kennen zu lernen.
Darüber soll die vorliegende Arbeit hinausgehen, indem der Untersuchungsgegenstand zudem einer „kontextualistischen"[67], mithin einer rechtsprechungsorientierten Analyse zugeführt wird. Denn in der anglo-amerikanischen Rechtsordnung erreichen richterliche Entscheidungen durch ihre umfangreiche Bindungswirkung den Stellenwert von Gesetzesrecht. Vor dem Hintergrund der „doctrin of stare decisis" oder „doctrin of precedence" können die unterinstanzlichen Gerichte vom Tenor höherinstanzlicher Rechtsprechung nicht abweichen.
Den methodologischen Rahmen beider Ansätze bildet die in der zivilistischen Rechtsvergleichung entwickelte „funktionelle" oder „funktionalistische" Methode[68]. Nach dieser Methode ist bei jeder der zu betrachtenden Rechtsnormen oder Rechtsinstitutionen konkret zu fragen, welche Funktion sie innerhalb des jeweiligen Rechts- und Gesellschaftssystems ausübt. Nur auf diese Weise kann das deutsche Rechtssystem außerhalb national verengter Begriffe und Rechtskonstruktionen an der objektiven Funktion des zu vergleichenden Rechtsinstituts gemessen werden. Denn wirklich verglichen werden kann nur, was in den einschlägigen Rechtsordnungen auch die gleiche Funktion erfüllen soll[69]. Erst dieses methodische Vorgehen ermöglicht dann auch die längere Tradition des Primärrechtsschutzes im Vergaberecht der Vereinigten Staaten erkenntnisgewinnend für den deutschen Rechtsraum einzusetzen. Vor diesem Hintergrund lässt sich die Frage beantworten, ob der „amerikanische Weg" in positiver oder negativer Hinsicht Vorbildfunktion für das deutsche Vergaberecht entwickeln kann. Empirische Daten werden offenbaren, ob der Rechtsschutz unterlegener Bieter, in der vom U.S.- amerikanischen Gesetzgeber und den Gerichten gewählten Form, seiner intendierten Funktion gerecht werden konnte.
Auf der Folie dieser Ergebnisse wird sich antizipieren lassen, ob die rechtsschutzsuchenden Bieter unter der Ägide der deutschen Rechtsordnung mit ähnlichen Problemen konfrontiert werden, wie sie Unternehmen in der langjährigen Geschichte U.S.- amerikanischen Primärrechtsschutzes zu bestehen hatten und ob möglicherweise das hiesige Rechtsschutzsystem die besseren Antworten zur Bewältigung der

---

67 *Sommermann*, Die Bedeutung der Rechtsvergleichung für die Fortentwicklung des Staats- und Verwaltungsrechts in Europa, DÖV 1999, 1017, 1023.

68 *Zweigert/Götz*, Einführung in die Rechtsvergleichung auf dem Gebiete des Privatrechts 1996, S. 33.

69 *Schwarze*, Europäisches Verwaltungsrecht 1988, S. 80; *Rösler*, Rechtsvergleichung als Erkenntnisinstrument in Wissenschaft, Praxis und Ausbildung, JuS 1999, 1084, 1087.

Schwierigkeiten des Schutzes unterlegener Bieter bei der Vergabe öffentlicher Aufträge bereithält.
Auch wenn die sekundärrechtlichen Möglichkeiten dabei Erwähnung finden, so wird doch insbesondere der Primärrechtsschutz im Mittelpunkt der Untersuchung stehen. Denn Primärrechtsschutz steht in Deutschland aufgrund seines frühen Entwicklungsstadiums im Brennpunkt richterrechtlichen und wissenschaftlichen Diskurses, so dass ein Erkenntnisgewinn rechtsvergleichender Betrachtungen gerade für diesen Aspekt des Bieterschutzes von Interesse ist.

2. Teil: Das Verfahren zur Vergabe öffentlicher Aufträge

Das von den Auftraggebern einzuhaltende Verfahren bei der Vergabe öffentlicher Aufträge ist sowohl in Deutschland als auch in den Vereinigten Staaten überaus detailliert geregelt. Bereits der quantitative Umfang der einzuhaltenden Vergabevorschriften stellt sowohl an die behördlichen Entscheidungsträger als auch an die bietenden Unternehmen hohe Anforderungen. So ist die von den U.S.- amerikanischen Vergabebehörden anzuwendende „Federal Acquistion Regu-lation" ein 1200 Seiten umfassendes Konvolut[70]. Trotz des immer wieder von behördlicher Seite beklagten Verwaltungsaufwandes[71] ist eine gesetzlich explizite Regelung des staatlichen Einkaufs jedoch unabdingbar, weil staatliche Strukturen nicht von vornherein auf einen wirtschaftlichen Einkauf ausgerichtet sind[72]. Die Vergabestellen unterliegen bei ihren Beschaffungen keinen ökonomischen Zwängen, weil die steuer- und abgabenfinanzierte öffentliche Hand im Gegensatz zu privaten Unternehmen über die nicht versiegenden fiskalischen Ressourcen verfügt.

Mit der Bindung öffentlicher Auftraggeber in das enge legislative Korsett der Vergaberegulierungen soll dem im Haushaltsrecht kodifizierten allgemeinen Wirtschaftlichkeits- und Sparsamkeitsprinzip[73] zur Durchsetzung verholfen werden. Diese Einsicht besteht dabei nicht nur im deutschen Rechtsraum. Auch wenn in den Vereinigten Staaten keine explizite haushaltsrechtliche Norm die öffentlichen Auftraggeber zu einem wirtschaftlichen Einkauf zwingt, wurde die Stellung der Vergaberegulierungen als Sicherungsinstrument wirtschaftlichen und sparsamen Umganges mit staatshaushaltlichen Ressourcen schon immer durch die Gerichte hervorgehoben[74].

---

70 Dazu kommen noch spezielle Regulierungen der einzelnen Vergabebehörden und vielfältige wirtschafts- und sozialpolitische Vorschriften; vgl. *Kelman*, Procurement and Public Management 1990, S. 62.

71 Vgl. *Portz*, Geplante Vergabeverordnung erhöht den Verwaltungsaufwand, in: FAZ vom 16.08.2000, Nr. 189, S. 25.

72 *Jasper/Marx*, Vergaberecht (Textausgabe) 1997, Einführung, S. XIV; *Marshall/Meurer/Richard*, Litigation Settlement and Collusion, The Quaterly Journal of Economics 211, 212 (1994); *Marshall/Meurer/Richard*, The Private Attorney General meets Public Contract Law: Procurement Oversight by Protest, 20 Hofstra L.Rev. 1, 3 (1991); *Kovacic*, Evaluating the Effects of Procurement Reform, 33 WTR-Procurement Law 1, 19 (1998); *Kovacic*, Procurement Reform and the Choice of Forum in Bid Protest Disputes, 9 Admin.L.J.Am.U. 461, 487 (1995).

73 Vgl. § 6 Abs. 1 HGrG, §§ 7 Abs. 1 BHO/ThürLHO: „Bei der Aufstellung und Ausführung des Haushaltsplanes sind die Grundsätze der Wirtschaftlichkeit und Sparsamkeit zu beachten."
§ 19 Abs. 2 Satz 1 HGrG, §§ 34 Abs. 2 Satz 1 BHO/ThürLHO: „Ausgaben dürfen nur soweit und nicht eher geleistet werden, als sie zur wirtschaftlichen und sparsamen Verwaltung erforderlich sind."

74 United States v. Brookridge Farm, Inc., 111 F.2d 461, 463 (10th Cir. 1940): „[...] the purpose of these statutes is to prevent unjust favorism, or collusion or fraud; and thus to secure the Govern-

A. Die Verfahrensregulierungen im U.S.- amerikanischen Vergaberecht

Auch die Haushaltsträger in den Vereinigten Staaten wenden jährlich erhebliche finanzielle Mittel zur Beschaffung von Gütern und Dienstleistungen auf. So wurden im Jahre 1999 auf Bundesebene öffentliche Aufträge im Wert von $ 183,1 Mrd.[75] vergeben, dazu kamen etwa $ 282,8 Mrd. der einzelnen Bundesstaaten[76]. Obwohl sich die von den öffentlichen Auftraggebern anwendbaren Vergaberegulierungen im Laufe der U.S.- amerikanischen Geschichte häufig gewandelt haben, war ein Ziel konstanter Gegenstand legislativer Überlegungen: Betrug und Missbrauch beim staatlichen Einkauf durch wettbewerbliche und transparente Vergabeverfahren zu verhindern[77].

I. Armed Service Procurement Act & Federal Property and Administrative Services Act

Die Historie gesetzlicher Grundlagen für staatliche Beschaffungen in den U.S.A. reicht zurück bis in die Zeit des amerikanischen Bürgerkrieges von 1861-1865. So wurde bereits am 2. März 1861 der „Civil Sundries Appropriation Act“[78] erlassen, der in seinen 1874 und 1878 eingeführten „Revised Statutes“ das Vergabeverfahren für „All purchases and contracts for supplies or services, in any of the departments of government, except for personal services [...]“ festlegte[79]. Dieses Gesetz regulierte die staatlichen Beschaffungen bis in das Jahr 1947. Die Friedenszeiten ermöglichten dem Gesetzgeber, das Verfahren zur Vergabe öffentlicher Aufträge für den zivilen und militärischen Bereich legislativ zu trennen. So kam es im Jahre 1947 zum Erlass des „Armed Service Procurement Act“[80], der Einkäufe des Verteidigungsministeri-

---

ment the benefits which arise from competition."; Delta Data System Corp. v. Webster, 744 F.2d 197, 206 (D.C.Cir. 1984): „In any case, this is not merely a private contract but one for the procurement of goods and services by the federal government. The award procedures established by legislation and regulation for that purpose are not designed to establish private „entitlements“ to public business, but rather to produce the best possible contracts for the government in the majority of cases.“

75 Vgl. General Services Administration, U.S. Federal Procurement Data System, Federal Procurement Report (1999), 75. Das U.S. Federal Government ist der weltweit größte Einkäufer von Gütern und Dienstleistungen; vgl. *Massengale*, Fundamentals of Federal Contract Law 1991, S. 1.

76 U.S. Department of Commerce, Economics and Statistics Administration, Bureau of Economic Analysis, Survey of Current Business, Sep. 1997.

77 *Massengale*, Fundamentals of Federal Contract Law 1991, S. 19.

78 Civil Sundries Appropriation Act, 12 Stat. 220 (1861).

79 Vgl. *Keyes*, Government Contracts under the Federal Aquisition Regulation 1996, § 1.1, Fn.1.

80 Armed Service Procurement Act, Pub.L.No. 413 (1947), 10 U.S.C. §§ 2301-2314; im Folgenden: ASPA.

ums, der Weltraumbehörde und der Küstenwache reguliert[81] und nur wenig später, im Jahre 1949, zum Erlass des „Federal Property and Administrative Services Act“[82], der die entsprechenden Vorschriften für den Einkauf der Zivilbehörden[83] bereithält. Trotz der zahlreich vorgenommenen Änderungen bilden diese beiden Gesetze noch heute das rechtliche Grundgerüst der öffentlichen Auftragsvergabe.
Einige schon bei Erlass der Gesetze geltende Grundsätze überdauerten alle nachfolgenden Regulierungen. Prägend für das Vergabeverfahren ist die grundsätzlich zwingende Zuschlagserteilung auf den „lowest responsible bidder“. Die Vergabestellen müssen den Zuschlag also dem Unternehmen gewähren, welches zur Vertragsausführung geeignet ist und das preislich niedrigste Angebot einreicht. Die Zuschlagserteilung sollte dabei grundsätzlich nach einer verwaltungstechnisch überaus komplexen öffentlichen Ausschreibung, dem „Formal Advertising“ ergehen, wenn es nach den jeweiligen Umständen des Einzelfalles angemessen schien[84]. Es lag damit im Ermessen der Vergabebeamten, den öffentlichen Auftrag ohne vorherige Ausschreibung, sondern lediglich nach Verhandlungen mit einem oder mehreren Unternehmen zu vergeben. Eine legislative Trennung in ein Verfahren, bei dem die öffentlichen Auftraggeber die Zuschlagserteilung nach Verhandlungen mit einer beschränkten Anzahl ausgewählter Bieter vornehmen – also einer zumindest in Ansätzen wettbewerblichen Vergabe – und einer Vergabe des Auftrages an ein Unternehmen ohne vorherige Verhandlungen mit Konkurrenten – dem Ausschluss jeglichen Wettbewerbes um den Auftrag – existierte nicht.
Das freie Ermessen bei der Wahl des Vergabeverfahrens wurde von den Behörden extensiv zu Lasten der öffentlichen Ausschreibung genutzt. Die Bundesbehörden schrieben lediglich 6% der Beschaffungen nach dem Verfahren des „Formal Advertising“ öffentlich aus[85]; dagegen wurden 60% aller Aufträge freihändig vergeben[86]. Ein Wettbewerb geeigneter Unternehmen um die Vergabe öffentlicher Aufträge

---

81 10 U.S.C. § 2303: „[...] the Department of Defense, the National Aeronautic and Space Administration and the Coast Guard [...].“

82 Federal Property and Administrative Services Act, Pub.L.No. 152 (1949), 41 U.S.C. §§ 251-260; im Folgenden: FPASA.

83 Vgl. dazu 41 U.S.C. § 252 (a)(1), wonach diese Regulierungen für alle Behörden anwendbar sind, außer für: „[...] the Department of Defense, the Coast Guard, and the National Aeronautics and Space Administration.“

84 Vgl. die alte Fassung von 10 U.S.C. § 2304 (a): „Purchases of and contracts for property or services covered by this chapter shall be made by formal advertising, and shall be awarded on a competitive bid basis to the lowest responsible bidder, in all cases in which the use of the method is feasible and practicable under the existing conditions and circumstances.“

85 Vgl. *Sherman*, Government Procurement Management 1991, S. 117-118.

86 Federal Procurement Reports, Fiscal Year 1989-90, Federal Procurement Data Center, 12 (1980-84).

fand also nur in Ausnahmefällen statt. Ohne den Druck wettbewerblicher Verfahren und mit Vergabebeamten, die teilweise gewillt waren, persönliche Vorteile über berufliches Ethos zu stellen, konnten die „Hoflieferanten" der öffentlichen Hand an die staatlichen Abnehmer in vielen Fällen Güter und Dienstleistungen zu phantastischen Preisen absetzen.

Diese Praxis konnte der Öffentlichkeit nicht lange verborgen bleiben. Im Mittelpunkt des öffentlichen Interesses standen dabei insbesondere verschiedene Einkäufe des Verteidigungsministeriums. So wurde bei Anhörungen des Kongress („House Hearings") ein Beamter des Verteidigungsministeriums über den Einkauf eines Schraubenschlüssels für $ 9.606,- befragt, der privat beschafft lediglich mit $ 13,- zu Buche schlug[87]. Die Empörung der steuerzahlenden Öffentlichkeit drehte sich weiterhin um den Einkauf eines Hammers für $ 435,-[88], eines Stuhlüberzuges für $ 1118,-, der für 26 Cents zu haben war[89] oder einer 38 Cent Schraube für $ 38,-[90]. Nur durch den Druck der öffentlichen Meinung reduzierte ein Rüstungsunternehmen die Rechnung für einen Toilettensitz von $ 640,- auf $ 100,-[91]. Das öffentliche Beschaffungswesen im Bereich der insbesondere zu Zeiten des Kalten Krieges florierenden Rüstungswirtschaft war zum Selbstbedienungsladen der Produzenten und korrupter Vergabebeamter geworden. So konnte es nicht verwundern, dass die staatlichen Verteidigungseinkäufe in das Visier bundes-polizeilicher Ermittlungen gerieten. Das vom Justizministerium beauftragte „Federal Bureau of Investigation" (FBI) ermittelte in der „Operation Ill-Wind" gegen verschiedene Rüstungsproduzenten, die offensichtlich überhöhte Rechnungen ausgestellt hatten. Im Rahmen dieser Untersuchungen deckte das FBI ein Korruptionsgeflecht zwischen Beamten des Verteidigungsministerium und Angestellten der Rüstungsunternehmen auf[92]. Besondere Aufmerksamkeit erregte ein Fall, in welchem das Vertragsunternehmen die Beste-

---

87 *Marshall/Meurer/Richard*, The Private Attorney General Meets Public Contract Law: Procurement Oversight by Protest, 20 Hofstra Law Review 1, Fn. 115 (1991).

88 Auch wenn dieser Einzelposten in der Höhe aufgrund des gesetzlich vorgeschriebenen Abrechnungsmoduses entstand, wurde er in die öffentliche Debatte eingeführt; vgl. *Wilson*, Bureaucracy - What Government Agencies Do and Why They Do It 1989, S. 319-20.

89 Vgl. *DeSouza*, Regulating Fraud in Military Procurement: A Legal Process Model, 95 Yale L.J. 390, 393, Fn.10 (1985); *Gellman*, Saga of the World's Costliest Plastic Cap, Washington Post Aug. 21 (1983), A1, A6.

90 *Meyer*, Would You Pay $ 30,- for this Screw?, A.F.J.Int'l. 40 (Sept. 1983).

91 *Hansen*, CICA without Enforcement: How Procurement Officials and Federal Court Decisions are Undercutting Enforcement Provisions of the Competition in Contracting Act, 6 Geo.Mason L.Rev. 131, Fn.10-11 (1997).

92 *McGarry*, Winning the War on Procurement Fraud: Victory at what Price, 26 Colum.J.L.& Soc.Probs., 249, 277-78 (1993); *Davidson*, The Joint Defense Doctrine: Getting your Story Straight in the Mother of all Legal Minefields, Army Law. 17, Fn.7 (June 1997).

chungsgelder als Aufwendungen zur Erlangung des Vertrages gegenüber der öffentlichen Hand geltend machte und auch erstattet bekam[93].

Die Restauration der öffentlichen Ausschreibung als Garant wettbewerblichen und transparenten Einkaufs der öffentlichen Hand stand auf der Agenda des Gesetzgebers. Der „Competition in Contracting Act"[94] des Jahres 1984 sollte dieser Zielstellung zur Durchsetzung verhelfen.

II. Das Vergabeverfahren des Competition in Contracting Act

Dieses Gesetz enthält die wesentlichen Regulierungen des geltenden U.S.- amerikanischen Vergaberechts. Es determiniert sowohl die persönliche und sachliche Reichweite des öffentlichen Auftragsrechts als auch die Struktur und Hierarchie der anwendbaren Vergabeverfahren. Die Regulierungen des „Armed Service Procurement Act 1947" und des „Federal Property and Administrative Services Act 1949", die sich aufgrund der Erfahrungen aus den 80er Jahren als besonders anfällig für Missbrauch erwiesen, wurden einer grundlegenden Restrukturierung unterzogen.

Der „Competition in Contracting Act 1984" veränderte jedoch lediglich den Inhalt des Rechts der öffentlichen Aufträge, nicht dagegen dessen grundlegende gesetzliche Einbindung. So sind die Einkäufe der Zivilbehörden weiterhin in den §§ 251-260 des 41. Bandes des „United States Code"[95] geregelt, der allgemein den „Public Contracts" gewidmet ist, während die Militärbehörden die §§ 2302-2328 des 10. Bandes des „United States Code"[96] anzuwenden haben. Neben den formell-gesetzlichen Regulierungen haben die Vergabebehörden die „Federal Acquisition Regulation" anzuwenden[97]. Diese am 1. April 1984 in Kraft getretene Rechtsverordnung[98] ist allerdings lediglich eine Zusammenfassung der die Beschaffungen der zivilen und militärischen Vergabestellen regelnden formell-gesetzlichen Vergabenormen.

1. Der persönliche und sachliche Anwendungsbereich

Im Gegensatz zu den Vorgaben des deutschen Vergaberechtsänderungsgesetzes sind die persönliche Bindung und sachliche Reichweite der U.S.- amerikanischen Verga-

93 *Howe*, Unisys To Pay Record Fine in Defense Fraud; Ill Wind Probe Nets Sixth Corporation, Washington Post Sept. 7 (1991), A1.

94 Competition in Contracting Act, Pub.L.No. 98-369, 98 Stat. 494 (1984).

95 41 U.S.C. §§ 251-260.

96 10 U.S.C. §§ 2302-2328.

97 10 U.S.C. § 2302 (b), § 2303 (a); 41 U.S.C. § 252 b.

98 *Keyes*, Federal Contracts under the Federal Acqusition Regulations 1996, § 1.2., S. 37.

beregulierungen unproblematisch zu bestimmen. Alle zivilen und militärischen Bundesbehörden[99] und die vollständig im Eigentum des „Federal Government" stehenden juristischen Personen des Privatrechts haben bei ihren Einkäufen die einschlägigen Vergabevorschriften anzuwenden[100].

Der sachliche Anwendungsbereich der gesetzlichen Vorgaben erstreckt sich auf alle Aufträge mit einem Volumen von mehr als $ 2.500,-[101]. Unterhalb dieses „Schwellenwertes" bedarf es keiner wettbewerblichen Vergabe des Auftrages; die Wahl des Vertragspartners steht im Ermessen des tätigen Vergabebeamten, der den jeweiligen Preis mit dem Lieferanten auszuhandeln hat[102]. Dieses Ermessen ist allerdings insoweit gebunden, dass diese Kleinaufträge gleichmäßig unter den vorhandenen Lieferanten zu verteilen sind[103].

Bei Aufträgen zwischen $ 2.500,- und $ 100.000,- haben die Behörden lediglich ein vereinfachtes Vergabeverfahren anzuwenden, welches hinsichtlich der Auswahl des Vergabeverfahrens den Regulierungen des ursprünglichen „Armed Services Procurement Act 1947" und des „Federal Property and Administrative Services Act 1949" sehr ähnlich ist[104]. Den Vergabebehörden ist lediglich unverbindlich vorgegeben, Aufträge in dieser Größenordnung nach größt-möglichem Wettbewerb zu vergeben[105]. Der Wettbewerb um die Vergabe der Aufträge bis $ 100.000,- wird ferner dadurch eingeschränkt, dass der Zuschlag für Einkäufe im Bereich dieser Volumina ausschließlich kleinen und mittelständischen Unternehmen vorbehalten ist[106].

Bei Auftragsvolumina von mehr als $ 100.000,- ist schließlich ein uneingeschränktes wettbewerbliches Verfahren durchzuführen[107].

---

99 41 U.S.C. § 252 (a)(1); 10 U.S.C. § 2303.

100 41 U.S.C. § 5 a.

101 41 U.S.C. § 428 (c).

102 41 U.S.C. § 428 (c).

103 41 U.S.C. § 428 (d).

104 41 U.S.C. § 427 (a); 41 U.S.C. § 403 (11): „Simplified Acqusition Procedures".

105 41 U.S.C. § 427 (c): „In using simplified acquisition procedures, the head of an executive agency shall promote competition to the maximum extent practicable." Die Vergabe soll erfolgen: „[...] in the simplified manner that is most suitable, efficient, and economical in the circumstances."

106 48 C.F.R. § 13.105 (a): „small business set-asides".

107 Vgl. 41 U.S.C. § 253; 10 U.S.C. § 2304: „full and open competition".

2. Die Anforderungen an das Vergabeverfahren

a. Sealed bidding und Negotiation

Der „Competition in Contracting Act 1984" gab hauptsächlich den Vorschriften über das bei den Beschaffungen anzuwendende Vergabeverfahren eine neue Gestalt. Die Ausschreibung des Auftrages wurde zur Pflicht der Vergabebehörden und war nicht mehr davon abhängig, ob die Umstände des Einzelfalles ein wettbewerbliches Verfahren erlaubten.

Ungehinderter und offener Wettbewerb um den Auftrag ist durch eine öffentliche Ausschreibung sicherzustellen[108]. Ein solches Verfahren ist immer dann anzuwenden, wenn genügend Zeit zur Verfügung steht, der Zuschlag aufgrund des Preises ergehen kann, keine Verhandlungen mit den jeweiligen Bietern notwendig sind und die Abgabe von mehr als einem Angebot zu erwarten ist[109]. Nur wenn diese Voraussetzungen nicht kumulativ vorliegen, kann ein Auftrag ohne öffentliche Ausschreibung vergeben werden. Wie bei öffentlichen Ausschreibungen üblich, wird eine unbeschränkte Zahl von Unternehmen aufgefordert, ein Angebot zu unterbreiten[110]. Die Ausschreibung erfolgt im „Commerce Business Daily"; jedes Unternehmen kann die entsprechenden Ausschreibungsunterlagen anfordern. Das Leistungsverzeichnis muss dabei so spezifiziert sein, dass eine Differenzierung der Angebote nur nach dem Preis möglich ist[111]. Der Zuschlag wird zwingend auf das Angebot erteilt, welches am vorteilhaftesten für die Vereinigten Staaten ist. Diese Anforderung ist nicht mit der deutschen Regelung des Zuschlages auf das wirtschaftlichste Angebot zu verwechseln[112]; bei der Evaluierung der Angebote dürfen vielmehr lediglich der Angebotspreis oder mit dem Preis in Zusammenhang stehende Faktoren eine Rolle spielen[113].

---

108 Die Unternehmen haben versiegelte Angebote einzureichen 41 U.S.C. § 253; 10 U.S.C. § 2304: „sealed bidding".

109 41 U.S.C. § 253 (a)(2)(A)(i)-(iv); 10 U.S.C. § 2304 (a)(2)(A)(i)-(iv).

110 „Invitation for sealed bids".

111 41 U.S.C. § 253a (a)(3); 10 U.S.C. § 2305 (a)(1)(C); 48 C.F.R. Part 14: „[...] (a) preparation of the invitations for bids, describing the requirements of the government clearly, accurately, and completely, without unnecessarily restrictive specifications or requirements which might unduly limit the number of bidders furnished prospective bidders for the purpose of bidding; (b) publicizing the invitation for bids through the Commerce Business Daily, or otherwise, distribution to prospective bidders, posting in public places, and other such means as may be appropriate, in sufficient time to enable prospective bidders to prepare and submit bids before the time set for public opening of bids."

112 Vgl. dazu 3.Teil.B.II.1.c.bb.(1)(b)(bb).

113 41 U.S.C. § 253 b (c); 10 U.S.C. § 2305 (b)(3).

Bei einer Vielzahl von Projekten ist den öffentlichen Auftraggebern die Erstellung eines vollständigen Leistungsverzeichnisses jedoch nicht möglich. So kann etwa bei neu zu entwickelnden Rüstungsgütern häufig lediglich die vom Beschaffungsgut zu erfüllende Funktion umrissen werden. Auch in einem solchen Fall sind die Vergabebehörden allerdings verpflichtet, wettbewerbliche Verfahren um die Erteilung des öffentlichen Auftrages zu organisieren.
Die öffentlichen Auftraggeber können dann jedoch statt im Wege des „sealed bidding“ ihre Vertragspartner auch mittels einer beschränkten Ausschreibung, dem so genannten „negotiation“, ermitteln[114]. Die gewünschte Leistung wird dabei von der Behörde in einer Leistungsbeschreibung skizziert und eine begrenzte Anzahl geeigneter Unternehmen zur Angebotsabgabe aufgefordert[115]. Die Leistungsbeschreibung muss in hinreichendem Umfang Informationen für die potentiellen Auftragnehmer enthalten, um eine möglichst große Zahl von Unternehmen zur Angebotsabgabe auffordern zu können[116]. Die endgültige technische Erstellung des Projekts und entsprechende Vorschläge zur Realisierung obliegen dann vollständig den Bietern. Aus der Gruppe geeigneter Bewerber, die mit ihrem Vorschlag die Ausschreibungsbedingungen erfüllen, werden daraufhin potentielle Kandidaten für die anschließende Verhandlungsrunde herausgefiltert. Wie der Name des Verfahrens – „negotiation“ – bereits nahe legt, findet die abschließende Auswahl des Vertragspartners durch Zuschlagserteilung erst nach Abschluss dieser Vertragsverhandlungen statt. Die Auseinandersetzungen zwischen Behörde und Unternehmen sind inhaltlich nicht vom Gesetzgeber beschränkt; vielmehr obliegt es der Behörde, die Gestalt des Vertrages durch Anpassung jeglicher Vertragsbedingung – wie den Preis, die technischen Anforderungen an Gut oder Dienstleistung, Lieferfristen und Vertragsart – an ihre Bedürfnisse anzupassen[117].
Der öffentliche Auftraggeber kann die abschließende Auswahl des Vertragspartners im Verfahren der beschränkten Ausschreibung auch ohne die spätere Option zur Verhandlung vornehmen. Ein Taktieren der potentiellen Auftragnehmer ist dann nicht möglich; die Bieter sind auf diese Weise gezwungen, von vornherein das ihren Kapazitäten entsprechende beste Angebot abzugeben, da die spätere Verbesserung ihres Angebotes durch Verhandlungen nicht mehr möglich ist[118]. Auch nach der beschränkten Ausschreibung – mit oder ohne nachfolgender „negotiation“ – wird der Zuschlag auf das Angebot erteilt, dass für die Interessen der Vereinigten Staaten

114 41 U.S.C. § 253 (a)(2)(B); 10 U.S.C. § 2304 (a)(2)(B): „negotiation“.
115 „Request for proposal“.
116 41 U.S.C. § 253 a (a)(3), (b)(1); 10 U.S.C. § 2305 (a)(1)(C), (a)(2)(A).
117 41 U.S.C. § 253 a (b)(2)(B)(i); 10 U.S.C. § 2305 (a)(2)(B)(ii)(I).
118 41 U.S.C. § 253 a (b)(2)(B)(i); 10 U.S.C. § 2305 (a)(2)(B)(ii)(I).

am vorteilhaftesten ist. Aber auch nach diesem Verfahren soll der finanzielle Aspekt im Vordergrund stehen. Allerdings ist im Gegensatz zur Zuschlagserteilung beim „sealed bidding", der pekuniäre Faktor nicht alleinig relevant. Vielmehr ist die Bewertung der Angebote auf die in der Leistungsbeschreibung spezifizierten Bedingungen abzustimmen. Im Endeffekt soll der Bieter mit seinem Angebot zum Zuge kommen, dessen Vorschlag den Anforderungen der Behörde am besten gerecht geworden ist[119].

b. Sole-Source-Procurement und innerbehördliches Auditing

Die wichtigste Änderung des „Competition in Contracting Act 1984" bestand darin, die freihändigen Vergaben aus dem Komplex des „negotiation" herauszulösen und die Vergabe des öffentlichen Auftrages ohne vorherigen Wettbewerb ausdrücklich an das Vorliegen bestimmter Voraussetzungen zu knüpfen. Danach kann ein Zuschlag ohne öffentliche oder beschränkte Ausschreibung nur dann erteilt werden, wenn: (1) nur ein Lieferant zur Verfügung steht und kein anderes Produkt die Nachfrage der Behörde befriedigen kann, (2) eine Ausschreibung so zeitaufwendig wäre, dass die Interessen der Vereinigten Staaten ernsthaft gefährdet werden würden, (3) ein Unternehmen subventioniert werden muss, weil es im Falle nationalen Notstandes unverzichtbar wäre, (4) eine Forschungs- oder Entwicklungseinrichtung gefördert werden soll, (5) die Bestimmungen eines Internationalen Abkommens eine freihändige Vergabe notwendig machen, (6) es gesetzlich vorgeschrieben ist oder (7) die nationale Sicherheit es erfordert. In Ausnahmefällen kann der Behördenleiter ohne Vorliegen dieser Voraussetzungen ein „sole-source-procurement" anordnen, wenn es die nationalen Interessen notwendig machen. In diesem Fall muss allerdings das Parlament 30 Tage vor Zuschlagserteilung unterrichtet werden[120].
Durch ein innerbehördliches „Mehr-Augen-System" soll einer Umgehung dieser Vorschriften vorgebeugt werden. Das hauptsächliche Instrument der verwaltungsinternen Überwachung ist der mit dem „Competition in Contracting Act 1984" in jeder Bundesbehörde geschaffene „Competition Advocate"[121]. Dieser Beamte überwacht die Ordnungsmäßigkeit des Vergabeverfahrens. Dazu gehört insbesondere, das Vorliegen der gesetzlichen Voraussetzungen zu prüfen, wenn die Behörde im Wege der freihändigen Vergabe eine Beschaffung vornehmen will. Der zuständige Vergabebeamte muss in einem solchen Fall vor Zuschlagserteilung schriftlich be-

---

119 41 U.S.C. § 253 b (d)(4); 10 U.S.C. § 2305 (b)(4)(C).

120 41 U.S.C. § 253 (c); 10 U.S.C. § 2304 (c): „sole-source-procurement".

121 Vgl. zur Einrichtung und weiteren Funktionen dieser Position: 41 U.S.C. § 418; 10 U.S.C. § 2318.

gründen, welche der gesetzlich definierten Ausnahmen ein Abweichen von einer öffentlichen oder beschränkten Ausschreibung zulässt. Ohne die daraufhin erfolgende Einwilligung vorgesetzter Beamter darf der Zuschlag nicht erteilt werden. Erreicht der Vertrag ein Volumen zwischen $ 500.000,- und $ 10.000.000,- ist diese Einwilligung mindestens vom „competition advocate" zu erteilen[122]. Bei Verträgen zwischen $ 10.000.000,- und $ 50.000.000,- muss der zuständige Referatsleiter – Vergabe[123], bei Verträgen im Volumen über $ 50.000.000,- der rang-höchste Vergabebeamte der Bundesbehörde – der „Senior Procurement Executive"[124] – zustimmen[125].

c. Zusammenfassung / Fazit

Die Bestimmungen der von den Vergabebehörden anzuwendenden Vergabeverfahren haben also mit dem „Competition in Contracting Act 1984" eine erhebliche Restrukturierung erfahren. Nachdem sich das unbeschränkte Ermessen der Vergabestellen hinsichtlich der Wahl zwischen wettbewerblichen Verfahren und freihändiger Vergabe als fatal für einen wirtschaftlichen und sparsamen Einkauf der öffentlichen Hand erwiesen hat, ist die Hierarchie der Vergabeverfahren nun legislativ zwingend vorgezeichnet. Die öffentlichen Auftraggeber haben Waren, Bau- und Dienstleistungen im Wettbewerb und im Wege transparenter Verfahren zu beschaffen. Die öffentliche Ausschreibung hat grundsätzlich jedem staatlichen Einkauf voranzugehen, wenn das entsprechende Gut oder die Dienstleistung in einem Leistungsverzeichnis hinreichend spezifiziert werden kann und daher Verhandlungen über die Realisierung des Projekts nicht notwendig sind. Die freihändige Vergabe soll dagegen die Ausnahme bilden; der „Competition Advocate" wacht darüber, dass die gesetzgeberische Zielsetzung in praktischer Realität erwächst.

3. Instrumentalisierung öffentlicher Aufträge für beschaffungsfremde Zwecke

Die Sicherung eines wirtschaftlichen Einkaufs der öffentlichen Hand und die Vermeidung von Betrug und Missbrauch durch Beschaffungen im Wettbewerb und im Wege transparenter Verfahren sind lediglich ein Grundprinzip des U.S.- amerikanischen Vergaberechts. Die zuständigen Vergabebeamten haben, bevor der Zuschlag auf das billigste Angebot erteilt werden kann, noch eine protektionistische, wirt-

---

122 41 U.S.C. § 253 (f)(1)(B)(i); 10 U.S.C. § 2304 (f)(1)(B)(i).

123 41 U.S.C. § 253 (f)(1)(B)(ii); 10 U.S.C. § 2304 (f)(1)(B)(ii).

124 41 U.S.C. § 414 (3).

125 41 U.S.C. § 253 (f)(1)(B)(iii); 10 U.S.C. § 2304 (f)(1)(B)(iii).

schafts- und sozialpolitische Aufgabe zu erfüllen. Denn auch der „Competition in Contracting Act 1984" rüttelte nicht an einem anderen Grundprinzip des U.S.- amerikanischen Beschaffungswesens, nämlich den staatlichen Einkauf umfangreich mit Sekundärzwecken zu belasten. Die Vergabestellen sehen sich einer überwältigenden Fülle anzuwendender beschaffungsfremder Kriterien ausgesetzt, so dass die endgültige Abwicklung eines öffentlichen Einkaufs in den Vereinigten Staaten im Durchschnitt drei mal so lange wie ein äquivalenter Einkauf im privaten Sektor dauert[126].

a. Mittelständische Interessen

Der legislative und verwaltungstechnische Aufwand zur Berücksichtigung mittelständischer Interessen ist erheblich. Der „Small Business Act"[127] verpflichtet die Vergabebehörden sämtliche Aufträge mit einem Volumen zwischen $ 2.500,- und $ 100.000,- ausschließlich an kleine und mittelständische Unternehmen zu vergeben[128]. Dabei gilt es zunächst für die Behörde festzustellen, ob der jeweilige Bieter zu den von diesem Gesetz persönlich berechtigten Unternehmen zählt. Um in den Genuss der bevorzugten Vergabe zu kommen[129], muss ein autonom operierender, in seinem Marktsegment nicht dominierender Betrieb ein Angebot abgegeben haben[130]. Damit allerdings ein Fragment wettbewerblicher Vergabe erhalten wird, müssen grundsätzlich zumindest zwei den Ausschreibungsbedingungen entsprechende Angebote – „responsive offers" – bevorzugter Unternehmen eingegangen sein[131]. Das ist allerdings nur eine grundsätzliche Vorgabe. Es steht im Ermessen des Beamten, den Zuschlag zu erteilen, auch wenn nur ein bevorzugtes Unternehmen im Rahmen der

126 *Corr/Zissis*, Convergence and Opportunity: The WTO Government Procurement Agreement and U.S. Reform, 18 N.Y.L.Sch.J.Int'l & Comp.L. 303, 314 (1999).

127 Small Business Act, Pub.L.No. 85-536 (1953), amended Pub.L.No. 95-507 (1958); 15 U.S.C. §§ 631-647. Dabei ist das Ziel dieses Gesetzes einen umfassenden und freien Wettbewerb aufrechtzuerhalten, um die Sicherheit und das ökonomische Wohlergehen der Nation zu fördern. Dieses kann nur erreicht werden, wenn die derzeitigen und potentiellen Kapazitäten von kleinen Unternehmen gefördert werden, was durch die Vergabe eines bestimmten – „fair proportion" – Anteiles aller öffentlichen Aufträge an kleine Unternehmen erreicht werden soll. Siehe dazu die: „Declaration of policy" für den Small Business Act; 15 U.S.C. § 631 (a).

128 15 U.S.C. § 644 (j)(1).

129 Neben der bevorzugten Vergabe öffentlicher Aufträge sind nach dem Gesetz z.B. auch die Vergabe von Krediten unter günstigen Bedingungen vorgesehen (15 U.S.C. § 636 (a)) oder die finanzielle Unterstützung für kleine Unternehmen, die Projekte in Gebieten mit hoher Arbeitslosigkeit und niedrigen Löhnen realisieren; 15 U.S.C. § 636 (j).

130 15 U.S.C. § 632 (a)(1).

131 15 U.S.C. § 644 (j)(1).

Ausschreibungsbedingungen geboten hat[132]. Eine weitere Förderung wird dadurch erreicht, dass die Vergabebehörden einen bestimmten Prozentsatz von Aufträgen für Dienstleistungen im Architektur- und Ingenieurbereich genauso wie bei der Forschung und Entwicklung für kleinere Unternehmen reservieren müssen[133]. Die Durchsetzung und Überwachung der Vorgaben zur Mittelstandsförderung obliegt einer Bundesoberbehörde – der „Small Business Administration"[134]. Der Präsident der Vereinigten Staaten gibt jährlich eine in Prozent zu messende Vorgabe, welcher Anteil an allen öffentlichen Aufträgen durch die Vergabestellen unmittelbar durch „prime contract awards" an die zu fördernden Unternehmen zu vergeben ist. Dabei darf diese Marge insgesamt nicht unter 23% aller zu vergebenen Aufträge im jeweiligen Haushaltsjahr liegen[135]. Jede Bundesbehörde muss unter Berücksichtigung der Umstände im jeweiligen Güter- und Dienstleistungssektor mit der „Small Business Administration" eine bestimmte Marge festlegen[136]. Die Kontrolle dieser Vorgaben erfolgt ebenfalls durch diese Überwachungsbehörde, der am Ende des Haushaltsjahres von jeder Bundesbehörde ein Bericht über die Verwirklichung der gestellten Ziele vorgelegt werden muss. Wenn die Vorgaben nicht eingehalten werden konnten, muss sich die jeweilige Behörde mit ausreichender Begründung rechtfertigen[137].
Diese gesetzlichen Pflichten zur Förderung mittelständischer Unternehmen obliegen mitnichten nur den Auftraggebern. Vielmehr bindet der „Small Business Act" jeden Vertragspartner der öffentlichen Hand in die Verwirklichung des Förderungsziels mit ein. Der Auftragnehmer muss bei Zuschlagserteilung für einen Auftrag mit einem Volumen über $ 100.000,- eine vertragliche Verpflichtung eingehen, gesetzlich bevorzugte Unternehmen mit Subaufträgen zu bedenken, soweit es eine effiziente Vertragsausführung erlaubt[138]. Die Anforderungen an Bewerber für Aufträge der öffentlichen Hand steigen erheblich, wenn der Auftragswert $ 500.000,- oder bei Bauaufträgen $ 1.000.000,- übersteigt. Die Bieter haben bei Angebotsabgabe im Rahmen eines „subcontracting plan" darzulegen, wie und in welchem Umfang kleine und mittelständische Unternehmen als Subunternehmer in die Vertragsausführung

---

132 15 U.S.C. § 644 (j)(2): „[...] a contracting officer shall consider a responsive offer [...]". Die entsprechende Bestimmung der Federal Acquisition Regulation - 48 C.F.R. § 19.502-2 (a) - spricht davon, dass der Vergabebeamte „[...] should make an award to that firm."

133 15 U.S.C. § 644 (i).

134 15 U.S.C. § 633 (a).

135 15 U.S.C. § 644 (g)(1).

136 15 U.S.C. § 644 (g)(2).

137 15 U.S.C. § 644 (h)(1): „[...] Such reports shall contain appropriate justifications for failure to meet the goals [...]."

138 15 U.S.C. § 637 (d)(2)-(3); Es liegt ein Vertragsbruch vor, wenn der Unternehmer dieser Verpflichtung nicht nach bestem Wissen und Gewissen nachkommt; 15 U.S.C. § 637 (d)(8)(A).

eingebunden werden können[139]. Dem Unternehmen wird der Zuschlag verwehrt, wenn nicht innerhalb einer vorgesehenen Zeit der geforderte „subcontracting plan“ der Behörde vorlegt wird[140]. Ein Vertragsschluss kommt solange nicht zustande, wie die entsprechenden Vorschläge des Bieters mit den Vorstellungen der Vergabebehörde nicht übereinstimmen[141]. Mit Zuschlagserteilung wird der „subcontracting plan” Bestandteil des Beschaffungsvertrages[142]. Die Konsequenzen für den Unternehmer sind bei Verletzung der einschlägigen Anforderungen drakonisch. Der Auftragnehmer hat der Behörde Schadensersatz zu leisten, wenn nicht nach bestem Wissen und Gewissen versucht wurde, die Bedingungen des „subcontracting plan“ einzuhalten[143]. Ferner kann dies die Kündigung des Vertrages zur Folge haben[144].
Durch den „Small Business Act“ soll jedoch nicht nur eine breite Angebotsstruktur für die öffentlichen Auftraggeber erhalten bleiben. Die wirtschaftspolitische Ausrichtung wird durch eine sozialpolitische Komponente ergänzt. Kleine und mittelständische Unternehmen, die im Eigentum wirtschaftlich oder aufgrund ihrer ethnischen Herkunft benachteiligter Personen stehen[145], genießen die besondere Förderung des „Small Business Act“. Aus dem Anteil der für kleine und mittelständische Unternehmen reservierten Aufträge müssen jeweils mindestens 5 % an diese beiden Förderungsgruppen vergeben werden. Diese Berücksichtigung muss nicht durch „prime contract awards“ erfüllt werden, sondern in diese Vorgabe wird auch die Verpflichtung als Subunternehmer durch Hauptauftragnehmer der öffentlichen Hand eingerechnet[146]. Gleichermaßen wird auch die Vergabe öffentlicher Aufträge in Gebiete mit hoher Arbeitslosigkeit gefördert, indem Unternehmen, die Güter in solchen Gebieten produzieren, bei der Auftragsvergabe bevorzugt zu berücksichtigen sind[147].

---

139 15 U.S.C. § 637 (d)(4)-(6).

140 15 U.S.C. § 637 (d)(4)(C).

141 15 U.S.C. § 637 (d)(4)(D).

142 15 U.S.C. § 637 (d)(5)(B).

143 15 U.S.C. § 637 (d)(4)(F)(i); Der zu leistende Schadensersatz umfasst die Differenz zwischen dem Betrag, den der Unternehmer an kleine Unternehmen als Vertragsvergütung gezahlt hat und dem Betrag, der laut „subcontracting plan“ dafür vorgesehen war.

144 15 U.S.C. § 637 (d)(8)(B).

145 15 U.S.C. § 637 (d)(1): „[...] socially disadvantaged individuals [...] those who have been subjected to racial or ethnic or cultural bias because of their identity as a member of a group without regard to their individual qualities, [...].”; 15 U.S.C. § 637 (a)(5): „[...] economically disadvantaged individuals [...] those socially disadvantaged individuals whose abilitiy to compete in the free system has been impaired due to diminished capital and credit opportunities as compared to others in the same business area who are not socially disadvantaged.”

146 15 U.S.C. § 644 (g)(1).

147 15 U.S.C. § 644 (d).

b. Schutz der Umwelt, Drogenbekämpfung

Des Weiteren wird die Vergabe öffentlicher Aufträge an die Durchsetzung von Umweltgesetzen[148] gekoppelt. Verträge mit einem Volumen über $ 100.000,- dürfen nicht mit Unternehmen geschlossen werden, die bestimmte umweltschädliche Produktionsanlagen nutzen[149].

Genauso steht die Verhinderung von Drogenmissbrauch auf der Agenda der durch die gezielte Vergabe öffentlicher Aufträge zu bekämpfenden gesellschaftlichen Notstände. Jeder Auftragnehmer muss eine Erklärung abgeben, dass in seinem Unternehmen keinerlei Drogen konsumiert werden[150]. Die Konsequenzen bei entsprechender Falscherklärung sind ein Aufschub der Vertragszahlung, die Kündigung des Vertrages aufgrund Vertragsverletzung und / oder eine Auftragssperre für zukünftige Auftragsvergaben[151].

c. Protektion der einheimischen Industrie

Der Schutz der einheimischen Industrie vor ausländischer Konkurrenz durch staatliche Einkäufe hat im Recht der öffentlichen Aufträge der Vereinigten Staaten die längste Tradition. Unter dem Eindruck der wirtschaftlichen Krise Anfang der 30er Jahre erließ der U.S.- amerikanische Kongress den „Buy American Act 1933“[152]. Das Gesetz zielt auf einen verstärkten Einkauf U.S.- amerikanischer Produkte durch die öffentlichen Auftraggeber[153]. Dabei war der „Buy American Act“ überaus umstritten. Argument der Gegner war unter anderem, dass ausländische Güter aufgrund der hohen Zölle auch ohne gesetzliche Protektion nur eine geringe Marge der beschafften Güter durch öffentliche Aufträge ausmachten. Weiterhin war es auch schon Anfang der 30er Jahre Allgemeingut, dass der Ausschluss ausländischer Bieter den Wettbewerb um den Zuschlag beschränkt und daraus folgend höhere Preise für die zu beschaffenden Güter und Dienstleistungen zum Nachteil des staatlichen Budgets

---

148 So u.a. zur Durchsetzung des Clean Air Act (42 U.S.C. § 7401) und des Clean Water Act; 33 U.S.C. § 1251.

149 Vgl. 48 C.F.R. §§ 23.104 (a); 23.103; 23.104 (b); Diese Produktionsanlagen sind auf einer Liste der Environmental Protection Agency aufgeführt.

150 Diese Erklärung bezieht sich auf den Unternehmer persönlich, falls es sich um ein Ein-Personen-Unternehmen handelt; 48 C.F.R. §§ 23.504 (a), (b). Diese Vorschriften dienen der Durchsetzung des Drug-Free Workplace Act; Pub.L.No. 100-690 (1988).

151 48 C.F.R. § 23.506.

152 Buy American Act, Pub.L.No. 428, 47 Stat. 1520 (1933); 41 U.S.C. § 10 a.

zu entrichten sind. Die Gegner des „Buy American Act" konnten sich jedoch nicht durchsetzen; vielmehr war die angebliche Sicherung von Arbeitsplätzen auch schon zu dieser Zeit zugkräftiges Argument, um die Interessen der einheimischen Industrie durchzusetzen[154].

Die von den protektionistischen Vorschriften umfassten Güter müssen dabei nicht nur in den Vereinigten Staaten hergestellt werden. Vielmehr sollen sie auch zu einem „substanziellen Teil" aus Gütern, Materialien oder Lieferungen bestehen, die in den U.S.A. hergestellt oder bezogen werden[155]. Diese Voraussetzungen sind nicht erfüllt, wenn mehr als 50% der Gesamtkosten für ausländische Materialien oder Teilprodukte aufgewendet werden[156]. Einschlägige Angebote U.S.- amerikanischer Unternehmen können im Regelfall 6% teurer sein. Diese Marge steigt auf 12%, wenn die inländischen Angebote von kleineren Unternehmen oder von Unternehmen aus Gegenden mit hoher Arbeitslosigkeit abgegeben werden[157].

Die praktischen Auswirkungen des „Buy American Act" zu Lasten ausländischer Bieter konnte auch nicht durch den „Trade Agreement Act 1979" und die entsprechenden Änderungen[158] entscheidend beseitigt werden. Der derzeitige Anteil der europäischen Unternehmen am U.S.- Vergabemarkt beläuft sich immer noch auf lediglich 0,8%, was nach einem Bericht der EG-Kommission entscheidend auf die Handelshemmnisse durch den „Buy American Act 1933" zurückzuführen ist[159]. Zwar kann der Präsident[160] jedes Land von den Restriktionen dieses Gesetzes befrei-

---

153 Textron, Inc., Bell Helicopter Textron v. Adams, 493 F.Supp. 824 (D.D.C. 1980): „Sections 10 a to 10 d of this title were designed during depression as device to foster and protect American industry, American workers and American invested capital."

154 Vgl. insgesamt zu den Auseinandersetzungen im Senat: *Pomeranz*, Toward a New International Order in Government Procurement, Law & Policy in International Business 1263, 1264-68 (1979).

155 41 U.S.C. § 10 a.

156 Executive Order No. 10582, Dec. 17 (1954), 19 F.R.8723, as amended by Executive Order No. 11051, Sept. 27 (1962), 27 F.R.9683; Executive Order No. 12148, July 20 (1979), 44 F.R.43239, Sec. 2(a); 48 C.F.R. § 25.109.

157 Executive Order No. 10582, Dec. 17 (1954), 19 F.R.8723, as amended by Executive Order No. 11051, Sept. 27 (1962), 27 F.R.9683; Executive Order No. 12148, July 20 (1979), 44 F.R.43239, Sec. 2(c)(1); 48 C.F.R. § 25.105(a).

158 Trade Agreement Act, Pub.L.No. 96-39, Title III, §§ 301-308, July 26 (1979), 93 Stat.236-241, 19 U.S.C. §§ 2511-2518. Durch den Trade Agreement Act haben die Vereinigten Staaten das in der Tokio-Runde ausgehandelte „Agreement on Government Procurement" (GATT-Code) in nationales Recht implementiert. Dieses Übereinkommen wurde durch das „Agreement on Government Procurement" (WTO-Agreement Apr. 15, 1994) ergänzt, welches für die Vereinigten Staaten am 01.01.1996 in Kraft trat; *Corr/Zissis*, Convergence and Opportunity: The WTO Government Procurement Agreement and U.S. Reform, 18 N.Y.L.Sch.J.Int'l & Comp.L. 303, 334 (1999).

159 Mitgeteilt in: Forum Vergabe e.V., Monatsinfo 5/2000, S. 49.

160 Durch die Executive Order No. 12260, Dec. 31 (1980), 48 F.R. 1653, Sec. 1-201 wurde dieses Recht auf den „Trade Representative" übertragen.

en[161], wenn keine nationalen Beschränkungen gegenüber amerikanischen Produkten oder ihren Herstellern bestehen[162]. Diese theoretische Möglichkeit führte indes bislang nicht dazu, dass Deutschland trotz Erlass des VgRÄG aus dem Kreis der sanktionierten Länder ausgeschlossen wurde[163].

d. Zusammenfassung / Fazit

Die hier aufgeführten Instrumentalisierungen bilden lediglich einen beispielhaften Abriss der insgesamt von öffentlichen Auftraggebern und Vertragspartnern einzuhaltenden beschaffungsfremden Vorschriften. Für den deutschen Juristen mag besonders befremdlich erscheinen, inwieweit die legislativen Regelungen zur Instrumentalisierung staatlichen Einkaufs für wirtschafts- und sozialpolitische Ziele auch die Auftragnehmer zu Agenten politischer Zielsetzungen werden lässt. Bei Missverhalten drohen die Vertragskündigung, Zahlung von Schadensersatz oder die Verhängung einer Auftragssperre[164]. Der wirtschaftlich günstige Einkauf für den Staat steht also bei weitem nicht immer im Mittelpunkt legislativer Anstrengungen. Der Gruppe bevorzugter Unternehmen muss jedoch immer auch zwangsläufig eine Gruppe benachteiligter Unternehmen gegenüber stehen, die durch das Raster staatlicher Förderung fallen. Die unbeschränkten Möglichkeiten des parlamentarischen und exekutiven Gesetzgebers, die öffentliche Auftragsvergabe zu Lasten zumindest eines Teiles der potentiellen Bieter zu politisieren, gerät mehr und mehr in das Blickfeld richterlicher Prüfung. Grundlage des „judicial review" ist der Gleichbehandlungsgrundsatz des V. Amendments der U.S.- amerikanischen Verfassung. Im Mittelpunkt gerichtlicher Auseinandersetzungen stehen dabei legislative Vorgaben, Aufträge bevorzugt an Unternehmen im Eigentum ethnischer Minderheiten zu vergeben. Die entsprechenden Gesetze sind bislang jedoch nicht als verfassungswidrig eingestuft worden; sozialpolitisch motivierte Bevorzugungen zum Ausgleich rassisch bedingter Benachteiligungen werden vor dem Hintergrund des so genannten „strict scrutiny" Grundsatzes auf ein überragendes öffentliches Interesse untersucht, dessen Verfolgung eine Verletzung des Gleichbehandlungsgrundsatzes ausschließen kann[165].

---

161 19 U.S.C. § 2511 (a).

162 19 U.S.C. § 2511 (b).

163 Office of the United States Trade Representative, Washington D.C., Annual Report on Discrimination in Foreign Government Procurement, Apr. 30 (1999), at 6.

164 Vgl. zu den weiteren Schwierigkeiten des Vertragsabschlusses mit dem Staat: *Gilliam*, Contracting with the United States in its Role as Regulator: Striking a Bargain with an Equitable Sovereign or a Capricious Siren ?, 18 Miss.C.L.Rev. 247 (1997).

165 Adarand Constructors, Inc. v. Pena, 515 U.S. 200; 115 S.Ct. 2097; 132 L.Ed.2d 158 (1996); vgl. näher dazu unter 3.Teil A.IV.8.b.

4. Die Federal Acquisition Regulation

Die Bundesgesetze zur Regelung des öffentlichen Beschaffungswesens sind überaus vielfältig und über die ganze Bandbreite der „United States Codes" verteilt. Wie schon erwähnt, ist der 41. Band – „Public Contracts" – dem Einkauf der Zivilbehörden gewidmet[166]. Die Vorschriften zur Vergabe öffentlicher Aufträge durch die Militärbehörden finden sich dagegen im 10. Band[167]. Die Zuständigkeiten einer Nachprüfungseinrichtung – das „General Accounting Office" – ist im 31. Band – „Money and Finance" – geregelt[168].

Die Aufsplitterung des Vergaberechts und die sich daraus ergebenden Anwendungsschwierigkeiten für Behörden und Vertragspartner machten die Schaffung eines für alle Bundesbehörden anwendbaren Vergabekodexes notwendig. Die Realisierung dieses Vorhabens führte zur Bildung eines ganzen Konglomerats von Behörden und behördlicher Zuständigkeiten. Der Kongress errichtete zunächst eine Bundesoberbehörde, das „Office of Procurement Policy", welche allgemein die Beschaffungen sämtlicher Bundesbehörden zu koordinieren hat[169]. Davon eingeschlossen war die Koordinierung der Entwicklung einer allgemeinen Vergabeverordnung[170]. Unter dessen Leitung entwickelten das „Department of Defence", die „General Services Administration"[171] und die „National Aeronautic and Space Administration" die „Federal Acquisition Regulation"[172], die am 1. April 1984 in Kraft trat[173].

---

166 41 U.S.C. §§ 251-260.

167 10 U.S.C. §§ 2302-2328.

168 31 U.S.C. §§ 3551-3556.

169 Pub.L.No. 93-400, § 5, Aug. 30 (1974), 88 Stat. 797; 41 U.S.C. § 404 (a).
Diese Behörde ist Teil des Office of Management and Budget (OMB). Dem „OFPP" steht der Administrator for Federal Procurement Policy vor, der vom Präsidenten ernannt wird; 41 U.S.C. § 404 (b).

170 Diese Zuständigkeit ist ausdrücklich gesetzlich verankert; 41 U.S.C. § 405 (a).

171 Die General Services Administration wurde im Jahre 1949 durch den Federal Property and Administrative Services Act; June 30 (1949), c. 288, Title I, § 101, 63 Stat. 377; geschaffen, dem der Administrator for General Services vorsteht; 40 U.S.C. § 751 (a)(b). Es übernahm die Funktionen des Bureau of Federal Supply des Finanzministeriums. Die Behörde kauft zentral die Produkte ein, welche von den Bundesbehörden in großer Stückzahl ständig gebraucht werden. Diese Aufträge werden dann vom Office of Federal Supply and Services der General Services Administration aus dem General Supply Fund bezahlt; 40 U.S.C. § 756 (a). Die Behörden fordern die gebrauchte Stückzahl bei den Lieferanten an und erstatten die Kosten für die Waren aus eigenen Mitteln; 40 U.S.C. § 756 (b). Des Weiteren obliegt dem Federal Building Services der General Services Administration die Durchführung und Überwachung des Baus, des Kaufes oder der Miete von öffentlichen Gebäuden. Diese Funktionen wurden von der Federal Works Agency übernommen; 40 U.S.C. § 753 (a). Die weiteren Aufgaben des Administrator of General Services sind überaus vielfältig. So obliegt ihm auch, die „advisory commitees" der Behörden zu überwachen und zu beraten; 5 U.S.C. App. 2, § 7. Vgl. zu den Problemen des zentralisierten Einkaufs; *Cabral/Greenstein*,

Diese Rechtsverordnung ist eine Zusammenfassung der bereits bestehenden formell-gesetzlichen Regulierungen, die durch zusätzliche Bestimmungen der Behörden ergänzt[174], in ihrer allgemeinen Ausrichtung durch diese zusätzlichen Bestimmungen jedoch nicht beeinflusst werden dürfen. Diese Vorgaben wiederum werden vom „Federal Acquisition Regulatory Council", zusammengesetzt aus den Behördenleitern der größten Bundesbehörden, unter der Oberhoheit des „Administrator for Federal Procurement Policy" überwacht[175]. Die „Federal Acquisition Regulation" hat als Rechtsverordnung, die aufgrund gesetzlicher Ermächtigung erlassen wurde[176], selber Gesetzesrang und bindet Bundesbehörden und jede private Person. Trotzdem findet sich in den formell-gesetzlichen Regelungen zusätzlich ein legislativer Anwendungsbefehl für die zuständigen Bundesbehörden[177]. Werden die formell-gesetzlichen Vergaberegulierungen geändert, muss dies in die „Federal Acquisition Regulation" implementiert werden[178]. Aufgrund der Stellung als gesetzliche Regelung muss die jeweils aktuelle „Federal Acquisition Regulation" im „Federal Register"[179] veröffentlicht werden. Neben dem Vergabeverfahren regelt diese Rechtsverordnung

Switching Costs and Bidding Parity in Government Procurement of Computer Systems, 6 J.L.Eco.&Org. 453 (1990).

172 Die Zusammenarbeit aller Behörden bei der Entwicklung der Federal Acquisition Regulations war gesetzlich vorgeschrieben; 41 U.S.C. § 421 (c)(1). Die Federal Acquisition Regulation findet sich im 48. Band des Code of Federal Regulations (CFR).

173 *Keyes*, Federal Contracts under the Federal Acqusition Regulations 1996, § 1.2, S. 37.

174 48 C.F.R. § 1.301 (a)(1).

175 Dem Federal Acqusition Regulatory Council; 41 U.S.C. § 421 (a); gehören der Administrator for Federal Procurement Policy, der Secretary of Defence, der Administrator of National Aeronautics and Space und der Administrator of General Services; 41 U.S.C. § 421 (b)(1)(A)(C); an. Die Überwachung der Bestimmungen von Bundesbehörden soll so erfolgen, dass: „The Administrator, in consultation with the Council, shall ensure that procurement regulations promulgated by executive agencies are consistent with the Federal Acquisition Regulation and in accordance with any policies and procedures required to satisfy the specific and unique needs of the agency."; 41 U.S.C. § 421 (c)(3).

176 41 U.S.C. § 421 (c)(1).

177 Vgl. 10 U.S.C. § 2302 (b) mit dem Verweis auf 10 U.S.C. § 2303 (a), indem ausdrücklich aufgeführt sind: „(1) The Department of Defense, (2)[...] of the Army, (3)[...] of the Navy, (4)[...] of the Air Force, (5) The Coast Guard, (6) The National Aeronautics and Space Administration." Für die zivilen Behörden findet sich der Anwendungsbefehl in 41 U.S.C. § 252 b.

178 So z.B. für die Simplified Acqusition Procedures; 41 U.S.C. § 427 (a); für Käufe von Gütern und Dienstleistungen zwischen $ 2.500,- und $ 100.000,-; 41 U.S.C. § 403 (11).

179 Im Federal Register werden alle Verordnungen und Proklamationen des Präsidenten abgedruckt, genauso wie Regulierungen mit Gesetzesrang, alle anderen Verordnungen, deren Veröffentlichung durch den Kongress vorgeschrieben wurden und Verordnungen, in denen selbst die Veröffentlichung vorgesehen ist; 44 U.S.C. § 1505 (a), (b).

auch allgemeine Vertragsbedingungen, die immer Vertragsbestandteil werden, unabhängig von der Gestaltung des Vertragsdokumentes[180].

Die Zusammenfassung der vergabegesetzlichen Grundlagen in einer Rechtsverordnung hat die Arbeit von Behörden und Vertragspartnern erheblich vereinfacht. Teilweise bedarf es jedoch einiger Zeit bis die entsprechenden formellgesetzlichen Vorgaben in die „Federal Acquisition Regulation" implementiert sind. Die Behörden haben dann beide gesetzlichen Grundlagen vergabeverfahrensrechtlicher Regulierungen zu beachten. Die Forderung nach der Schaffung eines einheitlichen Vergabegesetzes kann daher nicht verwundern[181].

5. Vertragsschluss und Information der unterlegenen Bieter

Nach der Durchführung des Vergabeverfahrens schließen die Vergabebeamten als Vertreter für die Vereinigten Staaten die entsprechenden Verträge ab. Der Vertragsschluss kommt durch den Zuschlag zustande[182]. Sowohl nach einem „sealed bidding"[183], als auch nach einem „negotiation" sind die unterlegenen Bieter innerhalb von drei Tagen nach Zuschlagserteilung von der Vergabebehörde über den Abschluss des Vertrages zu informieren[184]. Wenn der unterlegene Bieter über die Gründe der Nichtberücksichtigung seines Angebotes informiert werden will, muss eine entsprechende Aufforderung drei Tage nach Zugang der Information über den Vertragsschluss mit dem Konkurrenten an die Vergabebehörde ergehen. Diese wiederum ist verpflichtet, innerhalb von fünf Tagen den Antragsteller umfangreich über die Gründe der Nichtberücksichtigung aufzuklären[185]. Es muss mitgeteilt werden: (1)

---

180 Vgl. G.L.Christian and Associates v. United States, 312 F.2d 418, 424 (1963); In dieser Entscheidung des U.S. Court of Claims ging es um die Frage, ob eine „termination for convenience Clause" in einen Vertrag hinein gelesen werden muss. Hier hatte der Vertragspartner nach Kündigung des Vertrages Schadensersatz in Höhe des entgangenen Gewinns geltend gemacht. Die einschlägigen Armed Services Procurement Regulations enthielten in Section 8.703, neben der Ermächtigung für die Behörden, den Vertrag kündigen zu können, auch die Bestimmung, dass in diesen Fällen kein entgangener Gewinn zu erstatten ist. Diese Regulierungen waren aufgrund gesetzlicher Ermächtigung; 41 U.S.C. § 151; 10 U.S.C. § 2301; erlassen worden. Das Gericht stellte daher fest: „As the Armed Services Procurement Regulations were issued under statutory authority, those regulations, including Section 8.703, had the force and effect of law."

181 Vgl. in diese Richtung auch *Keyes*, Government Contracts under the Federal Acquisition Regulation 1996, Introduction, S. 19. Der Normenhierarchie folgend, wird im Verlaufe der Arbeit immer zuerst auf die formell-gesetzlichen Vergaberegulierungen zurückgegriffen. Nur für die entsprechenden Ergänzungen wird auf die Federal Acquisition Regulations verwiesen.

182 Vgl. 41 U.S.C. § 253 b (a); 10 U.S.C. § 2305 (b)(1): „award a contract."

183 41 U.S.C. § 253 b (c); 10 U.S.C. § 2305 (b)(3).

184 41 U.S.C. § 253 b (d)(3); 10 U.S.C. § 2305 (b)(1)(C).

185 41 U.S.C. § 253 b (e)(1); 10 U.S.C. § 2305 (b)(5)(A).

welche Faktoren im Angebot des Antragstellers sich zu seinen Lasten auf die Evaluierung ausgewirkt haben, (2) die Gesamtevaluierung bezüglich aller kosten- und preisspezifischen Faktoren des obsiegenden Bieters und des Antragstellers, (3) die Gesamtevaluierung aller Verfahrensbeteiligten, (4) eine Zusammenfassung der Gründe für die Zuschlagserteilung, (5) wenn es sich um ein Endprodukt gehandelt hat, muss die Bauart und das Modell beschrieben werden, auf welches der Zuschlag erteilt wurde (6) und dass die Vergabebehörde die Vorgaben der Ausschreibungsbedingungen oder anderer anwendbarer Vergabegesetze eingehalten hat[186].

6. Vertragskündigung

Für den Rechtsschutz der unterlegenen Bieter hat die Offenbarung der zuschlagsrelevanten Informationen erst nach dem mit dem Zuschlag einhergehenden Vertragsabschluss keine nachteiligen Auswirkungen. Denn eine dem deutschen § 114 Abs. 2 S. 1 GWB entsprechende Norm, wonach ein bereits erteilter Zuschlag nicht wieder aufgehoben werden kann, existiert im U.S.- amerikanischen Vergaberecht nicht. Über dem Zuschlagsempfänger schwebt vielmehr das „Damoklesschwert" der jederzeitigen Vertragskündigung. So kann der Beschaffungsvertrag von Seiten des öffentlichen Auftraggebers einmal nach einer so genannten – „termination for convenience clause" – außerordentlich gekündigt werden, wenn dies im Interesse der Vereinigten Staaten ist[187]. Zum anderen kann ein erfolgreiches Nachprüfungsverfahren eines unterlegenen Bieters zu einer solchen Kündigung führen. Die Besonderheiten einer wirtschaftlichen Beziehung zum Staat eröffnen sich also dem privaten Unternehmer allein durch einen Blick in den geschlossenen Vertrag oder die anwendbaren vertragsrechtlichen Regelungen.
Eine außerordentliche Kündigung bringt den Auftragnehmer in eine überaus prekäre Situation, denn die Erstattung entgangenen Gewinns ist nach Kündigung eines Staatsauftrages gesetzlich ausgeschlossen[188]. Der Unternehmer kann nur seine zwischen Auftragserteilung und Vertragskündigung angefallenen Kosten, also sein negatives Interesse, geltend machen. Die Verhaltensmaßregeln für den Auftragnehmer nach Erhalt der entsprechenden schriftlichen Kündigungsmitteilung sind gesetzlich spezifiziert. Zunächst müssen sämtliche Arbeiten sofort eingestellt werden. Alle

---

186 41 U.S.C. § 253 b (e)(2)(A)-(F); 10 U.S.C. § 2305 (b)(1)(B)(i)-(vi).

187 Die Verträge zwischen der öffentlichen Hand und ihren Vertragspartnern enthalten entsprechende Kündigungsklauseln; 48 C.F.R. §§ 49.1, 52.249-1 et seq. Die „termination for convenience" für Verträge, die in Kriegszeiten abgeschlossen wurden, sind durch den Contract Settlement Act, 58 Stat. 649, July 1 (1944), 41 U.S.C. §§ 101-125 geregelt.

188 48 C.F.R. § 49.109-7.

Verträge mit Subunternehmen sind sofort zu kündigen und deren Ansprüche gegenüber dem Auftragnehmer sind durch entsprechende Vergleiche möglichst gering zu halten. Nach Abschluss der Verhandlungen mit den Subunternehmern erhebt der Hauptauftragnehmer seine Forderung gegenüber der öffentlichen Hand[189]. Darauf folgen Vergleichsverhandlungen mit der Vergabebehörde, welche in den meisten Fällen zu einer Reduzierung der gestellten Gesamtforderung führen[190]. Wenn ein derartiger Vergleich nicht erreicht werden kann, legt die Behörde einseitig die Höhe der zu erstattenden Kosten entsprechend der Kündigungsklausel im Vertrag fest[191]. Der Aufwand ist im Ergebnis so umfangreich, dass viele betroffene Unternehmen ihre Kosten, einschließlich der Forderungen der Subunternehmer, selber tragen – häufig auch mit dem Gedanken an eine insgesamt positive Beziehung zur Vergabebehörde[192]. Hier wird deutlich, warum in der U.S.- amerikanischen vergaberechtlichen Literatur der Staat als Vertragspartner der privaten Wirtschaft häufig mit dem Metapher einer „capricious siren“ umschrieben wird[193].

III. Zusammenfassung / Fazit

Die Ausführungen können nicht die ganze Bandbreite der anwendbaren Verfahrensvorschriften widerspiegeln. Zu erinnern sei hier nochmals an die 1.200 Seiten, die allein dafür benötigt werden, die einschlägige „Federal Acquisition Regulation“ abzudrucken[194]. Dieser Ausblick lässt jedoch bereits erkennen, welche enormen Anforderungen an die handelnden Akteure gestellt werden. Die Vergabebehörden haben neben der erwähnten „Federal Acquistion Regulation“ immer die höherrangigen Normen des durch den „Competition in Contracting Act 1984“ geänderten „Armed Service Procurement Act 1947“ und des „Federal Property and Administrative Services Act 1949“ zu beachten. Diese doppelte Rückkoppelung zur Sicherung gesetzmäßiger Verfahren muss zumindest dann eine Rolle spielen, wenn etwaige formellgesetzliche Änderungen noch nicht in die „Federal Acquisition Regulation“ implementiert wurden.

---

189 48 C.F.R. § 49.104.

190 48 C.F.R. § 49.109-1; *McCracken*, What to Do on Receipt of a Notice of Termination of U.S. Government Contracts, 41 Cost Engineering 41, 42 (1999).

191 48 C.F.R. § 49.109-7.

192 Diese Möglichkeit ist auch explizit in 48 C.F.R. § 49.109-4 erwähnt und wird von den Vertragsunternehmen häufig genutzt; *McCracken*, What to Do on Receipt of a Notice of Termination of U.S. Government Contracts, 41 Cost Engineering 41, 42 (1999).

193 *Gilliam*, Contracting with the United States in its Role as Regulator: Striking a Bargain with an Equitable Sovereign or a Capricious Siren ?, 18 Miss.C.L.Rev. 247 (1997).

194 Vgl. *Kelman*, Procurement and Public Managment 1990, S. 62.

Es sind jedoch andere bemerkenswerte Eigenschaften, welche die Besonderheit des öffentlichen Beschaffungswesens in den Vereinigten Staaten deutlich werden lassen. So ist zum einen zwar die Instrumentalisierung staatlichen Einkaufs zur Erreichung beschaffungsfremder Zwecke nicht außergewöhnlich, wird doch auch in Deutschland immer wieder der Versuch vom Gesetzgeber unternommen, den Einsatz fiskalischer Mittel zur Beschaffung von Gütern und Dienstleistungen subsidiär, als „Mitnahmeeffekt", zur Erreichung politisch gewünschter Ziele einzusetzen[195]. Die Einbindung privater Vertragspartner als Vollzugsinstrument wirtschafts- und sozialpolitischer Zielstellungen ist demgegenüber in diesem Umfang eine im deutschen Rechtsraum unbekannte Variante[196]. Der mit der Vergabebehörde bei Aufträgen über $ 500.000,- und bei Bauaufträgen über $ 1.000.000,-[197] auszuhandelnde „subcontracting plan" unter der Ägide des „Small Business Act", welcher mit Zuschlagserteilung Vertragsbestandteil wird[198], hat auf die Handlungsfreiheit der Unternehmer erheblich einschränkende Wirkung. Es steht mit Vertragsschluss nicht mehr im freien Ermessen des Hauptauftragnehmers, mit welchen Partnern der Auftrag ausgeführt wird. Die Verletzung dieser Vertragsklauseln zieht allgemeine zivilrechtliche Folgen wie Schadensersatzansprüche[199] und Vertragskündigung[200] nach sich. Auch wenn das Recht des „freedom of contract" nicht explizit in der U.S.- amerikanischen Verfassung erwähnt wird, so ist doch die Vertragsfreiheit als allgemeiner freiheitsrechtlicher Grundsatz von der „due process" Garantie des V. und XIV. Amendment geschützt[201]. Selbst wenn man im Abschluss des Vertrages eine selbstbestimmte Beschränkung verfassungsmäßiger Rechte erblickt, dürfte doch insbesondere für Unternehmen, die von der Vergabe öffentlicher Aufträge abhängig sind, eine solche Verkürzung verfassungsmäßiger Rechte bedenklich sein. Gegenstand richterlicher

---

195 Berliner Vergabegesetz (VgG Bln) vom 09.07.1999 (GVBl. 1999 S. 369); Bremisches Landesvergabegesetz, abgedr. in: Forum Vergabe e.V., Monatsinfo 6/2000, Anlage 2; Bayerisches Bauaufträge -Vergabegesetz - BayBauVG vom 28.06.2000, abgedr. in: Forum Vergabe e.V., Monatsinfo 6/2000, Anlage 1.

196 Vgl. allerdings exemplarisch § 13 Abs. 3 ThürMFG vom 17.09.1991 (GVBl. S. 391): „Hauptauftragnehmer sind zu verpflichten, bei Weitergabe einzelner Leistungen an Nachauftragnehmer bevorzugt mittelständische Unternehmer zu beteiligen, wobei der Nachauftragnehmer vom öffentlichen Auftrag in Kenntnis zu setzen ist. Vereinbarte Konditionen und gesetzliche Rahmenbedingungen sind unverändert weiterzugeben."; § 1 Abs. 1 S. 2 VgG Bln: „Die Vergabe von Bauleistungen sowie von Dienstleistungen bei Gebäuden und Immobilien soll mit der Auflage erfolgen, dass die Unternehmen ihre Arbeitnehmer bei der Ausführung dieser Leistungen nach den jeweils in Berlin geltenden Entgelttarifen entlohnen und dies auch von ihren Nachunternehmern verlangen."

197 15 U.S.C. § 637 (d)(4)-(6).

198 15 U.S.C. § 637 (d)(5)(B).

199 15 U.S.C. § 637 (d)(4)(F)(i).

200 15 U.S.C. § 637 (d)(8)(B).

201 People v. Perretta, 253 N.Y. 305; 171 N.E. 72; 84 A.L.R. 636 (1930).

Prüfung wurden diese Regelungen des „Small Business Act" bislang jedoch noch nicht.
Die zweite auffällige Besonderheit, mit welcher sich die Vertragspartner der öffentlichen Hand konfrontiert sehen, ist die ständige außerordentliche Kündigungsmöglichkeit, welche ohne eine Schadensersatzpflicht in Höhe des entgangenen Gewinns auszulösen, vom öffentlichen Auftraggeber ausgeübt werden kann. Die Einfügung der „termination for convenience" Klausel in jedem Beschaffungsvertrag stellt einen erheblichen Unterschied zu parallelen Vertragsbeziehungen in der privaten Wirtschaft dar. Es bedarf keiner großen Vorstellungskraft, um die Bedrohung solcher außerordentlichen Kündigungen für die gesamte betriebswirtschaftliche Kalkulation des Auftragnehmers ermessen zu können. Aber auch hier könnte unter sinngemäßer Anwendung des Grundsatzes „volunti non fit iniuria" auf die selbstbestimmte Wahl des Unternehmens verwiesen werden, die „capricious siren" Staat als Vertragspartner zu wählen.

B. Die Verfahrensregulierungen im deutschen Vergaberecht

Die ersten Regulierungen zur Vergabe öffentlicher Aufträge im „deutschen" Rechtsraum datieren auf die Zeit vor der Gründung des Deutschen Reiches im Jahre 1871. So war die öffentliche Beschaffung auf dem Gebiet der Bauleistungen bereits in der Hamburger Baulieferverordnung von 1617 und im Preußischen Bauregelement von 1724 normiert[202]. Die schriftliche, öffentliche Ausschreibung staatlicher Aufträge, das so genannte „Submissionsverfahren", wurde durch die Verdingungsordnungen von Bayern aus dem Jahre 1833 und Preußen von 1834 frühzeitig Grundprinzip hiesigen Beschaffungswesens[203], um dem staatlichen Beschaffer die Wahl unter den günstigsten Angeboten zu ermöglichen[204].
Auf der Ebene des Reiches wurde durch den Reichsverdingungsausschuss, der sich aus Vertretern der Reichsverwaltung, Länderregierungen, der Städte, der Wirtschaft und der Gewerkschaften zusammensetzte, im Jahre 1926 eine erste vollständige Fassung der „Verdingungsordnungen für Bauleistungen (VOB)" beschlossen. In den Jahren 1932 und 1933 folgte eine „Verdingungsordnung für Leistungen – ausgenommen Bauleistungen (VOL)". Die Überarbeitung und Weiterentwicklung dieser Verdingungsordnungen wurde 1947 dem Deutschen Verdingungsausschuss für

---

202 Vgl. *Riese*, Vergaberecht 1998, S. 2.
203 *Rittner*, Rechtsgrundlagen und Rechtsgrundsätze des öffentlichen Auftragswesens 1988, Rdnr. 19.
204 Vgl. dazu *Rittner*, Öffentliches Auftragswesen und Privatrecht, ZHR 1988, 318, 320.

Bauleistungen und dem Verdingungsausschuss für Leistungen – ausgenommen Bauleistungen übertragen[205].

I. Das Vergabeverfahren des Vergaberechtsänderungsgesetzes

Zu diesen Regelungen öffentlichen Einkaufs traten Ende der 60er Jahre die Regelungen des Haushaltsvergaberechts mit der formell-gesetzlichen Verpflichtung auf öffentliche Ausschreibung[206] und der aus dem Wirtschaftlichkeitsprinzip[207] resultierenden Pflicht des Zuschlages auf das wirtschaftlichste Angebot. Nach der zwischenzeitlich geltenden haushaltsrechtlichen Lösung ist seit dem 1. Januar 1999 das Vergabeverfahren in den §§ 97-101 GWB geregelt.

1. Der sachliche Anwendungsbereich

Der deutsche Gesetzgeber hat die europarechtlich vorgezeichneten Umsetzungsanforderungen nicht genutzt, die Vergabe öffentlicher Aufträge in einem eigenständigen Gesetz zu regeln. Die gesetzlichen Grundlagen staatlichen Einkaufs sind an Komplexität kaum zu übertreffen. Die einschlägigen Regelungen finden sich nicht nur in den Verfahrensvorschriften des GWB, sondern auch in einer Vergabeverordnung[208] und den Verdingungsordnungen. Grundsätzlich ergibt sich eine Zweiteilung des öffentlichen Beschaffungsrechts, abhängig vom finanziellen Volumen der zu vergebenden Aufträge, wobei die Bruchstelle entlang der von den EG-Koordinierungsrichtlinien vorgegebenen Schwellenwerte verläuft[209].
So beschränkt § 100 Abs. 1 GWB den sachlichen Anwendungsbereich der Vergaberegulierungen des GWB auf Aufträge, welche die Auftragswerte erreichen oder überschreiten, die durch Rechtsverordnung nach § 127 GWB festgelegt sind. Die ein-

---

205 Diese Ausschüsse setzen sich aus Ressorts von Bund und Ländern, aus kommunalen Spitzenverbänden, sowie Spitzenorganisationen von Wirtschaft und Technik zusammen; *Riese*, Vergaberecht 1998, S. 4.

206 § 30 HGrG, §§ 55 Abs. 1 BHO/ThürLHO: „Dem Abschluß von Verträgen über Lieferungen und Leistungen muß eine öffentliche Ausschreibung vorausgehen, sofern nicht die Natur des Geschäftes oder besondere Umstände eine Ausnahme rechtfertigen."

207 Vgl. § 6 Abs. 1 HGrG, §§ 7 Abs. 1 BHO/ThürLHO: „Bei der Aufstellung und Ausführung des Haushaltsplanes sind die Grundsätze der Wirtschaftlichkeit und Sparsamkeit zu beachten."

208 Verordnung über die Vergabe öffentlicher Aufträge (Vergabeverordnung-VgV) vom 09.01.2001 (BGBl. I S. 110); in Kraft getreten am 01.02.2001 (§ 24 VgV).

209 Das sind 5.000.000,- Euro für Bauaufträge (Art. 6 Abs. 1 BKR); 200.000,- Euro für Lieferaufträge (Art. 5 Abs. 1 lit. a LKR); 200.000,- Euro für Dienstleistungsaufträge (Art. 7 Abs. 1 DKR); 400.000,- Euro für Liefer- und Dienstleistungsaufträge im Bereich der Sektoren (Art. 14 Abs. 1 SKR).

schlägigen Schwellenwerte der Vergabeverordnung entsprechen den in den EG-Koordinierungsrichtlinien vorgegebenen Auftragsvolumina[210]. Ausschließlich für diese Aufträge haben die öffentlichen Auftraggeber die Verfahrensregulierungen der §§ 97-101 GWB anzuwenden. Formell-gesetzlich sind jedoch nur die Eckpfeiler des Vergabeverfahrens vorgezeichnet. Nach § 97 Abs. 6 GWB werden die näheren Bestimmungen über das Vergabeverfahren ebenfalls durch die Vergabeverordnung geregelt, insbesondere „[...] die Bekanntmachung, [...] Ablauf und [...] Arten der Vergabe, [...] die Auswahl und Prüfung der Unternehmen und Angebote [...] den Abschluß des Vertrages und sonstige Fragen des Vergabeverfahrens." Doch auch die Vergabeverordnung enthält in den §§ 4-11 VgV für die verschiedenen öffentlichen Auftraggeber wiederum nur Verweise auf die 2.-4. Abschnitte der Teile A der VOB und der VOL, sowie der VOF[211]. Diese avancieren durch die starren Verweise selbst zu materiell-rechtlichen Gesetzen[212]. Strukturell wurde damit das Kaskadensystem der „haushaltsrechtlichen Lösung" übernommen. Die Legaldefinition öffentlicher Aufträge in § 99 GWB beruht ebenfalls auf den einschlägigen EG-Koordinierungs-

---

210 § 2 VgV: „Der Schwellenwert beträgt: 1. Für Liefer- und Dienstleistungsaufträge im Bereich der Trinkwasser- oder Energieversorgung oder im Verkehrsbereich: 400.000 Euro; 2. Für Liefer- und Dienstleistungsaufträge der obersten oder oberen Bundesbehörden sowie vergleichbarer Bundeseinrichtungen außer Forschungs- und Entwicklungs- Dienstleistungen und Dienstleistungen des Anhangs I B der Richtlinie 92/50 EWG des Rates über die Koordinierung der Verfahren zur Vergabe öffentlicher Dienstleistungen vom 18.06.1992 (ABl. EG Nr. L 209 S. 1) geändert durch die Richtlinie 97/52/EG vom 13.10.1997 (ABl. EG Nr. L 328 S. 1): 130.000 Euro; im Verteidigungsbereich gilt dies bei Lieferaufträgen nur für Waren, die im Anhang II der Richtlinie 93/36/EWG des Rates über die Koordinierung der Verfahren zur Vergabe öffentlicher Lieferaufträge vom 14.06.1993 (ABl. EG Nr. L 199 S. 1) geändert durch die Richtlinie 97/52/EG vom 13.10.1997 (ABl. EG Nr. L 328 S. 1) aufgeführt sind; 3. Für alle anderen Liefer- und Dienstleistungsaufträge: 200.000 Euro; 4. Für Bauaufträge: 5 Millionen Euro; 5. Für Auslobungsverfahren der Wert, der bei Dienstleistungsaufträgen gilt; 7. Für Lose von Bauaufträgen nach Nr. 4: 1 Million Euro oder bei Losen unterhalb 1 Million Euro deren addierter Wert ab 20 vom Hundert des Gesamtwertes aller Lose und 8. Für Lose von Dienstleistungsaufträgen nach Nr. 2 oder 3: 80.000 Euro oder bei Losen unterhalb 80.000 Euro deren addierter Wert ab 20 vom Hundert des Gesamtwertes aller Lose; dies gilt nicht im Sektorenbereich."

211 Verdingungsordnung für Leistungen (VOL/A) i.d.F. der Bekanntmachung vom 17.08.2000 (BAnz. Nr. 200 a vom 24.10.2000); Verdingungsordnungen für Bauleistungen (VOB/A) i.d.F. der Bekanntmachung vom 30.05.2000 (BAnz. Nr. 120 a vom 30.06.2000); Verdingungsordnung für freiberufliche Leistungen (VOF) i.d.F. der Bekanntmachung vom 25.07.2000 (BAnz. Nr. 173 a vom 13.09.2000).

212 §§ 4-7 VgV; Danach sind, wenn die Auftragsvolumina des § 2 Nr. 1-8 VgV erreicht wurden, für Bauaufträge der 2. Abschnitt der VOB/A; § 6 VgV; für Liefer-, und Dienstleistungsaufträge der 2. Abschnitt der VOL/A; § 4 VgV; und für freiberufliche Leistungen die VOF; § 5 VgV; anzuwenden. Sektorenauftraggeber, welche die Voraussetzungen des § 98 Nr. 1-3 GWB erfüllen, haben die dritten Abschnitte der VOL/A und VOB/A; § 7 Abs. 1 Nr. 1, 2 VgV; private Sektorenauftraggeber nach § 98 Nr. 4 GWB die 4. Abschnitte der VOL/A und VOB/A; § 7 Abs. 2 Nr. 1, 2 VgV, anzuwenden.

richtlinien[213]. Unterhalb der Schwellenwerte sind dagegen nur die Basisparagraphen der VOB/A und der VOL/A anzuwenden.

2. Der persönliche Anwendungsbereich

Während die Problematik der sachlichen Anwendung des neuen Vergaberechts nur selten Gegenstand gerichtlicher und wissenschaftlicher Auseinandersetzung ist, wird nachhaltig darüber diskutiert, welche natürlichen oder juristischen Personen das neue Vergaberecht anzuwenden haben. Ausgangspunkt der Überlegungen bilden die Anforderungen des Europarechts. Nur die Herstellung vollumfänglichen Wettbewerbes um die öffentlichen Aufträge kann die Durchsetzung der Grundfreiheiten und des Diskriminierungsverbotes auf dem Gebiet der öffentlichen Beschaffungen garantieren[214].

Diesem Erfordernis trägt § 97 Abs. 1 GWB als allgemeiner Grundsatz im deutschen öffentlichen Auftragswesen Rechnung, wonach die öffentlichen Auftraggeber Waren, Bau- und Dienstleistungen im Wettbewerb und im Wege transparenter Vergabeverfahren beschaffen. Grundsätzlich müssen die Einrichtungen, bei deren Einkäufen aufgrund fehlender betriebswirtschaftlicher Zwänge eine Benachteiligung anderer europäischer Anbieter zu besorgen ist, dem Katalog der öffentlichen Auftraggeber unterfallen.

Wer öffentlicher Auftraggeber ist, wird durch § 98 GWB bestimmt[215]. Neben der Verpflichtung herkömmlicher staatlicher Auftraggeber zur Anwendung der Vergabevorschriften erzwingt die zunehmende Organisationsprivatisierung, auch private juristische Personen in den persönlichen Anwendungsbereich einzubeziehen. Andernfalls könnte die öffentliche Hand durch Privatisierungen die Anwendbarkeit der Vergaberegeln ausschalten; einer „Flucht aus dem Vergaberecht" soll auf diese Weise ein Riegel vorgeschoben werden, denn trotz Privatisierung kann der staatliche Einfluss auf diese Unternehmen zu national-protektionistischer Einkaufspolitik führen. Um die Problembereiche der persönlichen Anwendung des neuen Vergaberechts hinreichend erfassen zu können, gilt es die Vorgaben des § 98 Nr. 1-6 GWB nacheinander aufzuschlüsseln.

---

213 Amtliche Begründung zum VgRÄG, BT-Drucks. 13/9340, zu § 108, S. 12, 15; vgl. dazu den Begriff des öffentlichen Lieferauftrages in Art. 1 lit. a LKR, des öffentlichen Bauauftrages in Art. 1 lit. a BKR und des öffentlichen Dienstleistungsauftrages in Art. 1 lit. a DKR.

214 Vgl. dazu nur die Begründungserwägungen zur BKR.

215 § 98 GWB setzt die Anforderungen der Artt. 1 b) i.V.m. Anhang I der BKR; der LKR; der DKR; und Art. 2 lit. a und lit. b der SKR um.

a. Gebietskörperschaften / Verbände

§ 98 Nr. 1 GWB verpflichtet die Gebietskörperschaften, die klassischen, institutionellen, öffentlichen Auftraggeber, also den Bund, die Länder, die Bezirke, die Landkreise, die Gemeinden, sowie deren Sondervermögen, wie z.B. kommunale Eigenbetriebe, auf die Anwendung der §§ 97 ff. GWB[216]. Ebenfalls keine Probleme bereitet die Bestimmung öffentlicher Auftraggeber nach § 98 Nr. 3 Alt. 1 GWB, also die Verbände, deren Mitglieder die öffentlichen Auftraggeber nach § 98 Nr. 1 GWB sind. Darunter fallen unter anderem kommunale Verbände, wie Wasserversorgung-, Müllbeseitigungs- und Planungsverbände[217].

b. Funktionale öffentliche Auftraggeber

Schwieriger gestaltet sich dagegen die Untersuchung, welche Einrichtungen nach § 98 Nr. 2 GWB als öffentliche Auftraggeber zu qualifizieren sind. Unter diese Norm fallen die „[...] juristischen Personen des öffentlichen und privaten Rechts, die zu dem besonderen Zweck gegründet wurden, im Allgemeininteresse liegende Aufgaben nichtgewerblicher Art zu erfüllen, wenn Stellen, die unter Nummer 1 oder 3 fallen, sie einzeln oder gemeinsam durch Beteiligung oder auf sonstige Weise überwiegend finanzieren oder über ihre Leitung die Aufsicht ausüben oder mehr als die Hälfte der Mitglieder eines ihrer zur Geschäftsführung oder zur Aufsicht berufenen Organe bestimmt hat.“ Es müssen demnach kumulativ die Tatbestandsmerkmale der nichtgewerblichen Erfüllung einer Aufgabe im Allgemeininteresse und der staatlichen Beherrschung durch Finanzierung oder Aufsicht vorliegen. Die Bindung der Auftraggeber wird funktional auf Einrichtungen, die als öffentliche Auftraggeber handeln, erweitert.

aa. Juristische Personen des öffentlichen Rechts

Als juristische Personen des öffentlichen Rechts kommen alle Körperschaften, Anstalten und Stiftungen des öffentlichen Rechts als öffentliche Auftraggeber im Sinne von § 98 Nr. 2 GWB in Betracht.

---

216 *Heise*, Der Begriff des öffentlichen Auftraggebers im neuen Vergaberecht, LKV 1999, 210, 211; vgl. dazu § 76 Abs. 1 Thür. Kommunalordnung vom 16.08.1993 (GVBl. 1993 S. 501): „[...] wirtschaftliche Unternehmen der Gemeinde ohne eigene Rechtspersönlichkeit, die [...] als Sondervermögen verwaltet werden.“

217 Vgl. *Drügemöller*, Vergaberecht und Rechtsschutz 1999, S. 198.

(1) Allgemeininteresse

Diese Einrichtungen müssen zu dem besonderen Zweck gegründet worden sein, im Allgemeininteresse liegende Aufgaben zu erfüllen. Eine allgemein anerkannte Definition dieses Merkmals existiert nicht. Auch der EuGH umschrieb in seiner Entscheidung „Mannesmann Austria./.Strohal Rotationsdruck“ diese Tatbestandsvoraussetzung von § 98 Nr. 2 GWB nur sehr vage: Eine Aufgabe im Allgemeininteresse werde dann erfüllt, wenn sie „eng mit der öffentlichen Ordnung und dem institutionellen Funktionieren des Staates verknüpft“ ist[218]. Aufgrund der institutionellen Einbindung von Körperschaften, Anstalten und Stiftungen des öffentlichen Rechts in die öffentliche Ordnung spricht daher zunächst eine Vermutung dafür, dass diese Einrichtungen immer der Erfüllung von Aufgaben im Allgemeininteresse nachgehen[219]. Wie jede, kann allerdings auch diese Vermutung widerlegt werden; nur ist auf europäischer Ebene noch nicht entschieden, unter welchen Voraussetzungen dieses Tatbestandsmerkmal entfällt[220].

Für den deutschen Rechtsraum könnte sich jedoch eine Lösung im Zusammenhang mit der Ansicht der EG-Kommission ergeben, die eine Aufgabenerfüllung im Allgemeininteresse dann als nicht mehr erfüllt ansieht, wenn sie individuellen Interessen dient[221]. Auch wenn die EG-Kommission bislang nicht definierte, wann ein individuelles Interesse vorliegt, so drängt sich doch für dessen Bestimmung eine Parallele zum Grundrechtsbegriff des Grundgesetzes auf. Nach dem BVerfG schützen die Grundrechte die persönliche Freiheitssphäre des einzelnen Menschen als natürlicher

---

218 EuGH, Urt. vom 15.01.1998, Rs. C-44/96, Slg. 1998, I-73, Tz. 24 – Mannesmann Austria./.Strohal Rotationsdruck; vgl. näher zu dieser Entscheidung *Brenner/Huber*, Europarecht und Europäisierung in den Jahren 1998/1999, DVBl. 1999, 1559, 1562.

219 Vgl. *Dreher*, Der Anwendungsbereich des Kartellvergabegesetzes, DB 1998, 2579, 2582; *Eschenbruch*, in: Eschenbruch/Hunger/Kulartz/Kus/Niebuhr/Portz, Kommentar zum Vergaberecht 2000, S. 137; *Heise*, Der Begriff des öffentlichen Auftraggebers im neuen Vergaberecht, LKV 1999, 210, 211; *Jasper/Marx*, Vergaberecht-Textausgabe 1997, Einführung, S. XVII sprechen von einer „starken Vermutung“; a.A. *Drügemöller*, Vergaberecht und Rechtsschutz 1999, S. 194, der in der Rechtsform lediglich ein Indiz für die im Allgemeininteresse liegende Tätigkeit erblickt.

220 *Dreher*, Der Anwendungsbereich des Kartellvergabegesetzes, DB 1998, 2579, 2582 verweist ebenfalls darauf, dass nur die noch ausstehende Kasuistik des EuGH das Problem einer endgültigen Lösung zuführen kann.

221 Vgl. dazu die Definition der EG-Kommission: „Im Gegensatz zum Einzelinteresse ist das Allgemeininteresse das Interesse der Gemeinschaft oder einer zu einem bestimmten Zeitpunkt der gesellschaftlichen Entwicklung von den Regierungen oder den Behörden festgesetzten Gesamtheit.“; Dokument öffentliche Aufträge und Gemeinschaftsfinanzierung, Amt für amtliche Veröffentlichungen der europäischen Gemeinschaften 1991, S. 55.

Person gegen Eingriffe der staatlichen Gewalt[222]. Ein grundrechtlicher Schutz kommt also nur solchen Handlungen zugute, in denen sich eine individuelle Freiheitsgestaltung widerspiegelt. Jede Aufgabenerfüllung, die vom Schutzbereich eines Grundrechts erfasst ist, dient mithin vorrangig einem Individualinteresse. Juristische Personen des öffentlichen Rechts erfüllen demnach diese Tatbestandsvoraussetzung von § 98 Nr. 2 GWB dann, wenn sie „[...] von den ihnen durch die Rechtsordnung übertragenen Aufgaben her unmittelbar einem durch bestimmte Grundrechte geschützten Lebensbereich zugeordnet [sind] [...]"[223] „[...] oder ihm kraft ihrer Eigenart von vornherein zugehören [...]"[224]; wobei zusätzlich die Einrichtung institutionell als eigenständige, vom Staat unabhängige oder jedenfalls distanzierte Einrichtungen bestehen muss[225]. Diese Voraussetzungen erfüllen Kirchen, Universitäten im Rahmen von Forschung und Lehre und öffentlich-rechtliche Rundfunkanstalten hinsichtlich der Rundfunkfreiheit.

(2) Nichtgewerblichkeit

Schwierigkeiten der Zuordnung eines öffentlichen Auftraggebers zu § 98 Nr. 2 GWB bereitet ebenfalls die Bestimmung einer nichtgewerblichen Aufgabenerfüllung. Nahe liegt es, dieses Tatbestandsmerkmal über den positiven Begriff der Gewerblichkeit zu definieren. Einrichtungen, welche am Austausch von Wirtschaftsgütern gegen Entgelt teilnehmen, deren Gesamtzielsetzung auf die Erbringung einer dauernden wirtschaftlichen Tätigkeit[226] und die Erwirtschaftung von Gewinn[227] gerichtet ist, wären demnach keine öffentlichen Auftraggeber nach § 98 Nr. 2 GWB. Für die Einordnung von öffentlich-rechtlich organisierten Einrichtungen als öffentliche Auftraggeber kann der Begriff der Gewerblichkeit allerdings nicht hilfreich sein, weil ansonsten ein Großteil juristischer Personen des öffentlichen Rechts von vornherein nicht als öffentliche Auftraggeber in Frage kommen könnte. Denn trotz einer Verpflichtung auf eine öffentliche Aufgabe[228] könnte durch eine gesetzlich eingeräumte

---

222 BVerfGE 61, 82, 100; BVerfGE 68, 193, 205 – Zahntechniker-Innung; BVerfG, Beschl. vom 16.05.1989, NJW 1990, 1783 – HEW.

223 BVerfGE 15, 256, 262 – Universitäten und Fakultäten: Art. 5 Abs. 3 S. 1 GG; BVerfGE 31, 314, 322; 59, 231, 254 – Rundfunkanstalten: Art. 5 Abs. 1 S. 2 GG.

224 BVerfGE 18, 385, 386 f. – Kirchen.

225 BVerfGE 45, 63, 79; 61, 82, 103.

226 In diese Richtung *Noch*, Ausschreibungspflicht privater Unternehmen, DÖV 1998, 623, 625.

227 Vgl. *Pietzcker*, Die neue Gestalt des Vergaberechts, ZHR 1998, 427, 445.

228 VÜA Brandenburg, Beschl. vom 16.10.1997, VgR 1998, 49 ff. – Neubau Altenzentrum. Der gemeinnützige, mildtätige Zweck einer kirchlichen öffentlich-rechtlichen Stiftung führt zur Annahme einer Nichtgewerblichkeit.

Berechtigung zur Gewinnerzielung die persönliche Verpflichtung als öffentlicher Auftraggeber nach § 98 Nr. 2 GWB leicht umgangen werden[229]. So wäre das Kriterium der Nichtgewerblichkeit für kommunale Unternehmen regelmäßig nicht erfüllt, sollen sie doch einen Ertrag für die Gemeinde erwirtschaften[230]. Genauso wenig könnten die Sparkassen als öffentliche Auftraggeber qualifiziert werden, weil diese Anstalten des öffentlichen Rechts[231] zwar gesetzlich einen öffentlichen Auftrag zu erfüllen haben[232], demnach im Allgemeininteresse handeln, ihnen eine Gewinnerzielung allerdings nicht untersagt ist[233]. Insbesondere die weitgehende kommunale Verflechtung dieser Einrichtungen lässt allerdings eine Einkaufspolitik entgegen wettbewerblicher Grundsätze, damit entgegen der europarechtlichen Anforderungen, befürchten[234].

Vor diesem Hintergrund ist vielmehr mit dem EuGH in „Gemeente Arnhem./.BFI Holding" davon auszugehen, dass es die Frage einer nichtgewerblichen Betätigung darüber zu bestimmen gilt, ob das Unternehmen auf dem betroffenen Markt im Wettbewerb steht[235]. Aber selbst wenn eine Tätigkeit im Wettbewerb ausgeführt wird, kann die Auftraggebereigenschaft noch nicht mit Sicherheit ausgeschlossen werden. Denn bei staatlich finanzierten Unternehmen kann durchaus eine protektionistische Einkaufspolitik unter Hinnahme finanzieller Einbußen im Vordergrund stehen, so dass eine im Wettbewerb ausgeführte Tätigkeit nur ein Indiz für eine Qualifikation als „privater Auftraggeber" sein kann[236]. Für die Annahme einer vollumfänglichen gewerblichen Tätigkeit muss daher aus den „Statuten des Gründungs-

---

229 EuGH, Urt. vom 15.01.1998, Rs. C-44/96, Slg. 1998, I-73, Tz. 41 – Mannesmann Austria./. Strohal Rotationsdruck.

230 § 75 Abs. 1 Thür. Kommunalordnung vom 16.08.1993 (GVBl. S. 501).

231 § 1 Abs. 1 Thür. Sparkassengesetz vom 19.07.1994 (GVBl. S. 911).

232 Vgl. § 2 Abs. 1 ThürSpKG.

233 Vgl. § 2 Abs. 3 ThürSpKG.

234 Vgl. *Pietzcker*, Die neue Gestalt des Vergaberechts, ZHR 1998, 427, 446-47, der aufgrund der kommunalen Verflechtung der Sparkassen eine persönliche Bindung an das Vergaberecht befürwortet; a.A. *Noch*, Vergaberecht und subjektiver Rechtsschutz" 1998, S. 68, der die allgemeine Teilnahme am Wettbewerb in den Vordergrund rückt und daher eine Verpflichtung ablehnt.

235 EuGH, Urt. vom 10.11.1998, Rs. C-360/96, Slg. 1998, I-6821, Tz. 48 – Gemeente Arnhem u. Gemeente Rheden./.BFI Holding BV.

236 Vgl. EuGH, Urt. vom 10.11.1998, Rs. C-360/96, Slg. 1998, I-6821, Tz. 49 – Gemeente Arnhem u. Gemeente Rheden./.BFI Holding BV: „Das Vorliegen von Wettbewerb schließt es jedoch, für sich genommen, nicht aus, daß eine vom Staat, von Gebietskörperschaften oder anderen Einrichtungen des öffentlichen Rechts finanzierte oder kontrollierte Stelle sich von anderen als wirtschaftlichen Überlegungen leiten läßt. So könnte eine solche Stelle z.B. finanzielle Einbußen hinnehmen, um eine bestimmte Einkaufspolitik der Einrichtung zu verfolgen, mit der sie eng verbunden ist."

dokumentes"[237] der betreffenden juristischen Person festgestellt werden, ob tatsächlich die entsprechende Einrichtung den Marktmechanismen ausgesetzt werden soll[238]. Das ist nicht der Fall, wenn der Bestand der Einrichtung unabhängig vom wirtschaftlichen Erfolg aufrechterhalten werden soll. Daraus folgt, dass jede Einrichtung des öffentlichen Rechts, die keinem „entwickeltem Wettbewerb"[239], damit auch nicht auf Gedeih und Verderb den Marktmechanismen ausgesetzt ist, als nicht gewerblich handelnd einzuordnen ist.

So handeln unter anderem auch Sparkassen und Landeszentralbanken nichtgewerblich im Sinne von § 98 Nr. 2 GWB. Denn Anstaltslast und Gewährträgerhaftung sorgen für ein Überleben dieser Institute unabhängig vom wirtschaftlichen Erfolg[240]. Weiterhin muss bedacht werden, dass die Stellung von Kreditinstituten im Wettbewerb ganz entscheidend von den Einschätzungen der Rating-Agenturen abhängig ist. Die fehlende Möglichkeit eines Konkurses wirkt sich zum Vorteil der öffentlich-rechtlichen Kreditinstitute auf diese Evaluierungen aus. Insbesondere international agierende Landeszentralbanken profitieren bezüglich ihrer Refinanzierungskosten, da sie aufgrund fehlenden Konkursrisikos und entsprechend positiver Evaluierungen bei der Aufnahme von nachrangigem Haftkapital in der Form von Ergänzungskapital an die Anleger geringere Zinsen zahlen müssen. Das ist verständlich, wenn man bedenkt, dass das Verlustrisiko für die Anleger aufgrund der Ausfallhaftung der finanziell potenten öffentlichen Hand nicht vorhanden ist. Diese günstigen Konditionen können an die Kunden weitergereicht werden. Im Gegensatz zu den Landeszentralbanken verfügen derzeit lediglich zwei Sparkassen (Stadtsparkasse Köln, Landesgirokasse Stuttgart) über ein Rating. Aufgrund des rückläufigen Einlagegeschäftes der Sparkassen sind diese jedoch mehr und mehr gezwungen, Finanzmittel bei den

---

237 In Form eines Gesetzes, einer Verordnung, einer Satzung, eines Gesellschaftsvertrages, etc.; vgl. EuGH, Urt. vom 10.11.1998, Rs. C-360/96, Slg. 1998, I-6821, Tz. 59-62 – Gemeente Arnhem u. Gemeente Rheden./.BFI Holding BV.

238 *Thode*, Zum vergaberechtlichen Status von juristischen Personen des Privatrechts, ZIP 2000, 1, 6.

239 So EuGH, Urt. vom 10.11.1998, Rs. C-360/96, Slg. 1998, I-6821, Tz. 49 – Gemeente Arnhem u. Gemeente Rheden./.BFI Holding BV; vgl. zu dieser Anforderung auch *Dreher*, Bestehender Wettbewerb und Auftraggeberbegriff des Kartellvergabegesetzes, WuW 1999, 244, 245 ff.

240 § 3 Abs. 1, 2 ThürSpKG: „(1) Für die Verbindlichkeiten der Sparkasse haftet der Gewährträger unbeschränkt. [...] Die Gläubiger können den Gewährträger nur in Anspruch nehmen, soweit sie aus dem Vermögen der Sparkasse nicht befriedigt werden (Gewährträgerhaftung). (2) Der Gewährträger stellt sicher, daß die Sparkasse ihre Aufgaben erfüllen kann (Anstaltslast)". Bei den Gewährträgern handelt es sich gemäß § 2 Abs. 2 ThürSpKG um: „[...] (2) Landkreise oder kreisfreie Städte oder von diesen gebildete kommunale Zweckverbände (Gewährtäger) [...]." Die Anstaltslast bezeichnet die allgemeine Instandhaltungspflicht der Gewährträger (Haftung im Innenverhältnis); währenddessen die Gewährträgerhaftung eine Haftung der Gewährträger gegenüber den Vertragspartnern der Kreditinstitute darstellt (Haftung im Außenverhältnis); *v. Friesen*, Staatliche Haftungszusagen für öffentliche Kreditinstitute aus europarechtlicher Sicht 1998, S. 34, 41.

Landeszentralbanken aufzunehmen, die wiederum ihre Vorzugskonditionen weiterreichen können[241].

(3) Staatliche Beherrschung oder Finanzierung

Als weitere Voraussetzung müssen die Gebietskörperschaften, ihre Sondervermögen oder die Verbände, deren Mitglieder diese Gebietskörperschaften oder Sondervermögen sind, die entsprechende Einrichtung überwiegend finanzieren[242] oder über ihre Leitung einzeln oder gemeinsam die Aufsicht ausüben. Diese Voraussetzungen sind bei juristischen Personen des öffentlichen Rechts grundsätzlich unproblematisch gegeben.

Eine Ausnahme könnten hier die Selbstverwaltungskörperschaften bilden, die allerdings aufgrund der europarechtlichen Vorgaben[243] als öffentliche Auftraggeber vorgesehen[244] sind. Unabhängig davon ließe sich auch über die gesetzliche Errichtung und die Rechtsaufsicht das erforderliche Einwirkungskriterium begründen[245].

Anders ist die Situation bei Religionsgemeinschaften als Körperschaften des öffentlichen Rechts und deren Einrichtungen zu beurteilen, bei denen es grundsätzlich an einer staatlichen Herrschaftsausübung fehlt[246]. Das entbindet jedoch nicht von einer sorgfältigen Prüfung des Einzelfalles. So hat der VÜA Rheinland-Pfalz eine fehlende staatliche Beherrschung für eine kirchliche Stiftung nur deshalb abgelehnt, weil lediglich eine Minderheit der Mitglieder des Aufsichtsorganes von staatlicher Seite bestellt wurde[247].

In keinem Fall sind öffentlich-rechtliche Rundfunkanstalten öffentliche Auftraggeber. Diese Einrichtungen sind als „[...] sich selbst verwaltende Anstalten des öffentli-

---

241 *v. Friesen*, Umgestaltung des öffentlich-rechtlichen Bankensektors angesichts des Europäischen Beihilfenrechts, EuZW 1999, 581, 582.

242 Eine überwiegende Finanzierung ist dann vorliegend, wenn der Staat die juristische Person zu mehr als 50% finanziert; vgl. EuGH, Urt. vom 03.10.2000, Rs. C-380/98, Tz. 30 – University of Cambridge, mitgeteilt in: Forum Vergabe e.V., Monatsinfo 1/2001.

243 Vgl. dazu Art. 1 lit. b BKR.

244 Selbstverwaltungskörperschaften, wie wissenschaftliche Hochschulen, berufsständische Vereinigungen, Sozialversicherungen, Handwerkskammern usw., sind nach den europarechtlichen Vorgaben als juristische Personen des öffentlichen Rechts grundsätzlich von dem persönlichen Anwendungsbereich der Koordinierungsrichtlinien umfasst; vgl. die Auflistung in Anhang I der BKR; Nr. 1 – Juristische Personen des öffentlichen Rechts.

245 Siehe auch *Pietzcker*, Die neue Gestalt des Vergaberechts, ZHR 1998, 427, 445.

246 Vgl. BVerfGE 19, 1, 5; 30, 112, 119 f.; 70, 138, 160 f.

247 VÜA Rheinland-Pfalz, Beschl. vom 25.08.1997, EzEG-VergabeR, IV Nr. 11.5 – Ausschreibung durch kirchliche Stiftung; Siehe zu dieser Problematik auch: *Seidel*, Zur Wandlung des Begriffsinhaltes „öffentlicher Auftraggeber“ im EG-Vergaberecht vom institutionellen zum funktionellen Begriff, sowie zu aktuellen Anwendungsfragen des erweiterten Begriffs, ZfBR 1995, 227, 232-33.

chen Rechts geschaffen worden; ihre Organisation ist derart, dass ein beherrschender Einfluss des Staates auf die Anstalten unmöglich ist."[248] Nicht umsonst fehlen diese Anstalten im Katalog der europarechtlich als öffentliche Auftraggeber definierten juristischen Personen des öffentlichen Rechts[249].

bb. Juristische Personen des Privatrechts

Juristische Personen des Privatrechts sind ebenfalls öffentliche Auftraggeber i.S.v. § 98 Nr. 2 GWB, sobald die Merkmale der nichtgewerblichen Aufgabenerfüllung im Allgemeininteresse und eine staatliche Beherrschung oder Finanzierung kumulativ vorliegend sind.

(1) Allgemeininteresse

Im Gegensatz zu den juristischen Personen des öffentlichen Rechts spricht bei den juristischen Personen des Privatrechts eine Vermutung gegen die Erfüllung einer Aufgabe im Allgemeininteresse, weil es an einer institutionellen Anbindung an Staat und öffentliche Einrichtungen grundsätzlich fehlt. Das Tatbestandsmerkmal muss demnach positiv unter funktionalen Aspekten nachgewiesen werden. Grundsätzlich bedarf es daher zunächst einer originär staatlichen Aufgabensetzung[250]; das private Unternehmen muss eine „genuin staatliche Aufgabe" erfüllen[251]. Das muss nicht immer unmittelbar geschehen. Ausreichend ist, wenn private Einrichtungen Pflichten übernehmen, die juristischen Personen des öffentlichen Rechts gesetzlich auferlegt wurden[252].
So hat das VG Koblenz richtigerweise in jeder Wahrnehmung einer Pflichtaufgabe der Gemeinde durch eine juristische Person des Privatrechts eine Erfüllung einer Aufgabe im Allgemeininteresse nichtgewerblicher Art gesehen[253]. Für den kommunalen Bereich erfüllt daraus folgend jedes private Unternehmen, dass die gemeindli-

---

248 Vgl. BVerfGE 31, 314, 322; vgl. auch die Ausnahmebestimmung des § 100 Abs. 2 lit. j GWB, der öffentliche Aufträge, die sich auf die Ausstrahlung von Sendungen beziehen ausdrücklich von den Vorschriften des GWB ausnimmt.

249 Vgl. die Auflistung in Anhang I der BKR; Nr. 1 – Juristische Personen des öffentlichen Rechts.

250 Vgl. *Heise*, Der Begriff des „öffentlichen Auftraggebers" im neuen Vergaberecht, LKV 1999, 210, 211; *Hailbronner*, in: Forum 95, Öffentliches Auftragswesen, S. 127, 134.

251 VÜA Bund, Beschl. vom 12.04.1995, WuW/E VergAB 27 = WuW 1995, 1057 – Kraftwerkskomponenten.

252 Vgl. *Hailbronner/Weber*, Die Neugestaltung des Vergabewesens durch die Europäische Gemeinschaft, EWS 1997, 73, 76.

253 Vgl. VG Koblenz, Beschl. vom 08.07.1997, VgR 1997, 38 ff. – Ausbau Kläranlage.

chen Pflichtaufgaben der Abfall[254]- oder Abwasserbeseitigung[255] übernommen oder übertragen bekommen hat, eine Aufgabe im Allgemeininteresse. Hinsichtlich der Pflichtaufgaben des Bundes muss eine solche Qualifikation ebenfalls für die Deutsche Post AG angenommen werden. Gemäß Art. 87 f Abs. 1 GG muss der Bund im Bereich des Postwesens flächendeckend, angemessene und ausreichende Dienstleistungen bereitstellen. An der Erfüllung einer Aufgabe im Allgemeininteresse durch die Deutsche Post AG aufgrund dieser gesetzlich auferlegten Universaldienstverpflichtung ändert sich auch nichts, dass lediglich der Bund durch die grundgesetzlichen Vorgaben betroffen ist[256]. Somit erfüllt auch die Deutsche Bundesbahn AG eine Aufgabe im Allgemeininteresse, da die Aufrechterhaltung des Schienennetzes der Eisenbahnen sowie deren Verkehrsversorgung dem Bund gemäß Art. 87 e Abs. 1, Abs. 4 GG als Pflichtaufgabe zugewiesen ist[257].

Die im „Allgemeininteresse" erfüllte Aufgabe muss nicht der alleinige Unternehmenszweck sein. Vielmehr ist mit dem EuGH davon auszugehen, dass erst dann eine Aufgabenerfüllung im „Allgemeininteresse" zu verneinen ist, wenn die Erfüllung staatlicher Aufgaben insgesamt aufgegeben wurde[258].

Damit sind die Vorstellungen des deutschen Gesetzgebers obsolet, nach welcher diese Entscheidung abhängig von der im Privatisierungsrechtsakt festgelegten Aufgabenverteilung zwischen Staat und Unternehmen erfolgen soll[259]. Jeder noch so geringe Anteil an staatlicher Aufgabenerfüllung „infiziert"[260] das gesamte Unternehmen.

---

254 Kommunale Abfallbeseitigungspflicht nach § 2 Abs. 1 Thür. Abfallwirtschafts- und Altlastengesetz vom 31.07.1991 (GVBl. 1991 S. 273).

255 Kommunale Abwasserbeseitigungspflicht nach § 58 Abs. 1 Thür. Wassergesetz vom 10.05.1994 (GVBl. 1994 S. 445).

256 So aber *Thode*, Zum vergaberechtlichen Status von juristischen Personen des Privatrechts, ZIP 2000, 2, 8.

257 Deshalb ist auch sowohl für die Betriebsgesellschaft als auch die Fahrwerksgesellschaft der Deutschen Bahn AG die öffentliche Auftraggebereigenschaft durch den VÜA Bund festgestellt worden; vgl. VÜA Bund, Beschl. vom 08.09.1994, WuW/E VergAB 17 = WuW 1995, 873 – Deutsche Bahn AG Betriebsgesellschaft-Überführungsbauwerk; VÜA Bund, Beschl. vom 13.12.1995, WuW/E VergAB 64 = WuW 1996, 344 – Deutsche Bahn AG Fahrwerksgesellschaft.

258 Vgl. dazu EuGH, Urt. vom 15.01.1998, Rs. C-44/96, Slg. 1998, I-73, Tz. 25 – Mannesmann Austria./.Strohal Rotationsdruck: „[...] daß die Erfüllung von im Allgemeininteresse liegenden Aufgaben tatsächlich nur einen geringen Teil der Tätigkeiten der Staatsdruckerei ausmache, kommt es ebenfalls nicht an, solange diese Einrichtung weiterhin die Aufgaben wahrnimmt, die sie als besondere Pflicht zu erfüllen hat."

259 Amtliche Begründung zum VgRÄG, BT-Drucks. 13/9340, zu § 107, S. 12, 15.

(2) Nichtgewerblichkeit

Das Tatbestandsmerkmale der „Nichtgewerblichkeit" ist ebenso schwierig nachzuweisen[261]. Die alleinige Untersuchung des gesetzlich determinierten Gründungszwecks kann für eine derartige Bestimmung nicht ausreichen[262]. Es liegt auf der Hand, dass über die entsprechende Gestaltung des Gründungsdokumentes eine Umgehung der vergaberechtlichen Vorschriften für staatlich beeinflusste Unternehmen versucht werden könnte. So ließe sich die Deutsche Post AG vom Anwendungsbereich des § 98 Nr. 2 GWB ausschließen, da sie alleinig zu gewerblichen Zwecken gegründet wurde[263]. Genauso wie bei den juristischen Personen des öffentlichen Rechts muss daher auch hier die Frage einer nichtgewerblichen Aufgabenerfüllung über die Bestimmung eines entwickelten Wettbewerbes auf dem einschlägigen Markt determiniert werden. Sobald ein Unternehmen nicht vollständig den Kräften des Marktes ausgesetzt ist, so zum Beispiel durch die Gewährung von Monopolrechten, kann es zu einer staatlichen Einflussnahme kommen. Diese Einflussnahme kann dazu führen, dass eine protektionistische Einkaufspolitik von staatlicher Seite durch das Unternehmen gefördert wird. Aus diesem Grunde handelt die Deutsche Post AG noch nichtgewerblich, weil sie aufgrund des durch Art. 143 b Abs. 2 GG gewährten Briefbeförderungsmonopols für Individualbriefsendungen bis 200 g[264] noch nicht auf „Gedeih und Verderb" den Kräften des Marktes ausgesetzt ist. Es kann also erst dann von einer „Gewerblichkeit" ausgegangen werden, wenn sämtliche Bevorzugungen für die juristische Person des Privatrechts von staatlicher Seite weggefallen sind.

(3) Staatliche Beherrschung oder Finanzierung

Eine staatliche Beherrschung privater Unternehmen ist immer dann anzunehmen, wenn die staatliche Stelle die Mehrheit des gezeichneten Kapitals des Unternehmens

---

260 *Eschenbruch* bezeichnet plastisch die vom EuGH getroffenen Aussagen in diese Richtung als „Infizierungstheorie"; vgl. *Eschenbruch*, in: Eschenbruch/Hunger/Kulartz/Kus/Niebuhr/Portz, Kommentar zum Vergaberecht 2000, S. 141.

261 Vgl. zur Gründung von privatrechtlich organisierten Unternehmen durch die Kommunen – § 73 Abs. 1 ThürKO; Auch die in Privatrechtsform betriebenen Unternehmen „sollen" gemäß § 75 Abs. 1 ThürKO einen Ertrag für die Gemeinde abwerfen.

262 Vgl. in diese Richtung ausdrücklich EuGH, Urt. vom 15.01.1998, Rs. C-44/96, Slg. 1998, I-73, Tz. 26 – Mannesmann Austria./.Strohal Rotationsdruck.

263 § 2 Satzung der Deutschen Post AG.

264 Vgl. § 51 PostG vom 02.12.1997 (BGBl. I 1997 S. 3294).

hält[265]. Bei privater Finanzierung und anderweitiger Beherrschung muss eine Untersuchung des Einzelfalls ergeben, inwieweit diese Voraussetzungen des § 98 Nr. 2 GWB vorliegend sind. Als Auslegungshilfe bietet sich die Anlage 1 zur Baukoordinierungsrichtlinie an, die für bestimmte privatrechtliche Einrichtungen die öffentliche Auftraggebereigenschaft indiziert. Durch § 98 Nr. 2 S. 2 GWB wird sichergestellt, dass auch dann ein öffentlicher Auftraggeber i.S.v. § 98 Nr. 2 GWB vorliegt, wenn die juristischen Personen des privaten oder öffentlichen Rechts, welche die Voraussetzungen von § 98 Nr. 2 S. 1 GWB erfüllen, ihrerseits die beherrschende Einrichtung über eine andere juristische Person des privaten oder öffentlichen Rechts darstellen. Damit wird verhindert, dass durch eine Kette von einander beherrschenden juristischen Personen die Auftraggebereigenschaft des letzten Gliedes ausgeschaltet wird.

c. Verbände aus staatlich beherrschten juristischen Personen

Gleichermaßen unter den öffentlichen Auftraggeberbegriff nach § 98 Nr. 3 GWB fallen die Verbände, deren Mitglieder zu den staatlich beherrschten juristischen Personen des öffentlichen oder privaten Rechts gehören, welche im Allgemeininteresse liegende Aufgaben nichtgewerblicher Art erfüllen.

d. Private Unternehmen der Daseinsvorsorge

§ 98 Nr. 4 GWB verpflichtet die so genannten Sektorenauftraggeber. Diese Norm erfasst alle „[...] natürliche[n] und juristische[n] Person[en] des privaten Rechts, die auf dem Gebiet der Trinkwasser- oder Energieversorgung, des Verkehrs oder der Telekommunikation tätig sind, wenn diese Tätigkeiten auf der Grundlage von besonderen oder ausschließlichen Rechten gewährt wurden, oder wenn Auftraggeber, die unter Nummer 1 bis 3 fallen, auf diese Personen einzeln oder gemeinsam einen beherrschenden Einfluss ausüben können [...]."

Eine Ausnahme bilden die noch im Gesetz erwähnten Telekommunikationsunternehmen, welche nicht mehr als öffentliche Auftraggeber zu qualifizieren sind[266]. Der

---

265 Dieses entspricht der Abhängigkeitsvermutung in § 17 Abs. 2 AktG: „Von einem im Mehrheitsbesitz stehenden Unternehmen wird vermutet, daß es von dem an ihm mit Mehrheit beteiligten Unternehmen abhängig ist."

266 Vgl. Mitteilung der Kommission – KOM (1999), ABl. C Nr. 156 vom 03.06.1999, S. 3 ff.: Demnach sind Telekommunikationsunternehmen für die Tätigkeiten Festnetz, Mobilnetz, Satellitendienste, Datenübertragung/Mehrwertdienste von der Anwendung der Sektorenkoordinierungsrichtlinie nach Art. 8 Abs. 1 SKR befreit. Für die nationalen Vorschriften ist eine solche Ausnah-

Telekommunikationsmarkt ist europaweit liberalisiert; die Monopolstrukturen sind weitgehend aufgebrochen. Die staatlichen oder staatlich beherrschten und privaten Telekommunikationsanbieter in marktbeherrschender Stellung sind gesetzlich verpflichtet, ihren Konkurrenten die Nutzung bestehender Netze einzuräumen[267]. Eine Anwendung der Vergaberegulierungen erübrigt sich daher. Protektionistisches Verhalten zugunsten einheimischer Anbieter ist von Telekommunikationsunternehmen, die ausschließlich nach betriebswirtschaftlichen Kriterien handeln, nicht mehr zu erwarten.

aa. Rein private Sektorenauftraggeber

Die erste Alternative erfasst rein private Sektorenauftraggeber, also Unternehmen, die nicht aufgrund gesellschaftlicher Beteiligung oder Finanzierung staatlich beherrscht werden. Eine Verbindung zur öffentlichen Hand besteht aber dennoch, da diese Unternehmen bestimmte Versorgungsfunktionen wahrnehmen, welche aufgrund der gesetzlichen Bestimmungen ausschließlich der öffentlichen Hand obliegen. Auch wenn die persönliche Verpflichtung dieser grundsätzlich staatsfernen Unternehmen als öffentliche Auftraggeber zunächst erstaunlich scheint, ist eine staatliche Beeinflussung auf die unternehmerische Einkaufspolitik durch die entsprechende Übertragung oder Entziehung solcher ausschließlichen Rechte immer noch möglich. Um auch hier protektionistisches, ausländische Anbieter diskriminierendes Verhalten verhindern zu können, ist eine Einbindung auch dieser Unternehmen in den Kreis öffentlicher Auftraggeber notwendig.
Die Trinkwasserversorgung[268] wird von einem privaten Unternehmen aufgrund ausschließlicher Rechte vorgenommen, wenn die öffentlich-rechtlich Versorgungsverpflichteten diese Aufgabe auf das Unternehmen übertragen haben und gleichzeitig ein Anschluss- und Benutzungszwang die Bürger an den Betreiber bindet[269].

---

me ebenfalls vorgesehen; vgl. §§ 8 ff. VgV in der Telekommunikationsunternehmen als Sektorenauftraggeber nicht mehr aufgeführt sind.

267 Vgl. § 35 Abs. 1 TKG: „Der Betreiber eines Telekommunikationsnetzes, der Telekommunikationsdienstleistungen für die Öffentlichkeit anbietet und auf einem solchen Markt über eine marktbeherrschende Stellung nach § 19 des Gesetzes gegen Wettbewerbsbeschränkungen verfügt, hat anderen Nutzern Zugang zu seinem Telekommunikationsnetz oder zu Teilen desselben zu ermöglichen."

268 Diese umfasst gemäß § 8 Nr. 1 VgV: „[...] die Bereitstellung und das Betreiben fester Netze zur Versorgung der Öffentlichkeit im Zusammenhang mit der Gewinnung, dem Transport oder der Verteilung von Trinkwasser sowie die Versorgung dieser Netze mit Trinkwasser; [...]."

269 Vgl. zu dieser Möglichkeit §§ 61 Abs. 1, 2 i.V.m. 58 Abs. 4 S. 2, Abs. 5 ThürWG (GVBl. 1994 S. 478).

Rein private Verkehrsunternehmen[270] unterfallen ebenfalls § 98 Nr. 4 Alt. 1 GWB, wenn sie durch öffentliche Aufgabenträger in die Versorgung der Bevölkerung eingebunden werden[271].

Die rein privaten Energieversorger[272] zählen gleichfalls zu den öffentlichen Auftraggebern. Aufgrund der zunehmenden Liberalisierung des Energieversorgungsmarktes erscheint es indes nicht spekulativ, auch für diese Unternehmen in absehbarer Zukunft eine Entfernung aus dem Kreis der öffentlichen Auftraggeber zu antizipieren. Insbesondere die Wahlmöglichkeit der Endverbraucher unter den verschiedenen Anbietern aufgrund allgemeiner Durchleitungsverpflichtungen[273] lässt die Voraussetzungen des § 98 Nr. 4 GWB nach einer Tätigkeit aufgrund eines besonderen oder ausschließlichen Rechts fraglich erscheinen.

So haben künftig sämtliche Energieversorgungsunternehmen (Elektrizitäts- und Gasversorgung) nach § 7 Abs. 2 VgV, unabhängig von einer staatlichen Beteiligung, lediglich die weniger strengen vierten Abschnitte der Verdingungsordnungen anzuwenden. Diese Anpassung erfolgte aufgrund der Argumentation der kommunalen Spitzenverbände, dass der Energiemarkt inzwischen vollständig liberalisiert sei[274]. Die Entwicklung hat zwar auf den ersten Blick keinen Einfluss auf die Stellung rein privater Energieversorger, die schon immer lediglich die vierten Abschnitte der Verdingungsordnungen anzuwenden hatten. Es ist jedoch ein Trend zu erkennen, wonach durch die voranschreitende Liberalisierungen die persönliche Verpflichtung der Energieversorger weiter gelockert wird.

bb. Staatlich beherrschte private Sektorenauftraggeber

Die zweite Alternative des § 98 Nr. 4 GWB soll staatlich beherrschte Sektorenauftraggeber erfassen. Diese Einbindung mündet im Zusammenhang mit den Vorgaben

---

270 Vgl. § 8 Nr. 4 VgV; Danach unterfallen diesem Bereich insbesondere die Betreibung von Flughäfen, See- und Binnenschiffverkehr, sämtlicher Schienenverkehr und öffentlicher Personennahverkehr.

271 Vgl. zu dieser Möglichkeit §§ 3 Abs. 1, 2 i.V.m. Abs. 3 ThürÖPNVG (GVBl. 1995 S. 357); Öffentlich-rechtliche Aufgabenträger können sich zur Erfüllung der Daseinsvorsorgeaufgabe des Personennahverkehrs privater Unternehmen bedienen.

272 Vgl. § 8 Nr. 2, 3 VgV; Diese umfasst hauptsächlich die Versorgung der Öffentlichkeit mit Strom, Gas und Wärme von Unternehmen nach § 2 Abs. 3 EnWG.

273 Vgl. dazu § 6 Abs. 1 EnWG: „Betreiber von Elektrizitätsversorgungsnetzen haben anderen Unternehmen das Versorgungsnetz für Durchleitungen zu Bedingungen zur Verfügung zu stellen, die nicht ungünstiger sind, als sie von ihnen in vergleichbaren Fällen für Leistungen innerhalb des Unternehmens oder gegenüber verbundenen oder assoziierten Unternehmen tatsächlich oder kalkulatorisch in Rechnung gestellt werden."

274 Vgl. dazu die Anmerkung in: Forum Vergabe e.V., Monatsinfo 5/2000, S. 38.

der VgV in ein profundes Problem, denn grundsätzlich bindet § 7 Abs. 2 VgV die öffentlichen Auftraggeber nach § 98 Nr. 4 GWB an die weniger strengen 4. Abschnitte der Verdingungsordnungen. Des Weiteren ist den Sektorenauftraggebern i.S.d. § 98 Nr. 4 GWB nach § 101 Abs. 5 S. 2 GWB die freie Wahl des Vergabeverfahrens, also die freihändige Vergabe statt einer öffentlichen Ausschreibung, möglich.

Nach dem Wortlaut der Norm könnte das auch für die staatlich beherrschten Sektorenauftraggeber zutreffen, die nichtgewerblich eine Aufgabe im Allgemeininteresse erfüllen. Fraglich wäre dann allerdings, ob diese öffentlichen Auftraggeber nicht unter § 98 Nr. 2 GWB zu subsumieren sind. Damit ginge nach dem Wortlaut von § 7 Abs. 1 VgV eine Bindung an die 3. Abschnitte der Verdingungsordnungen einher; ferner entfiele die freie Wahl der Vergabeverfahren nach § 101 Abs. 5 Satz 2 GWB. Der Wortlaut von § 7 Abs. 1 VgV statuiert demnach das genaue Gegenteil von der Regelung des § 7 Abs. 2 VgV. Wie dieses Problems zu lösen ist, ergibt sich nicht zwingend aus den Vorgaben des Europarechts, weil nach § 2 Abs. 1 a) b) SKR sämtliche Sektorenauftraggeber an die liberaleren Voraussetzungen der Sektorenkoordinierungsrichtlinie gebunden sein sollen, unabhängig von staatlicher Beherrschung, Erfüllung einer Aufgabe im Allgemeininteresse oder einer nichtgewerblichen Tätigkeit. Die nationalen Vorschriften behandeln demnach staatlich beherrschte Sektorenauftraggeber evident strenger als das europäische Vergaberecht. Nach deutscher Diktion ist davon auszugehen, dass § 98 Nr. 2 GWB lex specialis gegenüber § 98 Nr. 4 GWB ist, weil diese Norm den umfangreicheren Katalog von Tatbestandsvoraussetzungen bereithält[275]. Es ist daher davon auszugehen, dass für staatlich beherrschte Sektorenauftraggeber bei nichtgewerblicher Erfüllung einer Aufgabe im Allgemeininteresse § 98 Nr. 2 GWB den § 98 Nr. 4 GWB verdrängt.

Diese Problematik trifft auf die noch „übrig gebliebenen“ Trinkwasser- und Verkehrsversorger zu. Diese haben eine „genuin staatliche Aufgabe“ übernommen, erfüllen mithin eine Aufgabe im Allgemeininteresse[276]. Von einem entwickelten Wettbewerb auf diesen Märkten kann nicht gesprochen werden, so dass auch eine nichtgewerbliche Aufgabenerfüllung vorliegt. Diese Unternehmen müssen als öffentliche Auftraggeber nach § 98 Nr. 2 GWB über § 7 Abs. 1 VgV die dritten Abschnitte

---

275 Vgl. dahingehend völlig zu Recht *Pietzcker*, Die neue Gestalt des Vergaberechts, ZHR 1998, 427, 449 mit Verweis auf *Jasper/Marx*, Vergaberecht-Textausgabe 1997, Einführung, S. XIX: „Weitere nicht ausdrücklich genannte Voraussetzung ist, daß es sich nicht selbst um ein Unternehmen handelt, das unter Nr. 2 einzuordnen ist."

276 VÜA Bund, Beschl. vom 12.04.1995, WuW/E VergAB 27 = WuW 1995, 1057 – Kraftwerkskomponenten.

der Verdingungsordnungen anwenden und können von der freien Wahl der Vergabeverfahren nach § 101 Abs. 5 S. 2 GWB nicht profitieren.

e. Staatliche Finanzierung und Baukonzessionen

Durch die §§ 98 Nr. 5 und Nr. 6 GWB werden weitere privatrechtliche Unternehmen ohne staatliche Beteiligung in die Reihe der öffentlichen Auftraggeber aufgenommen.

§ 98 Nr. 5 GWB erfasst, „[...] natürliche und juristische Personen des privaten Rechts in den Fällen, in denen sie für Tiefbaumaßnahmen, für die Errichtung von Krankenhäusern, Sport-, Erholungs- und Freizeiteinrichtungen, Schul-, Hochschul- oder Verwaltungsgebäuden oder für damit in Verbindung stehende Dienstleistungen und Auslobungsverfahren von Stellen, die unter Nummer 1 bis 3 fallen, Mittel erhalten, mit denen diese Vorhaben zu mehr als 50 vom Hundert finanziert werden." Unter welchen Bedingungen hier rein private Unternehmen die Vorgaben des VgRÄG anzuwenden haben, ist im Gegensatz zu den vorstehenden Normen also relativ einfach zu bestimmen. Fraglich bleibt dennoch, wie der Begriff der „Finanzierung" verstanden werden muss. Die sekundärrechtlichen Vorgaben der Baukoordinierungsrichtlinie verlangen einen Subventionierungscharakter der Finanzierung. Wie aus der Norm zu sehen ist, ist der deutsche Gesetzgeber hier offensichtlich über die Anforderungen der Richtlinie hinausgegangen. Jede Art von Finanzierung für die bezeichneten Projekte implementiert den Projektausführenden in den Kreis der öffentlichen Auftraggeber. Damit erfüllt auch eine überwiegende Finanzierung durch einen zu marktüblichen Konditionen gewährten Kredit die Voraussetzungen von § 98 Nr. 5 GWB, obwohl einem solchen Kredit die staatliche Vorteilsgewährung, damit auch grundsätzlich der Subventionierungscharakter, abgesprochen werden könnte[277].

§ 98 Nr. 6 GWB erfasst „[...] natürliche und juristische Personen des privaten Rechts, die mit Stellen, die unter Nummer 1 bis 3 fallen, einen Vertrag über die Erbringung von Bauleistungen abgeschlossen haben, bei dem die Gegenleistung für die Bauarbeiten statt in einer Vergütung in dem Recht auf Nutzung der baulichen Anlage, ggf. zuzüglich der Zahlung eines Preises besteht, hinsichtlich der Beauftragung an Dritte (Baukonzessionen)." Baukonzessionäre nehmen im Kreis der öffentlichen Auftraggeber allerdings eine besondere Stellung ein. Als rein private Unternehmen müssen sie ihre Auftragsvergaben lediglich europaweit bekannt machen, andere Vergabere-

---

277 Vgl. *Heiermann/Ax*, Rechtsschutz bei der Vergabe öffentlicher Aufträge 1997, Rdnr. 50.

gulierungen obliegen ihnen nicht[278]. Das kann im Einklang mit der Problematik der staatlich beherrschten Sektorenauftraggeber nur für solche Baukonzessionäre gelten, bei welchen nicht schon aufgrund staatlicher Beherrschung und der nichtgewerbliche Erfüllung einer Aufgabe im Allgemeininteresse eine Zuordnung zu § 98 Nr. 2 GWB erforderlich ist.

f. Zusammenfassung / Fazit

§ 98 GWB bindet ein Konglomerat von institutionellen und funktionellen öffentlichen Auftraggebern an das neue deutsche Vergaberecht. Wo kann man also anschaulicher nachvollziehen, dass die Grenzen zwischen Staat und Gesellschaft fließend sind ? Europas Versorgungsmärkte befinden sich im Umbruch. Die Liberalisierung ganzer Versorgungsmärkte zwingt die öffentliche Hand, Monopolstellungen Stück für Stück aufzugeben; lieb gewordene Privilegien zerbröseln unter den Anforderungen der Grundfreiheiten. Nicht die öffentliche Hand selber, sondern in immer größerem Umfang private Unternehmen übernehmen die Aufgaben der Daseinsvorsorge. Wo allerdings staatlich monopolistische Strukturen der Durchsetzung marktwirtschaftlicher Kräfte im Wege sind, die öffentliche Hand mittels Beteiligungen an den privatrechtlichen Versorgern eine reale Machtposition oder durch Gewährung ausschließlicher oder besonderer Rechte eine faktische Einflussmöglichkeit innehat, kann die Anwendungsverpflichtung öffentlicher Auftragsnormen nicht aufgehoben werden. Zu groß ist die Gefahr, dass von staatlicher Seite geförderter nationaler Protektionismus der Durchsetzung primärrechtlicher Anforderungen des Europarechts im Wege steht. Mit dem zunehmenden Rückzug des Staates aus privatrechtlich organisierten Versorgungseinheiten werden die Bindungen dieser Unternehmen an den Vergaberechtskatalog entfallen.

Der Wille privater Versorgungsunternehmen, sich trotz staatlicher Beherrschung aus dem Geflecht der Vergaberegulierungen zu befreien, ist allerdings nur zu verständlich[279]. Diese Einheiten vergeben meist ihre Aufträge schon aufgrund bestehender

---

278 Vgl. § 6 VgV, der für die Anwendung des § 32 a Nr. 2, 3 VOB/A sorgt. Die Absicht zur Vergabe von Bauaufträgen an Dritte ist im Amtsblatt der EG bekannt zu machen. Der Baukonzessionär muss für die Beantragung zur Teilnahme am Wettbewerb 37 Tage einräumen, für den Eingang der Angebote 40 Tage nach Aufforderung zur Abgabe eines Angebotes.

279 VÜA Bund, Beschl. vom 08.09.1994, WuW/E VergAB 14 = WuW 1995, 870 – Telefonhauben- und säulen (Telekom); VÜA Bund, Beschl. vom 08.09.1994, WuW/E VergAB 17 = WuW 1995, 873 – Deutsche Bahn AG-Betriebsgesellschaft-Überführungsbauwerk; VÜA Bund, Beschl. vom 20.11.1995, WuW/E VergAB 58 = WuW 1996, 338 – Abrißarbeiten; VÜA Bund, Beschl. vom 13.12.1995, WuW/E VergAB 64 = WuW 1996, 344 – Deutsche Bahn AG-Fahrweggesellschaft; VÜA Brandenburg, Beschl. vom 27.11.1996 und 25.05.1998, EzEG-VergabeR, IV Nr. 4.6. – Technische Beratungsdienste.

marktwirtschaftlicher Zwänge nach betriebswirtschaftlichem Kalkül und damit diskriminierungsfrei. Die zwingende Einbindung dieser Unternehmen aufgrund staatlichen Einflusses als öffentliche Auftraggeber ist in diesen Fällen kein repressives Instrument zur Beseitigung bestehender Missstände, sondern präventives Instrument zur Verhütung potentieller Diskriminierungsgefahren.

3. Die Anforderungen an das Vergabeverfahren

Die grundsätzlichen Anforderungen an das Vergabeverfahren sind in den formell-gesetzlichen Vorschriften des Vergaberechtsänderungsgesetzes statuiert. Die Vergabe öffentlicher Aufträge nach wettbewerblichen und transparenten Verfahren ist einer der zwingenden Grundsätze des neuen deutschen Vergaberechts. Das in § 97 Abs. 1 GWB aufgestellte Wettbewerbsgebot wird durch den einfach-rechtlichen Gleichbehandlungsgrundsatz des § 97 Abs. 2 GWB unterstützt. Die Gleichbehandlung aller Bieter und Bewerber im Verfahren ist selbstverständliche Voraussetzung für einen fruchtbaren Wettbewerb um den Zuschlag. Unter den Angeboten fachkundiger, leistungsfähiger und zuverlässiger Unternehmen (§ 97 Abs. 4 GWB) soll auf das wirtschaftlichste Gebot der Zuschlag erteilt werden (§ 97 Abs. 5 GWB). Die Definition des offenen[280], nicht offenen[281] und Verhandlungsverfahrens[282] in § 102 Abs. 2-4 GWB ist identisch mit der jeweiligen Definition in den Verdingungsordnungen[283]. Um den Grundsätzen des § 97 Abs. 1 GWB nach einer Vergabe öffentlicher Aufträge auf dem Wege wettbewerblicher und transparenter Verfahren gerecht zu werden, ist nach der Vorgabe des § 101 Abs. 5 GWB grundsätzlich immer das offene Verfahren, mithin die öffentliche Ausschreibung des Auftrages, vorzunehmen. Beschränkte Ausschreibungen oder Verhandlungsverfahren sind nur bei Vorliegen der Ausnahmetatbestände der Verdingungsordnungen[284] möglich[285]. Das

---

280 § 101 Abs. 2 GWB: „Offene Verfahren sind Verfahren, in denen eine unbeschränkte Anzahl von Unternehmen öffentlich zur Abgabe von Angeboten aufgefordert wird."

281 § 101 Abs. 3 GWB: „Bei nicht offenen Verfahren wird öffentlich zur Teilnahme, aus dem Bewerberkreis sodann eine beschränkte Anzahl von Unternehmen zur Angebotsabgabe aufgefordert."

282 § 101 Abs. 4 GWB: „Verhandlungsverfahren sind Verfahren, bei denen sich der Auftraggeber mit oder ohne vorherige öffentliche Aufforderung zur Teilnahme an ausgewählte Unternehmen wendet, um mit einem oder mehreren über die Auftragsbedingungen zu verhandeln."

283 Vgl. §§ 3 a VOB/A 1/2, VOL/A 4/2, die zur Definition von offenem-, nicht offenem- und Verhandlungsverfahren auf die Definition von öffentlicher-, beschränkter Ausschreibung und freihändiger Vergabe der Basisparagraphen der Verdingungsordnungen verweisen.

284 Vgl. dazu die restriktiven Voraussetzungen von § 3 a Nr. 4, 5 VOB/A 1/2; § 3 a Nr. 1 Abs. 2, 4 VOL/A 4/2.

285 Lediglich bei der Vergabe von Aufträgen, die sich auf freiberufliche Leistungen beziehen, ist das Verhandlungsverfahren mit öffentlicher Vergabebekanntgabe grundsätzlich anzuwenden; § 5 Abs.

VgRÄG enthält jedoch nur die Grundsatznormen des anwendbaren Verfahrens. Die detaillierte Regelung verbleibt in den Verdingungsordnungen, die über starre Verweisungen der nach § 97 Abs. 6 GWB erlassenen Vergabeverordnung materiell-gesetzlich die Vergabe öffentlicher Aufträge regeln[286].

4. Instrumentalisierung öffentlicher Aufträge für beschaffungsfremde Zwecke

Auch nach deutscher Diktion ist der Wettbewerbsgrundsatz nicht durchgängig das alleinige legislativ angeordnete Prinzip zur Auswahl der staatlichen Vertragspartner. § 97 Abs. 2 Hs. 2 GWB hält dafür die legislativen Grundlagen bereit. So können einzelne Anbieter benachteiligt werden, wenn es aufgrund „dieses" Gesetzes erlaubt ist, mithin, wenn es auf der Grundlage der Anforderungen nach § 98 Nr. 4 Hs. 2 GWB erfolgt. Diese Norm kann als Einfallstor für die Instrumentalisierung der öffentlichen Auftragsvergabe zu politischen Zwecken dienen. Danach sind öffentliche Aufträge zwar grundsätzlich an fachkundige, leistungsfähige und zuverlässige Unternehmen zu vergeben; allerdings können „[...] andere oder weitergehende Anforderungen [...] an Auftragnehmer [...] gestellt werden, wenn dies durch Bundes- oder Landesgesetz vorgesehen ist." „Andere" oder „weitergehende" Anforderungen bedeuten in diesem Zusammenhang Kriterien wirtschafts- oder sozialpolitischer Natur, die Unternehmer erfüllen müssen, um als potentielle Auftragnehmer in Frage zu kommen. Aktuelles Beispiel solcher beschaffungsfremden Kriterien ist die Forderung verschiedener Landesregierungen, im Rahmen von Bauaufträgen eine „Tariftreueerklärung" abzugeben, um als „geeigneter Bieter" an öffentlichen Aufträgen partizipieren zu können[287]. Die Unternehmen können nur dann weiter öffentliche Aufträge erhalten, wenn sie eine solche Verpflichtungserklärung abgegeben haben.

---

1 VOF. Eine Vergabe im Verhandlungsverfahren ohne vorherige Vergabebekanntgabe ist ebenfalls nur unter ganz bestimmten Voraussetzungen möglich; § 5 Abs. 2 a-f VOF.

286 Danach sind, wenn die Auftragsvolumina des § 2 Nr. 1-8 VgV erreicht wurden, für Bauaufträge der 2. Abschnitt der VOB/A (§ 6 VgV), für Liefer- und Dienstleistungsaufträge der 2. Abschnitt der VOL/A (§ 4 VgV) und für freiberufliche Leistungen die VOF (§ 5 VgV) anzuwenden. Sektorenauftraggeber, welche die Voraussetzungen des § 98 Nr. 1-3 GWB erfüllen, haben die dritten Abschnitte der VOL/A und VOB/A (§ 7 Abs. 1 Nr. 1, 2 VgV), private Sektorenauftraggeber nach § 98 Nr. 4 GWB die 4. Abschnitte der VOL/A und VOB/A (§ 7 Abs. 2 Nr. 1, 2 VgV) anzuwenden.

287 Berliner Vergabegesetz (VgG Bln) vom 09.07.1999 (GVBl. 1999 S. 369); Bremisches Landesvergabegesetz, abgedr. in: Forum Vergabe e.V., Monatsinfo 6/2000, Anlage 2; Bayerisches Bauaufträge-Vergabegesetz - BayBauVG vom 28.06.2000, abgedr. in: Forum Vergabe e.V., Monatsinfo 6/2000, Anlage 1.

Die Zulässigkeit einer Instrumentalisierung der öffentlichen Auftragsvergabe für wirtschafts- oder sozialpolitische Zwecke ist allerdings überaus umstritten[288]. Diese Auseinandersetzung wird nicht zuletzt deshalb mit erheblicher Schärfe ausgetragen[289], weil in diesem Problemfeld rechtswissenschaftliche Fragen, politische Grundeinstellungen[290] und volkswirtschaftliche Überlegungen kollidieren[291].

a. Beschaffungsfremde Eignungsanforderungen

Die rechtswissenschaftliche Auseinandersetzung um die beschaffungsfremden Kriterien wird vor dem Hintergrund der europarechtlichen Anforderungen an das Vergabeverfahren ausgetragen. Die in § 98 Abs. 4 Hs. 2 GWB erwähnten „andere[n]" und „weitergehende[n]" Anforderungen beziehen sich ausschließlich auf Eignungs- und nicht auf Zuschlagskriterien. Qualifiziert sich ein Bieter als „geeignet" für die Auftragsausführung und ist er in die Verteilungsentscheidung eingestellt, ist die Verwehrung einer Zuschlagsentscheidung zu seinen Gunsten bei Abgabe des wirtschaftlichsten Angebotes mit der Forderung nach der Erfüllung beschaffungsfremder Kriterien schon nach den nationalen Vorgaben nicht zulässig[292].
Fraglich ist also, ob der deutsche Gesetzgeber unter Nutzung von § 98 Abs. 4 Hs. 2 GWB einem Unternehmen die allgemeine Eignung zur Auftragsausführung absprechen kann, weil dieses etwa keine Tariftreueerklärung abgegeben hat, keine Frauen beschäftigt oder keine Arbeitsplätze für Behinderte bereithält.
Das VgRÄG implementiert die EG-Koordinierungsrichtlinien in nationales Recht. An diesen Vorgaben wird auch die Zulässigkeit von § 98 Abs. 4 Hs. 2 GWB gemes-

---

288 Vgl. den „Schlagabtausch" von *Rittner* und *Rust* in der Europäischen Zeitschrift für Wirtschaftsrecht; *Rust*, GWB-Vergaberecht und soziale Standards", EuZW 1999, 453 ff.; *Rittner*, Die „sozialen Belange" i.S. der EG-Kommission und das inländische Vergaberecht, EuZW 1999, 677 ff.; *Rust*, Die sozialen Kriterien im Vergaberecht – eine Duplik auf Rittner, EuZW 1999, 677, EuZW 2000, 205 ff.

289 Vgl. *Rittner*, Die „sozialen Belange" i.S. der EG-Kommission und das inländische Vergaberecht, EuZW 1999, 677, 680: „Die von ihr beigefügte zusätzliche Begründung, solche Bedingungen wirkten „wettbewerbsneutral", offenbart überdies, daß die Verfasserin die Wettbewerbssituation bei der Vergabe wohl nicht ganz verstanden hat."

290 *Benedict*, Sekundärzwecke im Vergaberecht 2000, S. 5-6 umschreibt dies plastisch als eine Auseinandersetzung zwischen „Puristen" und „Partisanen".

291 Die mit der Beachtung beschaffungsfremder Kriterien einhergehende Beschränkung des Wettbewerbes führt tendenziell zu höheren Preisen beim öffentlichen Einkauf; vgl. KG, Beschl. vom 20.05.1998, Kart.-24/97, WuW Verg 111 = WuW 1998, 1023, 1030 – Tariftreueerklärung; *Brenner*, Der Ausschluß von Wettbewerbern als Sanktion im öffentlichen Auftragswesen vor dem Hintergrund der EG-Richtlinien 1997, S. 1, 24; *Weissenberg*, Öffentliche Aufträge – Instrumente neutraler Beschaffung oder staatlicher Steuerung – Parallelität und Konflikte, DB 1984, 2285, 2287 f.

292 § 97 Abs. 5 GWB: „Der Zuschlag wird auf das wirtschaftlichste Angebot erteilt."

sen, weil zumindest nach dem Wortlaut der Richtlinien die Feststellung einer Eignung der Bieter lediglich nach finanzieller, wirtschaftlicher und technischer Leistungsfähigkeit vorzunehmen ist[293]. Es stellt sich mithin die Frage, inwieweit „andere" oder „weitergehende" Eignungsanforderungen an potentielle Bieter im Vergabeverfahren mit den sekundärrechtlichen Vorgaben europäischen Vergaberechts vereinbar sind. Um die Richtlinienvorgaben und die auslegende Rechtsprechung hinreichend werten zu können, ist daher zunächst fraglich, ob „andere" oder „weitergehende" Anforderungen in ihrem Bedeutungsgehalt zu unterscheiden sind. Die Begründung des Gesetzgebers zum VgRÄG trifft keine hinreichend differenzierende Aussage. Der eindeutige Wortlaut lässt jedoch keine andere Interpretation zu, als dass „andere" Anforderungen sich auf Kriterien beziehen, die in keiner Weise mit der fachlichen Eignung des Bieters im Zusammenhang stehen; mithin als „beschaffungsfremd" bezeichnet werden können. „Weitergehende" Eignungskriterien bedeuten dagegen Anforderungen an die Eignung potentieller Bieter, die „beschaffungsbezogen" sind und neben Fachkunde, Leistungsfähigkeit und Zuverlässigkeit unmittelbar auf das spezielle Beschaffungsgut bezogene Fähigkeiten des Unternehmens verlangen.

aa. Die Vorgaben des sekundären Europarechts

Die Vergaberichtlinien geben dem nationalen Gesetzgeber bindend vor, nach welchen Kriterien eine „Eignung" der Unternehmer festzustellen ist. Nach dem Wortlaut der EG-Koordinierungsrichtlinien müssen solche Bieter in die Verteilungsentscheidung eingestellt werden, die finanziell, wirtschaftlich und technisch in der Lage sind, den Auftrag auszuführen.

Nach § 97 Abs. 4 Hs. 1 GWB wird die Eignung der Bieter anhand Fachkunde, Leistungsfähigkeit und Zuverlässigkeit beurteilt. Damit sind die sekundärrechtlichen Vorgaben umgesetzt. Nach dem Wortlaut der EG-Koordinierungsrichtlinen sind im Gegensatz zu § 98 Abs. 4 Hs. 1 GWB weder „andere" noch „weitergehende" Anforderungen an potentielle Vertragspartner erlaubt. Damit erscheint jede gesetzgeberische Nutzung von § 98 Abs. 4 Hs. 2 GWB von vornherein unzulässig.

Möglicherweise könnten jedoch die EG-Koordinierungsrichtlinien nur Vorgaben hinsichtlich beschaffungsbezogener Eignungskriterien enthalten. Beschaffungsfremde Zielsetzungen, wie die Erfüllung wirtschafts- oder sozialpolitischer Aspekte, wären demnach von den Richtlinien überhaupt nicht erfasst. In diese Richtung äußerte sich der EuGH in seiner Rechtsprechung Ende der achtziger Jahre in „Beent-

---

293 Vgl. Art. 24-29 BKR; Art. 20-25 LKR; Art. 29-35 DKR; Art. 30-33 SKR.

jes./.Niederländischer Staat“ und „SA Constructions et entreprises industrielles (CEI)./.Sociètè cooperative „Association intercommunale pour les autoroutes des Ardennes“”[294]. Die Vorgaben der EG-Koordinierungsrichtlinien bildeten nach Ansicht des EuGH lediglich hinsichtlich fachlicher Anforderungen an die Bieter abschließendes Gemeinschaftsrecht[295]. Die nationalen Gesetzgeber seien nicht gehindert, über fachliche Qualifikationen hinausgehende, wirtschafts- und sozialpolitisch motivierte Eignungsanforderungen an die Bieter zu stellen[296].

Im Hinblick auf die Umsetzung der EG-Koordinierungsrichtlinien durch das VgRÄG und der entsprechenden Regelung in § 97 Abs. 4 Hs. 2 GWB wäre demnach folgende Feststellung zu treffen: „Andere“ Anforderungen bezieht sich auf beschaffungsfremde Kriterien und könnte bei isolierter Betrachtung dieser Rechtsprechung dem Gesetzgeber eine Instrumentalisierung öffentlicher Auftragsvergaben für politische Zwecke erlauben. „Weitergehende“ fachliche Anforderungen als finanzielle, wirtschaftliche und technische Qualifikationen wären demgegenüber nicht zulässig, weil hier die europarechtlichen Vorgaben abschließend sind.

Die zeitlich nachfolgende Rechtsprechung des EuGH lässt sich jedoch nicht anders interpretieren, als dass auch „andere“ Anforderungen an die Bieter nicht gestellt werden können. In „Kommission./.Italien“[297] entschied das Gericht über die Zulässigkeit einer italienischen Regulierung, die einheimische Unternehmen im Rahmen der Vergabe öffentlicher Bauaufträge bevorzugte. Bei der Vergabe von Baukonzessionen sollten vorrangig solche Unternehmen in die Auswahlentscheidung eingestellt werden, die ihre Haupttätigkeit in der Region ausüben, in welcher der öffentliche Auftrag auszuführen war. Zum anderen sollte sich der Konzessionär bei der Vergabe

---

294 EuGH, Urt. vom 09.07.1987, Rs. 27-29/86, Slg. 1987, 3368 – SA Constructions et entreprises industrielles (CEI)./.Sociètè cooperative Association intercommunale pour les autoroutes des Ardennes; EuGH, Urt. vom 20.09.1988, Rs. 31/87, Slg. 1988, 4635 – Beentjes./. Niederländischer Staat.

295 EuGH, Urt. vom 20.09.1988, Rs. 31/87, Slg. 1988, 4635, Tz. 17 – Beentjes./.Niederländischer Staat: Danach können „die öffentlichen Auftraggeber die fachliche Eignung der Unternehmer nur auf der Grundlage von Kriterien prüfen [...], die sich auf die wirtschaftliche, finanzielle und technische Leistungsfähigkeit der Betroffenen beziehen.“

296 Vgl. EuGH, Urt. vom 20.09.1988, Rs. 31/87, Slg. 1988, 4635, Tz. 20 – Beentjes./. Niederländischer Staat: „Es ist darauf hinzuweisen, daß die Richtlinie kein einheitliches und erschöpfendes Gemeinschaftsrecht schafft, sondern daß es den Mitgliedstaaten vorbehaltlich der Beachtung aller einschlägigen Vorschriften des Gemeinschaftsrechts und insbesondere der Verbote, die aus den vom Vertrag aufgestellten Grundsätzen auf dem Gebiet des Niederlassungsrechts und des freien Dienstleistungsverkehrs folgen, unbenommen bleibt, materiellrechtliche oder verfahrensrechtliche Bestimmungen auf dem Gebiet der öffentlichen Bauaufträge aufrechtzuerhalten oder zu erlassen“; in diese Richtung auch EuGH, Urt. vom 09.07.1987, Rs. 27-29/86, Slg. 1987, 3368, Tz. 15 – SA Constructions et entreprises industrielles (CEI)./.Sociètè cooperative Association intercommunale pour les autoroutes des Ardennes.

von bestimmten Einzelkonzessionen für Großaufträge verpflichten, 15 bis 30 % des Auftragsvolumens an regionale Unternehmen zu vergeben[298]. Neben einem Verstoß gegen die Dienstleistungsfreiheit des Art. 49 EG (Art. 59 EG-V) sah das Gericht auch die Vorgaben der Baukoordinierungsrichtlinie verletzt[299]. Insbesondere schloss das Gericht explizit aus, dass über die in der Richtlinie genannten wirtschaftlichen und technischen Bedingungen weitere Anforderungen an die Bieter gestellt werden dürfen: „Dies [Bevorzugung von regionalen Unternehmen] ist ein Auswahlkriterium, das in den Artikeln 23 bis 26 nicht aufgeführt ist und das vor allem nicht einer der in den Artikeln 25 und 26 genannten wirtschaftlichen und technischen Bedingungen entspricht. Demzufolge stellt Artikel 3 Absatz 3 des Gesetzes Nr. 80/87 einen Verstoß gegen Artikel 22 Absatz 1 der Richtlinie 71/305 dar, da das dort vorgesehene Auswahlkriterium sich auf Umstände bezieht, die nicht Gegenstand der Auskünfte sein können, auf deren Grundlage die öffentlichen Auftraggeber gemäß dieser Vorschrift die Bewerber auswählen, die sie zur Angebotsabgabe auffordern."[300]

Mit dieser Formulierung lehnte das Gericht auch eine Kompromisslösung des Generalanwaltes ab. Dieser hatte mit Hinweis auf „Beentjes“ über die Richtlinien hinausgehende Anforderungen an die Bieter nicht grundsätzlich als europarechtswidrig eingestuft. Regional-protektionistische Vorgaben wären zwar unzulässig; nicht diskriminierend wirkende Anforderungen, wie zum Beispiel die Einstellung von Langzeitarbeitslosen, dagegen mit den Richtlinien vereinbar[301]. Diese Rechtsprechung war daher nicht anders zu verstehen, als hätte das Gericht die Aussagen von „Beentjes“ und „SA Constructions“ aufgegeben und eine abschließende Regelung der EG-Koordinierungsrichtlinien anerkannt[302].

„Andere“ Eignungskriterien als die in den Koordinierungsrichtlinien genannten finanziellen, wirtschaftlichen und technischen Anforderungen wären demnach europarechtswidrig[303]. Nicht ohne Grund wurde deshalb in der Literatur teilweise der

---

297 Vgl. EuGH, Urt. vom 03.06.1992, Rs. C 360/89, Slg. 1992, I-3401 – Kommission./.Italien.

298 EuGH, Urt. vom 03.06.1992, Rs. C 360/89, Slg. 1992, I-3401, 3403 (Sitzungsbericht) – Kommission./.Italien.

299 Dabei ging es um die in der Baukoordinierungsrichtlinie 71/305/EWG, RL des Rates vom 26.07.1971, ABl. Nr. L 185/5 vom 16.08.1971 genannten Auswahlkriterien, die jedoch mit denen der aktuellen BKR identisch sind.

300 Vgl. dazu EuGH, Urt. vom 03.06.1992, Rs. C 360/89, Slg. 1992, I-3401, Tz. 20-21 – Kommission./.Italien.

301 Vgl. Schlussanträge des Generalanwaltes Lenz vom 26.02.1992, Rs. C 360/89, Slg. 1992, I-3401, Tz. 26 – Kommission./.Italien.

302 Gleichfalls in diese Richtung *Huber*, Das öffentliche Auftragswesen als Beschaffungsvorgang oder Instrument der Wirtschaftslenkung und der Sozialgestaltung, ThürVwBl. 2000, 193, 195.

303 So auch *Kling*, Die Zulässigkeit vergabefremder Regelungen, in: Schriftenreihe des Forum Vergabe e.V. 2000, S. 223; *Martin-Ehlers*, Die Unzulässigkeit vergabefremder Kriterien, WuW 1999, 685,

Schluss gezogen, dass § 97 Abs. 4 Hs. 2 GWB als „[...] politisch bedingter legislativer Irrtum oder als buchstäbliche Contradictio in adjecto [...]" unbeachtlich sei[304].

Eine Kehrtwende kam jedoch mit dem Urteil „Kommission./.Frankreich"[305], in dem der EuGH in Anlehnung an „Beentjes I" die Verknüpfung von bevorzugter Zuschlagserteilung und einer Beschäftigung von Langzeitarbeitslosen wieder als richtliniengemäß einstufte. Das geschah, obwohl im einschlägigen Fall solche Kriterien zur Entscheidung anstanden, die ausdrücklich der Förderung lokaler Unternehmen dienten. Obwohl sich diese Entscheidung auf Zuschlagskriterien bezog, könnte dadurch auch die Regelung hinsichtlich der Eignung der Bieter in § 97 Abs. 4 Hs. 2 GWB in neuem Licht erscheinen. Nach dem derzeitigen Stand der Rechtsprechung des EuGH bilden die Richtlinien somit kein abschließendes Gemeinschafts-recht. Die nationalen Gesetzgeber könnten demnach ohne Verstoß gegen sekundärrechtliche Vergabevorschriften nicht diskriminierende, beschaffungsfremde Eignungs- und Zuschlagskriterien statuieren. Der Widerspruch zwischen „Kommission./. Frankreich" und „Kommission./.Italien" – insbesondere mit der Ablehnung der Kompromissformel des Generalanwaltes[306] – ist gravierend. Das muss umso mehr gelten, als dass die neuere Entscheidung sogar über „Beentjes I" hinausgeht. Während nach ursprünglicher Ansicht die Bekämpfung von Langzeitarbeitslosigkeit lediglich als zusätzliches Kriterium zugelassen wurde[307], sieht das Gericht in einer solchen vergabefremden Forderung nun auch ein zulässiges Zuschlagskriterium[308]. Der Wortlaut der EG-Koordinierungsrichtlinien, der abschließend die Auswahlentscheidung nach technischen, beschaffungsbezogenen Eignungskriterien festlegt, als auch die Zuschlagsentscheidung an das preislich niedrigste oder wirtschaftlich günstigste Angebot bindet, spricht jedoch gegen die Öffnung des europäischen Vergaberechts zu-

---

692; *Dreher*, Politische Vorgaben bei der Vergabe öffentlicher Aufträge aus rechtswissenschaftlicher Sicht – Thesen, ZVgR 1999, 289; *Rittner*, zit. in: FAZ vom 07.01.2000, Lob und Tadel für sachfremde Kriterien in öffentlichen Aufträgen, Nr. 5, S. 15.; *Pietzcker*, Die neue Gestalt des Vergaberechts, ZHR 1998, 427, 466-67.

304 Vgl. *Rittner*, Die „sozialen Belange" i.S. der EG-Kommission und das inländische Vergaberecht, EuZW 1999, 677, 678.

305 EuGH, Urt. vom 26.09.2000, Rs. C-225/98, JZ 2001, 138 – Kommission./.Frankreich.

306 Vgl. Schlussanträge des Generalanwaltes Lenz vom 26.02.1992, Rs. C 360/89, Slg. 1992, I-3401, Tz. 26 – Kommission./.Italien.

307 EuGH, Urt. vom 20.09.1988, Rs. 31/87-Slg. 1988, 4635, Tz. 36 – Beentjes./.Niederländischer Staat.

308 EuGH, Urt. vom 26.09.2000, Rs. C-225/98, JZ 2001, 138, Tz. 50 – Kommission./.Frankreich: „Gleichwohl ist der öffentliche Auftraggeber nach dieser Vorschrift nicht in jedem Fall daran gehindert, eine im Kampf gegen die Arbeitslosigkeit zusammenhängende Bedingung als Kriterium zu verwenden, [...]."

gunsten wirtschafts- oder sozialpolitischer Instrumentalisierung öffentlicher Auftragsvergaben.

Allerdings öffnet diese Entscheidung die öffentliche Auftragsvergabe nicht zugunsten beschaffungsfremder Regelungen, da selbst das Gericht darauf verwies, dass die „[...] wesentlichen Grundsätze des Gemeinschaftsrechts, vor allem das Diskriminierungsverbot [...]"[309] bei der Gestaltung solcher Kriterien zu beachten sind. Jede Bedingung, die nicht genauso gut durch ausländische Bieter erfüllt werden kann, ist demnach europarechtswidrig[310]. Diese Entscheidung bleibt nicht ohne Auswirkungen auf die Stellung von § 97 Abs. 4 Hs. 2 GWB, der nun zumindest nach dieser Rechtsprechung nicht mehr „per se" als europarechtswidrig eingestuft werden kann. Die strengen Anforderungen des Diskriminierungsverbotes an die Neutralität der vergabefremden Kriterien beschränken jedoch den Katalog möglicher politischer Anforderungen auf ein Minimum.

bb. Ausnahme: Kriterien zur Verfolgung primärrechtlicher Zielstellungen

Unabhängig von der vorstehenden Auseinandersetzung ergibt sich vor dem Hintergrund der Zielstellungen des EG-Vertrages die Zulässigkeit einer beschränkten Zahl beschaffungsfremder Kriterien. Die Tätigkeit der Gemeinschaft zielt nach Art. 3 Abs. 1 lit. c EG grundsätzlich auf die Errichtung „[...] eine[s] Binnenmarkt[es], der durch die Beseitigung der Hindernisse für den freien Waren-, Personen-, Dienstleistungs- und Kapitalverkehr zwischen den Mitgliedstaaten gekennzeichnet ist." Die Feststellung einer Eignung von Bietern ausschließlich anhand neutraler wirtschaftlicher und technischer Anforderungen kann dieser Zielstellung nachhaltig dienen. Die Verwirklichung des Gemeinsamen Marktes hat jedoch nach Art. 3 Abs. 2 EG[311] immer im Hinblick auf die Gleichstellung von Männern und Frauen und nach Art. 6 EG[312] unter Berücksichtigung der Belange des Umweltschutzes zu erfolgen. Die EG-Koordinierungsrichtlinien können diese höherrangigen primärrechtlichen Vorgaben nicht einschränken. Deshalb verstoßen auch von den nationalen Gesetzgebern

---

309 EuGH, Urt. vom 26.09.2000, Rs. C-225/98, JZ 2001, 138, Tz. 50 – Kommission./.Frankreich.

310 Zu Recht *Dreher*, Anmerkung zum Urteil des EuGH vom 26.09.2000, JZ 2001, 140; *Kling*, Die Zulässigkeit vergabefremder Regelungen, in: Schriftenreihe des Forum Vergabe e.V. 2000, S. 150, Rdnr. 29.

311 Art. 3 Abs. 2 EG: „Bei allen in diesem Artikel genannten Tätigkeiten wirkt die Gemeinschaft darauf hin, Ungleichheiten zu beseitigen und die Gleichstellung von Männern und Frauen zu fördern."

312 Art. 6 EG: „Die Erfordernisse des Umweltschutzes müssen bei der Festlegung und Durchführung der in Artikel 3 genannten Gemeinschaftspolitiken und -maßnahmen insbesondere zur Förderung einer nachhaltigen Entwicklung einbezogen werden."

aufgestellte beschaffungsfremde Kriterien zur Frauenförderung oder zum Schutz der Umwelt nicht gegen die Vergaberichtlinien[313]. Die Ausführungen des EuGH in „Kommission./.Italien“[314] müssen daher nach den vorstehenden Grundsätzen eine Einschränkung erfahren. Dem deutschen Bundes- oder Landesgesetzgeber bleibt es unbenommen, auf der Grundlage von § 97 Abs. 4 Hs. 2 GWB die Eignung von Unternehmen zur Ausführung öffentlicher Aufträge neben der Fachkunde, Leistungsfähigkeit und Zuverlässigkeit, auf der Grundlage gleichstellungs- und umweltschutzfördernder Regulierungen festzustellen. Diese Kriterien müssen allerdings so gestaltet sein, dass eine Diskriminierung auf der Grundlage der Staatsangehörigkeit (Art. 12 EG)[315] ausgeschlossen ist. Denn sowohl Art. 3 Abs. 2 EG, als auch Art. 6 EG fehlt es an einer expliziten Genehmigung, das Diskriminierungsverbot zu durchbrechen, wie es Art. 141 Abs. 4 EG[316] hinsichtlich einer Gleichstellung von Männern und Frauen im Arbeitsleben bereithält.

b. Die Förderung mittelständischer Interessen

Nicht nur das U.S.- amerikanische, sondern auch das deutsche Vergaberecht widmet sich der Förderung mittelständischer Interessen. Die Ziele dieser „Instrumentalisierung“ werden jedoch weder über eine bevorzugte Eignung mittelständischer Unternehmen, noch durch eine bevorzugte Zuschlagserteilung erreicht. Es werden lediglich öffentliche Aufträge nach § 97 Abs. 3 GWB[317] neutral in Fach- und Teillose aufgeteilt. Größere Unternehmen sind nicht gehindert, sich um die Erteilung solcher aufgeteilten Aufträge zu bewerben. Gegen primäres oder sekundäres europäisches Vergaberecht verstößt eine solche Aufteilung von Großaufträgen nicht; eine Diskriminierung gegenüber Bietern aus anderen europäischen Ländern ist nicht zu besorgen.

---

313 Zu Recht in diese Richtung argumentierend *Neßler*, Politische Auftragsvergabe durch den Staat ?, DÖV 2000, 145, 151-152; für Aufträge unterhalb der EG-Schwellenwerte *Huber*, Das öffentliche Auftragswesen als Beschaffungsvorgang oder Instrument der Wirtschaftslenkung und der Sozialgestaltung, ThürVwBl. 2000, 193, 195.

314 EuGH, Urt. vom 03.06.1992, Rs. C 360/89, Slg. 1992, I-3401, Tz. 20-21 – Kommission./.Italien.

315 Art. 12 EG: „Unbeschadet besonderer Bestimmungen dieses Vertrages ist in seinem Anwendungsbereich jede Diskriminierung aus Gründen der Staatsangehörigkeit verboten.“

316 Art. 141 Abs. 4 EG: „Im Hinblick auf die effektive Gewährleistung der vollen Gleichberechtigung von Männern und Frauen im Arbeitsleben hindert der Grundsatz der Gleichbehandlung die Mitgliedstaaten nicht daran, zur Erleichterung der Berufstätigkeit des unterrepräsentierten Geschlechts oder zur Verhinderung bzw. zum Ausgleich von Benachteiligungen in der beruflichen Laufbahn spezifische Vergünstigungen beizubehalten oder zu beschließen.“

317 Aufgenommen aufgrund Intervention des Bundesrates, BR-Drucks. 646/97, Beschl. S. 3 f.

Öffentliche Auftraggeber könnten jedoch versucht sein, auf der Grundlage von § 97 Abs. 3 GWB den sachlichen Anwendungsbereich des Vergaberechts durch eine Aufteilung der Auftragssumme zu umgehen. Dadurch, dass die einzelnen kleineren Aufträge isoliert die EG-Schwellenwerte nicht erreichen, wäre nach § 100 Abs. 1 GWB das VgRÄG nicht anwendbar. Bereits vor In-Kraft-Treten des neuen Vergaberechts wurde von dieser Praxis rege Gebrauch gemacht[318]. Ohne Zweifel entscheidet aber die Gesamtsumme aller Lose über die Anwendbarkeit des europäischen Vergaberechts und damit auch des VgRÄG. Unternehmen, die in ein solches „Abschnittsvergabeverfahren" involviert sind, stehen die Nachprüfungsverfahren der §§ 102 ff. GWB zur Verfügung, auch wenn das Fach- oder Teillos, für welches ein Angebot unterbreitet wurde, isoliert gesehen die Schwellenwerte nicht erreicht.

5. Der Vertragsschluss und die Information der unterlegenen Bieter

Nach § 97 Abs. 5 GWB ist auf das wirtschaftlichste Angebot der Zuschlag zu erteilen. Diese Vorgabe entspricht den Richtlinienvorgaben, wonach das Gebot im Rahmen der Zuschlagserteilung nur anhand des niedrigsten Preises oder des wirtschaftlichsten Angebotes beurteilt werden darf[319]. Durch den Zuschlag auf das erfolgreiche Gebot wird das Vergabeverfahren beendet und gleichzeitig der Beschaffungsvertrag abgeschlossen[320].

Das deutsche Vergaberecht schützt das Vertrauen des Vertragspartners auf den Bestand dieser Entscheidung erheblich. Gemäß § 114 Abs. 2 S. 1 GWB kann ein einmal erteilter Zuschlag nicht wieder aufgehoben werden. Die öffentlichen Auftraggeber sind aber seit dem 1. Februar 2001 nach § 13 VgV verpflichtet, unterlegene Bieter „ex-ante" über die Verteilungsentscheidung an den Konkurrenten und die Gründe der Nichtberücksichtigung zu unterrichten. Ein Vertrag, der ohne eine sol-

---

318 Ausführlicher zu dieser Problematik *Noch*, Vergaberecht und subjektiver Rechtsschutz 1998, S. 58 m.w.N.

319 Bei Bauaufträgen können neben dem Preis auch Faktoren wie Ausführungsfrist, Betriebskosten, Rentabilität oder technischer Wert eine Rolle spielen (Art. 30 Abs. 1 BKR). Bei Lieferaufträgen können neben dem Preis, die Lieferfrist, die Betriebskosten, die Rentabilität, die Qualität, die Ästhetik, die Zweckmäßigkeit, der technische Wert, der Kundendienst und die technische Hilfe in die Bewertung mit einfließen (Art. 26 Abs. 1 LKR). Bei Dienstleistungsaufträgen gilt dies neben dem Preis für Qualität, technischer Wert, Ästhetik, Zweckmäßigkeit der Leistung, Kundendienst und technische Hilfe, Lieferzeitpunkt, Ausführungszeitraum- oder frist (Art. 36 Abs. 1 DKR). Sektorenauftraggeber können neben dem Preis, Lieferfrist, Ausführungsdauer, Betriebskosten, Rentabilität, Qualität, Ästhetik und Zweckmäßigkeit, technischer Wert, Kundendienst und technische Hilfe, Verpflichtungen hinsichtlich der Ersatzteile, Versorgungssicherheit berücksichtigen (Art. 34 Abs. 1 SKR).

320 Vgl. §§ 28 Nr. 2 Abs. 1 VOB/A 1/2, VOL/A 4/2.

che Vorabinformation geschlossen wird, ist nichtig[321]. Im Gegensatz zu den U.S.-amerikanischen Regulierungen[322] ist der Umfang der Begründung für die Entscheidung nicht gesetzlich spezifiziert. § 97 Abs. 2 GWB verlangt jedoch transparente Einkäufe und damit auch transparente Zuschlagsentscheidungen. Das OLG Brandenburg hat in der Rechtssache „Flughafen Berlin" bereits auf den Standard hingewiesen, den die Begründung erfüllen muss. Dem unterlegenen Bieter muss ohne Schwierigkeiten möglich sein, jede Entscheidung der Vergabebehörde und die sie tragenden Gründe nachzuvollziehen, so dass bei Rechtsverstößen unverzüglich um Rechtsschutz nachgesucht werden kann[323].

II. Die Vergabe öffentlicher Aufträge unterhalb der EG-Schwellenwerte

Unproblematisch lassen sich die Grundlagen öffentlicher Auftragsvergaben unterhalb der EG-Schwellenwerte nachvollziehen. Persönlich gebunden sind öffentlich-rechtliche Organisationen. Es wird von einem rein institutionellen öffentlichen Auftraggeberbegriff ausgegangen. Die Haushaltsordnungen von Bund, Ländern und Gemeinden (§§ 55 Abs. 2 BHO/ThürLHO; § 31 Abs. 2 ThürGemHVO) schreiben den Körperschaften, Anstalten und Stiftungen des öffentlichen Rechts die Anwendung der Teile A der Basisparagraphen der Verdingungsordnungen vor. Juristische Personen des Privatrechts sind dagegen nicht erfasst, auch wenn die Gesellschaftsanteile zu 100% oder mehrheitlich staatlich gehalten werden[324]. Wobei die Verdin-

---

321 § 13 VgV: „Der Auftraggeber informiert die Bieter, deren Angebote nicht berücksichtigt werden sollen, über den Namen des Bieters, dessen Angebot angenommen werden soll und über den Grund der vorgesehenen Nichtberücksichtigung ihres Angebotes. Er gibt die Information spätestens 14 Kalendertage vor dem Vertragsschluss ab. Ein Vertrag darf vor Ablauf der Frist oder ohne dass die Information erteilt worden und die Frist abgelaufen ist, nicht geschlossen werden. Ein dennoch abgeschlossener Vertrag ist nichtig."

322 41 U.S.C. § 253 b (e)(2)(A)-(F); 10 U.S.C. § 2305 (b)(1)(B)(i)-(vi).

323 OLG Brandenburg, Beschl. vom 03.08.1998, WuW/E Verg 231 = WuW 1999, 929, 936 – Flughafen Berlin: „Danach dient die Dokumentation des Vergabeverfahrens und dessen wesentlicher Entscheidungen nicht nur der Herbeiführung der Überprüfbarkeit z.B. für Rechnungsbehörden, sondern auch und insbesondere der Transparenz und damit der Überprüfbarkeit durch die Bieter. Diese sollen in nachvollziehbarer Weise nicht nur erfahren, warum sie ggf. nicht mehr am weiteren Vergabeverfahren teilnehmen, sondern sich auch davon überzeugen können, daß die weiteren noch am Vergabeverfahren teilnehmenden Bieter aufgrund sachgerechter nachvollziehbarer ermessensfehlerfreier Entscheidung bestimmt worden sind. Um einen effektiven Rechtsschutz zu gewährleisten, müssen für die Bieter aber ggf. entsprechende Zwischenentscheidungen bereits vor Zuschlagserteilung nachvollziehbar und damit auch dokumentiert sein."

324 Eine Ausnahme gilt nach § 44 BHO und den entspr. landesrechtlichen Haushaltsvorschriften, wonach durch Auflage die Anwendung des Vergaberechts bei Verausgabung von Zuwendungen angeordnet werden kann; vgl. *Pietzcker*, Die neue Gestalt des Vergaberechts, ZHR 1998, 427, 442; *Heise*, Der Begriff des öffentlichen Auftraggebers im neuen Vergaberecht, LKV 1999, 210, 211.

gungsordnungen unterhalb der EG-Schwellenwerte nur für Bau-, Liefer- und Dienstleistungsaufträge gelten.

III. Zusammenfassung / Fazit

Auch nach dem In-Kraft-Treten des VgRÄG am 01. Januar 1999 haben sich Inhalt und Struktur der gesetzlichen Grundlagen des Vergabeverfahrensrechts gegenüber der „haushalts-rechtlichen Lösung" nicht grundlegend geändert. Das Kaskadensystem mit einer formell-gesetzlichen, einer materiell-gesetzlichen und einer verwaltungsinternen Ebene, welche durch statische Teilverweisungen auf Gesetzesebene befördert wird, verwirrte schon Vergabebehörden und Unternehmen, als sich die formell-gesetzlichen Regulierungen des Vergabeverfahrens noch in den §§ 57 a-c HGrG fanden. Die nur schwer zu bewältigende Frage nach der Reichweite der persönlichen Bindung insbesondere privatrechtlicher Unternehmen wird mit zunehmender Liberalisierung der Versorgungsmärkte in Europa an Brisanz verlieren. Mittelfristig wird das öffentliche Auftragsrecht dadurch wieder die Materie regulieren, welche ursprüngliches Regelungsobjekt war: der Einkauf von Gütern und Dienstleistungen durch die öffentlich-rechtlichen Haushaltsträger. Aus der regulierten Vergabe wird wieder staatliches Auftragsrecht.

Das deutsche Vergabeverfahrensrecht ist allerdings im Gegensatz zu seinem U.S.-amerikanischen Pendant nur recht spärlich mit erwähnenswerten Besonderheiten bestückt. Zu beachten ist allerdings die fehlende Möglichkeit der Aufhebung eines einmal erteilten Zuschlages nach § 114 Abs. 2 S. 1 GWB. Diese Vorschrift musste vor In-Kraft-Treten der neuen Vergabeverordnung mit seiner zwingenden Vorabinformation an die unterlegenen Bieter jedes Nachprüfungsverfahren, gerichtet auf die Aufrechterhaltung ordnungsgemäßer Verfahren zur Vergabe öffentlicher Aufträge, von vornherein erheblich erschweren. Denn die unterlegenen Konkurrenten wurden lediglich „ex-post"[325] von der Verteilungsentscheidung zugunsten des Mitbewerbers unterrichtet, welche dann nicht mehr aufhebbar war. Daneben verbleibt die Problematik der europarechtlichen Zulässigkeit beschaffungsfremder Eignungskriterien Gegenstand rechtspolitischer und rechtswissenschaftlicher Auseinandersetzung. Der BGH hat die Möglichkeit zur Einleitung eines Vorlageverfahrens nach Art. 234 EG zum EuGH zur Klärung dieser Frage verstreichen lassen. Gegenstand der richterlichen Entscheidung war die „Tariftreueerklärung" des Berliner Vergabegesetzes[326].

---

325 Vgl. dazu §§ 27, 27 a VOB/A 1/2, VOL/A 4/2.

326 Berliner Vergabegesetz (VgG Bln) vom 09.07.1999 (GVBl. 1999 S. 369). Die Anwendung der Tariftreueerklärung wurde auch vom Bundeskartellamt gestützt auf § 20 Abs. 1 GWB untersagt; BKartA, Beschl. vom 03.11.1997, WuW/E Verg 7 = WuW 1998, 207 – Tariftreueerklärung. Die

Der letztendlich zu entscheidende BGH leitete aber lediglich ein konkretes Normenkontrollverfahren zum BVerfG ein, weil das Gericht in der Aufforderung zur Abgabe der „Tariftreueerklärung" eine Verletzung der verfassungsmäßig garantierten negativen Koalitionsfreiheit erblickte[327]. Die anstehende Entscheidung des BVerfG kann sich demzufolge auch nur mit dieser Frage beschäftigen. Ob der Gesetzgeber außer für den Spezialfall der Frauenförderung und des Umweltschutzes weitere wirtschafts- oder sozialpolitische Elemente über § 97 Abs. 4 Hs. 2 GWB in die öffentliche Auftragsvergabe implementieren kann, verbleibt aufgrund der widersprüchlichen Rechtsprechung des EuGH weiterhin potentieller Gegenstand höchstrichterlicher Entscheidung auf europäischer Ebene.

C. Zusammenfassung / Fazit

I. Die Gemeinsamkeiten

Offensichtlich müssen die öffentlichen Auftraggeber sowohl in Deutschland als auch in den Vereinigten Staaten teilweise identische Maßregeln beachten, wollen sie auf gesetzmäßige Art und Weise Güter und Dienstleistungen beschaffen. Grundsätzlich ist eine unbeschränkte Anzahl von Unternehmen zur Angebotsabgabe mittels öffentlicher Ausschreibung einzuladen. Lässt das zu kaufende Produkt oder die Dienstleistung eine solche öffentliche Ausschreibung nicht zu, kann auch in Ausnahmefällen im Wege beschränkter Ausschreibung oder freihändiger Vergabe in Verhandlungen mit einer begrenzten Zahl oder gar nur mit einem Bieter die Beschaffung organisiert werden. Umfangreicher Wettbewerb um den Auftrag und transparente Entscheidungsprozesse hinsichtlich abschließender Verteilungsentscheidung sind die Eckpfeiler der öffentlichen Auftragsvergabe in beiden Rechtsordnungen. Nur wettbewerbliche Vergabeverfahren erlauben dem einkaufenden Staat, unter der Vielzahl von Geboten das den Ausschreibungsbedingungen entsprechende günstigste Angebot zu wählen. Selbstverständlich werden speziell von behördlicher Seite die Segnungen

---

einschlägige Beschwerde wurde vom Kammergericht zurückgewiesen; KG, Beschl. vom 20.05.1998, WuW/E Verg 111 = WuW 1999, 215 – Tariftreueerklärung. Der BGH lehnte daraufhin den Antrag auf Wiederherstellung der aufschiebenden Wirkung der gegen diesen Beschluss eingelegten Rechtsbeschwerde ab; BGH, Beschl. vom 08.12.1998, WuW/E Verg 175 = WuW 1999, 215 – Tariftreueerklärung. Für die Ablehnung der Rechtsbeschwerde fehlte dem BGH die Normverwerfungskompetenz, da der Berliner Senat diese Regelung inzwischen in Gesetzesform gegossen hatte.

327 BGH, Beschl. vom 18.01.2000, WuW/E Verg 297 = WuW 2000, 327 – Tariftreueerklärung II; Vgl. dazu insgesamt *Weinacht*, Vorlagebeschluss zur Berliner Tariftreueerklärung und vergabefremde Kriterien im Kartellvergaberecht, WuW 2000, 382 ff.

wettbewerblicher Verfahren für sparsamen Einkauf der öffentlichen Hand vehement bestritten. Steven Kelman, Leiter des „Office of Procurement Policy", hält Wettbewerb vielmehr für ein kostspieliges Hindernis, um dem Staat wirtschaftlichen Einkauf zu sichern. Garant für sparsame Beschaffungen seien vielmehr langfristige Beziehungen mit Unternehmen, die nach dem Grundsatz „bekannt und bewährt" kontinuierlich den Staat versorgen. Die Preisbildung solle im Ermessen der Vergabebeamten liegen, welche aufgrund der regelmäßigen Abnahme der Güter und Dienstleistungen Rabatte und Vergünstigungen für die öffentlichen Auftraggeber aushandeln könnten[328]. Solche Ansichten aus dem Blickwinkel eines integeren Vergabebeamten sind durchaus nachvollziehbar. Gerade die Erfahrungen in den Vereinigten Staaten haben jedoch gezeigt, dass ein solches System enger Verbundenheit zwischen Behörden und Vertragsunternehmen überaus anfällig für Missbrauch ist. Es darf nicht vergessen werden, welche negativen Überraschungen die Untersuchungen des „Department of Justice" und des „Federal Bureau of Investigation" im Rahmen der Operation „Ill-Wind" zu Tage förderten. Zwingender Wettbewerb ist essentiell, um Betrug und Missbrauch bei der Vergabe öffentlicher Aufträge eindämmen zu können.

Zuschlag und Vertragsschluss fallen nach deutscher und U.S.- amerikanischer Doktrin in einem nach außen tretenden Akt zusammen; der sparsame Einkauf des Staates soll garantiert werden, indem das wirtschaftlichste oder billigste Gebot den Zuschlag erhält.

Insbesondere eine Vergabe öffentlicher Aufträge auf der Grundlage der Niedrigstpreisregel steht allerdings im Mittelpunkt der von volkswirtschaftlicher Seite unter den Stichworten „winner`s curse" und „strategisches Bieten" vorgetragenen Kritik. Beide Problematiken beschäftigen sich mit der Frage angemessener Kostenkalkulationen durch die bietenden Unternehmen. Bei einer Zuschlagserteilung auf das billigste Angebot sei der Gewinner „verflucht", weil ein zu lieferndes Produkt theoretisch für alle Anbieter identische Kosten verursachen muss. Der Zuschlagsempfänger muss dann zwingend ein Angebot unterbreiten, mit welchem die laufenden Kosten nicht gedeckt werden können oder es wurde auf den Gewinnzuschlag verzichtet. Bei solchen Versteigerungen öffentlicher Aufträge würde der Zuschlagsempfänger demnach einen finanziellen Verlust erleiden oder ohne Gewinn arbeiten. Die Folge sind entweder Nachanträge an den öffentlichen Auftraggeber zur Erhöhung des Budgets oder das Unternehmen wird in Zukunft von der Teilnahme an öffentlichen Aus-

---

328 *Kelman*, Procurement and Public Management 1990, S. 1. ff., 62 ff; Vgl. zur einflussreichen Rolle von Steven Kelman auch *Dooley*, Aquisition Reform: Kelman Concerned About COFC`s Handling of New Protest Role, Vows To End Scanwell Jurisdiction by 2001, Fed.Cont.Rep., Dec. 9, 1996, p. 1.

schreibungen Abstand nehmen. Es ist für die öffentlichen Auftraggeber jedoch wichtig, das Interesse einer großen Bandbreite potentieller Bieter an öffentlichen Aufträgen aufrecht zu erhalten, um auf diese Weise eine Konkurrenzsituation im Rahmen der entsprechenden Ausschreibungen erzeugen zu können.
Das „strategische Bieten" umschreibt die Situationen, in welchen Bieter für die Erfüllung öffentlicher Aufträge höhere Kosten ansetzen, als im Unternehmen tatsächlich entstehen. Dieses Vorgehen ist möglich, wenn dem Bieter die Angebote der Konkurrenten bekannt sind. Der Unternehmer gibt dann lediglich ein Angebot knapp unterhalb der Konditionen der Konkurrenten an, obwohl möglicherweise ein niedrigeres Angebot hätte abgegeben werden können. Die einschlägigen Informationen kann das Unternehmen bei Vergabeverfahren mit Nachverhandlungen oder auf illegalem Wege erlangen. Das „strategische Bieten" soll mit der so genannten „Vickerey-Regel" verhindert werden können. Dem Unternehmen mit dem niedrigsten Gebot wird der Zuschlag erteilt, allerdings zu den angebotenen Konditionen des zweitniedrigsten Angebotes. Auf diese Weise soll den Unternehmen der Anreiz zu kalkuliertem Bieten genommen und die Aufdeckung der tatsächlichen Kostenberechnungen erreicht werden[329]. Es darf allerdings nicht vergessen werden, dass nur ein Teil der öffentlichen Auftragsvergaben lediglich auf der Grundlage finanzieller Aspekte vergeben wird. Andere Gesichtspunkte, die im Rahmen der „negotiation" Verfahren des U.S.- amerikanischen Vergaberechts oder bei der Feststellung des wirtschaftlichsten Angebotes nach deutscher Diktion eine Rolle spielen, wie Ästhetik, Betriebskosten, Lieferfristen, Zweckmäßigkeit etc., sind nicht so unproblematisch zu manipulieren wie die Höhe des zu zahlenden Preises. Es stellt sich zum einen die Frage nach dem Handlungsbedarf, zum anderen existieren wirklich brauchbare Alternativen zur Beseitigung des „Fluches des Gewinners" und des „strategischen Bietens" nicht. Die Ermittlung des wirtschaftlichsten oder billigsten Gebotes scheint somit das probateste Mittel zur Sicherung eines sparsamen Einkaufes des Staates.

II. Die Unterschiede

Neben den Gemeinsamkeiten des deutschen und U.S.- amerikanischen Vergabeverfahrensrechts sind allerdings auch erhebliche Unterschiede zu verzeichnen. Der Vertrauensschutzgedanke zugunsten des Zuschlagsempfängers ist im U.S.- amerikanischen Vergaberecht kaum ausgeprägt. Die Vergabebehörden können auf der Grundlage der „termination for convenience" Klausel den Beschaffungsvertrag

329 Vgl. dazu insgesamt *Blankart*, Öffentliche Finanzen in der Demokratie 1998, S. 452.

jederzeit kündigen, ohne den entgangenen Gewinn ersetzen zu müssen. Für den Vertragspartner ist damit in gewisser Weise das Vergabeverfahren nicht abgeschlossen, solange die Vertragsausführung noch im Gange ist. Der deutsche Zuschlagsempfänger hat es demgegenüber mit der Verteilungsentscheidung „geschafft“. Nach § 114 Abs. 2 S. 1 GWB kann der erteilte Zuschlag nicht nachträglich aufgehoben werden. Aus dieser legislativ determinierten Verschiedenheit resultiert auch der Unterschied hinsichtlich behördlicher Informationsverpflichtungen. Während deutsche öffentliche Auftraggeber aufgrund der Bestandskraft der Vergabeentscheidung den unterlegenen Bietern „ex-ante“ ihre Entscheidung mitzuteilen haben, besteht für die U.S.- amerikanischen öffentlichen Auftraggeber lediglich eine „ex-post“ Informationsverpflichtung. Auch sind erhebliche Unterschiede hinsichtlich des gesetzlich vorgeschriebenen Begründungsumfanges zu verzeichnen. Während das U.S.- amerikanische Vergaberecht präzise definiert, welche Informationen den unterlegenen Bietern zukommen müssen[330], bleiben die Vorgaben deutschen Vergaberechts relativ nebulös und bedürfen weiterer richterrechtlicher Ausformung[331].
Anders als in den Vereinigten Staaten wird durch die deutschen Vergaberegulierungen ein komplexes Konglomerat von juristischen Personen des öffentlichen und privaten Rechts als öffentliche Auftraggeber definiert. Während in den U.S.A. aufgrund ausschließlicher Bindung der Behörden und vollständig im Eigentum des Bundes stehender juristischer Personen des Privatrechts die Feststellung des persönlichen Anwendungsbereiches nicht im Mittelpunkt wissenschaftlicher und gerichtlicher Auseinandersetzung steht, ist diese Frage einer der Brennpunkte juristischer Streitigkeiten im Rahmen der Anwendung des neuen Vergaberechts in Deutschland. Die Einbindung vielfältiger privater Unternehmen ist aufgrund der umfangreichen wirtschaftlichen Betätigung der öffentlichen Hand notwendig. Durch die in § 98 Nr. 1-6 GWB umgesetzten europarechtlichen Vorgaben wird lediglich den wirtschaftlichen Gegebenheiten Rechnung getragen.
Die Instrumentalisierung der öffentlichen Auftragsvergabe für politische Zwecke ist in den Vereinigten Staaten im Gegensatz zu hiesigen Einkäufen der öffentlichen Hand der Regelfall. Das muss nicht verwundern, kann doch der U.S.- amerikanische Gesetzgeber weitgehend frei von übergeordneten Vorgaben die Vergabe öffentlicher Aufträge an die Erfüllung wirtschafts- und sozialpolitischer Kriterien koppeln. Anders sieht die Situation für den deutschen Gesetzgeber aus. Der Versuch der Berliner, Bremer und Bayrischen Landesregierungen, die öffentliche Auftragsvergabe zur

330 41 U.S.C. § 253 b (e)(2)(A)-(F); 10 U.S.C. § 2305 (b)(1)(B)(i)-(vi).

331 Die erwähnte Entscheidung des OLG Brandenburg, Beschl. vom 03.08.1998, WUW/E Verg 231 = WuW 1999, 929 – Flughafen Berlin hat allerdings in diesem Zusammenhang bereits einen Standard festgesetzt.

Durchsetzung tariflicher Löhne zu instrumentalisieren[332], scheitert schon offensichtlich an nationalem Verfassungsrecht[333], genauso wie auch – trotz der Kehrtwende des EuGH – von einer europarechtlichen Unzulässigkeit auszugehen ist. Der deutsche Gesetzgeber wird für die Misslichkeiten, welche ihm für politisch motivierte, wettbewerbsverzerrende Vergabekriterien im Bereich des VgRÄG entgegenstehen, einen Ausgleich suchen. Das Ventil bieten Auftragsvergaben unterhalb der EG-Schwellenwerte zumindest in den primärrechtlichen Grenzen des Diskriminierungsverbotes (Art. 12 EG), der Warenverkehrs- (Art. 23 ff. EG), der Dienstleistungs- (Art. 49 ff. EG) und der Niederlassungsfreiheit (Art. 43 ff. EG). Auch hier ist die Berücksichtigung der Frauenförderung (Art. 3 Abs. 2 EG) und des Umweltschutzes (Art. 6 EG) bei nationalrechtlicher Zulässigkeit unter diskriminierungsfreier Einschränkung der Grundfreiheiten möglich[334]. In das Gewand der öffentlichen Auftragsvergabe gekleideter Lobbyismus wird sich somit mehr und mehr im Rahmen der Beschaffungen außerhalb des sekundär-europarechtlich determinierten Vergaberechts abspielen.

---

332 Berliner Vergabegesetz (VgG Bln) vom 09.07.1999 (GVBl. 1999 S. 369); Bremisches Landesvergabegesetz, abgedr. in: Forum Vergabe e.V., Monatsinfo 6/2000, Anlage 2; Bayerisches Bauaufträge - Vergabegesetz - BayBauVG vom 28.06.2000, abgedr. in: Forum Vergabe e.V., Monatsinfo 6/2000, Anlage 1.

333 BGH, Beschl. vom 18.01.2000, WuW/E Verg 297 = WuW 2000, 327 – Tariftreueerklärung II.

334 *Huber*, Das öffentliche Auftragswesen als Beschaffungsvorgang oder Instrument der Wirtschaftslenkung und der Sozialgestaltung, ThürVwBl. 2000, 193, 195.

3. Teil: Der Schutz der Bieter bei der Vergabe öffentlicher Aufträge

Die bisherigen Ausführungen haben gezeigt, dass Wettbewerb und transparente Verfahren im Mittelpunkt legislativer Bemühungen stehen. Jeder Unternehmer soll die Chance erhalten, sich um die Vergabe des öffentlichen Auftrages bewerben zu können und bei Abgabe des vorteilhaftesten Gebotes zum Vertragspartner der öffentlichen Hand „gekürt" zu werden[335]. Auf der Grundlage der allgemeinen wettbewerblichen und transparenten Vergabeverfahren haben alle Unternehmen die gleiche Chance, die staatlichen Einkäufer für das eigene Produkt oder die Dienstleistung zu gewinnen. Hier existiert eine Situation, wie sie von den Unternehmen auch auf dem privaten Markt im Konkurrenzkampf um den Absatz der Güter in ähnlicher Weise vorgefunden wird. Die Vergaberegulierungen gewährleisten das Bestehen der überlegenen Leistung.

Die rechtlichen Pflichten vermögen jedoch im öffentlichen Auftragswesen nicht immer allein für eine Aufrechterhaltung der gesetzlichen Ziele zu sorgen. Einige Zahlen können hier Zeugnis bieten, dass Gesetzesverletzungen beim staatlichen Einkauf kein seltenes Phänomen sind: Nach dem Beschaffungsbericht des Bundesministeriums des Inneren für das Jahr 1998 vergaben die Behörden des Innenministeriums 75,8% aller Aufträge freihändig. Dagegen wurden lediglich 22% der Aufträge öffentlich ausgeschrieben[336]. Das Bundesinnenministerium schließt trotzdem einen leichtfertigen Umgang mit den Bestimmungen der VOL/A aus. In 65% der freihändigen Vergaben habe lediglich ein Anbieter für das nachgefragte Beschaffungsgut zur Verfügung gestanden; das Vorliegen der Ausnahmetatbestände werde in jedem Einzelfall auf Stichhaltigkeit und Schlüssigkeit hin überprüft. Der hohe Anteil freihändiger Vergaben sei ausschließlich mit der Bedürfnisstruktur des Bedarfsträgers zu erklären[337]. Das Bundesamt für Wehrtechnik schrieb im Jahre 1997 lediglich 3,13% aller Aufträge öffentlich aus, was 5,25% des Gesamtauftragsvolumens bedeutete[338].

---

335 Für Deutschland § 30 HGrG, §§ 55 Abs. 1 BHO/ThürLHO; §§ 97 Abs. 1, 101 Abs. 5 GWB; §§ 2 Nr. 1 S. 2 i.V.m. 3 Nr. 2 VOB/A 1/1, 1/2; §§ 2 Nr. 1 S. 2 i.V.m. 3 Nr. 2 VOL/A 4/1, 4/2; Für die Vereinigten Staaten 41 U.S.C. § 253; 10 U.S.C. § 2304.

336 Vgl. Beschaffungsbericht des BMI, Jahresbericht 1998, S. 17. Im Jahre 1997 wurden 69,5% der Aufträge freihändig und 28% öffentlich ausgeschrieben; vgl. Beschaffungsbericht des BMI, Jahresbericht 1997, Anhang 5.

337 Vgl. Beschaffungsbericht des BMI, Jahresbericht 1998, S. 20.

338 Vgl. Jahresbericht des Wettbewerbs- und Mittelstandsbeauftragten des Bundesamtes für Wehrtechnik und Beschaffung für das Jahr 1997 vom 23.10.1998, S. 2-3.

Auch kann hier nochmals auf den 60%en Anteil freihändiger Vergaben der U.S.-amerikanischen Vergabebehörden zwischen 1980 und 1984 verwiesen werden[339].
Nach den Verdingungsordnungen als auch dem „Competition in Contracting Act" dürfen öffentliche Aufträge jedoch nur bei Vorliegen der überaus restriktiven Voraussetzungen, als absoluter Ausnahmefall, freihändig vergeben werden. Die öffentliche Ausschreibung ist dagegen nach den gesetzlichen Vorgaben die Regel. Die Praxis der Auftraggeber, entgegen den gesetzlichen Anforderungen, immer wieder die gleichen Unternehmen mit öffentlichen Aufträgen zu betrauen, wurde in den U.S.A. schlagwortartig mit – „No one was ever fired for bying from IBM"[340] – zusammengefasst. Daran ändert auch die den Vergabebehörden verfassungsrechtlich aufgegebene Bindung an Recht und Gesetz nach Art. 20 Abs. 3 GG und des U.S.- amerikanische Pendant in Art. 2 Sec. 3 der U.S.- amerikanischen Verfassung: „[...] he (the president) shall take Care that the Laws be faithfully executed [...]" wenig.
Was beim staatlichen Einkauf entgegen der gesetzlich vorgegebenen Hierarchie die wettbewerbliche Vergabe der öffentlichen Aufträge zum Ausnahmefall werden lässt, muss selbstverständlich häufig Gegenstand von Spekulationen bleiben. Aus nachvollziehbaren Gründen ist jedoch der Bereich der öffentlichen Auftragsvergabe überaus korruptionsanfällig. Die erheblichen involvierten finanziellen Mittel erwekken allseits Begehrlichkeiten; die Ergebnisse der Operation „Ill-Wind" in den Vereinigten Staaten wurden bereits mehrfach erwähnt[341]. Auch die Integrität deutscher Vergabebeamter hält manchmal nicht den finanziellen Verlockungen stand.
So nahmen in den Jahren 1996-98 die Ermittlungsverfahren des BKA wegen Korruption gegen Verwaltungsangestellte von 410 auf 1.072, also um 161 % zu. Dabei war besonders die Vergabe von Bauprojekten betroffen[342].

---

339 „Federal Procurement Reports", Fiscal Year 1989-90, Federal Procurement Data Center, S. 12.

340 *Gabig*, A Primer on Federal Information Systems Acquisitions, 17 Pub.Cont.L.J. 31, 74 (1987). Dieses Schlagwort entstand, nachdem sich nach einem Bericht des General Accounting Office Vergabebeamte des INS und Angestellte von IBM in einem „late night meeting" trafen. Im Rahmen eines „negotiation" Verfahrens wurden die Konditionen der „best and final offers" der Konkurrenten preisgegeben, so dass IBM das eigene Gebot anpassen konnte und den Zuschlag erhielt.

341 Vgl. nochmals *McGarry*, Winning the War on Procurement Fraud: Victory at what Price, 26 Colum.J.L.& Soc.Probs. 249, 277-78 (1993); *Davidson*, The Joint Defense Doctrine: Getting your Story Straight in the Mother of all Legal Minefields, Army Law. 17, Fn.7 (1997), *Howe*, Unisys To Pay Record Fine in Defense Fraud; Ill Wind Probe Nets Sixth Corporation, Washington Post, Sept. 7 (1991), A1.

342 Vgl. Fester Platz im Amt – Der Spiegel, Nr. 45/1999, S. 19. Allerdings versuchen Bund, Ländern, Gemeinden und die Europäische Union, dem Problem der Korruption durch gesetzgeberische und verwaltungsinterne Maßnahmen Herr zu werden. Vgl. auf Bundesebene - RL der Bundesregierung zur Korruptionsprävention in der Bundesverwaltung; Gesetz zur Eröffnung der Überwachung des Fernmeldeverkehrs; § 100 a S. 1 Nr. 2 StPO; bei Verdacht des Vorliegens von Delikten wie Bestechlichkeit oder Bestechung; BT-Drucks. 14/162 vom 08.12.1998, S. 3. Für die Länder -

Der Gruppe von bevorzugten „Hoflieferanten" oder „incumbents" müssen selbstverständlich Unternehmen gegenüber stehen, welchen von vornherein nicht die Möglichkeit eingeräumt wird, Güter und Dienstleistungen an die Vergabebehörden abzusetzen. Dabei sind die wirtschaftlichen Vorteile einer Partnerschaft mit dem Staat offensichtlich. Sowohl in Deutschland als auch in den U.S.A. gehören die öffentlich-rechtlichen Haushaltsträger zu den liquidesten Vertragspartnern. Der Staat stellt auf einer Vielzahl von Märkten einen ganz erheblichen wirtschaftlichen Machtfaktor dar. Der Umfang der eingesetzten finanziellen Mittel für öffentliche Einkäufe ist immens. Die öffentlichen Auftraggeber geben in der Europäischen Union jährlich ca. 1,054 Billionen Euro[343]; in Deutschland zwischen 400,- Mrd. DM[344] und 282,53 Euro[345]; in den Vereinigten Staaten auf Bundesebene ca. $ 183,1 Mrd.[346] und auf Staatenebene ca. $ 282,8 Mrd.[347] für ihre Beschaffungen aus.
Um im Einklang mit den Vergaberegulierungen im fairen Wettbewerb mit konkurrierenden Unternehmen um die Vergabe öffentlicher Aufträge wetteifern zu können, bedarf es der wirksamen Durchsetzung der bestehenden gesetzlichen Regulierungen. Die verfassungsrechtlichen Bindungen an Recht und Gesetz und auch die persönliche Integrität der Vergabebeamten reichen nicht immer aus, um gesetzmäßige Vergabeverfahren zu gewährleisten. Potentielle oder aktuelle Teilnehmer des Vergabeverfahrens können nur dann vor willkürlichen Benachteiligungen durch die Verga-

---

Allgemeine Verfügung des Justizministeriums Nordrhein-Westfalen vom 23.06.1999 zur Verhütung und Bekämpfung von Korruption in der öffentlichen Verwaltung; vgl. *Ax/Schneider*, Verhütung und Bekämpfung von Korruption im Zusammenhang mit Vergabeverfahren in der öffentlichen Verwaltung, ZVgR 2000, 48 ff. Für die Kommunen - „Hinweise zur Verhütung von Korruption" des Deutschen Städtetages; vgl. *Krämer*, Strategie der Korruptionsvermeidung - Maßnahmen in der kommunalen Vergabeverwaltung, VgR 1996, 41 ff. Für die Europäische Union - Erläuternder Bericht zum Übereinkommen über die Bekämpfung von Bestechung, an dem Beamte der Europäischen Gemeinschaften oder der Mitgliedstaaten der Europäischen Union beteiligt sind, ABl. EG Nr. C 391/1 vom 15.12.1998; Vorschlag für eine Verordnung (EG, Euratom) des Rates zur Einrichtung eines Europäischen Amtes für Untersuchungen zur Betrugsbekämpfung, KOM vom 26.01.1999, ABl. EG Nr. C 21/10.

343 Zweiter Jahresbericht über die Funktionsweise der gemeinschaftlichen Güter- und Kapitalmärkte, Tabelle 18 vom 26.01.2000, KOM (2000), abgedr. in: Forum Vergabe e.V. Monatsinfo 4/2000, Anlage 6.

344 Studie des Statistischen Bundesamtes vom 25.08.1999 für das Jahr 1995 - Size and structure of the German public procurement market in 1995, An empirical survey from the Federal Statistical Office of Germany, launched by the EU-Commission, S. 2, 6.

345 Zweiter Jahresbericht über die Funktionsweise der gemeinschaftlichen Güter- und Kapitalmärkte", Tabelle 18 vom 26.01.2000, KOM (2000), mitgeteilt in: Forum Vergabe e.V. Monatsinfo 4/2000, Anlage 6.

346 General Services Administration, U.S. Federal Procurement Data System, Federal Procurement Report (1999), 75.

347 U.S. Department of Commerce, Economics and Statistics Administration, Bureau of Economic Analysis, Survey of Current Business (Sep. 1997).

bebehörden geschützt werden, wenn sie das Vergabeverfahren auf ihre Rechtmäßigkeit nachprüfen lassen können.
Die dogmatischen Grundlagen der Nachprüfung, die Art der Überwachungseinrichtungen sind allerdings im deutschen und U.S.- amerikanischen Rechtsraum überaus unterschiedlich und vielfältig. In Übereinstimmung mit dem geplanten Gang der Untersuchung wird es im Folgenden darauf ankommen, die Nachprüfungsmöglichkeiten der unterlegenen Bieter im öffentlichen Auftragsrecht in den zu vergleichenden Rechtsordnungen zu analysieren.

A. Rechtsschutz im U.S.- amerikanischen Vergaberecht

Der Rechtsschutz der Bieter im U.S.- amerikanischen Vergaberecht erfährt derzeit eine erhebliche Restrukturierung. Allerdings vollzieht sich diese Entwicklung nicht ähnlich erdrutschartig wie im deutschen Vergaberecht, sondern stellt sich als schleichender Prozess einer Politik kleiner Schritte dar. Die eingeschlagene Richtungsänderung des U.S.- amerikanischen Gesetzgebers könnte sich von den legislativen Änderungen des deutschen Vergabenachprüfungsrechts nicht grundlegender unterscheiden. Rechtsschutz der Bieter gegenüber der Verteilungslenkung öffentlicher Auftraggeber befindet sich in Deutschland im beständigen Aufwind. Anders verhält es sich in den U.S.A., wo unterlegene Bieter kontinuierlich Schritt für Schritt ihres Einflusses auf behördliche Entscheidungen beraubt werden, mithin ein Abwärtstrend der Rechtsschutzmöglichkeiten verzeichnet werden muss. Das hat nicht zuletzt seinen Grund darin, dass den Unternehmen gegenüber den öffentlichen Auftraggebern kein Anspruch auf die Einhaltung der Vorschriften des Vergabeverfahrens zusteht. Doch lassen sich die Defizite des Bieterschutzes nicht holzschnittartig zusammenfassen. Eine exakte Standortbestimmung des U.S.- amerikanischen Nachprüfungsrechts ist nur nach eingehender Analyse des langjährigen Entwicklungsprozesses in Legislative und Judikative hinreichend zu ermessen. Deshalb werden im Folgenden die Vielfalt und Durchschlagskraft der verschiedenen Nachprüfungsforen aufgefächert. Um den landestypischen Gegebenheiten gerecht werden zu können, wird dabei chronologisch vorgegangen. Auf diese Weise kann Schritt für Schritt nachvollzogen werden, welches „Wechselbad" bieterschutzrechtlicher Möglichkeiten die Unternehmen im Laufe des 20. Jahrhunderts zu durchleben hatten.
Derzeit lässt sich zunächst folgende Situation konstatieren: Potentielle oder tatsächliche Bieter eines Vergabeverfahren können sich auf vielfältige Art und Weise gegen eine behauptete Vergaberechtsverletzung wenden. Es stehen parallele behördliche – „administrative review" – und gerichtliche Nachprüfungsmöglichkeiten – „judicial review" – zur Verfügung. Primär- und auch Sekundärrechtsschutz kann vor sämtlichen Foren erreicht werden. Ein einheitlich geregeltes Nachprüfungsverfahren exi-

stiert jedoch nicht. Behördliche und gerichtliche Nachprüfungsforen stehen vielmehr in konkurrierender Zuständigkeit. Die unterlegenen Bieter können theoretisch unabhängig von der Zuschlagserteilung Primärrechtsschutz erlangen. Die „Termination of convenience“ Klausel erlaubt den Vergabebehörden die jederzeitige Kündigung des Beschaffungsvertrages. Auf diese Weise können auch rechtswidrig geschlossene Verträge aufgehoben werden und im Nachprüfungsverfahren obsiegende Bieter noch nachträglich den Zuschlag erhalten. Die rechtsschutzsuchenden Unternehmen können also Nachprüfungsanträge vor Zuschlagserteilung – als „pre-award review“ – , als auch danach – als „post-award review“ – einlegen.

I. Der Nachprüfungsantrag bei der Vergabebehörde

Dem Bieter ist zunächst die Möglichkeit eröffnet, die Einrichtung, welche den behaupteten Rechtsverstoß hervorgerufen hat, von einer Änderung ihrer Entscheidung zu überzeugen. Es ist die Ausgangsbehörde, bei der schon seit mehr als einem Jahrhundert um die Beseitigung eines Rechtsverstoßes nachgesucht werden kann[348]. Die Vergabebehörde als Nachprüfungsforum leidet allerdings seit jeher unter erheblichen Akzeptanzproblemen, denn die jeweiligen Vergabeentscheidungen wurden in der Praxis regelmäßig aufrechterhalten. Das war auch nicht verwunderlich, hatte doch derselbe Vergabebeamte, dem die rechtswidrige Entscheidung vorgeworfen wurde, auch über den Nachprüfungsantrag zu entscheiden[349]. Diesem Missstand sollte Abhilfe geschafft werden. Daher ordnete die „Clinton-Administration“[350] eine Restrukturierung dieser verwaltungsinternen Nachprüfungsmechanismen an. Basis der Neuerung ist eine behördeninterne Trennung der zuständigen Beamten hinsichtlich Vergabe- und Nachprüfungsentscheidung. Das übergeordnete Ziel behördeninterner Nachprüfungsverfahren ist die effiziente Abwicklung der „bid protests“, das Vertrauen der Bieter in das öffentliche Beschaffungswesen zu stärken und die Einlegung von Nachprüfungsverfahren außerhalb der Vergabebehörde zu vermeiden[351].
Vor Einlegung eines solchen „bid protest“ sind zunächst die Verfahrensbeteiligten aufgerufen, eventuelle Auseinandersetzungen schon auf informeller Ebene zwischen benachteiligtem Bieter und Vergabebeamten durch entsprechende Diskussionen

348 Vgl. 48 C.F.R. § 33.102: „(a) Contracting officers shall consider all protests and seek legal advice, whether protests are submitted before or after award [...].“

349 *Kovacic*, Procurement Reform and the Choice of Forum in Bid Protest Disputes, 9 Admin.L.J. Am. U. 461, 470 (1995).

350 Executive Order No. 12979, Oct. 25 (1995), 60 F.R. 55171: „Agency Procurement Protests“.

351 48 C.F.R. § 33.103 (d).

beizulegen[352]. Wenn sich auf diesem Wege kein einvernehmliches Ergebnis erzielen lässt, soll durch den zusätzlichen Einsatz von Mediation, der Hinzuziehung von neutralen Personen oder Beamten anderer Behörden, eine effektive, informelle und schnelle Abwicklung des Nachprüfungsverfahrens ermöglicht werden[353]. Erst nach Scheitern dieser Bemühungen sollte der Unternehmer zum gravierenden Instrument des Nachprüfungsantrages greifen. Die Zuschlagserteilung ist automatisch suspendiert, wenn ein Nachprüfungsantrag vor Vertragsschluss eingelegt wurde; ebenso ist die Vertragsausführung auszusetzen, wenn bis 10 Tage nach Zuschlagserteilung ein solcher Nachprüfungsantrag bei der Behörde eingegangen ist. Dieser Suspensiveffekt kann vom zuständigen Vergabebeamten ausgesetzt werden, wenn die Beschaffung so dringend ist, dass ein Aufschub nicht geduldet werden kann oder die Interessen der Vereinigten Staaten eine sofortige Vertragsausführung erfordern. Eine solche Entscheidung muss allerdings vom Vorgesetzten des zuständigen Beamten bestätigt werden[354]. Antragsbefugt sind sämtliche tatsächliche oder potentielle Bieter, die einen tatsächlichen oder drohenden wirtschaftlichen Schaden in Folge der angeblich rechtswidrigen Entscheidung hinreichend begründet dartun können[355]. Der Nachprüfungsantrag muss spätestens zehn Tage nach Kenntnis oder Kennenmüssen der relevanten Gründe eingelegt worden sein[356]. Der Vergabebehörde sind mit dem Antrag sämtliche Informationen zuzusenden, welche den Antrag sachlich stützen[357].
Das Vertrauen der Unternehmen in die Integrität des behördeninternen Nachprüfungsverfahrens soll durch die grundsätzliche Prüfung eines von der Vergabeentscheidung institutionell und funktional unabhängigem Beamten gestärkt werden. Die Bieter können mit Einlegung des Antrages eine solche unabhängige Prüfung ihres Begehrens einfordern, die entweder alternativ oder als eine Art „Rechtsmittelinstanz" bei Nichtabhilfe durch den Vergabebeamten möglich ist[358]. Um das Vergabeverfahren nicht unnötig zu verzögern, muss der Antrag des Bieters innerhalb von 35 Tagen nach Einlegung beschieden werden[359]. Der Behördenleiter ist zuständig, über die eventuelle Gewährung primär- oder sekundärrechtlicher Maßnahmen zu entscheiden. Der Eingriff in das Vergabeverfahren kann soweit gehen, dass der

---

352 48 C.F.R. § 33.103 (b).

353 48 C.F.R. § 33.103 (c).

354 48 C.F.R. §§ 33.103 (f)(1), (3); 33.103 (f)(1), (3).

355 48 C.F.R. § 33.101: „Interested party means an actual or prospective bidder or offeror whose direct economic interest would be affected by the award of a contract or by the failure to award a contract."

356 48 C.F.R. § 33.103 (e).

357 Vgl. dazu die einzelnen Anforderungen des 48 C.F.R. § 33.103 (d)(1)(2)(i)-(viii).

358 48 C.F.R. § 33.103 (d)(4).

359 48 C.F.R. § 33.103 (g).

Zuschlag an den Antragsteller angeordnet wird[360]. Gleichzeitig können dem Antragsteller die Kosten für die Betreibung des Nachprüfungsverfahrens ersetzt werden. Dies stellt eine nach anglo-amerikanischen prozessrechtlichen Regelungen außergewöhnliche Maßnahme dar, da grundsätzlich jede Partei des Verfahrens unabhängig von Obsiegen oder Verlieren im Prozess immer die eigenen Verfahrens- und Anwaltskosten trägt. Entscheidet sich die Vergabebehörde trotz vorliegender Rechtsverletzung von einer Korrektur des laufenden Vergabeverfahrens abzusehen, können dem Bieter alternativ zur Gewährung von Primärrechtsschutz die Kosten der Angebotserstellung erstattet werden[361], wohingegen entgangener Gewinn nicht geltend gemacht werden kann.
Die Vorteile solcher Prüfung durch die Ausgangsbehörde liegen auf der Hand. Eine Transformation von Informationen zwischen Vergabebehörde und einer Nachprüfungsbehörde ist nicht notwendig. Sämtliche entscheidungsrelevanten Informationen existieren innerhalb der beschaffenden Einrichtung, wodurch eine überaus kurzfristige Entscheidung innerhalb der vorgegebenen 35 Tage möglich ist. Der zuständige Vergabebeamte kann offensichtliche Fehler auf schnellem und kostengünstigem Wege beseitigen. Auch wenn der unabhängige Beamte den Nachprüfungsantrag bearbeitet, ist eine behördeninterne Informationstransaktion ebenfalls schnell und unproblematisch möglich.

II. Der Nachprüfungsantrag beim General Accounting Office

Das am häufigsten in Anspruch genommene Nachprüfungsorgan im öffentlichen Auftragsrecht[362] ist jedoch das „General Accounting Office", das jährlich ca. 2.600 Nachprüfungsanträge zu bearbeiten hat[363]. Als parlamentarisches Organ[364] steht dieser Einrichtung mit dem „Comptroller General" ein Bundesbeamter vor[365]. Grundsätzlich besteht die Hauptaufgabe dieses Organs zwischen den Staatsgewalten,

---

360 Vgl. 48 C.F.R. §§ 33.102 (b)(1).

361 Vgl. 48 C.F.R. §§ 33.102 (b)(2); 33.104 (h).

362 Vgl. 31 U.S.C. § 3552: „A protest concerning an alleged violation of a procurement statute or regulation shall be decided by the Comptroller General if filed in accordance with this subchapter."

363 Vgl. *Lieberman*, Bid Protests at the Court of Federal Claims and the General Accounting Office: A Comparison, 67 Fed.Cont.Rep. 1 (1997). Dagegen wurden vor dem U.S. Court of Federal Claims vom 01.01.1997 bis 01.08.1999 118 Klagen und vor den U.S. District Courts vom 01.01.1997 bis 30.04.1999 66 Klagen anhängig gemacht; vgl. BNA Federal Contracts Daily News, April 27 (2000).

364 Vgl. dazu 5 U.S.C. § 902 (1)(B): „[...] agency means – (A) an Executive agency or part thereof; and (B) an office or officer in the executive branch; but does not include the General Accounting Office or the Comptroller General of the United States."

365 31 U.S.C. § 702 (b).

ähnlich dem Bundesrechnungshof, in der Überwachung der wirtschaftlichen und effizienten Ausführung des Hauhaltsplanes durch die Exekutive. Ein entsprechender Bericht ist beiden Häusern des Parlaments, also Senat und Repräsentantenhaus, jährlich zukommen zu lassen[366]. Das „General Accounting Office“ kann den Bietern als „Eingangsinstanz“ eines Nachprüfungsantrages dienen. Möglich ist aber auch zunächst eine Beilegung des Konfliktes mit der Vergabebehörde; bei Nichtabhilfe des „bid protest“ kann innerhalb von 10 Tagen das „General Accounting Office“ angerufen werden[367].

1. Die historische Entwicklung des General Accounting Office

Die Geschichte dieser Behörde reicht bis zur Bildung des ersten U.S.- amerikanischen Finanzministeriums im Jahre 1789 zurück[368]. Das Finanzministerium bestand zu diesem Zeitpunkt aus sechs Abteilungen. Die Einhaltung der haushaltsrechtlichen Vorgaben durch die Behörden war vom „Comptroller of the Treasury“ sicherzustellen. Dessen Zuständigkeit wurde im Jahre 1921 explizit auf das „General Accounting Office“ übertragen[369]. Im Zusammenhang mit der Überwachung der Ausgabenverwaltung wurde bereits 1925 mit der Anhörung von Beschwerden benachteiligter Unternehmen im Zusammenhang mit öffentlichen Beschaffungen begonnen[370]. Diese Anhörungen erfolgten zwar ohne explizite gesetzliche Ermächtigung; eine solche wurde aber auf der Grundlage der Befugnis zur Überwachung staatlicher Ausgaben und Beilegung von Zahlungsstreitigkeiten zwischen Staat und Privaten indiziert[371]. Die Beseitigung von Vergaberechtsverstößen konnte nicht zwingend angeordnet werden, vielmehr wurde der betroffenen Vergabebehörde die Beseitigung der Rechtsverletzung „vorgeschlagen“[372]. Die einflussreiche Position des „Comptroller General“ sorgte allerdings dafür, dass die Beschaffungsbehörden sich

366 Vgl. 31 U.S.C. § 712 (1)-(5): „Investigating the use of public money“; §§ 713-720.

367 Vgl. 48 C.F.R. § 33.103 (d)(4); 4 C.F.R. § 21.2 (a)(3).

368 Act of Sept. 2 (1789), 1 Stat. 65 (1789).

369 Budget and Accounting Act, Pub.L.No. 67-13, ch. 18, 42 Stat. 20, 23 (1921); aktuelle Version 31 U.S.C. § 702.

370 Vgl. *Brittin*, The Comptroller General`s Dual Statutory Authority to Decide Bid Protests, 22 Pub.Cont. L.J. 636, 638 (1993).

371 Vgl. *Cibinic/Lasken*, The Comptroller General and Government Contracts, 38 Geo.Wash.L.Rev. 349, 352 (1970). Siehe dazu Budget and Accounting Act (1921): „[...] authority to settle and adjust all claims and demands whatever in which the government of the United States is concerned, either as debtor or creditor.“

372 Vgl. John Reiner & Co. v. United States, 325 F.2d 438, 440 (Ct.Cl. 1963).

nur in Ausnahmefällen diesen „Ratschlägen“ widersetzten[373]. Das war wohl nicht zuletzt darauf zurückzuführen, dass behördliche Zahlung hinsichtlich illegal zustande gekommener Verträge durch das „General Accounting Office“ verhindert werden konnten[374].
Der Schutz der unternehmerischen Interessen der Bieter spielte in diesem Zusammenhang selbstverständlich nur eine untergeordnete Rolle. Das „General Accounting Office“ richtete das Augenmerk auf die Sicherung einer sparsamen Haushaltsführung und Schonung der staatlichen Finanzen und nutzte die Beschwerden der Bieter, um auf einschlägige Rechtsverletzungen der Behörden aufmerksam zu werden[375]. Die Beilegung der Nachprüfungsverfahren erfolgte meist in informellen Verfahren; mündliche Verhandlungen blieben die Ausnahme. Der „Comptroller General“ entschied auf der Grundlage der durch die Vergabebehörde vorgelegten Akten[376]. Trotz fehlender gesetzlicher Ermächtigung, vielleicht auch mangels kompetenter Alternativen, wurde das „General Accounting Office“ auch schon vor Erlass des „Competition in Contracting Act 1984“ zu einem häufig frequentierten Nachprüfungsforum[377].

2. Das General Accounting Office seit dem Competition in Contracting Act

Das Jahr 1984 brachte nicht nur das In-Kraft-Treten der „Federal Acqusition Regulation“ und die Änderungen des Vergabeverfahrensrechts durch den „Competition in Contracting Act“; vielmehr wurde durch dieses Gesetz auch der „Budget and Accounting Act 1921“ geändert. Das „General Accounting Office“ erhielt nunmehr die gesetzliche Ermächtigung über die Nachprüfungsanträge benachteiligter Bieter in

---

373 Vgl. dazu *Tomaszczuk/Jensen*, The Adjudicary Arm of Congress – The GAO`s Sixty-Year Role in deciding Government Contract Bid Protests comes under renewed Attack by the Department of Justice, 29 Harv.J.on Legis. 399, 405 (1992).

374 Vgl. Comp.Gen. B-142931, Oct. 21 (1964), P 40 CPD, 221, 223: „To Richard A. Mehler [...] the sanction for any decision by this office holding that an accepted bid did not result in a valid contract is our authority under the Budget and Accounting Act (1921), 31 U.S.C. 1 et seq., to disallow credit in the accounts of the Government`s fiscal officers for any payment out of appropriated funds made pursuant to an illegal contract.“

375 Vgl. zu diesen Zielen Comp.Gen. B-130302, Jan. 17 (1957), 513, 514 – To The Secretary of the Navy.

376 Vgl. Comp.Gen. B-147367, Aug. 31 (1962), CPD P 53, 124, 134 – To Strasser, Spielberg, Kampelman and McLaughlin.

377 Im Jahre 1983 vor Erlass des Competition in Contracting Act wurden insgesamt 2639 Beschwerden anhängig gemacht. Das General Accounting Office entschied davon 627 in der Sache; vgl. BNA Federal Contract Reporter, Feb. 13 (1984), 239-240.

öffentlichen Beschaffungsverfahren zu entscheiden[378]. Dieses Organ wurde damit endgültig Teil des öffentlichen Vergaberechts.

a. Die Einlegung eines Nachprüfungsantrages durch eine „interested party"

Ein Bieter kann einen Nachprüfungsantrag – „bid protest" – beim „General Accounting Office" zur Entscheidung einlegen, wenn er als „interested party" anzusehen ist[379]. Eine „interested party" ist jeder tatsächliche oder potentielle Bieter, dessen wirtschaftliche Interessen durch den Zuschlag an einen Konkurrenten oder durch die Verhinderung des Zuschlags an ihn selbst betroffen sein könnten[380]. Dieses wirtschaftliche Interesse ist gegeben, wenn für den Bieter eine „begründete Aussicht" auf den Vertragsschluss besteht[381]. Wenn der Antragsteller schon in die Verteilungsentscheidung eingestellt wurde, erkennt das „General Accounting Office" eine solche begründete Aussicht nur an, wenn der Antragsteller das zweitbeste Angebot abgegeben hat. Ein wirtschaftliches Interesse an der Zuschlagserteilung ist mithin nur dann gegeben, wenn bei Revidierung der Rechtsverletzung der Antragsteller auf jeden Fall anstelle des Konkurrenten zum Vertragspartner aufrücken würde[382]. Etwas anderes gilt nur, wenn eine Wiederholung der Ausschreibung gefordert wird oder die abschließende Rangliste der Bieter durch die Behörde noch nicht erstellt wurde. In diesen Fällen wird davon ausgegangen, dass alle Bieter eine begründete Aussicht auf Zuschlagserteilung haben[383]. Der Nachprüfungsantrag muss schriftlich eingereicht werden und dezidiert beinhalten, welches Ziel der Antragsteller verfolgt[384]. Wenn der

378 Vgl. dazu Competition in Contracting Act, Pub.L.No. 98-369, 98 Stat. 494, §§ 2701-2753 (1984). Die Vorschriften bezüglich der bid protests finden sich in § 2741 (a) des Gesetzes und wurden in 31 U.S.C. §§ 3551-3556 implementiert.

379 31 U.S.C. §§ 3552, 3551 (1)(A)-(D).

380 Vgl. 31 U.S.C. § 3551 (2): „The term „interested party", with respect to a contract or a solicitation or other request for offers described in paragraph (1), means an actual or prospective bidder or offeror whose direct economic interest would be affected by the award of the contract or by failure to award the contract."

381 Vgl. 4 C.F.R. § 21.0 (b): „substantial prospect".

382 Vgl. Comp.Gen. B-224423, Sept. 3 (1986), 86-2 CPD, 255 – First Continental Bank Building Partnership; Comp.Gen. B-221906, May 19 (1986), 86-1 CPD, 470 – Automated Services, Inc. In beiden Fällen wurde der Antrag als unzulässig abgewiesen, weil es sich lediglich um drittplazierte Anbieter handelte, die auch nicht die Rechtmäßigkeit des zweitplazierten Angebotes angefochten hatten.

383 Vgl. dazu Comp.Gen. B-218424 et al., Aug. 1 (1985), 85-2 CPD, 113 – Rolen-Rolen Roberts International.

384 Vgl. 31 U.S.C. § 3551 (1)(A)-(D): Der Antrag kann sich dabei gegen die Ausschreibungsbedingungen, die Aufhebung derselben, einen Zuschlag oder bevorstehenden Zuschlag an einen Konkurrenten, oder die Aufhebung des Zuschlags an das eigene Unternehmen wenden.

Nachprüfungsantrag nicht offensichtlich unzulässig ist, informiert der „Comptroller General“ die Vergabebehörde innerhalb eines Tages über den eingelegten „bid protest“[385].

b. Die aufschiebende Wirkung des Nachprüfungsantrages

Der „Competition in Contracting Act 1984“ hatte auf die Durchschlagskraft unternehmerischer Nachprüfungsanträge erheblichen Einfluss. Das Vergabeverfahren ist automatisch ab dem Moment suspendiert, indem das „General Accounting Office“ die Behörde über die Einlegung des Antrages durch den Bieter informiert. Genau wie im Nachprüfungsverfahren vor der Vergabebehörde kann die Zuschlagserteilung bis zur Beschwerdeentscheidung suspendiert werden, wenn der Antrag vor Vertragsschluss eingeht[386]. Auch nach Vertragsschluss kann durch den Nachprüfungsantrag eine Aufschiebung der Vertragsausführung erreicht werden, wenn die Vergabebehörde innerhalb von zehn Tagen nach Zuschlagserteilung vom „General Accounting Office“ über den anhängigen Antrag informiert wird[387]. Diese Frist kann unter Umständen auch einen längeren Zeitraum als zehn Tage umfassen. Denn die Antragstellung wird häufig von den Gründen abhängig sein, welche der unterlegenen Bieter nach seiner Nichtberücksichtigung von der Vergabebehörde anfordern kann[388]. Lässt der Bieter sich von der Behörde über die Gründe der Vergabeentscheidung informieren, muss erst bis fünf Tage nach diesem Datum der Nachprüfungsantrag beim „General Accounting Office“ eingegangen sein, um die Vertragsausführung zu suspendieren[389]. Die Verwaltung wird auf diese Weise regelmäßig gezwungen, die Entscheidung des „General Accounting Office“ über den Nachprüfungsantrag eines unterlegenen Bieters abzuwarten[390].

c. Die verfassungsrechtliche Auseinandersetzung um den Suspensiveffekt

Diese Machtfülle erreichte das „General Accounting Office“ nicht ohne heftigen Widerstand der sich in seinen Kompetenzen gestört sehenden Beschaffungsverwaltung. Dabei kulminierten die Auseinandersetzungen um die aufschiebende Wirkung

---

385 31 U.S.C. § 3553 (b)(1).

386 31 U.S.C. § 3553 (c)(1).

387 31 U.S.C. § 3553 (d)(3)(A)(i)(ii), (d)(4)(A).

388 Vgl. 41 U.S.C. § 253 b (e)(1); 10 U.S.C. § 2305 (b)(5)(A).

389 31 U.S.C. § 3553 (d)(3)(A)(i)(ii), (d)(4)(B).

des Nachprüfungsantrages. Wie schon erwähnt, ist die Stellung des „Comptroller General", damit auch des gesamten „General Accounting Office", verfassungsrechtlich überaus ambivalent. Dieses Organ könnte sowohl der Legislative als auch der Exekutive zuzuordnen sein. Für die Einordnung als Vollzugsorgan spricht, dass der „Comptroller General" wie jeder Bundesbeamte vom Präsidenten ernannt wird[391]. Die U.S.- amerikanische Verfassung erlaubt die Entlassung von Beamten nur nach rechtskräftiger Verurteilung in Amtsanklageverfahren aufgrund Hochverrats, Bestechlichkeit oder anderer schwerer Verbrechen[392]. Demgegenüber kann der „Comptroller General" nach einem Amtsanklageverfahren[393] und bei gesetzlich definiertem Missverhalten oder Unfähigkeit durch gemeinsamen Beschluss des Kongress entlassen werden[394]. Bis zum „Competition in Contracting Act 1984" wurde die Stellung des „Comptroller General" als janusköpfiges Organ der Exekutive und der Legislative[395] unproblematisch akzeptiert. Das „Office of Management and Budget" sah allerdings durch die aufschiebende Wirkung des Nachprüfungsantrages exekutive Organe im Vollzug von Gesetzen durch ein legislatives Organ behindert. Die vollziehende Gewalt obliegt nach der U.S.- amerikanischen Verfassung ausschließlich den Behörden[396]. Das „Office of Management and Budget" behauptete daher eine Verletzung des Gewaltenteilungsprinzips[397]. Die Behörde nahm für sich eine Verwerfungskompetenz in Anspruch und wies mittels Verwaltungsverordnung die Bundesvergabebehörden an, den gesetzlichen Suspensiveffekt eingelegter Nachprüfungsanträge schlicht zu ignorieren[398]. Es dauerte nicht lange, bis die Gerichte mit der

---

390 Vgl. *Tomaszczuk/Jensen*, The Adjudicary Arm of Congress – The GAO`s Sixty-Year Role in deciding Government Contract Bid Protests comes under renewed Attack by the Department of Justice, 29 Harv.J.on Legis. 399, 408 (1992).

391 31 U.S.C. § 703 (a)(1).

392 Art. 2 Sec. 4 U.S.- Constitution: „The President, Vice President, and all civil Officers of the United States, shall be removed from office on Impeachment for, and Conviction of, Treason, Bribery, or other High Crimes and Misdemeanors."

393 31 U.S.C. § 703 (e)(1)(A).

394 Vgl. 31 U.S.C. § 703 (a)(2): „[...] (i) permanent disability; (ii) inefficiency; (iii) neglect of duty; (iv) malfeasance; or (v) a felony or conduct involving moral turpitude."

395 Brookfield Const. Co. v. Steward, 234 F.Supp. 94 (D.D.C. 1964).

396 Art. 2 Sec. 3 U.S.- Constitution: „[...] he (the president) shall take Care that the Laws be faithfully executed [...]."

397 Das Prinzip der Gewaltenteilung ist nicht ausdrücklich in der U.S.- amerikanischen Verfassung verankert, jedoch wird die Trennung der legislativen Aufgaben des Kongress (Art. I), der vollziehenden Aufgaben der Verwaltung (Art. II) und der judikativen Aufgaben der Gerichte (Art. III) als implizite Kodifizierung dieses Prinzips verstanden; vgl. dazu näher *Fisher*, American Constitutional Law" 1995, S. 214.

398 Am 17.12.1984 wurden die Vergabebehörden durch das Office of Management and Budget angewiesen, die Regulierungen bezüglich des Suspensiveffekts zu missachten, OMB Bulletin No. 85-8, Dec. 17 (1984).

Lösung dieser Problematik bedacht wurden. Ein unterlegener Bieter klagte vor einem Bundesgericht auf die Einhaltung der gesetzlichen Vorschriften[399]. Das Gericht erließ unter Zurückweisung der Argumentation der behördlichen Antragsgegner, wonach das Gewaltenteilungsprinzip durch die legislativ angeordnete aufschiebende Wirkung verletzt wäre, die gewünschte Verfügung. Aufgrund präsidialer Ernennung des „Comptroller General" sei dieser der Exekutive zuzuordnen[400]. Das von der Vergabebehörde angerufene Revisionsgericht folgte den Ausführungen der Eingangsinstanz[401]. Diese explizite Zuordnung des „General Accounting Office" zur Exekutive und die Verfassungsmäßigkeit des Suspensiveffekts ließ sich allerdings aufgrund einer Entscheidung des „U.S. Federal Supreme Court" nicht halten. Das Gericht hatte nicht über die Rolle des „Comptroller General" im Zusammenhang mit dem „Competition in Contracting Act 1984" zu entscheiden, ordnete dieses Organ aber abschließend der Legislative zu[402]; die vielfältigen Entlassungsmöglichkeiten des „Comptroller General" ließen eine Zuordnung zur vollziehenden Gewalt nicht zu[403].

---

399 Ameron, Inc. v. U.S. Army Corps of Engineers, 607 F.Supp. 963 (D.C.N.J. 1985).

400 Ameron, Inc. v. U.S. Army Corps of Engineers, 607 F.Supp. 963, 972 (D.C.N.J. 1985).

401 Ameron, Inc. v. United States Army Corps of Engineers, 787 F.2d 875, 878 (3rd Cir. 1986).

402 Bowsher v. Synar, 106 S.Ct. 3181, 478 U.S. 714, 92 L.Ed.2d 583 (1986). In diesem Fall ging es um die Zuständigkeiten des Comptroller General im Zusammenhang mit dem Balanced Budget and Emergency Deficit Control Act, Pub.L.No. 99-177, 99 Stat. 1038 (1985); cod. at 2 U.S.C. §§ 901-922. Das Haushaltsdefizit sollte durch dieses Gesetz zwischen 1986 und 1991 auf null reduziert werden. Dazu mussten das Office of Management and Budget und das Congressional Budget Office dem Comptroller General mitteilen, wie diese Einsparungen vorgenommen werden sollten. Dieser wiederum konnte dem Präsidenten bindende Anweisungen erteilen, inwieweit die Vorstellungen der beiden Behörden umzusetzen waren: „[...] The (Presidential) Order must provide for reductions in the manner specified in section 251 (a)(3), must incorporate the provisions of the (Comptroller General) report submitted under section 251(b), and must be consistent with such report in all aspects." Dem Comptroller General wurden somit gesetzlich Vollzugsaufgaben eingeräumt, was aufgrund seiner legislativen Stellung als Verstoß gegen das Gewaltenteilungsprinzip nicht zulässig sein konnte. Diese Feststellungen waren aufgrund der Rechtsprechung des U.S. Federal Supreme Court in Buckley v. Valeo, 424 U.S. 1; 96 S.Ct. 612; 46 L.Ed2d 659 (1976) und Naturalization Service v. Chadha, 46 U.S. 919; 103 S.Ct. 2764; 77 L.Ed.2d 317 (1983) zu erwarten; vgl. *Weitzel*, GAO Bid Protest Procedures under the Competition in Contracting Act: Constitutional Implications after Buckley and Chadha, 34 Cath.U.L.Rev. 485 (1985).

403 Bowsher v. Synar, 106 S.Ct. 3181, 3189; 478 U.S. 714, 728; 92 L.Ed.2d 583 (1986); vgl. nochmals 31 U.S.C. § 703 (a)(2): Der Comptroller General kann durch Impeachment und den Kongress entlassen werden, wegen: „[...](i) permanent disability; (ii) inefficiency; (iii) neglect of duty; (iv) malfeasance; or (v) a felony or conduct involving moral turpitude."; vgl. dagegen Art. II Sec. 4 der U.S.-amerikanischen Verfassung für die abschließend aufgezählten Gründe der Entlassung von Bundesbeamten: „[...] all civil Officers of the United States, shall be removed from Office on Impeachment for, and Conviction of, Treason, Bribery, or other High Crimes and Misdemeanors."

Aufgrund dieser höchstrichterlichen Entscheidung nahm das Revisionsgericht den Fall zum zweiten Mal zur Entscheidung an[404]. Die rechtsmittelführende Vergabebehörde behauptete nun nicht mehr die Verfassungswidrigkeit des gesamten Suspensiveffekts, sondern lediglich noch der zu diesem Zeitpunkt unbeschränkt eingeräumten Geltungsdauer des Suspensiveffekts[405]. Das Gericht hielt jedoch auch in diesem Fall die Bestimmungen des „Competition in Contracting Act" für verfassungsgemäß, weil der vom „U.S. Supreme Court" entschiedene Fall vom vorliegenden zu unterscheiden sei[406]. Der Rechtsmittelführer beantragte daraufhin erfolgreich die Überprüfung der Entscheidung durch den „U.S. Federal Supreme Court"[407]. Vor einer Entscheidung in der Sache kam es jedoch zu einem „Vergleich" zwischen Legislative und Exekutive, nach welcher die umstrittenen gesetzlichen Bestimmungen geändert wurden. Das „General Accounting Office" hat nunmehr eine Entscheidung innerhalb von 100 Tagen zu fällen, was die Wirkung des Suspensiveffekts ebenfalls auf diesen Zeitraum beschränkt[408]. Eine gerichtliche Aufhebung des Suspensiveffekts aufgrund verfassungsrechtlicher Bedenken ist mithin nicht mehr zu befürchten, auch wenn der „U.S. Federal Supreme Court" noch nicht abschließend über diese Frage entschieden hat.

d. Ausnahmen vom Suspensiveffekt durch Entscheidung der Vergabebehörde

Einer der gravierendsten vergabeprozessrechtlichen Unterschiede zwischen den deutschen und U.S.- amerikanischen Regelungen betrifft die Möglichkeiten zur Aussetzung der aufschiebenden Wirkung des Nachprüfungsantrages. Während nach deutscher Diktion die Behörden eine Aussetzung des Suspensiveffekts bei der Vergabekammer beantragen müssen[409], obliegt eine solche Entscheidung in den U.S.A.

---

404 Ameron, Inc. v. United States Army Corps of Engineers, 809 F.2d 979 (3rd Cir. 1986).

405 Vgl. 31 U.S.C. § 3554 (a)(1) a.F., geändert durch Pub.L.No. 100-463 (1988), welches die folgende Passage aus dieser Norm entfernte: „[...] unless the Comptroller General determines and states in writing the reasons that the specific cicumstances of the protest require a longer period after submitted to the Comptroller General."

406 Ameron, Inc. v. United States Army Corps of Engineers, 809 F.2d 979, 988 (3rd Cir. 1986). Das Gericht unterschied die Sachverhalte in zweierlei Hinsicht. Zum einen ermächtige der Competition in Contracting Act 1984 nicht zur Ausführung von Gesetzen, zum anderen diene das Gesetz dem Ausgleich der staatlichen Gewalten; vgl. Ameron, Inc. v. United States Army Corps of Engineers, 809 F.2d 979, 998 (3rd Cir. 1986).

407 485 U.S. 958 (1987).

408 Nach der Vereinbarung wurde dem General Accounting Office eine 90-tägige Entscheidungsfrist zugebilligt, Pub.L.No. 100-463, § 8139 (1988); der 31 U.S.C. § 3554 (a)(1) in der vereinbarten Form änderte. Derzeit stehen 100 Tage zur Verfügung, Pub.L.No. 104-106, § 5501 (2)(A)(1996).

409 Vgl. § 115 Abs. 2 GWB: „Die Vergabekammer kann dem Auftraggeber auf seinen Antrag gestatten, den Zuschlag nach Ablauf von zwei Wochen seit Bekanntgabe dieser Entscheidung zu ertei-

dem Ermessen der Vergabebürokratie. Der Behördenleiter kann die Zuschlagserteilung trotz wirkenden Suspensiveffekts anordnen, wenn die Beschaffung dringend ist, eine Aussetzung des Vergabeverfahrens also nachhaltig die Interessen der Vereinigten Staaten schädigen würde[410]. Wenn der Nachprüfungsantrag nach Erteilung des Zuschlages eingelegt wurde, kann die aufschiebende Wirkung der Vertragsausführung ebenfalls ausgesetzt werden. Der Behördenleiter kann den Vertrag ausführen lassen, wenn auch hier eine nachhaltige Schädigung nationaler Interessen zu befürchten oder die Vertragsausführung im besten Interesse der Vereinigten Staaten ist[411]. Der Antragsteller muss dann mittels gerichtlich verfügtem einstweiligen Rechtsschutz eine Wiederherstellung des Suspensiveffektes mit der Behauptung erstreben, dass die Voraussetzungen für eine Aussetzung des Suspensiveffektes nicht vorlagen[412].

e. Das Verfahren nach Einlegung eines Nachprüfungsantrages

Das Nachprüfungsverfahren vor dem „General Accounting Office" war ursprünglich mit einem streitigen Gerichtsverfahren nicht vergleichbar. Vielmehr entschied der „Comptroller General" über den Antrag auf der Grundlage der von der Vergabebehörde beigebrachten Akten. Der „Competition in Contracting Act 1984" stattete jedoch nicht nur den „Comptroller General" mit der allgemeinen Zuständigkeit zur Nachprüfung öffentlicher Aufträge aus, sondern übertrug diesem Organ auch die Gestaltung der einschlägigen Verfahrensregulierungen[413]. In den Jahren 1987 und 1991 wurde von dieser Zuständigkeit zugunsten der antragstellenden Bieter Ge-

---

len, wenn unter Berücksichtigung aller möglicherweise geschädigten Interessen sowie des Interesses der Allgemeinheit an einem raschen Abschluß der Nachprüfung die damit verbundenen Vorteile überwiegen."

410 Die Entscheidung muss schriftlich gegenüber dem General Accounting Office begründet werden; 31 U.S.C. § 3553 (c)(2)(A)(B): „[...] upon a written finding that urgent and compelling circumstances which significantly affect interests of the United States [...]". Eine solche Entscheidung darf nur vorgenommen werden, wenn mit einer Zuschlagserteilung innerhalb von 30 Tagen zu rechnen ist; vgl. 31 U.S.C. § 3553 (c)(3): „[...] the award of the contract is [...] likely to occur within 30 days [...]."

411 Auch hier sind die entsprechenden Gründe dem Comptroller General schriftlich mitzuteilen; vgl. 31 U.S.C. § 3553 (d)(3)(C)(i)(I)(II), (ii).

412 Die entsprechende Zuständigkeit der U.S. District Courts für eine solche Entscheidung ergab sich aus dem Administrative Procedure Act (1946), 5 U.S.C. § 702: „A person suffering legal wrong because of agency action, or is adversely affected or aggrieved by agency action within the meaning of a relevant statute, is entitled to judicial review thereof."

413 Vgl. 31 U.S.C. § 3555 (a)-(d): „The Comptroller General shall prescribe such procedures as may be necessary to expedious decision of protests [...]."

brauch gemacht[414]. Es steht für die Nachprüfung der Anträge nunmehr ein gerichtsähnliches Verfahren zur Verfügung. So ist den verfahrensbeteiligten Unternehmen ein Akteneinsichtsrecht eingeräumt[415]; bisher ausschließlich behördeninterne Dokumente sind von den Vergabestellen zugänglich zu machen[416]. Die Beibringung relevanter Dokumente kann bei einer Weigerung von Behördenseite mittels sanktionsbewehrter Anordnungen – „protective orders" – auf Antrag oder von Amts wegen durchgesetzt werden[417]. Die Bieter können anstelle des üblichen schriftlichen Verfahrens eine dem mündlichen Gerichtsverfahren vergleichbare Anhörung beantragen[418]. In diesem Verfahren kann weiterer Beweis erhoben werden. Verfahrensinvolvierte Vergabebeamte oder Zeugen können unter Eid vernommen werden und müssen sich den Prozessvertretern in Kreuzverhören stellen[419]. Das „General Accounting Office" wurde dadurch zu einer gerichtsähnlichen Nachprüfungseinrichtung ausgebaut.
An dieser Stelle zeigt sich jedoch bereits eine Schwäche, die für den Bieterschutz im U.S.- amerikanischen Vergaberecht noch vielfältig konstatiert werden muss. Zwischen theoretischen, legislativen Möglichkeiten und praktischer Durchsetzung des Bieterschutzes klafft häufig eine nicht unerhebliche Lücke. Unternehmen bekommen nur in Ausnahmefällen die Gelegenheit, den „Comptroller General" von der Rechtswidrigkeit behördlichen Vorgehens mündlich zu überzeugen. Anträge auf ein solches Verfahren werden vom „Comptroller General" in der Praxis nur selten anerkannt; die Entscheidung anhand der Aktenlage ist wie zu Zeiten vor Erlass des „Competition in Contracting Act 1984" der Regelfall[420].

f. Der Beschleunigungsfaktor im Nachprüfungsverfahren

Die Durchführung des Beschaffungsvorganges soll durch das Nachprüfungsverfahren nicht unnötig verzögert werden. Wenn die Vergabebehörde über den Nachprüfungsantrag eines Bieters informiert worden ist, müssen innerhalb von 35 Kalendertagen dem „General Accounting Office" alle für das Vergabeverfahren relevanten

---

414 Die internen Verfahrensregeln des General Accounting Office für die Nachprüfungsverfahren finden sich im 4. Band des Code of Federal Regulations, Teil 21 (4 C.F.R. Part 21).

415 4 C.F.R. § 21.3 (c).

416 4 C.F.R. § 21.3 (d).

417 Vgl. 31 U.S.C. § 3553 (f)(1), (f)(2)(A); 4 C.F.R. §§ 21.3 (e), 21.4.

418 Vgl. 21 C.F.R. § 21.7.: „Hearings".

419 4 C.F.R. § 21.7 (a)-(h).

420 *Tomaszczuk/Jensen,* The Adjudicary Arm of Congress - The GAO`s Sixty - Year Role in deciding Government Contract Bid Protests comes under renewed Attack by the Department of Justice, 29 Harv.J.on Legis. 399, 412 (1992).

Unterlagen, der so genannte „administrative report" zugehen[421]. Diese Zeit kann auf 20 Kalendertage verkürzt werden, wenn der Stellenwert des Auftrages und eine unkomplizierte Sachlage eine kurzfristige Entscheidung, die „express opinion", ermöglichen[422]. Der „Comptroller General" muss innerhalb von 100 Kalendertagen nach Eingang über den Nachprüfungsantrag entscheiden[423]. Bei Vorliegen eines beschleunigten Verfahrens hat die entsprechende Entscheidung innerhalb von 65 Kalendertagen zu ergehen[424].

g. Der rechtliche Umfang des Primär- und Sekundärrechtsschutzes

Antragstellende Bieter können in erheblichem Umfang von einer Entscheidung des „Comptroller General" zu ihren Gunsten profitieren. Die Einwirkungen auf das Vergabeverfahren reichen von der Anordnung einer erneuten Ausschreibung bis zur Feststellung, dass die Vergabebehörde dem unterlegenen Bieter den Zuschlag zu erteilen hat[425]. Im Rahmen der Entscheidungsfindung ist keine Abwägung mit eventuell anfallenden Kosten dieser Maßnahmen vorzunehmen[426]. Im Ermessen des „Comptroller General" liegt es, alternativ zur Gewährung von Primärrechtsschutz auch Schadensersatzzahlungen der Vergabebehörde an den antragstellenden Bieter anzuordnen.

Neben Angebots- und Klagekosten können auch genau wie im Nachprüfungsverfahren vor der Vergabebehörde die Anwaltskosten ersetzt werden[427]. Wenn eine

---

421 31 U.S.C. § 3553 (b)(2)(A); Der Comptroller General kann auch eine längere Frist einräumen, falls die Vergabebehörde nicht in der Lage ist, die benötigten Unterlagen innerhalb von 30 Tagen zu erstellen; 31 U.S.C. § 3553 (b)(2)(B).

422 31 U.S.C. § 3553 (b)(2)(C).

423 31 U.S.C. § 3554 (a)(1).

424 31 U.S.C. § 3554 (a)(2).

425 Vgl. 31 U.S.C. § 3554 (b)(1)(A)-(G): „With respect to a solicitaion for a contract, or a proposed award or the award of a contract, protested under this subchapter, the Comptroller General may determine whether the solicitation, proposed award, or award complies with statute and regulation. If the Comptroller General determines that the solicitation, proposed award, or award does not comply with a statute or regulation, the Comptroller General shall recommend that the Federal Agency- (A) refrain from exercising any of its options under the contract; (B) recompete the contract immediately; (C) issue a new solicitation; (D) terminate the contract; (E) award a contract consistent with the requirements of such statute and regulation; (F) implement any combination of recommendations under clauses (A), (B), (C), (D), and (E); or (G) implement such other recommendations as the Comptroller General determines to be necessary in order to promote compliance with procurement statutes and regulations."

426 31 U.S.C. § 3554 (b)(2): „[...] the Comptroller General shall make recommendations under this subsection without regard to any cost or disruption from termination, recompeting, or reawarding the contract."

427 Vgl. 31 U.S.C. §§ 3554 (c)(1)(A), (c)(1)(B).

Rechtsverletzung festgestellt worden ist, ist dem Primärrechtsschutz allerdings aufgrund der gesetzlichen Formulierung – „shall“ – grundsätzlich der Vorrang einzuräumen[428].

Die rechtliche Bindungswirkung der Anordnungen des „Comptroller General“ an die Behörden zur Beseitigung der Vergaberechtsverletzung führt wiederum die besondere Stellung dieses Organs im Gefüge der Staatsgewalten vor Auge. Das „General Accounting Office“ ist nach der Rechtsprechung des „U.S. Federal Supreme Court“ ein legislatives Organ. Der „Comptroller General“ kann von daher keine gerichtlich durchsetzbaren Anweisungen an exekutive Organe erteilen. Technisch beschränkt sich die Einwirkung auf das Vergabeverfahren auf ein Vorschlagsrecht, um einen Eingriff in die ausschließlichen Vollzugsbefugnisse der Behörden auszuschließen.

Sowohl die Aufforderung zur Gewährung primärrechtlicher als auch sekundärrechtlicher Maßnahmen durch den „Comptroller General“ sind rechtlich unverbindliche Anweisungen an die Vergabebehörden[429]. Faktisch haben diese Vorschläge allerdings den Stellenwert einer aufsichtsbehördlichen Verfügung, was sich in der regelmäßigen Befolgung durch die Verwaltung widerspiegelt[430]. Die Gehorsamkeit der Vergabebehörden dürfte wohl auch darin begründet sein, dass der „Comptroller General“ das Parlament über eventuelle Abweichungen von seinen Vorschlägen zu informieren hat[431].

---

428 Vgl. 31 U.S.C. § 3554 (b)(1)(A)-(G): „If the Comptroller General determines that the solicitation, proposed award, or award does not comply with a statute or regulation, the Comptroller General shall recommend that the Federal Agency [...].”

429 Die ursprüngliche Version des Competition in Contracting Act (1984) sah bezüglich der Gewährung von Angebots- und Klagekosten bindende Anweisungen des Comptroller General vor; vgl. dazu die alte Fassung von 31 U.S.C. § 3554 (c)(1)(A), (B): „[...] the Comptroller General may declare an appropriate interested party to be entitled to costs of [...]“. Diese Normierung wurde jedoch durch Pub.L. 103-355 § 1403(b)(2) (1994) so geändert, dass auch bezüglich der Kosten lediglich unverbindliche Vorschläge unterbreitet werden: „[...] the Comtroller General may recommend that the Federal agency conducting the procurement pay to an appropriate interested party the costs [...].“

430 In einem Memorandum des Department of Defence wurde festgestellt, dass die Vorschläge des General Accounting Office bezüglich der Gewährung von Angebots- und Klagekosten grundsätzlich befolgt werden; 60 Fed.Cont.Rep. 22, Dec. 13 (1993). Auch der Report des Comptroller General an den Präsidenten des Senats des Jahres 1991 vermerkte keinerlei Abweichungen der Behörden; B-158766, Jan. 31 (1992); siehe auch *Richmond*, Recovery of Legal Expenses in Bid Protests Before the GAO and the GSBCA, Army Law. 3, 11 (1994).

431 31 U.S.C. § 3554 (e)(2): „Not later than January 31 of each year, the Comptroller General shall transmit to the Congress a report containing a summary of each instance in which a Federal agency did not fully implement a recommendation of the Comptroller General under subsection (b) or (c) during the preceding year.“

h. Der tatsächliche Umfang des Rechtsschutzes

Die rechtlichen Rahmenbedingungen für eine starke Stellung des „General Accounting Office" als Nachprüfungsforum bei der Vergabe öffentlicher Aufträge werden durch die Ergebnisse in der Praxis relativiert. Den Beschwerdeführern gelingt es nur in wenigen Fällen, eine positive Entscheidung zu ihren Gunsten herbeizuführen. So gelang unterlegenen Bietern zwischen dem Erlass des „Competition in Contracting Act" im Jahre 1984 und 1996 lediglich in 13 % aller eingelegten „bid protests" vor dem „General Accounting Office" zu obsiegen[432]. Die Gründe für diese unterentwickelten Erfolgschancen der Antragsteller liegen unter anderem in den hohen prozessrechtlichen Hürden, welche die Bieter auf dem Weg zu einer positiven Entscheidung des „Comptroller General" zu überwinden haben. Verhängnisvoll erweist sich dabei die fehlende positiv-rechtliche Regelung des Prüfungsumfanges vergabebehördlicher Entscheidungen.

So sieht sich das Organ nicht von Amts wegen auf die Klärung des Sachverhalts verpflichtet, sondern in der überwiegenden Zahl der Fälle an die einschlägige Darstellung der Vergabebehörde gebunden und geht grundsätzlich von der Rechtmäßigkeit sämtlicher beschaffungsbehördlicher Entscheidungen aus[433]. Es obliegt mithin dem Bieter nach dem zivilprozessualen Beibringungsgrundsatz, die sachliche Grundlage der behaupteten Rechtsverletzung dem Nachprüfungsorgan zuzuführen. Rechtswidrige Entscheidungen werden dabei nur dann aufgehoben, wenn der Bieter willkürlich benachteiligt wurde: „Our Office will not upset an agency`s determination as to its needs and the best means of accomodating them absent a clear showing that the determination was arbitrary or unreasonable"[434].

Doch selbst der Nachweis willkürlicher Benachteiligung sichert dem Bieter keine Aufhebung der rechtswidrigen Entscheidung. Denn der Antragsteller muss zusätzlich nachweisen, dass die rechtswidrige, willkürliche Entscheidung diskriminierend – „prejudicial" – war[435]. Diese Anforderung wurde vom „General Accounting Office" auf der Grundlage einer Ermächtigung des „Competition in Contracting Act 1984"

---

432 Vgl. dazu *Lieberman*, Bid Protests at the Court of Federal Claims and the General Accounting Office: A comparison, 67 Fed.Cont.Rep. 383 (1997).

433 Comp.Gen., B-238136, June 1 (1990), 90-1 CPD, 517 – Science Applications Int'l Corp.

434 Vgl. dazu Comp.Gen. B-225636, March 26 (1987), 87-1 CPD P 347, 1, 3 – Snow White Cleaners & Linen Supply, Inc. In diese Richtung auch Comp.Gen. B-233205, Feb. 23 (1989), 89-1 CPD, 195 – StaffAll; Comp.Gen. B-233264, Feb. 28 (1989), 89-1 CPD, 211 – Total Protech, Inc.

435 Vgl. 4 C.F.R. § 21.8 (b): „In determining the appropriate recommendation(s), GAO shall, [...], consider all circumstances surrounding the procurement or proposed procurement including the seriousness of the procurement deficiency, the degree of prejudice to other parties [...]."

aufgestellt[436]. Der Bieter gilt dabei nur dann als diskriminiert, wenn er eine echte Chance – „substantial chance“[437] – auf Zuschlagserteilung hatte. Auch wenn der Nachweis dieser echten Chance schon auf Zulässigkeitsebene zu erbringen ist, mithin die materielle Prüfung des Vergabeverfahrens an dieser Voraussetzung grundsätzlich nicht scheitern kann, zeigt eine Entscheidung des „General Accounting Office“, dass ein unterlegener Bieter durchaus antragsbefugt, nicht jedoch diskriminiert sein kann. In „Universal Technologies, Inc.“[438] stellte das Nachprüfungsorgan im Rahmen abschließender Verhandlungen eines „negotiation" Verfahrens eine willkürliche Benachteiligung des Antragstellers fest. Dem Bieter war vor Abgabe der „best and final offers" eine relevante Information durch die Vergabebehörde vorenthalten worden. Das Unternehmen wies jedoch nicht nach, dass mit der entsprechenden Information ein besseres Angebot abgegeben worden wäre und mit diesem Angebot eine echte Chance auf Zuschlagserteilung bestanden hätte. Eine Diskriminierung fehlte mithin; der Antrag wurde zurückgewiesen.
Die Einführung einer solchen restriktiven Praxis auf Verordnungsebene wird in der vergaberechtlichen Literatur heftig kritisiert. Der „Competition in Contracting Act 1984“ gibt vor, dass der „Comptroller General“ eine Vergaberechtsverletzung feststellen kann – „may“[439]. Nach einhelliger Ansicht bezieht sich diese Bestimmung lediglich auf die Zulässigkeitsprüfung, nachdem ein Nachprüfungsverfahren dann nicht eingeleitet zu werden braucht, wenn der Antrag nicht zulässig ist[440]. Wenn jedoch der Antrag einmal zur Entscheidung angenommen wurde, ändern sich die Anforderungen. Das grundsätzliche Ermessen des „Comptroller General“, eine Rechtsverletzung festzustellen, weicht einer diesbezüglichen Verpflichtung, mit der auch zwingend eine Revidierung des Rechtsverstoßes vorzuschlagen ist[441]. Die Auslegung der einschlägigen gesetzlichen Grundlage durch das „General Accounting Office“ ist auch deshalb nicht nachvollziehbar, als dass diese zur Einführung solcher Bestimmungen ermächtigt, die der Aufrechterhaltung ordnungsgemäßer Verfahren

---

436 31 U.S.C. § 3554 (b)(1)(G): „[...] implement such other recommendations as the Comptroller General determines to be necessary in order to promote compliance with procurement statutes and regulations.“

437 Comp.Gen. B-241808.4, 91-1 CPD, June 10 (1991), 552 – Universal Technologies, Inc.

438 Comp.Gen. B-241808.4, 91-1 CPD, June 10 (1991), 552 – Universal Technologies, Inc.

439 Vgl. 31 U.S.C. § 3554 (b)(1): „With respect to a solicitation for a contract, or a proposed contract or the award of a contract, protested under this subchapter, the Comptroller General may determine whether the solicitation, proposed award, or award complies with statute and regulation.“

440 Vgl. auch *Brittin*, The Comptroller General's Dual Statutory Authority to Decide Bid Protest, 22 Pub.Cont.L.J. 636, 641 (1993).

441 31 U.S.C. § 3554 (b)(1): „If the Comptroller General determines that the solicitation, proposed award, or award does not comply with a statute or regulation, the Comptroller General shall recommend that the Federal agency - [...].“

dienen[442]. Die Diskriminierungsanforderung zielt jedoch auf das Gegenteil, wenn das „General Accounting Office“ mangels diskriminierenden Vergaberechtsverstoßes von einem Vorschlag zu dessen Beseitigung gegenüber der Behörde absieht.

3. Zusammenfassung / Fazit

Das „General Accounting Office“ könnte also nach seinen legislativen Voraussetzungen ein effektives Nachprüfungsorgan zur Revidierung beschaffungsbehördlicher Rechtsverletzungen sein. Durch die restriktiven Beweislastanforderungen und den geringen Prüfungsumfang werden die behördlichen Entscheidungen nicht auf ihre Rechtmäßigkeit, sondern ihrer Vertretbarkeit überprüft. Nichtsdestotrotz bleibt das „General Accounting Office“ mit jährlich ungefähr 2.600 Nachprüfungsanträgen das am häufigsten in Anspruch genommene Forum[443]. Die Gründe dafür sind hauptsächlich in der automatischen Suspendierung des Zuschlages oder der Ausführung des Vertrages zu finden. Mittels gerichtlicher Verfügung eine Aussetzung des Vergabeverfahrens zu erreichen, ist wegen der Anforderung des Nachweises eines irreparablen Schadens, vorliegenden Erfolgsaussichten in der Hauptsache und eines überwiegenden Individualinteresses an der Aussetzung ungleich anspruchsvoller. Beachtlich ist weiterhin, dass das „General Accounting Office“ im Gegensatz zu den Gerichten unterlegenen Bietern neben den Aufwendungen für die Erstellung des Angebots auch die Erstattung der Kosten der Rechtsverfolgung zusprechen kann.
Dem Bieter ist trotz geringer Erfolgsaussichten immer anzuraten, vor Erhebung gerichtlicher Klagen einen Nachprüfungsantrag vor dem „General Accounting Office“ einzulegen. Auch wenn sich nachteilig auswirken kann, dass die Gerichte die Entscheidungen des „Comptroller General“ in der Sache achten[444], wird eine richterliche Prüfung unter Umständen gänzlich abgelehnt, wenn einschlägige Nachprüfungsverfahren des „General Accounting Office“ nicht abgeschlossen oder gar nicht stattgefunden haben[445].
Trotz insgesamt geringer Erfolgsaussichten in der Sache, sind die positiven Auswirkungen der verstärkten Rechtsschutzmöglichkeiten vor dem „General Accounting

---

442 Vgl. dazu nochmals 31 U.S.C. § 3554 (b)(1)(G): „[...] promote compliance with procurement statutes and regulations.“

443 *Lieberman*, Bid Protests at the Court of Federal Claims and the General Accounting Office: A Comparison, 67 Fed.Cont.Rep. 1 (1997).

444 Steinthal & Co. v. Seamans, 455 F.2d 1289, 1305 (D.C.Cir. 1971): „A court's reluctance to interfere with the executive procurement process should be especially strong where, as here, the General Accounting Office has made a termination upholding the procurement officials on the merits.“

445 Wheelabrator Corp. v. Chafee, 455 F.2d 1306 (D.C.Cir. 1971).

Office" seit Erlass des „Competition in Contracting Act" hinsichtlich der Aufrechterhaltung rechtmäßiger Vergabeverfahren erkennbar. Insbesondere zeitigten die Möglichkeiten zur Prüfung staatlicher Einkäufe hinsichtlich der vermehrten Durchsetzung wettbewerblicher Auftragsvergaben erhebliche Erfolge. Die Beschaffungsberichte der Bundesbehörden zeigen, dass der in den Jahren 1980-84 bestehende 60 %ige Anteil freihändiger Vergaben[446] erheblich reduziert werden konnte. So wurden im Steuerjahr 1999 nur noch 10% der öffentlichen Aufträge im Wege eines „sole-source-procurement" vergeben[447]. Selbst eine Behörde wie die „National Aeronautic and Space Administration", welche aufgrund ihrer Bedürfnisstruktur häufig nur von spezialisierten Unternehmen beschaffen kann, kaufte im Jahre 1995 lediglich 24% der Güter und Dienstleistungen ohne vorherigen Teilnahmewettbewerb ein, wovon in 87% aller Fälle nur ein Vertragsunternehmen zur Verfügung stand[448].

III. Ehemalige Zuständigkeit des General Services Board of Contract Appeals

Die 80er Jahre bedeuteten die Hochzeit bieterschutzrechtlicher Möglichkeiten. Der Schock der Ergebnisse der „Operation Ill-Wind" hinterließ bei den legislativen Verantwortungsträgern erhebliche Spuren. Das Jahr 1984 ist nicht nur gekennzeichnet durch die Restrukturierung der verfahrensrechtlichen Grundlagen staatlicher Einkäufe und die Schaffung einer gesetzlichen Grundlage für die Nachprüfungszuständigkeit des „General Accounting Office" durch den „Competition in Contracting Act". Dieses Gesetz schaffte auch mit dem „General Services Board of Contract Appeals" ein konkurrierendes Forum für Nachprüfungsverfahren im Zusammenhang mit dem Einkauf von EDV- und Telekommunikationsprodukten[449]. Eingelegte Nachprüfungsanträge hinsichtlich solcher Vergabeverfahren suspendierten ebenso automatisch Zuschlagserteilung oder Vertragsausführung. Dieses Organ war bezüglich möglicher primär- oder sekundärrechtlicher Maßnahmen dem „Comptroller General" vergleichbar.

Die restriktiven Anforderungen des „General Accounting Office" hinsichtlich des Nachweises einer willkürlichen Rechtsverletzung, ebenso wie die des geringen Prüfungsumfanges, wurden allerdings nicht übernommen. Das „General Services Board of Contract Appeals" war erheblich „bieterfreundlicher". Zum einen wurde nicht

---

446 Federal Procurement Reports, Fiscal Year 1989-90, Federal Procurement Data Center, S. 12.

447 Total Federal Snapshot Report – SF 279, Fiscal Year 1999 Through Fourth Quarter, Federal Procurement Data System.

448 NASA Annual Procurement Report, Fiscal Year 1995, Federal Contracts Report, Text, Jan. 29 (1996).

449 Pub.L.No. 98-369, 98 Stat.1175, 1182 (1984); 40 U.S.C. § 759 (h).

von der Korrektheit des behördlichen Vergabeverfahrens ausgegangen[450]. Zum anderen sah sich das Forum nicht an die Tatsachenermittlung der Vergabebehörde gebunden und überprüfte die Rechtmäßigkeit nach einem dem deutschen Untersuchungsgrundsatz vergleichbaren „de novo review"[451]. Die Prüfung öffentlicher Auftragsvergaben auf ihre objektive Rechtmäßigkeit anstatt auf die bloße „Vertretbarkeit" blieb nicht ohne Einfluss auf die Erfolgsquoten unterlegener Bieter vor diesem Nachprüfungsforum. Im Gegensatz zu der 13%igen Erfolgsquote der Antragsteller vor dem „General Accounting Office" obsiegten die schutzsuchenden Bieter vor dem „General Services Board of Contract Appeals" in über 40% der Fälle[452]. Der Einfluss auf eine umfangreichere Prüfung von Vergabeentscheidungen beschränkte sich jedoch nicht nur auf den Einkauf von EDV- und Telekommunikationsprodukten, sondern beeinflusste gleichzeitig die Regulierungen des Nachprüfungsverfahrens vor dem „General Accounting Office". So fallen die prozessualen Änderungen des Nachprüfungsverfahrens, die bieterfreundliche Verfahrensregulierungen, wie z.B. der Zugang zur vergabebehördlichen Akte, einführten, auf die Jahre 1987 und 1991. Auch wenn das vom „Comptroller General" nie bestätigt wurde, schien der Konkurrenzdruck des parallel als Nachprüfungsforum agierenden „General Services Board of Contract Appeals" für diese Änderungen gesorgt zu haben.

Bieterschutz hat jedoch in den Vereinigten Staaten keine Lobby. Mit nachlassender öffentlicher Empörung über Betrug und Missbrauch in der Beschaffungsverwaltung schaffte der Gesetzgeber dieses effektive Nachprüfungsforum ab[453]. Durch den „Federal Acquisition Reform Act" als Teil des „National Defence Authorization Act

---

450 Siehe in diese Richtung Lanier Business Prods. Inc., 85-2 BCA/18,033, at 90, 495: „[...] presumptions of agency correctness as sometimes applied at the GAO in the course of deciding protests cannot be permitted here."

451 40 U.S.C. § 759 (f)(1) (1988): „The GSBCA protests are conducted under the standard applicable to review contracting officer`s final decisions by boards of contract appeals."; vgl. auch Grumman Data Sys.Corp. v. Widhall, 15 F.3d 1044, 1046-47 (Fed.Cir. 1994): „[...] the GSBCA is not limited to the findings made by the agency or contained in the initial decision [...]. Under de novo review, a board may consider the analysis developed by the agency, [...] or produce and consider its own analysis."; Lockheed Eng`g & Sciences Co., 94-2 BCA/26,885, at 133, 821: „We [...] are not ordinarily concerned with the paper trail that the agency created; we make our own record." Eine ausführliche Einführung zum „de novo review" gibt *Linneweber*, Einführung in das US- amerikanische Verwaltungsrecht 1994, S. 157 f.

452 *Lieberman*, Scorekeeping Bid Protests in Six Forums, Fed.Cont.Rep. (Analysis), Feb. 27 (1995). Vgl. zu den positiven Ergebnissen des General Services Board of Contract Appeals als Nachprüfungsbehörde *Marshall/Meurer/Richard*, Incentive-Based Procurement Oversight by Protest, in: Leitzel/Tirole (Hrsg.), Incentives in Procurement Contracting 1993.

453 Diesen Verdacht äußernd *Lieberman*, Scorekeeping Bid Protests in Six Forums, Fed.Cont.Rep. (Analysis), Feb. 27 (1995).

for the Fiscal Year 1996“[454] wurde die Zuständigkeit des „General Services Board of Contract Appeals“ beseitigt. Objektive Rechtmäßigkeitskontrolle vergabebehördlicher Entscheidungen und daraus folgende hohe Erfolgsquoten mussten das Ende der Zuständigkeit dieses Forums herbeiführen. Der bereits konstatierte Abwärtstrend bieterschutzrechtlicher Möglichkeiten im U.S.- amerikanischen Vergaberecht nahm mit dieser gesetzgeberischen Maßnahme seinen Anfang.

IV. Die gerichtliche Nachprüfung des Vergabeverfahrens

Der Schutz unterlegener Bieter hat vor den U.S.- amerikanischen Gerichten eine lange Tradition. So eröffnete der „U.S. Court of Claims“ in „Heyer Products Co. v. United States“[455] bereits 1956 den Rechtsweg für Bieter zur Erlangung von Schadensersatz. Der „U.S. Court of Appeals for the District of Columbia“[456] ließ 1970 in „Scanwell Laboratories, Inc. v. Shaffer“[457] erstmals die Anfechtung einer Zuschlagsentscheidung zu. Nicht der Gesetzgeber, sondern die Gerichte formten die relevanten „gesetzlichen“ Grundlagen des Vergaberechtsschutzes.
Die Gerichte spielen im anglo-amerikanischen Rechtskreis hinsichtlich der Rechtsgestaltung und Rechtsentwicklung eine weitaus größere Rolle als in Kontinentaleuropa. Dies folgt aus der im U.S.- amerikanischen Fallrechtssystem geltenden Doktrin der „stare decisis“[458] bzw. „doctrine of precedence“[459]. Die Gerichte sind an den Tenor – das „holding“ – der von höherinstanzlichen Gerichten getroffenen Entscheidungen gebunden[460]. Die Entscheidungen des „U.S. Federal Supreme Court“ binden alle Bundesgerichte; die erstinstanzlichen Gerichte sind zusätzlich an die Entscheidungen

454 Pub.L.No. 104-106, Divom E, Title LI, § 5101, Feb. 10 (1996), 110 Stat. 680.

455 Heyer Products Co. v. United States, 135 Ct.Cl. 63, 140 F.Supp. 409 (1956).

456 Die Rechtsprechung dieses Gerichts war entscheidend für die Entwicklung relevanten Präjudizienrechts, da sich die meisten Bundesbehörden in Washington D.C. befinden, dieses Gericht mithin örtlich zuständig ist; 28 U.S.C. § 1391 (e): „A civil action in which a defendant is an officer or employee of the United States or any agency thereof acting in his official capacity or under color of legal authority, or an agency of the United States, or the United States, may, except as otherwise provided by law, be brought in any judicial district in which (1) a defendant in the action resides, (2) a substantial part of the events or omissions giving rise to the claim occured, or a substantial part of property that is the subject of that action is situated, or (3) the plaintiff resides if no real property is involved in the action.“

457 Scanwell, Inc. v. Shaffer, 424 F.2d 859 (D.C.Cir. 1970).

458 Lat: „stare decisis et non quieta movere“ = „to stand by decisions and not to disturb settled questions“; *Byrd*, Introduction to Anglo-American Law and Language 1997, S. 8.

459 Vgl. *Brugger*, Einführung in das öffentliche Recht der USA 2001, S. 23.

460 Der Tenor einer Entscheidung ergibt dann das so genannte „binding precedent“: „A precedent that a court must follow; for example, a lower court is bound by an applicable holding of a higher court in the same jurisdiction.“; Black`s Law Dictionary 1996.

der im Rechtszug übergeordneten Revisionsgerichte gebunden[461]. Richterliche Entscheidungen erwachsen in diesem Sinne bis zu einer ausdrücklichen abweichenden legislativen Regelung der betroffenen Materie in gesetzesähnlicher Kraft.
Um die dogmatischen Grundlagen gerichtlicher Auseinandersetzungen im Hinblick auf den Primärschutz für Bieter im Vergabeverfahren hinreichend nachvollziehen zu können, ist es erforderlich, die allgemeinen Voraussetzungen des U.S.- amerikanischen verwaltungsgerichtlichen Rechtsschutzes zu erfassen. Nur vor diesem Hintergrund kann das rechtliche Fundament richterrechtlichen Bieterschutzes in den U.S.A. hinreichend transparent werden.

1. Gerichtlicher Rechtsschutz gegen Handeln staatlicher Gewalt

Die Eröffnung des Rechtsweges zur Beseitigung von Verletzungen eigener Rechte durch die öffentliche Gewalt ist im Gegensatz zur Situation in Deutschland kein verfassungsrechtlich gewährtes Gut. Die U.S.- amerikanische Verfassung kennt keine dem Art. 19 Abs. 4 GG vergleichbare Norm. Die Entscheidungszuständigkeit der Gerichte beschränkt Art. III Sec. 2 der U.S.- amerikanischen Verfassung auf sämtliche, unter den Gesetzen der Vereinigten Staaten entstehende Streitigkeiten. Die Reichweite dieser allgemeinen Regelung richterlicher Zuständigkeit, berühmt geworden als „case or controversy“ Klausel[462], ist Gegenstand beständiger legislativer, gerichtlicher und wissenschaftlicher Auseinandersetzung. Unter welchen Umständen Verwaltungshandeln richterlich überprüft werden kann, ist in erster Linie abhängig von einer überaus heterogenen Auslegung durch die Gerichte. Justice Douglas des „U.S. Federal Supreme Court“ fasste 1970 diese Situation treffend zusammen: „Ge-

---

461 *Blumenwitz*, Einführung in das anglo-amerikanische Recht 1997, S. 21 ff. Auch der U.S. Supreme Court achtet soweit als möglich die eigenen Vorentscheidungen. Wenn jedoch die Änderung der eigenen Rechtsprechung notwendig ist, werden die nicht mehr haltbaren Entscheidungen entweder vom vorliegenden Sachverhalt so unterschieden, dass ein Abweichen möglich ist oder die Entscheidungen werden explizit außer Kraft gesetzt; vgl. Garcia v. San Antonio Metropolitan Transit Authority, 469 U.S. 528; 105 S.Ct. 1005; 83 L.Ed.2d 101 (1985); Planned Parenthood of Southeastern Pennsylvania v. Casey, 505 U.S. 833; 112 S.Ct. 2791; 120 L.Ed.2d 674 (1992).

462 Art. III Sec. 2 U.S. Constitution: „The judicial Power shall extend to all Cases, in Law and Equity, arising under this Constitution, the Laws of the United States, and Treaties made, or which shall be made, under their Authority; – to all cases affecting Ambassadors, other public Ministers and Consuls; – to all cases of admiralty and maritime Jurisdiction; – to Controversies to which the United States shall be a Party; – to Controversies between two or more States; – between a State and Citizens of another State; – between Citizens of different States; – between Citizens of the same States claiming Lands under Grants of different States, and between a State, or the Citizens therof, and foreign States, Citizens or Subjects.“

neralizations about a standing to sue are largely worthless as such."[463] Lediglich bei Eingriffen der öffentlichen Gewalt in die von der verfassungsrechtlichen „due process" Klausel geschützten Rechtsgüter auf Leben, Freiheit und Eigentum[464] wurde seit jeher gerichtlicher Rechtsschutz gewährt[465].

a. Die Immunität des Bundes gegen Klagen seiner Bürger

Ein fehlender verfassungsrechtlicher Anspruch auf gerichtliche Prüfung rechtsverletzender Akte der öffentlichen Gewalt korrespondiert mit der im angloamerikanischen Rechtssystem durch die Gerichte immer noch weithin akzeptierten „sovereign immunity" des Staates gegen Klagen seiner Bürger[466].
Akte der öffentlichen Gewalt können grundsätzlich durch die Gerichte nicht überprüft werden. Diese Immunität beruht auf der antiken englischen Rechtsregel: „The king can do no wrong"[467]. Es kann kein Recht gegen die Gewalt geben, von der das Recht abhängt.
Eine solche Doktrin erscheint in einem bürgerlich-demokratischen Rechtsstaat nicht akzeptabel[468] und stand auch zwischenzeitlich in der Kritik des „U.S. Federal Supre-

---

463 Association of Data Processing Service Organizations, Inc. v. Camp, 397 U.S. 150; 90 S.Ct. 827; 25 L.Ed.2d 184 (1970).

464 Amendment V (1791): „No person [...] shall be deprived of life, liberty or property, without due process of law." Amendment XIV (1868): „[...] nor shall any state deprive any person of life, liberty or property, without due process of law."

465 Lochner v. New York, 198 U.S. 45, 53; 25 S.Ct. 539, 541; 49 L.Ed. 937 (1905): „The statute necessarily interferes with the right of contract between employer and employees, concerning the number of hours in which the latter may labor in the bakery of the employer. The general right to make a contract in relation to his business is part of the liberty of the individual protected by the Fourteenth Amendment of the Federal Constitution."; *Dolzer*, Verwaltungsermessen und Verwaltungskontrolle in den Vereinigten Staaten, DÖV 1982, 578, 584: „Der explizite gesetzgeberische Ausschluß judizieller Überprüfung ist traditionell von den Gerichten respektiert worden, soweit das in Frage stehende individuelle Recht keinen Verfassungsrang besaß, es sich also nicht um „life, liberty or property" im Sinne des V. und XIV. Amendments handelte."

466 Hercules Inc. v. United States, 516 U.S. 417; 116 S.Ct. 981; 134 L.Ed.2d 47 (1996); FDIC v. Meyer, 510 U.S. 471; 114 S.Ct. 996; 127 L.Ed.2d 308 (1994).

467 Weldon v. U.S., 845 F.Supp. 72, 76 (D.C.N.Y. 1994): „It is an elementary principle that the sovereign is immune from suit, except to the extent to which he consents to respond to judicial proceedings. We inherit this principle from the law of England, where it is expressed by the apt aphorism that „The king can do no wrong." The United States succeeded to the rights of the British Crown and is likewise clothed with sovereign immunity from suit."

468 *Mashaw/Merril/Shane*, Administrative Law 1998, S. 834; *Yukins-Karitzky*, Die Staatshaftung im amerikanischen Recht, AöR 1962, 370, 371; *Riegert*, Das amerikanische Administrative Law 1967, S. 137.

me Court"[469]. Nichtsdestotrotz ist die Legislative bislang nicht gehindert, staatliches Handeln von richterlicher Prüfung auszunehmen[470].

b. Vom „private law standing to sue" bis zum Administrative Procedure Act

Das Verhältnis zwischen Staat und Individuum wurde am Anfang des 20. Jahrhunderts nach der so genannten „legal rights doctrin", identisch zu dem Verhältnis zwischen Privaten behandelt. Das bedeutete, dass Bürger immer zur Klage gegen die öffentliche Hand befugt waren, wenn sie aus demselben Recht heraus auch gegen einen anderen Privaten gerichtlich vorgehen konnten. So wurden Klagen gegen Akte der Behörden auf die gleichen „Common law" Rechte gestützt[471], die auch im Privatrechtsverkehr gerichtlich eingeklagt werden konnten. Diese Übereinstimmung nahm nicht weiter Wunder, schützt doch die „due process clause" des 5. und 14. Amendments der U.S.- amerikanischen Verfassung die privatrechtlich durchsetzbaren Freiheits- und Eigentumsrechte auch gegen Eingriffe des Bundes und der Einzelstaaten[472]. Der Kläger konnte somit grundsätzlich nur aus vertraglichen oder deliktischen Ansprüchen gegen die öffentliche Hand vorgehen. Deshalb sprach man während dieser Zeit von einer privatrechtlichen Klagebefugnis gegen staatliches Handeln, dem „private law model of standing". Dieser Grundsatz konnte nur durch die explizite legislative Gewährung einer Klagebefugnis durchbrochen werden[473]. Es wurde weder

---

469 United States v. Lee, 106 U.S. 196, 208-209; 1 S.Ct. 240, 251; 27 L.Ed. 171 (1882): „Under our system the people, who are there called subjects, are the sovereign. Their rights, whether collective or individual, are not bound to give way to a sentiment of loyalty to the person of the monarch. The citizens here knows no person, however near to those in power, or however powerful himself, to whom he need yield the rights which the law secures to him when it is well administered."

470 5 U.S.C. § 701 (a): „This chapter applies [...] except to the extent that (1) statutes preclude judicial review or (2) agency action is committed to agency discretion by law."

471 Vgl. *Sunstein*, Standing and the Privatization of Public Law, 88 Colum.L.Rev. 1432, 1434 (1988): „[...] in the early period of administrative regulation, judicial protection was unavailable unless a common-law right was at stake."

472 *Stewart*, The Reformation of American Administrative Law, 88 Harv.L.Rev. 1667, 1724 (1975): „[...] standing gave a basis for judicial review coterminous with the individual's due process right to adequate procedural safeguards since government interference with a common law liberty or property right was also an interference with liberty or property under the fifth and fourteenth amendments."

473 Alabama Power Co. v. Ickes, 302 U.S. 464, 479; 58 S.Ct. 300, 303; 82 L.Ed. 374 (1935): „The term direct injury is there used in its legal sense, as meaning a wrong which directly results in the violation of a legal right." Diese „legal rights doctrin" wird das letzte Mal in dieser Ausdrücklichkeit in Tennessee Elec. Power Co. v. Tennessee Valley Auth., 306 U.S. 118, 137; 59 S.Ct. 366, 369; 83 L.Ed. 543 (1939) erwähnt: „[...] the plaintiff must have a legal right – one of property, one arising out of contract, one protected against tortious invasion, or one founded on a statute which confers a privilege."

gerichtlich untersucht, ob die Behörde abstrakt gesetzwidrig gehandelt hatte, noch, ob eine tatsächliche Beeinträchtigung der Bürger vorlag. Es musste bereits für die Zulässigkeit der Klage die Verletzung eines von der Verfassung geschützten Rechtes dargetan werden. Diese Position wurde allerdings in Ausnahmefällen durchbrochen. So wurde im berühmten „Chicago Junction Case" in den zwanziger Jahren der Rechtsweg eröffnet, obwohl lediglich die behördliche Verletzung objektiv-rechtlich geschützter Interessen angegriffen wurde[474].
Die zurückhaltende gesetzliche Regulierung des gesellschaftlichen Lebens, wie auch die geringe Anzahl handelnder Behörden und die daraus folgende wenig spürbare öffentlich-rechtliche Einschränkung privaten Lebens, ließen die „legal rights doctrin" für diese Zeit als Grundlage gerichtlichen Rechtsschutzes gegen staatliches Handeln ausreichen. Das „laissez faire" zwischen Staat und Bürgern fand jedoch in den dreißiger Jahren ein abruptes Ende. Der „schwarze Freitag" im Jahre 1929 und die darauf folgende Weltwirtschaftskrise und „große Depression" der dreißiger Jahre konnten nicht ohne Einfluss auf das Verhältnis zwischen Behörden und Individuen sein. Der zu dieser Zeit im Weißen Haus regierende Franklin D. Roosevelt sah den Ausweg aus der ökonomischen Krise in einer umfassenden Regulierung des Marktes. So wurde beispielsweise der Wertpapierhandel durch den „Securities Act 1933" und den „Securities Exchange Act 1934" gesetzlich reguliert sowie als Aufsichtsbehörde die „Securities and Exchange Commission" eingesetzt. Daneben kam es zur Bildung einer Vielzahl anderer Behörden, wie der „Home Owners Loan Corporation", der „Federal Deposit Insurance Corporation", dem „Civilian Conservation Corps" oder der „Tennessee Valley Authority" mit umfangreichen legislativen und exekutiven Befugnissen[475].
Dieses Vorgehen stand jedoch im Widerspruch zu der vom „U.S. Federal Supreme Court" vertretenen Doktrin in „Lochner v. New York", die auf der Grundlage einer extensiven Auslegung der Vertragsfreiheit Eingriffe des Staates in den Markt nahezu unmöglich machte[476]. Die interventionistischen Ambitionen der „Roosevelt-Administration" mussten daher mit den Ansichten der Richter des höchsten U.S.-

---

474 Vgl. dazu Chicago Junction Case, 264 U.S. 258, 262-69; 44 S.Ct. 317, 318-321; 68 L.Ed. 667 (1924), in welchem dem Kläger ein „standing" auf der Grundlage des Transportation Act (1920) und des Judicial Code (1910) gewährt wurde, obwohl weder das eine, noch das andere Gesetz ein Recht zur Klage einräumten: „The section does not in terms provide that such party may institute a suit to challenge an illegal order. But this is implied. For, otherwise, there would in some cases be no redress for the injury inflicted by an illegal order."

475 *Castorph*, The Constitution and Reconstitution of the Standing Doctrine, 30 St.Mary's L.J. 471, Fn.62 (1999); Vgl. zur Ausweitung staatlicher Intervention in das gesellschaftliche Leben und die daraus resultierende Notwendigkeit der Herausbildung eines selbstständigen Verwaltungsverfahrensrechts; *Erath*, Förmliche Verwaltungsverfahren und gerichtliche Kontrolle 1995, S. 81.

amerikanischen Gerichtes kollidieren[477]. Im Jahre 1935 begannen die Auseinandersetzungen der Staatsgewalten. Das Gericht hob unter Berufung auf die eigene Rechtsprechung wirtschafts- und sozialpolitische Regulierungen als rechtswidrigen Eingriff in die verfassungsmäßigen Rechte der Bürger auf. So wurden der „National Industrial Recovery Act"[478] und der „Agricultural Adjustment Act"[479] als verfassungswidrig eingestuft[480]. Die Spannungen erreichten ihren Höhepunkt, als Präsident Roosevelt aufgrund der permanenten richterlichen Interventionen in sein „New Deal" Programm, den „U.S. Federal Supreme Court" selbst zum Gegenstand seiner Regulierungen machen wollte. Die extensive Auslegung der verfassungsmäßigen Rechte, wie der Vertragsfreiheit, sollte durch eine Reorganisation der Bundesgerichte beschränkt werden[481]. Die Absicht des Präsidenten war offensichtlich: durch die Schaffung und entsprechende Besetzung neuer Richterstellen sollte die ablehnende Haltung der Richterschaft an den Bundesgerichten gegenüber dem „New Deal" Programm unterminiert werden. Obwohl dieser „court-packing plan" niemals ausgeführt wurde, ließen sich in der Folge sieben Richter des höchsten Gerichtes pensionieren. Das erlaubte dem Präsidenten die Ausrichtung des „U.S. Federal Supreme Court" durch die Ernennung von solchen Richtern zu beeinflussen, die seinen Bestrebungen erheblich positiver gegenüber standen[482]. Der neue „U.S. Federal Supreme Court"

---

476 Lochner v. New York, 198 U.S. 45; 25 S.Ct. 539; 49 L.Ed. 937 (1905).

477 Gegen staatliche Interventionen wandten sich insbesondere die als „Four Horsemen" bezeichneten Richter Willis Van Devanter, Pierce Butler, James C. McReynolds und Georges Sutherland; *Castorph*, The Constitution and Reconstitution of the Standing Doctrine, 30 St.Mary's L.J. 471, Fn.63 (1999).

478 Schecter v. United States, 295 U.S. 495; 55 S.Ct. 837; 79 L.Ed. 1570 (1935).

479 United States v. Butler, 297 U.S. 1; 56 S.Ct. 312; 80 L.Ed. 477 (1936).

480 Vgl. insgesamt *Schütze*, Der Erlaß von Rechtsvorschriften durch die Bundeswirtschaftsverwaltung in den USA 1974, S. 99 f.

481 Vgl. *Morris*, Encyclopadia of American History 1961, S. 356. Am 5. Februar 1937 unterbreitete Präsident Roosevelt einen Plan zur Reorganisation der Bundesgerichte. Dazu gehörte: (1) dass die Anzahl der Richter des U.S. Federal Supreme Court von 9 auf 15 Richter aufgestockt werde, wenn diese sich weigerten mit 70 Jahren in Rente zu gehen, (2) eine Aufstockung der übrigen Richterstellen anderer Bundesgerichte um weitere 50 Richter, (3) Revisionen von den Eingangsinstanzen bezüglich verfassungsrechtlicher Fragen direkt an den U.S. Federal Supreme Court, (4) dass die Anwälte der Vereinigten Staaten ein Recht auf Anhörung durch die eingangsinstanzlichen Gerichte haben, bevor diese eine Verfügung gegen ein parlamentarisches Gesetz erlassen, und (5) dass die Richter der untersten Instanzen auch in abgelegenere Gebiete gesandt werden können, um auch dort rechtliches Gehör in ausreichendem Maße gewähren zu können. Verständlicherweise führte dieses Vorhaben zu erbitterten Kontroversen im Parlament, in welchen hauptsächlich die Vorwürfe erhoben wurden, dass der Präsident versucht, die Verfassung zu korrumpieren und die Stellung des Supreme Court zu schmälern.

482 Es wurden Hugo Black (1937), Stanley Reed (1938), Felix Frankfurter (1939), William O. Douglas (1939), Frank Murphy (1940), Robert H. Jackson (1941) und James F. Byrnes (1941) ernannt. Dabei ist insbesondere Felix Frankfurter zu erwähnen, der ganz erheblich die Entwicklung der „stan-

entschied zwar weiterhin auf der Grundlage der „legal rights doctrin"; wirtschaftspolitisch motivierte Eingriffe in den Markt wurden vom Gericht im Gegensatz zu „Lochner v. New York" grundsätzlich nicht mehr als verfassungswidrig deklariert[483]. Vor dem Hintergrund der kombinierten legislativen[484], exekutiven und judikativen Befugnisse[485] der Bundeswirtschaftsverwaltung und daraus resultierenden verstärkten Eingriffe der öffentlichen Hand in das gesellschaftliche Leben konnte die „legal rights doctrin" nicht mehr das pro und contra einer Eröffnung des Rechtsweges bestimmen.

So wurde im Jahre 1946 der „Administrative Procedure Act"[486] erlassen, der ausdrücklich bei abstrakt rechtswidrigem Behördenhandeln und der Beeinträchtigung eines individuellen Interesses den Rechtsweg eröffnet[487] und den Umfang richterli-

---

ding doctrin" beeinflusste. Es kam darauf an, mittels einer eingeschränkten Klagebefugnis die gerichtliche Intervention in legislative und exekutive Entscheidungen zu beschränken. Vgl. dazu nur die „opinions" von Justice Felix Frankfurter in Coleman v. Miller, 307 U.S. 433, 464-68; 59 S.Ct. 972, 986-989; 83 L.Ed. 1385 (1939); Joint Anti-Fascist Refugee Comm. v. McGrath, 341 U.S. 123, 154-155; 71 S.Ct. 624, 639-640; 95 L.Ed. 817 (1951).

483 Tennessee Elec. Power Co. v. Tennessee Valley Auth., 306 U.S. 118, 137-38; 59 S.Ct. 366, 369-370; 83 L.Ed. 543 (1939). Hier hatte ein privates Elektrizitätswerk gegen die staatliche Konkurrenz geklagt, was als verfassungswidriger Eingriff in das Eigentumsrecht reklamiert wurde. Das Gericht lehnte die Zulässigkeit der Klage aufgrund fehlender Klagebefugnis ab, da der Kläger keine Verletzung eines „legal right" dartun konnte: „The franchise to exist as a corporation, and to function as a public utility, in the absence of a specific charter contract on the subject, creates no right to be free of competition, and afforts the corporation no legal cause of complaint by reason of the state`s subsequently authorizing another to enter and operate in the same field. The local franchises, while having elements of property, confer no contractual or property right to be free of competition [...]."

484 Ausführlich *Schütze*, Der Erlaß von Rechtsvorschriften durch die Bundeswirtschaftsverwaltung in den USA 1974.

485 Siehe dazu auch *Mashaw/Merril/Shane*, Administrative Law 1998, S. 148: „[...] to curtail perceived abuses in the commingling of prosecutorial and judging functions within the same organizations."

486 Administrative Procedure Act, Pub.L.No. 79-404, 60 Stat. 243 (1946), 5 U.S.C. §§ 551 et.seq.

487 Vgl. 5 U.S.C. § 702 (Right of review): „A person suffering legal wrong because of agency action, or adversely affected or aggrieved by agency action within the meaning of a relevant statute, is entitled to judicial review thereof. An action in a court of the United States seeking relief other than money damages and stating a claim that an agency or an officer or employee thereof acted or failed to act in an official capacity or under color of legal authority shall not be dismissed nor relief therin be denied on the ground that it is an indispensible party. The United States may be named as an defendand in any such action, and a judgment or decree may be entered against the United States: Provided, that any mandatory or injunctive decree shall specify the federal officers or officers (by name or by title), and their successors in office, personally responsible for compliance. Nothing herein (1) affects other limitations on judicial review or the power or duty of the court to dismiss any action or deny relief on any other appropriate legal or equitable ground; or (2) confers authority to grant relief if any other statute that grants consent to suit expressly or impliedly forbids the relief which is sought."

cher Prüfung festlegt[488]. Wenn die Klage des Bürgers diese Voraussetzungen erfüllt, ist das Gericht verpflichtet, das rechtswidrige Vorgehen zu revidieren. Das Gesetz stellt den notwendigen einfach-rechtlichen Verzicht des Staates – „waiver of sovereign immunity“ – auf seine Immunität gegenüber Klagen seiner Bürger dar. Dieser Verzicht kann allerdings durch den Gesetzgeber für ausgewählte Regulierungen einfach-gesetzlich aufgehoben werden, womit eine gerichtliche Kontrolle exekutiven Handelns wiederum ausgeschlossen wird[489].

c. Die Liberalisierung der „standing doctrin“

Die fünfziger und sechziger Jahre waren aufgrund der Vorgaben des „Administrative Procedure Act 1946“ durch eine erhebliche Liberalisierung der „standing doctrin“ gekennzeichnet. Das „right of review“ wurde bereits bei abstrakt rechtswidrigem Handeln der Behörden gewährt, auch wenn das beeinträchtigte individuelle Interesse noch so gering erschien. So wurde eine Klage von Fernsehzuschauern zur Entscheidung angenommen, die sich gegen die rechtswidrige Erteilung einer Rundfunklizenz an einen Sender wandten[490]. Die Bürger konnten als Nutzer der Umwelt auf behördliches Einschreiten gegen Unternehmen klagen, die Umweltschutzgesetze verletzten[491]. Diese Entwicklung erreichte ihren Höhepunkt in der Entscheidung des „U.S. Federal Supreme Court“ in „Flast v. Cohen“, in welchem einem Steuerzahler eine Klagebefugnis gegen die steuerliche Subventionierung einer kirchlichen Schule zuge-

---

488 Vgl. 5 U.S.C. § 706 (Scope of review): „To the extent necessary to decision and when presented, the reviewing court shall decide all relevant questions of law, interpret constitutional and statutory provisions, and determine the meaning or applicability of the terms of an agency action. The reviewing court shall – (1) compel agency action unlawfully witheld or unreasonably delayed; and (2) hold unlawful and set aside agency action, findings, and conclusions found to be – (A) arbitrary, capricious, an abuse of discretion, or otherwise not in accordance with law; (B) contrary to constitutional right, power, privilege, or immunity; (C) in excess of statutory jurisdiction, authority, or limitation, or short of statutory right; (D) without observance or procedure required by law; (E) unsupported by substantial evidence in a case subject to sections 556 and 557 of this title or otherwise reviewed on the record of an agency hearing provided by statute; or (F) unwarranted by the facts to the extent that the facts are subject to trial de novo by the reviewing court. In making the foregoing determinations, the court shall review the whole record or those parts of it cited by a party, and due account shall be taken of the rule of prejudicial error.“

489 Vgl. 5 U.S.C. § 701 (a): „This chapter applies [...] except to the extent that (1) statutes preclude judicial review or (2) agency action is committed to agency discretion by law.“ Der Postal Reorganization Act (1970); 39 U.S.C. § 410 (a) – schließt die gerichtliche Prüfung der Vergabe öffentlicher Aufträge durch die staatliche Post auf der Grundlage von 5 U.S.C. § 702 aus.

490 Office of Communications of the United Church of Christ v. FCC, 359 F.2d 994, 1000-06 (D.C.Cir. 1966).

491 Scenic Hudson Preservation Conference v. Federal Power Comm'n, 354 F.2d 608, 615-17 (2nd Cir. 1965).

sprochen wurde[492]. Der Rechtsweg wurde demnach eröffnet, wenn der Kläger das behördliche Handeln als gesetzeswidrig ansah und ein irgendwie geartetes individuelles Interesse an der Revidierung des möglicherweise rechtswidrigen Handelns bestand.

d. Der „Zwei-Stufen-Test": „injury in fact" und „zone of interest"

Mit seiner Leitentscheidung „Association of Data Processing Services Organizations v. Camp"[493] aus dem Jahre 1970 legte der „U.S. Federal Supreme Court" seine bis heute gültigen Ansichten zu den Voraussetzungen der Klagebefugnis abschließend fest. In dieser Entscheidung wurde endgültig die „legal rights doctrin"[494] aufgegeben, mit dem Ziel, Privaten die Möglichkeit gerichtlicher Prüfung von Behördenhandeln zu erleichtern[495]. In dieser Entscheidung hatte das Gericht über die Klage von Datenverarbeitungsfirmen zu befinden, die sich gegen die Erlaubnis des „Comptroller of the Currency" wandten, wonach auch Banken auf dem Gebiet der elektronischen Datenverarbeitung Dienste anbieten können. Die Kläger stützten sich dabei auf den „Bank Services Corporation Act", der Kreditinstituten Aktivitäten außerhalb des reinen Bankgeschäftes verbot[496]. Der „U.S. Federal Supreme Court" nutzte die Klage, um die Eröffnung des Rechtsweges und damit das Vorliegen der Klagebefugnis

---

492 Vgl. Flast v. Cohen, 392 U.S. 83, 101; 88 S.Ct. 1942, 1953; 20 L.Ed.2d 947 (1968): „The question whether a particular person is a proper party to maintain the action does not, by ist own force, raise separation of powers problems related to improper judicial interference in areas committed to other branches of Federal Government. Such problems arise, if at all, only from the substantive issues the individual seeks to have adjudicated. Thus, in terms of Article III limitations on federal court jurisdiction, the question of standing is related only to whether the dispute sought to be adjudicated will be presented in an adversary context [...]. It is for that reason that the emphasis in standing problems is on whether the party invoking federal court jurisdiction has a personal stake in the outcome of the controversy."

493 Association of Data Processing Services Organization v. Camp, 397 U.S. 150; 90 S.Ct. 827; 25 L.Ed.2d 184 (1970).

494 Association of Data Processing Services Organization v. Camp, 397 U.S. 150, 153; 90 S.Ct. 827, 830; 25 L.Ed.2d 184 (1970): „[...] the legal interest test goes to the merits."

495 Association of Data Processing Services Organization v. Camp, 397 U.S. 150, 154 (1970): „[...] where statutes are concerned, the trend is toward enlargement of the class of people who may protest administrative action, [...] the whole drive for enlarging the category of aggrieved persons is sympotomatic of that trend." Auch *Pietzcker* geht von einer „Auflockerung der Klagebefugnis" durch diese Entscheidung aus; vgl. *Pietzcker*, Der Staatsauftrag als Instrument des Verwaltungshandelns 1978, S. 89. Im Vergleich zu Flast v. Cohen erhöhte das Gericht allerdings die vom Kläger zu erfüllenden Anforderungen und schränkte mithin entgegen der eigenen Intention den Zugang zu Gericht ein.

496 Association of Data Processing Services Organization v. Camp, 397 U.S. 150, 151; 90 S.Ct. 827, 828; 25 L.Ed.2d 184 (1970): „No bank service corporation may engage in any activity other than the performance of bank services for banks." (Sec. 4, Bank Services Corporation Act of 1962).

gegen behördliches Handeln oder Unterlassen an einen gemischt verfassungs- und einfach-rechtlichen Test zu binden. Die U.S.- amerikanische Verfassung schränkt die Zulässigkeit gerichtlicher Entscheidungsbefugnis in Art. III Sec. 2 auf „cases and controversies" ein. Das Gericht interpretierte aus dieser verfassungsrechtlichen Vorgabe, dass der Klageführer durch die angegriffene administrative Handlung oder das Unterlassen tatsächlich beeinträchtigt sein muss – als „constitutional requirement"[497]. Die zweite Stütze der Klagebefugnis leitet das Gericht aus dem einfach-gesetzlichen „Administrative Procedure Act" ab – das „prudential requirement". Der Kläger muss dartun, dass das beeinträchtigte Interesse von der als verletzt geltend gemachten Norm möglicherweise geschützt werden soll[498]. Die Feststellung nach der Schutznormqualität der relevanten Norm soll durch die Wortlautauslegung, die Auslegung Richterrechts und subsidiär dazu anhand der gesetzgeberischen Motive, ermittelt werden[499]. Die amerikanische Version der Schutznormtheorie leitet das Gericht aus der Formulierung des „Administrative Procedure Act" ab, wonach derjenige „[...] aggrieved by agency action within the meaning of a relevant statute [...]" vor den Schranken des Gerichts Gehör findet[500]. Das gilt natürlich nur dann, wenn die richterliche Prüfung auf Einhaltung der in Frage stehenden Norm nicht einfach-rechtlich ausgeschlossen wurde[501].

497 Association of Data Processing Service Organizations, Inc. v. Camp, 397 U.S. 150, 152; 90 S.Ct. 827, 829; 25 L.Ed.2d 184 (1970): „[...] the challenged action has caused him injury in fact, economic or otherwise."

498 Association of Data Processing Service Organizations, Inc. v. Camp, 397 U.S. 150, 153; 90 S.Ct. 827, 830; 25 L.Ed.2d 184 (1970): „[...] the interest sought to be protected by the complainant is arguably within the „zone of interest" to be protected or regulated by the statute or constitutional guarantee in question."

499 Association of Data Processing Service Organizations, Inc. v. Camp, 397 U.S. 150, 155-157; 90 S.Ct. 827, 831-832; 25 L.Ed.2d 184 (1970).

500 Warum das Gericht lediglich einen Teil von 5 U.S.C. § 702 zur Unterstützung der eigenen Annahme wählte, ist bei vollständiger Betrachtung der Norm nicht nachvollziehbar. Jede Person: „[...] suffering legal wrong because of agency action, or adversely affected or aggrieved within the meaning of a relevant statute, is entitled to judicial review thereof." Die Auslegung der „dissenting opinions" ist schlüssiger, die in der Schutznormqualität des als verletzt gerügten Gesetzes keine Voraussetzung für das Vorliegen der Klagebefugnis sahen. Weder Artikel III der Verfassung, noch 5 U.S.C. § 702 tragen die Entscheidung der Mehrheit des Gerichts: „Though a person suffering such (legal) wrong is clearly entitled to review, he need not show the existence of a legally protected interest [...]."; Association of Data Processing Service Organizations, Inc. v. Camp, 397 U.S. 150, 174; 90 S.Ct. 827, 842; 25 L.Ed.2d 184 (1970).

501 Association of Data Processing Service Organizations, Inc. v. Camp, 397 U.S. 150, 156; 90 S.Ct. 827, 831; 25 L.Ed.2d 184 (1970): „That leaves the remaining question, whether judicial review of the Comptroller's action has been precluded." – mit Hinweis auf 5 U.S.C. § 701 (a)(1): „This chapter applies [...] except to the extent that (1) statutes preclude judicial review or (2) agency action is committed to agency discretion by law."

Mit dieser Entscheidung sorgte das Gericht für eine bis zum heutigen Tage ungeklärte Auseinandersetzung, welche Voraussetzungen diesen zwei-stufigen Test erfüllen. Für die hinreichende Erfassung der Voraussetzungen einer Klagebefugnis unterlegener Bieter bei der Vergabe öffentlicher Aufträge muss zunächst auf die in den Folgejahren allgemein ergangene widersprüchliche Entscheidungspraxis eingegangen werden.

aa. Die tatsächliche Beeinträchtigung – „injury in fact"

So kam es kurze Zeit später in den Jahren 1972 und 1973 zu zwei einander widersprechenden Entscheidungen des Gerichts hinsichtlich der nach den verfassungsrechtlichen Anforderungen zwingenden tatsächlichen Beeinträchtigung des Klägers. In den Fällen versuchten Private die Einhaltung umweltrechtlicher Gesetze durchzusetzen. In „Sierra Club v. Morton"[502] verneinte das Gericht eine entsprechende Klagebefugnis für eine Umweltschutzorganisation. Diese wollte ein Feststellungsurteil hinsichtlich einer Baugenehmigung erreichen. Es wurde vorgetragen, dass mit der Genehmigung zum Bau von Anlagen zur Einrichtung eines Ski- und Erholungsgebietes ein Naturschutzgebiet beeinträchtigt würde, so dass die behördliche Genehmigung möglicherweise gegen anwendbare Umweltgesetze verstieß. Das Gericht verneinte eine Klagebefugnis. Es fehle eine individuelle tatsächliche Beeinträchtigung, so dass die erste Stufe des „Association of Data Processing" Test nicht erfüllt würde[503].

Im darauf folgenden Jahr wurde dagegen einer Studentenorganisation in dem fast identischen Fall „United States v. SCRAP"[504] eine Klagebefugnis eingeräumt. Die Studenten wandten sich gegen die Erhöhung von Straßentransportgebühren durch die „Interstate Commerce Commission". Diese würde insbesondere zu höheren Kosten bei den Produzenten von recyclebaren Verpackungen führen; damit würde der Verbrauch von Einwegverpackungen ansteigen; dieses würde den Müllverbrauch erhöhen, was die Naherholungsgebiete um Washington D.C. verschmutzen könnte. Das Interesse der Studenten, in dieser Gegend zu wandern, zu fischen und zu campen, würde dadurch beeinträchtigt[505]. Eine überaus spekulative Kausalkette bis zur möglichen individuellen tatsächlichen Beeinträchtigung wurde hier als ausreichend

---

502 Sierra Club v. Morton, 405 U.S. 727; 92 S.Ct. 1361; 31 L.Ed.2d 636 (1972).

503 Sierra Club v. Morton, 405 U.S. 727, 741; 92 S.Ct. 1361, 1369; 31 L.Ed.2d 636 (1972).

504 United States v. Students Challenging Regulatory Agency Proceedings (SCRAP), 412 U.S. 669; 93 S.Ct. 2405; 37 L.Ed. 2d 254 (1973).

505 United States v. Students Challenging Regulatory Agency Proceedings (SCRAP), 412 U.S. 669, 689-90; 93 S.Ct. 2405, 2416-2417; 37 L.Ed. 2d 254 (1973).

erachtet. Das Gericht unterschied diesen Fall von „Sierra Club v. Morton" in der Hinsicht, dass eine Beeinträchtigung eines tatsächlichen Interesses hinreichend geltend gemacht wurde[506]. Die Zulässigkeit einer Klage schien damit nicht so sehr davon abhängig zu sein, ob eine spürbare Beeinträchtigung vorlag, sondern ob und wie von den Klägern eine mögliche Verletzung eines eigenen Interesses vorgetragen wurde.

Bereits diese konfligierenden Entscheidungen ließen erkennen, welche Unsicherheit hinsichtlich der Erfüllung des Erfordernisses der tatsächlichen Beeinträchtigung nach „Association of Data Processing" bestand[507].

Die achtziger Jahren brachten mit der Änderung politischer Verhältnisse auch eine Änderung der Zusammensetzung des „U.S. Federal Supreme Court"; damit ging auch eine Änderung der Voraussetzungen des „judicial review" administrativen Handelns einher[508]. Der Grundsatz der Gewaltenteilung wurde nun als Basis für die Existenz der Klagebefugnis in den Mittelpunkt der Diskussion gerückt[509]. Dieser verfassungsrechtliche Grundsatz ist zwar nicht explizit in der U.S.- amerikanischen Verfassung genannt; er ergibt sich jedoch aus den Vorgaben der Artikel I bis III[510]. Höchstrichterliche Betonung fand dabei vor allem Art. II Sec. 3 der Verfassung, wonach alleinig der Präsident als höchstes exekutives Organ für den Vollzug der Gesetze verantwortlich zeichnet[511]. Die liberale Haltung des Gerichts hinsichtlich der Annahme einer tatsächlichen Beeinträchtigung änderte sich dementsprechend. Denn je geringer die Anforderungen an eine Verletzung individueller Interessen werden,

---

506 United States v. Students Challenging Regulatory Agency Proceedings (SCRAP), 412 U.S. 669, 687; S.Ct. 2405, 2415; 37 L.Ed.2d 254 (1973).

507 In diese Richtung äußert sich gleichfalls *Fletcher*, The Structure of Standing, 98 Yale L.J. 221, 261 (1988).

508 Während dreier konservativer Präsidentschaften (Ronald Reagan 1980-1988, George Bush 1988-92) wurden Sandra Day O'Connor, Antonin Scalia, David Souter und Clarence Thomas ernannt. Insbesondere Antonin Scalia war schon vor seiner Ernennung als ein Vertreter einer zurückhaltenden Nachprüfung behördlichen Handelns bekannt; vgl. *Scalia*, The Doctrine of Standing As an Essential Element of the Separation of Powers, 17 Suffolk U.L.Rev. 881 (1983): „[...] disregard of the standing doctrine will inevitably produce – as it has in the past few decades – an over judicialization of the process of self-governance."

509 Allan v. Wright, 468 U.S. 737, 752; 104 S.Ct. 3315, 3325; 82 L.Ed.2d 556 (1984): „[...] standing is built on a single basic idea – the idea of separation of powers."

510 Art. I Sec. 1: „All legislative Powers herein granted shall be vested in a Congress of the United States, [...]."; Art. II Sec. 1: „The executive Power shall be vested in a President of the United States of America."; Art. III Sec. 1: „The judicial Power of the United States, shall be vested in one Supreme Court, [...]."

511 Art. II Sec. 3 U.S.- amerikanische Verfassung: „[...] he shall take Care that the Laws be faithfully executed, [...]."

desto umfangreicher wird die Befugnis zur Durchsetzung der Gesetze auf Bürger und Gerichte übertragen.

In der Entscheidung „Lujan v. National Wildlife Federation“[512] hatte das Gericht das erste Mal die Möglichkeit, die geänderten Kräfteverhältnisse durch eine Entscheidung in die Tat umzusetzen. Eine Umweltschutzorganisation versuchte gerichtlich den Verkauf öffentlichen Landes durch das Innenministerium zur privaten Nutzung zu verhindern. Das Gericht folgte den Klägern auch soweit, dass die geltend gemachten ästhetischen und Erholungsinteressen der Mitglieder des „National Wildlife Federation“ in den Schutzbereich der verletzten Umweltgesetze fallen[513]. Dennoch wurde im Ergebnis keine Klagebefugnis zuerkannt, da es nach Ansicht des Gerichts im konkreten Fall an einer substantiellen Interessenbeeinträchtigung fehlte. Es könne nicht hinreichend dargetan werden, dass ausgerechnet das zu vergebende Gebiet zur Erholung genutzt werde. Der Beginn einer Neustrukturierung der „standing“ Doktrin war in dieser Entscheidung nicht zu übersehen[514]. Obwohl der Grundsatz der Gewaltenteilung nicht explizit erwähnt wurde, stellte das Gericht klar, dass der Vollzug der Gesetze Angelegenheit der Exekutive ist[515].

Es folgte eine weitere Strukturierung dieser Problematik durch Entscheidungen des „U.S. Federal Supreme Court“. Das Gericht hatte in der Sache „Lujan v. Defenders of Wildlife“[516] eine weitere Gelegenheit, den Umfang richterlicher Prüfung von Verwaltungshandeln festzulegen. Im Mittelpunkt der Entscheidung stand die Zulässigkeit einer so genannten „citizen suit provision“. Mittels dieser Popularklagenormen werden Individuen einfach-gesetzlich ermächtigt, rechtswidriges Verwaltungshandeln als so genannte „private attorney generals“ auch dann anzugreifen, wenn eine tatsächliche Beeinträchtigung nicht zu besorgen ist[517]. Die Klägerin wandte sich

---

512 Lujan v. National Wildlife Federation, 497 U.S. 871; 110 S.Ct. 3177; 111 L.Ed.2d 695 (1990).

513 Lujan v. National Wildlife Federation, 497 U.S. 871, 886; 110 S.Ct. 3177, 3188; 111 L.Ed.2d 695 (1990). Das Gericht stellte fest, dass die Interessen der Kläger innerhalb der „zone of interest“ liegen, welche durch den einschlägigen Federal Land and Policy Act (1976) und den National Environment Policy Act (1969) geschützt werden sollen.

514 Lujan v. National Wildlife Federation, 497 U.S. 871, 891; 110 S.Ct. 3177, 3189; 111 L.Ed.2d 695 (1990): „[...] respondent alleges that violation of the law is rampant within this program [...]. Perhaps so. But respondent cannot seek wholesale improvement of this program by court decree, rather than in the offices of the Department or the halls of Congress, where programmatic improvements are normally made.“

515 Lujan v. National Wildlife Federation, 497 U.S. 871, 894; 110 S.Ct. 3177, 3190; 111 L.Ed.2d 695 (1990).

516 Lujan v. Defenders of Wildlife, 504 U.S. 555; 112 S.Ct. 2130; 119 L.Ed.2d 351 (1992).

517 *Greve*, The Private Enforcement of Environmental Law, 65 Tul.L.Rev. 339, 340 (1990). Dieses so genannte „decentralized monitoring“ findet sich im Rahmen des Kartellrechts, 15 U.S.C. §§ 15, 26; im Verbraucherschutz, 15 U.S.C. § 2060 (a), „citizen suit provision“ des Consumer Product Safety Act; im Umweltrecht, 33 U.S.C. § 1365 – Clean Water Act, 42 U.S.C. § 7604 – Clean Air Act, 42

auf der Grundlage einer solchen „citizen suit provision" des „Endangered Species Act" gegen eine Verordnung des Innenministers, die unter anderem ein von der U.S.- amerikanischen Regierung unterstütztes Staudammprojekt in Ägypten von den

---

U.S.C. § 6972 – Resource Conservation and Recovery Act, 42 U.S.C. § 9659 Comprehensive Environmental Response, Compensation and Liability Act; im Arbeitsrecht, 42 U.S.C. § 2000 e – 5 (f)(1); bei der Überwachung des Wertpapierhandels, Insider Trading and Securities Fraud Enforcement Act (1988), Pub.L.No. 100-704, § 21 A(e), 102 Stat. 4677, 4679; im Steuerrecht, 26 C.F.R. § 301.7623-1 (1995); im öffentlichen Beschaffungswesen, False Claims Act, Pub.L. 97-258, Sept. 13 (1982), 96 Stat. 978, as amended Pub.L. 99-562, § 2, Oct. 27 (1986), 100 Stat. 3153; Pub.L. 103-272, § 4 (f)(1)(O), July 5 (1994), 108 Stat. 1362; cod. at 31 U.S.C. § 3729-3731. Dabei ermächtigt der False Claims Act jeden, dem eine betrügerische Handlung gegenüber den Vereinigten Staaten bekannt ist, eine Schadensersatzklage im eigenen und im Interesse der Vereinigten Staaten zu erheben; vgl. 31 U.S.C. § 3730 (b)(1); 31 U.S.C. § 3729 (a)(1): „Any person who knowingly presents, or causes to be presented, to an officer or employee of the United States Government or a member of the Armed Forces of the United States a false or fraudulent claim for payment or approval; [...] is liable to the United States for a civil penalty of not less than $ 5.000,- and not more than $ 10.000,-, plus 3 times the amount of damages which the Government sustains because of the act of that person, except that if the court finds that- [...]." Wobei der Kläger mit 15 bis 30% an der zurückgeforderten Summe beteiligt wird; vgl. 31 U.S.C. § 3730 (d)(1)(2). Diese Klagen werden als „Whistle Blower Bounty Lawsuits" oder „Oui Tam Actions" – „Qui tam pro domino rege quam pro se ipso in hac parte sequitur", *France*, The Private War on Pentagon Fraud", 76-Mar A.B.A.J. 46, 47 (1990) – bezeichnet; vgl. dazu näher: *Adams/Brock*, The Bigness Complex 1986, S. 327-47; *Baumol/Ordover*, Use of Antitrust to Subvert Competition", 28 J.L.&Econ. 247, 248 (1985); *Becker/Stigler*, Law Enforcement, Malfeasance, and Compensation of Enforcers, 3 J.Legal Stud. 1, 15 (1974); *Bebchuk*, Suing Solely to Extract a Settlement Offer", 17 J.Legal Stud. 437, 448 (1988); *Brown*, The Department of Defense Voluntary Disclosure Program: A Description of the Process", 1988 A.B.A. Sec.Pub.Cont.Law, Tab A; *Burnett/Kovacic*, Reform of United States Weapons Acquisition Policy: Competition, Teaming Agreements, and Dual-Sourcing, 6 Yale J. on Reg. 249, 270 (1989); *Caminker*, The Constitutionality of Qui Tam Actions, 99 Yale L.J. 341 (1989); *Castleton*, Compounding Fraud: Information Under the False Claims Act and the 1993 Amendments to the Federal Rules of Civil Procedure, 4 Geo. Mason U.L.Rev 327, 354 (1996); *Cavannagh*, Can Procurement Ethics Laws Be Cost Effective?, in: Changing Times/Changing Ethical Relationships: What's Acceptable & What's Not?", A.B.A. 1990 Sec.Pub.Cont.Law, Tab D, p. 4, 18-19; *M.P. Glazer/P.M. Glazer*, The Whistle Blowers: Exposing Corruption in Government and Industry 1989, S. 20-21; *Kaplow*, Private Versus Social Costs in Bringing Suit, 15 J.Legal Stud. 371, 374 (1986); *Kovacic*, Law, Economics, and the Reinvention of Public Administration: Using Relational Agreements to Reduce the Cost of Procurement Regulation and Other Forms of Government Intervention in the Economy, 50 Admin.L.Rev. 141, 156 (1998); *Kovacic*, The Civil False Claims Act as a Deterrent to Participation in Government Procurment Marktes, 6 Sup.Ct.Econ.Rev. 201 (1998); *Kovacic*, Whistleblower Bounty Lawsuits as Monitoring Devices in Government Contracting, 29 Loy.L.A.L.Rev. 1799, 1822 (1996); *Kovacic*, Regulatory Controls as Barriers to Entry in Government Procurement, 25 Pol'y Sci. 29, 30-37 (1992); *Kunich*, Qui Tam: White Knight or Trojan Horse, 33 A.F.L.Rev. 31 (1990); *Landes/Posner*, The Private Enforcement of Law, 4 J.Legal Stud. 1, 28-29 (1975); *Mookherjee/Png*, Corruptible Supervisors and Law Enforcers: How Should They Be Compensated?, Univ. of Cal. At Los Angeles, John E. Anderson School of Managment, Business Economics Working Paper No. 90-23, Mar. 1991; *Waldman*, The 1986 Amendments to the False Claims Act: Retroactive or Prospective ?, 18 Pub.Cont.L.J. 469 (1989); *Zahler*, Allowability of Legal Expenses in a Defense of Fraud Proceeding, in: The New Wave of Qui Tam, A.B.A. 1988 Sec. Pub. Cont. Law 1, 11-15.

Vorschriften des Umweltschutzgesetzes ausnahm[518]. Sicherheitshalber behaupteten die Kläger zusätzlich die Beeinträchtigung eines wissenschaftlichen Interesses an der Beobachtung seltener Tierarten, die durch das Projekt in Ägypten bedroht sein könnten. Der Minister sollte richterlich verpflichtet werden, die erlassenen Rechtsverordnungen aufzuheben. Die Klage wurde trotz der einfach-gesetzlich eingeräumten Klagebefugnis durch die „citizen suit provision" aufgrund fehlender tatsächlicher Beeinträchtigung verworfen, weil nicht dargetan war, wann die Beobachtung der bedrohten Tierarten geplant sei[519]. Dieser Fall ermöglichte dem Gericht, das Verhältnis zwischen der nach eigener Auslegung unabdingbaren tatsächlichen Verletzung, als verfassungsrechtlicher Voraussetzung einer Klagebefugnis, und der im U.S.- amerikanischen Verwaltungsrecht allgemein gebräuchlichen „citizen suit provisions" zu klären. Die Richter scheuten zwar die letzte Konsequenz und stellten eine Verfassungswidrigkeit der Popularklagenormen nicht explizit fest. Ein Punkt wurde jedoch deutlich: Das Parlament ist verfassungsrechtlich gehindert, einfach-gesetzlich eine Klagebefugnis einzuräumen[520].

Die harsche Ablehnung dieser Popularklagemöglichkeiten milderte sich in der Entscheidung des „U.S. Federal Supreme Court" in „Bennett v. Spear"[521]. Die Kläger behaupteten eine Verletzung des „Endangered Species Act". Der „Fish and Wildlife Service" habe entgegen der gesetzlichen Bestimmung eine „biological opinion" ohne Beachtung ihrer wirtschaftlichen Interessen abgegeben. Das geplante Naturreservat beeinträchtige die Wasserzufuhr zu ihrem Grundstück und stelle somit eine Eigentumsverletzung dar[522]. Die Klage wurde unter anderem auf die „citizen suit provision" des „Endangered Species Act" gestützt. Das Gericht stellte die faktische Beeinträchtigung der Kläger fest, verneinte jedoch einen gesetzlichen Schutz des beeinträchtigten Interesses[523]. Trotzdem wurde eine Klagebefugnis bejaht, weil das Gericht der Legislative das Recht zusprach, durch eine „citizen suit provision" den „zone of interest" Test einfach-gesetzlich auszusetzen. Wenn das verletzte Gesetz eine Popularklagemöglichkeit einräumt, muss das beeinträchtigte Interesse nicht

---

518 Lujan v. Defenders of Wildlife, 504 U.S. 555, 564; 112 S.Ct. 2130, 2138; 119 L.Ed.2d 351 (1992).

519 Lujan v. Defenders of Wildlife, 504 U.S. 555, 558; 112 S.Ct. 2130, 2135; 119 L.Ed.2d 351 (1992).

520 Lujan v. Defenders of Wildlife, 504 U.S. 555, 577; 112 S.Ct. 2130, 2145; 119 L.Ed2d 351 (1992). Justice Scalia stellte klar: „If the (standings doctrine's) concrete injury requirement has the separation-of-powers significance we have always said, the answer must be obvious: To permit Congress to convert the undifferentiated public interest in executive officers' compliance with the law into an „individual right" vindicable in the courts is to permit Congress to transfer from the President to the courts the Chief Executive's most important constitutional duty, to „take Care that the Laws be faithfully executed", Art. II, § 3."

521 Bennet v. Spear, 520 U.S. 154; 117 S.Ct. 1154; 137 L.Ed2d 281 (1997).

522 Bennet v. Spear, 520 U.S. 154, 157-161; 117 S.Ct. 1154, 1159-60; 137 L.Ed.2d 281 (1997).

unbedingt durch das Gesetz geschützt werden[524]. Ansonsten muss selbstverständlich weiterhin geprüft werden, ob das verletzte Interesse vom Schutzbereich des einschlägigen Gesetzes umfasst ist[525].

bb. Die Schutznormqualität des verletzten Gesetzes – „zone of interest"

Wann die relevante Norm die vom „U.S. Federal Supreme Court" geforderte Schutznormqualität besitzt, ist Gegenstand ebenso heterogener Rechtsprechung wie die Frage der tatsächlichen Beeinträchtigung. Im Mittelpunkt der Auseinandersetzung steht dabei, nach welcher Auslegungsmethode die Schutznormqualität des einschlägigen Gesetzes zu bestimmen ist.

In „Clarke v. Securities Industry Association"[526] focht der Verband der Börsenmakler eine Genehmigung des Währungskommissars – „Comptroller of the Currency"– an. Dabei ging es um die Zulassung zweier Banken, auf dem Gebiet des „Discount" Wertpapierhandels tätig zu werden. Die Klägerin behauptete eine falsche Auslegung der Normen des „National Bank Act". Das Geschäft der Banken sei auf die Staaten des Sitzes der Institute und angeblich auf das Kredit- und Einlagegeschäft beschränkt[527]. Das Gericht hatte darüber zu entscheiden, ob das Interesse der Börsenmakler, vom Wettbewerb durch Banken verschont zu werden, vom „National Bank Act" geschützt wird. Als Auslegungsmethode wählte das Gericht die historische Interpretation. Es stellte dabei fest, dass grundsätzlich keine Absicht des Gesetzgebers erkennbar sein muss, um einen Schutz des verletzten Interesses durch das Gesetz bejahen zu können[528]. Vielmehr könne nur die positive Feststellung der gegen-

---

523 Bennet v. Spear, 520 U.S. 154, 165-172; 117 S.Ct. 1154, 1163-65; 137 L.Ed.2d 281 (1997).

524 Bennet v. Spear, 520 U.S. 154, 163-165; 117 S.Ct. 1154, 1162; 137 L.Ed.2d 281 (1997): „The first question is whether the ESA's citizen suit provision, set forth in pertinent part in the margin, negates the zone-of-interest test [...]. We think it does."

525 Bennet v. Spear, 520 U.S. 154, 176-178; 117 S.Ct. 1154, 1168; 137 L.Ed.2d 281 (1997).

526 Clarke v. Securities Industry Association, 479 U.S. 388; 107 S.Ct. 750; 93 L.Ed.2d 757 (1987).

527 Clarke v. Securities Industry Association, 479 U.S. 388, 391; 107 S.Ct. 750, 753; 93 L.Ed.2d 757 (1987): „Section 81 limits „the general business" of a national bank to its headquarters and any „branches" permitted by § 36. Section 36 (c) provides that a national bank is permitted to branch only in its home State and only to the extent that a bank of the same State is permitted to branch under state law. The term „branch" is defined at 12 U.S.C. § 36 (f) „to include any branch bank, branch office, branch agency, additional office, or any branch place of business [...] at which deposits are received, or checks paid, or money lent"."

528 Clarke v. Securities Industry Association, 479 U.S. 388, 399-400; 107 S.Ct. 750, 757; 93 L.Ed.2d 757 (1987): „The zone-of-interest test is a guide for deciding whether, in view of Congress' evident intent to make agency action presumptively reviewable, a particular plaintiff should be heard to complain of a particular agency decision. In cases where the plaintiff is not itself the subject of the contested regulatory action, the test denies a right of review if the plaintiff's interests are so

teiligen legislativen Absicht einen solchen Ausschluss begründen[529]. Diese Entscheidung kam einer Aufgabe des „zone of interest" Tests recht nahe. Insbesondere im Hinblick auf die Tatsache, dass in „Association of Data Processing" das Gericht explizit gefordert hatte, dass positivrechtlich ein Schutz des Klägerinteresses gewollt sein müsse[530].

Diese liberale Handhabung des Schutznormerfordernisses fand eine erhebliche Einschränkung in „Air Courier Conference of America v. American Postals Workers Union"[531]. Der Fall betraf eine Ausnahmegenehmigung der U.S.- amerikanischen Post von den gesetzlich eingeräumten Monopolbestimmungen für besonders dringende Briefe[532]. Private Kurierunternehmen nutzten diese Ausnahmebestimmung, um Briefe nach Aufgabe in Nachbarländern, unter Nutzung des dortigen Postservices zu transportieren. Die Post korrigierte diese verwaltungsinternen Anordnungen noch ausdrücklich in der Hinsicht, dass diese Praxis von der Ausnahmevorschrift umfasst sei. Dagegen wandte sich die Postgewerkschaft mit der Behauptung, dass durch den erhöhten Wettbewerb mit privaten Kurierunternehmen Arbeitsplätze ihrer Mitglieder gefährdet seien, was durch das gesetzlich eingeräumte Briefbeförderungsmonopol verhindert werden solle. Das bedrohte Interesse der Postangestellten sei somit von den gesetzlichen Bestimmungen geschützt[533]. Das Gericht folgte nicht der Argumentation der Klägerin, mit der Begründung, dass die gesetzgeberischen Motive einen solchen Schluss nicht zuließen. Die relevanten Normen dienten vielmehr der Sicherung einer gewissen Gewinnmarge der Post, mit der die Versorgung

---

marginally related to or inconsistent with the purposes implicit in the statute that it cannot reasonably be assumed that congress intended to permit the suit. The test is not meant to be especially demanding; in particular, there need be no indication of congressional purpose to benefit the would-be plaintiff."

529 Clarke v. Securities Industry Association, 479 U.S. 388, 403; 107 S.Ct. 750, 759; 93 L.Ed.2d 757 (1987): „And we see no indications of [...] a congressional intent to preclude review at respondent`s behest."

530 Vgl. Association of Data Processing Service Organizations, Inc. v. Camp, 397 U.S. 150, 155-156; 90 S.Ct. 827, 831; 25 L.Ed.2d 184 (1970).

531 Air Courier Conference of America v. American Postals Workers Union, 498 U.S. 517; 111 S.Ct. 913; 112 L.Ed.2d 1125 (1991).

532 Das Briefbeförderungsmonopol des United States Postal Service ist in den Private Express Statutes, 18 U.S.C. §§ 1693-1699, 39 U.S.C. §§ 601-606, kodifiziert. Die Post kann allerdings dieses Monopol bei fehlendem öffentlichen Interesse für bestimmte Leistungen oder Postwege aufheben: „[...] suspend the PES suspensions upon any mail route where the public interest requires the suspension.", 39 U.S.C. § 601 (b). Im Jahre 1979 wurde die Beförderung von Eilbriefen auf der Grundlage einer Verwaltungsverordnung privaten Anbietern gestattet, 39 C.F.R. § 320.6; 44 Fed.Reg. 61178 (1979).

533 Vgl. Air Courier Conference of America v. American Postals Workers Union, 498 U.S. 517, 517-521; 111 S.Ct. 913, 913-916; 112 L.Ed.2d 1125 (1991).

unrentabler Gebiete mit Postdienstleistungen quer-subventioniert werden solle[534]. Nach dieser Entscheidung muss sich die Schutznormqualität des Gesetzes aufgrund einer historischen Auslegung positiv feststellen lassen. Das Gericht stellte klar, dass das verletzte faktische Interesse wirklich von der als verletzt geltend gemachten Norm oder zumindest von einem damit eng zusammenhängenden Normkomplex geschützt werden müsse: „[...] the relevant statute (under the APA) of course, is the statute whose violation is the gravament of the complaint."[535]
Einen gänzlich anderen Weg schlug der „U.S. Federal Supreme Court" dagegen in „National Credit Union Administration v. First National Bank & Trust Co."[536] ein. Die „National Credit Union Administration" hatte staatlichen Volksbanken entgegen der Bestimmungen des „Federal Credit Union Act"[537] eine unbegrenzte Aufnahme von Mitgliedern genehmigt. Die privaten Banken, die verstärkten Wettbewerb fürchteten, fochten die behördliche Genehmigung an. Das Gericht schloss hier im Gegensatz zu den vorangegangenen Entscheidungen die Feststellung der Schutznormqualität zugunsten der Kläger auf der Grundlage einer Untersuchung der gesetzgeberischen Motive explizit aus[538]. Der „Administrative Procedure Act" verlange vielmehr eine Wortlautauslegung der einschlägigen Normen. Entscheidend sei, ob das beeinträchtigte Interesse „möglicherweise" von der als verletzt geltend gemachten Norm geschützt werde[539]. Mit dieser Entscheidung besann sich das Gericht auf seine ursprünglichen Ausführungen zu dieser Problematik in „Association of Data Processing v. Camp"[540]. Der vierstimmige „dissent" gegen diese Entscheidung verdeutlicht

---

534 Air Courier Conference of America v. American Postals Workers Union, 498 U.S. 517, 522-528; 111 S.Ct. 913, 917-920; 112 L.Ed.2d 1125 (1991).

535 Air Courier Conference of America v. American Postals Workers Union, 498 U.S. 517, 529; 111 S.Ct. 913, 921; 112 L.Ed.2d 1125 (1991).

536 National Credit Union Administration v. First National Bank & Trust Co., 522 U.S. 479; 118 S.Ct. 927; 140 L.Ed.2d 1 (1998).

537 Vgl. Sec. 109; 12 U.S.C. § 1759: „[...] federal credit union membership shall be limited to groups having a common bond of occupation or association, or to groups within a well defined neighborhood, community, or rural district."

538 National Credit Union Administration v. First National Bank & Trust Co., 522 U.S. 479, 489; 118 S.Ct. 927, 933; 140 L.Ed.2d 1 (1998): „Although our prior cases have not stated a clear rule for determining when a plaintiff's interest is „arguably within the zone of interests" to be protected by a statute, [...] we should not inquire whether there has been a congressional intent to benefit the would-be plaintiff."

539 Vgl. National Credit Union Administration v. First National Bank & Trust Co., 522 U.S. 479, 492; 118 S.Ct. 935, 930-933; 140 L.Ed.2d 1 (1998): „[...] we first discern the interests „arguably [...] to be protected" by the statutory provision at issue; we then inquire whether the plaintiff's interests affected by the agency in question are among them."

540 Association of Data Processing Service Organizations, Inc. v. Camp, 397 U.S. 150, 153; 90 S.Ct. 827, 830; 25 L.Ed.2d 184 (1970): „[...] the interest sought to be protected by the complainant is ar-

indes die gerichtsinternen Auseinandersetzungen über die Frage, wann ein Privater gegen möglicherweise rechtswidriges Behördenhandeln gerichtlich vorgehen kann. Die Gegenstimmen setzten sich vehement für eine Feststellung einer drittschützenden Wirkung der relevanten Normen anhand der expliziten gesetzgeberischen Motive im Einklang mit „Air Courier Conference of America v. American Postals Workers Union" ein[541].

e. Zusammenfassung / Fazit

Die Anforderungen an die Eröffnung des Rechtsweges zur richterlichen Prüfung administrativen Handelns sind nun nachgezeichnet. Die Untersuchung umspannte die Entwicklung von der „legal rights" Doktrin, der ausschließlichen Eröffnung des Rechtsweges bei Verletzung eines verfassungsmäßig garantierten Rechts, über den Erlass des „Administrative Procedure Act 1946", der legislativen Ermächtigung zur Klage bei tatsächlicher Beeinträchtigung aufgrund rechtswidrigen Behördenhandelns, bis hin zu „Association of Data Processing v. Camp" mit der Einführung des „Zwei-Stufen-Tests" in der Hinsicht, dass der Kläger neben der tatsächlichen Beeinträchtigung nachweisen muss, dass das als verletzt gerügte Gesetz gerade die Verletzung seiner Interessen verhindern soll. Auch wenn man vor richterrechtlichen Überraschungen nicht gefeit ist, lassen sich derzeitig die Zugangsvoraussetzungen für eine gerichtliche Prüfung von Verwaltungshandeln folgendermaßen zusammenfassen:
Die Verfassung fordert eine spürbare Beeinträchtigung durch das behördliche Handeln, der behauptete Rechtsverstoß muss äquivalent und adäquat kausal die Verletzung des tatsächlichen Interesses hervorgerufen haben; ist der Schaden noch nicht eingetreten, so muss er zumindest nach vernünftiger Betrachtungsweise unmittelbar bevorstehen und durch ein Urteil zugunsten des Klägers beseitigt bzw. verhindert werden können[542]. Diese, nach ständiger Rechtsprechung des „U.S. Federal Supreme Court" verfassungsrechtlich vorgezeichnete Anforderung aus dem „case and contro-

---

guably within the „zone of interest" to be protected or regulated by the statute or constitutional guarantee in question."

541 National Credit Union Administration v. First National Bank & Trust Co., 522 U.S. 479, 503-519; 118 S.Ct. 935, 940-948; 140 L.Ed.2d 1 (1998).

542 Vgl. Bennet v. Spear, 520 U.S. 154, 167; 117 S.Ct. 1154, 1163; 137 L.Ed.2d 281 (1997): „This irreductible constitutional minimum of standing requires: (1) that the plaintiff have suffered an „injury in fact" – an invasion of a judicially cognizable interest which is (a) concrete and particularized and (b) actual or imminient, not conjectural or hypothetical; (2) that there be a causal connection between the injury and the conduct complaint of – the injury must be fairly traceable to the challenged action of the defendant, and not the result of the independent action of some third party not before the court; and (3) that it be likely, as opposed to merely speculative, that the injury will be redressed by a favorable decision."

versy requirement" des Art. III Sec. 2 der U.S.- amerikanischen Verfassung und dem Grundsatz der Gewaltenteilung, darf nicht durch eine einfach-gesetzlich eingeräumte Popularklagebefugnis ersetzt werden[543]. Das beeinträchtigte tatsächliche Interesse muss zumindest möglicherweise von der als verletzt gerügten Norm oder dem Normkomplex geschützt sein[544]. Die Wortlautauslegung geht dabei einer Feststellung der gesetzgeberischen Motive vor[545]. Wenn das relevante Gesetz dagegen eine Popularklagebefugnis enthält, braucht die Schutznormqualität nicht geprüft zu werden[546]. Solange nicht die Verletzung eines von der Verfassung gewährten Rechtes in Frage steht, ist der Gesetzgeber nicht daran gehindert, einfach-gesetzlich administratives Handeln gänzlich von richterlicher Prüfung auszunehmen[547].

2. Die Eröffnung des Rechtsweges im U.S.- amerikanischen Vergaberecht

Vor dem Hintergrund der allgemeinen Ausführungen zu den Voraussetzungen des „judicial review" im U.S.- amerikanischen Verwaltungsrecht kann nun die Entwicklung gerichtlichen Rechtsschutzes im Vergaberecht nachgezeichnet werden. Die Untersuchung beginnt im Jahre 1940, also zu Zeiten der „Roosevelt-Administration", die von einer Immunisierung des Verwaltungshandelns vor einer

---

543 Zustimmend *Blanch*, The Constitutionality of the False Claims Act's Qui Tam Provisions, 16 Harv.J.L. & Pub.Pol'y 701 (1993); *Johnston*, 1001 Attorneys General: Executive-Employee Qui Tam Suits and the Constitution, 62 Geo.Wash.L.Rev. 609 (1994).

544 Vgl. National Credit Union Administration v. First National Bank & Trust Co., 522 U.S. 479, 492; 118 S.Ct. 935, 930-933; 140 L.Ed.2d 1 (1998): „[...] we first discern the interests „arguably [...] to be protected" by the statutory provision at issue; we then inquire whether the plaintiff's interests affected by the agency in question are among them."; Association of Data Processing Service Organizations, Inc. v. Camp, 397 U.S. 150, 153; 90 S.Ct. 827, 830; 25 L.Ed.2d 184 (1970): „[...] the interest sought to be protected by the complainant is arguably within the „zone of interest" to be protected or regulated by the statute or constitutional guarantee in question."

545 Association of Data Processing Service Organizations, Inc. v. Camp, 397 U.S. 150, 155-157; 90 S.Ct. 827, 831-832; 25 L.Ed.2d 184 (1970); National Credit Union Administration v. First National Bank & Trust Co., 522 U.S. 479, 489; 118 S.Ct. 927, 933; 140 L.Ed.2d 1 (1998): „Although our prior cases have not stated a clear rule for determining when a plaintiff's interest is „arguably within the zone of interests" to be protected by a statute, [...] we should not inquire whether there has been a congressional intent to benefit the would-be plaintiff."

546 Bennet v. Spear, 520 U.S. 154, 163-165; 117 S.Ct. 1154, 1162; 137 L.Ed.2d 281 (1997): „The first question is whether the ESA's citizen suit provision, set forth in pertinent part in the margin, negates the zone-of-interest test [...]. We think it does."

547 Association of Data Processing Service Organizations, Inc. v. Camp, 397 U.S. 150, 156; 90 S.Ct. 827, 831; 25 L.Ed.2d 184 (1970): „That leaves the remaining question, whether judicial review of the Comptroller's action has been precluded." – mit Hinweis auf 5 U.S.C. § 701 (a)(1): „This chapter applies [...] except to the extent that (1) statutes preclude judicial review or (2) agency action is committed to agency discretion by law."

richterlichen Überprüfung auf seine Gesetzmäßigkeit und der zurückhaltenden Prüfung legislativen Handelns auf seine Verfassungsmäßigkeit geprägt war.

a. Die Ausgangssituation – Kein Rechtsschutz bei Vergaberechtsverletzungen

Im Einklang mit der strengen „legal rights doctrin" verwarf der „U.S. Federal Supreme Court" in seiner Leitentscheidung „Perkins v. Lukens Steel Co."[548] eine Klage potentieller Auftragnehmer. Als Teil des „New Deal" verlangte der „Publics Contracts Act"[549] von Stahlproduzenten die Zahlung bestimmter Mindestlöhne, um als geeignete Bieter an Ausschreibungen für öffentliche Aufträge teilnehmen zu können. Die Kläger sahen darin unter anderem die Vergabevorschriften verletzt, welche die Behörden grundsätzlich auf eine öffentliche Ausschreibung verpflichteten, mithin den Zugang aller potentiellen Auftragnehmer zu den Vergabeverfahren der öffentlichen Hand vorschrieben. Das Gericht verneinte jedoch eine Klagebefugnis der Unternehmen mit der Begründung, dass Vergabegesetze keine bieterschützende Wirkung hätten[550], sondern lediglich objektiv-rechtlich die Interessen des Staates und der Allgemeinheit schützten[551]. Diese Interessen könnten die Stahlfirmen auch als Popularkläger nicht gerichtlich durchsetzen[552].

Das Gericht beschränkte sich jedoch nicht auf Ausführungen hinsichtlich der anhängigen Klage. Vielmehr traf es allgemeine Feststellungen, welche die Rechtsprechung der Bundesgerichte bis zum heutigen Tag nachhaltig beeinflusst: alle Entscheidungen der öffentlichen Hand, die eine Auftragsvergabe oder ihre Modalitäten beträfen, fielen gänzlich in den Verantwortungsbereich der Exekutive und könnten gerichtlich nicht überprüft werden[553]. Der Staat handele beim Beschaffungsvorgang

---

548 Perkins v. Lukens Steel Co., 310 U.S. 113, 60 S.Ct. 869, 84 L.Ed. 1108 (1940).

549 Public Contracts Act, 49 Stat. 2036 (1936).

550 Perkins v. Lukens Steel Co., 310 U.S. 113, 126; 60 S.Ct. 869, 876; 84 L.Ed. 1108 (1940): „Section 3709 of the Revised Statutes requires for the Government`s benefit that its contracts be made after public advertising. It was not enacted for the protection of sellers and confers no enforceable right upon prospective bidders."

551 Perkins v. Lukens Steel Co., 310 U.S. 113; 60 S.Ct. 869; 84 L.Ed. 1108 (1940): „[...] bidders must establish a legal right to redress [...] i.e., in the procurement context, a statute conveying a legal privilege."

552 Perkins v. Lukens Steel Co., 310 U.S. 113, 125; 60 S.Ct. 869, 876; 84 L.Ed. 1108 (1940): Potentiellen Bietern sei nicht erlaubt „[...] to vindicate any general interest which the public may have in the construction of the act by the Secretary [...]."

553 Perkins v. Lukens Steel Co., 310 U.S. 113, 127-128; 60 S.Ct. 869, 877; 84 L.Ed. 1108 (1940): „Courts have never reviewed or supervised the administration of such an executive responsibility even where executive duties „require an interpretation of law". Judicial restraint of those who administer the Government`s purchasing would constitute a break with settled judicial practice and a

wie ein Privatrechtssubjekt, der unbeeinflusst von gerichtlicher Intervention die Bedingungen von Staatsaufträgen festlegen und seine Vertragspartner auswählen könne[554].

Damit unterschied sich die Stellung der Bieter in keiner Weise von der Situation Mitte des 19. Jahrhunderts, bevor mit dem „Civil Sundries Appropriation Act" im Jahre 1861 der öffentliche Einkauf auf eine gesetzliche Grundlage gestellt wurde[555]. Bieter konnten weder einen primärrechtlichen Einfluss auf das Vergabeverfahren erzielen, noch Schadensersatzansprüche geltend machen[556].

b. Die Eröffnung des Rechtsweges bei Vergaberechtsverletzungen

aa. Sekundärrechtsschutz – Heyer Products Co. v. United States

Bieterschutz im U.S.- amerikanischen Vergaberecht begann in den fünfziger Jahren. So eröffnete der „U.S. Court of Claims" in „Heyer Products Co. v. United States"[557] im Jahre 1956 den Rechtsweg für die Klage eines Bieters, dessen Gebot unter Verstoß gegen die Regulierung des „Armed Service Procurement Act 1947" übergangen worden war[558]. Zwar stellte das Gericht – gebunden an „Perkins v. Lukens Steel" – die fehlende bieterschützende Wirkung der Vergaberegulierungen fest[559]. Dennoch nahm es die Klage auf der Grundlage des „Tucker Act" zur Entscheidung an. Dieses Gesetz räumte dem Gericht die Entscheidungszuständigkeit über Zahlungsansprüche aus ausdrücklichen oder implizierten Verträgen gegen die öffentliche Hand

---

departure into fields hiterto wisely and happily apportioned by the genius of our polity to the administration of another branch of Government."

554 Perkins v. Lukens Steel Co., 310 U.S. 113, 127; 60 S.Ct. 869, 876; 84 L.Ed. 1108 (1940): „Like private inidividuals and businesses, the Government enjoys the unrestricted power to produce its own supplies, to determine those with whom it will deal, and to fix the terms and conditions upon it will make needed purchases."

555 Siehe dazu *Keyes*, Government Contracts under the Federal Aquisition Regulation 1996, § 33.5, Fn. 1; 6 Op.Att'y Gen. 226 (1853): „[...] the Secretary of the Interior alone had the power to decide such questions of fact and that no statute provided a method by which even an erroneous decision could be revised."

556 Vgl. dazu auch *Villet*, Equitable Jurisdiction in Government Contract Bid Protest Cases: Discerning the Boundaries of Equity, 17 Pub.Cont.L.J. 152, 156 (1985).

557 Heyer Products Co. v. United States, 135 Ct.Cl. 63; 140 F.Supp. 409 (1956).

558 Heyer Products Co. v. United States, 135 Ct.Cl. 63; 140 F.Supp. 409, 410 (1956).

559 Heyer Products Co. v. United States, 135 Ct.Cl. 63; 140 F.Supp. 409, 412 (1956): „[...] It has been settled beyond controversy that most statutes governing the awarding of bids by governmental agencies are enacted for the benefit of the public who are served by these agencies, and not for the benefit of the bidders, and, therefore, that bidders have no right to sue on the ground that the provisions of such Act have been violated, in that the contract had not been let to the lowest bidder."

ein[560]. Die Problematik bei der Vergabe öffentlicher Aufträge ist aber, dass die Präsenz des klagenden Unternehmens vor Gericht seinen Grund meist darin hat, dass gerade kein Vertrag mit ihm geschlossen wurde. Die Klage konnte mithin nicht aufgrund der Verletzung eines ausdrücklichen Vertrages zur Entscheidung angenommen werden. Der „U.S. Court of Claims“ fand aber einen „ingeniösen“[561] Ausweg: Behörde und Bieter schlössen einen implizierten Vertrag[562]. In der Ausschreibung des Auftrages und damit der Aufforderung zur Abgabe von Angeboten läge ein Angebot auf den Abschluss dieses Vertrages, welches vom Bieter mit Angebotsabgabe angenommen werde. Inhalts des Vertrages sei zum einen die Verpflichtung des Auftraggebers, die Angebote fair und gleichmäßig zu behandeln und damit jedem Bieter eine Chance auf Zuschlagserteilung einzuräumen. Zum anderen offeriere der Bieter mit einem Angebot im Rahmen der Ausschreibungsbedingungen die Möglichkeit, das günstigste Angebot zu wählen. Durch die Verletzung der Vergabebestimmungen sei zugleich auch der implizierte Vertrag verletzt, so dass die Kompensation der Angebotskosten eingefordert werden könne[563].
Gleichwohl bedeutete die Entscheidung keinen großen Fortschritt. Für eine Begründetheit der Klage sollten die Bieter nachweisen, dass die Vergabebeamten in betrügerischer Absicht die Ausschreibung durchgeführt haben, während aber einem bereits vorher bestimmten Unternehmen der Zuschlag im Endeffekt erteilt wurde[564].

---

560 Tucker Act, 24 Stat. 505 (1973), 28 U.S.C. § 1491 (a)(1): „The United States Court of Claims shall have jurisdiction to render judgment upon any claim against the United States founded either upon the Constitution, or any Act of Congress or any regulation of an executive department, or upon any express or implied contract with the United States, [...] not sounding in tort“.

561 So *Pietzcker*, Der Staatsauftrag als Instrument des Verwaltungshandelns 1978, S. 92.

562 Restatement (Second) Contracts § 24 (American Law Institute 1981): „An offer is a manifestation of willingness to enter into a bargain so made as to justify another person in understanding that his assent to that bargain is invited and will conclude it.“ Restatement (Second) Contracts § 30 (2) (American Law Institute 1981): „The offeree can accept in any manner and by any medium reasonable in the circumstances.“; Restatement (Second) Contracts § 71 (2) (American Law Institute 1981): „A promise or performance given by the promisee to the promisor must be sought by the promisor in exchamge for his promise and [...] given by the promisee in exchange for that promise.“

563 Heyer Products Co. v. United States, 135 Ct.Cl. 63; 140 F.Supp. 409, 412-13 (1956).

564 Heyer Products Co. v. United States, 135 Ct.Cl. 63; 140 F.Supp. 409, 414 (1956): „Recovery can be had in only those cases where it can be shown by clear and convincing proof that there has been a fraudulent inducement for bids, with the intention, before the bids were invited or later conceived, to disregard them all except the ones from bidders to one of whom it was intended to let the contract, whether he was the lowest responsible bidder or not.“ In der wichtigen Folgeentscheidung des Gerichts Keco Industries v. United States, 192 Ct.Cl. 773, 428 F.2d 1233, 1237-1240 (1970) wurden die Ausführungen zu dieser Problematik nochmals präzisiert. Danach ist davon auszugehen, dass ein Bieter „[...] has the right to have his bid honestly considered by the Government, and if this obligation is breached, then the injured party has the right to come into court to try and prove his cause of action.“ Ein Ersatz der Angebotskosten kommt dann in Frage, wenn es dem

bb. Primärrechtsschutz – Scanwell v. Shaffer

Die antike „legal rights doctrin“ und der grundsätzliche Ausschluss der richterlichen Prüfung und Revidierung von Vergaberechtsverletzungen auf der Grundlage von „Perkins v. Lukens Steel“ konnten nach Erlass des „Administrative Procedure Act“ und der allgemeinen Liberalisierung der Zugangsvoraussetzungen zu Gericht nicht von endgültiger Dauer sein. Der erste Hinweis auf einen möglichen Primärrechtsschutz unterlegener Bieter bei der Vergabe öffentlicher Aufträge war die Entscheidung des „U.S. Court of Appeals for the District of Columbia“ in „Superior Oil Co. v. Udall“ aus dem Jahre 1969[565]. Gegenstand des Verfahrens war die Klage eines Unternehmens auf die Einhaltung von Regulierungen zur Vergabe staatlicher Pachtverträge zur Ölförderung auf öffentlichem Grund und Boden. Die zuständige Behörde hatte den Zuschlag auf ein höheres als das vom Kläger abgegebene Angebot erteilt, welches allerdings entgegen der einschlägigen Rechtsverordnung nicht unterschreiben und damit rechtswidrig war[566]. Das Gericht setzte den Zuschlag mittels einstweiliger Verfügung aus, mit der Begründung, dass trotz mangelnder Schutzwirkung der einschlägigen Normen die Klage zulässig sei; ein substanzielles Interesse der Bieter an der Einhaltung der Regulierungen begründe eine hinreichende Klagebefugnis[567].

Auf der Grundlage dieser Entscheidung leitete dasselbe Gericht die Entwicklung des Primärrechtsschutzes im Vergaberecht nur ein Jahr später in „Scanwell Laboratories, Inc. v. Shaffer“[568] ein. Der Fall betraf die Beschaffung von Landesystemen für Flugzeuge durch die „Federal Aviation Administration“. Der Zuschlag erfolgte zwar an das günstigste Angebot, ohne dass jedoch der erfolgreiche Bieter die geforderte Erfahrung besaß[569]. Der nächstgünstige Bieter beantragte im Wege der Feststellungsklage den Zuschlag für rechtswidrig und den Vertrag für nichtig zu erklären[570]. Während das Ausgangsgericht die Klage als unzulässig abwies, weil der „Armed Services Procurement Act“ das Interesse der Bieter an einem gesetzmäßigen Vollzug

---

Kläger gelingt, „[...] to meet this high standard by proving [...] that such arbitrary and capricious action as alleged did in fact exist.“

565 Superior Oil Co. v. Udall, 409 F.2d 1115 (D.C.Cir. 1969).

566 Vgl. Superior Oil Co. v. Udall, 409 F.2d 1115, 1119 (D.C.Cir. 1969): „The controlling regulations specifically contemplate that bids must be sealed and signed. 43 C.F.R. 3382.4 (a)(1).“

567 Superior Oil Co. v. Udall, 409 F.2d 1115, 1119 (D.C.Cir. 1969): „[...] the bidders and the public have a substantiell interest in certainty.“

568 Scanwell, Inc. v. Shaffer, 424 F.2d 859 (D.C.Cir. 1970).

569 Vgl. Sachverhaltsdarstellung Scanwell, Inc. v. Shaffer, 424 F.2d 859, 860 (D.C.Cir. 1970).

570 Scanwell, Inc. v. Shaffer, 424 F.2d 859, 861 (D.C.Cir. 1970).

nicht schütze, hob das Rechtsmittelgericht diese Entscheidung auf und gab dem Kläger Recht.

Das Gericht sah sich teilweise von den bindenden Ausführungen des „U.S. Federal Supreme Court" in „Perkins v. Lukens Steel" befreit. Die „legal rights doctrin" sei in der Rechtsprechung aufgegeben und der Zugang zu Gericht durch den „Administrative Procedure Act" geregelt[571]. Das Gericht legte dabei den „Administrative Procedure Act" in der Form aus, wie es sich später in den abweichenden Meinungen in „Association of Data Processing v. Camp" wieder finden sollte: Jedes tatsächlich beeinträchtigende Verwaltungshandeln könne auf seine Rechtmäßigkeit überprüft werden[572], wobei weder die Verletzung eines subjektiven Rechts geltend gemacht noch das beeinträchtigte Interesse von dem in Frage stehenden Gesetz geschützt werden müsse[573]. Der tatsächlich durch die Verletzung der Vergabevorschriften beeinträchtigte Bieter könne im Rahmen einer Popularklage das öffentliche Interesse an der Einhaltung der Vergaberegulierungen zur wirtschaftlichen und sparsamen Verwendung steuerlicher Ressourcen als „private attorney general" durchsetzen[574].

Das Gericht ließ jedoch in einem Punkt keinen Zweifel aufkommen: Die Regulierungen über das Vergabeverfahren hätten keine drittschützende Wirkung, Bieter mithin keinen Anspruch auf ihre Einhaltung. In dieser Hinsicht unterstrich das Gericht die bereits in diese Richtung zielenden Aussagen des „U.S. Federal Supreme Court" in „Perkins v. Lukens Steel"[575]. Der relevante Unterschied bestand jedoch

---

571 Scanwell, Inc. v. Shaffer, 424 F.2d 859, 866 (D.C.Cir. 1970).

572 Scanwell, Inc. v. Shaffer, 424 F.2d 859, 868 (D.C.Cir. 1970); vgl. nochmals Administrative Procedure Act (1946), 5 U.S.C. § 702: „A person suffering legal wrong because of agency action, or is adversely affected or aggrieved by agency action within the meaning of a relevant statute, is entitled to judicial review thereof."

573 Vgl. Scanwell, Inc. v. Shaffer, 424 F.2d 859, 872 (D.C.Cir. 1970): „Thus, in spite of the fact that the Supreme Court has not yet chosen to hold that the Administrative Procedure Act applies to all situations in which a party who is in fact aggrieved seeks review, regardless of a lack of legal right or specific statutory language, it is clearly the intent of that Act that this should be the case."

574 Scanwell, Inc. v. Shaffer, 424 F.2d 859, 864 (D.C.Cir. 1970): „The public interest in preventing the granting of contracts through arbitrary or capricious action can properly be vindicated through a suit brought by one who suffers injury as a result of the illegal activity, but the suit itself is brought in the public interest by one acting as a „private attorney general"."

575 Perkins v. Lukens Steel Co., 310 U.S. 113, 126; 60 S.Ct. 869, 876; 84 L.Ed. 1108 (1940): „Section 3709 of the Revised Statutes requires for the Government's benefit that its contracts be made after public advertising. It was not enacted for the protection of sellers and confers no enforceable rights upon prospective bidders."; Scanwell, Inc. v. Shaffer, 424 F.2d 859, 864 (D.C.Cir. 1970): „In essence this is precisely what the appellant sought to do in the case at bar; there is no right in Scanwell to have the contract awarded to it in the event the district court finds illegality in the award of the contract [...]. Thus the essential trust of appellant's claim on the merits is to satisfy the public interest in having agencies follow the regulation which control government contracting."

darin, dass in der höchstrichterlichen Rechtsprechung der unterlegene Bieter bislang nicht als „private attorney general" anerkannt wurde[576]. Das „Scanwell-Gericht" sah hingegen im unterlegenen Bieter den Agenten zur Durchsetzung staatlicher und gesellschaftlicher Interessen gegenüber rechtswidrig handelnden Vergabebehörden. Diese Konstellation wurde als „Scanwell-doctrine" bekannt.

Diese dogmatische Konstruktion musste im Hinblick auf die kurz danach ergangene höchstrichterliche Entscheidung in „Association of Data Processing v. Camp"[577] als überaus problematisch erscheinen. Nach den Ausführungen des „U.S. Federal Supreme Court" kann nur derjenige eine richterliche Nachprüfung behördlichen Handelns erreichen, der, neben einer tatsächlichen Beeinträchtigung des angegriffenen Vorgehens, nachweisen kann, dass die als verletzt gerügte Norm zumindest möglicherweise dem Schutz des beeinträchtigten Interesses zu dienen bestimmt ist[578]. An diese höchstrichterliche Rechtsprechung waren die Bundesgerichte auch nach der „doctrine of precedence" gebunden. Nach den übereinstimmenden Aussagen in „Perkins v. Lukens Steel" und „Scanwell v. Shaffer" sind allerdings die Vergaberegulierungen grundsätzlich nicht zum Schutz unterlegener Bieter erlassen. Damit wäre die „Scanwell-doctrin" nicht auf die Klagen unterlegener Bieter bei der Vergabe öffentlicher Aufträge anwendbar.

Die Bundesgerichte befanden sich aufgrund der divergierenden Rechtsprechung in einem erheblichen Dilemma. „Association of Data Processing v. Camp" machte die Aussagen von „Scanwell v. Shaffer" wertlos. Trotzdem vermochten die Gerichte der Verführung dieser Entscheidung nicht zu trotzen. Auch vor dem Hintergrund der allgemeinen Liberalisierung der Anforderungen an die Eröffnung des Rechtsweges waren die Gerichte zu dieser Zeit willens, behauptete Rechtsverstöße der Verwaltung einer richterlichen Nachprüfung zuzuführen. Die bindende Entscheidungen des „U.S. Federal Supreme Court" in „Association of Data Processing v. Camp" wurde daher mit mehr oder minder guten Begründungen umgangen[579].

---

576 Perkins v. Lukens Steel Co., 310 U.S. 113, 126; 60 S.Ct. 869, 876; 84 L.Ed. 1108 (1940): „Nor can respondents vindicate any general interest which the public may have in the construction of the Act [...]."

577 Association of Data Processing Service Organizations, Inc. v. Camp, 397 U.S. 150; 90 S.Ct. 827; 25 L.Ed.2d 184 (1970).

578 Vgl. Association of Data Processing Service Organizations, Inc. v. Camp, 397 U.S. 150, 152-153; 90 S.Ct. 827, 829-830; 25 L.Ed.2d 184 (1970): „[...] the challenged action has caused him injury in fact, economic or otherwise [...] the interest sought to be protected by the complainant is arguably within the „zone of interest" to be protected or regulated by the statute or constitutional guarantee in question."

579 *Pietzcker*, Der Staatsauftrag als Instrument des Verwaltungshandelns 1978, S. 95, spricht zu Recht von einem Lippenbekenntnis zu „Data Processing", auf das die Anwendung „Scanwellscher" Gedankengänge folgt.

(1) Die Übernahme der „Scanwell doctrin“ durch die Circuit Courts

Das Revisionsgericht des dritten Circuit übernahm zuerst die „Scanwell-doctrin“ in „Merriam v. Kunzig“[580]. Das Gericht stellte die Behauptung auf, dass der „U.S. Federal Supreme Court“ stillschweigend den „Zwei-Stufen-Test“ aufgegeben habe[581] und daher die Beeinträchtigung eines tatsächlichen Interesses für die Gewährung einer Klagebefugnis ausreichend sei[582]. Im Hinblick auf die spätere Rechtsprechung des „U.S. Federal Supreme Court“ war dies jedoch eine fälschliche Annahme[583]. Darüber hinaus enthielt die vom dritten Circuit zitierte Entscheidung des „U.S. Federal Supreme Court“ – „Sierra Club v. Morton“[584] – mitnichten eine solch weitgehende Aussage, da in dieser Entscheidung die Klagebefugnis bereits an einer fehlenden individuellen Beeinträchtigung scheiterte, so dass über die Schutznormqualität der in Frage stehenden umweltrechtlichen Normen nicht zu entscheiden war. Das Gericht war sich dabei offensichtlich der eigenen Aussagen überaus unsicher und untersuchte im Widerspruch zu den eigenen Ausführungen die verletzten Vergaberegulierungen auf eine bieterschützende Wirkung. In Abweichung der expliziten Ausführungen in „Perkins v. Lukens Steel“ und „Scanwell v. Shaffer“ wurde den verletzten Vergabenormen ohne Begründung eine individualschützende Wirkung zuerkannt[585].

---

580 Merriam v. Kunzig, 476 F.2d 1233 (3rd Cir. 1973); bestätigt in: Chem Services, Inc. v. Environmental Monitoring Systems Laboratory-Cincinnati of U.S., 12 F.3d 1256 (3rd Cir. 1993).

581 Merriam v. Kunzig, 476 F.2d 1233, 1240-1241 (3rd Cir. 1973): „These authorities were rejected on the ground that their analysis of Supreme Court authority since Perkins v. Lukens Steel, [...], was tacitly rejected by the court in the recent case of Sierra Club v. Morton, [...] Sierra Club v. Morton rejects a construction of the Administrative Procedure Act which would recognize standing to seek judicial review in persons not having a direct stake in the outcome. But it recognizes that those, such as unsuccessful bidders, who do have such a direct stake, may assert not only their own interest, but that of the public at large.“

582 Merriam v. Kunzig, 476 F.2d 1233, 1241 (3rd Cir. 1973). Das Gericht zitiert Sierra Club v. Morton, 405 U.S. 727, 737; 92 S.Ct. 1361, 1367; 31 L.Ed.2d 636 (1972): „[...] the fact of economic injury is what gives a person standing to seek judicial review under the statute, but once review is properly invoked, that person may argue the public interest in support of his claim that the agency has failed to comply with its statutory mandate.“

583 Vgl. National Credit Union Administration v. First National Bank & Trust Co., 522 U.S. 479, 492; 118 S.Ct. 935, 930-933; 140 L.Ed.2d 1 (1998): „[...] we first discern the interests „arguably [...] to be protected“ by the statutory provision at issue; we then inquire whether the plaintiff's interests affected by the agency in question are among them.“

584 Sierra Club v. Morton, 405 U.S. 727; 92 S.Ct. 1361; 31 L.Ed.2d 636 (1972).

585 Merriam v. Kunzig, 476 F.2d 1233, 1242 (3rd Cir. 1973).

Der vierte Circuit gestand in „William F. Wilke, Inc. v. Department of Army of the U.S."[586] dem unterlegenen Bieter unter Hinweis auf die Ergebnisse in „Scanwell v. Shaffer" und „Merriam v. Kunzig" eine Klagebefugnis zur Revidierung der behördlichen Vergaberechtsverletzung zu. Die dogmatische Kluft zwischen „Association of Data Processing v. Camp" und „Scanwell v. Shaffer" blieb dem Gericht entweder verborgen oder wurde zur Umgehung der schwierigen Auseinandersetzung mit dieser Frage ignoriert[587].

Das Gericht des fünften Circuits setzte sich in „Hayes Int'l Corp. v. McLucas"[588] dagegen eingehend mit dieser Problematik auseinander. Der unterlegene Bieter hatte keinen Verstoß gegen allgemeine Vergabevorschriften gerügt, sondern forderte den Ausschluss angeblich befangener Vergabebeamter aufgrund der einschlägigen Rechtsvorschriften des Verteidigungsministeriums. Die Richter analysierten die Rechtsprechung zur Klagebefugnis im Verwaltungsrecht, um daraufhin den „Zwei-Stufen-Test" auf den Sachverhalt anzuwenden. Nach der Feststellung einer wirtschaftlichen Beeinträchtigung warf das Gericht die Frage auf, ob die angeblich verletzte Vorschrift Schutznormqualität besäße. Die Untersuchung wurde mit dem richtigen Hinweis begonnen, dass die Aussagen von „Perkins v. Lukens Steel" hinsichtlich einer fehlenden drittschützenden Wirkung der Vergaberegulierungen immer noch bindendes Recht darstellten. Trotzdem missachteten die Richter widerstrebend das Präjudiz und sprachen den einschlägigen Normen bieterschützende Wirkung zu[589]. Die Klagebefugnis wurde dabei aber nur aus dem Grund nicht verwehrt, als dass mangels Verletzung der relevanten Normen die Sache dem Grunde nach abgewiesen werden konnte[590].

Die Richter des neunten Circuits bejahten die Klagebefugnis unterlegener Bieter bei der Vergabe öffentlicher Aufträge unter Hinweis auf die Übernahme der „Scanwell-

---

586 Wilke, Inc. v. Department of the Army of the U.S., 485 F.2d 180 (4th Cir. 1973); bestätigt in Motor Coach Industries, Inc. v. Dole, 725 F.2d 958 (4th Cir. 1984); GBA Associates v. General Services Admin., 32 F.3d 898 (4th Cir. 1994).

587 Dieser Verdacht wird in Control Data Corp. v. Baldrige, 655 F.2d 283, 293 (D.C.Cir. 1981) geäußert.

588 Hayes Int'l Corp. v. McLucas, 509 F.2d 247, 254-257 (5th Cir. 1975); bestätigt in Kinnett Dairies, Inc. v. Farrow, 580 F. 2d 1260 (5th Cir. 1978); Contractors Engineers Intern., Inc. v. U.S. Dept. Of Veterans Affairs, 947 F.2d 1298 (5th Cir. 1991); Rapides Regional Medical Center v. Secretary, Dept. Of Veterans' Affairs, 974 F.2d 565 (5th Cir. 1992).

589 Hayes Int'l Corp. v. McLucas, 509 F.2d 247, 257 (5th Cir. 1975): „Despite these concerns, we feel we must follow the line of authority which began with Scanwell."

590 Hayes Int'l Corp. v. McLucas, 509 F.2d 247, 257 (5th Cir. 1975): „While we ultimately deny the relief the plaintiff requests, we do not do so on the basis that Hayes lacks standing to raise the issue presented [...]."

doctrin“ durch die vorstehenden Entscheidungen der anderen Revisionsgerichte[591]. Das Gericht bestätigte diese Rechtsprechung später in „Glacier Park Foundation v. Watt“[592] unter Behauptung einer Schutznormqualität der Vergaberegulierungen.
Auch der „U.S. Court of Appeals for the Federal Circuit“[593] ging von einer Klagebefugnis unterlegener Bieter aufgrund der „Scanwell-doctrin“ vor den „U.S. District Courts“ aus.
Das Revisionsgericht des zweiten Circuits stützte sich in „B.K. Instruments v. United States“[594] gleich auf drei Gründe, um die Klagebefugnis eines unterlegenen Bieters bejahen zu können: Der „zone of interest“ Test sei keine notwendige Voraussetzung der Klagebefugnis mehr[595], was im Hinblick auf die analysierte ständige Rechtsprechung des „U.S. Federal Supreme Court“ eine falsche Annahme war. Weiterhin sei eine Klage verfahrensbeteiligter Unternehmen aufgrund der „ratio“ von „Scanwell v. Shaffer“ möglich, weil sie vom Gesetzgeber in seinen Motiven zum „Federal Courts Improvement Act 1982“ anerkannt worden sei. Auch dieses Argument kann allerdings nicht durchgreifen, da das Gesetz in keinem Zusammenhang mit der Klagebefugnis unterlegener Bieter stand; der gesetzgeberische Hinweis auf diese Entscheidung diente vielmehr nur der Klarstellung einer Zuständigkeitsabgrenzung zwischen „U.S. Claims Court“ und „U.S. District Courts“[596]. Auch seien die Vergabenormen bieterschützend, welche die Behörden auf den Vertragsschluss mit dem „lowest responsible bidder“ verpflichten[597]. Die zur Begründung herangezogene Entscheidung des sechsten Circuits bezog sich allerdings nur auf die bieterschützende Wirkung des mittelstandsfördernden „Small Business Act“[598]. Diese Normen dienen tatsächlich im Gegensatz zu allgemeinen Vergaberegulierungen zumindest auch dem wirtschaftlichen Auskommen kleinerer Betriebe. Dogmatisch vermochte also keiner der geltend gemachten Gründe zu überzeugen.

---

591 Armstrong & Armstrong, Inc. v. United States, 514 F.2d 402, 403 (9th Cir. 1975).

592 Glacier Park Foundation v. Watt, 663 F.2d 882 (9th Cir. 1981).

593 United States v. John C. Grimberg Co., Inc., 702 F.2d 1362, 1375 (Fed.Cir. 1983): „[...] that district courts retain whatever equitable jurisdiction they had in contract cases under Scanwell Laboratories, Inc. v. Shaffer [...].“

594 B.K. Instruments, Inc. v. United States, 715 F.2d 713 (2nd Cir. 1983).

595 B.K. Instruments, Inc. v. United States, 715 F.2d 713, 719 (2nd Cir. 1983).

596 *Claybrook*, The Initial Experience of the Court of Federal Claims in Applying the Administrative Procedure Act in Bid Protets Actions – Learning Lessons All Over Again, 29 Pub.Cont.L.J. 1, 7 (1999).

597 B.K. Instruments, Inc. v. United States, 715 F.2d 713, 719-723 (2nd Cir. 1983).

598 B.K. Instruments, Inc. v. United States, 715 F.2d 713, 720-721 (2nd Cir. 1983) unter Verweis auf Cinnicinnati Electronics Corp. v. Kleppe, 509 F.2d 1080 (6th Cir. 1975).

Der elfte Circuit folgte in „Choctaw MFG. CO., Inc. v. United States“[599] der Entscheidung „B.K. Instruments v. United States“ und ließ die Klage eines unterlegenen Bieters unter Hinweis auf eine bieterschützende Wirkung sämtlicher Vergaberegulierungen zu[600].
Der erste Circuit übernahm die „Scanwell-doctrin“ ohne Beschäftigung mit dem Verhältnis dieser Rechtsprechung zu „Association of Data Processing v. Camp“[601]. Auch dieses Gericht bejahte die Klagebefugnis unterlegener Bieter mit Hinweis auf die Begründungserwägungen zum „Federal Courts Improvement Act 1982“. Der Gesetzgeber habe in der Gesetzesbegründung eine Nachprüfungszuständigkeit der Bundesgerichte auf der Grundlage von „Scanwell v. Shaffer“ anerkannt[602]. Dieser „legislative precedent“ – vorausgesetzt der Gesetzgeber wollte entgegen der vorstehenden Ausführungen eine solche Aussage überhaupt machen – bindet die Judikative jedoch nicht, so dass sich das Gericht besser den geltenden „judicial precedents“ aus „Perkins v. Lukens Steel“ und „Association of Data Processing v. Camp“ hätte zuwenden sollen.
Der siebte[603], achte[604] und zehnte Circuit[605] nahmen ohne Auseinandersetzung mit anwendbarem Präjudizienrecht eine Klagebefugnis benachteiligter Bieter auf der Grundlage des „Administrative Procedure Acts 1946“ an.
Auch der „U.S. Court of Appeals for the District of Columbia“ wich in der Folgezeit von seiner Entscheidung in „Scanwell v. Shaffer“ ab und untersuchte im Einklang mit dem „Zwei-Stufen-Test“ die bieterschützende Wirkung der Vergaberegulierungen[606]. Das Gericht nahm dabei eine Übereinstimmung der individual-

---

599 Choctaw MFG. Co., Inc. v. United States, 761 F.2d 609, 615-616 (11th Cir. 1985).

600 Choctaw MFG. Co., Inc. v. United States, 761 F.2d 609, 616 (11th Cir. 1985) unter Verweis auf B.K.Instruments, Inc. v. United States, 715 F.2d 713, 720-721 (2nd Cir. 1983).

601 In re Smith & Wesson, 757 F.2d 431 (1st Cir. 1985); Ulstein Maritime, LTD. v. U.S., 833 F.2d 1052, 1057 (1st Cir. 1987).

602 Ulstein Maritime, LTD. v. U.S., 833 F.2d 1052, 1057 (1st Cir. 1987) mit Verweis auf United States v. John C. Grimberg Co., 702 F.2d 1362, 1374-76 (Fed.Cir. 1983).

603 Vgl. Rossetti Contracting Co. v. Brennan, 508 F.2d 1039, 1042 (7th Cir. 1975); bestätigt in: Peoples Gas, Light and Coke Co. v. U.S. Postal Services, 658 F.2d 1182 (7th Cir. 1981); American Federation of Government Employees, Local 2119 v. Cohen, 171 F.3d 460 (7th Cir. 1999).

604 Vgl. Lakota Contractors Ass'n v. United States Dep't of Health and Human Serv., 882 F.2d 320, 323 (8th Cir. 1989): „[...] the Agency's decision not to invoke restricted bidding for the Kyle housing project is reviewable under the general APA framework für judicial review of final agency actions, see 5 U.S.C. 702, 706 (2)(A).“

605 Lewis v. Babbit, 998 F.2d 880, 881 (10th Cir. 1993).

606 Vgl. dazu Ballerina Pen Co. v. Kunzig, 433 F.2d 1204, 1207 (D.C.Cir. 1970): „[...] that a party has standing to challenge the government's award of a contract, [...], if a three-part test is satisfied. First, the party must allege that the challenged action has caused him injury in fact, in order to satisfy the Article III requirement that he possess „the personal stake and interest that impart the

unternehmerischen Interessen der Bieter mit den durch die Vergabegesetze geschützten staatlichen und fiskalischen Interessen der Allgemeinheit an, um auf diesem Wege eine Klagebefugnis bejahen zu können[607]. Dies war jedoch eine aus der Not geborene Behauptung. Denn die Bieter streben die Zuschlagserteilung an, um den Profit aus dem öffentlichen Auftrag zu erlangen und nicht, um das öffentliche Interesse an der Einhaltung der Vergaberegulierungen zu befriedigen.

(2) Die Ablehnung der „Scanwell doctrin“

Einem Revisionsgericht gelang es jedoch, dem Sog der Entscheidungspraxis der anderen Circuits zu widerstehen. So entschied der sechste Circuit in „Cincinnati Electronics Corporation v. Kleppe“[608] gegen diesen allgemeinen Trend. Die Klägerin wandte sich gegen die Verletzung mittelstandsfördernder Normen[609]. Das Gericht begann seine Untersuchung mit der einleitenden Bemerkung, dass der „U.S. Federal Supreme Court“ „Perkins v. Lukens Steel“ niemals hinsichtlich der Grundaussagen zur fehlenden Schutzwirkung von Vergaberegulierungen aufgehoben hätte[610] und auch „Scanwell v. Shaffer“ daran nichts änderte[611]. Daraufhin subsumierte das Ge-

---

concrete adverseness“ necessary to the existence of case and controversy. [...] The plaintiff must further allege that the agency has acted arbitrarily, capricously, or in excess of its statutory authority, so as to injure an interest that „is arguably within the zone of interests to be protected or regulated by the statute or constitutional guarantee in question.“ [...] Finally, there must be no „clear and convincing“ indication of a legislative intent to withold judicial review.“; vgl. auch National Federation of Federal Employees v. Cheney, 883 F.2d 1038 (D.C.Cir. 1989); Scheduled Airlines Traffic Offices, Inc. v. Department of Defense, 87 F.3d 1356 (D.C.Cir. 1996).

607 Scheduled Airlines Traffic Officers, Inc. v. Department of Defense, 87 F.3d 1356, 1359 (D.C.Cir. 1996): „[...] interests are sufficiently congruent with those of the intended beneficiaries that the litigants are not more likely to frustrate than to further [...] statutory objectives.“

608 Cincinnati Electronics Corp. v. Kleppe, 509 F.2d 1080 (6th Cir. 1975); bestätigt in: Phoenix Engineering, Inc. v. MK-Ferguson of Oak Ridge Co., 966 F.2d 1513 (6th Cir. 1992) – Ablehnung einer Klagebefugnis für Subunternehmer.

609 Cincinnati Electronics Corp. v. Kleppe, 509 F.2d 1080, 1083 (6th Cir. 1975).

610 Vgl. Cincinnati Electronics Corp. v. Kleppe, 509 F.2d 1080, 1083 (6th Cir. 1975): „Perkins v. Lukens Steel Company has never been reversed by the Supreme Court nor alluded to in the later cases hereinafter cited dealing with the issue of standing in different contexts.“ Diese Aussage war auch schon vom fünften Circuit in Hayes Int'l Corp. v. McLucas, 509 F.2d 247, 254 (5th Cir. 1975) getroffen. In diese Richtung ebenfalls *Kannan*, Perkins v. Lukens Steel Company: Fifty-Two and Counting, 22 Pub.Cont.L.J. 463 (1993).

611 Vgl. Cincinnati Electronics Corp. v. Kleppe, 509 F.2d 1080, 1084-1085 (6th Cir. 1975): „The court of appeals discounted the continuing authority of Perkins v. Lukens Steel Company, [...], on the ground that it was decided before the passage of APA and before amendment of the Public Contracts Act. The legislative history of the relevant amendment to the Public Contracts Act was set forth in the opinion, in particular the statements of Senator Fulbright that purpose of the amendment was to overturn the decision in Lukens Steel. This reasoning is persuasive with respect to the Public Contracts Act, but does not necessarily dispose of the question when procurement is being

richt die verletzten Normen unter den „Zwei-Stufen-Test“ und unterschied zu Recht zwischen der bieterschützenden Wirkung allgemeiner und politisch motivierter Normen. Die Vorschriften des als verletzt gerügten „Small Business Act“ verfolgten den Zweck, wirtschaftlich oder sozial benachteiligte Gruppen durch die bevorzugte Vergabe öffentlicher Aufträge zu stärken[612]. Nur wenn die Behörde diese beschaffungsfremden Vergaberegulierungen verletze, liege die tatsächliche Beeinträchtigung im Bereich einer drittschützenden Norm vor[613]. Diese Entscheidung wurde später in „Hoke Co., Inc. v. Tennessee Valley Authority“[614] und in „Diebold v. U.S.“ [615] bestätigt.

(3) Die tatsächliche Beeinträchtigung – „injury in fact“

Der überwiegend undifferenzierten Auseinandersetzung mit der bieterschützenden Wirkung der Vergaberegulierungen stand eine strengere Auslegung der Anforderun-

---

made under other statutes.“ Diese Aussage bestätigt sich auch durch die zitierten Parlamentsdebatten in Scanwell v. Shaffer, 424 F.2d 859, 867 (D.C.Cir. 1970).

612 Vgl. Cincinnati Electronics Corp. v. Kleppe, 509 F.2d 1080, 1085-1086 (6th Cir. 1975): „These regulations, known as Armed Services Procurement Regulations (ASPR), [...]. We find no provision of the Act which indicates a congressional intent that every unsuccessful bidder shall have the right to judicial review of agency action [...].“ Dagegen im Hinblick auf die mittelstandsfördernden Normen des Small Business Act: „It is significant that the issue between Cincinnati and the Secretary of the Army resolves around the alleged failure of the Secretary's representative to follow regulations which establish the procedure for handling protests of small business status in view of the fact that the Act opens with this „Declaration of Policy“: It is the policy of Congress that a fair proportion of purchases and contracts made under this chapter be placed with small business concerns. [...]. This statement indicates a „zone of interest“ sought to be protected by the Act.“

613 Vgl. Cincinnati Electronics Corp. v. Kleppe, 509 F.2d 1086 (6th Cir. 1975): „Standing is conferred by Section 10 only when a relevant statute indicates congressional intent that the person or firm seeking review comes within the zone of interest sought to be regulated or protected. Absent such a congressionally created exception, the general rule of Perkins v. Lukens steel, [...], that a forceable right against the government's award of a procurement contract retains its validity.“; Die Aussage von *Kannan*, Jurisdiction of District Courts involving Government Contracts, 21 Pub. Cont. L.J. 416, 427 (1992), dass diese Entscheidung sich von denen der anderen Circuit's so weit unterscheidet wie ein milder Mai und ein warmer April in North Carolina, geht demnach an der Sachlage vorbei.

614 Hoke Co., Inc. v. Tennessee Valley Authority, 854 F.2d 820, 825 (6th Cir. 1988).

615 Diebold v. U.S., 947 F.2d 787, 802-804 (6th Cir. 1991): „Although the enactment of the APA and the development of the disappointed bidder cases appear to have modified the law surrounding the bringing of a complaint under the procurement statutes, Lukens Steel continues to provide valuable guidance concerning the primary purpose of the procurement laws. As the court noted in Lukens Steel, these statutes were enacted primarily for the protection and benefit of the United States.“; Daher geht *Claybrook*, The Initial Experience of the Court of Federal Claims in Applying the Administrative Procedure Act in Bid Protest Actions – Learning Lessons All Over Again, 29 Pub.L.J. 1, Fn. 23 (1999) zu Unrecht von einer Abkehr der bisherigen Rechtsprechung und einer Übernahme der „Scanwell-doctrin“ durch diese Entscheidung aus.

gen an die tatsächliche Beeinträchtigung der klagenden Bieter gegenüber. Während die Gerichte unter Umgehung der Aussagen in „Perkins v. Lukens Steel" und in „Scanwell v. Shaffer" die Schutznormqualität als zweite Stufe des „Zwei-Stufen-Test" häufig unproblematisch bejahten, wurden an die Verletzung eines wirtschaftlichen Interesses der Kläger durch die behauptete rechtswidrige Entscheidung höhere Anforderungen gestellt. Der Grund dafür war in der verfassungsrechtlichen Basis dieses Erfordernisses zu suchen. Der Bieter musste neben der Beeinträchtigung wirtschaftlicher Interessen nachweisen, dass der tatsächliche oder drohende Schaden kausal auf das rechtswidrige Handeln der Behörden zurückzuführen sei und dass die Beeinträchtigungen des Bieters durch eine gerichtliche Entscheidung zu seinen Gunsten beseitigt würden[616]. Seit „Association of Data Processing v. Camp" könne nur nach diesen Voraussetzungen ein „injury in fact" und damit die erste Stufe des „Zwei-Stufen-Tests" erfüllt werden. Sowohl die kausale Verknüpfung zwischen Handlung und Schaden – „cause" – als auch die Möglichkeit der Wiedergutmachung durch ein stattgebendes Urteil – „redressability" – wurde von den Gerichten nur anerkannt, wenn die klagenden Bieter eine echte Chance – „substantial chance" – auf die Zuschlagserteilung nachweisen konnten[617]. Eine echte Chance sollte nur bestehen, wenn der klagende Bieter ohne Rechtsverletzung in die nähere Auswahl für den Zuschlag gekommen wäre[618]. Damit hatten die Bieter vor den Bundesgerichten in dieser Hinsicht identische Voraussetzungen zu erfüllen wie vor dem „General Accounting Office", welches für eine Antragsbefugnis eine „begründete Aussicht" auf den Vertragsschluss verlangt[619]. Auch wenn die Gerichte nicht wie dieses Or-

---

616 Vgl. nochmals die Zusammenfassung der ständigen höchstrichterlichen Rechtsprechung in Bennet v. Spear, 520 U.S. 154, 167; 117 S.Ct. 1154, 1163; 137 L.Ed.2d 281 (1997): „This irreductible constitutional minimum of standing requires: (1) that the plaintiff have suffered an „injury in fact" – an invasion of a judicially cognizable interest which is (a) concrete and particularized and (b) actual or imminient, not conjectural or hypothetical; (2) that there be a causal connection between the injury and the conduct complaint of – the injury must be fairly traceable to the challenged action of the defendant, and not the result of the independent action of some third party not before the court; and (3) that it be likely, as opposed to merely speculative, that the injury will be redressed by a favorable decision."

617 Energy Transportation v. Maritime Administration, 956 F.2d 1206 (D.C.Cir. 1992): „To establish standing to challenge a federal contract award, a disappointed bidder must demonstrate that if its bid had been fairly and honestly considered, there was a substantial chance that it would receive the award."; Look v. United States, 113 F.3d 1129 (9th Cir. 1997): „That concession creates a substantial constitutional question as to whether Look has suffered an injury either fairly traceable to the Army's conduct or likely redressable by a favorable decision on the merits."

618 Ervin and Associates, Inc. v. Dunlap, 33 F.Supp. 2d 1, 15 (D.C.Cir. 1997): „zone of active consideration".

619 Vgl. 4 C.F.R. § 21.0 (b): „substantial prospect".

gan[620] eine „echte Chance" auf Erteilung des Zuschlages explizit ablehnten, wenn der Bieter nicht „next-in-line" war, deuten die einschlägigen Entscheidungen darauf hin, dass eine tatsächliche Beeinträchtigung nur dann vorliegt, wenn bei Revidierung der Rechtsverletzung der Kläger anstelle des Konkurrenten zum Vertragspartner aufrückt[621].

Der „U.S. Court of Appeals for the Federal Circuit" verneinte in diesem Sinne eine Klagebefugnis unterlegener Bieter, die nicht im behördeninternen Ranking unmittelbar hinter dem Vertragspartner eingeordnet waren[622]. Allerdings erging die Entscheidung nicht in Auslegung des „Administrative Procedure Act" oder der implizierten Vertragstheorie, sondern als Rechtsmittelgericht des „General Services Board of Contract Appeals". Bis zu seiner Abschaffung im Jahre 1996 war dieses Organ zuständig für Anträge jeder „interested party"[623]. Anders als das „General Accounting Office" legte dieses Organ die Anforderungen an die Antragsbefugnis in dem einschlägigen Verfahren bieterfreundlicher aus und nahm den Antrag eines „fourth-lowest bidder" zur Entscheidung an[624]. Im Gegensatz dazu sah das Gericht in einer solchen Situation ein wirtschaftliches Interesse des Antragstellers nicht beeinträchtigt, so dass eine Qualifikation als „interested party" ausgeschlossen wäre[625].

(4) „Buy-off Settlements" / „Federal Mail" / „In-house Settlements"

Die erhebliche Beschränkung von Antrags- oder Klagebefugnis bleibt nicht ohne Einfluss auf die Effektivität der Nachprüfungsverfahren, sind doch zulässige Klagen von mehr als nur einem unterlegenen Bieter essentiell, um die Integrität des Vergabeverfahrens aufrechtzuerhalten. Denn Behörden und Hoflieferanten nutzen die weit verbreitete Reduktion der Zulässigkeit von Bieterklagen auf den „next-in-line-bidder", um die Durchschlagskraft der Nachprüfungsverfahren zu unterminieren. Wenn nur ein unterlegener Bieter einen „bid protest" einlegen kann, bewegen die Vergabebehörden und Vertragspartner den Antragsteller nicht selten mittels finan-

---

620 Vgl. nochmals Comp.Gen. B-224423, Sept. 3 (1986), 86-2 CPD, 255 – First Continental Bank Building Partnership; Comp.Gen. B-221906, May 19 (1986), 86-1 CPD, 470 – Automated Services, Inc. In beiden Fällen wurde der Antrag verworfen, weil lediglich der drittplazierte Bieter den Antrag eingelegt hatte.

621 Energy Transportation v. Maritime Administration, 956 F.2d 1206 (D.C.Cir. 1992); Look v. United States, 113 F.3d 1129 (9th Cir. 1997); B.K. Instrument, Inc. v. United States, 715 F.2d 713, 719 (2nd Cir. 1983).

622 United States v. IBM, 892 F.2d 1006 (Fed.Cir. 1989).

623 40 U.S.C. § 759 (f)(1), (f)(9)(B).

624 89-1 B.C.A. (CCH) 21, 367 at 107, 704.

625 United States v. IBM, 892 F.2d 1006, 1011 (Fed.Cir. 1989).

zieller Vergünstigungen zur Rücknahme des möglicherweise begründeten Antrages. Diese Vorgehensweisen sind unter den Synonymen „federal mail“ und „buy-off settlements“ bekannt geworden[626].

Durch eine „federal mail“ wird dem Antragsteller aus den staatlichen Ressourcen ein gewisser Geldbetrag überwiesen, um ihm die fehlende Notwendigkeit eines bis zur abschließenden Entscheidung durchgeführten Nachprüfungsverfahrens deutlich zu machen. So zahlte in einem Fall das „Bureau of the Census“ $ 1,1 Mill. an den Antragsteller, um einen möglichen Eingriff des „General Accounting Office“ in das Vergabeverfahren von vornherein zu verhindern[627]. Die „U.S. Navy“ ließ sich in einem Fall die Rücknahme des Nachprüfungsantrages $ 190.000,- kosten.

Im Rahmen von „buy-off settlements“ wird der Zuschlagsempfänger in ein „Kartell“ zur Aufrechterhaltung der angefochtenen Entscheidung miteinbezogen. Um eine Prüfung des Vergabeverfahrens auf seine Rechtmäßigkeit zu vermeiden, werden dem Antragsteller verschiedene „Deals“ angeboten. Entweder wird dem Kläger ein Vertrag als Subunternehmer des öffentlichen Auftrages offeriert oder ihm wird der Zuschlag gegen die Einwilligung angeboten, den bisherigen Vertragspartner als Subunternehmer zu beschäftigen. So vermied auf diese Weise eine Vergabebehörde die Nachprüfung ihrer Vergabeentscheidung, als sich der ursprüngliche Zuschlagsempfänger „IBM“ auf Vorschlag der Vergabebehörde bereit erklärte, „seinen“ Vertrag unter der Bedingung abzutreten, dass das Unternehmen als Subunternehmer des Antragstellers vom öffentlichen Auftrag profitieren könne[628].

Das Nachprüfungsverfahren als Garant eines rechtmäßigen Vergabeverfahrens und damit eines wirtschaftlichen und sparsamen Einkaufs wird ferner durch so genannte „in-house-settlements“ unterwandert. Der Zuschlagsempfänger vergleicht sich hier mit dem Antragsteller, wobei es durchaus nicht ungewöhnlich ist, dass die Behörden solche Vergleiche finanziell unterstützen. So zahlte das Justizministerium in einem Fall $ 200.000,-, um die Kosten des Vertragspartners zur Abwehr des Nachprüfungsantrages nicht allzu hoch werden zu lassen[629].

Ohne Zweifel profitieren die Behörden und die involvierten Unternehmen von diesem Vorgehen. Dagegen werden der Staat und die Steuerzahler zum Opfer der kollusiv handelnden Akteure. Während zulässige und begründete Nachprüfungsver-

---

626 Vgl. zu diesen Vorgehensweisen insgesamt *Marshall/Meurer/Richard*, Curbing Agency Problems in the Procurement Process by Protest Oversight, 25 Rand Journal of Economics 297, 307-312 (1994); *dies.*, Litigation Settlement and Collusion, The Quaterly Journal of Economics 211, 212 (1994).

627 GAO Report, ADP Bid Protest, GAO/GGD-90-13 (March 1990), at 4.

628 Vgl. *Kelman*, Procurement and Public Managment 1990, S. 140.

629 *Marshall/Meurer/Richard*, The Private Attorney General Meets Public Contract Law: Procurement Oversight by Protest, 20 Hofstra L.Rev. 1, Fn. 206 (1991).

fahren die Aufrechterhaltung der einem wirtschaftlichen und sparsamen Einkauf dienenden Vergaberegulierungen sichern, offeriert die Beschränkung der Antragsbefugnis auf den „next-in-line bidder“ den Behörden, „Hoflieferanten“ und Klägern eine Kartellbildung zu Lasten steuerlicher Ressourcen.
Je geringer die Zahl der Unternehmen ist, welche eine Nachprüfung zulässigerweise anstrengen können, desto einfacher ist die Manipulation des Nachprüfungsverfahrens. Wäre demgegenüber eine größere Anzahl von Bietern zur Klage befugt, würden die beschränkten behördlichen Ressourcen eine Bestechung der Vielzahl von Antragstellern verhindern. Genauso wenig könnten die Zuschlagsempfänger durch Vergleiche die Integrität des Nachprüfungsverfahrens unterwandern.
Die derzeitige Auslegung der „interested party“ durch das „General Accounting Office“, respektive des „injury in fact“ durch die Gerichte ist einer effektiven Behördenüberwachung im Sinne von „Scanwell v. Shaffer“ mehr als abträglich. Der Kläger kann auf diese Weise seiner sozialen Funktion als „private attorney general“, mithin als Überwachungsagent der öffentlichen Hand und der Steuerzahler gegenüber den Vergabebehörden, nicht mehr nachkommen[630] [631].

cc. Zusammenfassung / Fazit

Rechtsschutz für unterlegene Bieter war somit vor dem „U.S. Court of Claims“ und vor den „U.S. District Courts“ zu erlangen.
Klagen auf Schadensersatz in Höhe des negativen Interesses waren vor dem „U.S. Court of Claims“ möglich, wenn der durch Ausschreibung und Abgabe eines Angebotes zwischen Vergabebehörde und Bieter zustande gekommene implizierte Vertrag auf faire Behandlung des Angebotes in betrügerischer Absicht vom Vergabebeamten verletzt wurde.
Primärrechtsschutz war demgegenüber ausschließlich vor den „U.S. District Courts“ zu erlangen. Die dogmatische Grundlage variierte allerdings in den Circuits. Bis auf den „Fall-Out“ des sechsten Circuits nahmen die Bundesgerichte einheitlich eine Eröffnung des Rechtsweges auf der Grundlage der „Scanwell-doctrin“ an. Um der bindenden Auslegung des „Administrative Procedure Act“ durch den „U.S. Federal Supreme Court“ in „Association of Data Processing v. Camp“ zumindest in Ansät-

---

630 Vgl. in diese Richtung auch Bedford Computer Corp., GSBCA No. 9837-C (9742-P) B.C.A. (CCH) 22, 377 (1989).

631 Unter dieser Praxis leiden jedoch nicht nur Staat und Steuerzahler in den Vereinigten Staaten. So zahlte der Berliner Senat dem klagenden Hochtief-Konsortium im Vergabeverfahren „Umbau Berliner Olympiastadion“ 3,- Mill. DM, um eine Beschwerde zum Kammergericht Berlin zu verhindern; vgl. *Putzier*, Vergaberecht im Fußballstadion, FAZ vom 11.08.2000, Nr. 185, S. 53.

zen zu genügen, wurde teilweise eine drittschützende Wirkung der Vorschriften über das Vergabeverfahren bejaht. Die entsprechenden Begründungen mussten vor dem Hintergrund von „Perkins v. Lukens Steel“[632] und „Scanwell v. Shaffer“ allerdings fadenscheinig bleiben.

Die Entscheidungsgründe lassen dabei den Willen der Richter erahnen, entgegen dogmatischer Bedenken behauptete Unregelmäßigkeiten bei der Vergabe öffentlicher Aufträge gerichtlicher Kontrolle zuzuführen. Lediglich der sechste Circuit hatte in „Cincinnati Electronics Corporation v. Kleppe“ den „Mut“, die dogmatische Wahrheit aufzudecken und über praktische Erwägungen zu stellen.

Allen Entscheidungen ist gemeinsam, dass die „Scanwell-doctrin“ als rechtliche Grundlage der Klagebefugnis für unterlegene Bieter zur Erlangung von Primärrechtsschutz bei der Vergabe öffentlicher Aufträge anerkannt ist. Daher ist weiterhin davon auszugehen, dass die Vergabenormen grundsätzlich nur zur Sicherung wirtschaftlichen und sparsamen Einkaufs des Staates erlassen sind[633] und das kongruente fiskalische Interesse der Allgemeinheit schützen[634]; wobei der klagende Bieter das staatliche und gesellschaftliche Interesse als Überwachungsagent der öffentlichen Hand und der Steuerzahler gegenüber den Vergabebehörden durchsetzt[635].

---

632 In diese Richtung ansatzweise Control Data Corp. v. Baldrige, 655 F.2d 283, 293 (D.C.Cir. 1981): „[...] as the „unrestricted power [...] to fix the terms and conditions upon which it [the Government] will make needed purchases,“ [...] Perkins v. Lukens Steel [...], this prerogative is one traditionally exercised by the legislative and executive branches rather than the judiciary.“

633 Delta Data System Corp. v. Webster, 744 F.2d 197, 206 (D.C.Cir. 1984): „In any case, this is not merely a private contract but one for the procurement of goods and services by the federal government. The award procedures established by legislation and regulation for that purpose are not designed to establish private „entitlements“ to public businesses, but rather to produce the best possible contracts for the government in the majority of cases. See Perkins v. Lukens Steel Co., 310 U.S. 113, 127; 60 S.Ct. 869, 876; 84 L.Ed. 1108 (1940); [...] This principle was not changed by the landmark case in which this court recognized the standing of private plaintiffs to sue for violation of procurement laws.“

634 Scanwell, Inc. v. Shaffer, 424 F.2d 859, 864 (D.C.Cir. 1970): „In essence this is precisely what the appellant sought to do in the case at bar; there is no right in Scanwell to have the contract awarded to it in the event the district court finds illegality in the award of the contract [...]. Thus the essential trust of appellant`s claim on the merits is to satisfy the public interest in having agencies follow the regulation which control government contracting.“

635 Vgl. auch SMS Data Prods. Group, Inc. GSBCA No. 10864 - P, 91 - 1 B.C.A., (CCH) 23, 464, at 117, 118 (1990): „The purpose of the protest process is to assure that in federal agency procurements, not only are vendors treated fairly, but also - of greater importance in crafting relief - that the agency ultimately makes an award against the bid or proposal that is most advantegeous to the United States.“

3. Die gesetzgeberische Gestaltung des Vergaberechtsschutzes

a. Die sachliche Zuständigkeit

Bieterschutz bei der Vergabe öffentlicher Aufträge in den Vereinigten Staaten wurde und wird entscheidend durch das Richterrecht geprägt. Der Gesetzgeber blieb dagegen lange Zeit hinsichtlich einer Strukturierung des gerichtlichen Nachprüfungsverfahrens untätig. Mit dem „Administrative Dispute Resolution Act"[636] des Jahres 1996 wurden jedoch in konkurrierender Zuständigkeit der „U.S. Court of Federal Claims" und die „U.S. District Courts" zur Gewährung von Primär- und Sekundärrechtsschutz für unterlegene Bieter ermächtigt[637].
Beide Instanzenzüge unterscheiden sich erheblich in der Stellung im Staatsgefüge, was eine Einführung in die historische Entwicklung und verfassungsrechtlichen Grundlagen ihrer Entscheidungsgewalt unentbehrlich macht.

aa. Der U.S. Court of Federal Claims

Der „U.S. Court of Federal Claims" ging aus dem „U.S. Court of Claims" und dem „U.S. Claims Court" hervor. Der „U.S. Court of Claims" war im Jahre 1855 eingerichtet worden und hörte von Bürgern geltend gemachte Zahlungsansprüche gegen

---

636 Administrative Dispute Resolution Act, Pub.L.No. 104-320, 110 Stat. 3870 (1996).

637 Primärrechtsschutz 28 U.S.C. § 1491 (b)(1): „Both the United States Court of Federal Claims and the district courts of the United States shall have jurisdiction to render judgment on an action by an interested party objecting to a solicitation by a Federal agency for bids or proposals for a proposed contract or to a proposed award or the award of a contract or any alleged violation of statute or regulation in connection with a procurement or a proposed procurement. Both the United States Court of Federal Claims and the district courts of the United States shall have jurisdiction to entertain such action without regard to whether suit is instituted before or after the contract is awarded."; Sekundärrechtsschutz U.S. Court of Federal Claims 28 U.S.C. § 1491 (a)(1): „The United States Court of Federal Claims shall have jurisdiction to render judgment upon any claim against the United States founded either upon the Constitution, or any Act of Congress or any regulation of an executive department, or upon any express or implied contract with the United States, [...]."; U.S. District Courts 28 U.S.C. § 1346 (a)(2): „The district courts shall have original jurisdiction, concurrent with the United States Court of Federal Claims, of: [...] (2) Any other civil action or claim against the United States not exceeding $ 10.000,- in amount, founded either upon the Constitution, or any act of Congress, or any regulation of an executive department, or any express or implied contract with the United States, [...]."; Die Gerichte dürfen keinen entgangenen Gewinn, sondern lediglich Ersatz der Angebotskosten gewähren. 28 U.S.C. § 1491 (b)(2): „To affort relief in such an action, the courts may award any relief that the court considers proper, including declaratory and injunctive relief except that any monetary relief shall be limited to bid preparation and proposal costs."

den Bund[638]. Die zu diesem Zeitpunkt verwendete Begrifflichkeit eines Gerichts war allerdings für diese Einrichtung missverständlich. Gerichte sind nach der U.S.- amerikanischen Verfassung mit Richtern zu besetzen, welche durch Einstellung auf Lebenszeit und gesicherte Bezahlung persönlich und sachlich unabhängig sind[639]. Dieser Status war den „Richtern“ des „U.S. Court of Claims“ von Anfang an nicht eingeräumt[640], so dass diese Einrichtung kein von den anderen Staatsgewalten unabhängiges Forum mit entsprechender Entscheidungsgewalt sein konnte. Es prüfte vielmehr als legislatives Hilfsorgan die geltend gemachten Ansprüche gegen die Vereinigten Staaten, um dem Parlament Vorschläge zu deren Behandlung zukommen zu lassen. Aufgrund seiner ausschließlichen verfassungsrechtlichen Zuständigkeit für den Bund Schulden zu bezahlen[641], entschied der Kongress abschließend über die Gewährung der Summe. Später ermächtigte der „Tucker Act“ des Jahres 1887 den „U.S. Court of Claims“ dagegen, über derartige Ansprüche selbstständig zu entscheiden[642]. Das Gericht blieb aber trotz dieser erweiterten Zuständigkeit als legislatives Hilfsorgan dem Parlament zugeordnet.

Erst im Jahre 1953 wurde durch Gesetz die Stellung des „U.S. Court of Claims“ als von der Legislative unabhängiges Gericht festgelegt[643]. Der Spruchkörper wurde in zwei voneinander unabhängige Instanzen geteilt. Die Eingangsinstanz – „trial division“ – war weiterhin nicht mit den verfassungsrechtlichen Privilegien eines institutionellen Gerichtes ausgestattet und bestand aus parlamentarischen „Article I judges“. Die Berufungsinstanz wurde dagegen mit institutionellen Richtern – „Article III judges“ – besetzt. Das Eingangsgericht führte die Verfahren durch und machte dem Berufungsgericht Vorschläge zur Urteilsfindung. Dieses prüfte die Vorschläge, hörte entsprechende Anträge der Parteien und fällte das abschließende Urteil[644].

---

638 Act of Feb. 24 (1855), ch.122, 10 Stat. 62.

639 Vgl. Art. III Sec. 1 U.S. Constitution: „The judicial Power of the United States, shall be vested in one Supreme Court, and in such inferior Courts as the Congress may from time to time rodain and establish. The judges, both of the supreme and inferior Courts, shall hold their Offices during good Behaviour, and shall, at stated Times, receive for their Services, a Compensation, which shall not be diminished during their Continuance in Office.“

640 28 U.S.C. § 172 (a): „Each judge of the United States Court of Federal Claims shall be appointed for a term of fifteen years.“

641 Vgl. Art. I Sec. 8 U.S. Constitution: „The Congress shall have Power To lay and collect Taxes, Duties, Imposts and Excises, to pay the Debts [...] of the United States.“; vgl. auch *Keyes*, Government Contracts under the Federal Acquisition Regulation 1996, § 33.29, S. 789.

642 24 Stat. 505, 28 U.S.C. § 1491 (a)(1)(1973): „The United States Court of Claims shall have jurisdiction to render judgment upon any claim against the United States founded either upon the Constitution, or any Act of Congress or any regulation of an executive department, or upon any express or implied contract with the United States, [...] not sounding in tort.“

643 Act of July 28 (1953), § 1, 67 Stat. 226.

644 Vgl. *Keyes*, Government Contracts Under the Federal Acquisition Regulation 1996, § 33.29, S. 789.

Eine Umgestaltung erfuhr das Gericht durch den „Federal Courts Improvement Act 1982“[645]. Durch dieses Gesetz wurde der „U.S. Claims Court“ gebildet. Die Besetzung des „U.S. Claims Court“ erfolgte durch die Übernahme der Richter der Eingangsinstanz des „U.S. Court of Claims“, so dass auch der „U.S. Claims Court“ als parlamentarisches Gericht eingerichtet wurde[646]. Es übernahm neben den Funktionen der vormaligen „trial division“ auch die Rechtsprechung des gesamten „U.S. Court of Claims“[647]. Gleichzeitig wurde mit dem „U.S. Court of Appeals for the Federal Circuit“ die Revisionsinstanz gegen Entscheidungen des „U.S. Claims Court“ gebildet[648]. Dieses Rechtsmittelgericht wurde mit Richtern der „appelate division“ des „U.S. Court of Claims“ besetzt[649].
Für das Recht der öffentlichen Aufträge spielte der „Federal Court Improvement Act 1982“ insofern eine Rolle, als dem „U.S. Claims Court“ die Gewährung von Primärrechtsschutz eingeräumt wurde[650], was sich allerdings praktisch kaum zugunsten der Bieter auswirkte[651]. Denn der Wortlaut der ermächtigenden Norm wies dem Gericht lediglich eine Zuständigkeit für vor der Zuschlagserteilung erhobene Klagen zu – „pre-award jurisdiction“[652]. Ein Rechtsverstoß war und ist für die Bieter wegen der „ex-post“ Transparenz der behördlichen Entscheidungsgründe jedoch häufig erst zum Zeitpunkt der Zuschlagserteilung erkennbar. Ab diesem Moment war die Zuständigkeit des „U.S. Claims Court“ aber nicht mehr gegeben. In der Folge wur-

---

645 Federal Courts Improvement Act, Pub.L.No. 97-164, 96 Stat. 25 (1982).

646 28 U.S.C. § 171 (a): „The court is declared to be a court established under article I of the constitution of the United States.“

647 28 U.S.C. § 1491 (a)(1); Proklamation des Chief Judge in General Order No. 1.

648 28 U.S.C. § 1295 (a)(3).

649 *Keyes*, Government Contracts Under the Federal Acquisition Regulation 1996, § 33.29, S. 780.

650 Vgl. dazu die damalige Fassung von 28 U.S.C. § 1491 (a)(3): „To affort complete relief on any contract claim brought before the contract is awarded, the court shall have exclusive jurisdiction to grand declaratory judgments and such equitable and extraordinary relief as it deems proper, including but not limited to injunctive relief.“; repealed, Pub.L.No. 104-320, § 12 (a)(2), Oct. 19 (1996), 110 Stat. 3874.

651 Diese Situation wurde auch in der Literatur heftig kritisiert. Die Bieter müssten „[...] (1) race to the courthouse, (2) file protective suits without knowing whether there is anything to protest, and (3) risk finding themselves in the wrong court because of the accident of timing.“; vgl. *Pachter*, The Need for a Comprehensive Judicial Remedy for Bid Protests“, 16 Pub.Cont.L.J. 47, 55 (1986). Aufgrund der restriktiven Auslegung des FCIA 1982 durch den U.S Claims Court sank die Zahl der Entscheidungen in diesem Gerichtszweig von 34 im Jahre 1983 auf 2 Fälle im Jahre 1996; vgl. dazu die entsprechenden Jahrgänge des Claims Court Reporter.

652 United States v. Grimberg Co., Inc., 702 F.2d 1362, 1367 (Fed.Cir. 1983); Darin interpretierte das Gericht die Wirkung von 28 U.S.C. § 1491 (a)(3) streng nach dem Wortlaut und stellte fest, dass „[...] the use of „claim“ in (a)(3) itself, read in the context, requires that the equitable powers of the Claims Court be limited to the pre-award stage.“

den Klagen daher als unzulässig abgewiesen, selbst wenn eine Klage anhängig war und die Vergabebehörde trotzdem den Zuschlag erteilte[653].
Da das Gesetz dem „U.S. Claims Court“ eindeutig eine ausschließliche Zuständigkeit zusprach, war genauso problematisch, ob damit die „Scanwell-jurisdiction“ der „U.S. District Courts“ auf Klagen nach Zuschlagserteilung beschränkt wurde – „post-award jurisdiction“. Entgegen der Ansicht der Literatur[654], nahmen jedoch die allgemeinen Bundesgerichte unter Berufung auf die gesetzgeberischen Motive Klagen auf Primärrechtsschutz vor und nach Zuschlagserteilung zur Entscheidung an[655].
Durch den „Federal Courts Administration Act“[656] von 1992 wurde der „U.S. Claims Court“ in „U.S. Court of Federal Claims“ umbenannt. Mit dem „Administrative Dispute Resolution Act 1996“[657] hob der Kongress ausdrücklich die verschiedenen Zuständigkeiten für primärrechtliche Klagen vor und nach Zuschlagserteilung auf[658], was in der Folge die Akzeptanz des „U.S. Court of Federal Claims“ als Nachprüfungsforum erheblich verbesserte[659].

bb. Die U.S. District Courts

Die „U.S. Federal District Courts“ sind im Gegensatz zum „U.S. Court of Federal Claims“ unter Artikel III der U.S.- amerikanischen Verfassung eingerichtet. Das bedeutet für die Richter eine lebenslange Berufung[660] und die persönliche und sachliche Unabhängigkeit. Die Gerichte sind sachlich zuständig für Streitigkeiten zwischen Bürgern verschiedener Bundesstaaten – „diversity of citizenship“ – sowie für alle Klagen aufgrund des Bundesrechts – „questions of federal law“[661]. Auf dem

---

653 Vgl. F.Alderete General Constructors, Inc. v. United States, 2 Cl.Ct. 184, 186 (1983).

654 In diese Richtung äußert sich *Kannan*, Jurisdiction of District Courts in Cases involving Government Contracts, 21 Pub.Cont.L.J. 416, 427 (1992).

655 Vgl. B.K. Instrument, Inc. v. United States, 715 F.2d 713, 728 (2nd Cir. 1983): „The Senate and House Reports are consistent in their indication that the grand in § 1491 (a)(3) is exclusive only of contract boards, and that District Courts retain whatever equitable jurisdiction they had in contract cases under Scanwell Laboratories, Inc. v. Shaffer, 424 F.2d 859 (D.C.Cir. 1970).“

656 Federal Courts Administration Act, Pub.L.No. 102-572, 106 Stat. 4506 (1982).

657 Administrative Dispute Resolution Act, Pub.L.No.104-320, 110 Stat. 3870 (1996).

658 Vgl. dazu nochmals 28 U.S.C. § 1491 (b)(3).

659 Seit Erlass des Administrative Dispute Resolution Act wurden vor dem U.S. Court of Federal Claims (01.01.1997-01.08.1999 118 Klagen) mehr Klagen anhängig gemacht als vor den U.S. District Courts (01.01.1997-30.04.1999 66 Klagen); BNA Federal Contracts Daily News, April 27 (2000); Vgl. auch zur Erfahrung der Bieter mit dem U.S. Court of Federal Claims; *McCullough/Fried-Perry/Harris*, The U.S. Court of Federal Claims` New Post-Award Protest Jurisdiction-The First Year, 25 Andrews Gov.Cont.Lit.Rep. 1 (1998).

660 28 U.S.C. § 134 (a): „The district judges shall hold office during good behavior“.

661 *Burnham*, Introduction to the Law and Legal System of the United States 1995, S. 182.

Territorium der Vereinigten Staaten existieren einundneunzig „Federal Districts" mit jeweils einem „District Court". Für die Revision sind zwölf „U.S. Federal Circuit Courts of Appeal" zuständig, deren Entscheidungen vom „U.S. Federal Supreme Court" zur Verhandlung angenommen werden können[662].

b. Die Klagebefugnis

Der Gesetzgeber beschränkte sich im „Administrative Dispute Resolution Act 1996" jedoch nicht nur auf die Regelung der sachlichen Zuständigkeit der Gerichte; auch die Klagebefugnis sollte eine legislative Ausgestaltung finden. So wurde die Anfechtung behördlichen Handelns im Rahmen der Vergabe öffentlicher Aufträge allen Unternehmen eingeräumt, die ein Interesse am Auftrag haben[663]. Durch die Unbestimmtheit dieses Rechtsbegriffes war die tatsächliche Entscheidung über die Reichweite der Klagebefugnis wiederum von der Auslegung durch die Gerichte abhängig.

aa. Die „interested party" vor den U.S. District Courts

Der Wortlaut der Norm hätte nahe gelegt, eine Übereinstimmung mit dem Begriff der „interested party" im Sinne des „Competition in Contracting Act 1984"[664] zu favorisieren. Das hätte wie beim „General Accounting Office" die Klagebefugnis auf den „next-in-line-bidder" beschränkt. Die allgemeinen Bundesgerichte erörterten jedoch eine solche Möglichkeit nicht[665]. Vielmehr blieb weiterhin die Erfüllung des „Zwei-Stufen-Tests" im Sinne des „Administrative Procedure Act" in der Auslegung des „U.S. Federal Supreme Court" in „Association of Data Processing v. Camp" die entscheidende Grundlage der Klagebefugnis im U.S.- amerikanischen Vergaberecht[666]. Die „U.S. District Courts" prüften somit weiterhin auf der Grundlage der eigenen Präjudizien die Zulässigkeit bieterschutzrechtlicher Klagen.

---

662 28 U.S.C. §§ 81-131 Der U.S. Supreme Court entscheidet bei divergierenden Entscheidungen der Gerichte über eine rechtliche Frage oder wenn ein Gericht von der Rechtsprechung des U.S. Supreme Court abweichen will; vgl. *Burnham*, Introduction to the Law and Legal System of the United States 1995, S. 184-185.

663 Vgl. 28 U.S.C. § 1491 (b)(1): „[...] to render judgment on an action by an interested party [...]."

664 Vgl. 31 U.S.C. § 3551 (2): „[...] an actual or prospective bidder or offeror whose direct economic interest would be affected by the award of the contract or by failure to award the contract."

665 American Federation of Government Employees, Local 2119 v. Cohen, 171 F.3d 460 (7th Cir. 1999); Ervin and Associates, Inc. v. Dunlap, 33 F.Supp.2d 1 (D.D.C. 1997): „Disappointed bidder had standing under the Administrative Procedure Act (APA) [...]."

666 Vgl. zur übereinstimmenden Rechtsprechung vor und nach Erlass des Administrative Dispute Resolution Act 1996 Hazardous Waste Treatment Council v. Thomas, 885 F.2d 918, 923 (D.C.Cir.

Nach Erlass des „Administrative Dispute Resolution Act 1996" wurde auch eine Entwicklung fortgeführt, die bereits Mitte der achtziger Jahre begann. Einzelne Gerichte öffneten den Rechtsweg für verfahrensbeteiligte Unternehmen, die nicht unmittelbar den Vertragsschluss mit dem öffentlichen Auftraggeber erstrebten. In „Amdahl Corp. v. Baldrige"[667] wurde die Klage eines Subunternehmers gegen Vergabeverfahrensverletzungen als zulässig angenommen. Doch auch in diesen Fällen musste die allgemeine Tendenz eines nur eingeschränkten Bieterschutzes konstatiert werden. Subunternehmer sollten neben den allgemeinen Voraussetzungen der Klagebefugnis weitere restriktive Anforderungen erfüllen[668]: entweder sollte der Hauptunternehmer bei der Auswahl des Subunternehmers als Vertreter der öffentlichen Hand gehandelt haben, der öffentliche Auftraggeber die Auswahl der Subunternehmer hervorgerufen oder kontrolliert haben, der Vertragsabschluss mit dem Konkurrenten des Hauptunternehmers durch sittenwidriges oder betrügerisches Verhalten der Vergabebehörde zustande gekommen sein oder die Vergabebehörde vor Abschluss des Vergabevertrages über die Auswahl der Subunternehmer bestimmt haben[669].

Diese Rechtsprechung fand jedoch keine dogmatische Grundlage im „Administrative Procedure Act", nach dessen Voraussetzungen klagende potentielle Haupt- und Subunternehmer nicht nachvollziehbar unterschieden werden können. Beide sind durch rechtswidrige Vergabeentscheidungen in ihren wirtschaftlichen Interessen betroffen. Wenn aber den Vergabenormen fälschlicherweise eine bieterschützende Wirkung zuerkannt wird, hätte für Subunternehmer nichts anderes gelten dürfen. Trotz der dubiosen Restriktion fanden die Grundsätze des Urteils Eingang in nachfolgende Entscheidungen; bei Fehlen der zusätzlichen Voraussetzungen wurde die Klagebefugnis grundsätzlich verwehrt[670]. Gleichwohl ist die Aufrechterhaltung ver-

---

1989); Scheduled Airlines Traffic Officers, Inc. v. Department of Defense, 87 F.3d 1356, 1359 (D.C.Cir. 1996).

667 Amdahl Corp. v. Baldrige, 617 F.Supp. 501 (D.D.C. 1985).

668 Amdahl Corp. v. Baldrige, 617 F.Supp. 501, 505 (D.D.C. 1985): „However, prior to an examination of the purpose to be effected, and thus the interests protected, by those regulations, the plaintiff must first face a unique standing problem attendant to its statuts as a subcontractor."

669 Amdahl Corp. v. Baldrige, 617 F.Supp. 501, 505 (D.D.C. 1985): „Perhaps the most comprehensive discussion of the factors utilized to determine whether a subcontractor has standing is the Comptroller General's opinion in Optimum Systems, Inc., 54 Comp.Gen. 767 (No. B-183039) (March 19, 1975)."

670 Vgl. nur Contractors Eng. Intern. v. Dept. Of Veterans Aff., 947 F.2d 1298, 1301 (5th Cir. 1991); Vgl. zu Subunternehmerklagen vor und nach Erlass des Administrative Dispute Resolution Act 1996; Phoenix Eng'g, Inc. v. MK-Ferguson of Oak Ridge Co., 966 F.2d 1513, 1524-1526 (6th Cir. 1992); Information Sys. & Networks Corp. v. United States Dep't of Health and Human Serv., 970 F.Supp. 1, 7-9 (D.D.C. 1997).

gaberechtlicher Normen durch diese mittelbar Verfahrensbeteiligten nicht von vornherein ausgeschlossen.
Nach der Rechtsprechung der Bundesgerichte waren also neben potentiellen und tatsächlichen Bietern auch Subunternehmer grundsätzlich als „interested party“ im Sinne des „Administrative Dispute Resolution Act“ anzusehen.

bb. Die „interested party“ vor dem U.S. Court of Federal Claims

Die Entwicklung der Rechtsprechung zur Klagebefugnis verlief vor dem Gericht, welches in „Heyer Products v. United States“[671] die Schranken richterlichen Schutzes für die unterlegenen Bieter öffnete, nicht im Gleichklang zur Rechtsprechung vor den „U.S. District Courts“. Mit Erlass des „Administrative Dispute Resolution Act 1996“ hatte auch diese Instanz über die Frage zu befinden, welchen Parteien als „interested party“ der Rechtsweg eröffnet werden sollte. Der „U.S. Court of Federal Claims“ bejahte zunächst aufgrund des identischen Wortlautes des „Competition in Contracting Act 1984“[672] eine Klagebefugnis für Bieter, deren wirtschaftliche Interessen durch die Vergaberechtsverletzung beeinträchtigt wurden[673] oder stützte alternativ die Öffnung des Rechtsweges auf seine in ständiger Rechtsprechung vertretene Ansicht der Verletzung eines implizierten Vertrages[674].
Mit dem „Administrative Dispute Resolution Act 1996“ war jedoch das Nachprüfungsverfahren vor dem „U.S. Court of Federal Claims“ auf eine verwaltungsrechtliche Grundlage gestellt, so dass die Anwendung des „Administrative Procedure Act“ und des Präjudizienrechts der allgemeinen Bundesgerichte zwingend war[675]. Auch

---

671 Heyer Products Co. v. United States, 135 Ct.Cl. 63, 140 F.Supp. 409 (1956).

672 31 U.S.C. § 3551 (2): „[...] an actual or prospective bidder or offeror whose direct economic interest would be affected by the award of the contract or by failure to award the contract.“

673 CC Distributors, Inc. v. United States, 38 Fed.Cl. 771, 778-779 (1997); ATA Defense Indus., Inc. v. United States, 38 Fed.Cl. 489, 494 (1997); Delbert Wheeler Constr., Inc. v. United States, 39 Fed.Cl. 239, 245 & Fn. 11 (1997), affirmed, 155 F.3d 566 (Fed.Cir. 1998); CCL, Inc. v. United States, 39 Fed.Cl. 780, 789-790 (1997); WinStar Communications, Inc. v. United States, 41 Fed.Cl. 748, 756 (1998); Phoenix Airgroup, Inc. v. United States, 46 Fed.Cl. 90, 101-102 (2000).

674 Southfork Sys., Inc. v. United States, 141 F.3d 1124, 1132 & Fn. 5 (Fed.Cir. 1998): „We have stated that this jurisdictional grant extends to suits brought by disappointed bidders, commonly called bid protests, challenging the proposed award of contracts based on alleged improprieties in the procurement process. [...] The jurisdictional basis for such suits is the alleged breach of „an implied contract to have the involved bids fairly and honestly considered“.“

675 *Phillips*, The United States Court of Federal Claims: An Invigorated Protest Forum, Andrews Gov.`t Cont.Litig.Rep. 3 (1997); *Claybrook*, The Initial Experience of the Court of Federal Claims in Applying the Administrative Procedure Act in Bid Protest Actions – Learning Lessons All Over Again, 29 Pub.L.J. 1, 5 (1999); a.A. *Pearson*, The Air Force`s Experience With The Expanded Bid Protest Jurisdiction In The Court of Federal Claims, 34-Fall Procurement Law. 3 (1998).

wenn das Gericht schon vor Erlass dieses Gesetzes teilweise diesen Richtungswandel vollzogen hatte[676], wurden die „Scanwell-actions“ als Basis bieterschutzrechtlicher Klagebefugnis vor dem „U.S. Court of Federal Claims“ vollständig erst nach 1996 anerkannt.
Den Ausschlag gab dabei eine Entscheidung, die keine Bieterklage zum Gegenstand hatte. Die öffentliche Angestelltengewerkschaft klagte gegen die Vergabe eines öffentlichen Auftrages an ein privates Unternehmen[677]. Der vergebene Dienstleistungsauftrag umfasste Arbeiten, die vorher von öffentlichen Angestellten erledigt worden waren. Die Ausschreibung des Auftrages sollte unter Verletzung der Normen erfolgt sein, die ein solches „contracting-out“ regelten[678]. Die Klägerin behauptete als „interested party“ im Sinne des „Administrative Procedure Act“ klagebefugt zu sein. Der „Zwei-Stufen-Test“ aus „Association of Data Processing v. Camp“ sei erfüllt, die verletzten Normen schützten vor dem möglichen Verlust von Arbeitsplätzen als tatsächlich beeinträchtigtes Interesse. Die Klagegegner definierten „interested party“ im Sinne des identischen Wortlautes des „Competition in Contracting Act“, was den Rechtsweg für die Gewerkschaft von vornherein verschlossen hätte[679]. Das Gericht folgte dagegen der klägerischen Argumentation unter Verweis auf die Gesetzesmotive des „Administrative Dispute Resolution Act“, nach denen die Legislative die rechtlichen Grundlagen des Vergabenachprüfungsrechts vor den „U.S. District Courts“ konkurrierend auf den „U.S. Court of Federal Claims“ übertragen hatte[680].

c. Zusammenfassung / Fazit

Ein überaus komplexes Bild geben die legislativen Grundlagen einer Klagebefugnis gegen rechtswidriges Behördenhandeln im U.S.- amerikanischen Vergaberecht. Der „Administrative Dispute Resolution Act 1996“ vereinheitlichte die Eröffnung des Rechtsweges in den sachlich zuständigen Gerichtszügen für jede „interested party“.

---

676 Vgl. CCL, Inc. v. United States, 39 Fed.Cl. 780 (1997).

677 American Federation of Government Employees v. United States, 2000 WL 567563 (Fed.Cl. May 10, 2000).

678 Federal Activities Inventory Reform Act, Pub.L.No. 105-270, § 3(e), 112 Stat. 2382, 2383 (1998), cod. 31 U.S.C. § 501; Defense Authorization Act (1994), 10 U.S.C. § 2462 (b).

679 American Federation of Government Employees v. United States, 2000 WL 567563 (Fed.Cl. May 10, 2000) 1, 4-6.

680 American Federation of Government Employees v. United States, 2000 WL 567563 (Fed.Cl. May 10, 2000) 1, 8: „Thus, in enacting the ADRA, Congress intended to give the COFC „the full range of bid protest cases that were previously heard exclusively in the federal district courts, in addition to the same bid protest jurisdiction it exercised prior to the ADRA“.“

Trotz der anfänglich divergierenden Rechtsprechung führt inzwischen auch der „U.S. Court of Federal Claims" die als „Scanwell-actions" bezeichneten Klagen unterlegener Bieter in der kasuistischen Tradition der „U.S. District Courts" durch[681]. Die ursprüngliche Idee einer Klagebefugnis mit der Verletzung eines implizierten Vertrages zwischen Behörde und Bieter weicht dem „Zwei-Stufen-Test" aus „Association of Data Processing v. Camp". Damit eröffneten sich auch vor dem „U.S. Court of Federal Claims" die Prüfung von Rechtsverletzungen, die nach der Theorie des „implizierten Vertrages" nicht zu erfassen waren. Wenn nämlich die Vergabebehörde entgegen der Vorgaben des „Competition in Contracting Act 1984" einen öffentlichen Auftrag freihändig vergab, anstatt eine Ausschreibung durchzuführen, musste es an dem für die Annahme eines Vertrages essentiellen Angebot durch die Behörde fehlen. Ebenso wenig war es den Bietern möglich gesetzwidrig restriktive Ausschreibungsbedingungen anzufechten, die sie nicht erfüllen konnten. Denn zur Entstehung des implizierten Vertrages musste nach der so genannten „consideration" die in der Angebotsabgabe liegende Annahme des durch die Ausschreibung abgegebenen Angebotes genau die Leistung umfassen, die durch den öffentlichen Auftraggeber nachgesucht war[682]. Ein den Ausschreibungsbedingungen nicht entsprechendes Angebot enthielt die „consideration" jedoch nicht, wodurch das Entstehen des implizierten Vertrages und damit auch die Eröffnung des Rechtsweges zum „U.S. Court of Federal Claims" verhindert wurde. Dies musste selbst auch bei rechtswidrigen Ausschreibungsbedingungen gelten.

Nach dem Übergang von der „zivilrechtlichen Lösung" zu einer „verwaltungsrechtlichen Lösung" durch Anerkennung einer bindenden Anwendung des „Administrative Procedure Act 1946" über den „Administrative Dispute Resolution Act 1996" und damit auch des Präjudizienrechts der „U.S. District Courts"[683] stellen sich für den „U.S. Court of Federal Claims" die identischen dogmatischen Probleme, die von den allgemeinen Bundesgerichten nur unzureichend gemeistert wurden. Es bleibt abzuwarten, ob das Gericht die komplexe Situation der präjudiziellen Grundlage einer Klagebefugnis unterlegener Bieter aufzulösen versucht. Der Auseinandersetzung um die bieterschützende Wirkung vergaberechtlicher Normen kann von judikativer Seite nicht ausgewichen werden. Die Versuche des Gerichts, eine drittschützende Wirkung

---

681 *Claybrook*, The Initial Experience of the Court of Federal Claims in Applying the Administrative Procedure Act in Bid Protest Actions - Learning Lessons All Over Again, 29 Pub.L.J. 1, 5 (1999).

682 Restatement (Second) Contracts § 71 (2) (American Law Institute 1981): „A promise or performance given by the promisee to the promisor must be sought by the promisor in exchange for his promise and [...] given by the promisee in exchange for that promise."

683 *Clement*, Preserving Congress's Control of the Purse Strings: Government Contracts and a New Approach To Standing and Standard of Review, 65 Geo.Wash.L.Rev. 571, 573 (1997).

der Vergaberegulierungen als Gewohnheitsrecht anzusehen[684], müssen schon deshalb als problematisch angesehen werden, weil insbesondere das „Scanwell-Gericht"[685], die dagegen sprechende Judikatur des „U.S. Federal Supreme Court" in „Perkins v. Lukens Steel" in ständiger Rechtsprechung bestätigt hat.

Lediglich der Gesetzgeber könnte die Problematik lösen, indem unterlegenen Bietern nach den Grundsätzen von „Bennett v. Spear" eine „Popularklagemöglichkeit" zur Revidierung von Verletzungen der Bestimmungen über das Vergabeverfahren eingeräumt würde[686]. Da die ständige höchstrichterliche Rechtsprechung eine sich möglicherweise aus dem Wortlaut der Norm ergebende drittschützende Wirkung ausreichen lässt, könnte auch ein entsprechender Hinweis in den Vergaberegulierungen ergehen[687]. Derartiges ist jedoch nicht in Sicht. Wie noch auszuführen seien wird, war die Abschaffung der Nachprüfungszuständigkeit des „General Services Board of Contract Appeals" vielmehr nur ein schleichender Anfang zur Eindämmung möglichen Primärrechtsschutzes unterlegener Bieter. Die Einführung einer „citizen suit provision" oder gar die einfach-gesetzliche Anerkennung eines subjektiv-öffentlichen Rechts auf Einhaltung der Vorschriften über das Vergabeverfahren ist für Bieter nicht absehbar.

---

684 Vgl. dazu Cybertech Group, Inc. v. United States, 2001 WL 127295, filed Feb. 14 (2001), at 7: „Under the third standing requirement under the APA, the plaintiff must establish that the injury it complains of [...] falls within the zone of interest sought to be protected by the statutory provision whose violation forms the legal basis for his complaint. [...] Although there is not a specific statutory or regulatory provision upon which plaintiff may reasonably rely [...] it is well established that the government must not conduct its procurement activities in bad faith. CGI has a cognizable interest in ensuring that it was not denied the opportunity to submit a quotation because of egregious governmental impropriety. Accordingly, CGI meets the third prong of the APA standard for counts I-V of its complaint."

685 Delta Data System Corp. v. Webster, 744 F.2d 197, 206 (D.C.Cir. 1984): „In any case, this is not merely a private contract but one for the procurement of goods and services by the federal government. The award procedures established by legislation and regulation for that purpose are not designed to establish private „entitlements" to public business, but rather to produce the best possible contracts for the government in the majority of cases. See Perkins v. Lukens Steel Co., 310 U.S. 113, 127; 60 S.Ct. 869, 876; 84 L.Ed. 1108 (1940); [...] This principle was not changed by the landmark case in which this court recognized the standing of private plaintiffs to sue for violation of procurement laws."

686 Bennet v. Spear, 520 U.S. 154, 163-165; 117 S.Ct. 1154, 1162; 137 L.Ed.2d 281 (1997): „The first question is whether the ESA`s citizen suit provision, set forth in pertinent part in the margin, negates the zone-of-interest test [...]. We think it does."

687 Vgl. National Credit Union Administration v. First National Bank & Trust Co., 522 U.S. 479, 492; 118 S.Ct. 935, 930-933; 140 L.Ed.2d 1 (1998): „[...] we first discern the interests „arguably [...] to be protected" by the statutory provision at issue; we then inquire whether the plaintiff's interests affected by the agency in question are among them."; Association of Data Processing Service Organizations, Inc. v. Camp, 397 U.S. 150, 153; 90 S.Ct. 827, 830; 25 L.Ed.2d 184 (1970): „[...] the interest sought to be protected by the complainant is arguably within the „zone of interest" to be protected or regulated by the statute or constitutional guarantee in question."

4. Der Umfang der materiellen Prüfung durch die Gerichte

Wenn es dem unterlegenen Bieter gelungen ist, ein Gericht von der Zulässigkeit seiner Klage zu überzeugen, obliegt ihm der Nachweis einer tatsächlichen Vergaberechtsverletzung durch die Beschaffungsbehörde. Der „Administrative Dispute Resolution Act“[688] verweist hinsichtlich der richterlichen Kontrolldichte auf den „Administrative Procedure Act“[689], der auch schon vor 1996 legislative Grundlage materiell-rechtlicher Prüfung vergabebehördlicher Entscheidungen durch die Gerichte war. Der Prüfungsumfang durch „U.S. District Courts“ und „U.S. Court of Federal Claims“ basierte demnach auf einer einheitlichen Grundlage. Jede willkürliche oder missbräuchliche Ermessensausübung wie auch jeder Rechtsverstoß gegen eine bindende Norm soll von den Gerichten grundsätzlich aufgehoben werden. Es sind für den Bieter drei prozessuale Hürden zu überwinden, um einen solchen Nachweis führen zu können: Wer und in welchem Umfang für die Sachverhaltsaufklärung verantwortlich ist – 1) „scope of review“[690]; welche Beweislast dem Bieter obliegt – 2) „burden of proof“ und in welchem Umfang die Gerichte das Vorgehen der Behörden aufgrund der vorhandenen Beweismittel auf Rechtmäßigkeit und Ermessensmissbrauch untersuchen – 3) „standard of review“[691].

a. Die Sachverhaltserforschung – „scope of review“

Die Gerichte erforschen den Sachverhalt des einschlägigen Vergabeverfahrens grundsätzlich von Amts wegen. Die Behörde ist verpflichtet, dem Gericht die gesamte der Beschaffung zugrunde liegende Akte zukommen zu lassen[692]. Das umfasst

---

688 28 U.S.C. § 1491 (b)(4): „In any action under this subsection, the courts shall review the agency`s decision to the standards set forth in section 706 of title 5.“

689 Vgl. 5 U.S.C. § 706: „Scope of review – To the extent necessary to decision and when presented, the reviewing court shall decide all relevant questions of law, interpret constitutional and statutory provisions, and determine the meaning or applicability of the terms of an agency action. The reviewing court shall – (2) hold unlawful and set aside agency action, findings, and conclusions found to be – (A) arbitrary, capricious, an abuse of discretion, or otherwise not in accordance with law; [...]. In making the foregoing determinations, the court shall review the whole record or those parts of it cited by a party, and due account shall be taken to the rule of prejudicial error.“

690 Franklin Sav. v. Director, Office of Thrift Super., 934 F.2d 1127, 1136 (10th Cir. 1991): „The scope of judicial review refers merely to the evidence the reviewing court will examine in reviewing an agency decision.“

691 Franklin Sav. v. Director, Office of Thrift Super., 934 F.2d 1127, 1136 (10th Cir. 1991): „The standard of judicial review refers to how the reviewing court will examine that evidence.“

692 5 U.S.C. § 706: „In making the foregoing determinations, the court shall review the whole record or those parts of it cited by a party, [...].“

neben den mit der Vergabeentscheidung in Zusammenhang stehenden Unterlagen[693] auch die Tatsachen, welche bei der Entscheidungsfindung durch die Vergabebehörde nicht berücksichtigt wurden[694]. „U.S. District Courts" und „U.S. Court of Federal Claims" sehen sich dabei nicht an die Tatsachenermittlung der Behörde gebunden und damit nicht auf die Entscheidung von Rechtsfragen beschränkt[695]. Vielmehr wird, wenn die Gerichte eine weitere Sachverhaltsaufklärung für notwendig halten, ein mündliches Verfahren mit vorherigem Beweiserhebungsverfahren anberaumt – „discovery and trial"[696]. Die streitenden Parteien sind dann verpflichtet, dem jeweiligen Gegner sämtliche relevanten Unterlagen zugänglich zu machen. Sowohl „U.S. District Courts" als auch der „U.S. Court of Federal Claims" nutzten diese Möglichkeiten zusätzlicher Tatsachenermittlung[697].

Es zeigten sich jedoch hinsichtlich des Umfanges der amtlichen Sachverhaltserforschung durch die allgemeinen Bundesgerichte und durch den „U.S. Court of Federal Claims" erhebliche Unterschiede. Exemplarisch sei auf die Fälle verwiesen, in denen

---

693 Bar MK Ranches v. Yuetter, 994 F.2d 735, 739 (10th Cir. 1993): „[...] all documents and materials directly or indirectly considered by the agency."; Portland Audubon Soc'y v. Endangered Species Comm., 984 F.2d 1534, 1548 (9th Cir. 1993): „The whole record includes everything that was before the agency pertaining to the merits of its decision."; Miami Nation of Indians v. Babbitt, 979 F.Supp. 771, 777 (N.D.Ind. 1996): „[...] complete administrative record consists of all documents and materials that were directly or indirectly considered."; Diese Präjudizien stimmen auch mit der Rechtsprechung des U.S. Court of Federal Claims überein; vgl. Aero Corp, S.A. v. United States, 38 Fed.Cl. 739, 748 (1997); Cubic Applications, Inc. v. United States, 37 Fed.Cl. 339, 342 (1997).

694 Cubic Applications, Inc. v. United States, 37 Fed.Cl. 339, 343 (1997); Thompson v. United States Dep't of Labor, 885 F.2d 551, 555 (9th Cir. 1989).

695 Obwohl die Gerichte grundsätzlich auf die Entscheidung von Rechtsfragen beschränkt sind 5 U.S.C. § 706: „Scope of review – To the extent necessary to decision and when presented, the reviewing court shall decide all relevant questions of law, interpret constitutional and statutory provisions, and determine the meaning of applicability of the terms of an agency action."; Die Unterscheidung von Rechts- und Tatsachenfragen wird jedoch durch die Verwaltungsgerichte überaus flexibel gehandhabt, so dass strittige Sachverhaltsfragen als rechtliche Problematik einer richterlichen Untersuchung durchaus unterzogen werden können; vgl. zu den „mixed questions of law and fact"; *Schütze*, Der Erlass von Rechtsvorschriften durch die Bundeswirtschaftsverwaltung in den USA 1974, S. 84-85.

696 Marine Hydraulics Int'l, Inc. v. United States, 43 Fed.Cl. 664 (1999).

697 Vgl. Esch v. Yuetter, 876 F.2d 976, 991 (D.C.Cir. 1989) – additional fact finding": „(1) when the agency action is not adequately explained in the record before the court; (2) when the agency failed to consider factors which are relevant to its final decision; (3) when an agency considered evidence which it failed to include in the record; (4) when a case is so complex that a court needs more evidence to enable it to understand the issue clearly; (5) in cases where evidence arising after the agency action shows whether the decision was correct or not; (6) where agencies are sued for failure to take action; (7) [...]; (8) in cases where relief is at issue, especially at the preliminary injunction stage."; Diese Möglichkeiten gleichfalls nutzend: Marine Hydraulics Int'l, Inc. v. United States, 43 Fed.Cl. 664 (1999); United Int'l Investigative Serv. v. United States, 41 Fed.Cl. 312, 319 (1998); CRC Marine Serv., Inc. v. United States, 41 Fed.Cl. 66, 84 (1998).

das Justizministerium entgegen den gesetzlichen Vorgaben in einigen Verfahren dem „U.S. Court of Federal Claims" nur den Teil der Akten zugänglich gemacht, welche die Behörde für das entsprechende Gerichtsverfahren als „relevant" ansah[698]. Dabei verweigerte die Behörde die Freigabe von Akten auf der Grundlage einer Norm der „Federal Acquisition Regulation", mit welcher die Weitergabe einschlägiger Verwaltungsdokumente an nicht autorisierte Einrichtungen verboten wird[699]. Ein exekutives Organ enthielt damit entgegen einschlägiger formell-gesetzlicher Regulierungen einem Gericht den Zugang zu den Dokumenten, die das nachzuprüfende Verfahren dokumentieren, mit dem Hinweis auf eine materiell-gesetzliche Norm, welche die Weitergabe solcher Dokumente an „nicht autorisierte Einrichtungen" verbietet. Entgegen den eindeutigen Vorgaben des „Administrative Procedure Act" unterließ es jedoch der „U.S. Court of Federal Claims" die Vorlage sämtlicher Akten einzufordern. Die resistente Haltung des Justizministeriums verfehlte nicht seine Wirkung auf das Gericht. In einem internen Rundschreiben wies der Gerichtspräsident die Richter sogar an, diese Praxis zu akzeptieren[700]. Von den „U.S. District Courts" wurde ein solches Vorgehen hingegen nicht akzeptiert[701]. Die fehlende vollständige sachliche und persönliche Unabhängigkeit der Richter des „U.S. Court of Federal Claims" verringert offensichtlich die Durchschlagskraft dieses Forums gegenüber den Beschaffungsbehörden.

b. Die Beweislast – „burden of proof"

Die „U.S. District Courts" nahmen bei ihren Entscheidungen eine Rechtsverletzung oder einen Ermessensmissbrauch an, wenn dem Bieter auf der Grundlage eines Übergewichts an Beweisen ein solcher Nachweis gelang – „preponderance of evidence"[702]. Ein strengerer Beweisstandard obliege im Rahmen der verwaltungsgericht-

---

698 CCL, Inc. v. United States, 39 Fed.Cl. 780, 791 (1997); Aero Corp., S.A. v. United States, 38 Fed.Cl. 408, 412 (1997); W&D Ships Deck Works, Inc. v. United States, 39 Fed.Cl. 638, 648 (1997).

699 48 C.F.R. § 3.104-5 (a): „[...] no person or other entity may disclose contractor bid or proposal information or source selection information to any person other than a person authorized [...] to receive such information."

700 Vgl. United States Court of Federal Claims, Gen. Order No. 38 (May, 1998), G annotation: „[...] the General Order does not mandate production of all core documents in every protest. Rather, the documents to be produced are those core documents that are relevant to the protest filed."

701 Siehe in diese Richtung exemplarisch Bar MK Ranches v. Yuetter, 994 F.2d 735, 739 (10th Cir. 1993): „[...] an agency may not unilaterally determine what constitutes the Administrative Record."

702 Espinoza-Espinoza v. INS, 554 F.2d 921, 924 (9th Cir. 1977); Summit Investigative Serv., Inc. v. Herman, 34 F.Supp.2d 16, 20 (D.D.C. 1998); Franklin Sav. Ass'n v. Director, Office of Thrift Supervision, 934 F.2d 1127, 1135-1136 (10th Cir. 1991): „The trial court correctly noted this would

lichen Prüfung lediglich der eingreifenden Verwaltung bei belastenden Maßnahmen, wenn das Gericht von der Rechtmäßigkeit der behördlichen Entscheidung überzeugt werden soll[703]. Eine solch bieterfreundliche Beweislastverteilung wird den Klägern vor dem „U.S. Court of Federal Claims" dagegen nicht durchgängig zuteil. Das Gericht verlangt grundsätzlich aufgrund eines eindeutigen und überzeugenden Beweises – „clear and convincing evidence" – den Nachweis einer Rechtsverletzung oder den Mangel jeder rationalen Ermessensausübung[704]; wohingegen teilweise auch ein Übergewicht an Beweisen für ausreichend erachtet wurde[705].

c. Der richterliche Prüfungsumfang – „standard of review"

Der „Administrative Dispute Resolution Act"[706] vereinheitliche auch die legislativen Grundlagen richterlicher Kontrolldichte mit dem Verweis auf die einschlägige Regelung des „Administrative Procedure Act"[707]. Die richterrechtliche Praxis war in diesem Punkt dem Gesetzgeber allerdings voraus[708]. Beide Gerichtszüge überprüften vergabebehördliche Entscheidungen auf eindeutige Verstöße gegen bindende Normen – „clear and prejudicial violation" – und behördliche Ermessensausübung auf willkürliche Entscheidungen – „no rational basis"[709]. Der „U.S. Court of Federal

---

require [...] to show by a preponderance of the evidence that the agency's decision „lacked any basis in fact or law or was arbitrary, capricious, or an abuse of discretion."

703 Dantran, Inc. v. U.S. Dep't of Labor, 171 F.3d 58, 70 (1st Cir. 1999) mit Hinweis auf Collins Securities Corp. v. SEC, 562 F.2d 820, 826 (D.C.Cir. 1977). Im Fall war einem Wertpapierhändler aufgrund Anlagebetruges die Lizenz entzogen worden.

704 Shields Enters. v. United States, 28 Fed.Cl. 615, 622 (1993): „[...] upon showing of clear and convincing proof that the award of the contract to another was arbitrary and capricious."; Analytical & Research Tech. Inc. v. United States, 39 Fed.Cl. 34, 52 (1997): „[...] the plaintiff bears the burden to show, by clear and convincing evidence, that no reasonable basis exists for the decision of defandant's procurement officials, or that the procurement process involved a clear and prejudicial violation of applicable statutes and regulations."; EDDC Envtl., LC v. United States, 40 Fed.Cl. 236, 242 (1998).

705 Marine Hydraulics Int'l, Inc. v. United States, 43 Fed.Cl. 664, 669 (1999); Miller-Holzwarth, Inc. v. United States, 42 Fed.Cl. 643, 649 (1999); Alfa Laval Separation, Inc. v. United States, 40 Fed.Cl. 215, 220 (1998).

706 Vgl. 28 U.S.C. § 1491 (b)(4): „In any action under this subsection, the courts shall review the agency's decision to the standards set forth in section 706 of title 5."

707 5 U.S.C. § 706: „Scope of review – [...] The reviewing court shall – (2) hold unlawful and set aside agency action, findings, and conclusions found to be – (A) arbitrary, capricious, an abuse of discretion, or otherwise not in accordance with law; [...]."

708 Eine gesetzgeberische Motivation zum Erlass des Administrative Dispute Resolution Act war die Herstellung eines einheitlichen Nachprüfungsumfanges der Gerichtszweige, um ein forum-shopping zu verhindern; vgl. 142 Cong. Rec. S11848-01 - Comments of Senator Cohen.

709 U.S. Court of Federal Claims - Keco Indus., Inc. v. United States, 492 F.2d 1200, 1203-1204 (Ct.Cl. 1974): „[...] that proof that there was „no rational basis" for the administrative decision

Claims" kontrollierte also auch schon vor 1996 vergaberechtliche Entscheidungen in gleichem Umfang wie die „U.S. District Courts"[710]. Übereinstimmungen in der Sache wurden durch Übereinstimmungen in der Form ergänzt[711]. Beide Gerichtszüge geben der Verwaltung also einen erheblichen Beurteilungsspielraum. Wie auch das „General Accounting Office" überprüfen die Gerichte dabei weniger die Rechtmäßigkeit als die Vertretbarkeit behördlicher Entscheidungen[712].

Die Prüfungsdichte ausgeübter Beurteilungs- und Ermessensspielräume steigt allerdings mit zunehmender Präzisierung der legislativen Vorgaben und der Ausschreibungsbedingungen[713]. Während die Einhaltung umfangreicher technischer Spezifikationen in nicht-offenen Verfahren grundsätzlich lediglich an der Willkürgrenze gemessen wird[714], hob der „U.S. Court of Federal Claims" in einer anderen Sache eine Vergabeentscheidung auf, weil der ausgeschlossene Bieter ein den Kriterien der

---

[...]."; NKF Eng`g, Inc. v. United States, 805 F.2d 372, 376 (Fed.Cir. 1986): „[...] if the contracting agency acts in an arbitrary and capricious, i.e., irrational or unreasonable, manner in rejecting the bid."; Marine Hydraulics Int., Inc. v. Metro Machine Corp., 43 Fed.Cl. 664 (1999): „In determining whether contracting agency acted arbitrarily or capriciously towards unsuccessful bidder, the Court of Federal Claims considers four criteria: whether (1) there was subjective bad faith on the part of procurement officials; (2) there was not a reasonable basis for the procurement decision; (3) the procuring officials abused their discretion; and (4) pertinent statutes or regulations were violated."; U.S. District Courts - Steinthal & Co. v. Seamans, 455 F.2d 1289, 1301 (D.C.Cir. 1971): „[...] (1) courts should not overturn any procurement determination unless the aggrieved bidder demonstrates that there was no rational basis for the agency`s decision [...]."; Sea-Land Services, Inc. v. Brown, 600 F.2d 429, 434 (3rd Cir. 1979): „[...] there is no rational basis for the agency`s decision [...] showing of a clear illegality is an appropriate standard to impose on an aggrieved bidder who seeks judicial relief."; Professionals Bldg. Concepts, Inc. v. City of Central Falls, 974 F.2d 1, 4 (1st Cir. 1992): „[...] failed to demonstrate that the challenged procurement action either had no rational basis or constituted a clear and prejudicial violation of applicable statutes and regulations."

710 GraphicData LLC v. United States, 37 Fed.Cl. 771, 779 (1997): „[...] the standard of review applied [...] in pre-award cases is identical to the standard now imposed on the court by the amendment of the Tucker Act."

711 Cube Corp. v. U.S., 46 Fed.Cl. 368 (2000): „Agency procurement actions may be set aside when they are determined to be „arbitrary, capricious, an abuse of discretion, or otherwise not in accordance with law." 5 U.S.C. § 706 (2)(A)."; Iceland S.S. Co., Ltd.-Eimskip v. U.S. Dept. Of Army, 201 F.3d 451 (D.C.Cir. 2000): „Disappointed bidders may challenge a government contract award under the Administrative Procedure Act (APA), which empowers courts to set aside any agency action that is arbitrary, capricious, an abuse of discretion, or otherwise not in accordance with law. 5 U.S.C. § 706 (2)(A)."

712 *Schütze*, Der Erlaß von Rechtsvorschriften durch die Bundeswirtschaftsverwaltung in den USA 1974, S. 86.

713 Siehe dazu ausführlich *Milton*, Standards of Review of Specifications in Government Procurements: An Equal Protection Analog, 58 Geo.Wash.L.Rev. 573 (1990).

714 Alfa Laval Separation Inc. v. United States, 40 Fed.Cl. 215, 233 (1998): „[...] it is the basic tenant of procurement law that a court is to limit its involvement in the procurement process and intervene only in the most limited circumstances. This maxim is particularly true in a negotiated procurement."

Ausschreibungsbedingung entsprechendes „befriedigendes Angebot" abgegeben hatte, die nach den behördeninternen Vergaberegulierungen zwingend in die Verteilungsentscheidung einzustellen waren[715].

d. Die diskriminierende Entscheidung – „prejudice requirement"

Mit der Erfüllung der vielzähligen vorstehenden Anforderungen sind die Hürden für den Bieter auf dem Wege zur Aufhebung einer rechtswidrigen Behördenentscheidung jedoch noch nicht vollständig überwunden. Der „Administrative Procedure Act" fordert für eine Aufhebung einer behördlichen Entscheidung nicht nur deren Rechtswidrigkeit, sondern auch eine Diskriminierung des Klägers[716]. Die ursprüngliche gesetzgeberische Intention für diese Regulierung bestand darin, nicht rechtsschutzbedürftigen Klägern die Aufhebung behördlicher Entscheidungen zu verwehren, wenn die Behörde selbstständig die behauptete Rechtsverletzung aufgehoben hatte[717].

Insbesondere der „U.S. Court of Federal Claims" nutzte den durch den „Administrative Dispute Resolution Act" eröffneten Anwendungsbereich des „Administrative Procedure Act", um auf der Grundlage dieser Tatbestandsvoraussetzung Bieterklagen abzuweisen. So wurde eine diskriminierende Entscheidung der Vergabebehörde trotz festgestellter Rechtswidrigkeit abgelehnt, wenn ein Sachurteil zugunsten der Kläger deren Stellung im einschlägigen Vergabeverfahren nicht verbessert hätte[718]. Der Bieter müsse ohne Rechtsverletzung entweder eine echte Chance[719] oder eine überwiegende Möglichkeit[720] auf die Zuschlagserteilung gehabt haben. Daher obliegt es dem Bieter vor dem „U.S. Court of Federal Claims" nachzuweisen, dass der Zu-

---

715 Pikes Peak Family Housing, Inc. v. United States, 40 Fed.Cl. 673, 677-678 (1998) „close judicial scrutiny."

716 Vgl. 5 U.S.C. § 706: „In making the foregoing determinations, [...], and due account shall be taken to the rule of prejudicial error."

717 Vgl. S.Rep. No. 79-752, at 27-28 (1945); H.Rep.No. 79 – 1980, at 6 (1945): „[...] a procedural ommission which has been cured prior to the finality of the action involved by affording the party the procedure to which he was originally entitled is no reversible error."

718 Alfa Laval Separation, Inc. v. United States, 175 F.3d 1365 (Fed.Cir. 1999); Advanced Data Concepts, Inc. v. United States, 43 Fed.Cl. 410, 417 (1999); United Int'l Investigative Serv. v. United States, 42 Fed.Cl. 73, 80-81 (1998).

719 Statistica, Inc. v. Christopher, 102 F.3d 1577, 1581 (Fed.Cl. 1996): „[...] had it not been for the statutory or regulatory violation [...] there was a substantial chance it would have received the contract award but for that error."

720 Data General Corp. v. Johnson, 78 F.3d 1556, 1562 (Fed.Cl. 1996): „[...] but for the alleged error, there was a reasonable likelyhood that the protestor would have received the award."

schlag bei rechtmäßigem Vergabeverfahren an sein Unternehmen hätte erteilt werden müssen.
Ansonsten wurde das „pro und contra“ einer stattgebenden Entscheidung von den Aussagen der zuständigen Vergabebeamten abhängig gemacht, die die haftungsausfüllende Kausalität zwischen der Vergaberechtsverletzung und dem Schaden grundsätzlich verneinten[721]. Die „U.S. District Courts“ verlangten dagegen für eine diskriminierende Rechtsverletzung lediglich, dass die Zuschlagserteilung an den Kläger nicht völlig ausgeschlossen war[722].

e. Zusammenfassung / Fazit

Für den Nachweis einer rechtswidrigen Behördenentscheidung obliegt dem unterlegenen Bieter im U.S.- amerikanischen Vergaberecht im Ergebnis ein erheblicher Begründungsaufwand. Nur wenn es dem Bieter gelingt, die Gerichte von einer offensichtlichen Rechtsverletzung oder einer jeder rationalen Grundlage entbehrenden, ermessensmissbräuchlichen Entscheidung zu überzeugen, kommt Primärrechtsschutz in Frage. Insbesondere vor dem „U.S. Court of Federal Claims“, der den Behörden die Entscheidungsgewalt über den Umfang des Akteneinsichtsrecht einräumt, erweist sich dies als eine überaus anspruchsvolle Aufgabe.

5. „Judicial-self-restraint” bei der Sachentscheidung

Doch auch wenn der Bieter das Gericht von einer zulässigen und begründeten Klage überzeugt, ist eine richterliche Revidierung der Vergaberechtsverletzung weiterhin unwahrscheinlich. Die Gerichte sind zwar nach dem „Administrative Procedure Act“ verpflichtet, jede rechtswidrige Verwaltungsentscheidungen aufzuheben[723]; von dieser rechtsstaatlichen Selbstverständlichkeit nahm der Gesetzgeber jedoch das Vergaberecht aus. Der „Administrative Dispute Resolution Act 1996“ offeriert ein erhebliches richterliches Ermessen, ob und wie eine Rechtsverletzung zu beseitigen ist. Das Gericht kann entweder die Rechtsverletzung aufheben oder lediglich die

---

721 Kritisch zum “prejudice requirement” *Phillips*, The Myth of Competitive Prejudice, 21 Andrews Gov`t Cont.Litig.Rep. 3 (1997).

722 Vgl. Kentron Hawaii, Ltd. v. Warner, 480 F.2d 1166, 1181 (D.C.Cir. 1973); Marwais Steel Co. v. Department of the Air Force, 871 F.Supp. 1448, 1454 (D.D.C. 1994); Harvard Interiors MfG. Co. v. United States, 798 F.Supp. 565, 573-574 (E.D.Mo. 1992).

723 5 U.S.C. § 706: „The reviewing court shall – [...] (2) hold unlawful and set aside agency action, findings, and conclusions found to be – [...].“

Erstattung der Angebotskosten anordnen[724]. Den Gerichten ist dabei insbesondere aufgegeben, bei der Ausübung ihres Ermessens die nationale Verteidigung und Sicherheit und das öffentliche Interesse an einer zügigen Durchführung des Vergabeverfahrens zu beachten[725]. Nicht nur deshalb wird dieses Ermessen regelmäßig zu Lasten des Primärrechtsschutzes ausgeübt. Die Unternehmen haben gerade keinen Anspruch auf die Einhaltung der Bestimmungen über das Vergabeverfahren. Rechtsverletzungen bleiben somit in der überwiegenden Zahl der Fälle ungesühnt.

a. Kein Leistungsurteil auf Zuschlagserteilung

So ordnen die Gerichte keine Zuschlagserteilung an den klagenden Bieter an, auch wenn nach den vergabegesetzlichen Vorgaben der Vertragsschluss mit dem Kläger zwingend vorgeschrieben ist. In „Delta Data Systems Corp. v. Webster"[726] hob der „U.S. Court of Appeals for the District of Columbia" auf die Revision des „Federal Bureau of Investigation" ein entsprechendes Urteil des Eingangsgerichts auf[727]. Im Fall hätte der Vertrag unstreitig mit dem Kläger abgeschlossen werden müssen. Das Gericht führte aus, dass selbst im Falle einer solchen Ermessensreduktion auf Null keine abschließende Vergabeentscheidung anstelle der Behörde vorzunehmen sei[728]. Grund dafür sei die fehlende bieterschützende Wirkung der Vergabenormen, die lediglich dem Staat einen wirtschaftlichen und sparsamen Einkauf sichern sollen[729].

---

724 28 U.S.C. § 1491 (b)(2): „To affort relief in such an action, the courts may award any relief that the court considers proper, including declaratory and injunctive relief except that any monetary relief shall be limited to bid preparation and proposal costs. Vereinzelt wird in der Literatur auch die Forderung nach der Gewährung entgangenen Gewinns auf der Grundlage von Treu und Glauben eingefordert; vgl. *Claybrook*, A Modest Proposal: Why Not Award Lost Profits to A Disappointed Bidder ?, 33-SUM Procurement Law. 8 (1998); *ders.*, Good Faith in the Termination and Formation of Federal Contracts, 56 MD.L.Rev. 555, 596-602 (1997).

725 28 U.S.C. § 1491 (b)(3): „In exercising jurisdiction under this subsection, the courts shall give due regard to the interests of national defense and national security and the need for expeditious resolution of the action."

726 Delta Data System Corp. v. Webster, 744 F.2d 197 (D.C.Cir. 1984).

727 Delta Data System Corp. v. Webster, 744 F.2d 197, 198-199 (D.C.Cir. 1984).

728 Delta Data System Corp. v. Webster, 744 F.2d 197, 204 (D.C.Cir. 1984): „It is undisputable that the ultimate grant of a contract must be left to the discretion of a government agency."

729 Delta Data System Corp. v. Webster, 744 F.2d 197, 206 (D.C.Cir. 1984): „In any case, this is not merely a private contract but one for the procurement of goods and services by the federal government. The award procedures established by legislation and regulation for that purpose are not designed to establish private „entitlements" to public business, but rather to produce the best possible contracts for the government in the majority of cases. See Perkins v. Lukens Steel Co., 310 U.S. 113, 127; 60 S.Ct. 869, 876; 84 L.Ed. 1108 (1940); [...] This principle was not changed by the landmark case in which this court recognized the standing of private plaintiffs to sue for violation of procurement laws."

Primärrechtliche Eingriffe der Gerichte in das Vergabeverfahren seien daher immer im Hinblick auf die Interessen der Behörde abzustimmen[730]. Auch der „U.S. Court of Federal Claims" lehnt in Übereinstimmung mit dieser Rechtsprechung die Anordnung einer bestimmten Zuschlagsentscheidung ab[731].

b. Die Aufhebung rechtswidriger Entscheidungen als Ausnahme

Die richterliche Weigerung, gegenüber der Vergabebehörde eine bestimmte Zuschlagserteilung anzuordnen, ist unter dogmatischen Gesichtspunkten nicht zu kritisieren. Wenn es den Bietern an einem Anspruch auf die Einhaltung der Bestimmungen über das Vergabeverfahren fehlt, so kann auch kein Anspruch auf die Zuschlagserteilung bestehen[732].
Wie jedoch schon erwähnt, wurde auch schon vor Erlass des „Administrative Dispute Resolution Act", der Primärrechtsschutz in das Ermessen der Gerichte stellt, entgegen der Vorgaben des „Administrative Procedure Act" erhebliches „judicial self-restraint" ausgeübt. So verweigerten die Gerichte nicht nur die Anordnung einer Zuschlagserteilung, selbst die Aufhebung rechtswidriger Beschaffungsentscheidungen und die Festsetzung einer Wiederholung des Verfahrens blieb die Ausnahme.
In „Simpson Electric Company v. Seamans"[733] klagte ein unterlegener Bieter auf Aufhebung einer rechtswidrigen Zuschlagserteilung an einen Konkurrenten. Der Kläger hatte das niedrigste Angebot abgegeben. Durch einen Fehler der Vergabebehörde war es jedoch nicht rechtzeitig eingegangen[734]. Das Gericht erklärte in Übereinstimmung mit dem klägerischen Vorbringen, dass die Entscheidung des Vergabebeamten, die Angebotsabgabe aufgrund des überschrittenen Abgabezeitpunkts für ungültig zu erachten, willkürlich erfolgte und eigentlich aufzuheben sei[735]. Dennoch hob es die rechtswidrige Behördenentscheidung nicht auf, sondern traf folgende grundsätzliche Feststellungen: Zum einen müsse kein Primärrechtsschutz gewährt werden, vielmehr sei eine Anordnung auf Erstattung von Schadensersatz in Höhe

---

730 Delta Data System Corp. v. Webster, 744 F.2d 197, 207 (D.C.Cir. 1984): „We believe that the [...] needs of the FBI will best be served by giving Delta Data the right to require the FBI to make a [...] reselection of contractor [...] on the basis of the best and final offers previously submitted."

731 MVM, Inc. v. United States, 46 Fed.Cl. 137 (2000): „[...] usually the Court should not make a contract for the parties."

732 Frequency Electronics, Inc. v. U.S. Air Force, 151 F.3d 1029, 1035 (4th Cir. 1998): „Because no one is entitled in advance to the award of a government contract [...]."

733 Simpson Electric Company v. Seamans, 317 F.Supp. 684 (D.D.C. 1970).

734 Simpson Electric Company v. Seamans, 317 F.Supp. 684, 685 (D.D.C. 1970).

735 Simpson Electric Company v. Seamans, 317 F.Supp. 684, 687 (D.D.C. 1970).

des negativen Interesses ausreichend[736]. Darüber hinaus seien die Vergabebehörden weder an Feststellungs- noch an Leistungsurteile gebunden. Der Staat müsse solchen richterlichen Anordnungen nicht folgen, sondern könne vielmehr eine Klage des unterlegenen Bieters auf Schadensersatz vor dem „U.S. Court of Claims“ abwarten[737].
In „O'Donnell Constr. Co. v. District of Columbia“[738] positionierte das Gericht neben die behördlichen Interessen das Vertrauensschutzinteresse des begünstigten Konkurrenten gegen die Gewährung von Primärrechtsschutz. Eine Aufhebung rechtswidriger Entscheidungen käme nur dann in Frage, wenn eine Beeinträchtigung der Interessen des Begünstigten gering sei. Feststellungs- oder Leistungsurteile könnten grundsätzlich nur dann ergehen, wenn die Klage vor Vertragsschluss anhängig gemacht wurde. Im Hinblick darauf, dass die unterlegenen Bieter erst nach Zuschlagserteilung über die Gründe ihrer Nichtberücksichtigung informiert werden[739], wurde damit eine überaus weitgehende Absage an einen richterlichen Eingriff in das behördliche Vergabeverfahren getroffen[740].
Selbst wenn die Aufhebung einer rechtswidrigen Entscheidung angeordnet wurde, zeigen die Entscheidungsgründe der einschlägigen Urteile, dass nur in absoluten Ausnahmefällen ein Sachurteil zugunsten des Klägers ergeht. Exemplarisch sei ein Fall erwähnt, in dem ein Gericht über eine amerikanische Version der „Flucht ins Privatrecht“ zu entscheiden hatte. Die „Federal Aviation Administration“ hatte den Betrieb eines Flughafens auf eine von ihr beherrschte privatrechtliche Stiftung übertragen[741]. Die Beschaffungen erfolgten deshalb auch ohne Beachtung der einschlägi-

---

736 Simpson Electric Company v. Seamans, 317 F.Supp. 684, 688 (D.D.C. 1970): „[...] mandatory relief by way of injunction is not required to preserve the integrity of the bid process since a declaration of rights with the liability of damages that will flow therefrom will suffice.“

737 Simpson Electric Company v. Seamans, 317 F.Supp. 684, 688 (D.D.C. 1970): „As already indicated, the scope of review is narrow, and once the rights of litigants are declared, the Government should in the normal case be free to make choices as to whether it will run the risk of damages, open the contract for rebidding, resolve the dispute by negotiation, or meet its needs, if they still exist, in some other fashion.“

738 O'Donnell v. District of Columbia, 963 F.2d 420, 428-429 (D.C.Cir. 1992): „A forward-looking injunction would not upset any contractual relations already in place, thus minimizing the adverse impact on third parties.“

739 Vgl. dazu nochmals 41 U.S.C. § 253 b (e)(2)(A)-(F); 10 U.S.C. § 2305 (b)(1)(B)(i)-(vi).

740 Doch selbst die erfolgreiche Anfechtung einer rechtswidrigen Entscheidung vor Zuschlagserteilung sichert kein stattgebendes Feststellungs- oder Leistungsurteil Steinthal & Co. v. Seamans, 455 F.2d 1289, 1301 (D.C.Cir. 1971): „[...] (1) courts should not overturn any procurement determination unless the aggrieved bidder demonstrates that there was no rational basis for the agency's decision; and (2) even in instances where such a determination is made, there is room for sound judicial discretion, in the presence of overriding public interest considerations, to refuse to entertain declaratory or injunctive actions in a pre-procurement context.“

741 Motor Coach Industries, Inc. v. Dole, 725 F.2d 958 (4th Cir. 1984).

gen Vergaberegulierungen. Das Gericht stellte richtigerweise fest, dass eine solche Konstruktion das öffentliche Auftragsrecht zu „dead letters on a page" mutieren lassen würde. Aufgrund der außergewöhnlichen Situation wurde die Aufhebung des angefochtenen Vergabevertrages angeordnet, allerdings nicht ohne den Hinweis, dass bei einem „normalen" Rechtsverstoß kein Feststellungs- oder Leistungsurteil zu ergehen habe[742].

c. Der Zeitfaktor bei der Gewährung von Primärrechtsschutz

Die schon geringe Möglichkeit vor den Gerichten Primärrechtsschutz zu erlangen, verringert sich noch, wenn es den klagenden Bietern nicht gelingt, die Aussetzung der Zuschlagserteilung oder der Vertragsausführung – durch einen Nachprüfungsantrag beim „General Accounting Office" oder einstweilige Verfügung des Gerichts – bis zur Entscheidung in der Hauptsache zu erreichen. Denn sonst wird den Klägern, selbst wenn sie in der Hauptsache obsiegen, regelmäßig nur der Ersatz der Angebotskosten zugesprochen, da die Gerichte bei begonnener Vertragsausführung ein Überwiegen des öffentlichen Interesses am endgültigen Vollzug der Beschaffung über das Aufhebungsinteresse des rechtswidrig benachteiligten Bieters annehmen[743].

---

742 Motor Coach Industries, Inc. v. Dole, 725 F.2d 958, 968 (4th Cir. 1984): „There are, however, sound reasons for treating the present situation differently from the normal case. The FAA's convuluted dealings did not constitute a technical violation of the FPASA, as is often the case in such challenges. Rather, the agency completely ignored the Act's substantive and procedural requirements by using the Trust as a purchasing agent. Allowing the purchase contract to stand in such circumstances would soon make the procurement statutes little more than „dead letters on a page"."

743 Delta Data Systems Corp. v. Webster, 755 F.2d 938, 939 (D.C.Cir. 1985): „It was the the premise of our earlier decision that considerable performance has already taken place under the SDC contract, and our conclusion made clear that we thought it inappropriate, in order to secure faithful compliance with federal contracting laws, to interrupt the contract at such stage – not only if the Bureau failed to make the reselection properly, but even if the FBI properly made the reselection and determined that Delta Data should have won."; Keco Industries, Inc. v. Laird, 318 F.Supp. 1361, 1364 (D.D.C. 1970): „[...] given partial performance of the contract, only very serious governmental irregularities will support injunctive relief."; BK Instrument, Inc. v. United States, 715 F.2d 713, 730 (2nd Cir. 1983): „Here it seems likely that the contract will be well on its way to performance before the district court can pass on BK's claim. Small as BK's chances to obtain injunctive relief may be, [...]."; Wheelabrator Corp. v. Chafee, 455 F.2d 1306, 1316 (D.C.Cir. 1971): „The preliminary injunction by a court pending GAO determinations may provide a felicitous blending of remedies and mutual reenforcement of forums, since even the relatively expedious GAO may run into delays on decisions that undercut effectiveness of relief."; Buffalo Cent. Terminal v. U.S., 886 F.Supp. 1031, 1036 (W.D.N.Y. 1995): „[...] partial performance of a contract, in this case substantial partial performance over a five year period, is an important factor which typically leads to the denial of equitable relief to frustrated bidders."

d. Zusammenfassung / Fazit

Die Achtung behördlicher Entscheidung durch die Gerichte ist erheblich[744]. Ohne einen Anspruch der Bieter auf Einhaltung der Vergabevorschriften ist die Nachprüfung öffentlicher Auftragsvergaben lediglich eine Art „Gnadenverfahren". Neben der gesetzlichen Verpflichtung auf einen zurückhaltenden Eingriff in das Vergabeverfahren[745] scheuen die Gerichte die schwierige technische Auseinandersetzung mit den vergabebehördlichen Entscheidungen und gewähren den Vergabebehörden einen erheblichen Beurteilungsspielraum[746]. Lediglich bei erfolgreicher Aussetzung von Zuschlagserteilung oder Vertragsausführung – zunächst durch den Nachprüfungsantrag vor dem „General Accounting Office" und daraufhin durch einstweilige Verfügung des Gerichts[747] – haben die Antragsteller eine greifbare Möglichkeit, bei Nachweis einer rechtswidrigen Entscheidung, auch ein stattgebendes Feststellungs- oder Leistungsurteil und nicht nur die Gewährung der Angebotskosten zu erreichen. Wenn demnach einschlägige Untersuchungen ergeben, dass die unterlegenen Bieter in 29% der Fälle vor den Gerichten obsiegen, ist dies nicht gleichbedeutend mit Primärrechtsschutz, sondern umfasst gleichzeitig auch die stattgebenden Urteile, die

---

744 U.S. Court of Federal Claims - United States v. John C.Grimberg, Co., Inc., 702 F.2d 1362, 1372 (Fed.Cir. 1983); Richterlicher Eingriff in den Vergabeprozess „only in limited circumstances."; MVM, Inc. v. United States, 46 Fed.Cl. 137 (2000): „In fashioning relief for a successful bid protester, the Court of Federal Claims must avoid intruding too greatly into the affairs of the agency [...]."; U.S. District Courts - Steinthal & Co. v. Seamans, 455 F.2d 1289, 1301 (D.C.Cir. 1971): „[...] to exercise with restraint the power to enjoin a procurement."; BK Instrument, Inc. v. United States, 715 F.2d 713, 730 (2nd Cir. 1983): „Although finding some merit in frustrated bidders` claims, courts have leaned toward favoring the Government interests."; Buffalo Cent. Terminal v. U.S., 886 F.Supp. 1031, 1036 (W.D.N.Y. 1995): „[...] very serious governmental irregularities alleged by plaintiff, if proven at trial, may be sufficient to meet its heavy burden to show that injunctive relief is warranted."; Wilke, Inc. v. Department of the Army of the U.S., 485 F.2d 180, 182 (4th Cir. 1973): „[...] granting any relief to disappointed bidder is unusual."

745 28 U.S.C. § 1491 (b)(3): „In exercising jurisdiction under this subsection, the courts shall give due regard to the interests of national defense and national security and the need for expeditious resolution of the action."

746 Steinthal & Co. v. Seamans, 455 F.2d 1289, 1301 (D.C.Cir. 1971): „The court is at one and the same time confronted with a number of technical procurement statutes and regulations, contract provisions and specifications, and asked to determine expediously whether the procurement should proceed. [...] The balancing of the public interest in free and fair competitive bidding against both the fairness to the parties and the Government`s contractual needs requires informed judgments by officials continously faced with such decisions, not by the courts which are unfamiliar with, and ill-equipped to handle, problems couched in these procurment terms."

747 Bean Dreging Corporation v. United States, 19 Cl.Ct. 561, 583 (1990): „We find a permanent injunction to be in the public`s interest in this case [...]."; Magna Vox Elec. Sys. Co. v. United States, 26 Cl.Ct. 1373, 1379 (1992): „A plaintiff moving for a preliminary injunction need only allege, in order to establish irreparable injury, that by failing to enjoin, it will not be awarded the contract and will lose profits thereunder."

lediglich das negative Interesse zusprechen[748]. Daher kann es auch nicht verwundern, dass sich die Bieter zur Durchsetzung ihrer wirtschaftlichen Interessen nur noch in Ausnahmefällen auf gerichtlichen Rechtsschutz verlassen. So wurden zwischen dem 1. Januar 1997 und dem 1. August 1999 vor dem „U.S. Court of Federal Claims“ und den „U.S. District Courts“ überhaupt nur 184 Klagen anhängig gemacht[749]. Der Staat hat mehr oder weniger unbeeinflusst von richterlichen Entscheidungen die Befugnis, seine öffentlichen Einkäufe nach eigenem Gutdünken zu organisieren. Die Aussagen von „Perkins v. Lukens Steel“ haben trotz des „Administrative Procedure Act 1946“ ihren nachteiligen Einfluss auf den Schutz unterlegener Bieter bei der Vergabe öffentlicher Aufträge nicht verloren[750].

6. Die „Override decisions“ der Vergabebehörden und die Gerichte

Der Zeitfaktor spielt demnach für die Erlangung von Primärrechtsschutz, sei es durch das „General Accouting Office“ oder die Gerichte, eine überragende Rolle. Für den antragstellenden Bieter ist es daher essentiell, durch einen Nachprüfungsantrag beim „General Accouting Office“ die Zuschlagserteilung[751] oder die Vertragsausführung[752] bis zur Entscheidung des „Comptroller General“ zu suspendieren.

Es obliegt nach dem „Competition in Contracting Act 1984“ allerdings dem Ermessen der Vergabebehörden, den einschlägigen Suspensiveffekt aufzuheben. Die aufschiebende Wirkung des Bieterantrages kann ausgesetzt werden, wenn die Beschaffung so dringlich ist, dass die öffentlichen Interessen an einer Versorgung des Staates das individuelle Interesse des Bieters an einer Aussetzung des Vergabevorganges überwiegen[753]. Ist das Vergabeverfahren durch Erteilung des Zuschlags schon abge-

---

748 *Lieberman*, Bid Protest at the Court of Federal Claims and the General Accounting Office: A comparison, 67 Fed.Cont.Rep. 383 (1997).

749 Vgl. BNA Federal Contracts Daily News, April 27 (2000).

750 Control Data Corp. v. Baldrige, 655 F.2d 283, 293 (D.C.Cir. 1981): „[...] as the „unrestricted power [...] to fix the terms and conditions upon which it [the Government] will make needed purchases,“ [...] Perkins v. Lukens Steel [...], this prerogative is one traditionally exercised by the legislative and executive branches rather than the judiciary.“

751 31 U.S.C. § 3553 (c)(1).

752 31 U.S.C. § 3553 (d)(3)(A)(i)(ii), (d)(4)(A).

753 Vgl. 31 U.S.C. § 3553 (c)(2)(A): „[...] that urgent and compelling circumstances which significantly affect interests of the United States will not permit waiting for the decision of the Comptroller general [...].“

schlossen, kann die Suspendierung der Vertragsausführung aufgehoben werden, wenn es im „besten" Interesse der Vereinigten Staaten ist[754].

Nehmen die Vergabebehörden diese Möglichkeit wahr, gilt es für die antragstellenden Bieter vor Gericht auf dem Weg einer einstweiligen Verfügung die Wiederherstellung der aufschiebenden Wirkung des Nachprüfungsantrages zu erreichen. Im Rahmen dieser Verfahren zeichnet sich dabei eine Entwicklung ab, die langfristig den Suspensiveffekt als Instrument des Bieterschutzes seiner Wirksamkeit berauben wird.

a. Die „Override decisions" vor den U.S. District Courts

Es gilt also für den Bieter ermessensmissbräuchliche Aussetzungsentscheidung der Behörden von den Gerichten aufheben lassen. Das bereitet insbesondere deshalb Schwierigkeiten, weil es im U.S.- amerikanischen Verwaltungsrecht weitgehend ungeklärt ist, ob und welches Ermessen der Behörden richterlicher Prüfung zugeführt werden kann. Diese Problematik entsteht aus der widersprüchlichen Regelung dieser Frage im „Administrative Procedure Act". So nimmt das Gesetz auf der einen Seite behördliches Ermessen von gerichtlicher Prüfung aus[755], um auf der anderen Seite den Gerichten zwingend die Aufhebung willkürlicher Ermessensentscheidungen vorzuschreiben[756]. Es obliegt somit richterlicher Einzelfallentscheidung, welche Ermessensnorm, welcher Regelung unterfällt.

Vor diesem Hintergrund hatten sich die „U.S. District Courts" mit der Problematik auseinanderzusetzen, zu welcher Gruppe von Ermessen die Aussetzungsentscheidungen der Vergabebehörden gehören. Während ein Teil der Gerichte in den Aussetzungsentscheidung eine richterlich nicht zu überprüfende Ermessensentscheidung der Behörde sah[757], prüften andere Gerichte diese Entscheidungen auf Ermessens-

---

754 Vgl. 31 U.S.C. § 3553 (d)(3)(C)(i)(I)(II): „[...] performance of the contract is in the best interests of the United States; [...]."

755 5 U.S.C. § 701 (a)(2): „This chapter applies [...] except to the extent that [...] agency action is committed to agency discretion by law."

756 5 U.S.C. § 706 (2)(A): „The reviewing court shall– [...] (2) hold unlawful and set aside agency action [...] found to be– (A) arbitrary, capricious, an abuse of discretion, or otherwise not in accordance of law; [...]."

757 Topgallant Group, Inc. v. United States, 704 F.Supp. 265, 266 (D.D.C. 1988): „Military determinations based on a statutorily created procedure for making a discretionary finding that a given course of action would be in the „best interests of the United States" are not subject to judicial review in the absence of gross impropriety, bad faith, fraud, or conscious wrongdoing of a type sufficient to undercut the presumption that the personnel involved have been genuinely acting as government officials."; Foundation Health Federal Services v. United States, 1993 WL 738426, 1, 4

missbrauch[758]. Auffällig war indes, dass eine richterliche Überprüfung immer dann abgelehnt wurde, wenn die Aufhebung des Suspensiveffekts eines nach Zuschlagserteilung eingelegten Nachprüfungsantrages mit der „best interest“ Begründung zur Entscheidung anstand[759]. Dies bestätigte auch Überlegungen in der Literatur, wonach nur „vollständiges Ermessen“ von richterlicher Kontrolle ausgeschlossen ist[760]; wobei die Aussetzungsentscheidung lediglich aufgrund der „best interests“ der Vereinigten Staaten diesem vollständigen Verwaltungsermessen sehr nahe zu kommen scheint. Die gesetzgeberischen Vorgaben an eine Aufhebung des Suspensiveffektes hinsichtlich der Zuschlagsentscheidung vor Vertragsschluss muss dagegen neben den öffentlichen Interessen auch mit einer besonders dringlichen Beschaffung begründet werden. Wenn sich die Überlegung durchsetzt, dass Aussetzungsentscheidungen mit der „best interests“ Begründung nach Erteilung des Zuschlags gerichtlich nicht überprüft werden können, wird den Vergabebehörden auf diesem Wege die Möglichkeit eröffnet, die Aussetzung des Suspensiveffektes gegen richterliche Prüfung weitgehend abzusichern.

Denn die Behörden müssen lediglich dafür sorgen, dass sich ihre Aussetzungsentscheidung auf einen Nachprüfungsantrag bezieht, der nach Vertragsschluss eingelegt wurde. Bedenkt man, dass die nicht berücksichtigten Bieter erst nach Zuschlagserteilung die relevanten Gründe für ihr Unterliegen von der Vergabebehörde mitgeteilt bekommen, somit Nachprüfungsanträge nach Vertragsschluss die Regel sind, kann eine Aufhebung des Suspensiveffektes in der überwiegenden Zahl der Fälle von vornherein schon mit den überragenden Interessen der Vereinigten Staaten begründet werden[761]. Diese Situation kann jedoch auch künstlich herbeigeführt werden, indem die aufschiebende Wirkung eines Nachprüfungsantrages vor Zuschlagsertei-

---

(D.D.C. Jan. 14, 1994): „An override of a pre-award stay, [...], cannot rely upon the agency`s unreviewable „best interests“ determination.“

758 In Blue Cross Blue Shield of Texas, Inc. v. Office of Civil Health and Medical Prog. Of the Uniformed Services, 889 F.Supp. 955, 957 (N.D.Tex.1995) lehnte das Gericht im Ergebnis den Antrag auf einstweilige Verfügung ab, stellte jedoch vorher gestützt auf 5 U.S.C. § 706 (2)(A) fest, dass „[...] federal courts must be empowerded to review the agency`s reasons underlying these findings (override decisions), otherwise wholly irrational, vindicative, or even blatantly unconstitutional action could proceed unchecked.“; In diese Richtung auch Taylor Group, Inc. v. Johnson, 915 F.Supp. 295, 298 (M.D.Ala. 1995); DTH Mgmt. Group v. Kelso, 844 F.Supp. 251, 253 (E.D.N.C. 1993); Dairy Maid Dairy, Inc. v. United States, 837 F.Supp. 1370, 1376 (E.D.Va. 1993).

759 Topgallant Group, Inc. v. United States, 704 F.Supp. 265 (D.D.C. 1988); Foundation Health Federal Services v. United States, 1993 WL 738426 (D.D.C. Jan. 14, 1994).

760 In diese Richtung *Jaffe*, Judicial Control 1965, S. 360.

761 Eine solche Entwicklung ebenfalls befürchtend *Saviano*, Overriding A Competition In Contracting Act Stay: A Trap For The Wary, Army Law. 22, 36 (1995).

lung schlicht ignoriert und der Zuschlag erteilt wird[762]. Dies ist eine überaus fatale Situation für die unterlegenen Bieter, denen der Suspensiveffekt als Sicherungsinstrument zur Erlangung von Primärrechtsschutz verloren zu gehen droht[763].

b. Die „Override decisions" vor dem U.S. Court of Federal Claims

Demgegenüber lehnte der „U.S. Court of Federal Claims"[764] zunächst die eigene sachliche Zuständigkeit für eine Überprüfung der behördlichen Aussetzung der suspendierenden Wirkung eines Nachprüfungsantrages gänzlich ab[765]. Das Gericht stützte dieses Ergebnis auf eine restriktive Auslegung des „Administrative Dispute Resolution Act", der lediglich eine sachliche Zuständigkeit für die Prüfung von Nachprüfungsanträgen enthalten solle. Das Gesetz gewährt jedoch eine Entscheidungszuständigkeit für jeden behaupteten Rechtsverstoß im Zusammenhang mit öffentlichen Auftragsvergaben[766], so dass die einschlägige Entscheidung zutreffenderweise im Rechtsmittelverfahren aufgehoben wurde[767]. Ob der „U.S. Court of Federal Claims" allerdings im Einklang mit den „U.S. District Courts" die „best interests overrides" der Vergabebehörden als richterlich nicht überprüfbare Ermessensentscheidungen einordnen wird, lässt sich nicht mit Sicherheit vorhersehen. Vor dem Hintergrund, dass das Gericht in „American Federation of Government Employees v. United States"[768] die Prüfung vergabebehördlicher Entscheidungen auf

---

762 Zu diesen Überlegungen *Hansen*, CICA without Enforcement: How Procurement Officials and Federal Courts Decisions are Undercutting Enforcement Provisions of the Competition in Contracting Act, 6 Geo. Mason L.Rev. 131, 154-55 (1997).

763 In diese Richtung gleichfalls *Riordan*, Federal Court Actions Challenging Agency Overrides of the CICA Stay, 23 Pub.Cont.L.J. 397, 408-409 (1994).

764 Ramcor Serv. Group Inc. v. United States, 41 Fed.Cl. 264, 268 (1998): „Whether the INS acted in an arbitrary and capricious manner in its decision to override the GAO stay is a question within the exclusive purview of the district courts."

765 Das hätte aufgrund der inzwischen ausschließlichen Zuständigkeit des U.S. Court of Federal Claims (vgl. 3. Teil A.IV.7) dazu geführt, dass kein Gericht mehr für die Überprüfung der Aussetzungsentscheidungen der Vergabebehörden zuständig gewesen wäre; vgl. *Allen/Maynard/ Silien*, The ADRA and Post-award Bid Protest at the Court of Federal Claims: New Options to Weigh, 71 Fed.Cont.Rep. 483 (1999). Zu entsprechenden Befürchtungen der Anwaltschaft BNA Federal Contracts Daily, News, Feb. 24 (2000) – Ramcor Alleviated Concern as to COFC Jurisdiction.

766 28 U.S.C. § 1491 (b)(3): „Both the United States Court of Federal Claims and the district courts of the United States shall have jurisdiction [...] to [...] any alleged violation of statute or regulation in connection with a procurement or proposed procurement."

767 Ramcor Serv. Group, Inc. v. United States, 185 F.3d 1286 (Fed.Cl. 1999).

768 American Federation of Government Employees v. United States, 2000 WL 567563 (Fed.Cl. 2000) 1, 8: „Thus, in enacting the ADRA, Congress intended to give the COFC „the full range of bid protest cases that were previously heard exclusively in the federal district courts, in addition to the same bid protest jurisdiction it exercised prior to the ADRA"."

der Grundlage des „Administrative Procedure Act“ – mit der widersprüchlichen Regelung hinsichtlich der richterlichen Prüfung von Ermessensentscheidungen – anerkannt hat, ist dies jedoch wahrscheinlich. Die allgemeine Achtung der Rechtsprechung der „U.S. District Courts“ durch den „U.S. Court of Federal Claims“ lässt erahnen, dass sich die Resultate einschlägiger Entscheidungen nicht wesentlich von den Überlegungen der allgemeinen Bundesgerichte unterscheiden werden.

7. Die Abschaffung der sachlichen Zuständigkeit der U.S. District Courts

Wie das Jahr 1984 mit Einführung der Nachprüfungszuständigkeit des „General Services Board of Contract Appeals“ und der gesetzlichen Etablierung des „General Accounting Office“ als Nachprüfungsforum für die unterlegenen Bietern in gewissem Umfang primärrechtliche Einflüsse auf das Vergabeverfahren eröffnete, so bildet das Jahr 1996 den entsprechenden Gegensatz. Nicht nur, dass mit dem „National Defence Authorization Act for the Fiscal Year 1996“ das „General Services Board of Contract Appeals“ als bieterfreundlichstes Forum seiner Zuständigkeit beraubt wurde; auch schaffte der „Administrative Dispute Resolution Act 1996“ mittels einer „sunset provision“ die sachlichen Zuständigkeit der „U.S. District Courts“ mit Wirkung zum 1. Januar 2001 ab[769]. Damit besitzt nun der „U.S. Court of Federal Claims“ die ausschließliche Zuständigkeit für Bieterklagen im Vergaberecht. Die schleichende Beseitigung effektiven Bieterschutzes durch den Gesetzgeber erreichte mit dieser Maßnahme ihren derzeitigen Höhepunkt.
Durch die Konzentration gerichtlicher Nachprüfung auf den „U.S. Court of Federal Claims“ soll ein „forum-shopping“ klagender Bieter zwischen den Instanzenzügen und innerhalb der „U.S. District Courts“ verhindert werden[770]. Dieses Anliegen vermag jedoch als Argument für eine solche Konzentration nicht zu überzeugen. Zum einen ist ein „forum-shopping“ innerhalb der „U.S. District Courts“ von vornherein nicht möglich, weil die örtliche Zuständigkeit der allgemeinen Bundesgerichte bei Klagen gegen den Bund gesetzlich auf den District festgelegt ist, in welchem die handelnde Behörde ihren Sitz hat[771]. Einschlägige Entscheidungen zeigen, dass sich

---

769 Administrative Dispute Resolution Act, Pub.L.No. 104-320, § 12(d), 110 Stat. 3870 (1996): „The jurisdiction of the district courts of the United States over actions described in section 1491(b)(1) of title 28, United States Code shall terminate on January 1, 2001 unless extended by Congress.“

770 Diese Vorteile behauptend *Gump*, Rationalizing the Procurement Dispute Process: The Case of Consolidating Federal Court Bid Protest Forum, 42 Fed.Law. 20, 22-24 (1995).

771 Vgl. 28 U.S.C. § 1391 (e): Die Klage kann nur vor dem Gericht anhängig gemacht werden, in dem „[...] (1) a defendant in the action resides, (2) a substantial part of the events or omissions giving rise to the claim occured, or a substantial part of property that is the subject of that action is situated, or (3) the plaintiff resides if no real property is involved in the action.“

die Gerichte auch an diese Vorgaben halten[772]. Zum anderen müsste diese Problematik auch bei der allgemeinen Zuständigkeit der Gerichte eine Rolle spielen, mit der Folge, dass konsequenterweise eine Konzentration sämtlicher Zuständigkeiten auf ein Gericht zu vollziehen wäre[773].

Ein „forum-shopping" zwischen den „U.S. District Courts" und dem „U.S. Court of Federal Claims" wäre für den Bieter überdies nur von begrenztem Wert, nachdem für beide Gerichte derselbe Nachprüfungsstandard festgelegt wurde[774]. Spätestens mit der Entscheidung „American Federation of Government Employees v. United States"[775] ist auch durch den „U.S. Court of Federal Claims" die Identität der Grundlagen von Bieterklagen zwischen beiden Instanzenzügen anerkannt. Die weitgehend kongruente Rechtsprechung entzieht dieser Argumentation gegen eine konkurrierende Zuständigkeit beider Gerichtszüge den Boden[776]. Darüber hinaus war die bisherige Zuständigkeitsregelung dogmatisch auch überaus fruchtbringend, stützen sich doch beide Gerichte regelmäßig auf die Präjudizien der „Konkurrenz". Die Gerichte konnten auf diese Weise zur Rechtsfindung von der Fülle der Entscheidungen zu identischen Rechtsfragen profitieren[777].

Zudem kann sich die fehlende sachliche und persönliche Unabhängigkeit der Richter des „U.S. Court of Federal Claims" nachteilig auf eine unbeeinflusste Analyse der Vergabeverfahren auswirken[778]. Die Exekutive könnte durch die zeitliche begrenzte

---

772 Vgl. Davies Precision Machining, Inc. v. Defence Logistics Agency, 825 F.Supp. 105 (E.D.Pa. 1993), in welchem das Gericht 28 U.S.C. § 1391 (e) dahin gehend auslegte, dass nicht in jedem District, in welchem die Bundesbehörde ein Büro hat, auch gegen die gesamte Behörde geklagt werden könne.

773 Vgl. dazu 28 U.S.C. § 1391 (a), (b) für die allgemeine Zuständigkeit der Gerichte für „Questions of Federal law" und „diversity of citizenship".

774 Vgl. dazu 28 U.S.C. § 1491 (b)(4) mit Verweis auf 5 U.S.C. § 706.

775 American Federation of Government Employees v. United States, 2000 WL 567563 (Fed.Cl. 2000) 1, 8. „Thus, in enacting the ADRA, Congress intended to give the COFC „the full range of bid protest cases that were previously heard exclusively in the federal district courts, in addition to the same bid protest jurisdiction it exercised prior to the ADRA"."

776 Gleichfalls in diese Richtung argumentierend *Mason*, Bid Protests and the U.S. District Courts – Why Congress should not allow the Sun to set on this effective Relationship, 26 Pub.Con.L.J. 567, 597 (1997).

777 Dass sowohl U.S. Court of Federal Claims als auch U.S. District Courts sich auf die jeweils anderen Präjudizien zur eigenen Entscheidungsfindung stützen, wird bei einem exemplarischen Blick auf die vorstehend vielfältig besprochene Rechtsprechungspraxis deutlich. In diese Richtung auch *Revesz*, Specialized Courts and the Administrative Lawmaking System, 138 U.Pa.L.Rev. 1111, 1156-1157 (1991).

778 28 U.S.C. § 172 (a): „Each judge of the United States Court of Federal Claims shall be appointed for a term of fifteen years."; dazu grundlegend *Posner*, Will the Federal Courts Survive Until 1984: An Essay on Delegation and Specialization of the Judicial Function, 56 S.Cal.L.Rev. 761, 783 (1983).

Berufung der Richter einen Anreiz erhalten, die entsprechenden Nominierungen zu ihren Gunsten zu beeinflussen[779]. Der bereits erwähnte Einfluss des Justizministeriums auf die Richterschaft des „U.S. Court of Federal Claims" zeigt bereits solche praktischen Auswirkungen auf das Vergabenachprüfungsverfahren. Weiterhin werden die Anwälte des den Bund regelmäßig vertretenden Justizministeriums durch den häufigen persönlichen Kontakt zu denselben Richtern am „U.S. Court of Federal Claims" eine Art „Home Court Advantage" erreichen[780]. Die Reichweite bieterschutzrechtlicher Möglichkeiten ist mit der Abschaffung der Zuständigkeit der neutralen „U.S. District Courts" damit erheblich dem politischen Einfluss geöffnet[781].

8. Subjektiv-öffentliche Rechte bei der Vergabe öffentlicher Aufträge

a. „Procedural Due Process" bei Auftragssperren

Unternehmer sind im Rahmen der Vergabe öffentlicher Aufträge allerdings nicht vollkommen rechtlos gestellt. Subjektive Rechte gegen rechtswidriges Handeln der Träger öffentlicher Gewalt hält die Verfassung bereit. Grundlage bilden das V. und XIV. Amendment: „No person [...] shall be deprived of life, liberty, or property without due process of law." Die „due process clause" ist also nach ihrem Wortlaut zunächst ein formelles subjektiv-öffentliches Recht[782]. Eingriffe der Verwaltung in verfassungsmäßig geschützte Rechte dürfen nur nach Anhörung der Betroffenen ergehen. Diese Vorgaben gelten dabei nicht nur für die Eingriffs-, sondern auch für

---

779 28 U.S.C. § 171 (a): „The president shall appoint, by and with the advice and consent of the Senate, sixteen judges who shall constitute a court of record known as the United States Court of Federal claims."
Zu den Möglichkeiten einer Beeinflussung von Richtern mit lediglich 15-jähriger Berufung; vgl. *Posner*, Will the Federal Courts Survive Until 1984: An Essay on Delegation and Specialization of the Judicial Function, 56 S.Cal.L.Rev. 761, 783 (1983).

780 *Bruff*, Specializied Courts in Administrative Law, 43 Admin.L.Rev. 329, 331 (1991): „Those who litigate repeatedly before a particular Court possess natural advantages over occasional participants."; ebenfalls kritisch zur „sun-set-provision" *Cantor*, Bid Protest and Procurement Reform: The Case for leaving well enough alone, 27 Pub.Cont.L.J. 155 (1997).

781 *Posner*, Will the Federal Courts Survive Until 1984: An Essay on Delegation and Specialization of the Judicial Function, 56 S.Cal.L.Rev. 761, 783 (1983): „A specialized court will tend to be less independent of the political process than a generalist court because its work can be more effectively monitored and controlled by the political branches of government – that is, by the executive and legislative branches. It is easier to predict someone will decide cases in his speciality than how he will decide cases across the board, determine the character and policies of the court."

782 *Tribe*, American Constitutional Law 1988, S. 663-768: „The minimal requirement of notice and a hearing guaranteed by the Due Process Clause of the Fifth and Fourteenth Amendments, if the deprivation of a significant life, liberty, or property interest will occur."

die Leistungsverwaltung[783]. Wann jedoch bei der Verteilung staatlicher Leistungen eine Eigentums- oder Freiheitsgewährleistung in Frage steht, ergibt sich nicht unmittelbar aus der Verfassung, sondern muss anhand einer Auslegung des einfachen Rechts ermittelt werden[784]. Die „due process clause" des V. und XIV. Amendment ist demnach keine absolute Verfahrensvorschrift, sondern enthält eine vom materiellen Recht abhängige Verfahrensposition. Die Gerichte prüfen dabei das Vorliegen und den Umfang der verfassungsrechtlichen Gewährleistung in einem zweistufigen Test: zunächst muss ein Anspruch auf die in Frage stehende Leistung bestehen, damit die relevante Maßnahme einen Eingriff in die durch die Verfassung geschützten Rechte darstellen kann. Daraufhin ist der im Einzelfall zu gewährende prozessuale Schutz zu definieren[785].

Auf der Grundlage des Rechtsprechungsmaterials können allerdings keine hinreichend generellen Aussagen getroffen werden, wann die Gerichte einen solchen Anspruch auf eine staatliche Leistung anerkennen. Augenfällig ist jedoch, dass besonderer Wert auf den Umfang des legislativ eingeräumten Ermessens gelegt wird. Je geringer das Ermessen, desto eher wird ein gesetzlich eingeräumter Anspruch bejaht[786]. Bindend geregelte Leistungsgewährung stellen i.d.S. einen einfachgesetzlichen Anspruch dar, der von der Eigentumsgewährleistung der „due process clause" umfasst ist und deren Entzug ohne Anhörung als verfassungswidrig aufgehoben werden kann[787].

Die Gewährung subjektiv-öffentlicher Rechte auf der Grundlage der „due process" Klausel geht dabei sogar auf die Zeit zurück, bevor der „U.S. Court of Appeals for the District of Columbia" in „Scanwell v. Shaffer"[788] den Bietern den Rechtsweg zur Prüfung von Vergabeverfahren eröffnete. Die Gerichte befanden über Bieterklagen, in denen die Rechtswidrigkeit von Auftragssperren geltend gemacht wurde, weil

---

783 Goldberg v. Kelly, 397 U.S. 254, 267-68; 90 S.Ct. 96-97; 25 L.Ed.2d 287 (1970).

784 Board of Regents of State Colleges v. Roth, 408 U.S. 564, 577; 92 S.Ct. 2701, 2708; 33 L.Ed.2d 548 (1972): „[...] property interests, of course, are not created by the Constitution. Rather they are created and their dimensions are defined by existing rules or understandings that stem from an independent source such as state law."

785 Brock v. Roadway Express, Inc., 481 U.S. 252, 260; 107 S.Ct. 1740, 1744; 95 L.Ed.2d 239 (1987).

786 Cleveland Bd. Of Educ. v. Loudermill, 470 U.S. 532; 105 S.Ct. 1487; 84 L.Ed.2d 18 (1984); Memphis Light, Gas & Water Division v. Craft, 436 U.S. 1; 98 S.Ct. 1554; 56 L.Ed.2d 30 (1975); Mathews v. Eldridge, 424 U.S. 319; 96 S.Ct. 893; 47 L.Ed.2d 18 (1976). In diese Richtung auch *Morawetz*, A Due Process Primer: Litigating Government Benefit Cases in the Block Grant Era, 30 Clearinghause Rev. 97, 104 (1996); *Chase*, Maintaining Procedural Protections For Welfare Recipients: Defining Property For The Due Process Clause, 23 N.Y.U.Rev.L. & Soc.Change 571, 573 (1997).

787 Board of Regents of State Colleges v. Roth, 408 U.S. 564, 577; 92 S.Ct. 2701, 2714; 33 L.Ed.2d 548 (1972): „[...] legitimate claim of entitlement".

788 Scanwell Laboratories, Inc. v. Shaffer, 424 F.2d 859 (D.C.Cir. 1970).

Anhörungsverfahren verweigert wurden[789]. In „Gonzales v. Freeman"[790] aus dem Jahr 1964 hob das Gericht eine langfristige Auftragssperre mit dem Hinweis auf eine Verletzung der „Due Process Clause" auf. Das formelle subjektiv-öffentliche Recht der „Due Process Clause" verlange „basic fairness" bei extensivem Ausschluss des Unternehmens von der Vergabe öffentlicher Aufträge. Es müsse ein Anhörungsverfahren durchgeführt werden, in welchem der Betroffene über die Gründe seines Ausschlusses informiert würde und die Möglichkeit zur Stellungnahme bekäme, um die gegen ihn erhobenen Vorwürfe entkräften zu können[791]. Diese Position wurde in der acht Jahre später ergangenen Entscheidung „Horn Brothers, Inc. v. Laird"[792] bekräftigt. Das wirtschaftliche Überleben vieler Unternehmen hänge von der Vergabe öffentlicher Aufträge ab, so dass bei einer langfristigen Auftragssperre dem Bieter Gelegenheit zur Stellungnahme zu geben sei[793].

Während diese Entscheidungen auf der Grundlage eines nicht näher definierten „fairness requirement" beruhten, untersuchten die Gerichte in neueren Entscheidungen die Einwirkungen der „due process clause" auf die Rechtmäßigkeit von Auftragssperren auf der Grundlage der einschlägigen höchstrichterlichen Rechtsprechung. Zunächst müsse ein von der Auftragssperre beeinträchtigtes verfassungsmäßiges Recht in Frage stehen, um daraufhin feststellen zu können – „what process is due"[794]. Der Ausschluss von öffentlichen Ausschreibungen bedeute keinen Eingriff

---

789 Bieter können nach U.S.- amerikanischem Vergaberecht mittels einer „suspension" bis zu einer Dauer von 18 Monaten gesperrt werden, wenn „upon adequate evidence" ein Verdacht besteht oder Anklage erhoben wurde, dass im Zusammenhang mit einem Vergabeverfahren ein Betrugsdelikt begangen oder gegen Kartell- oder markenrechtliche Bestimmungen, Eigentumsdelikte, etc. verstoßen wurde; 48 C.F.R. § 9.407. Wenn das Unternehmen im Hinblick auf diese Vorwürfe verurteilt wird, kann eine Auftragssperre bis zu 5 Jahren – „debarment" – ausgesprochen werden; 48. C.F.R. § 9.406. In beiden Fällen ist dem Betroffenen innerhalb von 30 Tagen nach Mitteilung von der Auftragssperre Gelegenheit zur Gegenvorstellung zu gewähren; 48 C.F.R. §§ 9.406-3 (d)(1); 9.407-3 (c)(5).

790 Gonzales v. Freeman, 334 F.2d 570 (D.C.Cir. 1964).

791 Gonzales v. Freeman, 334 F.2d 570, 578 (D.C.Cir. 1964): „Considerations of basic fairness require administrative regulations establishing standards for debarment from participation in contracts with commodity credit corporation and procedures which will include notice of specific charges, opportunity to present evidence and to cross-examine adverse witnesses, all culminating in administrative findings and conclusions based upon record so made. [...] absent notice, hearing and findings, debarment was invalid."

792 Horne Brothers, Inc. v. Laird, 463 F.2d 1268 (D.C.Cir. 1972).

793 Horne Brothers, Inc. v. Laird, 463 F.2d 1268 (D.C.Cir. 1972): „A government action that „suspends" a contractor and contemplates that he may dangle in suspension for a period of one year or more is such as to require the government to insure fundamental fairness to the contractor whose economic life may depend on his ability to bid on government contracts; such fairness requires that the bidder be given specific notice as to at least some charges alleged against him and be given, in the usual case, an opportunity to rebut those charges."

794 Reeve v. United States, 982 F.2d 594 (D.C.Cir. 1993).

in das verfassungsrechtlich geschützte Eigentum, weil die Vergabevorschriften keinen Anspruch auf Zuschlagserteilung gewährten[795]. Die Vergaberegulierungen enthielten dagegen einen generellen Anspruch der Unternehmen, als geeigneter Unternehmer mit dem Staat Verträge abschließen zu können. Dieser Anspruch sei als Freiheitsgewährleistung der „due process clause" geschützt, eine Anhörung mithin zu gewähren[796]. Auf welche Weise dem Unternehmen die Verteidigung seiner Position gegenüber der Vergabebehörde ermöglicht wird, sei dann eine Entscheidung des Einzelfalles, bei der das beeinträchtigte unternehmerische und das öffentliche Interesse gegeneinander abzuwiegen wären. Die Mitteilung der Auftragssperre und eine informelle Anhörung seien dabei grundsätzlich ausreichend, um den Anforderungen der „due process clause" gerecht zu werden[797].

b. „Substantive Due Process" gegen beschaffungsfremde Kriterien

Die „due process clause" enthält jedoch nicht nur ein formelles subjektiv-öffentliches Recht. Vielmehr wohnt diesem Grundrecht auch ein materiell-rechtlicher Anspruch auf Rechtssetzungsgleichheit inne[798]. Eine solche „equal protection clause" findet sich – im Gegensatz zu dem die Staatsgewalten der Bundesstaaten bindenden XIV. Amendment[799] – allerdings nicht im Wortlaut des die Staatsgewalten des Bundes bindenden V. Amendment der U.S.- amerikanischen Verfas-

---

795 Frequency Electronics, Inc. v. U.S. Air Force, 151 F.3d 1029, 1035 (4th Cir. 1998): „Because no one is entitled in advance to the award of a government contract, FEI cannot claim a property interest recognized by the Due Process Clause."

796 Frequency Electronics, Inc. v. U.S. Air Force, 151 F.3d 1029, 1035 (4th Cir. 1998): „On the other hand, FEI's reputation may be sullied by a suspension for misconduct. Though reputation alone is not protected by the Due Process Clause, an injury occasioned by the government's alteration of some right or status recognized by law may give rise to a protected liberty interest. Eligibility for federal contracts is such a status. Accordingly, suspensions premised on misconduct can deprive the contractor of a liberty interest protected by the Due Process Clause."; Commercial Drapery Const., Inc. v. United States, 133 F.3d 1 (D.C.Cir. 1998); Reeve v. United States, 982 F.2d 594 (D.C.Cir. 1993).

797 Commercial Drapery Const., Inc. v. United States, 133 F.3d 1 (D.C.Cir. 1998); Reeve v. United States, 982 F.2d 594 (D.C.Cir. 1993).

798 *Tribe*, American Constitutional Law 1988, S. 663-768: „The doctrine that the Due Process Clauses of the Fifth and Fourteenth Amendments require legislation to be fair and reasonable in content and to further a legitimate governmental objective."

799 Amendment XIV Sec. 1 (1868): „No state shall make or enforce any law which shall abridge the privileges or immunities of citizens of the United States; nor shall any State deprive any person of life, liberty, or property, without due process of law; nor deny to any person within its jurisdiction the equal protection of the laws."

sung[800]. Unter Berufung auf den divergierenden Wortlaut lehnte der „U.S. Federal Supreme Court" bis in die 50er Jahre eine Verpflichtung auf Rechtssetzungsgleichheit des Bundesgesetzgebers ab[801]. Traurige Berühmtheit erlangten die Entscheidungen, in welchen das Gericht daher auch diskriminierende gesetzgeberische Maßnahmen gegen japanisch-stämmige Bürger während des 2. Weltkrieges als verfassungsgemäß einstufte[802].

In „Bolling v. Sharpe" wurde diese Rechtsprechung indes explizit mit dem Hinweis aufgegeben, dass trotz des unterschiedlichen Wortlautes des V. und XIV. Amendments dieselbe Verfassung in der Frage der Gleichbehandlung keine unterschiedlichen Anforderungen an den Gesetzgeber der Bundesstaaten und des Bundes stellen könne[803]. Ungleichbehandlungen der Legislative – wie z.B. ethnisch motivierten Differenzierungen – sowohl auf Bundes- als auch auf Staatenebene wären ein Eingriff in verfassungsrechtlich geschützte bürgerliche Freiheitsrechte, insbesondere des allgemeinen Persönlichkeitsrechts[804]. Ein solcher Eingriff bedürfe der Rechtfertigung. Abhängig von der Schwere des Eingriffs, eruiert aus dem Gewicht des betroffenen Rechtsgutes und dem Umfang der Ungleichbehandlung, müsse entweder einem allgemeinen, einem wichtigen oder einem überragenden öffentlichen Interesse durch die gesetzliche Regelung gedient werden. Entsprechend abgestuft müsse das Gesetz die Verbindung zwischen der ungleichen Behandlung und dem zu erreichenden öffentlichen Interesse herstellen. Es sei eine nachvollziehbare, substantielle oder enge Beziehung zwischen Eingriffsermächtigung und rechtfertigendem Ziel zu kodifizieren. Abhängig von der Schwere des Eingriffs unterliegen die Voraussetzungen

---

800 Amendment V (1791): „No person shall [...] be deprived of life, liberty, or property, without due process of law [...]."

801 Detroit Bank v. United States, 317 U.S. 329, 337; 63 S.Ct. 297, 301; 87 L.Ed. 304 (1943): „[...] unlike the Fourteenth Amendment, the Fifth contains no equal protection clause and it provides no guaranty against discriminatory legislation by Congress."; LaBelle Iron Works v. United States, 256 U.S. 377, 392; 41 S.Ct. 528, 532; 65 L.Ed. 998 (1921): „Reference is made to cases decided under the equal protection clause of the Fourteenth Amendment [...] but clearly they are not in point. The Fifth Amendment has no equal protection clause."

802 Hirabayashi v. United States, 320 U.S. 81; 63 S.Ct. 1375; 87 L.Ed. 1774 (1943); Korematsu v. United States, 323 U.S. 214; 65 S.Ct. 193; 89 L.Ed. 194 (1944).

803 Bolling v. Sharpe, 347 U.S. 497, 499; 74 S.Ct. 693, 694; 98 L.Ed. 884 (1954): „[...] in view of the decision that the Constitution prohibits the states from maintaining racially segregated public schools, it would be unthinkable that the same Constitution would impose a lesser duty on the Federal Government."; Buckley v. Valeo, 424 U.S. 1, 93; 96 S.Ct. 612, 670; 46 L.Ed.2d 659 (1976): „Equal protection analysis in the Fifth Amendment area is the same as that under the Fourteenth Amendment."

804 Bolling v. Sharpe, 347 U.S. 497, 499; 74 S.Ct. 693, 694; 98 L.Ed. 884 (1954): „[...] that the Constitution of the United States, in its present form, forbids, so far as civil rights are concerned, discrimination by the General Government, or by the States, against any citizens because of his race."

der Rechtfertigung damit entweder einfacher, mittlerer oder strenger richterlicher Prüfung[805]. Je intensiver der Eingriff ist, desto wertvoller müsse das im öffentlichen Interesse angestrebte Ziel sein.

Diese Feststellungen konnten freilich nicht ohne Auswirkungen auf die verfassungsrechtlichen Implikationen sozialpolitisch motivierter Bevorzugungsregelungen im Bereich der öffentlichen Auftragsvergabe bleiben. In „Adarand v. Pena“[806] legte der „U.S. Federal Supreme Court“ die verfassungsrechtlichen Anforderungen an beschaffungsfremde Kriterien fest. Im Fall behauptete ein Subunternehmer die Verfassungswidrigkeit einer Norm des „Small Business Act“[807]. Die Norm gewährt Hauptvertragspartnern der öffentlichen Hand finanzielle Unterstützung, wenn bei der Erfüllung des öffentlichen Auftrages Subunternehmen beauftragt werden, die im Eigentum und unter der Leitung von Personen stehen, die ethnischen Minderheiten angehören. Der Kläger sah in der Bevorteilung dieser Unternehmen aufgrund der rassischen Zugehörigkeit seiner Betreiber eine Verletzung des Gleichbehandlungsgrundsatzes des V. Amendments. Seinem einer Minderheiten angehörenden Konkurrenten wurde der Zuschlag erteilt, obwohl der Kläger das niedrigste Angebot abgegeben hatte. Das Gericht hob zwar nicht die einschlägige Norm als verfassungswidrig auf; es stellte jedoch fest, dass eine Ungleichbehandlung auf der Grundlage ethnischer Herkunft einen schweren Eingriff[808] in die Freiheitsgewährleistungen der „due process clause“ darstelle[809]. Dieser sei nur gerechtfertigt, wenn einem überragenden öffentlichen Interesse gedient werden solle und das Gesetz die einschlägige Maßnahme und den zu erreichenden Zweck hinreichend genau festlege[810].

---

805 Adarand v. Pena, 515 U.S. 200, 225-228; 115 S.Ct. 2097, 2112-2113; 132 L.Ed.2d 158 (1995).

806 Adarand v. Pena, 515 U.S. 200; 115 S.Ct. 2097; 132 L.Ed.2d 158 (1995).

807 15 U.S.C. § 637 (d)(2, 3).

808 Interessanterweise handelte es sich im Fall um einen mittelbaren Eingriff, da die eigentliche Ungleichbehandlung durch den privaten Hauptvertragspartner vorgenommen wurde, der den Subunternehmer aufgrund des gesetzlich eingeräumten finanziellen Anreizes benachteiligte.

809 Dabei stellte das Gericht neben dem allgemeinen Persönlichkeitsrecht – civil rights – als rechtlich geschütztes Interesse auf die Wettbewerbsfreiheit als tatsächlich geschütztes Interesse ab; vgl. Adarand v. Pena, 515 U.S. 200, 211; 115 S.Ct. 2097, 2105; 132 L.Ed.2d 158 (1995): „The injury in cases of this kind is that a „discriminatory classification prevent[s] the plaintiff from competition on an equal footing [...]“.“ mit Verweis auf Northeastern Fla. Chapter Associated Gen. Contractors of America v. Jacksonville, 508 U.S. 656, 667; 113 S.Ct. 2297, 2304; 124 L.Ed.2d 586 (1993).

810 Adarand v. Pena, 515 U.S. 200, 227; 115 S.Ct. 2097, 2113; 132 L.Ed.2d 158 (1995): „[...] we hold today that all racial classifications, imposed by whatever federal, state, or local governmental actor, must be analysed by a reviewing court under strict scrutiny. In other words, such classifications are constitutional only if they are narrowly tailored measures that further compelling governmental interests.“

In späteren Gerichtsentscheidungen wurden die Anforderungen von „Adarand v. Pena" genauer spezifiziert[811]. Das überragende öffentliche Interesse liege demnach nur dann vor, wenn tatsächlich die begünstigte Personengruppe in der Vergangenheit diskriminiert wurde. Verfassungsrechtlich legitimiert seien dabei nur solche Ungleichbehandlungen, die auf der Grundlage von Regulierung ergehen, aus denen hinreichend deutlich werde, welche in der Vergangenheit liegenden Diskriminierungen ausgeglichen werden sollen[812]. Wenn das Gesetz oder die Rechtsverordnung diesen Anforderungen nicht entspricht, wird die darauf beruhende Entscheidung im Vergabeverfahren als rechtswidrig aufgehoben.

c. Zusammenfassung / Fazit

Die Bieter sind bei der Vergabe öffentlicher Aufträge nicht vollkommen rechtlos gestellt. Es war jedoch nicht der Gesetzgeber, welcher Unternehmen gegenüber dem beschaffenden Staat subjektiv-öffentliche Rechte einräumte. Lediglich die dem politischen Tagesgeschäft entzogene Verfassung enthält die Vorgaben, zumindest in den dargestellten engen Grenzen, für einen Schutz verfahrensbeteiligter Unternehmen zu sorgen.

Die den Schutz unterlegener Bieter immer noch weitgehend bestimmende Rechtsprechung des „U.S. Federal Supreme Court" in „Perkins v. Lukens Steel"[813], wonach der Staat auf der Grundlage innenwirksamer Regeln, unbeeinflusst von individuellen Interessen, die für die Erfüllung öffentlicher Aufgaben notwendigen Güter und Dienstleistungen beschafft, ist zumindest im Schutzbereich der „due process

---

811 Vgl. dazu Associated General, Inc. v. Drabik, 214 F.3d 730 (6th Cir. 2000); W.H.Scott, Inc. v. City of Jackson, 199 F.3d 206 (5th Cir. 1999); *Wallace/Schooner*, Affirmative Action in Procurement: A Preview of the Post-Adarand Regulations in the Context of an Uncertain Judicial Landscape, 3 Army Law. 3 (1997).

812 Cortez III Serv. v. Nat.Aeronautics & Space Admin., 950 F.Supp. 357, 360-363 (D.D.C. 1996): „If NASA wants to proceed in this fashion, it has an obligation to explain what past societal disadvantages it intents to correct. [...] What is the nature of the evidence (of discrimination) ? Is it statistical or documentary ? Are the statistics based on minority underrepresentaion in a particular sector or industry compared to the general minority population ? Or are the statistics more sophisticated and focused ? For example, do they attempt to identify the number of qualified minorities in the sector or industry or seek to explain what that number would look like „but for" the exclusionary effects of discrimination ? [...] In addition [...] is there testimonial or anecdotal evidence of discrimination in the record underlying the program – for example, accounts of the experience of minorities and nonminorities in a particular field or industry ?"

813 Perkins v. Lukens Steel Co., 310 U.S. 113, 127; 60 S.Ct. 869, 876; 84 L.Ed. 1108 (1940): „Like private inidividuals and businesses, the Government enjoys the unrestricted power to produce its own supplies, to determine those with whom it will deal, and to fix the terms and conditions upon it will make needed purchases."

clause" nicht mehr geltendes Recht. Dieses Grundrecht ist als Verfahrensposition mit der grundsätzlichen Gewährleistung einer Anhörung allerdings in seinen tatsächlich bieterschützenden Auswirkungen beschränkt. Immerhin nutzten die Gerichte dieses verfassungsrechtlich verbürgte formelle subjektiv-öffentliche Recht, um die Beschaffungsverwaltung an den Grundsatz der „basic fairness" zu erinnern. Trotz alledem steht die Annahme eines Eingriffs in Freiheitsrechte durch die Verhängung von Auftragssperren ohne oder ungenügende Beteiligung des Betroffenen dogmatisch auf keiner festen Grundlage. Denn das nach U.S.- amerikanischer Doktrin im Bereich der Leistungsverwaltung für die Auslösung der verfassungsrechtlich verbürgten Verfahrensposition notwendige einfach-gesetzliche Recht findet sich entgegen der richterlichen Ausführungen[814] im Vergaberecht nicht.
Auf der Grundlage der „Equal Protection Clause" kann sich der Bieter gegen verfassungswidrige Gesetze oder auf diesen beruhende behördliche Maßnahmen wenden. „Perkins v. Lukens Steel" entfaltet auch in dieser Hinsicht keine Verbindlichkeit mehr. Die Achtung des Gewaltenteilungsgrundsatzes ist jedoch augenfällig. So zweifelte das Gericht, das unter Beachtung der Rechtsauffassung des „U.S. Federal Supreme Court" letztendlich über die Klage von „Adarand Constructors, Inc." zu entscheiden hatte, in keiner Weise die grundsätzliche Zuständigkeit der Legislative an, mittels beschaffungsfremder Regulierungen Bieter auf der Grundlage ethnischer Zugehörigkeit bei der Vergabe öffentlicher Aufträge benachteiligen zu können[815]. Die Verfassungsmäßigkeit diskriminierender Regelungen bestimmt sich folglich danach, wie überzeugend es der Gesetzgeber versteht, den legitimen Zweck in der gesetzlichen Regulierung deutlich werden zu lassen. Die Schwierigkeiten einer Klage auf Beseitigung von Diskriminierungen, auch wenn der Ausschluss aufgrund eines verfassungswidrigen Gesetzes erging, zeigt die Odyssee von „Adarand Constructors, Inc.". Dessen Klage war, nach einem erneuten Gang durch die Instanzen, wieder vom „U.S. Federal Supreme Court" zu entscheiden[816].

---

814 Frequency Electronics, Inc. v. U.S. Air Force, 151 F.3d 1029, 1035 (4th Cir. 1998): „On the other hand, FEI's reputation may be sullied by a suspension for misconduct. Though reputation alone is not protected by the Due Process Clause, an injury occasioned by the government's alteration of some right or status recognized by law may give rise to a protected liberty interest. Eligibility for federal contracts is such a status. Accordingly, suspensions premised on misconduct can deprive the contractor of a liberty interest protected by the Due Process Clause."

815 Adarand v. Pena, 965 F.Supp. 1557, 1576 (D.D.C. 1996).

816 Adarand v. Slater, 528 U.S. 216; 120 S.Ct. 722; 145 L.Ed.2d 650 (2000); Der Kläger war inzwischen vom Verkehrsministerium seines Bundesstaates als benachteiligtes Unternehmen anerkannt. Das eröffnete jedoch lediglich die Möglichkeit gleichfalls vom Bundesverkehrsministerium als benachteiligtes Unternehmen registriert zu werden. Adarand klagte daraufhin ein zweites Mal um eine Aufhebung der Norm als verfassungswidrig zu erreichen. Das Revisionsgericht verwarf die Klage des Unternehmens mit der Begründung, dass der Kläger nicht rechtsschutzbedürftig sei.

Gleichwohl haben sich die konnexen freiheits- und gleichheitsrechtlichen Gewährleistungen der Verfassung als scharfes Schwert gegenüber der Vergabeverwaltung erwiesen. Auch wenn die „Equal Protection Clause" lediglich eine Rechtssetzungsgleichheit gewährt, so zeigt sich doch, dass zumindest die Verfassung in beschränktem Maße auch subjektiv-rechtliche Positionen der Bieter gegenüber der einkaufenden Verwaltung bereithält.

V. Zusammenfassung / Fazit

Ein Schutz der individuell-unternehmerischen Interessen unterlegener Bieter bei der Vergabe öffentlicher Aufträge besteht bis auf die verfassungsrechtlich fundierten Ausnahmen im anglo-amerikanischen Rechtsraum nicht. Die Vergaberegulierungen haben keine bieterschützende Wirkung. Die dogmatische Grundlage richterlichen Rechtsschutzes bildet vielmehr immer noch die „Scanwell-doctrin", nachdem der unterlegene Bieter als „private attorney general" der Durchsetzung der Vergabenormen und damit einem wirtschaftlichen und sparsamen Einkauf dient. Aufgrund der erheblichen prozessrechtlichen Bürden werden die Entscheidungen im Vergabeverfahren praktisch allerdings weniger auf ihre Rechtmäßigkeit als auf ihre Vertretbarkeit geprüft. Ein dadurch erzielter Schutz individueller Interessen ist nicht das Primärziel der Nachprüfungsverfahren.
Primärrechtlicher Schutz wird von den Gerichten in Befolgung der Aussagen in „Perkins v. Lukens Steel" nur in Ausnahmefällen gewährt; Sachurteile zugunsten der Unternehmen beschränken sich dann jedoch häufig lediglich auf den Ersatz des negativen Interesses. Auch das Nachprüfungsverfahren vor dem „General Accounting Office" verspricht nach seinen legislativen Grundlagen mehr, als es praktisch zu halten in der Lage ist. Zwar hat insbesondere die Einführung des automatischen Suspensiveffektes durch den „Competition in Contracting Act 1984" positive Auswirkungen auf die Durchsetzung wettbewerblicher Vergabeverfahren. Es sei hier nochmals daran erinnert, dass inzwischen lediglich 10 % der öffentlichen Aufträge durch die Bundesbehörden freihändig vergeben werden. Ob sich diese Zahl wieder zu Lasten wettbewerblicher Vergabeverfahren ändert, nachdem die Rechtsprechung die behördliche Aussetzung des Suspensiveffektes als nicht judizierbares Ermessen ansieht, bleibt indes abzuwarten.
Der Gesetzgeber verringert kontinuierlich den Einfluss der Bieter zur Aufrechterhaltung rechtmäßiger Vergabeverfahren. Die Zuständigkeit des „General Services

---

Der U.S. Federal Supreme Court hob dagegen die unterinstanzliche Entscheidung auf, weil mit dem Zertifikat von staatlicher Seite nicht notwendigerweise eine erneute Diskriminierung von bundesstaatlicher Seite ausgeschlossen werden könne.

Board of Contract Appeals", welches eine tatsächliche Rechtmäßigkeitskontrolle des Vergabeverfahrens durchführte, wurde vom Gesetzgeber abgeschafft. Die Erfolgsquoten unterlegener Bieter in der Durchsetzung der Vorschriften über das Vergabeverfahren waren nicht opportun. Komplettiert wird der Abwärtstrend hinsichtlich bieterschutzrechtlicher Möglichkeiten durch die Beseitigung der konkurrierenden Zuständigkeit der „U.S. District Courts".

Exkurs: Die „Prinzipal-Agent-Theorie" im Recht der öffentlichen Aufträge

Die „Scanwell-doctrin" ist zwar immer noch dogmatische Grundlage des Bieterschutzes im U.S.- amerikanischen Vergaberecht; faktisch hat jedoch der Gesetzgeber die den Bietern gerichtlich zugedachte Funktion unterminiert. Das ist umso bedauerlicher, als dass der unterlegene Bieter im Kontext der öffentlichen Auftragsvergabe das effektivste Instrument zur Überwachung der einkaufenden Behörden ist. Deutlich wird diese Funktion insbesondere vor dem Hintergrund der in der volkswirtschaftlichen und U.S.- amerikanischen vergaberechtlichen Literatur allgemein auf die öffentliche Auftragsvergabe angewandten „Prinzipal-Agent-Theorie". Nach dieser Theorie bedienen sich der Staat und die Steuerzahler als Prinzipale der Vergabebehörden als Agenten, um die der Allgemeinheit zugute kommenden Beschaffungen durchzuführen. Die Prinzipale haben jedoch hinsichtlich der Vergabevorgänge gegenüber den unmittelbar involvierten Entscheidungsträgern in der Beschaffungsverwaltung ein erhebliches Informationsdefizit. Zum anderen partizipieren die zuständigen Beamten aufgrund der starren Besoldungsregeln[817] nicht an kostengünstigen Einkäufen, so dass sie – abgesehen von ihrer persönlichen Integrität – grundsätzlich keine positiven Anreize haben, die öffentlichen Aufträge in wettbewerblichen Verfahren und auf das wirtschaftlichste Angebot zu vergeben. Hinzu kommen vielmehr negative Anreize aufgrund der involvierten finanziellen Mittel, die sich in den erwähnten Korruptionsskandalen manifestierte.

Diese Informationsasyemtrien und negativen Anreizeffekte sollen durch die Vergabevorschriften ausgeglichen werden, die die Beschaffungsbehörden auf wettbewerbliche Verfahren und die Erteilung des Zuschlages auf das wirtschaftlichste Angebot verpflichten. Wie sich insbesondere in der extensiven Nutzung der gesetzlich nachrangigen freihändigen Vergabe zeigte, bedürfen die Agenten des Staates und der Steuerzahler der Überwachung. Wie von den Gerichten erkannt, ist es der unterlege-

---

817 Die Bezahlung der Beamten erfolgt in Deutschland nach einer funktionsgerechten Ämterbesoldung; vgl. §§ 18, 19 BBesG; §§ 1 Abs. 1 ThürBesG; In den Vereinigten Staaten verläuft die Klassifizierung ebenfalls nach dem Amt und nicht der Leistung; vgl. 5 U.S.C. §§ 5101 ff. Government Organization and Employees – Pay and Allowances.

ne Bieter, der im Gegensatz zu den Prinzipalen der öffentlichen Auftragsvergabe durch seine berufliche Tätigkeit auf den einschlägigen Sektoren oder durch entsprechende Bekanntmachung- oder Informationsverpflichtungen in der Lage ist, Abweichungen von den Beschaffungsregulierungen zu erkennen. Der ökonomische Anreiz an öffentlichen Aufträgen zu partizipieren und bei Abgabe des wirtschaftlichsten Angebotes den Anspruch auf Zuschlagserteilung auch gerichtlich durchsetzen zu können, lässt den Bieter damit die Prämissen durchsetzen, welche die Prinzipale der öffentlichen Auftragsvergabe nachsuchen[818].

Das Überwachungsdefizit durch die Immunisierung des Beschaffungswesens vor Bieterklagen kann auch nicht durch behördeninterne Aufsichtsmittel kompensiert werden. Denn auch für die Aufsichtsbehörden[819] ist es nicht möglich, jeden einzelnen Vergabevorgang zu überwachen; des Weiteren leiden auch diese Entscheidungsträger unter Anreizdefiziten, da sich ihre wirtschaftliche Stellung im Gegensatz zu

---

818 Vgl. dazu eingehend *Buchanan/Tullock*, The Calculus of Consent 1962, S. 17-39; *Downs*, An Economic Theory of Democracy 1957, S. 3-20; *Frey/Kirchgässner*, Demokratische Wirtschaftspolitik 1994, S. 185; *Kovacic*, Procurement Reform and the Choice of Forum in Bid Protest Disputes, 9 Admin.L.J.Am.U. 461, 489-90 (1995); *Laffont/Tirole*, A Theory of Incentives in Procurement and Regulation 1993, S. 1 f.; *Marshall/Meurer/Richard*, Curbing Agency Problems in the Procurement Process by Protest Oversight, 25 Rand Journal of Economics 297 (1994); *Marshall/Meurer/Richard*, Litigation Settlement and Collusion, The Quaterly Journal of Economics 211, 212 (1994); *Marshall/Meurer/Richard*, The Private Attorney General meets Public Contract Law: Procurement Oversight by Protest, 20 Hofstra L.Rev. 1, 3 (1991); *Molho*, Economics of Information 1997, S. 135 ff.; *Mueller*, Public Choice II 1989, S. 2; *Naegelen/Mougeot*, Discriminatory Public Procurement Policy and Cost Reduction Incentives", 67 Journal of Public Economics 349, 351 (1998); *Niskanen*, Bureaucracy and Representative Government 1971, S. 45 ff.; *Noll/Owen*, The Political Economy of Deregulation 1983, S. 33; *Noll*, Reforming Regulation 1971, S. 41; *Noll*, Economic Perspectives on the Politics of Regulation, S. 1253, 1278, in: Schmalensee/Willig, Handbook of Industrial Organization 1989; *Perrow*, The Analysis of Goals in Complex Organizations, 26 American Sociological Review 854, 863 (1961); *Pfaff/Zweifel*, Die Principal-Agent Theorie - Ein fruchtbarer Beitrag der Wirtschaftstheorie zur Praxis, WiSt 1998, 184 ff.; *Richter/Furubotn*, Neue Institutionenökonomik 1996, S. 457; *Rose-Ackermann*, Corruption - A Study in Political Economy 1978, S. 2; *Rosen/Windisch*, Finanzwissenschaft I 1992, S. 152; *Salanie*, The Economics of Contracts 1997, S. 4; *Sappington*, Incentives in Principal-Agent Relationships, 5 Journal of Economic Perspectives 45 (1991); *Schultze*, The Politics and Economics of Public Spending 1968, S. 94-95; *Wieser*, Ansätze zur Lösung von Principal-Agent-Problemen bei der öffentlichen Auftragsvergabe, ZögU 1997, 348; *Wildavsky*, The Politics of the Budgetary Process 1964, S. 74.

819 Zuständig für die Vergabeüberwachung von Amts wegen sind unter anderem die „Auditing Unit" des General Accounting Office, 10 U.S.C. § 2313, 41 U.S.C. § 245 d; die Offices of Inspector General, 5 U.S.C. §§ 2 (1), 8G(b) - vgl. die Auflistung bei *Hutchinson*, The Government's Audit and Investigative Powers over Commercial Item Contracts and Subcontracts, 27 Pub.Cont.L.J. 263, Fn.9 (1998) - und der Competition Advocate (41 U.S.C. § 418, 10 U.S.C. § 2318; Defense Contract Audit Agency, 32 C.F.R. Part 357); vgl. insgesamt zu den Zielen verwaltungsinterner Überwachungseinrichtungen *Roth*, The Malmanagement Problem: Finding the Roots of Government Waste, Fraud and Abuse, 58 Notre Dame L.Rev. 961 (1983).

der eines obsiegenden Bieters nicht mit Aufdeckung eines Vergaberechtsverstoßes verbessert[820].

B. Rechtsschutz im deutschen Vergaberecht

Die auslösenden Umstände und die dogmatischen Grundlagen des Bieterschutzes im deutschen und U.S.- amerikanischen Vergaberecht könnten sich nicht grundlegender unterscheiden. In den Vereinigten Staaten zwang der Druck der öffentlichen Empörung über Betrug und Missbrauch bei der Vergabe öffentlicher Aufträge den dortigen Gesetzgeber, die unterlegenen Bieter für die Durchsetzung der Vergaberegulierungen zu instrumentalisieren. Demgegenüber fand eine solche Debatte in Deutschland nicht statt. Im Einklang damit führte nicht nur das staatliche Beschaffungswesen, sondern auch der Rechtsschutz der Unternehmen ein juristisches Schattendasein. Der Einkauf von Gütern und Dienstleistungen durch die öffentliche Hand vollzog sich auf der Grundlage des Haushaltsrechts, dessen objektiv-rechtliche Ausrichtung begünstigende Auswirkungen für die bietenden Unternehmen lediglich als Reflex enthalten sollte. Es bedurfte des Europarechts, um dieses starre innenwirtschaftliche System aufzubrechen und mit dem VgRÄG die rechtliche Grundlage der staatlichen Beschaffungen außenrechtswirksam zu verankern. Die Unternehmen verdanken mithin die Segnungen des derzeitigen Vergabenachprüfungsrechts nicht der Initiative des nationalen Gesetzgebers, sondern dem Europäischen Rat, der mittels der EG-Koordinierungsrichtlinien und der EG-Rechtsmittelrichtlinien die dogmatischen Grundlagen des hiesigen Bieterschutzes schaffte.

I. Rechtsschutz der Bieter im Europarecht und die Umsetzung im VgRÄG

1. Die bieterschützenden Normen

Die grundlegenden Eckwerte europarechtlich bestimmter Auftragsvergabe ergeben sich zunächst aus den materiellen EG-Koordinierungsrichtlinien, welche die nationalen Gesetzgeber auf die Einführung wettbewerblicher und transparenter Vergabeverfahren verpflichten[821]. Nach dem EuGH sind deren Vorgaben nicht ausschließlich

---

820 So ist die „GAO Audit Unit" von Amts wegen nur in Ausnahmefällen tätig geworden; vgl. *Greenstein*, Procedural Rules and Procurement Regulations: Complexity Creates Trade-offs, 9 J.L.Eco.&Org. 159, 165 (1993). Das House Government Operations Committee (HGOC) sorgte zwischen 1983-87 lediglich für die Aufhebung von 30 geplanten Beschaffungen von Bundesbehörden; vgl. *Gabig*, A Primer on Federal Information Systems Acquisitions: First Part of a Two-Part Article, 17 Pub.Cont.L.J. 31, 37 (1987).

821 Vgl. dazu die Begründungserwägungen zu den EG-Koordinierungsrichtlinien.

objektiv-rechtlicher Natur; vielmehr schützen die Vorschriften über die Publizität der Aufträge und die Teilnahme der Unternehmen am Vergabeverfahren die Bieter vor der Willkür öffentlicher Auftraggeber[822]. Nach den Richtlinien[823] umfassen die Publizitäts- und Teilnahmevorschriften alle Bekanntmachungs-[824], Eignungs- und Zuschlagsbestimmungen[825], die vor dem Hintergrund des Grundsatzes der Gemeinschaftstreue (Art. 10 EG)[826] vom deutschen Gesetzgeber als subjektive Rechte in nationales Recht zu implementieren waren[827]. Durch das am 1. Januar 1999 in Kraft getretene VgRÄG wurde diesen Vorgaben Rechnung getragen. Die Subjektivierung der Vergabevorschriften erfolgt dabei mittels § 97 Abs. 7 GWB, wonach: „Die Unternehmen [...] Anspruch darauf [haben], daß der Auftraggeber die Bestimmungen über das Vergabeverfahren einhält."[828]

---

822 EuGH, Urt. vom 20.09.1988, Rs. 31/87, Slg. 1988, 4635, Tz. 42 – Beentjes./.Niederländischer Staat; EuGH, Urt. vom 11.08.1995, Rs. C-433/93, Slg. 1995, I-2303, Tz. 19 – Kommission./.Bundesrepublik Deutschland.

823 BKR - Abschnitt IV Gemeinsame Teilnahmevorschriften: Kap. 2 Eignungskriterien, Kap. 3 Zuschlagskriterien; LKR - Abschnitt IV, Kap. 1 Gemeinsame Teilnahmevorschriften, Art. 15 Abs. 1: „Der Zuschlag des Auftrags erfolgt aufgrund der in Kapitel 3 [Zuschlagskriterien] dieses Abschnitts vorgesehenen Kriterien unter Berücksichtigung des Artikels 16, nachdem die öffentlichen Auftraggeber die fachliche Eignung der Lieferanten, die nicht aufgrund von Artikel 20 ausgeschlossen worden sind, nach den in den Artikeln 22, 23, und 24 genannten Kriterien der wirtschaftlichen, finanziellen und technischen Leistungsfähigkeit geprüft haben."; DKR - Abschnitt IV, Kap. 1 Gemeinsame Teilnahmebestimmungen, Art. 23: „Die Auftragsvergabe richtet sich nach den in Kapitel 3 [Zuschlagskriterien] vorgesehenen Kriterien unter Berücksichtigung des Artikels 24, nachdem der Auftraggeber die fachliche Eignung der Dienstleistungserbringer, die nicht aufgrund von Artikel 29 ausgeschlossen wurden, aufgrund der in den Artikeln 31 und 32 genannten Kriterien geprüft hat."

824 Art. 11 ff. BKR; Art. 9 ff. LKR; Art. 15 ff. DKR; Art. 21 f. SKR.

825 Art. 24 ff. BKR; Art. 20 ff. LKR; Art. 29 ff. DKR; Art. 30 ff. SKR.

826 EuGH, Urt. vom 20.09.1988, Rs. 31/87, Slg. 1988, 4635, Tz. 39 – Beentjes./.Niederländischer Staat: „Hierzu ist zunächst daran zu erinnern, daß [...] die sich aus einer Richtlinie ergebende Verpflichtung der Mitgliedstaaten, das in dieser vorgegebene Ziel zu erreichen, sowie die Pflicht der Mitgliedstaaten gem. Art 5 EWGV, alle zur Erfüllung dieser Verpflichtung geeignete Maßnahmen allgemeiner oder besonderer Art zu treffen, allen Trägern öffentlicher Gewalt in den Mitgliedstaaten obliegen, und zwar im Rahmen ihrer Zuständigkeiten auch den Gerichten. Hieraus folgt, daß die Gerichte der Mitgliedstaaten bei der Anwendung ihres nationalen Rechts, namentlich der Bestimmungen eines speziell zur Ausführung einer Richtlinie erlassenen staatlichen Gesetzes, dieses Recht im Lichte des Wortlauts und des Zwecks der Richtlinie auszulegen haben, um das in Art. 189 III des Vertrages genannte Ziel zu erreichen."

827 Siehe dazu *Huber*, Gemeinschaftsrechtlicher Schutz vor einer Verteilungslenkung durch deutsche Behörden, EuR 1991, 31, 55; a.A. *Hailbronner/Weber*, Die Neugestaltung des Vergabewesens durch die Europäische Gemeinschaft, EWS 1997, 73, 80; *Hailbronner*, Die Vergabe öffentlicher Aufträge nach europäischem Gemeinschaftsrecht, WiVerw 1994, 173, 233.

828 Vgl. zur Übereinstimmung von „Anspruch" und „subjektivem Recht" *Kalinowsky*, Der Anspruch der Bieter auf Einhaltung des Vergaberechts nach § 97 Abs. 7 GWB, Schriftenreihe des Forum Vergabe e.V. 2000, S. 64 ff.

Fraglich ist allerdings, ob der Gesetzgeber damit seinen europarechtlichen Pflichten hinreichend nachgekommen ist. Denn § 97 Abs. 7 GWB gewährt lediglich einen Anspruch auf die Einhaltung der Vorschriften über das Vergabeverfahren. Nach dem Wortlaut der Norm wären damit lediglich solche Vergabevorschriften subjektiviert, die das Verfahren zur Vergabe öffentlicher Aufträge steuern, wohingegen die materielle Zuschlagserteilung vom Anspruchssystem des VgRÄG ausgenommen wäre[829]. Man gelangt auch zu keinem anderen Ergebnis, wenn man unter Berücksichtigung der amtlichen Begründung[830], nach der das VgRÄG die EG-Vergaberichtlinien vollständig in nationales Recht umsetzen soll, eine solche Absicht dem Gesetzgeber unterstellt. Denn nach dem EuGH ist die Umsetzung sekundären Gemeinschaftsrechts in so klarer und bestimmter Weise vorzunehmen, dass – soweit die Richtlinie Ansprüche einzelner begründen soll – die Begünstigten in der Lage sind, von all ihren Rechten Kenntnis zu erlangen und diese vor den nationalen Gerichten geltend zu machen[831]. Diesen Anforderungen wird durch § 97 Abs. 7 GWB aufgrund seiner missverständlichen Formulierung nicht hinreichend Rechnung getragen. Dem Gesetzgeber obliegt es mithin, den Wortlaut der Vorschrift so klarzustellen, dass sich die Subjektivierung des Vergaberechtskataloges nicht nur auf Verfahrensregulierungen, sondern auch auf die Erteilung des Zuschlages erstreckt.
Fraglich ist jedoch, ob auch unter Berücksichtigung einer systematischen Auslegung das „Vergabeverfahren“ in seiner streng grammatikalischen Beschränkung auf Verfahrensvorschriften zu verstehen ist. So hat der Gesetzgeber den ersten Abschnitt des VgRÄG mit „Vergabeverfahren“ überschrieben. Neben der Vorschrift über die Einstellung geeigneter Bewerber in das Vergabeverfahren nach § 97 Abs. 4 GWB findet sich in diesem „Vergabeverfahrensabschnitt“ auch die Vorschrift über die Zuschlagserteilung auf das wirtschaftlichste Angebot nach § 97 Abs. 5 GWB. Nach der Stellung im Gesetz gehört damit zunächst auch die materielle Vergabeentscheidung zum „Vergabeverfahren“ nach § 97 Abs. 7 GWB. Für eine solche Auslegung spricht auch § 97 Abs. 6 GWB, durch welche die Bundesregierung ermächtigt wird, nähere Bestimmungen über das „Vergabeverfahren“ festzulegen. Dabei können Regelungen hinsichtlich der „[...] Bekanntmachung, den Ablauf und die Arten der Vergabe, über die Auswahl und Prüfung der Unternehmen und Angebote, über den Abschluß des Vertrages und sonstige Fragen des Vergabeverfahrens [...]“ getroffen

---

829 Vgl. dazu eingehend *Huber*, Die Europäisierung des öffentlichen Auftragswesens in Deutschland, in: Dörr/Fink/Hillgruber/Kempen/Murswiek (Hrsg.), Die Macht des Geistes, FS Schiedermair 2001, S. 765, 776.

830 Amtliche Begründung zum VgRÄG, BT-Drucks. 13/9340, S. 12.

831 Vgl. EuGH, Urt. vom 11.08.1995, Rs. C-433/93, Slg. 1995, I-2203, Tz. 18 – Kommission./. Bundesrepublik Deutschland.

werden. Nach diesen Vorgaben werden zunächst die Vorschriften über die Bekanntmachung der Vergabe und die Eignung der Unternehmen als Teil des „Vergabeverfahrens" erkennbar. Fraglich ist allerdings, ob § 97 Abs. 6 GWB auch den Zuschlag umfasst, da die Norm lediglich den „Abschluß des Vertrages" als Vorschrift des „Vergabeverfahrens" definiert. Nach deutscher Diktion bilden jedoch die Erteilung des Zuschlages und der Abschluss des Vertrages einen tatsächlichen Vorgang[832], so dass auch unter Rückgriff auf § 97 Abs. 6 GWB der „Zuschlag" als Teil des „Vergabeverfahrens" im Sinne von § 97 Abs. 7 GWB erkennbar wird. Nach einer systematischen Auslegung besteht somit auf die Bekanntmachung des Auftrages, die Einstellung in das Vergabeverfahren als auch die Erteilung des Zuschlages ein subjektives Recht.

2. Das Nachprüfungsverfahren

Trotz der Vorgaben der EG-Koordinierungsrichtlinien, nach denen die nationalen Gesetzgeber einen umfassenden Katalog bieterschützender Normierungen einzuräumen hatten, vermochten die materiellen Vergaberichtlinien die angestrebte Liberalisierung des Vergabemarktes nicht isoliert zu erreichen[833]. Um diesem Missstand ein Ende zu bereiten und die tatsächliche Durchsetzung der Vergabevorschriften auf nationaler Ebene sicherzustellen, schreiben die EG-Rechtsmittelrichtlinien den Gesetzgebern der Mitgliedstaaten die Einrichtung einheitlicher Nachprüfungsverfahren vor. Die Anforderungen europarechtlich determinierter Vergabenachprüfung konzentrieren sich dabei auf die Schaffung effektiven Rechtsschutzes vor unabhängigen Foren. Damit ist untrennbar verbunden, dass Rechtsverstöße öffentlicher Auftraggeber vorläufig oder endgültig[834] vor zumindest einem Forum aufhebbar sein müssen, welches die Anforderungen an ein Gericht i.S.v. Art. 234 EG erfüllt[835]. Das Nachprüfungsverfahren soll dabei solchen Unternehmen zur Verfügung stehen, die

---

832 §§ 28 Nr. 2 I VOB/A 1/2, VOL/A 4/2: „Wird auf ein Angebot rechtzeitig und ohne Abänderungen der Zuschlag erteilt, so ist damit nach allgemeinen Rechtsgrundsätzen der Vertrag abgeschlossen, auch wenn spätere urkundliche Festlegung vorgesehen ist."

833 Bei einem Gesamtauftragsvolumen von 1,054 Billionen Euro in der Europäischen Union - „Zweiter Jahresbericht über die Funktionsweise der gemeinschaftlichen Güter- und Kapitalmärkte", Tabelle 18 vom 26.01.2000, KOM (2000), mitgeteilt in: Forum Vergabe e.V. Monatsinfo 4/2000, Anlage 6 - betrug im Jahre 1996 der Anteil grenzüberschreitender Aufträge immer noch lediglich 3%; vgl. Grünbuch der Kommission vom 26.11.1996, abgedr. in: Forum öffentliches Auftragswesen, Heft 2, S. 11.

834 Artt. 2 Abs. 1 RMR, SRMR.

835 Artt. 2 Abs. 8 RMR, SRMR.

ein Interesse am Auftrag haben und denen durch die behauptete Rechtsverletzung ein wirtschaftlicher Schaden entstanden ist oder zu entstehen droht[836].

Diese Vorgaben werden in den §§ 102 ff. GWB zu einem großen Teil wortwörtlich umgesetzt. So sind nach § 107 Abs. 2 GWB Unternehmen antragsbefugt, die in ihren Rechten nach § 97 Abs. 7 GWB verletzt sind, ein Interesse am Auftrag haben und durch den Vergaberechtsverstoß potentiell oder tatsächlich wirtschaftlich geschädigt sind. Als Eingangsinstanz agieren nach § 107 Abs. 1 GWB die behördlichen Vergabekammern, gegen deren Entscheidungen nach § 116 Abs. 1 GWB eine Beschwerde zu den Vergabesenaten der Oberlandesgerichte als Gerichte i.S.v. Art. 92 GG und Art. 234 EG erhoben werden kann. Ein entsprechend eingelegter Nachprüfungsantrag entwickelt suspendierende Wirkung gegenüber der Zuschlagserteilung, so dass die Vergabestellen bis zu einer rechtskräftigen Entscheidung eines der Nachprüfungsforen gehindert sind, den mit dem Zuschlag zusammenfallenden Abschluss des Beschaffungsvertrages vorzunehmen[837]. Diese suspendierende Wirkung des Antrages auf Nachprüfung des Vergabeverfahrens ist zur Sicherung effektiven Rechtsschutzes der nicht berücksichtigten Bieter essentiell. Denn entgegen dem U.S.- amerikanischen Vergaberecht, welches mit der „termination for convenience“ Klausel eine nachträgliche Aufhebung des Beschaffungsvertrages erlaubt, kann die Vergabeentscheidung der öffentlichen Auftraggeber in Deutschland nicht wieder beseitigt werden[838]. Damit geht einher, dass auch entgegen den U.S.- amerikanischen Vorgaben eine Information der unterlegenen Bieter nicht erst mit der Erteilung des unanfechtbaren Zuschlages erfolgen kann, da ansonsten die durch § 97 Abs. 7 GWB eingeräumten Primäransprüche faktisch leer laufen würden. Dieser Anforderung wird mit der neuen Vergabeverordnung Genüge getan[839], nach der die unterlegenen Bieter „ex-ante“ über den Zuschlag an den Konkurrenten zu unterrichten sind. Dabei wirkt nicht nur die Vorabinformation an sich rechtsschutzschutzsichernd, vielmehr müssen die Auftraggeber ihre Entscheidung begründen, so dass die nicht berücksichtig-

---

836 Artt. 1 Abs. 3 RMR, SRMR.

837 § 115 Abs. 1 GWB: „Nach Zustellung eines Antrages auf Nachprüfung an den Auftraggeber darf dieser vor einer Entscheidung der Vergabekammer und dem Ablauf der Beschwerdefrist nach § 117 Abs. 1 den Zuschlag nicht erteilen.“; § 118 Abs. 1 S. 1 GWB: „Die sofortige Beschwerde hat aufschiebende Wirkung gegenüber der Entscheidung der Vergabekammer.“

838 § 114 Abs. 2 S. 1 GWB: „Ein bereits erteilter Zuschlag kann nicht aufgehoben werden.“

839 § 13 VgV: „Der Auftraggeber informiert die Bieter, deren Angebote nicht berücksichtigt werden sollen, über den Namen des Bieters, dessen Angebot angenommen werden soll und über den Grund der vorgesehenen Nichtberücksichtigung ihres Angebotes. Er gibt die Information spätestens 14 Kalendertage vor dem Vertragsschluss ab. Ein Vertrag darf vor Ablauf der Frist oder ohne dass die Information erteilt worden und die Frist abgelaufen ist, nicht geschlossen werden. Ein dennoch abgeschlossener Vertrag ist nichtig.“

ten Bieter mit den Informationen ausgestattet werden, welche unter Umständen erst ein Nachprüfungsbegehren stützen können.
Die Unternehmen profitieren von der Vorabinformation allerdings erst seit dem In-Kraft-Treten der Vergabeverordnung am 1. Februar 2001. Bis zu diesem Zeitpunkt wurden die unterlegenen Bieter von ihrer Nichtberücksichtigung erst nach der Zuschlagserteilung an den Konkurrenten unterrichtet[840]. Die Rechtswidrigkeit der abschließenden Vergabeentscheidung konnte daher erst dann transparent werden, nachdem keine Möglichkeit mehr bestand, dieselbe anzufechten. Der Gesetzgeber begründete diese Beschränkung der Rechtsschutzgewährleistungen mit einer Übernahme der „Grundfesten des deutschen öffentlichen Auftragsrechts", welche durch das VgRÄG nicht angetastet werden sollten[841]. Zu diesen „Grundfesten" gehörte seit jeher die fehlende Einklagbarkeit vergaberechtlicher Normen, die mit dem unanfechtbaren Zuschlag und dem gleichzeitig geschlossenen Vertrag bei nur vorgeschriebener „ex-post" Transparenz der Vergabeentscheidung – zumindest faktisch – fortgesetzt werden sollte. Nachdem der Gesetzgeber mit dem expliziten Ausschluss von Bieterrechten durch die „haushaltsrechtliche Lösung" einen letzten Versuch unternahm, die Vorgaben der EG-Koordinierungsrichtlinien dogmatisch zu umgehen, manifestierte die fehlende Vorabinformation die tatsächlichen Bemühungen des Gesetzgebers, eine Einklagbarkeit subjektiver Bieterrechte zumindest zu erschweren. Dieses legislative „Aufbäumen" gegen einen Bieterschutz bei der Vergabe öffentlicher Aufträge war letztlich vor dem Hintergrund der Rechtsschutzgewährleistungen von Art. 19 Abs. 4 GG zum Scheitern verurteilt. Es bedurfte allerdings der Vergabekammer Bund, um die verfassungsrechtlichen Anforderungen an den Rechtsschutz unterlegener Bieter bei der Vergabe öffentlicher Aufträge deutlich werden zu lassen und die notwendige legislative Korrektur mittels der aktuellen Vergabeverordnung und deren zwingender Vorabinformation auszulösen.

a. Die „Euro-Münzplättchen II" Entscheidung der Vergabekammer Bund

Die inzwischen schon legendäre „Euro-Münzplättchen II" Entscheidung der VK Bund[842] zeigte die Verfassungswidrigkeit der herkömmlichen Lösung auf. Grundlage war die Einleitung eines Nachprüfungsverfahrens im Rahmen eines Vergabeverfahrens der Bundesschuldenverwaltung zur Lieferung von insgesamt 12,1 Mrd. Ronden (Münzplättchen) für die Herstellung von Euromünzen. Die Antragstellerin beabsich-

---

840 Vgl. dazu §§ 27, 27 a VOB/A 1/2, VOL/A 4/2.

841 Amtliche Begründung zum VgRÄG, BT-Drucks. 13/9430, zu § 124, S. 12, 19.

842 VK Bund I, Beschl. vom 29.04.1999, WuW/E Verg 218 = WuW 1999, 660 – Euro-Münzplättchen II.

tigte mit ihrem Vorbringen, eine ständige lückenlose Unterrichtung über den Fortgang des Vergabeverfahrens zu erreichen. Obwohl das Begehren der Klägerin letztlich abgelehnt wurde, nutzte die Vergabekammer das Verfahren, um die grundgesetzlichen Anforderungen an die Rechtsschutzgewährleistungen im Rahmen der Vergabe öffentlicher Aufträge aufzuzeigen.

Sie stellte dabei fest, dass trotz der Gewährung eines subjektiven Rechts in § 97 Abs. 7 GWB die Bieter den durch das Nachprüfungsverfahren gewährleisteten Primärrechtsschutz dann nicht in Anspruch nehmen könnten, wenn sie erst nach der Erteilung des Zuschlags erfahren, dass und aus welchen Gründen sie nicht berücksichtigt wurden. Eine solche weitgehende Beschneidung der Rechtsschutzmöglichkeiten sei mit der Garantie effektiven Rechtsschutzes aus Art. 19 Abs. 4 GG nicht vereinbar. So habe das BVerfG[843] den Dienstherrn im Rahmen beamtenrechtlicher Fürsorgeverhältnisse verpflichtet, den in einem Stellenbesetzungsverfahren unterlegenen Bewerber zur Wahrung seiner Rechte innerhalb einer für seine Rechtsschutzentscheidung ausreichenden Zeitspanne vor der Ernennung des erfolgreichen Mitbewerbers über den Ausgang des Verfahrens zu unterrichten. Vor diesem Hintergrund seien die Vorschriften der Verdingungsordnung, welche die Informationsverpflichtungen der Auftraggeber regeln, verfassungskonform dahin auszulegen, dass die unterlegenen Bietern rechtzeitig vor Abschluss der Angebotswertung durch die Auftraggeber über den Namen des erfolgreichen Bieters und die Gründe ihrer Nichtberücksichtigung unterrichtet werden müssen[844].

Das Nachprüfungsforum zog dabei in der Entscheidung die richtigen Parallelen zur Situation im Beamtenrecht. Während bei der Bewerberauswahl im öffentlichen Dienst der Grundsatz der Ämterstabilität[845] für eine nicht revidierbare Auswahlentscheidung sorgt[846], ist es im Rahmen der öffentlichen Auftragsvergabe die fehlende Möglichkeit der Aufhebung eines bereits erteilten Zuschlages. Eine mangelnde vorherige Bekanntgabe der materiellen Verteilungsentscheidung vereitelt für die unterlegenen Bewerber in beiden Rechtsgebieten wirksamen gerichtlichen Rechtsschutz zur Durchsetzung der subjektiven Rechte aus Art. 33 Abs. 2 GG bzw. § 97 Abs. 7 GWB. Trotz dieses expliziten Hinweises auf die verfassungsrechtlichen Anforderungen hinsichtlich der Gewährung effektiven Rechtsschutzes, bedurfte es noch weiterer 1

---

843 Vgl. dazu BVerfG, Beschl. vom 19.09.1989, NJW 1990, 501 ff.

844 VK Bund I, Beschl. vom 29.04.1999, WuW/E Verg 218 = WuW 1999, 660, 664 – Euro-Münzplättchen II.

845 Kritisch dazu *Huber*, in: v. Mangoldt/Klein/Starck, Das Bonner Grundgesetz 1999, Art. 19 Abs. 4, Rdnr. 497; *ders.*, Konkurrenzschutz im Verwaltungsrecht 1991, S. 457 m.w.N.

846 Vgl. BVerfG, Beschl. vom 19.09.1989, NJW 1990, 501 ff.; VGH Kassel, Beschl. vom 31.03.1994, NVwZ 1994, 1231; BGHZ 129, 226, 228 ff.

½ Jahre, bis der Gesetzgeber die zwingenden Schlussfolgerungen der VK Bund mittels § 13 VgV in Gesetzesform goss. Bis dahin erwiesen sich dabei nicht alle Richter der Oberlandesgerichte so verfassungspatriotisch wie die Mitglieder der behördlichen Vergabekammer[847].

b. Die Rechtssache „Alcatel Austria AG"

Doch nicht nur aus verfassungsrechtlicher, sondern auch aus europarechtlicher Sicht war die ursprüngliche deutsche Lösung zu beanstanden. Das wurde nicht zuletzt durch das Urteil des EuGH in der Rechtssache „Alcatel Austria./.Bundeswirtschaftsministerium für Wirtschaft und Verkehr" deutlich[848]. Auslöser dieser Entscheidung war ein Vorabentscheidungsersuchen des österreichischen Bundesvergabeamtes, welches dem EuGH die Frage vorlegte, ob die Vorgaben der EG-Rechtsmittelrichtlinien die Mitgliedstaaten verpflichten, die Zuschlagsentscheidung einem Nachprüfungsverfahren zugänglich zu machen[849]. Die Relevanz dieser Entscheidung für den deutschen Rechtsraum ergab sich aus der Kongruenz des österreichischen Vergaberechts[850] und der ursprünglichen deutschen Lösung. Danach war ebenso wie aufgrund § 114 Abs. 2 S. 1 GWB eine Aufhebung des mit dem Vertragsschluss tatsächlich zusammenfallenden Zuschlages[851] gesetzlich ausgeschlossen[852], ohne dass die Bieter vorab über die Verteilungsentscheidung zu unterrichten waren[853].

---

847 Vgl. KG Berlin, Beschl. vom 15.11.2000, KartVerg 16/00, nicht veröffentl., Kurzfassung in: Forum Vergabe e.V., Monatsinfo 11/2000, Anlage 3: „Denn nach geltendem vergaberechtlichen Bestimmungen bestehe kein Anspruch der Ausschreibungsteilnehmer auf die begehrte Vorabinformation.[...] Schließlich komme eine unmittelbare Anwendung der Richtlinie 89/665 nicht in Betracht, da das nationale Recht keine Vorabinformation vorsehe."

848 EuGH, Urt. vom 28.10.1999, Rs. C-81/98, WuW/E 262 = WuW 1999, 1262 – Alcatel Austria AG.

849 EuGH, Urt. vom 28.10.1999, Rs. C-81/98, WuW/E 262 = WuW 1999, 1262, Tz. 24 – Alcatel Austria AG.

850 Österr. BVergG, BGBl. 1993, S. 462 ff., geänderte Fassung in BGBl. 1996, S. 776 ff.

851 Vgl. §§ 15 Z 15 i.V.m. 54 Abs. 1 S. 1 BVergG (Fassung 1997); §§ 9 Z 14 i.V.m. 41 Abs. 1 BVergG (Fassung 1993).

852 § 91 Abs. 2 BVergG: „Das Bundesvergabeamt ist bis zum Zeitpunkt des erfolgten Zuschlages zuständig, zum Zweck der Beseitigung von Verstößen gegen das Bundesvergabegesetz und die hierzu ergangenen Verordnungen einstweilige Verfügungen zu erlassen sowie rechtswidrige Entscheidungen der vergebenden Stelle des Auftraggebers für nichtig zu erklären."; § 91 Abs. 3 BVergG: „Nach erfolgtem Zuschlag ist das Bundesvergabeamt zuständig, festzustellen, ob wegen eines Verstoßes gegen dieses Bundesgesetz oder die hierzu ergangenen Verordnungen der Zuschlag nicht dem Bestbieter erteilt wurde."

853 EuGH, Urt. vom 28.10.1999, Rs. C-81/98, WuW/E 262 = WuW 1999, 1262, Tz. 14 – Alcatel Austria AG.

Dazu stellte das Gericht fest: „Nach alledem ist Artikel 2 Absatz 1 Buchstaben a und b in Verbindung mit Absatz 6 Unterabsatz 2 der Richtlinie 89/665 dahin auszulegen, daß die Mitgliedstaaten verpflichtet sind, die dem Vertragsschluss vorangehende Entscheidung des Auftraggebers darüber, mit welchem Bieter eines Vergabeverfahrens er den Vertrag schließt, in jedem Fall einem Nachprüfungsverfahren zugänglich zu machen, in dem der Antragsteller unabhängig von der Möglichkeit nach dem Vertragsabschluß Schadensersatz zu erlangen, die Aufhebung der Entscheidung erwirken kann, wenn die Voraussetzungen hierfür erfüllt sind."[854]
Nach Art. 249 EG (Art. 189 EG-V) haben die nationalen Gesetzgeber bei der Umsetzung der Richtlinien ein erhebliches Maß an Handlungsfreiheit. Zwingend sicherzustellen ist dabei die praktische Wirksamkeit sekundären Europarechts[855], die sich nach den Begründungserwägungen der Rechtsmittelrichtlinien in der Einführung einer wirksamen und raschen Nachprüfung[856] der öffentlichen Auftragsvergabe erschöpft. Mit der Mitteilungspflicht des Auftraggebers an die nicht berücksichtigten Bieter nach § 13 VgV und der nach § 115 Abs. 1 GWB suspendierenden Wirkung des Nachprüfungsantrages ist der deutsche Gesetzgeber diesen Vorgaben inzwischen gerecht geworden[857].

3. Zusammenfassung / Fazit

Vor dem Hintergrund der europa- und verfassungsrechtlichen Anforderungen an die Gewährung effektiven Rechtsschutzes der Bieter musste der Gesetzgeber letztendlich mit seinem Versuch scheitern, den „Status quo" der einkaufende öffentliche Hand aufrechtzuerhalten. Nachdem mit der haushaltsrechtlichen Lösung ein letzter Versuch unternommen wurde, subjektive Rechte auf die Einhaltung der Vergabenormen zu verweigern, folgte mit dem VgRÄG und einer fehlenden Vorabinformation – bei gleichzeitiger Unanfechtbarkeit des einmal erteilten Zuschlages – der faktische Versuch, effektiven Rechtsschutz im öffentlichen Auftragsrecht zu verhindern. Es ist dabei insbesondere der VK Bund anzurechnen, dass mit der neuen Vergabeverordnung die Anforderungen des EG-Vergaberechts und des Grundgesetzes an effektiven Rechtsschutz erfüllt sind.

---

854 EuGH, Urt. vom 28.10.1999, Rs. C-81/98, WuW/E 262 = WuW 1999, 1262, Tz. 43 – Alcatel Austria AG.

855 EuGH, Urt. vom 08.04.1976, Rs. 48/75, Slg. 1976, 497, Tz. 69, 73 f. – Royer; EuGH, Urt. vom 30.05.1991, Rs. C-361/88, Slg. 1991, I-2567, Tz. 15 – Kommission./.Bundesrepublik Deutschland.

856 Vgl. Artt. 1 Abs. 1 RMR, SRMR.

857 So auch *Martin-Ehlers*, Die Unterscheidung zwischen Zuschlag und Vertragsschluss im europäischen Vergaberecht, EuZW 2000, 101, 103; *Schwarze*, Die Vergabe öffentlicher Aufträge im Lichte des europäischen Wirtschaftsrechts, EuZW 2000, 133, 140.

II. Die Rechtsschutzgewährleistungen des nationalen Verfassungsrechts

Allerdings hat es mit dem Schutz unterlegener Bieter bei der Vergabe öffentlicher Aufträge auf der Grundlage der Rechtsschutzgewährleistungen des VgRÄG nicht sein Bewenden. Auch wenn praktisch der Primärrechtsschutz der Bieter gegenüber der einkaufenden öffentlichen Hand auf der Europäisierung des deutschen Vergaberechts beruht, so gilt es doch zu ermitteln, ob sich über § 97 Abs. 7 GWB hinaus aus dem Verfassungsrecht und dem verfassungsrechtlich geprägten einfachen Recht subjektive Rechte auf die Einhaltung der Vergabevorschriften ableiten lassen. Das ist zum einen zwingend, weil die §§ 100 Abs. 1 i.V.m. 127 GWB die Gewährung der subjektiven Rechte aus § 97 Abs. 7 GWB und das Nachprüfungsverfahren der §§ 102 ff. GWB an die Schwellenwertvorgaben[858] der EG-Koordinierungsrichtlinien koppeln. Die Bieter profitieren mithin nicht vom expliziten Anspruchskatalog des VgRÄG, wenn sie sich um die Vergabe der öffentlichen Aufträge bewerben, welche die enormen Volumina[859] nicht erreichen. Zum anderen muss auch eine isoliert europarechtsbestimmte Analyse des VgRÄG im Hinblick auf den Umfang subjektiver Rechte unvollständig bleiben. So ist zwar dieser Normenkatalog – wie vom OLG Brandenburg zu Recht festgestellt[860] – zunächst europarechtskonform auszulegen. Es entbindet jedoch keinesfalls von einer verfassungskonformen Auslegung. Denn die europarechtlichen Anforderungen erzwingen nur eine Subjektivierung der Vorschriften über die Bekanntmachung der Aufträge, der Eignung der Bieter und den Zuschlag, wobei auf der Grundlage des nationalen Rechts der bieterschützende Normenkatalog durchaus umfangreicher sein kann.

1. Die Eröffnung des Rechtsweges nach Art. 19 Abs. 4 GG

Ansatzpunkt für die folgende Untersuchung bildet dabei Art. 19 Abs. 4 GG. Diese Vorschrift enthält die verfassungsrechtliche „Magna Charta" rechtsstaatlicher Ge-

---

858 Art. 6 Abs. 1 BKR: 5.000.000,- Euro für Bauaufträge; Art. 5 Abs. 1 lit. a LKR/Art. 7 Abs. 1 DKR: 200.000,- Euro für Liefer- und Dienstleistungsaufträge; Art. 14 Abs. 1 SKR: 400.000,- Euro bei Liefer- und Dienstleistungsaufträgen, 5.000.000,- Euro bei Bauaufträgen der Sektorenauftraggeber.

859 Bekanntmachung DM-Gegenwerte der Schwellenwerte bei der Vergabe öffentlicher Aufträge nach Maßgabe der EU-Vergaberichtlinien und des WTO-Übereinkommens über das öffentliche Beschaffungswesen (GPA) vom 16.12.1999, in Bundesanzeiger Nr. 244 vom 24.12.1999, S. 20734. Der Gegenwert für 5.000.000,- Euro beträgt 9.779.150,- DM, für 200.000,- Euro 391.166,- DM, für 400.000,- Euro 782.332,- DM, mitgeteilt in: Forum Vergabe e.V., Monatsinfo 1/2000, Anl. 2.

860 OLG Brandenburg, Beschl. vom 03.08.1999, WuW/E Verg 231 = WuW 1999, 929, 932 – Flughafen Berlin: „Die subjektiven Rechte des Mitbewerbers nach § 97 VII GWB sind dabei mit Rücksicht darauf, daß das Gesetz der Richtlinienumsetzung dient, in der Tendenz europarechtlich und mithin im Sinne der Rechtsprechung des EuGH zu verstehen."

währleistungen gegenüber rechtsverletzendem staatlichen Handeln. Danach ist für jedermann die Nachprüfung von Akten der öffentlichen Gewalt durch ein deutsches Gericht eröffnet, sofern die Verletzung subjektiv-öffentlicher Rechte im Raume steht. Neben der Zugänglichkeit des Rechtsweges garantiert Art. 19 Abs. 4 GG einen substantiellen Anspruch auf wirksame gerichtliche Kontrolle. Diese Garantie manifestiert sich in einem Anspruch auf Erfüllung und Restitution – mithin der Beseitigung der einschlägigen Rechtsverletzung[861]. Wenn also eine rechtswidrige öffentliche Auftragsvergabe die Tatbestandsvoraussetzungen der verfassungsrechtlich vorgezeichneten Rechtsweggarantie erfüllt, ist neben der Eröffnung des Rechtsweges auch die Beseitigung des Vergaberechtsverstoßes zwingend vorgezeichnet. Diese Rechtsfolge tritt selbstredend unabhängig davon ein, ob sich die Volumina der betroffenen Auftragsvergaben ober- oder unterhalb der europarechtlichen Richtlinienvorgaben bewegen.

Die Unternehmen können damit die Einhaltung der Vorschriften über das Vergabeverfahren gegenüber den öffentlichen Auftraggebern gerichtlich durchsetzen, wenn diese als Träger und in Vollzug öffentlicher Gewalt ihre Beschaffungen tätigen und ein Verstoß gegen die Vergabevorschriften als Verletzung eines subjektiv-öffentlichen Rechts vorliegt.

a. Die öffentlichen Auftraggeber als Träger öffentlicher Gewalt

Fraglich ist zunächst, ob die als öffentliche Auftraggeber verpflichteten natürlichen und juristischen Personen als Träger öffentlicher Gewalt definiert werden können. Unumstritten zählen dabei alle vollziehenden Organe zur „öffentlichen Gewalt" i.S.v. Art. 1 Abs. 3 GG und Art. 19 Abs. 4 GG[862], wozu in negativer Abgrenzung von Rechtsprechung und Gesetzgebung alle Einrichtungen der öffentlichen Verwaltung zählen[863].

---

861 BVerfGE 61, 82, 110 f. – Sasbach: „[Art. 19 Abs. 4 GG] gewährleistet nicht allein den Rechtsweg in dem Sinne, daß ein Rechtsschutzbegehren wegen behaupteter Verletzung seiner Rechte durch die öffentliche Gewalt von dem Betroffenen einem Richter muß unterbreitet werden können; sie verbürgt auch die Wirksamkeit des gerichtlichen Rechtsschutzes. [...] Dazu gehört vor allem, daß der Richter eine hinreichende Prüfungsbefugnis über die tatsächliche und rechtliche Seite des Rechtsschutzbegehrens hat sowie über eine zureichende Entscheidungsmacht verfügt, um einer erfolgten oder drohenden Rechtsverletzung wirksam abzuhelfen."

862 Vgl. zur Diskussion über die Frage der Rechtsschutzgewährleistung gegen Legislative und Judikative *Huber*, in: v. Mangoldt/Klein/Starck, Das Bonner Grundgesetz 1999, Art. 19 Abs. 4, Rdnr. 439 ff.

863 *Jellinek*, Verwaltungsrecht 1931, Neudruck 1966, S. 6.

Diese Abgrenzung kann jedoch nur bedingt hilfreich sein, wird doch die zu bewältigende Problematik damit lediglich brennpunktartig auf die Frage verkürzt, welche Einrichtungen der öffentlichen Verwaltung zuzuordnen sind.
Die entscheidende Weichenstellung bietet vielmehr das von Art. 1 Abs. 3 GG vorgezeichnete dualistische Verhältnis von Grundrechtsbindung und -berechtigung[864]. Sämtliche Einrichtungen, die auf die Einhaltung der Grundrechte verpflichtet sind, agieren als Träger öffentlicher Gewalt. Aus der spiegelbildlichen Beziehung von Grundrechtspflicht und Grundrechtsrecht folgt damit zwangsläufig, dass die natürlichen und juristischen Personen, welche von dem Schutz der Grundrechte vor staatlichen Zugriffen profitieren, aus dem Kreis der Träger öffentlicher Gewalt ausscheiden müssen. Das eröffnet für die vorzunehmende Untersuchung den vielschichtigen juristischen Diskurs, unter welchen Voraussetzungen natürlichen und juristischen Personen eine Grundrechtsberechtigung zu versagen ist.
Vor diesem Hintergrund gilt es die Frage zu beantworten, ob und welche der gemischt institutionell und funktional gebundenen, in privat- und öffentlich-rechtlicher Form organisierten öffentlichen Auftraggeber zur öffentlichen Gewalt zu zählen sind. Im Folgenden werden deshalb zunächst alle natürlichen und juristischen Personen im Hinblick auf ihre Zugehörigkeit zum grundrechtsverpflichteten staatlichen oder zum grundrechtsberechtigten gesellschaftlichen Bereich systematisch erfasst, um daraufhin die Einordnung der öffentlichen Auftraggeber vornehmen zu können.

aa. Natürliche und juristische Personen als Träger öffentlicher Gewalt

(1) Primär-unmittelbare Träger öffentlicher Gewalt

Nicht für alle natürlichen und juristischen Personen muss eine Trägerschaft öffentlicher Gewalt über den Umkehrschluss einer fehlenden Grundrechtsberechtigung bestimmt werden. Das gilt für solche Personen, die in den Formen des öffentlichen Rechts handeln und originär oder aufgrund Übertragungsakt Staatsgewalt ausüben und daher als primär-unmittelbare Träger öffentlicher Gewalt bezeichnet werden können[865].

---

864 So schon *Forsthoff*, Der Staat als Auftraggeber 1963, S. 14.

865 Im Einklang damit antizipiert daher auch das BVerfG in einem Regel-Ausnahme-Verhältnis für diese öffentlich-rechtlich organisierten Einheiten eine Bindung an den Grundrechtskatalog und daraus folgend eine fehlende Grundrechtsberechtigung; BVerfGE 68, 193, 206 – Zahntechniker-Innung: „Demgegenüber sind die materiellen Grundrechte und der zu ihrer Verteidigung geschaffene Rechtsbehelf der Verfassungsbeschwerde auf juristische Personen des öffentlichen Rechts [...] grundsätzlich nicht anwendbar."

(a) Juristische Personen

Dazu zählen die juristischen Personen des öffentlichen Rechts, die vorrangig als Elemente der staatlichen Herrschaftsordnung einzustufen sind und als „besondere Organe" der vollziehenden Gewalt gemäß Art. 20 Abs. 2 GG und Art. 28 GG Staatsgewalt ausüben[866].

Trotz der öffentlich-rechtlichen Organisation sind jedoch auch diese juristischen Personen nicht immer als Träger öffentlicher Gewalt zu qualifizieren. Um vom Schutz der Grundrechte nach Art. 19 Abs. 3 GG profitieren zu können, müssen die Voraussetzungen der vom BVerfG vertretenen „Durchgriffsthese" vorliegen. Danach sind solche juristischen Personen grundrechtsberechtigt, deren Bildung und Betätigung Ausdruck der freien Entfaltung der privaten natürlichen Personen ist; wenn es also der „Durchgriff" auf die hinter der Organisation stehenden Menschen als sinnvoll und erforderlich erscheinen lassen[867]. Entscheidend ist dabei die von dem angegriffenen Akt öffentlicher Gewalt betroffene Funktion, die sich in einem grundrechtsgeschützten Bereich abspielen muss[868]. Daher scheidet eine Grundrechtsberechtigung aus, wenn diese Funktion in der Wahrnehmung gesetzlich zugewiesener und geregelter öffentlicher Aufgaben[869] besteht[870]. Doch selbst wenn die öffentlich-rechtliche verfasste Organisation als Forum individueller Freiheitsgestaltung dient, zieht das nicht zwangsläufig einen Grundrechtsschutz der in Frage stehenden Betätigung nach sich. Vielmehr muss die juristische Person des öffentlichen Rechts auch als eigenständige, vom Staat unabhängige oder jedenfalls distanzierte Einrichtungen bestehen[871] und das geltend gemachte Grundrecht wesensmäßig die in Frage stehende Handlung schützen[872].

---

866 *Krebs*, in: Isensee/Kirchhof, Handbuch des Staatsrechts 1988, Bd. 3, § 69, Rdnr. 20 f., 30 ff.

867 BVerfGE 61, 82, 100; BVerfGE 68, 193, 205; BVerfG, Beschl. vom 16.05.1989, NJW 1990, 1783 – HEW.

868 BVerfGE 61, 82, 100 ff; 68, 193, 205.

869 Vgl. zum Begriff der öffentlichen Aufgabe BVerfGE 68, 193, 207: „Auch der Umstand, daß eine juristische Person des öffentlichen Rechts eine öffentliche Aufgabe, also Aufgaben im Interesse der Allgemeinheit wahrnimmt [...]."; *N.°Müller*, Rechtsformenwahl bei der Erfüllung öffentlicher Aufgaben (Institutional choice) 1993, S. 6: Öffentliche Aufgaben sind „[...] diejenigen Tätigkeitsbereiche, welche im Interesse der Allgemeinheit bzw. des Gemeinwohls in Angriff genommen werden."

870 BVerfGE 68, 193, 208; BVerfG, Beschl. vom 16.05.1989, NJW 1990, 1783.

871 BVerfGE 45, 63, 79 – Stadtwerke Hameln; 61, 82, 103.

872 BVerfGE 68, 193, 206.

Die institutionell staatliche Zuordnung verhindert also zunächst eine Grundrechtsberechtigung juristischer Personen des öffentlichen Rechts[873], wobei dieses präventive Verbot einen funktionalen Erlaubnisvorbehalt enthält.
Vor diesem Hintergrund hat das BVerfG für Universitäten, öffentlich-rechtliche Rundfunkanstalten und Kirchen eine wesensmäßige Anwendbarkeit einzelner Grundrechte anerkannt. Diese Einrichtungen sind entweder aufgrund der ihnen übertragenen Aufgaben unmittelbar einem grundrechtsgeschützten Lebensbereich zuzuordnen[874] oder gehören ihm kraft ihrer Eigenart von vornherein zu[875]. Genauso zeichnet diese juristischen Personen auch eine eigenständige, vom Staat unabhängige oder jedenfalls distanzierte Stellung aus[876]. Das institutionell primär-staatliche Element wird demnach durch die unabhängige, distanzierte Stellung zur öffentlichen Hand ausgeschaltet. Die unmittelbare Ausübung staatlicher Gewalt weicht der Entfaltung grundrechtlicher Freiheit im Bereich von Forschung, Lehre, Rundfunk oder Religion.

(b) Natürliche Personen

Die Grundrechte sind nach dem BVerfG in erster Linie individuelle Rechte, die den Schutz konkreter, besonders gefährdeter Bereiche menschlicher Freiheit zum Gegenstand haben und demgemäß vorrangig dem Schutz der Freiheitssphäre des einzelnen Menschen als natürlicher Person gegen Eingriffe der staatlichen Gewalt dienen[877]. Doch auch natürlichen Personen können aus dem grundrechtsgeschützten gesellschaftlichen in den grundrechtsverpflichteten staatlichen Bereich wechseln. Als solche primär-unmittelbaren Träger öffentlicher Gewalt agieren die mit Verwaltungsaufgaben[878] beliehenen natürlichen Personen[879], die sie in den Handlungsfor-

---

873 In diese Richtung auch *Badura*, Grundrechte der Gemeinde ?, BayVBl. 1989, 1, 2.

874 BVerfGE 15, 256, 262 – Universitäten und Fakultäten: Art. 5 Abs. 3 S. 1 GG; BVerfGE 31, 314, 322; 59, 231, 254 – Rundfunkanstalten: Art. 5 Abs. 1 S. 2 GG.

875 BVerfGE 18, 385, 386 f. – Kirchen.

876 BVerfGE 45, 63, 79; 61, 82, 103.

877 BVerfGE 61, 82, 100; 68, 193, 205; BVerfG, Beschl. vom 16.05.1989, NJW 1990, 1783 – HEW.

878 § 15 Abs. 1 KrW- /AbfG: „Die öffentlich-rechtlichen Entsorgungsträger haben die in ihrem Gebiet anfallenden und überlassenen Abfälle aus privaten Haushaltsträgern [...] zu verwerten oder [...] zu beseitigen."

879 § 16 Abs. 2 KrW- /AbfG: „Die zuständige Behörde kann auf Antrag mit Zustimmung der verpflichteten Entsorgungsträger [...] deren Pflichten auf einen Dritten ganz oder teilweise übertragen [...]."

men des öffentlichen Rechts und mit öffentlicher Gewalt ausgestattet[880] wahrnehmen[881].

(2) Sekundär-unmittelbare Träger öffentlicher Gewalt

Anders als bei juristischen Personen des öffentlichen Rechts antizipiert das BVerfG bei juristischen Personen des Privatrechts zunächst eine Grundrechtsberechtigung[882], da diese Einrichtungen aufgrund ihrer privatrechtlichen Organisation nicht primär dem staatlichen Sektor angehören. Gleichwohl können sie als sekundäre Träger öffentlicher Gewalt in Betracht kommen, dies vor dem Hintergrund, dass der Staat sich mehr und mehr privatrechtlicher Rechtsformen bedient, um der Erfüllung seiner Aufgaben nachzugehen. Die damit einhergehende Verschmelzung von öffentlicher Hand und Gesellschaft erzwingt für die Bestimmung einer Trägerschaft öffentlicher Gewalt hinter das institutionelle Gewand juristischer Personen zu blicken. Mittels dieses „piercing the corporate veil" gilt es zu ermitteln, ob sich die privatrechtlich verfasste Einrichtung lediglich der Form nach auf dem gesellschaftlichen Sektor bewegt oder tatsächlich der Entfaltung grundrechtlicher Freiheit dient.

(a) Juristische Personen

Ebenso wie bei öffentlich-rechtlichen Einrichtungen die Tätigkeit im grundrechtsgeschützten Bereich und die Unabhängigkeit vom Staat für eine Zuerkennung von Grundrechtsschutz sorgen, wird dieser den juristischen Personen des Privatrechts versagt, die bei Erfüllung öffentlicher Aufgaben aufgrund 100%iger Eigentümerstellung von oder der Zusammensetzung aus juristischen Personen des öffentlichen

---

880 § 14 Abs. 1 KrW- /AbfG: „Die Eigentümer und Besitzer von Grundstücken, auf denen überlassungspflichtige Abfälle anfallen, sind verpflichtet, das Aufstellen zur Erfassung notwendiger Behältnisse sowie das Betreten des Grundstücks zum Zwecke des Einsammelns und zur Überwachung der Getrennthaltung und Verwertung von Abfällen zu dulden."

881 *Burgi*, Funktionale Privatisierung und Verwaltungshilfe 1999, S. 80. Weitere Beispiele sind die anerkannten Sachverständigen nach § 36 Abs. 1 GewO, der TÜV nach § 29 Abs. 2 S. 2 StVZO, der Jagdaufseher nach § 25 Abs. 2 BJagdG oder die zur Zulassung von Umweltgutachten befugte „Deutsche Akkreditierungs- und Zulassungsgesellschaft mbH (DAU)" nach § 28 Umweltauditgesetz i.V.m. der UAG-Beleihungsverordnung.

882 Vgl. BVerfGE 75, 192, 196 – Öffentlich-rechtliche Sparkassen: Einer juristischen Person Grundrechtsschutz zuzusprechen, „[...] ist danach nur dann gerechtfertigt, wenn deren Bildung und Betätigung Ausdruck der freien Entfaltung der privaten natürlichen Personen ist, insbesondere wenn der „Durchgriff" auf die hinter ihnen stehenden Menschen es als sinnvoll und erforderlich erscheinen läßt. Diese Voraussetzungen sind [...] bei juristischen Personen des Privatrechts regelmäßig erfüllt."

Rechts funktionell keine grundrechtsgeschützte Tätigkeit ausüben[883]. Begründet wird dies damit, dass der Durchgriff auf die hinter der Gesellschaft Agierenden lediglich öffentlich-rechtlich verfasste Einrichtungen in unmittelbarer staatlicher Aufgabenerfüllung ans Licht fördert. Mit der Antizipation einer Grundrechtsberechtigung für privatrechtlich organisierte Einrichtungen misst das BVerfG daher der Rechtsform der in Frage stehenden juristischen Person lediglich eine nur indizielle Wirkung zu[884]. Die organisatorische Verselbständigung des Staates in privatrechtlicher Hülle zur Erfüllung gesetzlich zugewiesener und geregelter öffentlicher Aufgaben kann eine Qualifikation der betroffenen Einrichtung als sekundär-unmittelbarer Träger öffentlicher Gewalt nicht ausschließen. Sich anders zu entscheiden, hieße, die Anwendung des Grundrechtskataloges staatlichem Willen zu unterwerfen.

(aa) Gemischt-wirtschaftliche Unternehmen

Diese Grundsätze lassen sich auf gemischt-wirtschaftliche Unternehmen – also juristischen Personen des Privatrechts, an denen sowohl öffentlich-rechtliche Einrichtungen als auch natürliche Personen beteiligt sind – hingegen nicht ohne weiteres übertragen. Während die Involvierung des Staates gegen einen Grundrechtsschutz spricht, könnte die Beteiligung natürlicher Personen eine Grundrechtsberechtigung dieser Unternehmen zwingend nach sich ziehen. Einer Entscheidung über das „Für" oder „Wider" der Grundrechtsfähigkeit vermag man jedoch nicht auszuweichen, weil der Dualismus von staatlichem und privatem Handeln ein Grundrechtsberechtigung bei gleichzeitiger -verpflichtung verbietet.
Ein Grundrechtsschutz scheint dann nicht angemessen, wenn ein gemischt-wirtschaftliches Unternehmen staatlich beherrscht wird. Einen Hinweis in diese Richtung gab das BVerfG in seinem Beschluss „Hamburger Elektrizitätswerke"[885]. Das Gericht versagte hier einem Unternehmen die Grundrechtsfähigkeit, weil die Stadt Hamburg 72% der Aktienanteile hielt. Der dadurch bestehende „entscheidende Einfluss" der öffentlichen Hand schließe einen Grundrechtsschutz für die juristische Person aus. Auch wenn dieser „entscheidende Einfluss" nur subsidiär – neben der Erfüllung einer gesetzlich geregelten und zugewiesenen öffentlichen Aufgabe – die Versagung des Grundrechtsschutzes begründete, stellt sich die Frage, ob nicht die

---

883 BVerfGE 45, 63, 80 – zu 100% im Eigentum eines Trägers öffentlicher Gewalt stehendes Stadtwerk; BVerfGE 68, 193, 206 – Privatrechtlich organisierte Landesinnungsverbände, die sich aus Körperschaften des öffentlichen Rechts zusammensetzen.

884 So ausdrücklich in BVerfGE 68, 193, 212 f.: „Diese kann ebensowenig wie bei juristischen Personen des öffentlichen Rechts allein von der Rechtsform abhängen, der lediglich eine indizielle Bedeutung zukommt."

staatliche Beherrschung das entscheidende Element schlechthin für die Zu- oder Aberkennung von Grundrechtsschutz ist. Juristische Personen sind – wie ausgeführt – nur dann grundrechtsfähig, wenn sie Mittler grundrechtlicher Interessen natürlicher Personen sind[886]. Entscheidend ist das Vorhandensein natürlicher Personen, denen die juristische Person als „organisatorisches Forum" ihrer grundrechtlichen Freiheitsverwirklichung dient[887]. Indisponibel für eine Freiheitsentfaltung ist dabei eine Autonomie vom Staat, wie sie insbesondere vom BVerfG zur Grundrechtsfähigkeit juristischer Personen des öffentlichen Rechts betont wird[888]. Diese Forderung ist nur konsequent, kann sich doch individuelle Freiheit dort nicht verwirklichen, wo ein staatliches Diktat die einschlägigen Handlungsmodalitäten bestimmt. An dieser Tatbestandsvoraussetzung muss es zwangsläufig mangeln, wenn die öffentliche Hand aufgrund ihres beherrschenden Einflusses die Entscheidungsprärogative in der Personen- oder Kapitalgesellschaft innehat. Daher bildet sich in staatlich beherrschten gemischt-wirtschaftlichen Unternehmen auch kein „schutzgutspezifischer Mehrwert"[889], der eine eigenständige Grundrechtsberechtigung der juristischen Person rechtfertigen könnte. Denn dieser Mehrwert entwickelt sich nur, wenn im Rahmen der organisatorischen Verselbständigung juristischer Personen von ihren natürlichen Mitgliedern neue, schutzwürdige Interessenlagen entstehen. Um eine staatliche Beeinträchtigung der hinter der Personen- oder Kapitalgesellschaft stehenden natürlichen Personen zu verhindern, dient die juristische Person als „vorgezogene Verteidigungslinie" der grundrechtlich geschützten Belange ihrer Mitglieder.

Diese neuen, schutzwürdigen Belange der natürlichen Anteilsinhaber können sich nur in solchen juristischen Person materialisieren, deren Organisation das Ergebnis individuell-selbstbestimmter Entfaltung ist, woran es zwangsläufig bei staatlicher Beherrschung mangelt. Diese schließt somit eine Grundrechtsberechtigung privater juristischer Personen aus, denn Autonomie vom Staat und die Verteidigung von Grundrechten sind unlösbar miteinander verbunden. Grundrechtsschutz und Staatsnähe stehen in umgekehrt proportionalem Verhältnis. Ein Anspruch auf Abwehr

---

885 BVerfG, Beschl. vom 16.05.1989, NJW 1990, 1783.

886 BVerfGE 61, 82, 103; 68, 193, 205; 75, 192, 200; BVerfG, Beschl. vom 16.05.1989, NJW 1990, 1783.

887 *Huber*, in: v. Mangoldt/Klein/Starck, Das Bonner Grundgesetz 1999, Art. 19 Abs. 3, Rdnr. 240.

888 BVerfG, Beschl. vom 20.09.1995, NJW 1996, 1588, 1589 – Kassenärztliche Vereinigung: „Die ihr eingeräumte Selbstverwaltung bei der Honorarverteilung ist kein Anzeichen für ihre Zuordnung zur Freiheitssphäre des einzelnen oder für eine Unabhängigkeit vom Staat, die – wie bei Universitäten, Rundfunkanstalten oder Kirchen – zur Grundrechtsfähigkeit führen [...]. Denn dies würde voraussetzen, daß sie als juristische Person den Bürgern zu Verwirklichung ihrer individuellen Grundrechte dient und als eigenständige, vom Staat unabhängige oder jedenfalls distanzierte Einrichtung Bestand hat [...]."

889 *Huber*, in: v. Mangoldt/Klein/Starck, Das Bonner Grundgesetz 1999, Art. 19 Abs. 3, Rdnr. 238.

staatlichen Handelns kann dort nicht bestehen, wo „Täter" und „Opfer" identisch oder teilidentisch sind.
Der Erfüllung einer gesetzlich zugewiesenen und geregelten öffentlichen Aufgabe kommt für die Bestimmung der Grundrechtsberechtigung staatlich beherrschter Unternehmen daher auch nur noch indizielle Wirkung zu. Denn sobald die staatliche Beherrschung vorliegt, kann eine juristische Person nicht mehr als Rahmen und organisatorischen Forum grundrechtlicher Freiheitsentfaltung dienen. Somit spielt es auch keine Rolle mehr, welchen Tätigkeiten mittels der Personen- oder Kapitalgesellschaft im Endeffekt nachgegangen wird.
Selbst wenn man entgegen den vorstehenden Ausführungen eine grundrechtliche Entfaltung der privaten Anteilsinhaber in dem staatlich beherrschten Unternehmen annimmt, ist eine Grundrechtsberechtigung der juristischen Person fraglich[890]. Wie in dem vom BVerfG zu entscheidenden Fall der „Hamburger Elektrizitätswerke" handeln diese Unternehmen in multipolaren Verwaltungsrechtsverhältnissen. Die Erbringung der Daseinsvorsorgeleistung, die Vergabe von Aufträgen oder das Verhalten im Wettbewerb zeitigt Wirkung auf Kunden, Konkurrenten oder potentielle Auftragnehmer. Die unmittelbare Beherrschung des privaten Unternehmens erlaubt es der öffentlichen Hand – staatlich motiviert – auf die Interessensphären dieser privaten „Empfangssubjekte" zuzugreifen. Die geschützten Interessen dieser Personen können für die Gewichtung der Schutzinteressen der privaten Anteilseigner nicht unbeachtet bleiben[891]. Zu Lasten der privaten Anteilsinhaber ist in Betracht zu ziehen, dass sie sich über die Beteiligung an dem Unternehmen freiwillig auf rechtlicher und wirtschaftlicher Basis mit der öffentlichen Hand verknüpft haben[892]. Die schutzwürdigen Belange drittbetroffener natürlicher Personen sind damit höher einzuschätzen als die der privaten Anteilsinhaber. Um Kunden, potentiellen Auftragnehmern und Konkurrenten einen Schutz ihrer grundrechtlichen Interessen gegenüber den staatlichen Zugriffen – die in privatrechtlichem „Gewand" durch die juristische Person vermittelt werden – nicht abzuschneiden, ist auch aus diesem Blick-

---

890 In diese Richtung aber *Kühne*, Anmerkung zum Urteil des BVerfG, Beschl. vom 16.05.1989, JZ 1990, 335, 336; *Schmidt-Aßmann*, Die Grundrechtsberechtigung gemischt-wirtschaftlicher Unternehmen nach Art. 19 Abs. 3 GG, BB 1990, 7, 10; *Spannowsky*, Öffentliche Bindungen für gemischt-wirtschaftliche Unternehmen, ZHR 1996, 560, 571.

891 *Huber*, in: v. Mangoldt/Klein/Starck, Das Bonner Grundgesetz 1999, Art. 19 Abs. 3, Rdnr. 304; *Krebs*, in: v. Münch/Kunig, Das Grundgesetz 2000, Art. 19, Rdnr. 45; *Wolff/Bachof/Stober*, Verwaltungsrecht I 1999, § 34 II 2, Rdnr. 16 a.

892 Zu Recht *Huber*, in: v. Mangoldt/Klein/Starck, Das Bonner Grundgesetz 1999, Art. 19 Abs. 3, Rdnr. 306; Wogegen insbesondere im Rahmen von bi-polaren Verwaltungsverträgen nicht notwendigerweise die Verknüpfung mit der öffentlichen Hand nach dem Grundsatz „volenti non fit iniuria" zu einem pauschalen Ausschluss von Grundrechtsschutz führen muss; vgl. *Huber*, Rechtliche Grenzen von Planungswertausgleich und städtebaulichen Verträgen, DÖV 1999, 173, 182.

winkel gemischt-wirtschaftlichen Unternehmen eine Grundrechtsfähigkeit zu versagen.

Damit stellt sich abschließend die Frage, unter welchen Voraussetzungen ein beherrschender Einfluss der öffentlichen Hand vorliegt. Mit dem Abstellen auf die 72%ige Beteiligungsquote im „HEW-Fall“ hat das BVerfG den Hinweis gegeben, dass eine Beherrschung über eine Mehrheit an den Gesellschafts- oder Kapitalanteilen zu bestimmen seien könnte[893]. Dagegen wird allerdings ins Feld geführt, dass sich die Beherrschung einer juristischen Person nicht über den Umfang der Anteilsinhaberschaft feststellen ließe[894]. Ohne darüber entscheiden zu müssen, ob diese Ansicht aus gesellschaftsrechtlicher Sicht zu tragen vermag, muss eine staatliche Beherrschung nicht unbedingt über eine Mehrheit der Gesellschafts- oder Kapitalanteile eruiert werden[895]. Bereits das VgRÄG zeigt auf, welche vielfältigen Möglichkeiten bestehen ein Diktat der öffentlichen Hand anzunehmen. So ist in § 98 Nr. 2 GWB festgelegt, dass eine juristische Person des Privatrechts immer dann öffentlicher Auftraggeber ist, wenn Gebietskörperschaften und deren Sondervermögen, sowie aus ihnen bestehende Verbände: „[...] sie einzeln oder gemeinsam durch Beteiligung oder auf sonstige Weise überwiegend finanzieren oder über ihre Leitung die Aufsicht ausüben oder mehr als die Hälfte der Mitglieder eines ihrer zur Geschäftsführung oder zur Aufsicht berufenen Organe bestimmt hat.“ Für den jeweiligen Einzelfall besteht also eine ganze Bandbreite von Kriterien, um sachgerecht eine staatliche Beherrschung gemischt-wirtschaftlicher Unternehmen ermitteln zu können.

Staatlich beherrschte gemischt-wirtschaftliche Unternehmen sind somit sekundär-unmittelbare Träger öffentlicher Gewalt. Grund dafür ist die mangelnde grundrechtliche Freiheitsentfaltung der privaten Anteilsinhaber. Selbst wenn man eine solche nicht ausschließen wollte, treten die grundrechtlichen Belange der in die juristische Person involvierten natürlichen Personen hinter die vorrangigen Interessen der drittbetroffenen natürlichen Personen zurück.

---

893 BVerfG, Beschl. vom 16.05.1989, NJW 1990, 1783.

894 Vgl. *Spannowsky*, Öffentliche Bindungen für gemischt-wirtschaftliche Unternehmen, ZHR 1996, 560, 571, der auf die aktienrechtlichen Bestimmungen der §§ 12 Abs. 1 S. 2, 139 ff. AktG (Vorzugsaktien) oder § 134 AktG (Höchststimmrecht) verweist, durch welche aufgrund der Kapitalbeteiligung die tatsächlichen Machtverhältnisse in der Gesellschaft nicht nachzuweisen sind; vgl. demgegenüber § 17 Abs. 2 AktG: „Von einem im Mehrheitsbesitz stehenden Unternehmen wird vermutet, daß es von dem an ihm mit Mehrheit beteiligten Unternehmen abhängig ist.“

895 *Huber*, in: v. Mangoldt/Klein/Starck, Das Bonner Grundgesetz 1999, Art. 19 Abs. 3, Rdnr. 302 mit Hinweis auf das identische Problem im Europarecht hinsichtlich der Bestimmung öffentlicher

(bb) Rein private Unternehmen

Der Ausschluss einer Grundrechtsberechtigung erstreckt sich jedoch nicht lediglich auf solche juristischen Personen des Privatrechts, auf welche die öffentliche Hand unmittelbar einen beherrschenden Einfluss ausübt. So wurde vorstehend festgestellt, dass auch eine überwiegende staatliche Finanzierung die Grundrechtsfähigkeit eines Unternehmens beseitigt. Die Situation stellt sich nicht anders dar, wenn lediglich eine bestimmte Handlung zu mehr als 50% von der öffentlichen Hand finanziert wird. Nicht zuletzt stellt das BVerfG bei der Bestimmung der Grundrechtsfähigkeit einer juristischen Person darauf ab, wie die durch diese Einheit ausgeübten Funktionen zu bewerten ist[896]. So wie der Staat bei überwiegender Finanzierung der juristischen Person auf das gesamte Unternehmen einen beherrschenden Einfluss ausübt, beherrscht der Staat in diesen Fällen das betroffene Projekt. Auch in dessen Ausführung kann dann keine eigenbestimmte, selbständige Entfaltung grundrechtlicher Interessen gesehen werden. Es mangelt zwar nicht „institutionell", aber doch „funktional" an der notwendigen Distanz zum Staat.

Auch hier gilt das gleiche Alternativverhältnis wie bei gemischt-wirtschaftlichen Unternehmen. Wenn man eine fehlende Grundrechtsfähigkeit der juristischen Person durch die staatliche Finanzierung der betroffenen Tätigkeit verneint, müssen die grundrechtlichen Interessen der privaten Anteilsinhaber hinter die schutzwürdigen Belange drittbetroffener Privater zurücktreten. Damit handeln auch rein private Unternehmen im Rahmen von Vorhaben, die zu mehr als 50% von der öffentlichen Hand finanziert werden, als sekundär-unmittelbare Träger öffentlicher Gewalt.

(b) Natürliche Personen

Nach diesen Grundsätzen kann auch natürlichen Personen eine Grundrechtsberechtigung nicht undifferenziert zugesprochen werden. Wenn sich grundrechtsberechtigte natürliche Personen ein bestimmtes Vorhaben zu mehr als 50% öffentlich finanzieren lassen, unterwerfen sie sich zur Erlangung wirtschaftlicher Vorteile dem unmittelbaren staatlichen Diktat. Deshalb kann sich auch in einer vom Staat finanziell beherrschten Handlung keine grundrechtliche Freiheitsentfaltung manifestieren. Selbst wenn man trotz überwiegender staatlicher Finanzierung den Ausschluss eines Grundrechtsschutzes ablehnt, muss dieser hinter den höher zu gewichtenden Interessen der drittbetroffenen Privaten zurücktreten, so dass auch natürliche Personen in

---

Unternehmen im Rahmen von Art. 86 EG (Art. 90 EG-V); *ders.*, Allgemeines Verwaltungsrecht 1997, S. 70.

896 BVerfG, Beschl. vom 16.05.1989, NJW 1990, 1783.

diesen Fällen als sekundär-unmittelbare Träger öffentlicher Gewalt zu qualifizieren sind.

(3) Sekundär-mittelbare Träger öffentlicher Gewalt

Es ist jedoch darüber hinaus fraglich, ob es immer einer unmittelbaren staatlichen Beherrschung der juristischen Person des Privatrechts oder bestimmter Handlungen rein privater Unternehmen oder natürlicher Personen bedarf, um eine Grundrechtsberechtigung zu versagen. Diese Frage gilt es nicht zuletzt deshalb aufzuwerfen, weil sich die Zuordnung von Privatrechtssubjekten – wie vorstehend dargelegt – auch über die Beeinträchtigung der schutzwürdigen Belange von Dritten ergeben kann. Dass die Grundrechte auch vor staatlichen Zugriffen schützen, die lediglich mittelbar über einen Einfluss auf Privatrechtssubjekte ausgeübt werden, ist auch die Botschaft des modernen Eingriffsbegriffs, nach dem – abhängig von Unmittelbarkeit, Finalität oder Intensität der Beeinträchtigung – jede dem Staat zurechenbare Verkürzung grundrechtlich geschützter Interessen als Eingriff zu werten ist[897]. Vor diesem Hintergrund gilt es im Folgenden zu klären, inwieweit staatliche Einflüsse auf juristische oder natürliche Personen, die nicht auf eine „institutionelle" oder eine „funktionale" Beherrschung zurückzuführen sind, deren Grundrechtsberechtigung ausschließen und eine Zuordnung zum staatlichen Bereich als sekundär-mittelbarer Träger öffentlicher Gewalt begründen.

(a) Juristische Personen

Untersuchungsgegenstand bilden dabei rein private Unternehmen, die auf dem Gebiet der Daseinsvorsorge[898] tätig sind. Wenn private Unternehmen eine Betriebsgenehmigung zur Erfüllung einer gesetzlich zugewiesenen und geregelten öffentlichen

---

897 *Bleckmann/Eckhoff*, Der „mittelbare" Grundrechtseingriff, DVBl. 1988, 373, 376-380; *Huber*, Konkurrenzschutz im Verwaltungsrecht 1991, S. 229; *Pieroth/Schlink*, Grundrechte-Staatsrecht II 2000, § 6 III 2, Rdnr. 240; *Weber-Dürler*, Der Grundrechtseingriff, VVDStRL 1997, 57, 76; krit. *Bethge*, Der Grundrechtseingriff, VVDStRL 1997, 7, 40; vgl. dazu ausführlich unter 3.Teil B.II.1.c.aa.(1)(b)(bb).

898 Art. 87 f GG: „(1) Nach Maßgabe eines Bundesgesetzes [...] gewährleistet der Bund im Bereich des Postwesens und der Telekommunikation flächendeckend angemessene ausreichende Dienstleistungen."; § 2 ThürÖPNVG: „(1) ÖPNV ist eine Aufgabe der Daseinsvorsorge."; § 3 ThürÖPNVG: „(1) Aufgabenträger sind 1. Das Land für den SPNV; 2. Die Landkreise und kreisfreien Städte für den StPNV 3. Die Großen kreisfreien Städte nach § 6 Abs. 4 der [ThürKO] für den Stadtverkehr, soweit der Stadtrat einen entsprechenden Entschluß gefaßt hat."; § 2 Abs. 2 ThürKO: „Zu den Aufgaben des eigenen Wirkungskreises gehören [...] die Versorgung mit Energie und Wasser [...]."

Aufgabe erhalten, entwickelt sich ein erster staatlicher Zugriff auf betroffene Kunden, wenn diese über Anschluss- und Benutzungszwänge[899] unwiderruflich mit diesem Versorger verbunden werden. Die privaten Empfangssubjekte können die Versorger nicht aus freier Entscheidung mit anderen Lieferanten substituieren. Gleiches gilt, wenn einem Unternehmen – ohne die Abnehmer gesetzlich an den Versorger zu binden – eine Monopolstellung eingeräumt wird. In diesen Fällen besteht zwar kein gesetzlicher Zwang, der die Kunden auf die Abnahme der Leistungen verpflichtet; gleichwohl kann aber – wie z.B. bei Telekommunikationsleistungen – eine faktische Abhängigkeit bestehen. Die staatliche Gewährung, eine bestimmte Leistung bereit zu stellen, geht in diesen Fällen mit einer öffentlich-rechtlichen Entscheidung gegenüber dem Bürger einher, von wem in Zukunft die Leistung zu beziehen ist[900].
Dieser Zusammenhang allein vermag jedoch den rein privaten Unternehmen der Daseinsvorsorge noch nicht die Grundrechtsfähigkeit zu entziehen, kann doch der Anschluss- und Benutzungszwang oder die einschlägige Regulierung, welche dem Unternehmen das ausschließliche oder besondere Recht gewährt, von den in ihrer allgemeinen Handlungsfreiheit berührten Kunden unmittelbar gegenüber dem Staat angegriffen werden.
Wenn man jedoch auf die Problematik der öffentlichen Auftragsvergabe vorgreift, so stellt sich die Situation für potentielle Auftragnehmer anders dar. Deren grundrechtlich geschützte Interessen sind nicht unmittelbar durch die Gewährung der Monopolstellung betroffen. Vielmehr stellt sich für sie die Frage, ob ihre grundrechtlichen Belange durch faktische Einflussmöglichkeiten der öffentlichen Hand auf den Monopolisten gefährdet sind. Die Gewährung und die Aufrechterhaltung ausschließlicher oder besonderer Rechte sind für die bevorzugten Unternehmen von großem Interesse. Nicht zuletzt ist die Preisentwicklung auf dem Telekommunikationsmarkt beredtes Beispiel dafür, welche wirtschaftlichen Vorteile mit einer Monopolstellung einhergehen. Der Staat kann in diesen Fällen auch ohne unmittelbare Beteiligung Einfluss ausüben, indem er die ökonomisch messbare Vorteilsgewährung zur Steuerung eines staatlich erwünschten Verhaltens missbraucht. Diese Problematik wurde

---

899 § 20 Abs. 2 Nr. 2 ThürKO: „Weiterhin können die Gemeinden in Satzungen besonders regeln: [...] 2. Aus Gründen des öffentlichen Wohls die Verpflichtung zum Anschluß von Grundstücken an Anlagen zur Versorgung mit Fernwärme, zur Wasserversorgung, Abwasserbeseitigung, Straßenreinigung und ähnliche dem Gemeinwohl dienende Einrichtungen (Anschlußzwang) sowie die Verpflichtung zur Benutzung dieser Einrichtungen (Benutzungszwang)."

900 Dass die Gewährung ausschließlicher oder besonderer Rechte in die Grundrechte der Leistungsempfänger eingreifen kann, hat auch das Bundesverfassungsgericht festgestellt; vgl. BVerfGE 46, 120, 136: „Die Vorschrift richtet sich in erster Linie an die Direktrufteilnehmer. Diese sind durch sie in ihrer allgemeinen Handlungsfreiheit berührt: Sie können sich Zusatzeinrichtungen für die Datenübertragung nicht auf dem freien Markt beschaffen, sondern sind darauf beschränkt, die von der Bundespost zur Verfügung gestellten Geräte zu verwenden."

auch vom europäischen Gesetzgeber erkannt. So werden nach Art. 2 Abs. 1 lit. b SKR auch rein private Unternehmen auf die Anwendung der Vergabevorschriften verpflichtet, wenn durch eine zuständige Behörde ausschließliche oder besondere Rechte gewährt wurden. Dadurch soll verhindert werden, dass auch ohne unmittelbare staatliche Beteiligung der faktische Einfluss, den die öffentliche Hand mit der Einräumung oder Entziehung von Monopolstellungen innehat, bei den Auftragsvergaben der bevorzugten Unternehmen zu Lasten der Grundfreiheiten und des Diskriminierungsverbotes geht.
Eine identische Gefährdungslage besteht für die national-grundrechtlichen Interessen von potentiellen Auftragnehmern, die durch staatlich gesteuerte Handlungen des Monopolisten beeinträchtigt werden könnten. Problematisch ist dabei natürlich, dass sich nur in Ausnahmefällen feststellen lassen wird, ob eine Benachteiligung des potentiellen Auftragnehmers staatlich motiviert war oder aus unternehmerischen Erwägungen heraus stattfand. So schwierig, wie sich die Feststellung der die Beeinträchtigung auslösenden Handlung darstellt ist zwangsläufig auch deren Abwehr. Wenn dem mit ausschließlichen oder besonderen Rechten ausgestatteten Unternehmen eine Grundrechtsfähigkeit zugesprochen wird, kann eine Beeinträchtigung grundrechtlicher Belange nicht gegenüber dem Auftraggeber geltend gemacht werden. Vielmehr müsste der benachteiligte Bieter dann gegen die mögliche Beeinflussung des Unternehmens durch die öffentliche Hand vorgehen. Die Problematik solchen Vorgehens ist offensichtlich und würde schon häufig daran scheitern, dass sich die staatliche Einflussnahme nicht spezifizieren lässt.
Ob den drittbetroffenen Privaten eine solche Bürde auferlegt werden kann, ist jedoch fraglich. Auch hier ist zu überlegen, ob eine Abwägung der involvierten grundrechtlichen Interessen – die des privaten Monopolisten versus die der potentiellen Auftragnehmer – nicht dazu führt, auch rein private Unternehmen der Daseinsvorsorge dem grundrechtsverpflichteten staatlichen Sektor zuzuordnen. Wie bei den gemischt-wirtschaftlichen Unternehmen oder den natürlichen und juristischen Personen, die sich die Durchführung eines bestimmten Projekts zu mehr als 50% von der öffentlichen Hand finanzieren lassen, ist auch hier zu beachten, dass sich der Monopolist zur Erlangung wirtschaftlicher Vorteile zumindest in die faktische Einflusssphäre des Staates begeben hat. Somit stellt sich auch für die rein privaten Unternehmen der Daseinsvorsorge die Frage, ob es diesen grundsätzlich grundrechtsberechtigten Einheiten bei der Erfüllung dieser Aufgaben nicht an der für eine Grundrechtsberechtigung konstitutiven Autonomie vom Staat ermangelt, so dass bezüglich dieses Spektrums eine grundrechtliche Freiheitsentfaltung abzulehnen ist. Für eine Zuordnung zum staatlichen Sektor ist gleichfalls anzuführen, dass mit der Betätigung auf dem Gebiet der Daseinsvorsorge gesetzlich zugewiesene und geregelte öffentlichen Aufgaben erfüllt werden, was vom BVerfG als Hauptmerkmal für eine Versa-

gung von Grundrechtsschutz anzusehen ist[901]. Letztlich erfüllt der Staat auch in dieser Situation durch die Unternehmen seine ihm vom Gesetzgeber zugewiesenen Verpflichtungen. Es ist mithin nur eine Kumulation verschiedener konstitutiver Faktoren, die für eine Einordnung rein privater Unternehmen bei der Erfüllung von Aufgaben der Daseinsvorsorge als sekundär-mittelbare Träger öffentlicher Gewalt zum grundrechtsverpflichteten staatlichen Sektor spricht.
Ein solches Ergebnis ist jedoch dann nicht mehr gerechtfertigt, wenn die Erfüllung der gesetzlich zugewiesenen öffentlichen Aufgabe nicht mehr auf der Grundlage ausschließlicher oder besonderer Rechte durchgeführt wird. Dann hält der Staat keinen ökonomisch messbaren Vorteil mehr in Händen, der zur Beeinflussung des Versorgers missbraucht werden könnte. So ist auf dem liberalisierten Markt der Telekommunikation[902] die Erfüllung der öffentlichen Aufgabe nicht mehr durch ein ausschließliches oder besonderes Recht privilegiert. Vielmehr durchbricht der Wettbewerb im Rahmen dieser Wertungsproblematik die Verbindung zwischen rein privaten Monopolisten und dem Staat, der ursprünglich für eine Einordnung auch dieser Unternehmen als sekundär-mittelbare Träger öffentlicher Gewalt sorgte.

(b) Natürliche Personen

Diese Grundsätze gelten auch für natürliche Personen, wenn sie aufgrund einer Monopolstellung staatlichen Einflüssen ausgesetzt sind. Deren Grundrechtsberechtigung muss dann ebenfalls hinter die schutzwürdigen Belange potentieller Auftragnehmer zurücktreten. Deshalb sind auch natürliche Personen, denen ausschließliche oder besondere Rechte eingeräumt wurden, als sekundär-mittelbare Träger öffentlicher Gewalt dem grundrechtsverpflichteten staatlichen Sektor zuzuordnen.

---

901 BVerfG, Beschl. vom 16.05.1989, NJW 1990, 1783.

902 § 35 Abs. 1 TKG: „Der Betreiber eines Telekommunikationsnetzes, der Telekommunikationsdienstleistungen für die Öffentlichkeit anbietet und auf einem solchen Markt über eine marktbeherrschende Stellung nach § 19 des Gesetzes gegen Wettbewerbsbeschränkungen verfügt, hat anderen Nutzern Zugang zu seinem Telekommunikationsnetz oder zu Teilen desselben zu ermöglichen." Das gleiche gilt – allerdings mit Einschränkungen – auf dem Gebiet der Elektrizitätsversorgung. Obwohl bereits mit § 6 Abs. 1 EnWG („Betreiber von Elektrizitätsversorgungsnetzen haben anderen Unternehmen das Versorgungsnetz für Durchleitungen zu Bedingungen zur Verfügung zu stellen, die nicht ungünstiger sind, als sie von ihnen in vergleichbaren Fällen für Leistungen innerhalb des Unternehmens oder gegenüber verbundenen oder assoziierten Unternehmen tatsächlich oder kalkulatorisch in Rechnung gestellt werden.") die gesetzlichen Voraussetzungen für eine Liberalisierung geschaffen wurde, ist dieser Markt faktisch noch nicht vollständig liberalisiert; vgl. *Theobald/Zenke*, Gerichte öffnen Wettbewerbern den Zugang zum Stromnetz, in: FAZ vom 09.09.2000, Nr. 210, S. 19. Die Einfügung des Gasdurchleitungstatbestandes nach § 6 a EnWG wurde vorläufig ausgesetzt.

(4) Zusammenfassung / Fazit

Die zunehmende Verzahnung von Staat und Gesellschaft erzwingt den Blick hinter das „institutionelle Gewand“ der handelnden Personen. Eine Zuordnung natürlicher und juristischer Personen zum grundrechtsverpflichteten öffentlichen oder grundrechtsberechtigten privaten Sektor muss flexibel anhand gemischt institutionell-funktionaler Kriterien vorgenommen werden. Die verfassungsrechtliche Strukturentscheidung für Rechtsstaat und Demokratie – die sich in der förmlichen Trennung von privatem und öffentlichem Recht und dem darauf aufbauenden Dualismus der unterschiedlichen Handlungs- und Organisationsformen manifestiert[903] – erzwingt, Beliehene und juristische Personen des öffentlichen Rechts als primär-unmittelbare Träger öffentlicher Gewalt dem grundrechtsverpflichteten staatlichen Sektor zuzuordnen. Der dazu spiegelbildlich bestehende Ausschluss einer Grundrechtsberechtigung wird im Fall von Universitäten, öffentlich-rechtlichen Rundfunkanstalten und Kirchen durchbrochen, weil diese Einrichtungen in staatsdistanzierter Stellung als funktionaler Rahmen grundrechtlicher Freiheitsentfaltung dienen.

Demgegenüber sind juristische Personen des Privatrechts zunächst grundrechtsberechtigt. Diese Grundrechtsträger sind nicht als Träger öffentlicher Gewalt prädestiniert. Der Staat bedient sich jedoch aus Gründen der Flexibilität mehr und mehr privater Rechtsformen, um in dieser Hülle der Erfüllung gesetzlich zugewiesener und geregelter öffentlicher Aufgaben nachzugehen. Deshalb sind alle juristischen Person des Privatrechts, die bei Erfüllung öffentlicher Aufgaben vollständig in öffentlicher Hand stehen oder vom Staat durch überwiegende Beteiligung, Aufsicht oder Finanzierung des Unternehmens beherrscht werden, nicht grundrechtsberechtigt und damit sekundär-unmittelbare Träger öffentlicher Gewalt. Die unmittelbare Zuordnung zum grundrechtsverpflichteten Bereich ergibt sich hier aufgrund der staatlichen Beherrschung und der Erfüllung öffentlicher Aufgaben. Diese Voraussetzungen müssen jedoch nicht kumulativ vorliegen. Denn die Grundrechtsberechtigung einer juristischen Person kommt nur dann in Frage, wenn sie Rahmen und organisatorisches Forum grundrechtlicher Freiheitsentfaltung ist. Indisponible Voraussetzung dafür ist eine vom Staat unabhängige Stellung, da sich der eine Grundrechtsberechtigung der juristischen Person rechtfertigende schutzgutspezifische Mehrwert nur in Organisationen manifestieren kann, deren Bildung und Betätigung Ausdruck individueller und eigenbestimmter Freiheitsentfaltung ist. Daran mangelt es in Einrichtungen, deren sämtliche Handlungen staatlich beherrscht werden. Diesen juristischen

[903] *Schmidt-Aßmann*, Der Grundrechtsschutz gemischt-wirtschaftlicher Unternehmen nach Art. 19 Abs. 3 GG, BB 1990, 7.

Personen kommt daher – auch ohne dass sie öffentliche Aufgaben erfüllen – kein Grundrechtsschutz zu, so dass sie gleichfalls als sekundär-unmittelbare Träger öffentlicher Gewalt einzuordnen sind. Selbst wenn man dennoch eine Grundrechtsbetätigung der privaten Anteilsinhaber in staatlich beherrschten gemischtwirtschaftlichen Unternehmen annehmen wollte, so führt das nicht zu einer Grundrechtsberechtigung der juristischen Person. Denn der Staat kann durch das privatrechtliche Unternehmen auf die Interessen von privaten Dritte wie Kunden, Konkurrenten oder potentielle Auftragnehmer zugreifen. Deren grundrechtliche Belange verdienen vorrangigen Schutz vor den Interessen der privaten Inhaber von Gesellschafts- oder Kapitalanteilen – haben sich Letztere doch freiwillig dem staatlichen Diktat untergeordnet.
Identisch ist die Situation, wenn lediglich eine bestimmte Handlung von der öffentlichen Hand durch überwiegende Finanzierung beherrscht wird. Dabei ist es unerheblich, ob es sich bei der ausführenden Einheit um eine natürliche oder eine rein private juristische Person handelt. Denn durch die überwiegende Finanzierung beherrscht die öffentliche Hand das in Frage stehende Vorgehen, der dadurch eine grundrechtliche Freiheitsentfaltung nicht mehr innewohnen kann. Selbst wenn man diese Überlegungen ablehnte, überwiegen auch hier die schutzwürdigen Belange von drittbetroffenen Privaten. Auch diese natürlichen und juristischen Personen handeln bei der in Frage stehenden Handlung damit als sekundär-unmittelbare Träger öffentlicher Gewalt.
Wenn dagegen Privatrechtssubjekte ohne unmittelbare staatliche Involvierung ihren unternehmerischen Tätigkeiten nachgehen, ist eine Zuordnung zum grundrechtsverpflichteten staatlichen Bereich grundsätzlich ausgeschlossen. In Ausnahmefällen kann jedoch ein mittelbarer staatlicher Einfluss deren Grundrechtsträgerschaft ausschließen. Diese Konsequenz ergibt sich im Hinblick auf die potentielle Beeinträchtigung von Interessen drittbetroffener Privater dann, wenn die öffentliche Hand besondere oder ausschließliche Versorgungsrechte einräumt. Denn zum Erhalt der wirtschaftlich exponierten Stellung sind die Unternehmer geneigt, staatlich diktierte Vorgaben zu Lasten potentieller Bieter zu vermitteln. Um potentiellen Auftragnehmern ihren legitimen Grundrechtsschutz nicht abzuschneiden, ist den bevorzugten Versorgern eine Grundrechtsträgerschaft zu versagen. Mittelbar beherrschte Unternehmer agieren damit im Bereich der Tätigkeiten, für die sie ausschließliche oder besondere Rechte gewährt bekommen haben, als sekundär-mittelbare Träger öffentlicher Gewalt.
Auf dieser Folie kann im Folgenden über die Zuordnung der öffentlichen Auftraggeber zum grundrechtsgeschützten gesellschaftlichen Bereich oder zur öffentlichen Gewalt nach Art. 19 Abs. 4 GG entschieden werden.

bb. Die öffentlichen Auftraggeber als Träger öffentlicher Gewalt

(1) Die Auftraggeber als primär-unmittelbare Träger öffentlicher Gewalt

(a) Die öffentlichen Auftraggeber unterhalb der EG-Schwellenwerte

Das deutsche Vergaberecht verpflichtet unterhalb der EG-Schwellenwerte institutionell der öffentlichen Hand zugehörende Einrichtungen als öffentliche Auftraggeber. So haben alle Körperschaften, Anstalten und Stiftungen des öffentlichen Rechts das Vergabehaushaltsrecht und die Abschnitte 1 der Verdingungsordnungen Teile A einzuhalten. Privatrechtssubjekte sind dagegen aufgrund ihrer institutionell-gesellschaftlichen Zuordnung nicht an diese Vorschriften gebunden, auch wenn ihre Gesellschaftsanteile zu 100% oder mehrheitlich von der öffentlichen Hand gehalten werden[904]. Es ist somit ein institutioneller öffentlicher Auftraggeberbegriff einschlägig, so dass die durch das Vergaberecht gebundenen Organe zur vollziehenden Gewalt gehören und damit als primär-unmittelbare Träger öffentlicher Gewalt ihre Güter und Dienstleistungen beschaffen. Eine Ausnahme gilt allerdings für Universitäten und öffentlich-rechtlichen Rundfunkanstalten als landesunmittelbare Körperschaften bzw. Anstalten des öffentlichen Rechts, die nach § 105 Abs. 1 Nr. 2 ThürLHO ebenfalls das Vergabehaushaltsrecht anzuwenden haben. Wenn die Beschaffung Voraussetzung zur Ausübung grundrechtlicher Freiheiten ist, scheidet für diese Einrichtungen eine primär-unmittelbare Trägerschaft öffentlicher Gewalt aus. Für Kirchen und Religionsgemeinschaften stellt sich dieses Problem nicht, da sie nicht den haushaltsrechtlichen Bindungen unterliegen[905].

(b) Die öffentlichen Auftraggeber oberhalb der EG-Schwellenwerte

Die öffentlichen Auftraggeber nach §§ 98 Nr. 1, 3 Alt. 1 GWB – also die Gebietskörperschaften sowie deren Sondervermögen und die aus ihnen bestehenden Verbände – beschaffen ihre Güter und Dienstleistungen ebenfalls als primär-unmittelbare Träger öffentlicher Gewalt. Gleiches gilt für die juristischen Personen des öffentlichen Rechts als öffentliche Auftraggeber nach § 98 Nr. 2 Alt. 1 GWB sowie deren Verbände nach § 98 Nr. 3 Alt. 2 GWB.

---

904 *Heise*, Der Begriff des öffentlichen Auftraggebers im neuen Vergaberecht, LKV 1999, 210, 211; *Pietzcker*, Die neue Gestalt des Vergaberechts, ZHR 1998, 427, 442.

905 Vgl. § 105 Abs. 2 ThürLHO.

Eine Ausnahme gilt allerdings für Universitäten und öffentlich-rechtliche Rundfunkanstalten, die ebenso öffentliche Auftraggeber sind[906]. Im Bereich von Forschung, Lehre und Rundfunk dienen diese öffentlich-rechtlich verfassten Einheiten als vom Staat unabhängige oder jedenfalls distanzierte Foren grundrechtlicher Freiheitsentfaltung. Wenn demnach die in Frage stehende Beschaffung Voraussetzung solcher Funktionen ist, kaufen die Universitäten und öffentlich-rechtlichen Rundfunkanstalten ihre Güter und Dienstleistungen weder als öffentliche Auftraggeber nach § 98 Nr. 2 Alt. 1 GWB noch als primär-unmittelbarer Träger öffentlicher Gewalt ein[907].

(2) Die Auftraggeber als sekundär-unmittelbare Träger öffentlicher Gewalt

(a) Staatlich beherrschte öffentliche Auftraggeber

Als sekundär-unmittelbare Träger öffentlicher Gewalt beschaffen jene juristischen Personen des Privatrechts ihre Güter und Dienstleistungen, die aufgrund staatlicher Beherrschung und Erfüllung im Allgemeininteresse liegender Aufgaben nichtgewerblicher Art als öffentliche Auftraggeber nach § 98 Nr. 2 Alt. 2 GWB erfasst sind. Die Beherrschung kann anhand Beteiligung, Finanzierung, Aufsicht über die Leitung oder Mehrheit in der Geschäftsführung oder im Aufsichtsrat bestimmt werden. Hier vermag das Argument nicht zu verfangen, dass die wahren Herrschaftsverhältnisse in gemischt-wirtschaftlichen Unternehmen nicht festzustellen wären[908]. Denn einer Bestimmung der staatlichen Beherrschung für die persönliche Bindung an das VgRÄG kann in keinem Fall ausgewichen werden.
Auch die Verbände aus staatlich beherrschten juristischen Personen des Privatrechts nach § 98 Nr. 3 Alt. 2 GWB und die staatlich beherrschten Sektorenauftraggeber nach § 98 Nr. 4 Alt. 2 GWB tätigen ihre Beschaffungen als sekundär-unmittelbare Träger öffentlicher Gewalt.

---

906 Kirchen gehören grundsätzlich nicht zum Kreis öffentlicher Auftraggeber. Diese Annahme bestätigt sich auch unter Rückgriff auf die Auflistung der als öffentliche Auftraggeber prädestinierten juristischen Personen des öffentlichen Rechts; Anhang I der BKR; Nr. 1. Das entbindet allerdings nicht von einer Prüfung des Einzelfalls; vgl. VÜA Rheinland-Pfalz, Beschl. vom 25.08.1997, EzEG-VergabeR, IV Nr. 11.5 – Ausschreibung durch kirchliche Stiftung.

907 Deshalb sind auch Aufträge über die Ausstrahlung von Sendungen nicht als öffentliche Aufträge erfasst; vgl. 100 Abs. 2 lit. j GWB.

908 Vgl. *Spannowsky*, Öffentliche Bindungen für gemischt-wirtschaftliche Unternehmen, ZHR 1996, 560, 571, der auf die aktienrechtlichen Bestimmungen der §§ 12 Abs. 1 S. 2, 139 ff. AktG (Vorzugsaktien) oder § 134 AktG (Höchststimmrecht) verweist, durch welche aufgrund der Kapitalbeteiligung die tatsächlichen Machtverhältnisse in der Gesellschaft nicht nachzuweisen seien; vgl. demgegenüber § 17 Abs. 2 AktG: „Von einem im Mehrheitsbesitz stehenden Unternehmen wird vermutet, daß es von dem an ihm mit Mehrheit beteiligten Unternehmen abhängig ist."

(b) Staatlich beherrschte öffentliche Aufträge

§ 98 Nr. 5 GWB bindet „[...] natürliche und juristische Personen des privaten Rechts in den Fällen, in denen sie für Tiefbaumaßnahmen, für die Errichtung von Krankenhäusern, Sport,- Erholungs- oder Freizeiteinrichtungen, Schul-, Hochschul- oder Verwaltungsgebäude oder für damit in Verbindung stehende Dienstleistungen und Auslobungsverfahren von Stellen, die unter Nummer 1 bis 3 fallen, Mittel erhalten, mit denen diese Vorhaben zu mehr als 50 von Hundert finanziert werden [...]“ als öffentliche Auftraggeber. Auch diese öffentlichen Auftraggeber beschaffen die mit dem Projekt zusammenhängenden Güter und Dienstleistungen als sekundär-unmittelbare Träger öffentlicher Gewalt. Denn wie festgestellt, sind Privatrechtssubjekte funktional der öffentlichen Gewalt zuzuordnen, wenn sie sich die Ausführung bestimmter Projekte überwiegend finanzieren lassen. Der Staat beherrscht über die Finanzierung auch die mit diesen Vorhaben zusammenhängenden öffentlichen Aufträge. Für die Bieter stellt sich die Situation damit so dar, als würde die öffentliche Hand unmittelbar die einschlägigen Beschaffungen vornehmen.

(3) Die Auftraggeber als sekundär-mittelbare Träger öffentlicher Gewalt

Nach § 98 Nr. 4 GWB sind die Unternehmen „[...] die auf dem Gebiet der Trinkwasser- oder Energieversorgung, des Verkehrs oder der Telekommunikation tätig sind, wenn diese Tätigkeiten auf der Grundlage von besonderen oder ausschließlichen Rechten ausgeübt werden, [...]“ als Sektorenauftraggeber an die Vorschriften des VgRÄG gebunden. Mit der Gewährung solcher Rechte und der damit einhergehenden wirtschaftlich exponierten Stellung übt der Staat faktischen Einfluss aus, so dass diese öffentlichen Auftraggeber Güter und Dienstleistungen als sekundär-mittelbare Träger öffentlicher Gewalt beschaffen.

Auf dem völlig liberalisierten Telekommunikationsmarkt[909] hat der Staat jedoch sein konstitutives Tauschgut – ausschließliches oder besonderes Recht – verloren. Da ein solches Recht mithin nicht mehr entzogen werden kann, besteht für diese Unternehmen auch kein Grund, staatliche Einwirkungen auf potentielle Auftragnehmer zu vermitteln. Diese Tatbestandsvoraussetzung für eine Trägerschaft öffentlicher Gewalt natürlicher oder rein privater juristischer Personen ist damit entfallen. Vielmehr

---

[909] § 35 Abs. 1 TKG: „Der Betreiber eines Telekommunikationsnetzes, der Telekommunikationsdienstleistungen für die Öffentlichkeit anbietet und auf einem solchen Markt über eine marktbeherrschende Stellung nach § 19 des Gesetzes gegen Wettbewerbsbeschränkungen verfügt, hat anderen Nutzern Zugang zu seinem Telekommunikationsnetz oder zu Teilen desselben zu ermöglichen.“

sind diese Unternehmen wieder selbst Grundrechtsträger und genießen die grundgesetzlich gewährleistete Berufsfreiheit und Vertragsautonomie, womit zwangsläufig eine kontinuierliche Bindung an die Vergabevorschriften kollidieren würde[910]. Das Grundgesetz präformiert also eine Entbindung als öffentlicher Auftraggeber, sobald die Trägerschaft öffentlicher Gewalt entfällt.

Dem steht auch nicht das Europarecht entgegen, da die Bindung rein privater Unternehmen an die europäischen Vergaberegulierungen letztlich vom gleichen Gedanken – hinsichtlich privat vermittelter Beeinträchtigungen ausländischer Bieter – getragen ist. Bis zur Liberalisierung des Telekommunikationsmarktes waren auch rein private Unternehmen auf diesem Sektor durch Art. 2 Abs. 1 lit. b SKR an das europäische Vergaberecht gebunden. Art. 8 Abs. 2 SKR ermächtigt die EG-Kommission, Aufträge, die im Zusammenhang mit Telekommunikationsdienstleistungen vergeben werden, von den Vergabevorschriften auszunehmen, wenn mehrere Unternehmen diese Dienstleistungen auf demselben geographischen Gebiet unter den wesentlich gleichen Bedingungen anbieten können. Diese Situation ist auf dem Telekommunikationsmarkt durch die zwingenden gesetzlichen Durchleitungsverpflichtungen eingetreten. Dadurch kann der Staat auf diesem Markt auch keine ausschließlichen oder besonderen Rechte gewähren, so dass sich die Möglichkeit verschließt, die auf diesem Sektor tätigen Unternehmen zu beeinflussen. Eine Benachteiligung ausländischer Bieter und damit eine Beeinträchtigung der Grundfreiheiten und des Diskriminierungsverbotes ist nicht mehr zu besorgen, so dass diese Unternehmen von den Verpflichtungen der Sektorenkoordinierungsrichtlinie freigestellt wurden[911]. Der deutsche Gesetzgeber folgte dem in den nationalen Vergaberegeln[912].

(4) Baukonzessionäre

Eine besondere Stellung nehmen die Baukonzessionäre ein, die § 98 Nr. 6 GWB als öffentliche Auftraggeber definiert. Bei diesen Unternehmen handelt es sich um „[...]

---

910 So vollkommen zu Recht *Brenner*, Die Einwirkungen der EG-Vergaberichtlinien auf die Struktur der Auftragsvergabe in Deutschland, in: Ziemske/Langheid/Wilms/Haverkante (Hrsg.), Staatsphilosophie und Rechtspolitik, FS Kriele 1997, S. 1431, 1445 mit Hinweis auf die Mannesmann Mobil-Funk AG.

911 Mitteilung der Kommission, KOM (1999) vom 03.06.1999, ABl. C Nr. 156 vom 03.06.1999, S. 3 ff.

912 Vgl. § 8 VgV; Die staatlich beherrschte Deutsche Telekom AG beschafft allerdings ihre Güter und Dienstleistungen noch als sekundär-unmittelbarer Träger öffentlicher Gewalt. Staatlich vermittelte Verstöße gegen Grundrechtsgüter von Auftragnehmern sind durch dieses Unternehmen immer noch zu besorgen. Das gleiche gilt für die europarechtlichen Grundfreiheiten und das Diskriminierungsverbot, so dass die Freistellung auch staatlich beherrschter Telekommunikationsunternehmen durch die EG-Kommission zu früh kam.

natürliche oder juristische Personen des privaten Rechts, die mit Stellen, die unter [§ 98] Nummern 1 bis 3 [GWB] fallen, einen Vertrag abgeschlossen haben, bei dem die Gegenleistung für die Bauarbeiten statt in einer Vergütung in dem Recht auf Nutzung der baulichen Anlage, ggf. zuzüglich der Zahlung eines Preises besteht [...]". Die persönliche Bindung an die Vergabevorschriften besteht dabei hinsichtlich der Auftragsvergaben an Dritte, nachdem der Baukonzessionsvertrag mit dem öffentlichen Auftraggeber abgeschlossen wurde. Diese „Build-Operated-Transfers" sind – wie auch das Projekt „Flughafen Berlin-Brandenburg" zeigt – hilfreiches Instrument zur Erstellung notwendiger Bauprojekte trotz leerer öffentlicher Kassen.

Fraglich ist allerdings, ob die Stellung der Baukonzessionäre als öffentliche Auftraggeber nach § 98 Nr. 6 GWB in dem vorliegenden Umfang gewollt war und verfassungsgemäß ist. Durch die persönliche Bindung auf der formell-gesetzlichen Ebene des GWB werden diese Unternehmen bei ihren Auftragsvergaben auf die Anwendung der Schlüsselnormen des Vergaberechts verpflichtet. Sie müssen ihre Aufträge grundsätzlich im offenen Verfahren vergeben, jeden geeigneten Bieter in das Vergabeverfahren einstellen und den Zuschlag auf das wirtschaftlichste Gebot erteilen. Die Baukonzessionäre unterscheiden sich allerdings von anderen Auftragnehmern der öffentlichen Hand lediglich dadurch, dass sie statt einer Vergütung ein Nutzungsrecht an der erstellte Anlage erhalten. Wie andere Vertragspartner der öffentlichen Hand unterliegen diese natürlichen und juristischen Personen des Privatrechts weder unmittelbaren noch mittelbaren staatlichen Einflüssen, so dass durch sie auch keine staatlich motivierten Zugriffe auf Grundrechte vermittelt werden können. Da keine Benachteiligungen ausländischer Unternehmen, damit der Grundfreiheiten und des Diskriminierungsverbotes bei Auftragsvergaben an Dritte zu befürchten ist, verpflichtet auch die Baukoordinierungsrichtlinie diese Unternehmen nur auf eine europaweite Bekanntmachung ihrer Aufträge[913]. In diesem Rahmen halten sich auch die Vergabeverordnung[914] und die Verdingungsordnungen[915]. Diese materiell-

913 Art. 3 Abs. 4 BKR verpflichtet rein private Baukonzessionäre lediglich auf die Beachtung der Bekanntmachungsvorschriften: „Die Mitgliedstaaten tragen dafür Sorge, daß Konzessionäre, die nicht selbst öffentliche Auftraggeber sind, bei den von ihnen an Dritte vergebenen Aufträgen die in Artikel 11 Absätze 4, 6, 7 und 9 bis 13 und in Artikel 16 enthaltenen Bekanntmachungsvorschriften anwenden, [...]."

914 § 6 VgV: „Auftraggeber nach § 98 Nr. 1 bis 3, 5, 6 GWB haben bei der Vergabe von Bauaufträgen und Baukonzessionen die Bestimmungen des 2. Abschnitts des Teiles A der Verdingungsordnung für Bauleistung (VOB/A) [...] anzuwenden; für die in § 98 Nr. 6 GWB genannten Auftraggeber gilt dies nur hinsichtlich der Bestimmungen, die auf diese Auftraggeber Bezug nehmen."

915 Vgl. § 32 a VOB/A 1/2 Nr. 2: „(1) Die Absicht eines Baukonzessionärs, Bauaufträge an Dritte zu vergeben, ist bekanntzumachen. Die Bekanntmachung hat nach Anhang H zu erfolgen. Sie ist im Amtsblatt der EG unverzüglich zu veröffentlichen."

gesetzlichen Vorgaben vermögen jedoch die höherrangigen formell-gesetzlichen Vorgaben der §§ 97 ff. GWB nicht zu beschränken.
Die Gesetzesbegründung zum VgRÄG zeigt allerdings auf, dass die derzeitige Regelung mit ihrer weitgehenden Bindung der Baukonzessionäre nicht beabsichtigt war. Der Gesetzgeber wollte lediglich die Bestimmungen der „haushaltsrechtlichen Lösung" übernehmen[916], nach der diese Unternehmen nach § 57 a Abs. 7 HGrG als öffentliche Auftraggeber definiert waren. Der Unterschied liegt jedoch darin, dass nach der „haushaltsrechtlichen Lösung" auf der formell-gesetzlichen Ebene keine Verfahrensregulierungen etabliert waren. Deshalb konnte auch die ursprüngliche Fassung der Vergabeverordnung, die – wie die aktuelle Fassung – die Baukonzessionäre nur auf eine europaweite Bekanntmachung ihrer Aufträge verpflichtete, ihre volle Wirkung entfalten[917].
Da die Baukonzessionäre weder unmittelbar noch mittelbar von der öffentlichen Hand beherrscht werden, beschaffen sie ihre Güter und Dienstleistungen nicht als Träger öffentlicher Gewalt, sondern als Grundrechtsberechtigte. Die Verpflichtung auf eine öffentliche Ausschreibung ihrer Aufträge, der Zwang, jeden geeigneten Bewerber in das Vergabeverfahren einzustellen und mit dem Bieter, der das wirtschaftlichste Angebot abgegeben hat, den Vertrag zu schließen, bedeutet einen legislativen Eingriff in die – diesen grundrechtsberechtigten Auftraggebern zustehende – Berufsfreiheit und Vertragsautonomie. Dieser Eingriff findet auch keine verfassungsrechtliche Rechtfertigung, da schon kein legitimer Zweck ersichtlich ist, der eine solche weitgehende Verpflichtung der Baukonzessionäre rechtfertigen könnte. Eine Entbindung von den formell-gesetzlichen Regelungen des GWB ist somit nicht nur aus Zweckmäßigkeitsgesichtspunkten angezeigt, sondern verfassungsrechtliche Pflicht. Dieser offensichtlich unbeabsichtigte Systembruch des Gesetzgebers hat daher auch keine Auswirkungen auf die Feststellung, dass alle öffentlichen Auftraggeber Träger öffentlicher Gewalt sind.

(5) Zusammenfassung / Fazit

Die öffentlichen Auftraggeber beschaffen mithin ihre Güter und Dienstleistungen als öffentliche Gewalt. Das gilt nicht nur für die institutionellen öffentlichen Auftraggeber unter- und oberhalb der EG-Schwellenwerte, sondern auch für die privaten natürlichen und juristischen Personen, die aufgrund unmittelbarer oder mittelbarer

916 Amtliche Begründung zum VgRÄG, BT-Drucks. 13/9340, zu § 107, S. 15.

917 § 3 Abs. 3 VgV a.F. vom 22.02.1994 (BGBl. I S. 321): „Für die in § 57 a Abs. 1 Nr. 7 HGrG genannten Auftraggeber gilt Absatz 1 hinsichtlich der Bestimmungen, die auf diese Auftraggeber Bezug nehmen."

staatlicher Beherrschung funktional öffentliche Aufträge vergeben. Die Übereinstimmung der europarechtlich präformierten institutionell-funktionalen Bindung als öffentlicher Auftraggeber und der durch das Grundgesetz vorgezeichneten Trägerschaft öffentlicher Gewalt kann nicht verwundern. Die sich mit dem modernen Leistungsstaat auflösenden Bruchstellen zwischen Staat und Gesellschaft erzwingen die Stellung als öffentlicher Auftraggeber und einer Trägerschaft öffentlicher Gewalt unter Berücksichtigung der institutionellen Organisation und funktionaler Ausrichtung der in Frage stehenden Akteure zu analysieren. Unabhängig davon, ob der Staat selbst die öffentlichen Aufträge vergibt, oder die privaten natürlichen und juristischen Personen, welche die Aufträge vergeben, „institutionell", oder durch eine überwiegende Finanzierung des in Frage stehenden Projektes auch die damit zusammenhängenden Beschaffungen „funktional" beherrscht, sind solche Beeinträchtigungen von Bietern zu besorgen, die parallel durch die Grundfreiheiten, das Verbot der Diskriminierung aus Gründen der Staatsangehörigkeit und die Gleichheits- und Freiheitsrechte des Grundgesetzes abgewendet werden sollen. Das Grundgesetz unterscheidet nach Schutzbedürftigkeit und nicht nach Schwellenwerten, so dass öffentliche Auftraggeber unabhängig vom Anwendungsbereich des VgRÄG Beschaffungen als primär-unmittelbare, sekundär-unmittelbare oder sekundär-mittelbare Träger öffentlicher Gewalt vornehmen.

b. Die Beschaffung als „Vollzug" öffentlicher Gewalt

Damit ist die erste Tatbestandsvoraussetzung von Art. 19 Abs. 4 GG erfüllt. Es stellt sich nunmehr als nächstes die Frage, ob sich die Vergabe öffentlicher Aufträge auch als Vollzug öffentlicher Gewalt darstellt.

Der Verwaltung stehen grundsätzlich neben hoheitlichen, auch verwaltungsprivatrechtliche oder fiskalische Handlungsformen zur Verfügung. Hoheitliches Handeln erfasst dabei die „[...] Gesamtheit verwaltungsrechtlicher Gestaltungsmittel, durch welche die Aufgaben und Zwecke öffentlicher Verwaltung erfüllt werden, um derentwillen also die Verwaltung existiert, unter Einsatz der rechtlich übergeordneten Eingriffs- und Versorgungsverwaltung, ohne eigentliche Vermögensinteressen des Staates."[918] Dieses hoheitliche Handeln bedeutet originär, was der Verfassungsgeber in Art. 1 Abs. 3 GG als „vollziehende Gewalt" beschreibt.

Verwaltungsprivatrechtliches Handeln liegt dagegen vor, wenn Privatrechtsverhältnisse eingegangen werden, um durch öffentlich-rechtliche Aufgabenbestimmung

---

918 *Wolff/Bachof/Stober*, Verwaltungsrecht I 1999, § 23 I 2, Rdnr. 1, 2.

zugewiesene öffentliche Verwaltungszwecke zu verfolgen[919]. Bei dieser privatrechtlichen Erfüllung von Verwaltungsaufgaben kann zum einen die Organisationsform der Einrichtung als auch das Leistungs- und Benutzungsverhältnis zivilrechtlich ausgestaltet werden[920]. Unumstritten ist auch die in verwaltungsprivatrechtlichen Formen agierende Leistungsverwaltung unter den Begriff der „vollziehenden Gewalt" zu subsumieren[921].

Fiskalisches[922] Handeln erfasst demgegenüber die Vorgehensweisen der Verwaltung, die ebenfalls in den Formen des Zivilrechts erfolgen, im Gegensatz zum Verwaltungsprivatrecht aber nicht der Erfüllung öffentlicher Aufgaben gewidmet sind. „Paradebeispiel" solchen zivilrechtlichen Vorgehens ist die erwerbswirtschaftliche Betätigung der öffentlichen Hand, bei welcher sich der Staat in Form und Mittel gleich einem Privatrechtssubjekt auf dem Markt der Nachfrage und des Angebotes bewegt. Nach herrschender Auffassung in Rechtsprechung und Literatur ist auch die öffentliche Auftragsvergabe fiskalisches Verwaltungshandeln[923]. Als Grund dafür

---

919 Dieser Begriff wurde von H. J. Wolff entwickelt; vgl. *Wolff/Bachof/Stober*, Verwaltungsrecht I 1999, § 23 V 2, Rdnr. 29, was insbesondere für Verkehrs-, Wasser-, Gas- und Stromversorgung, Abwasser-, Abfall- und Müllverwaltung gilt, wenn diese Aufgaben in privatrechtlicher Organisationsform vorgenommen werden, oder zumindest durch privatrechtliche Verträge abgewickelt werden.

920 Vgl. dazu *Maurer*, Allgemeines Verwaltungsrecht 1999, § 3, Rdnr. 9.

921 *Dürig*, in: Maunz/Dürig/Herzog, GG-Kommentar Stand August 2000, Art 1 Abs. 3 GG, Rdnr. 107.

922 Der Begriff des „Fiskus" entstammt dem römischen Staatsrecht, wo er den rechtlich selbständigen Teil des Staatsvermögens bezeichnete, der der Verfügung des Kaisers unterlag. Der moderne Sprachgebrauch geht auf die im Zeitalter des aufgeklärten Absolutismus entwickelte „Fiskustheorie" zurück, die dem Zweck diente, den Bürger gegenüber bestimmten Eingriffen der staatlichen Gewalt bei fortbestehender Bindungslosigkeit und Eingriffsmacht des Hoheitsverbandes wenigstens Rechtsschutz für Ausgleichsansprüche einzuräumen. Konstruktiv löste man beides in der Weise, dass man den Staat in zwei Wesenseinheiten zerlegte: den Staat als Hoheitsträger, der im Vollbesitz seiner ungebundenen Eingriffskompetenzen blieb und insoweit unangreifbar war und den Staat als privatrechtliches Vermögenssubjekt, von dem der Bürger wie von jedem Privatmann Entschädigungsleistungen verlangen und das er vor unabhängigen Gerichten verklagen konnte. Die den Satz „dulde und liquidiere" verkörpernde klassische Fiskustheorie wurde im Laufe des neunzehnten Jahrhunderts jedoch aufgegeben, als man sich von der Vorstellung der Doppelpersönlichkeit des Staates, dem Bild des Fiskus als „alter ego" des Hoheitsverbandes, löste. Der Staat und seine selbständigen Untergliederungen wurden hiernach als einheitliches Vermögens- und Rechtssubjekt angesehen, die hoheitlichen und fiskalischen Erscheinungs- und Betätigungsweisen nunmehr als verschiedene Äußerungsformen desselben Subjekts eingestuft; vgl. *Burmeister*, Der Begriff des „Fiskus" in der heutigen Verwaltungsrechtsdogmatik, DÖV 1975, 695, 699; *Pestalozza*, Formenmißbrauch des Staates 1973, S. 176.

923 OLG Koblenz, Urt. vom 03.02.1988, NVwZ-RR 1989, 182; OLG Brandenburg, Beschl. vom 03.08.1999, WuW/E Verg 231 = WuW 1999, 929, 933 – Flughafen Berlin; VG Chemnitz, Beschl. vom 23.05.1996, NVwZ-RR 1997, 198, 199; VK Bund I, Beschl. vom 29.04.1999, WuW/E Verg 218 = WuW 1999, 660, 662 – Euro-Münzplättchen II; *Ax*, Rechtsschutz bei der Vergabe öffentlicher Aufträge in Deutschland und Frankreich – eine rechtsvergleichende Untersuchung 1996, S. 140; *Burmeister*, Der Begriff des „Fiskus" in der heutigen Verwaltungsrechtsdogmatik, DÖV 1975,

wird angeführt, dass der staatliche Einkauf nicht der Erfüllung öffentlicher Aufgaben, sondern der Schaffung deren materieller Voraussetzungen dient[924].

Strittig ist seit jeher, ob die Verwaltung, wenn sie fiskalisch handelt, ebenfalls in Vollzug öffentlicher Gewalt vorgeht und die vollziehende Einrichtung mithin an die Grundrechte gebunden ist.

Diese Fiskalgeltung der Grundrechte wird insbesondere in ständiger Rechtsprechung vom BGH abgelehnt[925]. Im Kontext des öffentlichen Beschaffungswesens erscheint dies als besonders verhängnisvolle Situation, denn durch die Sonderzuweisung des § 104 Abs. 2 GWB an die Zivilgerichte könnte diese Ansicht des BGH auf die Rechtsprechung der als Beschwerdegerichte zuständigen Oberlandesgerichte durchschlagen.

Die Argumente haben sich dabei über die Jahre nicht geändert. Es fehle bei rein fiskalischen Geschäften an einem „öffentlich-rechtlichen Rechtsverhältnis"[926], denn es werde der Form aber auch „der Sache nach im Wege des kommerziellen Rechtsverkehrs" gehandelt[927]. Der Begriff „vollziehende Gewalt" weise auf eine Überordnung hin, zur der logisch zwingend Gewaltunterworfene im Sinne einer rechtlichen Subordination gehörten[928].

Eine solche Definition der vollziehenden Gewalt nach Art. 1 Abs. 3 GG kann jedoch keinen Bestand haben. Vielmehr legt der Wortlaut der verfassungsrechtlichen Norm, der einen Ausschluss grundrechtlicher Verpflichtung begründen soll, eine Grundrechtsbindung auch der fiskalisch handelnden Verwaltung nahe. So fehlt im Wortlaut der Norm jede Anknüpfung an bestimmte Handlungsmodalitäten der Verwaltung. Eine unterschiedliche Behandlung von hoheitlichem, verwaltungsprivatrechtlichem und fiskalischem Verwaltungshandeln aufgrund der Organisation oder

---

695, 701; *Ehlers*, Verwaltung in Privatrechtsform 1984, S. 190-91; *Dürig*, in: Maunz/Dürig/Herzog, GG-Kommentar Stand August 2000, Art. 1 Abs. 3 GG, Rdnr. 135; *Hailbronner*, Die Vergabe öffentlicher Aufträge nach europäischem Gemeinschaftsrecht, WiVerw 1994, 173, 234; *Kalinowsky*, Der Anspruch der Bieter auf Einhaltung des Vergaberechts nach § 97 Abs. 7 GWB, Schriftenreihe des Forum Vergabe e.V. 2000, S. 55; *Kunert*, Staatliche Bedarfsdeckungsgeschäfte und Öffentliches Recht 1977, S. 57; *Noch*, Vergaberecht und subjektiver Rechtsschutz 1998, S. 180; *Seidel*, Eine problematische Entscheidung – Das Spannungsfeld funktionierender Vergabemarkt und absoluter Rechtsschutz, VgR 1998, 37.

924 *Kalinowsky*, Der Anspruch der Bieter auf Einhaltung des Vergaberechts nach § 97 Abs. 7 GWB, Schriftenreihe des Forum Vergabe e.V. 2000, S. 55.

925 BGHZ 36, 91, 96 – Gummistrümpfe; 97, 312, 316 – orthopädische Heil- und Hilfsmittel; BGH, Urt. vom 14.12.1976, NJW 1977, 628, 630 – Abschleppunternehmer; Lediglich willkürliches oder sachwidriges Handeln sei auch bei fiskalischem Handeln nicht „statthaft"; so auch im Grundsatz BGHZ 101, 72, 83 – Krankentransporte.

926 BGHZ 36, 91, 96.

927 BGH, Urt. vom 14.12.1976, NJW 1977, 628, 630.

928 Vgl. dazu *Forsthoff*, Der Staat als Auftragnehmer 1963, S. 13.

der Zielrichtung vermag daher nicht zu verfangen[929]. Vielmehr lässt die übereinstimmende Formulierung mit Art. 20 Abs. 3 GG darauf schließen, dass jede Form staatlichen Handelns an die Grundrechte gebunden sein soll[930]. Auch ist im Hinblick auf die grundsätzliche Verpflichtung der Rechtsprechung und Gesetzgebung durch Art. 1 Abs. 3 GG ein Ausschluss der Bindung des fiskalisch handelnden Staates an den Grundrechtskatalog nicht überzeugend. Wenn der Verfassungsgeber die Zivilgesetzgebung und die rechtsprechenden Organe bei der Anwendung des Zivilrechts auf die Beachtung grundrechtlicher Gewährleistungen verpflichtet, muss auch die Exekutive bei der Anwendung des Zivilrechts unmittelbar an die Grundrechte gebunden sein[931]. Dafür spricht auch die ursprüngliche Form von Art. 1 Abs. 3 GG, nach welcher ausdrücklich die gesamte Verwaltung an die Grundrechte gebunden war, der Begriff „vollziehende Gewalt“ nur eingeführt wurde, um die Streitkräfte ebenfalls an die Grundrechte binden zu können[932].

Die „vollziehende Gewalt“ des Art. 1 Abs. 3 GG umfasst mithin sämtliches Handeln der Träger öffentlicher Gewalt unabhängig von Rechtsform und Zielrichtung des in Frage stehenden Handelns. Damit stellt sich auch jeder Beschaffungsvorgang öffentlicher Auftraggeber als ein Vollzug öffentlicher Gewalt im Rahmen von Art. 19 Abs. 4 GG dar. Diese Schlussfolgerung haben in Abweichung von der höherinstanzlichen Rechtsprechung nicht nur die Vergabekammer Bund, sondern auch einige Oberlandesgerichte akzeptiert[933].

---

929 *Ehlers*, Verwaltung in Privatrechtsform 1984, S. 212 ff.; *Dreier*, in: Dreier, Grundgesetz-Kommentar 1996, Art. 1, Rdnr. 49; *Faber*, Drittschutz bei der Vergabe öffentlicher Aufträge, DÖV 1995, 403, 405; *Hesse*, Grundzüge des Verfassungsrechts der Bundesrepublik Deutschland 1995, Rdnr. 347 f.; *Huber*, Konkurrenzschutz im Verwaltungsrecht 1991, S. 442; *Pietzcker*, Rechtsbindungen bei der Vergabe öffentlicher Aufträge, AöR 1982, 61, 69 ff.; *Wallerath*, Öffentliche Bedarfsdeckung und Verfassungsrecht 1988, S. 303 ff.

930 *Ehlers*, Verwaltung in Privatrechtsform 1984, S. 214 ff.; *Pietzcker*, Rechtsbindungen bei der Vergabe öffentlicher Aufträge, AöR 1982, 61, 71.

931 Vgl. in diese Richtung *Wallerath*, Öffentliche Bedarfsdeckung und Verfassungsrecht 1988, 310: „Insbesondere Rechtsetzung und Rechtsanwendung gehen ineinander über, diese beschreiben lediglich zwei „Pole“, zwischen denen sich die verschiedenen Arten von Rechtserzeugung mit einem unterschiedlichen Grad an Ambivalenz von Rechtsetzung und Rechtsanwendung bewegen.“

932 *Ehlers*, Rechtsstaatliche und prozessuale Probleme des Verwaltungsprivatrechts, DVBl. 1983, 422, 424.

933 Vgl. OLG Brandenburg, Beschl. vom 03.08.1999, WuW/E Verg 231 = WuW 1999, 929, 933 – Flughafen Berlin; OLG Düsseldorf, Beschl. vom 15.03.2000, Verg 4/00, abgedr. in: Forum Vergabe e.V., Monatsinfo 3/2000, Anlage 6; VK Bund I, Beschl. vom 29.04.1999, WuW/E Verg 218 = WuW 1999, 660, 662 – Euro-Münzplättchen II.

aa. Das Ende der öffentlichen Auftragsvergabe als fiskalisches Hilfsgeschäft

Da jede öffentliche Beschaffung als Akt öffentlicher Gewalt definiert ist[934], wäre es grundsätzlich auch unerheblich, ob der staatliche Einkauf öffentlichen Zwecken gewidmet ist und durch öffentlich-rechtliche Normen gesteuert wird oder sich lediglich auf der Grundlage zivilrechtlicher Normen vollzieht. Trotz alledem hat der BGH die Fiskalgeltung der Grundrechte noch nicht anerkannt[935]. Hinsichtlich der Anwendbarkeit von Art. 19 Abs. 4 GG verbleibt daher zumindest für die Praxis ein letzter Rest von Unsicherheit. Das gilt zumindest solange, wie im Einklang mit der herrschenden Meinung in Rechtsprechung[936], Verwaltung[937] und Literatur[938] von der Vergabe öffentlicher Aufträge als einem fiskalischen Hilfsgeschäft auszugehen ist. Um unter jedem Blickwinkel über die Anwendung von Art. 19 Abs. 4 GG entscheiden zu können, gilt es in der Folge, die Rechtsnatur des öffentlichen Auftragswesens zu bestimmen: ob sich also der staatliche Einkauf als Verwaltungstätigkeit oder als privatrechtliches Handeln der als öffentliche Auftraggeber gebundenen Träger öffentlicher Gewalt darstellt.

(1) Die Beschaffungstätigkeit als fiskalisches Verwaltungshandeln

Die Ansicht von der öffentlichen Auftragsvergabe als fiskalisches Hilfsgeschäft der öffentlichen Hand stützt sich dabei vor allem auf die zivilrechtliche Natur des Vertrages – als „Spezifikum des deutschen Rechts"[939] – dessen privatrechtlicher Charak-

---

934 Eine Ausnahme gilt freilich für Beschaffungen von Baukonzessionären.

935 BGHZ 36, 91, 96; 97, 312, 316; BGH, Urt. vom 14.12.1976, NJW 1977, 628, 630.

936 Diese Ansicht wird sowohl in der zivilistischen als auch der verwaltungsgerichtlichen Rechtsprechung geteilt - OLG Koblenz, NVwZ-RR 1989, 182; OLG Brandenburg, WuW/E Verg 231 = WuW 1999, 929, 932 – Flughafen Berlin; VG Chemnitz, NVwZ-RR 1997, 198, 199.

937 VK Bund I, Beschl. vom 29.04.1999, WuW/E Verg 218 = WuW 1999, 660, 662 – Euro-Münzplättchen II.

938 *Ax*, Rechtsschutz bei der Vergabe öffentlicher Aufträge in Deutschland und Frankreich – eine rechtsvergleichende Untersuchung 1996, S. 140; *Burmeister*, Der Begriff des „Fiskus" in der heutigen Verwaltungsrechtsdogmatik, DÖV 1975, 695, 701; *Ehlers*, Verwaltung in Privatrechtsform 1984, S. 190-91; *Dürig*, in: Maunz/Dürig/Herzog, GG-Kommentar Stand August 2000, Art. 1 Abs. 3 GG, Rdnr. 135; *Hailbronner*, Die Vergabe öffentlicher Aufträge nach europäischem Gemeinschaftsrecht, WiVerw 1994, 173, 234; *Kalinowsky*, Der Anspruch der Bieter auf Einhaltung des Vergaberechts nach § 97 Abs. 7 GWB, Schriftenreihe des Forum Vergabe e.V. 2000, S. 55; *Kunert*, Staatliche Bedarfsdeckungsgeschäfte und Öffentliches Recht 1977, S. 57; *Noch*, Vergaberecht und subjektiver Rechtsschutz 1998, S. 180; *Seidel*, Eine problematische Entscheidung – Das Spannungsfeld funktionierender Vergabemarkt und absoluter Rechtsschutz, VgR 1998, 37.

939 Vgl. dazu schon *Forsthoff*, Der Staat als Auftraggeber 1963, S. 31 mit einem Vergleich zum französischen Recht, welches die öffentlichen Aufträge durch gesetzliche Bestimmung als Verwaltungsverträge definiert. Zu beachten ist allerdings die nicht unerhebliche Gegenmeinung, die in jedem

ter für die Qualifikation des gesamten Beschaffungsvorganges, also auch von Auswahlverfahren und Zuschlag, ausschlaggebend sei[940]. Die Ausdehnung des zivilrechtlichen Charakters des Vertrages auch auf den Auswahl- und Entscheidungsvorgang entspräche der Systematik des Vergaberechts, denn Ausschreibung und Auswahlverfahren hätten keinen eigenständigen rechtlichen Charakter[941]. Da der Abschluss des Vertrages den Hauptzweck der gesamten Rechtsbeziehungen zwischen Staat und betroffenem Unternehmen bilde[942], müssten sich auch Sinn und Zweck des Vergabeverfahrens in einem als zivilrechtlich zu qualifizierenden Wettbewerb um den Auftrag erschöpfen[943]. Eine Ausschreibung für einen öffentlichen Auftrag sei demnach eine Einladung zur Offertenabgabe, die Angebotsabgabe durch einen Unternehmer ein Angebot im Sinne des § 145 BGB, die Entscheidung über die Vergabe ein interner Willensakt der Behörde, dem der Zuschlag als Annahmeerklärung im Sinne der §§ 146-149 BGB folge. Alternativ könne das Vergabeverfahren auch als Versteigerungsvorgang angesehen werden, der lediglich einer Marktrecherche zur Ermittlung des günstigsten Angebotes diene, so dass der Zuschlag sich demnach als Annahme des wirtschaftlichsten Bieterangebotes nach § 156 BGB darstelle[944].

Die Qualifikation der öffentlichen Auftragsvergabe als fiskalisches Hilfsgeschäft ergebe sich auch aus den Vorgaben der Verdingungsordnung, nachdem der Zuschlag und der Abschluss des Beschaffungsvertrages in einem tatsächlichen Akt zusammenfallen[945]. Da es sich um einen zivilrechtlichen Vertrag handele, müsse die gleichzeitig

---

Beschaffungsvertrag einen Verwaltungsvertrag nach §§ 54 VwVfG erblickt; vgl. *Braun*, Wandel in den Handlungsformen der Leistungsverwaltung – Hat der öffentlich-rechtliche Vertrag eine Zukunftsperspektive, BayVBl. 1983, 225, 227; *v.°Zezschwitz*, Rechtsstaatliche und prozessuale Probleme des Verwaltungsprivatrechts, NJW 1983, 1873, 1876; *Zuleeg*, Rechtsschutz und Grundrechtsbindung bei der Vergabe öffentlicher Aufträge, WiVerw 1984, 112, 114.

940 *Kunert*, Staatliche Bedarfsdeckungsgeschäfte und Öffentliches Recht 1977, S. 57; Das die wirtschaftliche Betätigung der Verwaltung als fiskalische, damit privatrechtliche Betätigung der öffentlichen Hand anzusehen ist, wird sogar von Kritikern des privatrechtlichen Handelns des Staates noch anerkannt; vgl. *Burmeister*, Der Begriff des „Fiskus“ in der heutigen Verwaltungsrechtsdogmatik, DÖV 1975, 695, 701.

941 In diese Richtung BVerwGE 5, 325, 328 – Auftragssperre; BVerwGE 35, 103, 104 f.; *Noch*, Vergaberecht und subjektiver Rechtsschutz 1998, S. 181; *Seidel*, Eine problematische Entscheidung – Das Spannungsfeld funktionierender Vergabemarkt und absoluter Rechtsschutz, VgR 1998, 37.

942 *Hailbronner*, Die Vergabe öffentlicher Aufträge nach europäischem Gemeinschaftsrecht, WiVerw 1994, 173, 234.

943 BVerwGE 5, 325, 327; BGH, Urt. vom 16.11.1967, NJW 1968, 547; OLG Koblenz, Urt. vom 03.02.1988, NVwZ-RR 1989, 182; *Noch*, Vergaberecht und subjektiver Rechtsschutz 1998, S. 188.

944 Vgl. BVerwGE 14, 65, 72; *Hösch*, Die Nachprüfungen von Vergabeentscheidungen der öffentlichen Hand, BayVBl. 1997, 193, 196.

945 § 28 Nr. 2 (1) VOB/A 1/1, 1/2, 1/3: „Wird auf ein Angebot rechtzeitig und ohne Abänderungen der Zuschlag erteilt, so ist damit nach den allgemeinen Rechtsgrundsätzen der Vertrag abgeschlossen, [...].“

erfolgende Annahme des Angebotes durch den Zuschlag gleichfalls ein zivilrechtlicher Willensakt der Verwaltung sein[946].

(2) Das hoheitliche Handeln bei der öffentlichen Auftragsvergabe

Die zivilrechtliche Ansicht vermag jedoch dogmatisch nicht zu überzeugen, denn die zweifellos einschlägigen Parallelitäten zu kaufmännischen Verhaltensweisen können nicht zur Qualifikation der Rechtsnatur der die öffentliche Hand bindenden Vergabenormen dienlich sein. Ob das Rechtsverhältnis zwischen den öffentlichen Auftraggebern und konkurrierenden Bietern durch öffentlich-rechtliche Sondernormen oder Zivilrecht bestimmt wird, ist vielmehr anhand der einschlägigen Abgrenzungstheorien vorzunehmen.

(a) Das Verwaltungsrechtsverhältnis oberhalb der EG-Schwellenwerte

Nach der Interessentheorie[947] ist eine Norm dann dem öffentlichen Recht zuzuordnen, wenn es um die Bestimmung und Durchsetzung öffentlicher Interessen geht, wogegen Privatrecht vorliegt, wenn Individualinteressen den Kern einer Rechtsfrage ausmachen. Obwohl der von den Vergabenormen der §§ 97 ff. GWB geregelte Einkauf staatlicher und öffentlicher Institutionen der ökonomische Vorgang des Erwerbs der für die Existenz und die öffentliche Aufgabenerfüllung der Träger öffentlicher Gewalt notwendigen Ressourcen gegen Geld ist[948], weist das jedoch noch nicht allein den hoheitlichen Charakter des Beschaffungswesens nach. Auch die zivilistische Ansicht geht zu Recht davon aus, dass zwischen den mit den beschafften Sachmitteln zu erfüllenden öffentlichen Aufgaben und dem Beschaffungsvorgang an sich zu unterscheiden ist. Daraus wird indes zu Unrecht gefolgert, dass sich die öffentliche Auftragsvergabe in erster Linie in der Beschaffung von Sachmitteln und Leistungen erschöpfe und nur sekundär Zwecke erfülle, die im öffentlichen Interesse lägen[949]. Diese in der deutschen Rechtsliteratur immer noch weit verbreitete Einschätzung[950] missachtet vollständig die rechtlichen Grundlagen der öffentlichen

---

946 *Ax*, Rechtsschutz bei der Vergabe öffentlicher Aufträge in Deutschland und Frankreich – eine rechtsvergleichende Untersuchung 1996, S. 140; *Ehlers*, Verwaltung in Privatrechtsform 1984, S. 190-91; *Noch*, Vergaberecht und subjektiver Rechtsschutz 1998, S. 180.

947 Ulpian (Dig. I 1. 1 § 2); *Huber*, Allgemeines Verwaltungsrecht 1997, S. 1.

948 *Jasper/Marx*, Vergaberecht (Textausgabe) 1997, Einführung, S. IX.

949 *Kalinowsky*, Der Anspruch der Bieter auf Einhaltung des Vergaberechts nach § 97 Abs. 7 GWB, Schriftenreihe des Forum Vergabe e.V. 2000, S. 55.

950 *Ax*, Rechtsschutz bei der Vergabe öffentlicher Aufträge in Deutschland und Frankreich – eine rechtsvergleichende Untersuchung 1996, S. 140; *Burmeister*, Der Begriff des „Fiskus" in der heuti-

Auftragsvergabe, die sich nicht in national-rechtlich isoliertem Raum vollzieht. Denn jede Auftragsvergabe im Anwendungsbereich des VgRÄG unterliegt dem Diktat der EG-Vergaberichtlinien und der primärrechtlichen Vorgaben des Europarechts. Wie nicht zuletzt schon der VÜA Bund und auch der Gesetzgeber erkannte, dienen die Vergabenormen dem Interesse an einer wirksamen Umsetzung der gemeinschaftsrechtlichen Ziele, den Marktzugang und die Marktfreiheiten durch Öffnung des Wettbewerbes auf den Beschaffungsmärkten öffentlicher Auftraggeber zu sichern[951]. Damit stehen die öffentlichen Auftraggeber bei jedem Einkaufsvorgang im Dienste europarechtlicher Pflichten. Genauso wenig kann außer Acht gelassen werden, dass die staatlichen Auftraggeber zur Sicherung von Gemeinwohlbelangen an eine wirtschaftliche und sparsame Haushaltsführung gebunden sind[952] und daher grundsätzlich ihre Aufträge öffentlich auszuschreiben haben[953]. Das kaufmännischen Individualinteressen durchaus vergleichbare öffentliche Beschaffungsinteresse macht somit nicht den alleinigen Kern der vergabe(rechtlichen) Rechtsfrage aus, so dass nach der Interessentheorie der öffentliche Einkauf als Verwaltungshandeln zu qualifizieren ist. Nach der Subordinations- oder Subjektionstheorie ist das öffentliche Recht durch das Verhältnis der Über- Unterordnung, das Privatrecht durch das der Gleichordnung gekennzeichnet. Typisch für das öffentliche Recht ist dabei die Regelung durch Gesetz[954]. Nach dieser Theorie läge ein fiskalisches Handeln der öffentlichen Auftraggeber oberflächlich betrachtet vor, kulminiert doch der Beschaffungsvorgang in einem zivilrechtlichen Austauschvertrag. Jedoch ist der letztendlich zu schließende Vertrag nicht das Regelungssubjekt des öffentlichen Beschaffungsrechts. Vielmehr definiert das VgRÄG die anzuwendenden Bekanntmachungsvorschriften, einschlägige Vergabeverfahren, die Auswahl der Bewerber und die abschließende Verteilungsentscheidung. Bei deren Anwendung stehen sich die öffentlichen Auftraggeber als Träger öffentlicher Gewalt und die konkurrierenden Bieter in einem Über- Unter-

---

gen Verwaltungsrechtsdogmatik, DÖV 1975, 695, 701; *Ehlers*, Verwaltung in Privatrechtsform 1984, S. 190-91; *Dürig*, in: Maunz/Dürig/Herzog, GG-Kommentar Stand August 2000, Art. 1 Abs. 3 GG, Rdnr. 135; *Hailbronner*, Die Vergabe öffentlicher Aufträge nach europäischem Gemeinschaftsrecht, WiVerw 1994, 173, 234; *Kalinowsky*, Der Anspruch der Bieter auf Einhaltung des Vergaberechts nach § 97 Abs. 7 GWB, Schriftenreihe des Forum Vergabe e.V. 2000, S. 55; *Kunert*, Staatliche Bedarfsdeckungsgeschäfte und Öffentliches Recht 1977, S. 57; *Noch*, Vergaberecht und subjektiver Rechtsschutz 1998, S. 180; *Seidel*, Eine problematische Entscheidung – Das Spannungsfeld funktionierender Vergabemarkt und absoluter Rechtsschutz, VgR 1998, 37.

951 VÜA Bund, Beschl. vom 12.04.1995, WuW/E Verg AB 27 = WuW 1995, 1057, 1062 – Kraftwerkskomponenten; Amtliche Begründung zum VgRÄG, BT-Drucks. 13/9430, S. 12.

952 § 6 Abs. 1 HGrG; §§ 7 Abs. 1 BHO/ThürLHO; § 53 Abs. 2 ThürKO.

953 § 30 HGrG, §§ 55 Abs. 1 BHO/ThürLHO, § 31 Abs. 1 ThürGemHV.

954 *Maurer*, Allgemeines Verwaltungsrecht 1999, § 3, Rdnr. 16.

ordnungsverhältnis gegenüber. Auch nach der Subordinationstheorie handelt es sich demnach bei der öffentlichen Auftragsvergabe um hoheitliches Verwaltungshandeln. Nach der (älteren) Subjektstheorie gehören die Rechtssätze dem öffentlichen Recht an, deren Zuordnungssubjekt der Staat oder ein anderer Träger öffentlicher Gewalt ist, wobei es nicht darauf ankommen soll, ob ausschließlich Träger öffentlicher Gewalt Adressaten des in Frage stehenden Rechtssatzes sind, oder ob auch sonstige natürliche oder juristische Personen des Privatrechts vom Regelungsgehalt dieser Norm erfasst werden[955]. Nach dieser Theorie wäre das öffentliche Auftragsrecht aufgrund der Einbindung der Gebietskörperschaften und ihrer Sondervermögen nach § 98 Nr. 1 GWB immer öffentliches Recht. Das müsste selbst dann gelten, wenn man entgegen den vorstehenden Erkenntnissen die privatrechtlich organisierten öffentlichen Auftraggeber nicht als Träger öffentlicher Gewalt qualifizierte[956]. Nach der Sonderrechtstheorie sind Zuordnungssubjekte des „privaten Rechts" beliebige Personen, während das „öffentliche Recht" der Inbegriff derjenigen Rechtssätze ist, deren berechtigtes oder verpflichtetes Zuordnungssubjekt ausschließlich ein Träger hoheitlicher Gewalt ist; es ist das Amtsrecht der Träger hoheitlicher Gewalt und ihrer Organe, die auch in dieser Eigenschaft berechtigt oder verpflichtet werden müssen[957]. Wie festgestellt, agieren die öffentlichen Auftraggeber des VgRÄG als Träger öffentlicher Gewalt. Nach den bereits zur Interessentheorie ausgeführten Grundsätzen werden sie auch als „solche" verpflichtet, da sie mit jedem Einkauf das Interesse an einer wirksamen Umsetzung der gemeinschaftsrechtlichen Ziele, den Marktzugang und die Marktfreiheiten durch Öffnung des Wettbewerbes auf dem Markt der öffentlichen Aufträge zu sichern haben[958] und an die haushaltsrechtlichen Vorgaben gebunden sind. Auch unter Anwendung der Sonderrechtstheorie sind die Vergabenormen des GWB damit dem öffentlichen Recht zuzuordnen[959].

---

955 Vgl. *Huber*, Allgemeines Verwaltungsrecht 1997, S. 2.

956 In diese Richtung *Kopp/Schenke*, Verwaltungsgerichtsordnung 2000, § 40, Rdnr. 25 b), wonach der privatrechtliche Charakter der öffentlichen Auftragsvergabe durch die Einbindung von Privatrechtssubjekten „bestätigt" würde.

957 Die Sonderrechtstheorie wurde von H.°J.°Wolff und O.°Bachof begründet; vgl. *Wolff/Bachof/Stober*, Verwaltungsrecht I 1999, § 22 III 3, Rdnr. 25-27.

958 VÜA Bund, Beschl. vom 12.04.1995, WuW/E Verg AB 27 = WuW 1995, 1057, 1062 – Kraftwerkskomponenten; Amtliche Begründung zum VgRÄG, BT-Drucks. 13/9430, S. 12.

959 Die öffentlich-rechtliche Lösung wird auch in der Literatur von einer starken Mindermeinung vertreten - *Hermes*, Gleichheit durch Verfahren bei der staatlichen Auftragsvergabe, JZ 1997, 909, 914; *Huber*, Der Schutz des Bieters im öffentlichen Auftragswesen unterhalb der sog. Schwellenwerte, JZ 2000, 877, 881; *Kopp/Ramsauer*, Verwaltungsverfahrensgesetz 2000, § 35, Rdnr. 22; *Kopp*, Die Entscheidung über die Vergabe öffentlicher Aufträge und über den Abschluß öffentlichrechtlicher Verträge als Verwaltungsakte, BayVBl. 1980, 609, 610; *Maunz*, Die staatliche Verwaltung der Zuschüsse und Subventionen, BayVBl. 1962, 1, 2; *Pernice/Kadelbach*, Verfahren und Sanktionen im Wirtschaftsverwaltungsrecht, DVBl. 1996, 1100, 1106; *P.°Stelkens/U.°Stelkens*, in: Stel-

Daher vollzieht sich nach allen Theorien der Abgrenzung des öffentlichen vom privaten Recht der staatliche Einkauf im Anwendungsbereich des VgRÄG auf der Grundlage öffentlich-rechtlicher Normen und damit in einem Verwaltungsrechtsverhältnis.

(b) Das Verwaltungsrechtsverhältnis unterhalb der EG-Schwellenwerte

Fraglich ist, ob diese Einschätzung nur im Anwendungsbereich des VgRÄG seine Wirkung entfaltet. Obwohl unterhalb der EG-Schwellenwerte eine europarechtliche Präformierung durch die EG-Koordinierungsrichtlinien fehlt, ist auch in diesem Bereich das Vergaberechtsverhältnis dem öffentlichen Recht zuzuordnen.
So sind mit den Körperschaften, Anstalten und Stiftungen des öffentlichen Rechts als institutionelle öffentliche Auftraggeber ausschließlich Träger öffentlicher Gewalt an die einschlägigen Vergabevorschriften gebunden. Auch werden sie in dieser Funktion als „solche" verpflichtet. Denn das sekundäre Vergabeeuroparecht spezifiziert lediglich die primärrechtlichen Vorgaben, die unabhängig von einschlägigen Auftragsvolumina anwendbar sind. Die Auftraggeber als Träger öffentlicher Gewalt müssen auch außerhalb des Anwendungsbereiches des VgRÄG öffentliche Beschaffungen diskriminierungsfrei und unter Gewährleistung der Grundfreiheiten des Warenhandels (Art. 28 ff. EG, Art. 30 ff. EG-V), des Dienstleistungsverkehrs (Art. 49 ff. EG, Art. 59 ff. EG-V) und der Niederlassung (Art. 43 ff. EG, Art. 52 ff. EG-V)[960] durchführen. Zudem legt das Vergabehaushaltsrecht den öffentlichen Auftraggebern – im Gegensatz zu den Vertragsautonomie genießenden Privaten – einseitig spezifische öffentlich-rechtliche Pflichten auf.
Auch unterhalb der EG-Schwellenwerte sind demnach die „Tatbestandsvoraussetzungen" der Sonderrechtstheorie erfüllt, so dass sich hier – genauso wie im Anwendungsbereich des VgRÄG – das Vergaberechtsverhältnis als ein Verwaltungsrechtsverhältnis darstellt[961].

---

kens/Bonk/Sachs, Verwaltungsverfahrensgesetz 1998, § 35, Rdnr. 70; *Triantafyllou*, Europäisierungsprobleme des Verwaltungsprivatrechts am Beispiel des öffentlichen Auftragsrechts, NVwZ 1994, 943, 946.

960 Vgl. dazu die Begründungserwägungen zur BKR, LKR, DKR und SKR.

961 So auch *Huber*, Der Schutz des Bieters im öffentlichen Auftragswesen unterhalb der sog. Schwellenwerte, JZ 2000, 877, 881.

bb. Zusammenfassung / Fazit

Das legislativ zersplitterte Vergaberecht erweist sich damit als homogener, als es die bindenden Normen des Europarechts, des VgRÄG und des Haushaltsrechts vermuten lassen. Sowohl unter- als auch oberhalb der EG-Schwellenwerte beschaffen die öffentlichen Auftraggeber ihre Güter und Dienstleistungen auf der Grundlage öffentlich-rechtlicher Normen. Der Staat handelt beim öffentlichen Einkauf somit nicht fiskalisch; vielmehr stehen sich die öffentliche Hand und die um die Aufträge konkurrierenden Bieter in einem multipolaren, wechselbezüglichen Verwaltungsrechtsverhältnis gegenüber.

c. Die Vergaberechtsverletzung als Verletzung subjektiv-öffentlicher Rechte

Als letzte Tatbestandsvoraussetzung verlangt Art. 19 Abs. 4 GG die Verletzung eines „Rechts", damit die verfassungsrechtlich gewährleistete Rechtsschutzgarantie, die Eröffnung des Rechtsweges und die Einräumung von Primärrechtsschutz, ausgelöst wird. Es gilt also zu prüfen, welche Normen abstrakt ein „Recht" i.S.v. Art. 19 Abs. 4 GG gewähren können und in welchem Umfang konkret die Vergabenormen solche „Rechte" gewähren.

aa. Das subjektiv-öffentliche Recht als „Recht" i.S.v. Art. 19 Abs. 4 GG

Die von Art. 19 Abs. 4 GG erwähnten „Rechte" bündeln die dem einzelnen kraft öffentlichen Rechts verliehene Rechtsmacht, vom Staat zur Verfolgung eigener Interessen ein bestimmtes Verhalten zu verlangen[962]. Es sind die im Interesse des einzelnen bestehenden oder gewährten Rechtspositionen, die Ansprüche auf ein Tun, Dulden oder Unterlassen des Staates oder eines anderen Trägers öffentlicher Gewalt vermitteln[963]. Die Verletzung solcher Rechtsnormen, die lediglich objektiv zugunsten der Bürger wirken und die konkrete Begünstigung nur als Reflex enthalten, können somit auch keine anspruchsbegründende Wirkung im Rahmen von Art. 19 Abs. 4 GG entwickeln[964].
„Rechte" i.S.d. verfassungsrechtlichen Rechtsschutzgarantie sind mithin subjektiv-öffentliche Rechte. Die vorstehenden Ausführungen haben aufgezeigt, dass sich die

---

962 *Maurer*, Allgemeines Verwaltungsrecht 1999, § 8, Rdnr. 2.

963 *Huber*, in: v. Mangoldt/Klein/Starck, Das Bonner Grundgesetz 1999, Art. 19 Abs. 4, Rdnr. 396.

964 BVerfGE 83, 182, 194; BayVGH, Urt. vom 05.07.1982, BayVBl. 1983, 243; *Huber*, in: v. Mangoldt /Klein/Starck, Das Bonner Grundgesetz 1999, Art. 19 Abs. 4, Rdnr. 400; *Redecker*/v. *Oertzen*, Die Verwaltungsgerichtsordnung 2000, § 42, Rdnr. 152.

Vergaberegulierungen als öffentlich-rechtliche Sondernormen an Träger öffentlicher Gewalt wenden, so dass sich anspruchsvermittelnde Vergabevorschriften auch immer nur als subjektiv-öffentliche Rechte darstellen können. Damit gilt es im Folgenden zu analysieren, inwieweit die vergabesteuernden haushaltsrechtlichen Normen – wie die Verpflichtung auf öffentliche Ausschreibung[965] und die Erteilung des Zuschlags auf das wirtschaftlichste Angebot[966] – und die Vorschriften des VgRÄG lediglich objektiv-rechtlich oder subjektiv-rechtlich ausgestaltet sind. Im Kontext des öffentlichen Beschaffungsrechts formuliert sich diese Problematik dabei als Frage nach dem Umfang drittschützender Normen. Denn die Vergabe öffentlicher Aufträge vollzieht sich in einem multipolaren Verwaltungsrechtsverhältnis, in dem die auswählende Verwaltung den um die Aufträge konkurrierenden Unternehmen gegenüber steht[967].

Die dogmatische Herleitung drittschutzvermittelnder Normen ist jedoch umstritten. Um die einfach-gesetzlichen Vergabenormen hinsichtlich dieser Problemstellung erfassen zu können, gilt es die vielfältigen rechtswissenschaftlichen Ansätze auszubreiten, die überzeugendste Lösung herauszufiltern und auf dieser Grundlage den Umfang bieterschützender Normen zu ermitteln.

Dabei lässt sich zunächst folgender Grundkonsens voranstellen: Das in Art. 20 Abs. 2 GG niedergelegte Demokratieprinzip[968] transferiert zunächst das Primat der Entscheidung über die Einrichtung anspruchsvermittelnder Normen auf den demokratisch legitimierten Gesetzgeber[969]. Der Legislative obliegt es somit im Anschluss an die politische Willensbildung, Ansprüche auf die Einhaltung eines Normenkataloges einzuräumen oder auszuschließen[970]. Ob eine Norm ein subjektiv-öffentliches Recht enthält, bestimmt sich dabei nach ihrem Schutznormcharakter[971]. Danach müssen

---

965 § 30 HGrG; §§ 55 Abs. 1 BHO/ThürLHO; § 31 Abs. 1 ThürGemHV.

966 § 6 Abs. 1 HGrG; §§ 7 Abs. 1 BHO/ThürLHO; § 53 Abs. 2 ThürKO.

967 *Huber*, Der Schutz des Bieters im öffentlichen Auftragswesen unterhalb der sog. Schwellenwerte, JZ 2000, 877.

968 Vgl. zur Schlüsselrolle des Parlaments *Huber*, Die parlamentarische Demokratie unter der Bedingung der europäischen Integration, in: Huber (Hrsg.), Das Ziel der Europäischen Integration 1996, S. 17; *ders.*, Maastricht – ein Staatsstreich ? 1993, S. 21.

969 BVerfGE 78, 214, 226; 83, 182, 195: „Von den Fällen der Grundrechte und sonstiger verfassungsmäßiger Rechte abgesehen, bestimmt der Gesetzgeber, unter welchen Voraussetzungen dem Bürger ein Recht zusteht und welchen Inhalt es haben soll."; *Huber*, in: v. Mangoldt/Klein/Starck, Das Bonner Grundgesetz 1999, Art. 19 Abs. 4, Rdnr. 398; *Schmidt-Preuß*, Kollidierende Privatinteressen im Verwaltungsrecht: das subjektiv-öffentliche Recht im multipolaren Verwaltungsrechtsverhältnis 1992, S. 37; *Wahl*, Die doppelte Abhängigkeit des subjektiv öffentlichen Rechts, DVBl. 1996, 641, 642.

970 *Wahl*, Die doppelte Abhängigkeit des subjektiv öffentlichen Rechts, DVBl. 1996, 641, 642.

971 Vgl. BVerfGE 51, 193, 211; BVerwGE 41, 58, 63; 52, 122, 129; 81, 329, 334; 82, 343, 344; BVerwG, Urt. vom 16.06.1994, NJW 1995, 1628; *Huber*, in: v. Mangoldt/Klein/Starck, Das

die einschlägigen zwingenden Rechtssätze dem Schutz der Interessen eines hinreichend abgrenzbaren und individualisierbaren Kreis von Berechtigten[972] zu dienen bestimmt sein[973]. Die Feststellung der legislativ intendierten individualschützenden Wirkung erfolgt dabei hierarchisch anhand Wortlaut, Systematik, Teleologie und gesetzgeberischen Motiven[974].

(1) Subjektiv-öffentliche Rechte im grundrechtsrelevanten Bereich

Der Gesetzgeber gestaltet aber nur in Ausnahmefällen isoliert den „Verwaltungsrechtskreis"[975] sich berührender Rechtsverhältnisse aus. Wenn nämlich grundrechtlich geschützte Rechtsgüter eine Begrenzung, Ausgestaltung oder einen Ausgleich in einfach-gesetzlichen Vorschriften erfahren haben, kann die Auslegung des einfachen Rechts nicht der alleinige Schlüssel zur Ermittlung seiner anspruchsvermittelnden Wirkung sein. Diese Direktive ergibt sich zwangsläufig vor dem Hintergrund des subjektiv öffentlich-rechtlichen Gehalts der Grundrechte[976]. Damit entscheidet sich auch an der Schnittstelle zwischen einfachem Recht und Grundgesetz das individualschützende „Ob" und „Wieweit" der einschlägigen Rechtssätze. Umstritten ist allerdings, in welchem Umfang die Grundrechte den Schutznormcharakter einschlägiger Rechtssätze prägen.

(a) Das Primat des Gesetzgebers – der „absolute ex-ante Ansatz"

Dabei wird durch Schmidt-Preuß[977] eine Art absoluter „ex-ante" Ansatz vertreten. Danach sei davon auszugehen, dass allein dem Gesetzgeber das Mandat zur subjek-

---

Bonner Grundgesetz 1999, Art. 19 Abs. 4, Rdnr. 400; *ders.*, Konkurrenzschutz im Verwaltungsrecht 1991, S. 107 ff.; *Kopp/Schenke*, Die Verwaltungsgerichtsordnung 2000, § 42, Rdnr. 78.

972 BVerwGE 27, 29, 33; 41, 58, 63; 52, 122, 129; *Huber*, Konkurrenzschutz im Verwaltungsrecht 1991, S. 110; *Kopp/Schenke*, Die Verwaltungsgerichtsordnung 2000, § 42, Rdnr. 84.

973 BVerwG, Urt. vom 19.09.1986, DÖV 1987, 297; *Huber*, Konkurrenzschutz im Verwaltungsrecht 1991, S. 109; *Kopp/Schenke*, Die Verwaltungsgerichtsordnung 2000, § 42, Rdnr. 78; *Maurer*, Allgemeines Verwaltungsrecht 1999, § 8, Rdnr. 8.

974 *Huber*, in: v. Mangoldt/Klein/Starck, Das Bonner Grundgesetz 1999, Art. 19 Abs. 4, Rdnr. 400-401, *ders.*, Konkurrenzschutz im Verwaltungsrecht 1991, S. 109 ff; *Maurer*, Allgemeines Verwaltungsrecht 1999, § 8, Rdnr. 9.

975 *Henke*, Das subjektiv-öffentliche Recht 1968, S. 1; *Wahl*, Die doppelte Abhängigkeit des subjektiv öffentlichen Rechts, DVBl. 1996, 641, 646.

976 BVerfGE 78, 214, 226; 83, 182, 195: „Von den Fällen der Grundrechte und sonstiger verfassungsmäßiger Rechte abgesehen, bestimmt der Gesetzgeber, unter welchen Voraussetzungen dem Bürger ein Recht zusteht und welchen Inhalt es haben soll."

977 *Schmidt-Preuß*, Kollidierende Privatinteressen im Verwaltungsrecht: das subjektiv-öffentliche Recht im multipolaren Verwaltungsrechtsverhältnis 1992.

tiv- oder lediglich objektiv-rechtlichen Konfliktschlichtung zusteht. Das gelte auch dann, wenn das einfache Recht auf die höherrangigen Maßstäbe des Grundgesetzes trifft, mithin der Gesetzgeber einfach-gesetzlich die Grundrechte zugunsten öffentlicher oder privater Interessen begrenzt, näher ausgestaltet oder einen verhältnismäßigen Ausgleich kollidierender Grundrechtsgüter hergestellt hat. Diese Prärogative ergebe sich materiell-rechtlich aus dem Demokratieprinzip (Art. 20 Abs. 2 GG) und funktionell-rechtlich aus den Bestimmungen über die Gesetzgebung (Art. 72 ff. GG)[978]. Ob ein Anspruch auf die Einhaltung einfach-gesetzlicher Normen besteht, werde danach folgendermaßen bestimmt: Eine subjektiv-rechtliche Konfliktschlichtung liegt vor, wenn die Ordnungsnorm „[...] kollidierende Privatinteressen in ihrer Gegensätzlichkeit und Verflochtenheit wertet, begrenzt, untereinander gewichtet und derart in ein normatives Konfliktschlichtungsprogramm einordnet, daß die Verwirklichung der Interessen des einen Privaten notwendig auf Kosten des anderen geht."[979] Ob kollidierende Privatinteressen einem solchen subjektivierenden normativen Ausgleichsprogramm unterstellt werden, ist hauptsächlich unter Rückgriff auf das „normativ-multipolare Umfeld" der Norm vorzunehmen[980]. Wenn das Konfliktschlichtungsprogramm den Grund und die Reichweite gegenseitigen privaten Dürfens normiert, bildet es die Basis des subjektiv-öffentlichen Rechts im multipolaren Verwaltungsrechtsverhältnis[981]. Eine subjektiv-rechtliche Konfliktschlichtung liegt dann nicht vor, wenn es an der konstituierenden normativen Zuordnung von Interessen des bevorzugten und des benachteiligten Individuums fehlt[982].

(aa) Legislative Konfliktschlichtung als Voraussetzung norminterner Wirkung

Entsprechend beschränkt sind demnach die „normimmanenten Direktiven" oder „norminternen Wirkungen"[983] der Grundrechte. Nur wenn der Gesetzgeber nach den vorstehend beschriebenen Merkmalen bereits eine subjektiv-rechtliche Konfliktschlichtung vorgenommen hat, können die subjektiv-rechtlichen Direktiven der

---

978 *Schmidt-Preuß*, Kollidierende Privatinteressen im Verwaltungsrecht: das subjektiv-öffentliche Recht im multipolaren Verwaltungsrechtsverhältnis 1992, S. 37-38.

979 *Schmidt-Preuß*, Kollidierende Privatinteressen im Verwaltungsrecht: das subjektiv-öffentliche Recht im multipolaren Verwaltungsrechtsverhältnis 1992, S. 248.

980 *Schmidt-Preuß*, Kollidierende Privatinteressen im Verwaltungsrecht: das subjektiv-öffentliche Recht im multipolaren Verwaltungsrechtsverhältnis 1992, S. 165 ff.

981 *Schmidt-Preuß*, Kollidierende Privatinteressen im Verwaltungsrecht: das subjektiv-öffentliche Recht im multipolaren Verwaltungsrechtsverhältnis 1992, S. 249.

982 *Schmidt-Preuß*, Kollidierende Privatinteressen im Verwaltungsrecht: das subjektiv-öffentliche Recht im multipolaren Verwaltungsrechtsverhältnis 1992, S. 282.

Grundrechte „fördernd, verdeutlichend und stützend bei der Auslegung der einfachgesetzlichen Ordnungsnormen" wirksam werden[984]. Ausschließlich objektiv-rechtlich ausgestaltete Normen können auch unter dem Einfluss der Grundrechte nicht zu individualschutzberechtigenden Normen erstarken. Den Grundrechten kommt damit „keine selbständige anspruchsbegründende Funktion" zu; sie sind lediglich subsidiäre Elemente zur Konkretisierung legislativ determinierter Ansprüche gegenüber der staatlichen Gewalt[985].

(bb) Das grundrechtliche Mindestniveau legislativer Konfliktschlichtung

Eine Schlichtung konfligierender Interessen kann lediglich nicht in der Weise betrieben werden, dass eine individualschützende Wirkung des normativen Ausgleichs gänzlich ausgeschlossen wird. Vielmehr muss das einfache Recht soviel subjektive Rechte bereithalten, dass übermäßige Grundrechtsbeeinträchtigungen abgewehrt werden können. Konsequenterweise wird nach diesem Ansatz die normexterne Wirkung der Grundrechte daher dann aktiviert, wenn der Gesetzgeber – trotz normativer Ausgestaltung des in Frage stehenden Rechtsverhältnisses – den grundrechtlich vorgezeichneten „Mindeststandard" subjektiv-rechtlicher Konfliktschlichtung nicht gewährleistet hat. Die Grundrechtsträger können – da lediglich ein „Mindeststandard" gesichert wird – nur dann unmittelbar einen Abwehranspruch aus den Grundrechten geltend machen, wenn die Beeinträchtigung „schwer und unerträglich" ist[986].

Unter welchen Umständen diese Gewährleistungsfunktion der Grundrechte greift, ist abhängig vom Kollisionsverhältnis der betroffenen privaten Interessen. So kann die normative Ausgestaltung einen „kehrseitigen" oder einen „wechselbezüglichen" Interessenkonflikt betreffen[987].

---

983 Begriff nach *Schmidt-Aßmann*, in: Maunz/Dürig/Herzog, GG-Kommentar Stand August 2000, Art 19 Abs. 4 GG, Rdnr. 123.

984 *Schmidt-Preuß*, Kollidierende Privatinteressen im Verwaltungsrecht: das subjektiv-öffentliche Recht im multipolaren Verwaltungsrechtsverhältnis 1992, S. 41.

985 *Schmidt-Preuß*, Kollidierende Privatinteressen im Verwaltungsrecht: das subjektiv-öffentliche Recht im multipolaren Verwaltungsrechtsverhältnis 1992, S. 41.

986 *Schmidt-Preuß*, Kollidierende Privatinteressen im Verwaltungsrecht: das subjektiv-öffentliche Recht im multipolaren Verwaltungsrechtsverhältnis 1992, S. 50; Dem folgt auch die herrschende Ansicht in Rechtsprechung und Literatur - BVerwGE 30, 191, 196-98; 32, 173, 178-79; 36, 248, 251; 44, 244, 246; 50, 282, 286-87; 65, 167, 173; *Kopp/Schenke*, Die Verwaltungsgerichtsordnung 2000, § 42, Rdnr. 121; *Maurer*, Allgemeines Verwaltungsrecht 1999, § 8, Rdnr. 11; *Schmidt-Aßmann*, in: Maunz/Dürig/Herzog, GG-Kommentar Stand August 2000, Art 19 Abs. 4 GG, Rdnr. 122, 125.

987 *Schmidt-Preuß*, Kollidierende Privatinteressen im Verwaltungsrecht: das subjektiv-öffentliche Recht im multipolaren Verwaltungsrechtsverhältnis 1992, S. 31 ff., 34 ff.

Ein „wechselbezügliches" Verwaltungsrechtsverhältnis liegt dann vor, wenn konkurrierende Zugangsinteressen vor dem Hintergrund kapazitätsbezogener staatlicher Auswahl- und Verteilungsentscheidungen aufeinander stoßen[988]. Das Verwaltungsrechtsverhältnis ist in diesen Fällen durch die normative Verflechtung homogener, stoffgleicher Interessen gekennzeichnet. Eine subjektiv-rechtliche Konfliktschlichtung bewirkt daher für alle Betroffenen eine gleichmäßige Anspruchsvergrößerung respektive -verkürzung, wenn der Normenkatalog lediglich objektiv-rechtlich ausgestaltet ist. Daher ist es dem Gesetzgeber auch unbenommen, die normative Ausgestaltung staatlicher Auswahl- und Verteilungsentscheidungen auf der Grundlage neutraler Kriterien umfassend zu subjektivieren[989].
Wenn die wechselbezügliche Konfliktschlichtung aber lediglich objektiv-rechtlich vorgenommen wird, kann jeder Grundrechtsträger „schwere und unerträgliche" Beeinträchtigungen grundrechtlich geschützter Positionen unter Rückgriff auf die normexterne Wirkung der Grundrechte abwehren[990].
Konfligierende Privatinteressen stehen demgegenüber in einem „kehrseitigen" Verhältnis, wenn „aktive Gestaltungsinteressen" auf „passive Verschonungsinteressen" treffen und somit die normativ verflochtenen Privatinteressen „heterogener Natur" sind[991]. Die öffentlich-rechtlich ausgelöste Beeinträchtigung vermittelt sich hier über die Handlung einer privaten Person, die z.B. als Bauherr eine Genehmigung zur Errichtung eines Gebäudes erhält, welches seinen Nachbarn nachteilig betrifft. Wenn also durch eine Verwaltungsentscheidung einem Privaten die Ausübung von Gestaltungsinteressen gewährt wird, geht das zwangsläufig mit der Beschränkung „kehrseitiger" Verschonungsinteressen einher. Die gegenläufigen Interessen sorgen mithin dafür, dass eine subjektiv-rechtliche Konfliktschlichtung zugunsten des Gestaltungsinteressenten den Anspruchsbereich des Verschonungsinteressenten beschränkt und umgekehrt. Daher soll das legislative Primat an dem von den Grundrechten vorge-

---

988 *Schmidt-Preuß*, Kollidierende Privatinteressen im Verwaltungsrecht: das subjektiv-öffentliche Recht im multipolaren Verwaltungsrechtsverhältnis 1992, S. 34: „Zu denken ist z.B. an die Vergabe von Rundfunkzulassungen, Studienplätzen, Güterfernverkehrsgenehmigungen, Taxikonzessionen oder Beförderungsämtern und -dienstposten."

989 *Schmidt-Preuß*, Kollidierende Privatinteressen im Verwaltungsrecht: das subjektiv-öffentliche Recht im multipolaren Verwaltungsrechtsverhältnis 1992, S. 40.

990 *Schmidt-Preuß*, Kollidierende Privatinteressen im Verwaltungsrecht: das subjektiv-öffentliche Recht im multipolaren Verwaltungsrechtsverhältnis 1992, S. 50.

991 *Schmidt-Preuß*, Kollidierende Privatinteressen im Verwaltungsrecht: das subjektiv-öffentliche Recht im multipolaren Verwaltungsrechtsverhältnis" 1992, S. 31: „Bei derartigen Konstellationen kann auf der einen Seite z.B. ein Bauherr, ein Anlagenbetreiber, der private Träger eines planfeststellungsbedürftigen Vorhabens, ein mit öffentlichen Mitteln geförderter Vermieter, [...] stehen, denen kehrseitig ein Wohnnachbar, ein auf Ruhe oder gesundheitliche Integrität bedachter Immissionsnachbar, ein Sozialmieter gegenübertritt."

zeichneten Mindestniveau subjektiv-rechtlicher Konfliktschlichtung seine Grenze nicht nur in der Weise finden, dass eine völlige objektiv-rechtliche Ausgestaltung ausgeschlossen ist; vielmehr können auch die Gestaltungs-, bzw. Verschonungsinteressen nicht so umfassend subjektiviert werden, dass eine Geltendmachung „kehrseitiger“ Interessen bei „schweren und unerträglichen“ Beeinträchtigungen gänzlich verhindert wird[992].

Der normexterne grundrechtliche Abwehranspruch ist aber beschränkt, wenn der Gesetzgeber ausdrücklich einen Anspruch auf Einhaltung der Norm ausgeschlossen hat. Das Gericht ist bei nachkonstitutionellen, individualsschutzverneinenden Rechtssätzen aufgrund fehlender Normverwerfungskompetenz gehindert, entgegen dem expliziten Wortlaut der Norm grundrechtlich vermittelten Drittschutz zu gewähren. Vielmehr besteht eine Vorlageverpflichtung nach Art. 100 Abs. 1 GG, um das BVerfG über das verfassungswidrige Gesetz entscheiden zu lassen[993]. Zum anderen entfaltet sich die normexterne Wirkung der Grundrechte, wenn der Gesetzgeber seiner Verpflichtung auf normative Konfliktschlichtung nicht nachgekommen ist, mithin eine „Gesetzeslücke“ besteht[994]. Wenn in diesen Fällen die Verwaltung ohne Ermächtigungsgrundlage auf grundrechtlich geschützte Positionen zugreift, können die Betroffenen unmittelbar aus den Grundrechten diesen nicht legitimierten Eingriff abwehren.

(b) Anspruchsbegründende Wirkung der Grundrechte – „ex-post Ansatz“

Demgegenüber geht Huber[995] davon aus, dass sich die normimmanente Wirkung der Grundrechte nicht in ihrer Funktion als sekundäres Auslegungselement im Rahmen

---

992 Somit ist es dem Gesetzgeber nicht nur verwehrt zu bestimmen, das gesamte Baurecht objektiv-rechtlich zu verfassen, sondern auch die Interessen des Bauherrn oder des Nachbarn zugunsten einer Seite vollständig zu subjektivieren; vgl. dazu plastisch *Wahl*, Die doppelte Abhängigkeit des subjektiv öffentlichen Rechts, DVBl. 1996, 641, 645.

993 *Schmidt-Preuß*, Kollidierende Privatinteressen im Verwaltungsrecht: das subjektiv-öffentliche Recht im multipolaren Verwaltungsrechtsverhältnis 1992, S. 50.

994 Dahingehend besteht weitgehende Übereinstimmung - vgl. *Huber*, in: v. Mangoldt/Klein/Starck, Das Bonner Grundgesetz 1999, Art. 19 Abs. 4, Rdnr. 408; *Kopp/Schenke*, Die Verwaltungsgerichtsordnung 2000, § 42, Rdnr. 121; *Maurer*, Allgemeines Verwaltungsrecht 1999, § 8, Rdnr. 11; *Schmidt-Aßmann*, in: Maunz/Dürig/Herzog, GG-Kommentar Stand August 2000, Art 19 Abs. 4 GG, Rdnr. 122, 125; *Schmidt-Preuß*, Kollidierende Privatinteressen im Verwaltungsrecht: das subjektiv-öffentliche Recht im multipolaren Verwaltungsrechtsverhältnis 1992, S. 50; a.A. *Wahl*, Die doppelte Abhängigkeit des subjektiv öffentlichen Rechts, DVBl. 1996, 641, 648-49, der in den Grundrechten lediglich eine Rahmenordnung erblickt und daher eine normexterne Wirkung der Grundrechte ablehnt.

995 *Huber*, in: v. Mangoldt/Klein/Starck, Das Bonner Grundgesetz 1999, Art. 19 Abs. 4, Rdnr. 402 ff; *ders.*, Konkurrenzschutz im Verwaltungsrecht 1991, S. 200 ff.

einfach-gesetzlich vorgefasster subjektiver Rechte erschöpft. Vielmehr entscheiden hauptsächlich die norminternen Direktiven der Grundrechte über die subjektivrechtliche Ausrichtung solcher einfach-rechtlicher Normen, die das in Frage stehende Grundrecht begrenzen, ausgestalten oder zu kollidierenden Grundrechtsgütern in einen verhältnismäßigen Ausgleich bringen.

(aa) Die indisponible Direktionskraft der Grundrechte

Die Existenz individualschützender Positionen ist demnach der gesetzgeberischen Disposition entzogen, sobald sich die zu prüfende einfach-rechtliche Norm im grundrechtsrelevanten Bereich bewegt und damit auf die unausweichbare „Direktionskraft der Grundrechte" trifft[996]. Wenn die angegriffene Verwaltungsentscheidung auf einer Norm beruht, die abstrakt-generell geeignet ist, einfach-rechtlich diese Grundrechtspositionen zur Erfüllung öffentlicher oder privater Interessen zu begrenzen, näher auszugestalten oder mit kollidierenden Grundrechtsgütern einem Ausgleich zuzuführen, so kann die Vorschrift als „potentielle Schutznorm" subjektiv-öffentliche Rechte abstrakt für alle Grundrechtsträger vermitteln. Maßgeblicher Zeitpunkt für diese Feststellung ist die Verwaltungs- oder die Gerichtsentscheidung[997]. Das schließt freilich nicht aus, dass den an den Vorbehalt des Gesetzes gebundenen Gesetzgeber schon „ex-ante" die Pflicht trifft, im Wege einer Prognoseentscheidung darüber zu befinden, welche grundrechtlichen Interessen durch den Vollzug der zu erlassenden Normen typischerweise betroffen werden. Diese Interessen sind im Rahmen des Normenerlasses in die gesetzgeberische Abwägung einzustellen, um grundrechtliche Schutzpflichten zu konkretisieren und das Untermaßverbot sicherzustellen[998].
Die Norm vermittelt dann eine individualschützende Position, so sie sich im Einzelfall konkret grundrechtsbegrenzend, ausgestaltend, oder kollisionslösend auswirkt. Das ist nur der Fall, wenn der darauf basierende administrative Vollzug den Kläger tatsächlich in seinen grundrechtlich geschützten Interessen beeinträchtigt, die durch die einschlägige Norm begrenzt, ausgestaltet oder mit kollidierenden grundrechtlichen Gütern ausgeglichen wurden[999].

---

996 *Huber*, in: v. Mangoldt/Klein/Starck, Das Bonner Grundgesetz 1999, Art. 19 Abs. 4, Rdnr. 402.

997 Begriff nach *Huber*, in: v. Mangoldt/Klein/Starck, Das Bonner Grundgesetz 1999, Art. 19 Abs. 4, Rdnr. 407; *ders.*, Konkurrenzschutz im Verwaltungsrecht 1991, S. 281.

998 *Huber*, in: v. Mangoldt/Klein/Starck, Das Bonner Grundgesetz 1999, Art. 19 Abs. 4, Rdnr. 407.

999 *Huber*, in: v. Mangoldt/Klein/Starck, Das Bonner Grundgesetz 1999, Art. 19 Abs. 4, Rdnr. 408; *ders.*, Konkurrenzschutz im Verwaltungsrecht 1991, S. 282.

Ob es sich um ein subjektiv-öffentliches Recht handelt, lässt sich abschließend nur bestimmen, wenn auch der Verwaltung die konkrete Schutzgutbeeinträchtigung zuzurechnen ist, also gerade ein Träger öffentlicher Gewalt in den legislativ entfalteten grundrechtlichen Schutzbereich eingegriffen hat[1000]. Jede Norm enthält somit ein subjektiv-öffentliches Recht, soweit auf deren Grundlage die Verwaltung in den Schutzbereich von Grundrechten eingreift. Diese Konsequenz ist schon deshalb zwingend, weil in diesen Fällen jedes Abweichen von der gesetzlichen Grundlage mit einer Verletzung des betroffenen Grundrechts einhergeht.

Dem Gesetzgeber ist damit jedoch letztendlich nur die Disposition entzogen, ob überhaupt ein subjektiv-öffentliches Recht besteht. Denn ihm bleibt es unbenommen, durch die Begrenzung, Ausgestaltung oder Kollisionslösung des einfachen Rechts die Reichweite der privaten Interessen abzustecken, die am subjektivrechtlichen Gewährleistungsbereich der Grundrechte teilnehmen. Die äußerste Grenze dieser Gestaltungsfreiheit bildet dabei Art. 19 Abs. 2 GG, so dass bei der Begrenzung, Ausgestaltung oder Kollisionslösung grundrechtlicher Schutzgüter zumindest der Wesensgehalt der betroffenen Grundrechte unangetastet bleiben muss[1001].

Damit geht einher, dass die normexterne Wirkung der Grundrechte – entgegen der herrschenden Meinung – grundsätzlich nur dann zum Tragen kommt, wenn es der Gesetzgeber versäumt hat, den einschlägigen Gewährleistungsbereich der Grundrechte einfach-gesetzlich abzustecken; mithin eine „Gesetzeslücke“ besteht[1002]. Ansonsten entwickelt sich der grundrechtlich gebotene subjektiv-rechtliche Mindestschutz schon in seiner norminternen Ausprägung, ohne dass es unter Missachtung des „Anwendungsvorranges des einfachen Gesetzes“[1003] eines unmittelbaren Rückgriffs auf die Grundrechte bedarf[1004].

Die Individualschutzvermittlung des einfachen Rechts auf der Grundlage der normimmanenten Wirkungen der Grundrechte sichert mithin dem Grundrechtsträger die Möglichkeit, dass nur im Rahmen der gesetzlichen Vorgaben in das zu seinen Gun-

---

1000 *Huber*, in: v. Mangoldt/Klein/Starck, Das Bonner Grundgesetz 1999, Art. 19 Abs. 4, Rdnr. 410; *ders.*, Konkurrenzschutz im Verwaltungsrecht 1991, S. 282-83.

1001 *Huber*, Konkurrenzschutz im Verwaltungsrecht 1991, S. 198 ff.; *ders.*, Grundrechtsschutz durch Organisation und Verfahren 1988, S. 158.

1002 In diese Richtung letztendlich auch BVerwGE 89, 69, 78 – Ringdrainage: „Soweit drittschützende Regelungen des einfachen Rechts vorhanden sind, kann aber ein weitergehender unmittelbar auf Art. 14 Abs. 1 Satz 1 GG beruhender Anspruch nicht bestehen. Denn durch eine den Anforderungen des Art. 14 Abs. 1 Satz 2 GG genügende gesetzliche Regelung werden Inhalt und Schranken des Eigentums dergestalt bestimmt, daß innerhalb des geregelten Bereichs weitergehende Ansprüche aus Art. 14 Abs. 1 Satz 1 GG ausgeschlossen sind.“

1003 *Kopp/Schenke*, Die Verwaltungsgerichtsordnung 2000, § 42, Rdnr. 122.

1004 *Huber*, Konkurrenzschutz im Verwaltungsrecht 1991, S. 284.

sten wirkende Grundrecht eingegriffen werden kann. Wenn die Grenzen des grundrechtlichen Schutzgutes einfach-gesetzlich abgesteckt wurden, bedeutet zwangsläufig jede Gesetzesverletzung gleichzeitig eine Grundrechtsverletzung. Die Rechtsschutzgewährleistungen von Art. 19 Abs. 4 GG erzwingen, dass Grundrechtsträger diese Verletzung in „ihren“ Rechten abwehren können. Es ist allerdings nicht zweifelhaft, dass auch nach diesem Ansatz der Gesetzgeber das Mandat hat, wechselbezügliche multipolare Interessenkonflikte vollständig zu subjektivieren[1005]. Wenn die legislativen Zugangsbedingungen zu einem kapazitätsbegrenzten öffentlichem Gut auf der Grundlage neutraler Kriterien festgelegt wurden, gewährt der Gesetzgeber mit der Einräumung subjektiv-öffentlicher Rechte letztendlich nur solche Ansprüche, die über das von Art. 19 Abs. 4 GG und den Grundrechten geforderte „Mindestmaß“ hinausgehen.

(bb) Die Eingriffsabhängigkeit des subjektiv-öffentlichen Rechts

Dabei kann – wie erwähnt – nicht jeder durch den Gesetzesvollzug in seinen grundrechtlich geschützten Interessen Betroffene gerichtlich die Einhaltung der Norm erzwingen. Denn die Verkürzung grundrechtlicher Belange muss auch tatsächlich durch die öffentliche Hand ausgelöst worden sein, ihr mithin als Eingriff zurechenbar sein.

Dessen Bestimmung ist allerdings im Rahmen multipolarer Verwaltungsrechtsverhältnissen nicht ohne Schwierigkeit. Nach dem klassischen Begriff lag ein Grundrechtseingriff dann vor, wenn die öffentliche Gewalt durch einen Rechtsakt, der mittels Befehl oder Zwang durchsetzbar war, final und unmittelbar auf ein grundrechtlich geschütztes Interesse zugriff[1006]. Mit zunehmender Verzahnung von Staat und Gesellschaft durch die Entwicklung vom liberalen zum sozialen Rechtsstaat und damit einhergehender Mehrung von Berührungspunkten zwischen Bürger und öffentlicher Gewalt musste dieser herkömmliche Eingriffsbegriff als zu eng erscheinen. Denn „[...] der einzelne [erfährt] in immer mehr Lebenslagen staatliches Handeln als nicht nur existenzsichernd, sondern auch -gefährdend, nicht nur freiheitsfördernd, sondern auch -beeinträchtigend.“[1007]

1005 In diese Richtung *Huber*, Konkurrenzschutz im Verwaltungsrecht 1991, S. 293; Das schließt subjektive öffentliche Rechte im Rahmen atypischer Grenzfälle kehrseitiger Konfliktlagen nicht aus, wenn sich z.B. ein Altunternehmer gegen die Neuzulassung eines Konkurrenten auf der Grundlage verfassungskonformer Gesetze, wie z.B. § 13 Abs. 2 Nr. 2, Abs. 3 PBefG, wendet; *ders.*, Konkurrenzschutz im Verwaltungsrecht 1991, S. 304.

1006 *Bleckmann/Eckhoff*, Der mittelbare Grundrechtseingriff, DVBl. 1988, 373.

1007 *Pieroth/Schlink*, Grundrechte-Staatsrecht II 2000, § 6 III 2, Rdnr. 239.

Ein Grundrechtseingriff nach modernem Verständnis ist daher jede dem Staat zurechenbare Verkürzung grundrechtlich geschützter Interessen[1008], auch wenn sich diese Auswirkungen lediglich über das Verhalten anderer Privater faktisch[1009] vermitteln. Entscheidendes Element ist mithin die Verantwortlichkeit staatlichen Handelns für grundrechtsverkürzende Wirkungen[1010].

Natürlich kann nicht jede der öffentlichen Hand adäquat kausal zurechenbare Beeinträchtigung als Eingriff gewertet werden, denn die auch aus dem zivilen Deliktsrecht bekannte Adäquanz erfasst „[...] jedes Handeln, das im Allgemeinen und nicht nur unter eigenartigen, ganz besonders unwahrscheinlichen und nach dem regelmäßigen Verlauf der Dinge und außer Betracht zu lassenden Umständen zur Herbeiführung des Erfolgs geeignet war [...].“[1011]

Die adäquate Kausalität ist somit nicht geeignet, die zurechenbaren Folgen staatlichen Handelns sachgerecht zu begrenzen. Will man nicht jedes irgendwie beeinträchtigende Vorgehen des Staates zu einem Eingriff in grundrechtsgeschützte Bereiche stilisieren, muss der an einer Wahrscheinlichkeitsbetrachtung orientierte adäquate Zusammenhang vielmehr wertend über die Kriterien der Unmittelbarkeit, Finalität[1012] und Intensität[1013] der staatlich ausgelösten Beeinträchtigung konkretisiert werden[1014].

Im Bereich multipolarer Verwaltungsrechtsverhältnisse, in welchen die Verwaltung verteilend und lenkend tätig ist, fehlt es jedoch regelmäßig an einer unmittelbaren Grundrechtsbeeinträchtigung des benachteiligten Konkurrenten, da sich die beein-

---

1008 Vgl. insgesamt zum mittelbaren Eingriffsbegriff; BVerfGE 46, 120, 137; 47, 1, 21; 82, 209, 224; 86, 28, 37; BVerwGE 71, 183, 193 f.; 75, 109, 115; 87, 37, 43 f.; 89, 281, 283; 90, 112, 120-121; *Albers*, Faktische Grundrechtsbeeinträchtigungen als Schutzbereichsproblem, DVBl. 1996, 233 ff.; *Bleckmann/Eckhoff*, Der „mittelbare“ Grundrechtseingriff, DVBl. 1988, 373, 376-380; *Huber*, Die Verwaltungsgerichte und der Mietspiegel, JZ 1996, 893, 898; *ders.*, Konkurrenzschutz im Verwaltungsrecht 1991, S. 229; *Pieroth/Schlink*, Grundrechte-Staatsrecht II 2000, § 6 III 2, Rdnr. 238; *Weber-Dürler*, Der Grundrechtseingriff, VVDStRL 1997, 57, 76.

1009 *Eckhoff*, Der Grundrechtseingriff 1992, S. 236 ff.; *Gallwas*, Faktische Beeinträchtigungen im Bereich der Grundrechte 1970, S. 49 ff.; *Pietzcker*, Grundrechtsbetroffenheit in der verwaltungsrechtlichen Dogmatik, in: Püttner (Hrsg.), FS für Bachof 1984, S. 131, 138 ff.; *Roth*, Faktische Eingriffe in Freiheit und Eigentum 1994, S. 225 ff.

1010 *Huber*, Konkurrenzschutz im Verwaltungsrecht 1991, S. 228.

1011 BGH, Urt. vom 14.03.1986, NJW 1986, 1329, 1332.

1012 BVerwGE 71, 183, 193 f. – Transparenzliste; 75, 109, 115 – Subventionsbetreuer; 90, 112, 121 – 2. Jugendsektenentscheidung.

1013 BVerwGE 87, 37, 44 – Diethylenglykol.

1014 *Hohmann*, Berufsfreiheit (Art. 12) und Besteuerung, DÖV 2000, 406 ff; *Huber*, in: v. Mangoldt/Klein/Starck, Das Bonner Grundgesetz 1999, Art. 19 Abs. 4, Rdnr. 425; *ders.*, Die Verwaltungsgerichte und der Mietspiegel, JZ 1996, 893, 898; *ders.*, Konkurrenzschutz im Verwaltungsrecht 1991, S. 226 ff; *Weber-Dürler*, Der Grundrechtseingriff, VVDStRL 1997, 57, 85 ff.

trächtigenden Wirkungen der Verwaltungshandlung in der Bevorzugung des Konkurrenten materialisieren.

Nach dem modernen Eingriffsbegriff ist das Kriterium der Unmittelbarkeit jedoch disponibel[1015], womit die Finalität und die Intensität der Auswirkung in den Mittelpunkt der Eingriffsbestimmung rücken[1016]. Diese doppelte Spezifizierungsausrichtung des Eingriffs überzeugt von daher, weil die Grundrechte einerseits objektiv Freiheitsbereiche schützen, während andererseits der an die Grundrechte gebundene Staat subjektiv, also schon „von sich aus", die grundrechtsrelevanten Wirkungen seines Handelns zu bedenken hat. Diese Kriterien müssen dabei nicht kumulativ vorliegen[1017], sondern konkretisieren den Eingriff auf umgekehrt proportionale Weise.

Je zielgerichteter die öffentliche Gewalt grundrechtlich geschützte Interessen beeinträchtigt, desto geringer sind die Anforderungen an die Intensität der Maßnahme. Damit steigen die Anforderungen an die Spürbarkeit der staatlich ausgelösten Grundrechtsverkürzung, wenn der Staat entweder diese Beeinträchtigung nicht wollte oder sie gar nicht vorhersehen konnte. Je mehr sich die Intention einer solchen Beeinträchtigung demnach von einem zweckgerichteten Handeln über einen „direkten Vorsatz" in ein vorhersehbares In-Kauf-Nehmen wandelt, desto schwerwiegender muss sie sich darstellen, um Eingriffsrelevanz zu zeitigen[1018].

1015 BVerwGE 90, 112, 121: „Für gezielte Grundrechtsbeeinträchtigungen tatsächlicher Art muß ähnliches angenommen werden, und zwar auch dann, wenn der maßgebliche Wirkungszusammenhang – wie hier – kein unmittelbarer, sondern nur ein mittelbarer ist, aber gleichwohl vom handelnden Staat insgesamt beherrscht wird."; *Huber*, Die Verwaltungsgerichte und der Mietspiegel, JZ 1996, 893, 898.

1016 *Huber*, in: v. Mangoldt/Klein/Starck, Das Bonner Grundgesetz 1999, Art. 19 Abs. 4, Rdnr. 415, 425.

1017 BVerfGE 47, 1, 21: „Zwar können die rechtlichen Normierungen Art. 12 Abs. 1 GG auch dann berühren, wenn sie nicht „gezielt" in die Berufsfreiheit eingreifen, sondern in ihrer tatsächlichen Auswirkung geeignet sind, diese zu beeinträchtigen."; BVerwGE 90, 112, 121: „Da die Beklagte gezielt in die Grundrechte der Kläger aus Art. 4 GG eingreift, kommt es letztlich auch nicht auf die von ihr für unerläßlich gehaltene Feststellung einer besonders schwerwiegenden Grundrechtsbeeinträchtigung an."; *Huber*, Die Verwaltungsgerichte und der Mietspiegel, JZ 1996, 893, 898.

1018 BVerwGE 89, 281, 283: „Die Annahme eines Eingriffs in das Grundrecht setzt dabei nicht voraus, daß die Beschränkung der Wettbewerbsfreiheit bezweckt ist. Ein Eingriff in diesen Schutzbereich der Berufsfreiheit liegt vielmehr bereits dann vor, wenn das betreffende Handeln aufgrund seiner tatsächlichen Auswirkungen die Berufsfreiheit zumindest mittelbar beeinträchtigt und insoweit eine deutlich erkennbare berufsregelnde Tendenz oder eine voraussehbare und in Kauf genommene schwerwiegende Beeinträchtigung der beruflichen Betätigungsfreiheit gegeben ist."; *Huber*, Konkurrenzschutz im Verwaltungsrecht 1991, S. 237.

(c) Die doppelte Abhängigkeit des subjektiv-öffentlichen Rechts – der relative „ex-ante Ansatz"

Eine vermittelnde Lösung vertritt Wahl[1019], der von einer doppelten Abhängigkeit des subjektiv-öffentlichen Rechts ausgeht. Nach diesem Ansatz sind die divergierenden Ansätze der Anspruchsbegründung aus dem einfachen Recht oder durch die Grundrechtsabhängigkeit des subjektiv-öffentlichen Rechts ausgleichend zu verbinden. Danach ist davon auszugehen, dass das subjektiv öffentliche Recht zwar grundsätzlich in dem Sinn rechtssatzabhängig ist, dass seine konkrete Gestalt im einfachen Recht formuliert sein muss. Allerdings entscheidet der Gesetzgeber nicht autonom über den Inhalt subjektiv-rechtlicher Gewährleistungen; das subjektiv öffentliche Recht bedarf der Rechtsquellen des einfachen Rechts, ohne aber in seiner materiellen Substanz vom Willen des Gesetzgebers gänzlich abhängig zu sein. Vielmehr ist bei der legislativen einfach-rechtlichen Zuweisung individualschützender Normen der grundrechtlichen Ausstrahlungswirkung dem „Prinzipiencharakter der Grundrechte, Geltung und Wirksamkeit" zu verschaffen. Verfassungsgeboten ist somit die „Anerkennung und Ausformulierung eines Grundbestandes subjektiver Rechte", sowohl für den von staatlichen Maßnahmen unmittelbar betroffenen Bürger, als auch zugunsten der Interessen von Dritten im Konfliktfeld kollidierender Privatinteressen[1020]. Der Gesetzgeber ist somit verpflichtet, grundrechtliche Direktiven, welche auf sein normatives Konfliktschlichtungsprogramm einwirken, im Vorhinein zu erkennen und die Rechtssätze zu subjektivieren, welche verfassungsrechtlich vorgezeichnet als durchsetzbare Positionen in einfaches Recht zu transferieren sind. Je größer der Spielraum ist, den die Verfassung dem Gesetzgeber zur einfach-rechtlichen Konkretisierung der Grundrechtsgüter überlässt, desto größer ist auch sein Spielraum über die objektiv- oder subjektiv-rechtliche Ausgestaltung der normativen Konfliktschlichtung zu entscheiden. Wenn sich eine eindeutige Aussage über den subjektiv-rechtlichen Gehalt des Normenkataloges aus dem einfachen Recht nicht entnehmen lässt oder der Gesetzgeber dem grundrechtlichen Subjektivierungsgebot nicht nachgekommen ist, steht dem Richter die verfassungsorientierte Auslegung zur Verfügung, um den „grundrechtlichen [norminternen] Impulsen" auf die Bestimmung des drittschützenden Gehalts einer Norm hinreichend Rechnung tragen zu können. Somit können auch eindeutig objektiv-rechtliche Regelungen durch die norminternen Direktiven der Grundrechte zu drittschützenden Normen erstarken[1021]. Damit

1019 *Wahl*, Die doppelte Abhängigkeit des subjektiv öffentlichen Rechts, DVBl. 1996, 641 ff.

1020 *Wahl*, Die doppelte Abhängigkeit des subjektiv öffentlichen Rechts, DVBl. 1996, 641, 646.

1021 *Wahl*, Die doppelte Abhängigkeit des subjektiv öffentlichen Rechts, DVBl. 1996, 641, 647.

nähert sich dieser Ansatz, zumindest vom Ergebnis her, erheblich an die Bestimmung subjektiv-öffentlicher Rechte anhand der individuell-konkreten Grundrechtsbetroffenheit an. Eine normexterne Wirkung der Grundrechte soll dagegen nicht existieren, weil die Verfassung lediglich eine Rahmenordnung darstellt[1022]. Ein unmittelbarer Rückgriff auf die Grundrechte als subjektiv-öffentliche Rechte ist daher nicht möglich. Wenn der Gesetzgeber den verfassungsgebotenen Grundbestand einfach-gesetzlich subjektiver Rechte nicht ausformuliert hat, weil entweder keine einfach-rechtliche Regelung besteht oder der Wortlaut der Norm einer subjektiv-rechtlichen Auslegung eindeutig entgegensteht, müssen diese Rechtsschutzlücken richterrechtlich geschlossen werden. Dabei räumt Wahl allerdings ein, dass es sich bei der Ablehnung einer normexternen Wirkung der Grundrechte nicht um eine „[...] Verabschiedung in der Sache, sondern eine[r] Verabschiedung der Konstruktion und der Begründung [handelt].“[1023]

(d) Das Primat der „ex-post“ Perspektive

Um aus der Vielfalt der Ansätze die tragfähige Lösung herausfiltern zu können, gilt es zunächst noch einmal die Schlüsselpunkte der widerstreitenden Meinungen zu extraktieren:
Letztendlich stehen sich in den vertretenen Ansätzen das Primat einer ex-ante und einer ex-post Bestimmung subjektiv-öffentlicher Rechte gegenüber. Nach dem „ex-ante Ansatz“ hat der Gesetzgeber im Wege der Prognoseentscheidung darüber zu befinden, welche grundrechtlichen Interessen durch den administrativen Vollzug der Normen betroffen werden könnten; er hat sodann in jedem Fall eine verfassungsgebotene Ausformulierung eines Grundbestandes subjektiv-öffentlicher Rechte vorzunehmen. Darüber hinaus obliegt grundsätzlich der Legislative das Primat, über die subjektiv- oder lediglich objektiv-rechtliche Ausformulierung der grundrechtsrelevanten Gesetze zu entscheiden. Dabei wird auf der einen Seite dieses Primat absolut verstanden[1024], während auf der anderen Seite ein grundrechtliches Subjektivierungsgebot angenommen wird, so dass das Primat „beträchtlich“ aber keineswegs „unbe-

---

[1022] *Wahl*, Die doppelte Abhängigkeit des subjektiv öffentlichen Rechts, DVBl. 1996, 641, 645; Dagegen überzeugt besonders der Einwand, dass nach Art. 93 Nr. 4 a GG die Möglichkeit besteht, Verfassungsbeschwerden unmittelbar auf die Verletzung von Grundrechten zu stützen. In der Logik des dort anerkannten subjektiven Grundrechtsschutzes gegenüber dem Gesetzgeber liegt es, den Grundrechten eine normexterne Wirkung zuzubilligen; vgl. *Kopp/Schenke*, Die Verwaltungsgerichtsordnung 2000, § 42, Rdnr. 121.

[1023] *Wahl*, Die doppelte Abhängigkeit des subjektiv öffentlichen Rechts, DVBl. 1996, 641, 647-648.

[1024] *Schmidt-Preuß*, Kollidierende Privatinteressen im Verwaltungsrecht: das subjektiv-öffentliche Recht im multipolaren Verwaltungsrechtsverhältnis 1992, S. 37-38.

grenzt“ ist[1025]. Die norminterne Wirkung der Grundrechte hat lediglich wertverdeutlichende Funktion, um den grundrechtlichen Impulsen hinreichend Rechnung tragen zu können. Abhängig davon, ob das Primat „absolut“ oder „relativ“ verstanden wird, ist dabei entweder eine anspruchsbegründende norminterne Wirkung der Grundrechte gänzlich ausgeschlossen oder zumindest möglich. Schwere und unerträgliche Beeinträchtigungen grundrechtlicher Belange können bei Fehlen eines Mindeststandards an subjektiv-öffentlicher Rechte unter unmittelbarem Rückgriff auf die Grundrechte oder richterrechtlich abgewehrt werden.

Nach dem „ex-post Ansatz“ gibt es keinen abstrakten Katalog konkreter Schutznormen[1026]. Es ist vielmehr zunächst zu bestimmen, ob das angegriffene Verwaltungshandeln auf einer Vorschrift beruht, die das als betroffen gerügte Grundrecht begrenzt, ausgestaltet oder einem kollidierenden Ausgleich zuführt. Das setzt zwangsläufig voraus, dass die Vorschrift auch den Anforderungen des Grundgesetzes an eine begrenzende Norm gerecht wird. Diese Norm ist dann als potentielle Schutznorm auch ein abstrakt-generelles subjektiv-öffentliches Recht für alle Grundrechtsträger. Freilich kann das nicht bedeuten, dass nun jeder Private als Popularkläger die Einhaltung der Norm gerichtlich erstreiten könnte. Vielmehr muss der Kläger auch individuell-konkret in seinen grundrechtlichen Interessen betroffen sein, um die allgemeine, potentielle Schutznorm zu einer individuellen, konkreten Schutznorm zu befördern. Ein subjektiv-öffentliches Recht auf die Einhaltung der in Frage stehenden Norm kann der Kläger allerdings nur dann haben, wenn die individuell-konkrete Grundrechtsbeeinträchtigung auch tatsächlich durch die Verwaltung ausgelöst wurde, ihr somit als Eingriff zugerechnet werden kann.

Wenn mithin die Verwaltung in ein Grundrecht eingreift, hat der Kläger immer einen Anspruch auf die Einhaltung solcher Normen, die den Eingriff rechtfertigen. Denn letztlich geht in diesen Fällen jede Gesetzes- mit einer Grundrechtsverletzung einher. Das gilt unabhängig davon, ob die einschlägige Vorschrift hinsichtlich ihres Wortlauts, Systematik, Teleologie oder Motiven des Gesetzgebers ex-ante als lediglich objektiv-rechtlich oder individualschützend anzusehen ist. Denn die norminternen Direktiven der Grundrechte vermitteln der Vorschrift unausweichbar individualschützende Wirkung.

Ein unmittelbarer Rückgriff auf die normexterne Wirkung der Grundrechte kommt nur dann in Betracht, wenn die beeinträchtigten grundrechtsgeschützten Interessen vom Regelungsgehalt grundrechtsbegrenzender, -kollisionslösender oder -ausgestaltender Normen nicht erfasst werden, mithin eine Gesetzeslücke besteht.

1025 *Wahl*, Die doppelte Abhängigkeit des subjektiv öffentlichen Rechts, DVBl. 1996, 641, 647.

1026 *Huber*, Konkurrenzschutz im Verwaltungsrecht 1991, S. 200 ff.

Vor diesem Hintergrund gilt es zu bestimmen, ob die Feststellung subjektiv-öffentlicher Rechte abstrakt-generell oder individuell-konkret vorzunehmen ist. Dabei scheint an den Ansätzen, die dem Gesetzgeber das Primat zur Festlegung anspruchsvermittelnder Normen überantworten, zunächst folgendes problematisch: Mit zunehmender Mehrung der Berührungspunkte zwischen Staat und Gesellschaft steigen auch die tatsächlichen Auswirkungen legislativer Regulierungen auf die Grundrechtsgüter der Bürger. Nicht zuletzt hat das BVerfG hinsichtlich Art. 12 Abs. 1 GG anerkannt, dass jede Norm – bei engem Zusammenhang mit der Berufsausübung und objektiv berufsregelnder Tendenz – den Schutzbereich des Grundrechts berührt, solange sie aufgrund ihrer tatsächlichen Auswirkungen geeignet ist, die Berufsfreiheit zu beeinträchtigen[1027]. Die Schwierigkeiten, die Auswirkungen bestimmter Regulierungen auf die Berufsausübung und die Berufswahl abzuschätzen, werden insbesondere auf Märkten offenbar, die sich aufgrund der technischen Entwicklung rasant verändern. Normative Tatbestandsmerkmale können bestimmte berufliche Betätigungen erfassen, die unter Umständen bei Normerlass noch gar nicht existierten[1028]. Denkbar sind im Bereich multipolarer Konfliktschlichtung Situationen, in welchen grundrechtliche Schutzbereiche begrenzt, ausgestaltet oder einem Ausgleich zuführt werden, ohne dass diese Wirkung bei der Gesetzgebung deutlich werden konnte[1029]. Aus der Perspektive des Gesetzgebers ist es mithin unmöglich, hinreichend zu prognostizieren, wie sich einschlägige Normenkataloge und der darauf basierende Verwaltungsvollzug[1030] auf die Grundrechtsgüter der betroffenen Bürger auswirken können. Diese Erkenntnisfähigkeit ist aber zwingende Vorausset-

---

1027 BVerfGE 47, 1, 21: „Zwar können rechtliche Normierungen Art. 12 Abs. 1 GG auch dann berühren, wenn sie nicht „gezielt" in die Berufsfreiheit eingreifen, sondern in ihren tatsächlichen Auswirkungen geeignet sind, diese zu beeinträchtigen."; BVerfGE 46, 120, 137: „Art. 12 Abs. 1 GG kommt als Maßstabsnorm nicht nur für solche Vorschriften in Betracht, die sich gerade auf die berufliche Betätigung beziehen und diese unmittelbar zum Gegenstand haben [...]. Der besondere Freiheitsraum, den das Grundrecht sichern will, kann auch durch Vorschriften berührt werden, die infolge ihrer tatsächlichen Auswirkungen geeignet sind, die Berufsfreiheit zu beeinträchtigen."

1028 BVerfGE 46, 120: „2. Der Begriff der Fernmeldeanlage umfaßt nicht nur die bei der Entstehung des Fernmeldeanlagengesetzes bekannten Arten der Nachrichtenübertragung, sondern auch neuartige Übertragungstechniken, sofern es sich um körperlose Übertragung von Nachrichten in der Weise handelt, daß diese am Empfangsort „wiedergegeben" werden. Demgemäß gehört zum „Fernmeldewesen" auch die digitale Nachrichtenübertragung."

1029 BVerfGE 46, 120, 136-138: „§ 3 Abs. 4 DirRufV [...] Die Vorschrift richtet sich in erster Linie an die Direktrufteilnehmer. [...] Davon abgesehen ist es im „Leistungsstaat" der Gegenwart eine zunehmend zu beobachtende Erscheinung, daß staatliche Auswirkungen nicht im Wege eines unmittelbar „gezielten" Eingriffs erfolgen, sondern durch staatliche Planung, Subventionierung oder – wie im vorliegenden Fall – als Folge einer bestimmten Wahrnehmung von Aufgaben der staatlichen Leistungsverwaltung."

1030 Vgl. zu den faktisch-grundrechtsrelvanten Auswirkungen administrativen Handelns BVerwGE 66, 307, 309; 71, 183, 193 ff.; 75, 109, 115; 82, 76, 79; 90, 112, 120.

zung, um den verfassungsgebotenen subjektiv-rechtlichen Mindeststandard ausformulieren zu können. Nach dem „relativen ex-ante Ansatz" sind die Sorgfaltspflichten des Gesetzgebers noch umfangreicher. Das Subjektivierungsgebot verpflichtet die Legislative nicht nur zur Ausformulierung des verfassungsgebotenen Minimums subjektiv-öffentlicher Rechte. Darüber hinaus soll vielmehr erkannt werden, welche „Subjektivierungsrichtlinen" die auszugestaltenden, auszugleichenden oder zu begrenzenden Grundrechte vorgeben und diese als subjektiv-öffentliche Rechte in einfaches Recht umsetzen[1031]. Der Bürde, die dem Gesetzgeber nach den „ex-ante Ansätzen" obliegt, kann er unter den Bedingungen eines modernen Leistungsstaates nicht gerecht werden, so dass sich bereits aus Praktikabilitätsgründen das Primat der Bestimmung subjektiv-öffentlicher Rechte auf der Grundlage der individuell-konkreten Betroffenheit in Grundrechtsgütern aufdrängt.

Wenn man das Mandat des Gesetzgebers, über die subjektiv- oder lediglich objektiv-rechtliche Ausrichtung grundrechtsrelevanter Gesetze entscheiden zu können, verabsolutiert und damit der norminternen Wirkung der Grundrechte jede anspruchsbegründende Wirkung abspricht, ergibt sich zusätzlich im Hinblick auf die Rechtsschutzgewährleistungen von Art. 19 Abs. 4 GG ein profundes Problem. Denn unabhängig davon, ob das einfache Recht Grundrechte begrenzt, ausgestaltet oder einem Ausgleich zuführt, legt der Gesetzgeber den Rahmen fest, in welchem die Verwaltung rechtmäßigerweise auf grundrechtlich geschützte Güter zugreifen kann. Jede der Verwaltung zurechenbare Verletzung grundrechtsrelevanter Normen – ob objektiv- oder lediglich subjektiv-rechtlich ausgestaltet – geht zwangsläufig mit einer Grundrechtsverletzung einher. Für deren Beseitigung verbliebe – wenn bei objektiv-rechtlicher Konfliktschlichtung eine normimmanent ausgelöste Subjektivierung des in Frage stehenden Rechtssatzes ausscheidet – nur ein unmittelbarer Durchgriff auf das verletzte Grundrecht. Da dieser Rückgriff unter Berufung auf die fehlende Gewährleistung eines subjektiv-rechtlichen Mindeststandards der Norm[1032] – also einer Verletzung des Untermaßverbotes[1033] – möglich sein soll, könnte damit jeder rechtswidrige, „schwere und unerträgliche"[1034] Zugriff abgewehrt werden.

1031 Das schließt freilich nicht aus, dass dem an den Gesetzesvorbehalt gebundenen Gesetzgeber grundsätzlich die Pflicht obliegt, subjektiv-öffentliche Rechte einzuräumen, wenn der Vollzug des Normenprogramms grundrechtlich geschützte Interessen typischerweise betrifft; vgl. *Huber*, in: v. Mangoldt/Klein/Starck, Das Bonner Grundgesetz 1999, Art. 19 Abs. 4, Rdnr. 407.

1032 *Schmidt-Preuß*, Kollidierende Privatinteressen im Verwaltungsrecht: das subjektiv-öffentliche Recht im multipolaren Verwaltungsrechtsverhältnis 1992, S. 50.

1033 Vgl. dazu BVerfGE 88, 203, 254; *Isensee*, in: Isensee/Kirchhof, Handbuch des Staatsrechts 1992, Bd. V, § 111, Rdnr. 90; Durch den „schwer und unerträglich" Standard wird letztlich auch der Wesensgehalt der Grundrechte sichergestellt; vgl. zu Verbindungslinien bzw. der Deckungsgleich-

Fraglich ist jedoch, wie rechtswidrigem Verwaltungshandeln auf der Grundlage objektiv-rechtlich ausgestalteter Normen zu begegnen ist, das sich bei fehlender Intensität lediglich durch seine hinreichende Finalität als eingriffsrelevant darstellt[1035]. Auch nach dem „absoluten ex-ante Ansatz" sind Grundrechte „subjektiv öffentliche Rechte „par excellence""[1036], so dass hier die Rechtsschutzgewährleistungen von Art. 19 Abs. 4 GG zwingend die Eröffnung des Rechtsweges und einen Restitutionsanspruch auslösen müssten. Die statische Beschränkung der normexternen Wirkungen der Grundrechte auf schwere und unerträgliche Zugriffe der öffentlichen Hand lässt jedoch eine Abwehr lediglich zielgerichteten, rechtswidrigen Handelns nicht zu. Folgte man also dem „absoluten ex-ante Ansatz", entstände eine nicht zu rechtfertigende Rechtsschutzlücke, die vor dem Hintergrund der zwingenden Anforderungen von Art. 19 Abs. 4 GG nicht akzeptabel ist.
Ob das einfache Recht ein subjektiv-öffentliches Recht gewährt, muss somit anhand der individuell-konkreten Betroffenheit in grundrechtlich geschützten Gütern festgestellt werden. Die Anerkenntnis einer anspruchsbegründenden norminternen Wirkung der Grundrechte ist daher zwingend. Dem „absoluten ex-ante Ansatz" kann nicht gefolgt werden, während der „relative ex-ante Ansatz" lediglich die Anforderungen an den Gesetzgeber überspannt, allerdings mit der Offenheit gegenüber den norminternen Wirkungen der Grundrechte letztendlich auch zu identischen Ergebnissen gelangt, wie der zu bevorzugende „ex-post Ansatz".

(2) Zusammenfassung / Fazit

Die Grundlagen der Ermittlung subjektiv-öffentlicher Rechte sind nunmehr dargelegt. Zunächst obliegt es dem Gesetzgeber, über die individualschutzvermittelnde Wirkung des einfachen Rechts zu entscheiden. Ob tatsächlich subjektiv-öffentliche

---

heit von Untermaßverbot und Wesensgehaltsgarantie; *Huber*, in: v. Mangoldt/Klein/ Starck, Das Bonner Grundgesetz 1999, Art. 19 Abs. 2, Rdnr. 132.

1034 *Schmidt-Preuß*, Kollidierende Privatinteressen im Verwaltungsrecht: das subjektiv-öffentliche Recht im multipolaren Verwaltungsrechtsverhältnis 1992, S. 52 mit Hinweis auf BVerwGE 32, 173, 179.

1035 BVerwGE 71, 183, 194: „Der Grundrechtsschutz der unternehmerischen Betätigungsfreiheit kann sich mithin ausnahmsweise auf die Veränderungen von Erwerbsbedingungen erstrecken, wenn und soweit diese staatlicherseits final und grundrechtsspezifisch erfolgt."; BVerwGE 75, 109, 115: „In jedem Fall aber wird in das Grundrecht der Berufsfreiheit dann eingegriffen, wenn eine an Dritte gerichtete Maßnahme gezielt die Berufsausübung des Grundrechtsträgers einschränken soll."; BVerwGE 90, 112, 121: „Da die Beklagte gezielt in die Grundrechte der Kläger aus Art. 4 GG eingreift, kommt es letztlich auch nicht auf die von ihr für unerläßlich gehaltene Feststellung einer besonders schwerwiegenden Grundrechtsbeeinträchtigung an."

1036 *Schmidt-Preuß*, Kollidierende Privatinteressen im Verwaltungsrecht: das subjektiv-öffentliche Recht im multipolaren Verwaltungsrechtsverhältnis 1992, S. 37.

Rechte verliehen wurden, gilt es anhand der Schutznormtheorie zu ermitteln. Wenn jedoch Grundrechtsgüter eine legislative Begrenzung, Ausgestaltung oder einen Ausgleich erfahren haben, wird der anspruchsvermittelnde Inhalt der Normen anhand der normimmanenten Direktiven der Grundrechte ermittelt. Eine Ausnahme gilt allerdings, wenn die normative Ausgleichsordnung den Zugang zu kapazitätsbegrenzten öffentlichen Gütern im Rahmen wechselbezüglicher multipolarer Verwaltungsrechtsverhältnisse steuert. In diesem Fall ist es dem Gesetzgeber unbenommen, die einfach-gesetzlichen Auswahl-, oder Zugangsregulierungen umfassend zu subjektivieren, da aufgrund der homogenen Interessen keine kehrseitig kollidierenden Grundrechtsgüter einer staatlichen Schutzpflicht[1037] bedürfen; m.a.W. die Gewährleistung subjektiv-öffentlicher Rechte für alle Konkurrenten gleichmäßig von Vorteil ist. Demgegenüber kommt eine normexterne Wirkung der Grundrechte als Grundlage subjektiv-öffentlicher Rechte nur dann in Frage, wenn es an einer einfach-gesetzlichen Ausgleichsordnung gänzlich fehlt.

bb. Subjektiv-öffentliche Rechte im Bereich der öffentlichen Auftragsvergabe

Vor dem Hintergrund der vorstehend gewonnenen Erkenntnisse gilt es im Folgenden, über die Existenz und den sachlichen Umfang subjektiv-rechtlicher Positionen der Unternehmen bei der Vergabe öffentlicher Aufträge zu entscheiden. Dabei muss zwischen Art und Umfang des Anspruchskataloges ober- und unterhalb der EG-Schwellenwertvorgaben differenziert werden. Das hat seinen Grund nicht darin, dass durch unterschiedliche Auftragsvolumina die Bestimmung individualschutzvermittelnder Normen anhand verschiedener Determinanten vorzunehmen wäre. Vielmehr erzwingt die explizite Anspruchsgewährung des § 97 Abs. 7 GWB zunächst eine isolierte Untersuchung des Normenkataloges oberhalb der EG-Schwellenwerte. Daraufhin kann vor dem Hintergrund der grundgesetzlichen Vorgaben die subjektiv- oder objektiv-rechtliche Ausrichtung der unabhängig von den Auftragsvolumina eingreifenden Beschaffungsregulierungen bestimmt werden.

1037 Vgl. zur staatlichen Schutz- und Fürsorgepflicht *Huber*, Das Menschenbild im Grundgesetz, Jura 1998, 505, 509.

(1) Die subjektiv-öffentlichen Rechte nach dem VgRÄG

(a) § 97 Abs. 7 GWB als subjektiv-öffentliches Recht

Der Gesetzgeber hat den Regelungskatalog für öffentliche Aufträge oberhalb der Schwellenwerte explizit individualschutzvermittelnd ausgestaltet. Nach § 97 Abs. 7 GWB haben Unternehmen einen Anspruch darauf, dass der Auftraggeber die Bestimmungen über das Vergabeverfahren einhält. Aus dem Wortlaut der Norm erschließt sich dem unbefangenen Betrachter zunächst nichts anderes, als dass mit dieser ausdrücklichen Regulierung sämtliche Vergabenormen subjektiv-öffentliche Rechte sind. Einem solchen Ergebnis könnte allerdings der legislatorische Wille entgegenstehen. Nach der Begründung zum Entwurf des VgRÄG soll lediglich ein Anspruch auf Einhaltung bieterschützender Normen bestehen: „Der Rechtsschutz kann jedoch nur soweit gehen, soweit eine bestimmte vergaberechtliche Vorschrift gerade auch den Schutz der potentiellen Auftragnehmer bezweckt. Auf die Einhaltung von Vorschriften, die anderen Zwecken dienen, z.B. von reinen Ordnungsvorschriften, kann sich der Auftragnehmer nicht berufen.“[1038] Diese gesetzgeberische Intention sollte nach der Vorstellung des Bundesrates auch explizit in die Norm aufgenommen werden, um lediglich ein Anspruch der Unternehmen auf die ihren Schutz bezweckenden Vorschriften einzuräumen[1039]. Unter Berücksichtigung der gesetzgeberischen Motive sprechen auch Teile der Literatur § 97 Abs. 7 GWB einen materiell-rechtlichen Gehalt gänzlich ab[1040]. Im Ergebnis soll damit jede einzelne Vergabenorm auf ihre bieterschützende Wirkung untersucht werden.

Diese vollkommene Missachtung des ausdrücklichen Wortlautes der Norm und die Auslegung ausschließlich auf der Grundlage der gesetzgeberischen Motive ist zumindest im Hinblick auf die europarechtlichen Vorgaben akzeptabel. Weder die EG-Koordinierungs- noch die EG-Rechtsmittelrichtlinien erzwingen die bieterschützende Wirkung sämtlicher Vergabenormen. Vielmehr geht der EuGH davon aus, dass

---

1038 Vgl. Amtliche Begründung, BT-Drucks. 13/9340, zu § 106 Abs. 6, S. 12, 14.

1039 Empfehlungen der Ausschüsse des Bundesrates vom 27.10.1997, BR-Drucks. 646/2/97, S. 11.

1040 *Drügemöller*, Vergaberecht und Rechtsschutz 1999, S. 313; *Gröning*, Das deutsche Vergaberecht nach dem Urteil des EuGH vom 28. Oktober 1999 – Alcatel Austria-AG u.a., WRP 2000, 49, 52; *Kalinowsky*, Der Anspruch des Bieters auf Einhaltung des Vergaberechts nach § 97 Abs. 7 GWB 2000, S. 8; a.A. *Broß*, Die neuere Rechtsprechung des Bundesgerichtshofs zur Vergabe öffentlicher Aufträge, VerwArch 2000, 133, 148; *Spießhöfer/Lang*, Der neue Anspruch im Vergaberecht, ZIP 2000, 446, 447.

lediglich die Vorschriften über die Publizität und die Teilnahme den Bieter vor der Willkür des öffentlichen Auftraggebers schützen[1041].

(aa) Der Anspruch auf Einhaltung sämtlicher Vergabenormen

Aus national-rechtlichem Blickwinkel kann jedoch der Gesetzestext von § 97 Abs. 7 GWB nicht als rechtlich unerhebliche Blankettformel angesehen werden, weil der Schutzzweck einer Norm lediglich subsidiär unter Rückgriff auf die historische Auslegung zu ermitteln ist[1042]. Doch selbst wenn man auf die gesetzgeberischen Motive als Auslegungsgrundlage zurückgreifen wollte, ist § 97 Abs. 7 GWB nicht lediglich eine deklaratorische Vorschrift. Denn, wie erwähnt, soll eine drittschutzvermittelnde Norm dann vorliegen, wenn eine vergaberechtliche Vorschrift gerade auch den Schutz der potentiellen Auftragnehmer bezweckt[1043]. Anspruchsvermittelnde Normen sollen somit anhand der Schutznormtheorie ermittelt werden. Somit muss § 97 Abs. 7 GWB auch nach dem Willen des Gesetzgebers eine eigenständige subjektiv öffentlich-rechtliche Wirkung zeitigen, wenn nach dieser Theorie der Norm ein individualschutzvermittelnder Gehalt zuzusprechen ist.
Demnach müsste § 97 Abs. 7 GWB als Norm objektiven Rechts geeignet und bestimmt sein, einen hinreichend individualisierbaren und abgrenzbaren Kreis von Berechtigten zu schützen[1044].
Ohne Zweifel ist § 97 Abs. 7 GWB als zwingender Außenrechtssatz eine Norm objektiven Rechts, die zumindest geeignet ist, eine Rechtsposition der Unternehmen gegenüber den öffentlichen Auftraggebern zu begründen[1045]. Die Norm hat mit der Erwähnung eines Anspruchs der Unternehmen auf Einhaltung der Vorschriften über

---

1041 EuGH, Urt. vom 20.09.1988, Rs. 31/87, Slg. 1988, 4635, Tz. 42 – Beentjes./.Niederländischer Staat; EuGH, Urt. vom 11.08.1995, Rs. C-433/93, Slg. 1995, I-2303, Tz. 19 – Kommission./. Deutschland.

1042 BVerwG, Urt. vom 19.09.1986, DVBl. 1987, 476, 477: „Deswegen bedarf es jeweils der Klärung, ob eine baurechtliche Vorschrift ausschließlich objektivrechtlichen Charakter hat oder ob sie (auch) dem Schutz individueller Interessen dient, ob sie also Rücksichtnahme auf Interessen Dritter gebietet. Das kann sich unmittelbar aus dem Wortlaut der Norm ergeben, etwa dann, wenn sie Abwehrrechte Dritter ausdrücklich begründet. I.d.R. allerdings wird insoweit – da der Normgeber nur in Ausnahmefällen derartige Abwehrrechte ausdrücklich statuiert hat – eine Auslegung der Norm nach Sinn und Zweck in Betracht kommen; gelegentlich mag sich auch aus der Entstehungsgeschichte der Wille des historischen Normgebers ermitteln lassen, die Interessen Dritter zu schützen."; *Huber*, Konkurrenzschutz im Verwaltungsrecht 1991, S. 113, 207: „Denn es kommt bei der Feststellung des Schutznormcharakters einer Vorschrift entscheidend auf eine „gegenwärtige Interessenbewertung" an, und nicht auf diejenige zum Zeitpunkt des Normerlasses."

1043 Vgl. Amtliche Begründung, BT-Drucks. 13/9340, zu § 106 Abs. 6, S. 12, 14.

1044 *Kopp/Ramsauer*, Verwaltungsverfahrensgesetz 2000, Einf., Rdnr. 63 ff.

1045 BVerfGE 51, 193, 211.

das Vergabeverfahren auch einen individuellen Bezug, so dass zunächst eine subjektiv-rechtliche Wirkung indiziert ist[1046]. Als letzte Voraussetzung der Schutznormtheorie muss ein hinreichend individualisierbarer und abgrenzbarer Kreis von Berechtigten bestimmbar sein[1047]. Daran scheint die Qualifikation von § 97 Abs. 7 GWB als eigenständige Schutznorm zu scheitern, da sich aus dem Wortlaut der Norm nicht erschließen lässt, welcher Kreis von Unternehmen anspruchsbefugt sein soll. An diese Voraussetzungen können jedoch keine überspannten Anforderungen gestellt werden, wollte man nicht von richterlicher Seite in die Zuständigkeiten des demokratisch legitimierten Gesetzgebers eingreifen. Vielmehr ist es der Legislative nicht verwehrt, einem großen, nicht bestimmten Kreis von Personen subjektive Rechte einzuräumen, solange sich nur aus den individualisierenden Tatbestandsmerkmalen ein Personenkreis entnehmen lässt, der sich von der Allgemeinheit unterscheidet[1048]. Das ist dann der Fall, wenn das Gesetz in einer „hinreichend praktikablen Weise" den Kreis der Individualbegünstigten umschreibt[1049]. Dabei ist diese Auslegung bereichsspezifisch, also im Hinblick auf das Umfeld der Norm vorzunehmen[1050]. Für die Untersuchung, welche „Unternehmen" i.S.v. § 97 Abs. 7 GWB mit einem Anspruch auf Einhaltung der Vorschriften über das Vergabeverfahren ausgestattet sind, sind mithin die §§ 97 ff. GWB entscheidend. So statuiert zum einen § 97 Abs. 4 GWB die Fachkunde der Unternehmen als Voraussetzung einer Eignung für die Auftragsausführung. Damit können also nur solche Unternehmen anspruchsberechtigt sein, die zumindest potentiell in der Lage sind, den in Rede stehenden Auftrag zu erfüllen. Abgrenzend wirkt weiterhin § 97 Abs. 2 GWB, nach dem nur die Teilnehmer am Vergabeverfahren gleich zu behandeln sind. In diese Richtung zielt auch § 97 Abs. 5 GWB, der die öffentlichen Auftraggeber zur Zuschlagserteilung auf das wirtschaftlichste Angebot zwingt. Natürliche oder juristische Personen, die sich nicht mit einem Gebot in den Verteilungskampf um den öffentlichen Auf-

---

1046 *Huber*, Konkurrenzschutz im Verwaltungsrecht 1991, S. 109; *Maurer*, Allgemeines Verwaltungsrecht 1999, § 8, Rdnr. 8; *Wolff/Bachof/Stober*, Verwaltungsrecht I 1999, § 43 I 3, Rdnr. 13.

1047 *Schmidt-Aßmann*, in: Maunz/Dürig/Herzog, GG-Kommentar Stand August 2000, Art. 19 Abs. 4 GG, Rdnr. 140.

1048 BVerwG, Urt. vom 19.09.1986, DÖV 1987, 297; *Huber*, Konkurrenzschutz im Verwaltungsrecht 1991, S. 110; *Kopp/Schenke*, Verwaltungsgerichtsordnung 2000, § 42, Rdnr. 84; *Wolff/Bachof/ Stober*, Verwaltungsrecht I 1999, § 43 I 3, Rdnr. 13.

1049 BVerwGE 66, 307, 308: „Gegen einen solchen allgemeinen Drittschutz spricht schon der Gesetzeswortlaut, der weder auf einen wie auch immer umschriebenen zu schützenden Personenkreis abstellt noch das individuell geschützte Interesse und die Art seiner Verletzung, gegen die Schutz gewährt werden soll, in einer hinreichend praktikablen Weise umschreibt."

1050 *Schmidt-Aßmann*, in: Maunz/Dürig/Herzog, GG-Kommentar Stand August 2000, Art. 19 Abs. 4 GG, Rdnr. 141.

trag begeben oder begeben wollen, können somit auch nicht Unternehmen im Sinne von § 97 Abs. 7 GWB sein.

§ 97 Abs. 7 GWB ist mithin hinreichend bestimmt. Mittels dieser Norm wird in qualifizierender und individualisierender Weise einem abgrenzbaren Bereich von Betroffenen eine durchsetzbare Rechtsposition eingeräumt. Diese Norm subjektiviert somit den gesamten Vergaberechtskatalog. Sämtliche Vorschriften über das Vergabeverfahren sind subjektiv-öffentliche Rechte und vermitteln einen Anspruch auf ihre Einhaltung[1051]. Die Ausschüsse des Bundesrates hatten also offensichtlich diese Wirkung antizipiert und mit ihrem Vorschlag, in § 97 Abs. 7 GWB „die ihren Schutz bezweckenden Vorschriften" einzufügen, verhindern wollen. Dieses Ansinnen wurde nicht übernommen. Somit gilt: „Die Unternehmen haben Anspruch darauf, dass der Auftraggeber [sämtliche] Vorschriften des Vergabeverfahrens einhält."[1052]

(bb) Die verfassungsrechtliche Zulässigkeit von § 97 Abs. 7 GWB

Unabhängig von der Frage, ob den Vergabenormen eine Grundrechtsrelevanz zuzusprechen ist, lässt sich auch aus verfassungsrechtlicher Sicht gegen dieses Ergebnis nichts einwenden. Denn die Vergabe öffentlicher Aufträge ist ein klassischer Fall eines multipolaren wechselbezüglichen Verwaltungsrechtsverhältnisses. Das Vergaberecht normiert die entscheidenden Determinanten, welche über die Auswahl des Vertragspartners, also über die Verteilung des kapazitätsbegrenzten Gutes „öffentlicher Auftrag" entscheiden. Das normative Konfliktschlichtungsprogramm knüpft hauptsächlich an die Qualität des Bewerbers sowie die Qualität des Angebotes an, wenn Aufträge an fachkundige, zuverlässige und leistungsfähige Unternehmen vergeben werden sollen und der Zuschlag auf das wirtschaftlichste Angebot zu erteilten

---

1051 In diese Richtung OLG Düsseldorf, Beschl. vom 15.06.2000, BauR 2000, 1603 – Euro-Münzplättchen III: „1. § 97 Abs. 7 GWB ist infolge der grundlegenden Bedeutung der Prinzipien der Gleichbehandlung und des Wettbewerbs für das gesamte Vergaberecht weit auszulegen. Es ist daher eher als eine Ausnahme anzusehen, daß auf die Einhaltung einer „Bestimmung über das Vergabeverfahren" von Seiten der Bieter kein Anspruch besteht."

1052 Zu Unrecht daher OLG Rostock, Beschl. vom 28.04.2000, 17 W 3/00 – Siedlungsabfälle, nicht veröffentl., Kurzfassung abgedr. in: Forum Vergabe e.V., Monatsinfo 5/2000, Anlage 6: „Zum einen sei bereits fraglich, ob die Vorschrift des § 25 Nr. 2 II VOL/A drittschützenden Charakter habe. Denn sie diene vornehmlich dem Schutze der Vergabestelle."; OLG Düsseldorf, Beschl. vom 19.12.2000, Verg 28/00, nicht veröffentl., Kurzfassung abgedr. in: Forum Vergabe e.V., Monatsinfo 1/2001, Anlage 3: „Eine Verletzung der Rechte der Ast sei nicht erkennbar. Die Ast könne sich nicht darauf berufen, dass die Beigeladene gemäß § 25 Nr. 3 Abs. 1 VOB/A hätte ausgeschlossen werden müssen, [...]. Denn die Vorschrift diene in erster Linie dem Schutz des Auftraggebers. Sie bezwecke nicht den Schutz des Bieters [...]."

ist. Es entscheiden damit neutrale Qualitätskriterien über den Erfolg im Zugangskonflikt zum knappen Gut „öffentlicher Auftrag“. Dem Gesetzgeber ist es unbenommen, die Konfliktschlichtung solcher homogener Interessen und damit des gesamten Vergaberechtskataloges subjektiv-rechtlich zu verfassen. Mit der umfassenden Anspruchsgewährung in § 97 Abs. 7 GWB wurde von dieser Möglichkeit Gebrauch gemacht.

(b) Beurteilungsspielraum bei der Eignungs- und Zuschlagsentscheidung

Die Vergabenormen bestimmen allerdings nicht ausdrücklich, welche Unternehmen im Einzelfall in das Vergabeverfahren einzustellen sind, bzw. an welchen Bieter der Zuschlag zu erteilen ist. Vielmehr muss die Eignung der verfahrensbeteiligten Unternehmen nach § 97 Abs. 4 GWB auf der Grundlage von „Fachkunde“, „Leistungsfähigkeit“ und „Zuverlässigkeit“ bestimmt werden und es soll gemäß § 97 Abs. 5 GWB der Bieter den Zuschlag erhalten, der das „wirtschaftlichste“ Angebot abgegeben hat. Der Inhalt dieser unbestimmten Rechtsbegriffe muss also durch Auslegung ermittelt werden, womit die Frage verbunden ist, ob die einkaufende Verwaltung oder die Nachprüfungsforen das Letztentscheidungsrecht über diese Auslegung innehaben.

Unbestimmte Rechtsbegriffe sind zunächst grundsätzlich voll gerichtlich überprüfbar[1053]. Die Rechtsprechung hat jedoch Fallgruppen entwickelt, bei deren Vorliegen der Verwaltung ein Beurteilungsspielraum zuzugestehen ist. Das betrifft insbesondere Prüfungsentscheidungen[1054], höchstpersönliche Beurteilungen[1055], Entscheidungen

---

1053 BVerwGE 15, 207, 208; 23, 194, 200 f.; 24, 60, 63 f.; 26, 65 ff.; 31, 149, 152; 35, 69, 73: „Über die Auslegung wertender Begriffe im Gesetz mögen die Ansichten verschieden sein, nach der vom Gesetz getroffenen Regelung kann es aber nicht mehrere richtige Entscheidungen, sondern nur eine richtige Entscheidung geben. [...] Die Frage kann demnach nur sein, ob das Gericht seine Deutung des unbestimmten Rechtsbegriffs an die Stelle derjenigen der Verwaltung setzen darf. Dies geht dann nicht, wenn eine Wertung wie etwa bei den besonderen Verhältnissen einer Prüfung vor dem Gericht nicht nachvollzogen werden kann.“

1054 BVerwG, Beschl. vom 12.11.1979, DÖV 1980, 380: „Denn die Einräumung eines Beurteilungsspielraums an den Prüfer schließt die Möglichkeit ein, daß Irrtümer innerhalb des Beurteilungsspielraumes nicht korrigiert werden können. [...] Zur Rechtswidrigkeit der Prüfungsentscheidung führen solche Fehler vielmehr erst dann, wenn sie auf einer derart eklatanten und außerhalb jedes vernünftigen Rahmens liegenden Fehleinschätzung wissenschaftlich-fachlicher Gesichtspunkte beruhen, daß sich ihr Ergebnis dem Richter als gänzlich unhaltbar aufdrängen muß. Daß fachlich-wissenschaftliche Wertungen dem Willkürverbot unterliegen, entspricht der st. Rspr. des BVerwG [...].“

1055 BVerwGE 80, 224, 225 f.

unabhängiger Sachverständigengremien[1056] und Prognoseentscheidungen im Umwelt- und Wirtschaftsrecht[1057]. Die gerichtliche Kontrolle ist in diesen Fällen auf die Prüfung der zutreffenden und vollständigen Ermittlung des Sachverhalts, der Einstellung sachwidriger Erwägungen in die einschlägigen Wertungen und eines ordnungsgemäßen Verfahrens beschränkt[1058].

(aa) Die Eignung der Unternehmen

Der Auswahl fachkundiger, leistungsfähiger und zuverlässiger Unternehmen, die als geeignet für die Auftragsausführung in Frage kommen, kann ein prognostisches Element nicht abgesprochen werden. Diese Kriterien lassen sich auch nach intensiver Prüfung der Unternehmen „ex-ante" nur in Wahrscheinlichkeitsmaßstäben messen. Die Behörden müssen also hinsichtlich der Eignung der Bieter eine Prognoseentscheidung treffen, so dass ein von gerichtlicher Prüfung freigestellter Beurteilungsspielraum besteht. Die Grenzen dieses Beurteilungsspielraumes sind jedoch europarechtlich vorgezeichnet. Die EG-Koordinierungsrichtlinien zeichnen umfassend die Kriterien vor, nach denen die Leistungsfähigkeit, Zuverlässigkeit und Fachkunde der Bieter zu ermitteln ist. Danach können insbesondere Unternehmen, denen strafrechtliche Verfehlungen vorzuwerfen sind oder die aufgrund wirtschaftlichen Ruins von vornherein nicht in der Lage sind, den Auftrag zu erfüllen, vom Vergabeverfahren ausgeschlossen werden[1059]. Die Unternehmen können weiterhin aufgefordert werden nachzuweisen, dass sie im Berufsregister des Landes eingetragen sind, in

---

1056 BVerwGE 77, 75, 78: „Das Gericht prüft zwar uneingeschränkt, ob die Behörde den Rechtsbegriff der Eignung zur sittlichen Gefährdung der Jugend [...] richtig ausgelegt hat; es prüft auch uneingeschränkt, ob der Sachverhalt, den die Behörde als jugendgefährdend beurteilt hat, tatsächlich vorliegt. Das Gericht hat aber nur eingeschränkt – nämlich nur auf Willkür hin – zu prüfen, ob die Behörde den Sachverhalt zu Recht als jugendgefährdend beurteilt hat. Denn für diese wertend-prognostische Entscheidung hat die Bundesprüfstelle nach der Konzeption des Gesetzes eine Einschätzungsprärogative; [...]."

1057 BVerwGE 72, 300, 316: „Die Verantwortung für die Risikoermittlung und -bewertung trägt nach der Normstruktur des § 7 Abs. 2 Nr. 3 AtG die Exekutive [...]."

1058 BVerwGE 81, 185, 190: „Die Exekutive hat dabei alle wissenschaftlich und technisch vertretbaren Erkenntnisse heranzuziehen und willkürfrei zu verfahren."

1059 Art. 24 lit. a-g BKR; Art. 20 Abs. 1 lit. a-g LKR; Art. 29 lit. a-g DKR; Art. 30 SKR. Das betrifft Unternehmen, die sich im Konkursverfahren, im gerichtlichen Vergleichsverfahren oder in Liquidation befinden; gegen die ein rechtskräftiges Urteil erging, welches ihre berufliche Zuverlässigkeit in Frage stellt; die im Rahmen ihrer beruflichen Tätigkeit eine schwere Verfehlung begangen haben; die ihrer Verpflichtung zur Zahlung von Sozialabgaben oder Steuern nicht nachgekommen sind oder die bei der Erteilung von Auskünften über diese Anforderungen in erheblichem Maße falsche Erklärungen abgegeben haben.

dem sie ansässig sind[1060]. Die Annahme finanzieller, wirtschaftlicher[1061] und technischer[1062] Leistungsfähigkeit kann von der Abgabe geeigneter Erklärungen abhängig gemacht werden. Der deutsche Gesetzgeber hat diese Vorgaben auch in den materiell-rechtlichen Normen der Verdingungsordnungen umgesetzt[1063]. Dieser Katalog ist zwar hinsichtlich finanzieller, wirtschaftlicher und technischer Bedingungen nicht abschließend, die öffentlichen Auftraggeber sind jedoch verpflichtet, nur solche Anforderungen an die Unternehmen zu stellen, die sich im Rahmen dieser auftragsbezogenen Kriterien halten. Sämtliche Bedingungen, die über die Einstellung in das Vergabeverfahren entscheiden, sind in der Auftragsbekanntmachung und in der Aufforderung zur Angebotsabgabe offen zu legen[1064]. Nur diese bekannt gemachten Kriterien dürfen in die Auswahlentscheidung einfließen[1065] und nur innerhalb dieser Grenzen haben die Vergabebehörden ein Beurteilungsspielraum, welche Bieter als fachkundig, leistungsfähig und zuverlässig gelten.

Im Einklang damit hat auch das OLG Hamburg klargestellt: „Hiernach sind bei der Auswahl der Angebote, die für den Zuschlag in Betracht kommen, nur Bieter zu berücksichtigen, die für die Erfüllung der vertraglichen Verpflichtung die erforderliche Fachkunde, Leistungsfähigkeit und Zuverlässigkeit besitzen. Hierbei muss der Auftraggeber, wie sich aus der Bezugnahme auf die Erfüllung vertraglicher Verpflichtungen ergibt, eine Prognoseentscheidung treffen, für die ihm ein Beurteilungsspielraum zusteht."[1066] Dabei scheuen sich die Gerichte allerdings auch nicht, die vergabebehördlichen Entscheidungen aufzuheben, die die Grenzen des Beurteilungsspielraumes überschreiten. So hat das OLG Düsseldorf[1067] eine Ausschreibung für unzulässig erklärt, welche nach Ansicht des Gerichts die Eignung der Bieter anhand sachwidriger Kriterien festschrieb. Die Vergabestelle hatte einen Bewerber

---

1060 Art. 25 BKR; Art. 21 Abs. 2 LKR; Art. 30 Abs. 3 DKR; Art. 30 SKR.

1061 Art. 26 Abs. 1 BKR; Art. 22 Abs. 1 LKR; Art. 31 Abs. 1 lit. a-c; Art. 30 SKR – wie Bankerklärungen, Vorlage von Bilanzen oder Erklärungen über den Gesamtumsatz.

1062 Art. 27 Abs. 1 BKR; Art. 23 Abs. 1 lit. a-f; Art. 32 Abs. 2 DKR; Art. 30 SKR – durch Studiennachweise, Bescheinigungen über die berufliche Befähigung des Unternehmers oder der Führungskräfte des Unternehmens, eine Liste der in den letzten fünf Jahren erbrachten Bauleistungen, Lieferungen oder Dienstleistungen, die technische Ausstattung des Unternehmens oder auch Angaben hinsichtlich der Beschäftigungszahlen im Unternehmen.

1063 §§ 8, 8 a VOB/A 1/2; §§ 7, 7 a VOL/A 4/2; §§ 7, 12, 13 VOF; §§ 17 Nr. 1 Abs. 2 lit. s), Nr. 2 Abs. 2 lit. p); 17 a VOB/A 1/2; §§ 17 Nr. 1 Abs. 3 lit. m); Nr. 2 Abs. 2 i); 17 a VOL/A 4/2; § 10 Abs. 3 VOF.

1064 Artt. 26 Abs. 2, 27 Abs. 2 BKR; Artt. 22 Abs. 2, 23 Abs. 2 LKR; Artt. 31 Abs. 2, 32 Abs. 3 DKR; Artt. 28 Abs. 4 lit. e, 30 Abs. 9 SKR.

1065 Vgl. BGH, Urt. vom 17.02.1999, NJW 1999, 137, 139-140 – Krankenhauswäsche.

1066 OLG Hamburg, Beschl. vom 21.01.2000, Verg 2/99, 1 – nicht veröffentl.

1067 OLG Düsseldorf, Beschl. vom 10.05.2000, Verg 5/00, – nicht veröffentl., Kurzfassung abgedr. in: Forum Vergabe e.V., Monatsinfo 5/2000, Anlage 8.

als unzuverlässig von der Auswahlentscheidung ausgeschlossen, weil das Unternehmen mit Lieferungen aus vorherigen Aufträgen in Verzug geraten war. Das Kriterium zuverlässiger Vertragserfüllung zur Feststellung der Eignung des Bewerbers wurde zwar nicht abstrakt als sachwidrig eingestuft. Jedoch sei es sachwidrig, nur Lieferverzüge zu berücksichtigen, die an einem bestimmten Stichtag bestanden. Sachwidrig sei es ebenso, den Wert der offenen Liefermenge in Relation zur Auftragssumme des zu vergebenden Auftrages zu setzen. Beide Kriterien stellten eine unzulässige Einengung des Beurteilungsmaßstabes dar und seien deshalb aufzuheben[1068].

(bb) Die Zuschlagsentscheidung

Auch hinsichtlich der nach § 97 Abs. 5 GWB auf das wirtschaftlichste Angebot zu erfolgenden Zuschlagsentscheidung stellt sich die Frage, ob den öffentlichen Auftraggebern ein Beurteilungsspielraum zuzugestehen ist, da das Kriterium der Wirtschaftlichkeit als unbestimmter Rechtsbegriff ebenfalls der Auslegung bedarf. Ebenso wie die Auswahl- ist auch die Zuschlagsentscheidung europarechtlich präformiert. Die EG-Koordinierungsrichtlinien eröffnen dem nationalen Gesetzgeber zunächst die Möglichkeit, die Vergabe des Zuschlages an das niedrigste oder das wirtschaftlichste Angebotes zu binden[1069], wobei sich der deutsche Gesetzgeber für das offenere Kriterium der Wirtschaftlichkeit entschied. Das europäische Vergaberecht gibt aber auch explizit jene Kriterien vor, die grundsätzlich in die Bestimmung des wirtschaftlichsten Angebotes einfließen können. Entscheidendes Element ist dabei zunächst der Preis des Gutes oder der Dienstleistung, der durch die Ausführungsfrist, Lieferzeitpunkt, Kundenbetreuung, Rentabilität des Produktes, technischer Wert des Gutes oder die Ästhetik komplettiert werden kann[1070]. Den Vergabestellen obliegt

---

1068 OLG Düsseldorf, Beschl. vom 10.05.2000, Verg 5/00, – nicht veröffentl., Kurzfassung in: Forum Vergabe e.V., Monatsinfo 5/2000, Anlage 8.

1069 Art. 30 Abs. 1 BKR; Art. 26 Abs. 1 LKR; Art. 36 Abs. 1 DKR; Art. 34 Abs. 1 SKR.

1070 Art. 30 Abs. 1 BKR - Bei Bauaufträgen können neben dem Preis auch Faktoren wie Ausführungsfrist, Betriebskosten, Rentabilität oder technischer Wert eine Rolle spielen; Art. 26 Abs. 1 LKR - Bei Lieferaufträgen können neben dem Preis, die Lieferfrist, die Betriebskosten, die Rentabilität, die Qualität, die Ästhetik, die Zweckmäßigkeit, der technische Wert, der Kundendienst und die technische Hilfe in die Bewertung mit einfließen; Art. 36 Abs. 1 DKR - Bei Dienstleistungsaufträgen gilt dies neben dem Preis für Qualität, den technischen Wert, Ästhetik, Zweckmäßigkeit der Leistung, Kundendienst und technische Hilfe, Lieferzeitpunkt, Ausführungszeitraum oder -frist; Art. 34 Abs. 1 SKR - Sektorenauftraggeber können neben dem Preis, Lieferfrist, Ausführungsdauer, Betriebskosten, Rentabilität, Qualität, Ästhetik und Zweckmäßigkeit, technischer Wert, Kundendienst und technische Hilfe, Verpflichtungen hinsichtlich der Ersatzteile, Versorgungssicherheit berücksichtigen.

dabei gleichfalls die europarechtlich vorgezeichnete Pflicht, die einzelnen Kriterien der Wirtschaftlichkeitsuntersuchung in der Bekanntmachung und den Verdingungsunterlagen den Bewerbern und Bietern zugänglich zu machen[1071]. Diese Anforderungen wurden in die materiell-gesetzlichen Verdingungsordnungen implementiert[1072]. Somit haben die Unternehmen zunächst einen Anspruch aus § 97 Abs. 7 GWB, dass auf der Grundlage der europarechtlich vorgezeichneten Kriterien die Wirtschaftlichkeit der Gebote bestimmt wird und die relevanten Kriterien bekanntgemacht wurden.

In Frage steht, ob auch die Zuschlagsentscheidung der Beschaffungsbehörden als „Prognoseentscheidung" einzuordnen ist und damit das Letztentscheidungsrecht über das „wirtschaftlichste" Angebot der exekutiven Verantwortung obliegt. Der gerichtlich durchsetzbare Anspruch der Unternehmen würde sich dann darauf beschränken, dass keine sachwidrigen Erwägungen in die Untersuchung eingestellt wurden und die bekannt gemachten Kriterien vollständig in die Entscheidung eingeflossen sind. Im Gegensatz zur Eignung des Bieters wird die Wirtschaftlichkeit des Angebotes aber hauptsächlich über objektive Kriterien bestimmt, denen kein prognostisches Element innewohnt, wie etwa der Preis, die Ausführungsfrist oder der Lieferzeitpunkt. Werden diese Kriterien zur Bestimmung der Wirtschaftlichkeit eingestellt, steht den Vergabebehörden keine Einschätzungsprärogative zu. Daneben ist allerdings auch die Berücksichtigung von Kriterien möglich, denen ein Prognosecharakter nicht abgesprochen werden kann, wie z.B. die voraussichtlichen Betriebskosten oder ästhetische Elemente. Wenn die Bestimmung der Wirtschaftlichkeit des Angebotes anhand prognostischer Kriterien erfolgt, steht den Vergabebehörden ein gerichtlicher Prüfung nicht zugänglicher Beurteilungsspielraum zu[1073].

Die Schwierigkeit, im Rahmen der Zuschlagsentscheidung die Reichweite eines Beurteilungsspielraumes zu bestimmen, besteht nun darin, dass eine aus objektiven und prognostischen Elementen zusammengesetzte Prüfung der Gebote erfolgen kann. Jedoch gibt auch hier das Europarecht Anhaltspunkte, wie dieser Konflikt aufzulösen ist. Danach muss in der Bekanntmachung oder den Verdingungsunterlagen festgelegt werden, in welcher Reihenfolge die Zuschlagskriterien vom Auftraggeber gewertet werden[1074]. Damit wird transparent, ob der Behörde eine Einschätzungsprärogative zuzugestehen ist oder nicht, denn je weiter die Elemente mit prognosti-

---

1071 Art. 30 Abs. 2 BKR; Art. 26 Abs. 2 LKR; Art. 36 Abs. 2 DKR; Art. 34 Abs. 2 SKR.

1072 §§ 25, 25 a VOB/A 1/2; §§ 9, 9 a VOL/A 4/2; § 16 Abs. 3 VOF.

1073 So auch *Schwarze*, Die Vergabe öffentlicher Aufträge im Lichte des europäischen Wirtschaftsrecht, EuZW 2000, 133, 141; a.A. *Niebuhr*, in: Eschenbruch/Hunger/Kulartz/Kus/Niebuhr/ Portz, Kommentar zum Vergaberecht 2000, § 97, Rdnr. 262 ff.

1074 Art. 30 Abs. 2 BKR; Art. 26 Abs. 2 LKR; Art. 36 Abs. 2 DKR; Art. 34 Abs. 2 SKR.

schem Charakter in der Hierarchie der Zuschlagskriterien aufsteigen, desto geringer wird der Umfang richterlicher Prüfungbefugnis. Diese Flexibilität könnte jedoch den Vergabestellen die Möglichkeit eröffnen, ihre Zuschlagsentscheidungen „gerichtsfest“[1075] zu machen. Deshalb müssen die Gerichte feststellen, ob die Behörden Kriterien mit prognostischem Charakter lediglich als „Feigenblatt“ verwandt haben, um von der Möglichkeit eines Beurteilungsspielraumes zu profitieren oder ob die Auswahl des Vertragspartners tatsächlich nach solchen Kriterien stattfand. Der materielle Inhalt des Anspruchs auf Zuschlagsentscheidung ist also nicht abstrakt vorgezeichnet, sondern abhängig von den für den konkreten Auftrag zugrunde gelegten Wirtschaftlichkeitskriterien, so dass die Entscheidungsprärogative hinsichtlich der abschließenden Zuschlagsentscheidung zunächst den Vergabestellen obliegt. Das schließt zwangsläufig einen Anspruch auf Erteilung des Zuschlages durch die Vergabekammer oder das Beschwerdegericht mit ein, wenn die Vergabe des Auftrages an den Kläger die einzig rechtmäßige Entscheidung ist[1076].

(c) Zusammenfassung / Fazit

Bewerber und Bieter haben somit nach § 97 Abs. 7 GWB einen Anspruch auf die Einhaltung sämtlicher Vorschriften über das Vergabeverfahren. Auf der Grundlage europarechtlich vorgezeichneter Kriterien haben die öffentlichen Auftraggeber hinsichtlich der Prüfung der Eignung der Bewerber und der Zuschlagserteilung an die Bieter als „Prognoseentscheidung“ einen Beurteilungsspielraum, der von den Nachprüfungsforen lediglich auf die Einhaltung der Vorgaben der EG-Koordinierungsrichtlinien, die vollständige Ermittlung des Sachverhalts und die Einstellung sachgerechter Eignungs- und Zuschlagskriterien überprüft werden kann. Vor dem Hintergrund, dass der EuGH[1077] „[...] mehr als dies etwa die deutschen Gerichte tun – die

---

1075 Dabei liegt allerdings regelmäßig ein Verstoß gegen § 97 Abs. 5 GWB schon dann vor, wenn der Preis mit weniger als 30% in die Wertung eingeflossen ist; vgl. OLG Dresden, Beschl. vom 05.01.2001, Wverg 11/00 u. 12/00 – EDV-geschütztes Liegenschafts- und Gebäudeinformationssystem (LIGIS), nicht veröffentl., Kurzfassung abgedr. in: Forum Vergabe e.V., Monatsinfo 01/2001, Anlage 4.

1076 OLG Düsseldorf, Beschl. vom 10.05.2000, Verg 5/00, nicht veröffentl., Kurzfassung abgedr. in: Forum Vergabe e.V., Monatsinfo 5/2000, Anlage 8. Ansonsten besteht ein Bescheidungsanspruch auf erneute Entscheidung über den Zuschlag; vgl. KG Berlin, Beschl. vom 13.10.1999, BauR 2000, 565: „2. Die Verletzung dieser Grundsätze muß nicht zwangsläufig ohne weiteres die Aufhebung des Vergabeverfahrens zur Folge haben; es kann genügen, der Vergabestelle die Auftragsvergabe auf Grund der bisherigen Endauswahlkriterien zu untersagen und ihr aufzugeben, die Endauswahl nach zulässigen Maßstab neu vorzunehmen.“

1077 EuGH, Urt. vom 03.12.1981, Rs. 280/80, Slg. 1981, 2887, Tz. 17 – Anne-Lise Bakke-d`Aloya./.Rat der Europäischen Gemeinschaften; EuGH, Urt. vom 04.10.1983, Rs. 191/82, Slg.

politischen und wirtschaftlichen Einschätzungsprärogativen der Gemeinschaftsverwaltung [respektiert]“[1078], kann auch von höchstrichterlicher Seite auf europäischer Ebene kein Einwand gegen die Gewährung von Beurteilungsspielräumen für die nationale Verwaltung erwartet werden.

(2) Die subjektiv-öffentlichen Rechte aus der Verfassung

Ansprüche der Unternehmen auf die Einhaltung der Vorschriften über das Vergabeverfahren ergeben sich jedoch auch außerhalb des Anwendungsbereiches des VgRÄG.

Das Vorgehen bei öffentlichen Beschaffungen ist zunächst durch das europäische Primärrecht definiert. Konstituierend sind die Grundfreiheiten und das Diskriminierungsverbot[1079], die den öffentlichen Auftraggebern vorgeben, dass auch „[...] die Auftragsvergabe unterhalb der sog. Schwellenwerte [...] deshalb nicht so erfolgen [darf], dass sie Bieter aus anderen Mitgliedstaaten der EU faktisch diskriminiert, indem sie etwa die Leistungsbeschreibung so gestaltet, dass ausländische Bieter sie nicht ebenso erfüllen können oder nur mit erheblich erhöhtem Aufwand.“[1080]

Neben den primärrechtlichen Vorgaben haben die öffentlichen Auftraggeber auf der Ebene der nationalen Rechtsordnung das Vergabehaushaltsrecht zu beachten. Konstituierend für einen rechtmäßigen Einkauf von Gütern und Dienstleistungen ist die öffentliche Ausschreibung[1081] und die Einhaltung des Grundsatzes der Wirtschaftlichkeit und Sparsamkeit, der die Vergabestellen an die Zuschlagsentscheidung auf

---

1983, 2913, Tz. 30 – Vereinigung der Öhlmühlenindustrie der EWG (FEDIOL)./.Kommission der Europäischen Gemeinschaften.

1078 So *Brenner*, Allgemeine Prinzipien des verwaltungsgerichtlichen Rechtsschutzes in Europa, DV 1998, 1, 25; Der Autor plädiert dabei allgemein auf der Grundlage des Gewaltenteilungsprinzips für eine Reduktion gerichtlicher Kontrolldichte und einer beständigen Einschätzungsprärogative der Verwaltung bei der Auslegung unbestimmter Rechtsbegriffe; vgl. *ders.*, Der Gestaltungsauftrag der Verwaltung in der Europäischen Union 1996, S. 411.

1079 Amtliche Begründung zum VgRÄG, BT-Drucks. 13/9430, zu § 109, S. 15: „Auch unterhalb der Schwellen haben alle Auftraggeber die Vorschriften des sonstigen EU-Rechts, insbesondere das Diskriminierungsverbot zu beachten.“

1080 Die primärrechtlichen Ansprüche der EU-Ausländer finden allerdings kein strukturelles Pendant in den U.S.- amerikanischen Vorschriften, so dass auf diesen Rechtsschutzkomplex nicht weiter eingegangen werden soll; vgl. dazu insgesamt *Huber*, Der Schutz des Bieters im öffentlichen Auftragswesen unterhalb der sog. Schwellenwerte, JZ 2000, 877, 880.

1081 § 30 HGrG; §§ 55 Abs. 1 BHO/ThürLHO: „Dem Abschluß von Verträgen über Lieferungen und Leistungen muß eine öffentliche Ausschreibung vorausgehen, sofern nicht die Natur des Geschäftes oder besondere Umstände eine Ausnahme rechtfertigen.“; § 31 Abs. 1 ThürGemHV: „Der Vergabe von Aufträgen muß eine öffentliche Ausschreibung vorausgehen, sofern nicht die Natur des Geschäfts oder besondere Umstände eine beschränkte Ausschreibung oder eine freihändige Vergabe rechtfertigen.“

das wirtschaftlichste Angebot bindet[1082]. Die in §§ 55 Abs. 2 BHO/ThürLHO, § 31 Abs. 2 ThürGemHV erwähnten einheitlichen Richtlinien beziehen sich auf die Basisparagraphen der Verdingungsordnungen als zweiten Komplex der die Vergabe öffentlicher Aufträge unterhalb der Schwellenwerte steuernden Normen. Neben den öffentlichen Auftraggebern auf Bundes- und Landesebene haben die kommunalen Auftraggeber durch entsprechende Verweisungen in den Gemeindehaushaltsordnungen die Basisparagraphen der Verdingungsordnungen anzuwenden[1083]. Da der Gesetzgeber jedoch weder auf die Vorgaben des Vergabehaushaltsrechts noch auf die Verdingungsordnungen explizit ein subjektiv-öffentliches Recht eingeräumt hat, kann sich eine drittschützende Wirkung lediglich aus den norminternen Direktiven der Grundrechte ergeben.

(a) Normimmanente Wirkungen der Freiheitsrechte auf das Vergaberecht

Im Hinblick auf die Konzeption zur Ermittlung bieterschützender Normen im öffentlichen Auftragsrecht gilt es zunächst zu bestimmen, welche grundrechtlichen Schutzgüter durch die Vergabe öffentlicher Aufträge betroffen sind. Daraufhin ist die Frage aufzuwerfen, ob sich das beschaffungsrelevante Vorgehen des Staates als Eingriff in diese Grundrechte darstellen kann. Schließlich gilt es zu bestimmen, ob die vergabesteuernden haushaltsrechtlichen Vorschriften und die Verdingungsordnungen abstrakt-generell geeignet sind, den Schutzbereich einschlägiger Grundrechte zu begrenzen und damit als Eingriffsrechtfertigende Normen den unterlegenen Bietern subjektiv-öffentliche Rechte vermitteln können.

(aa) Die Berufsfreiheit – Art. 12 Abs. 1 GG

(aaa) Das Schutzgut

Wirft man die Frage nach den im öffentlichen Auftragsrecht einschlägigen Grundrechten auf, so drängen sich zunächst die möglichen Einwirkungen des einkaufenden Staates auf die Berufsfreiheit der sich als potentielle Vertragspartner am Markt bewegenden Unternehmen auf. Denn bei der Lieferung von Gütern und Dienstleistungen an die öffentlichen Auftraggeber gehen die Wirtschaftspartner der öffentlichen Hand ihren beruflichen Tätigkeiten nach, so dass sich das Verhältnis zum Staat zu-

---

1082 Vgl. § 6 HGrG; §§ 7 Abs. 1 BHO/ThürLHO: „Bei der Aufstellung und Ausführung des Haushaltsplanes sind die Grundsätze der Wirtschaftlichkeit und Sparsamkeit zu beachten.“; § 53 Abs. 2 ThürKO: „Die Haushaltswirtschaft ist sparsam zu planen und zu führen.“

1083 § 31 Abs. 1, Abs. 2 ThürGemHV.

nächst nicht von den Beziehungen zu privaten Vertragspartnern unterscheidet. Während die verfassungsrechtlich geschützte Vertragsfreiheit die privaten Nachfrager weitgehend freistellt, aufgrund welcher Konditionen und mit welchen Unternehmen der Vertrag geschlossen wird, kann der Staat eine solche Autonomie für sich nicht in Anspruch nehmen. Die öffentliche Hand ist durch Art. 1 Abs. 3 GG an die Grundrechte gebunden und muss seinen Bürgern nach Art. 12 Abs. 1 GG die Freiheit gewähren, möglichst unreglementiert und frei von relevanten tatsächlichen Beeinträchtigungen, berufliche und wirtschaftliche Betätigungen aufnehmen und ausüben zu können[1084]. Zwangsläufig geraten die Grundrechtsträger in Ausübung ihres wirtschaftlichen und beruflichen Auskommens miteinander in Wettbewerb; auch dieses konkurrierende Verhalten gehört als Bedingung der Berufsfreiheit zu ihrem Schutzbereich[1085]. Art. 12 Abs. 1 GG umfasst mithin für jeden Grundrechtsträger ein subjektives Recht auf ungestörten Marktzugang mit den von ihm gewählten Dienstleistungen und Produkten, sowie auf Teilnahme am Wettbewerb[1086]. Da die Freiheit im Wettbewerb zur beruflichen Sphäre gehört, geht Art. 12 Abs. 1 GG als Konkretisierung der verfassungsrechtlichen Gewährleistung auf freie Entfaltung der Persönlichkeit dem Art. 2 Abs. 1 GG als spezielleres Grundrecht vor[1087]. Auch das BVerwG hat inzwischen seine ältere Rechtsprechung aufgegeben[1088], nach welcher die Wett-

---

1084 BVerfGE 75, 284, 292; 82, 209, 223; BVerwGE 71, 183, 193.

1085 BVerfGE 32, 311, 317; 46, 120, 137; 82, 209, 223 f.; 86, 28, 37; BVerwGE 71, 183, 189; 87, 37, 39; 89, 281, 283; *Huber*, Konkurrenzschutz im Verwaltungsrecht 1991, S. 443; *Manssen*, in: v. Mangoldt/Klein/Starck, Das Bonner Grundgesetz 1999, Art. 12 Abs. 1, Rdnr. 67; *Pieroth/Schlink*, Grundrechte-Staatsrecht II 2000, § 21 II 1, Rdnr. 814.

1086 *Di Fabio*, Grundrechte im präzeptoralen Staat am Beispiel hoheitlicher Informationstätigkeit, JZ 1993, 689, 694.

1087 BVerfGE 82, 209, 223; *Huber*, Konkurrenzschutz im Verwaltungsrecht 1991, S. 319 f.; *Di Fabio*, Grundrechte im präzeptoralen Staat am Beispiel hoheitlicher Informationstätigkeit, JZ 1993, 689, 694; *Manssen*, in: v. Mangoldt/Klein/Starck, Das Bonner Grundgesetz 1999, Art. 12 Abs. 1, Rdnr. 67; *Kopp/Schenke*, Verwaltungsgerichtsordnung 2000, § 42, Rdnr. 145; *Schmidt-Preuß*, Kollidierende Privatinteressen im Verwaltungsrecht: das subjektiv-öffentliche Recht im multipolaren Verwaltungsrechtsverhältnis 1992, S. 59.

1088 BVerwGE 71, 183, 189: „Das Grundrecht der Berufsfreiheit schützt die gewerbliche Betätigung, soweit sie auf Dauer berechnet ist und der Schaffung und Erhaltung einer Lebensgrundlage dient. Schutzgut des Art. 12 Abs. 1 GG ist auch die zu Erwerbszwecken dienende freie unternehmerische Betätigung. Bestandteil dieser unternehmerischen Betätigung ist auch das Verhalten der Unternehmer im Wettbewerb." – allerdings noch mit einem Hinweis auf einen gleichzeitig vorliegenden Eingriff in Art. 2 Abs. 1 GG: „Ordnet man die wirtschaftliche Wettbewerbsfreiheit dem Schutzbereich von Art. 2 Abs. 1 GG zu [...], so ergibt sich nichts anderes." Dagegen schon schwächer in BVerwGE 87, 37, 39: „Schutzgut des Art. 12 Abs. 1 GG ist auch die Erwerbszwecken dienende freie unternehmerische Betätigung. Im Rahmen der bestehenden Wirtschaftsordnung ist das Verhalten des Unternehmers im Wettbewerb Bestandteil dieser unternehmerischen Betätigung. Es gehört daher zum Freiheitsbereich, der durch Art. 12 Abs. 1 GG geschützt wird. [...] Wieweit neben dem Grundrecht aus Art. 12 Abs. 1 GG für die ungehinderte Betätigung der Klägerin im wirtbewerbsfreiheit in Art. 2 Abs. 1 GG zu verorten war[1089]. Damit hat sich letztlich auch dieses Gericht der verfassungsgerichtlichen Rechtsprechung angeschlossen, die seit jeher das Recht der Unternehmer und Berufstätigen, sich konkurrierend am Markt durchzusetzen, als Teil der Berufsausübung definierte[1090].

Die Berufsfreiheit gewährt dagegen nicht die Erhaltung eines bestimmten Geschäftsumfanges oder weitere Erwerbsmöglichkeiten[1091], so dass zunächst auch kein Anspruch bestehen kann, dass die öffentliche Hand überhaupt Einkäufe tätigt. Vor diesem Hintergrund scheint der Befund hinsichtlich einer Schutznormqualität der Vergabenormen negativ auszufallen, haben doch die Unternehmen unabhängig von staatlichen Beschaffungen grundsätzlich die Möglichkeit, mit ihren Gütern und Dienstleistungen auf dem Markt um Abnehmer zu konkurrieren und verwehrt doch der Zuschlag an einen Bieter dem unterlegenen Konkurrenten lediglich eine Erwerbsmöglichkeit.

(bbb) Die Eingriffsrelevanz der öffentlichen Auftragsvergabe

Um die Grundrechtsrelevanz der öffentlichen Auftragsvergabe bestimmen zu können, bedarf es daher zunächst einer näheren Konkretisierung des Schutzbereiches von Art. 12 Abs. 1 GG. Es gilt zu ermitteln, ob der staatliche Einkauf überhaupt geeignet ist, dass der Berufsfreiheit unterfallende Entfaltungsspektrum einzuschränken, m.a.W. ob und in welchem Umfang die Möglichkeit der Unternehmen geschützt ist, entweder in das Vergabeverfahren eingestellt oder gar die Erteilung des Zuschlages erstreiten zu können.

Ohne Zweifel schützen die Grundrechte nicht vor jeder nachteiligen Betroffenheit[1092], so dass nicht jede Nichtberücksichtigung bei der Vergabe eines öffentlichen Auftrages aufgrund seiner wirtschaftlich negativen Folgen den Schutz von Art. 12

---

schaftlichen Wettbewerb überhaupt noch die von ihr außerdem in Anspruch genommenen Grundrechte aus Art. 14 Abs. 1 und Art. 2 Abs. 1 GG in Betracht kommen, braucht hier nicht geklärt zu werden [...]." Ohne Hinweis auf Art. 2 Abs. 1 GG BVerwGE 89, 281, 283: „Die Berufsfreiheit umfaßt die freie unternehmerische Betätigung einschließlich des Verhaltens der Unternehmer im Wettbewerb."

1089 BVerwGE 30, 191, 197 ff.; 60, 154, 159; 65, 167, 174; Kritisch dazu insbesondere *Kopp/Schenke*, Verwaltungsgerichtsordnung 2000, § 42, Rdnr. 145; *Schmidt-Preuß*, Kollidierende Privatinteressen im Verwaltungsrecht: das subjektiv-öffentliche Recht im multipolaren Verwaltungsrechtsverhältnis 1992, S. 59.

1090 BVerfGE 46, 120, 137: „Im Rahmen der bestehenden Wirtschaftsordnung ist das Verhalten der Unternehmer im Wettbewerb Bestandteil ihrer Berufsausübung; [...]."

1091 BVerfGE 24, 236, 251; 34, 252, 256; 82, 209, 223; BVerwGE 39, 329, 336 f.; 71, 183, 193; VGH Mannheim, Beschl. vom 07.03.1988, NJW 1989, 1561.

1092 BVerwGE 71, 183, 192.

Abs. 1 GG auszulösen vermag. Eine solche Wirkung kann die Berufsfreiheit nur dann entfalten, wenn sich das wettbewerbs- oder berufsbeschränkende Vorgehen der öffentlichen Hand zu einem Eingriff verdichtet. Ein solcher Eingriff ist dabei grundsätzlich in einer subjektiv und einer objektiv berufsregelnden Variante möglich[1093]. Die Feststellungen der schutzauslösenden Wirkungen erfolgen somit zum einen aus der subjektiven Sicht des Staates, wobei es die Frage zu beantworten gilt, ob mit der Verwaltungsmaßnahme die Beeinträchtigung der Wettbewerbs- und Berufsfreiheit bezweckt ist[1094], sie eine deutlich erkennbare berufsregelnde Tendenz aufweist[1095], bewusst und gewollt war[1096] oder zumindest voraussehbar und in Kauf genommen wurde[1097]. Zum anderen kann sich staatliches Handeln als Eingriff darstellen, wenn aus der Sicht des Betroffenen die Beeinträchtigung ein solches Maß erreicht, dass sie sich objektiv berufsregelnd auswirkt[1098]. Entlang der allgemeinen Eingriffsbestim-

---

1093 BVerfGE 46, 120, 137 f.; 82, 209, 223 f.; *Di Fabio*, Grundrechte im präzeptoralen Staat am Beispiel hoheitlicher Informationstätigkeit, JZ 1993, 689, 695; *Manssen*, in: v. Mangoldt/Klein /Starck, Das Bonner Grundgesetz 1999, Art. 12 Abs. 1, Rdnr. 70.

1094 BVerwGE 71, 183, 193-194: „Das ist aber anders bei Maßnahmen, mit denen der Staat zielgerichtet gewisse Rahmenbedingungen verändert, um zu Lasten bestimmter Unternehmen einen im öffentlichen Interesse erwünschten Erfolg herbeizuführen. Solche Maßnahmen haben eine andere rechtliche Qualität. Im Gegensatz zu einer Veränderung sozialer Bedingungen als bloßer Reflex staatlicher Maßnahmen handelt es sich hier um „grundrechtsspezifische" Maßnahmen. Im Rahmen von Art. 12 Abs. 1 GG sind das Maßnahmen, die eindeutig auf einen auf Seiten des Unternehmens eintretenden nachteiligen Effekt abzielen und diesen Effekt nicht lediglich als Begleiterscheinung mit sich bringen."

1095 BVerwGE 89, 281, 283: „Die Annahme eines Eingriffs in das Grundrecht setzt dabei nicht voraus, daß die Beschränkung der Wettbewerbsfreiheit bezweckt ist. Ein Eingriff in diesen Schutzbereich der Berufsfreiheit liegt vielmehr bereits dann vor, wenn das betreffende hoheitliche Handeln aufgrund seiner tatsächlichen Auswirkungen die Berufsfreiheit zumindest mittelbar beeinträchtigt und insoweit eine deutlich erkennbare berufsregelnde Tendenz oder eine voraussehbare und in Kauf genommene schwerwiegende Beeinträchtigung der beruflichen Betätigungsfreiheit gegeben ist."

1096 *Gallwas*, Faktische Beeinträchtigungen im Bereich der Grundrechte 1970, S. 18.

1097 BVerwGE 87, 37, 43-44: „Der Schutz, den dieses Grundrecht bietet, wäre vielmehr unvollständig, wenn an ihm nicht auch mit staatlicher Autorität vorgenommene Handlungen gemessen würden, die als nicht bezweckte, aber voraussehbare und in Kauf genommene Nebenfolge eine schwerwiegende Beeinträchtigung der beruflichen Betätigung bewirken."

1098 BVerfGE 46, 120, 137: „Allerdings greift die Vorschrift nicht „gezielt" in die Berufsfreiheit der Beschwerdeführerin ein. Sie ist in erster Linie eine Benutzungsregelung, die indessen zugleich ihnen gegenüber berufsregelnden Charakter hat; denn auf dem inländischen Teilmarkt für Zusatzgeräte, die im öffentlichen Direktrufnetz Verwendung finden sollen, tritt statt der Vielzahl der Nachfrager ausschließlich die Bundespost als Nachfrager auf. Diese Wirkung des § 3 Abs. 4 DirRufV schließt es nicht aus, in der Regelung einen Eingriff in die Berufsfreiheit der Beschwerdeführerinnen zu sehen. Art. 12 Abs. 1 GG kommt als Maßstabsnorm nicht nur für solche Vorschriften in Betracht, die sich gerade auf die berufliche Betätigung beziehen und diese unmittelbar zum Gegenstand haben [...]. Der besondere Freiheitsraum, den das Grundrecht sichern will, kann auch durch Vorschriften berührt werden, die infolge ihrer tatsächlichen Auswirkungen geeignet sind, die Berufsfreiheit zu beeinträchtigen [...]."; BVerfGE 86, 28, 37: „Als Freiheitsbeschränkung kommen

mung wirken dabei subjektive und objektive Zugriffe auf die Berufsfreiheit als Komplementärmerkmale[1099], die nach ihren umgekehrt proportionalen Auswirkungen für eine Eingriffswirkung des staatlichen Handelns sorgen können. Je spezifischer der Staat auf privates Handeln zugreift, das den Schutz von Art. 12 Abs. 1 GG genießt, desto geringer sind die Anforderungen an die tatsächliche Beschränkung der Berufsbetätigung, je weniger es der öffentlichen Hand darauf ankommt, wirtschafts- und berufsregelnd vorzugehen, desto höhere Anforderungen sind an die objektive Regelungswirkung zu stellen. Eine allgemeine Definition des Eingriffs existiert dabei nicht mehr, vielmehr gilt es, die Bestimmung einer berufsfreiheitsspezifischen Maßnahme anhand einer wertenden Betrachtung subjektiver Einwirkungen und objektiver Auswirkungen vorzunehmen[1100]. Diese Anforderungen sollen im Folgenden hinsichtlich der öffentlichen Auftragsvergabe konkretisiert werden.

(aaaa) Vergabeverfahren und Zuschlagsentscheidung

Wie dargestellt, erfasst die von Art. 12 Abs. 1 GG geschützte Berufsfreiheit die unternehmerische Betätigung einschließlich der Möglichkeit, sich konkurrierend im Markt durchzusetzen. Daher kann auch durch jede staatliche Maßnahme in die Berufsfreiheit eingegriffen werden, wenn der Wettbewerb beeinflusst und dadurch die Ausübung einer beruflichen Tätigkeit behindert wird[1101]. Vor diesem Hintergrund erhebt sich zunächst die Frage, ob den Unternehmen ein subjektives Recht zusteht, mit einem Gebot in jedes Vergabeverfahren eingestellt zu werden, um sich im freien Wettbewerb um die Erteilung des Zuschlags konkurrierend durchsetzen zu können.
In diese Richtung können die Ausführungen des BVerwG in seinem „Subventionsbetreuer-Urteil“[1102] verstanden werden. Gegenstand der Entscheidung war die Rechtmäßigkeit einer verwaltungsinternen Richtlinie, mit der staatlich subventionierte landwirtschaftliche Betriebe auf die Einschaltung von lediglich zwei ausgewählten Unternehmen als Subventionsbetreuer verpflichtet wurden. In dem dadurch vorgenommenen Ausschluss der Klägerin sah das Gericht einen bewussten und gewollten,

nicht nur Gebote und Verbote in Betracht; es genügt, daß durch staatliche Maßnahmen der Wettbewerb beeinflußt und die Ausübung einer beruflichen Betätigung dadurch behindert wird.“

1099 BVerwGE 89, 281, 283; *Di Fabio*, Grundrechte im präzeptoralen Staat am Beispiel hoheitlicher Informationstätigkeit, JZ 1993, 689, 695.

1100 Für eine solche Gesamtbewertung gleichfalls plädierend *Huber*, Konkurrenzschutz im Verwaltungsrecht 1991, S. 236-237.

1101 BVerfGE 82, 209, 223 f.; 86, 28, 37.

1102 BVerwGE 75, 109 ff.

damit gezielten[1103] Eingriff in deren Berufsausübung[1104]. Auch wenn im Fall nicht ausdrücklich erwähnt, ging es zunächst nur um eine Beeinträchtigung der Wettbewerbsfreiheit. Denn selbst bei einer Einstellung in die Richtlinie hatten die Agrarunternehmen immer noch zumindest die freie Wahl zwischen den zugelassenen Betreuungsunternehmen. Der Klägerin wurde damit nur die Chance vorenthalten, sich konkurrierend auf dem „Betreuungsmarkt" für subventionierte Betriebe durchzusetzen. Dabei ging das Gericht schon aufgrund des zielgerichteten Vorgehens der öffentlichen Hand von einer grundrechtsspezifischen Maßnahme aus, ohne eine besondere Schwere der Beeinträchtigung zu fordern.
Dieses Ergebnis scheint von der Rechtsprechung des selben Gerichts[1105], als auch des BVerfG[1106] zu divergieren, wonach zumindest ein erheblicher oder schwerwiegender Wettbewerbsnachteil vorliegen muss, um eine Behinderung der beruflichen Betätigung und damit einen Eingriff in Art. 12 Abs. 1 GG annehmen zu können. So war nach dem BVerwG die gezielte Nichtbenennung eines Unternehmensberaters durch die IHK gegenüber staatlicherseits geförderten Unternehmen, die sich in dieser Hinsicht von der IHK beraten ließen, nur deshalb eingriffsrelevant, weil aufgrund der Vielzahl von Nachfragen ein schwerwiegender Wettbewerbsnachteil anzunehmen war[1107]. Genauso sah das BVerfG in der zielgerichteten Zurückweisung eines Antrages auf Bestellung als öffentlicher Sachverständiger nur deshalb einen Eingriff in Art. 12 Abs. 1 GG, weil sich diese Maßnahme für den Betroffenen als erheblicher Wettbewerbsnachteil auswirkte[1108]. Diese Prüfung einer besonderen Schwere des Konkurrenznachteils, um eine Behinderung der Berufsausübung annehmen zu können, ist in solchen Situationen auch gerechtfertigt. Denn die betrof-

---

1103 BVerwGE 75, 109, 115: „In jedem Fall aber wird in das Grundrecht der Berufsfreiheit dann eingegriffen, wenn eine an Dritte gerichtete Maßnahme gezielt die Berufsausübung eines Grundrechtsträgers einschränken soll. So liegt der Fall hier. Es ist Sinn der Richtlinien, andere Unternehmen als die NLG und die DLG und damit auch die Klägerin von der Tätigkeit als Betreuer auszuschließen."

1104 BVerwGE 75, 109, 115: „Ohne die in den Richtlinien beschränkte Wahl der Betreuer hätte auch die Klägerin die Möglichkeit, die erstrebte Tätigkeit ausüben zu können. Auf die Art der Geltung der Richtlinie – wem gegenüber sie verbindlich ist – kommt es nicht an; maßgeblich ist hier allein ihre faktische Wirkung."; BVerwGE 75, 109, 114: „Der Klägerin steht der geltend gemachte Unterlassungsanspruch zu; denn die in den Richtlinien des Beklagten vorgesehene Betreuung allein durch die NLG und die DGL und der damit ausgesprochene Ausschluß aller anderen Personen, also auch der Klägerin von dieser Tätigkeit greift in die freie Berufsausübung der Klägerin ein und bedarf daher gemäß Art. 12 Abs. 1 Satz 2 GG einer gesetzlichen Grundlage, an der es im vorliegenden Fall fehlt."

1105 BVerwGE 89, 281 ff.

1106 BVerfGE 86, 28 ff.

1107 BVerwGE 89, 281, 284.

1108 BVerfGE 86, 28, 38.

fenen Unternehmer wurden lediglich in ihrer Wettbewerbsfreiheit behindert, während es ihnen unbenommen blieb, auch weiterhin mit den bevorzugten Grundrechtsträgern um die Beauftragung als Unternehmensberater oder Sachverständiger zu konkurrieren.

Der entscheidende Unterschied zu einer Beeinträchtigung der Wettbewerbsfreiheit im Subventionsbetreuer-Fall liegt also darin, dass mit der Ablehnung einer Zulassung als Betreuungsunternehmen jede Chance beseitigt wurde, von den subventionierten Unternehmen beauftragt zu werden. Daher ging mit der Verweigerung, am Wettbewerb teilnehmen zu können, unmittelbar eine Beeinträchtigung der beruflichen Betätigung einher, weil der Grundrechtsträger schon gar nicht bis zur entscheidenden Auswahl- oder Verteilungsentscheidung gelangte. In einem solchen Fall ist es dann auch gerechtfertigt, einen Eingriff in Art. 12 Abs. 1 GG schon aufgrund der bewussten und gewollten Beeinträchtigung der Wettbewerbsfreiheit anzunehmen, ohne dass die Frage nach einem erheblichen oder schwerwiegenden Konkurrenznachteil zu erheben ist.

Der Bewerber, der erfolglos mit einem Gebot um Zugang in das Vergabeverfahren nachsucht, sieht sich einer identischen Beeinträchtigung seiner Berufsfreiheit ausgesetzt, wie die Klägerin, die sich um die Zulassung als Subventionsbetreuerin bewarb. Der Grundrechtsträger wird nicht nur einem Konkurrenznachteil ausgesetzt, sondern ihm wird mit dem Ausschluss vom Wettbewerb völlig die Möglichkeit entzogen, seiner beruflichen Betätigung als Lieferant von Gütern oder Dienstleistungen für den konkreten öffentlichen Auftrag nachzugehen. Wie dargelegt, ist diese unmittelbare, bewusste und gewollte, mithin zielgerichtete Beeinträchtigung der Wettbewerbsfreiheit bereits grundrechtsspezifisch, so dass es nicht mehr auf die Schwere des Wettbewerbsnachteils ankommt. Deshalb ist es auch ohne Belang, dass sich die objektive Beeinträchtigung der Berufsfreiheit der Klägerin im „Subventionsbetreuer-Fall“ wohl erheblich schwerwiegender darstellte, als es in der Regel bei einem Bewerber der Fall sein wird, der nur von einem Vergabeverfahren ausgeschlossen wird. Im Einklang mit den Überlegungen des BVerwG ist somit ein subjektives Recht der Unternehmen anzunehmen, an jedem Vergabeverfahren beteiligt zu werden, so dass ein entsprechender Ausschluss als unmittelbarer, zielgerichteter Zugriff, mithin als Eingriff in Art. 12 Abs. 1 GG zu werten ist[1109].

[1109] In diese Richtung auch VGH Kassel, Beschl. vom 01.07.1983, NJW 1985, 1356, 1357; *Di Fabio*, Grundrechte im präzeptoralen Staat am Beispiel hoheitlicher Informationstätigkeit, JZ 1993, 689, 695; ausdrücklich bejahend *Huber*, Der Schutz des Bieters im öffentlichen Auftragswesen unterhalb der sog. Schwellenwerte, JZ 2000, 877, 879; *ders.*, Konkurrenzschutz im Verwaltungsrecht 1991, S. 444.

Diese Überlegungen können jedoch nicht ohne weiteres auf die Verteilungsentscheidung, also den Zuschlag, übertragen werden. Denn öffentliche Aufträge – wie auch Subventionen[1110] – stellen lediglich eine Erweiterung der beruflichen Sphäre dar. Art. 12 Abs. 1 GG schützt jedoch nicht – wie festgestellt – die Beibehaltung eines vorhandenen Geschäftsumfanges oder die Erzielung weiterer Erwerbsmöglichkeiten. In der Verweigerung einer Zuschlagserteilung kann daher keine unmittelbare Beeinträchtigung der Berufsfreiheit gesehen werden. Der besondere Freiheitsraum, den Art. 12 Abs. 1 GG schützt, kann allerdings durch jede staatliche Maßnahme berührt werden; wie schon dargelegt, ist bereits die Zufügung eines Wettbewerbsnachteils ausreichend, solange dieser den Grundrechtsträger in seiner Berufsausübung behindert[1111]. Daher hat auch das BVerfG in der Subventionierung von Krankenhäusern einen Eingriff in die Berufsfreiheit der nicht subventionierten Konkurrenten gesehen[1112]. Eine solche Maßnahme entwickelt ihre Grundrechtsrelevanz – mittelbar – über die Bevorzugung des Konkurrenten. Ein Eingriff in die Berufsfreiheit ist dabei nicht davon abhängig, dass die berufliche Betätigung ganz oder teilweise unterbunden wird. Vielmehr reicht es aus, dass sie nicht mehr in der gewünschten Weise ausgeübt werden kann. Diese Schwelle soll zumindest dann erreicht sein, wenn der Betroffene einem „erheblichen" Wettbewerbsnachteil ausgesetzt wird[1113]. Den zur Entscheidung berufenen Gerichten ist somit eine immense Bürde auferlegt, da bei dieser Wertung nicht nur die momentane Situation berücksichtigt werden kann[1114]. Vielmehr müssen die Langzeitwirkungen der Maßnahme bedacht werden, namentlich, ob möglicherweise erst aus einer sukzessiven Kumulation von Benachteiligungen die „Erheblichkeitsschwelle" erreicht wird und damit von einer objektiven Berufsregelung auszugehen ist.

Diese Überlegungen können auf die öffentliche Auftragsvergabe übertragen werden, denn aus der freiheitsrechtlichen Sicht des nicht berücksichtigten Grundrechtsträgers unterscheiden sich die Subventionierung und die Vergabe öffentlicher Aufträge

---

1110 Vgl. BVerfGE 82, 209, 223: „Die unmittelbare Folge besteht vielmehr nur in der Verweigerung staatlicher Subventionen für die Investitionskosten des Krankenhauses. Darauf gibt Art. 12 Abs. 1 GG regelmäßig keinen Anspruch."

1111 BVerfGE 82, 209, 223 f.; 86, 28, 37.

1112 BVerfGE 82, 209, 224.

1113 BVerfGE 82, 209, 223; 86, 28, 37.

1114 Vgl. dazu insbesondere BVerwGE 89, 281, 284-285: „Damit werden ihm, wie das Berufungsgericht ausgeführt hat, in beträchtlichem Maße Umsatzmöglichkeiten genommen, und zwar hinsichtlich der Beratung bei der Existenzgründung nebst Folgeaufträgen und etwaiger sich daraus ergebender weiterer Geschäftskontakte. Dies gilt – angesichts der Zahl von jährlich 150 bis 200 Anfragen bei der Beklagten – auch dann, wenn man gemäß dem zutreffenden Hinweis der Revision berücksichtigt, daß der Name des Klägers bei rechtmäßiger Benennungspraxis nur einer unter vielen sein kann."

nicht. In beiden Fällen wird durch die Bevorzugung eines Konkurrenten der Wettbewerb beeinflusst und dadurch (möglicherweise) die Ausübung der beruflichen Betätigung des benachteiligten Unternehmens behindert. Sowohl Subventionen als auch öffentliche Aufträge erweitern die berufliche Sphäre des bevorzugten oder des obsiegenden Unternehmens und beeinträchtigen spiegelbildlich den nicht subventionierten, unterlegenen Konkurrenten. Demnach läge letztlich schon dann ein Eingriff in Art. 12 Abs. 1 GG vor, wenn dem unterlegenen Bieter durch den Zuschlag an den Konkurrenten ein „erheblicher" Konkurrenznachteil entsteht.
Eine solche Sichtweise würde jedoch die Schutzwirkungen der Berufsfreiheit auch auf staatliche Maßnahmen ausdehnen, die nicht als grundrechtsspezifisch qualifiziert werden können. In jeder Bevorzugung eines Konkurrenten in multipolaren Verwaltungsrechtsverhältnissen läge dann ein Grundrechtseingriff, solange nur Dritte erheblich benachteiligt werden. Das müsste auch dann gelten, wenn die Beeinträchtigung lediglich als Begleiterscheinung oder Reflex der staatlichen Maßnahme auftritt. Vor diesem Hintergrund rechtfertigen sich die geringen Anforderungen an die objektiv berufsregelnde Tendenz nur dann, wenn die Beeinträchtigung der Wettbewerbsposition gleichzeitig mit einem erheblichen Maß subjektiv berufsregelnder Tendenz ergeht. Dem Staat muss es also darauf ankommen, gerade die betreffende Berufsausübung zu beeinflussen.
So geht auch das BVerfG von einer Eingriffswirkung nur bei einer Wettbewerbs„verzerrung", wie im Fall der finanziellen Förderung von Plankrankenhäusern aus, wenn – neben der objektiven Beeinträchtigung – subjektiv wirtschafts- und berufslenkend das freie Spiel der Kräfte beeinflusst wird[1115]. Um das eigentliche Ziel der Subventionierung zu erreichen, nämlich eine bedarfsgerechte Versorgung der Bevölkerung mit leistungsfähigen Krankenhäusern und sozial tragfähige Pflegesätze sicherzustellen, wurden die Unternehmen durch die Voraussetzungen des in Frage stehenden Krankenhausfinanzierungsgesetzes gezwungen, für eine finanzielle Förderung die Modalitäten ihrer Berufsausübung – wie die Bereitstellung einer bestimmten Anzahl von Betten und Ärztepersonal – dem zielgerichteten legislativen Willen unterzuordnen[1116]. Genauso nahm auch das BVerwG eine Eingriffswirkung durch die

---

1115 BVerfGE 82, 209, 224: „Das Krankenhausfinanzierungsgesetz, das die Krankenhäuser wirtschaftlich sichern will (§ 1 Abs. 1 KHG), hat berufsregelnde Tendenz. Im Interesse der Kostensenkung begründet es zwar einerseits Ansprüche auf staatliche Investititonskostenübernahme (§ 4 Abs. 1 Nr. 1 KHG), gleichzeitig beschränkt es jedoch den Kreis der geförderten Krankenhäuser im Rahmen einer Krankenhausbedarfsplanung. Nur Plankrankenhäuser haben Anspruch auf Förderung."

1116 BVerfGE 82, 209, 225: „Nach § 1 Abs. 1 KHG soll die wirtschaftliche Sicherung der Krankenhäuser, die das Gesetz erreichen will, dem eigentlichen Ziel dienen, eine bedarfsgerechte Versorgung der Bevölkerung mit leistungsfähigen Krankenhäusern zu gewährleisten und zu sozial tragbaren Pflegesätzen beizutragen. Daraus ergibt sich der Umkehrschluß, daß nur solche Krankenhäuser

Benennung von Unternehmensberatern gegenüber Existenzgründern nur vor dem Hintergrund an, dass mit dieser Praxis ungeeignete Wirtschaftsberater von Aufträgen ferngehalten werden sollten, um für eine Reinhaltung des Berufsstandes zu sorgen[1117]. Damit müssen auch die Anforderungen an die objektiv berufsregelnde Tendenz steigen, wenn die Beeinflussung des Wettbewerbs und der Modalitäten der Berufsausübung nicht das Regelungsziel des staatlichen Vorgehens ist[1118].

Überträgt man diese Grundsätze auf die staatliche Auftragsvergabe, so sind die Voraussetzungen an die Grundrechtsrelevanz des öffentlichen Einkaufs folgendermaßen anzusetzen: Mit einer „normalen" öffentlichen Auftragsvergabe wird keine subjektiv berufsregelnde Tendenz verfolgt, gehen doch die Auftraggeber lediglich ihren Beschaffungen nach, ohne wirtschafts- oder berufslenkende Ziele zu verfolgen. Die mögliche Beeinträchtigung der Wettbewerbsposition des unterlegenen Bieters ist nur Reflex der staatlichen Maßnahme[1119], weil der Staat einem Bieter immer den Zuschlag erteilen „muss". Die damit einhergehende Beeinträchtigung kann aus staatlicher Sicht damit nur als vorhersehbar und in Kauf genommen angesehen werden. Der Vergabe des Auftrages kommt somit erst dann Grundrechtsrelevanz zu, wenn der nicht berücksichtigte Bieter einem schwerwiegenden Konkurrenznachteil ausgesetzt wird. Dabei gilt es für den entscheidenden Richter in jedem Einzelfall zu prüfen, inwieweit die einschlägige Nichtberücksichtigung – unter Umständen im Zusammenhang mit zurückliegenden Benachteiligungen – beim unterlegenen Bieter als Eingriff in die Berufsfreiheit qualifiziert werden kann. Regelmäßig wird eine solche

---

von der Förderung ausgeschlossen werden dürfen, die den genannten Zielen widersprechen. Anträge auf Aufnahme eines Krankenhauses in den Krankenhausplan sind danach zu beurteilen, ob die entsprechende Klinik dem Bedarf entspricht, leistungsfähig ist und kostengünstig arbeitet."; BVerfGE 82, 209, 216: „Sie genüge nicht den gesetzlichen Anforderungen des § 8 Abs. 1 KHG in Verbindung mit § 1 KHG. Zweifelhaft sei schon, ob sie einer bedarfsgerechten Versorgung der Bevölkerung diene. Jedenfalls fehle ihr die erforderliche Leistungsfähigkeit. Dies ergebe sich daraus, daß (1) die Klinik mit 18 genehmigten Betten nur über eine sehr begrenzte Aufnahmefähigkeit verfüge, (2) ergänzende Krankenhäuser mit internistischen und chirurgischen Leistungsangeboten fehlten, (3) nur eingeschränkte Therapiemöglichkeiten [...] vorhanden seien, (4) für die 18 Patienten der Klinik nur ein Facharzt für Psychiatrie und Nervenheilkunde [...] zur Verfügung stünde, (5) keine Trennung der Patientenräume von den Räumlichkeiten anderer Hausbenutzer bestehe [...]."

1117 BVerwGE 89, 281, 284.

1118 BVerwGE 87, 37, 43-44: „Der Schutz, den dieses Grundrecht bietet, wäre vielmehr unvollständig, wenn an ihm nicht auch mit staatlicher Autorität vorgenommene Handlungen gemessen würden, die als nicht bezweckte, aber voraussehbare und in Kauf genommene Nebenfolge eine schwerwiegende Beeinträchtigung der beruflichen Betätigung bewirken."; BVerwGE 90, 112, 121: „Das Kriterium der „schwerwiegenden" oder „nachhaltigen" Grundrechtsbeeinträchtigung dient dazu, bei bloß faktischen und damit in der Regel unspezifischen Einwirkungen des Staates auf die grundrechtlich geschützte Freiheitssphäre grundrechtsrelevante von solchen ohne Grundrechtsrelevanz zu unterscheiden."

1119 BVerwGE 71, 183, 193.

nachhaltige Beeinträchtigung nur anzunehmen sein, wenn der Unternehmer keine alternativen Abnehmer für seine Güter und Dienstleistungen hat, seine wirtschaftliche Existenz mithin völlig oder überwiegend von öffentlichen Aufträgen abhängt. Entscheidend für die Bestimmung eines schwerwiegenden Eingriffs ist demnach die subjektive Sicht des Unternehmers, inwieweit er also in der Lage ist, den staatlichen mit privaten Abnehmern zu substituieren.
Diese Situation wird wohl meist nur dann gegeben sein, wenn der Staat – wie das Land Berlin hinsichtlich von Straßenbauaufträgen[1120] oder der Bund bei der Nachfrage gewerblicher Leistungen im militärtechnischen Bereich[1121] – als marktstarker oder monopolistischer Nachfrager auftritt[1122]. In diesen Fällen kann bereits ein einzelner Einkauf ein solches Maß objektiver Beeinträchtigung erreichen, dass von einer Berufsausübungsregelung auszugehen ist[1123], die sich bei ständiger Nichtberücksichtigung sukzessive zu einer Zulassungsbeschränkung entwickeln kann[1124]. Dagegen kann aber auch bei monopolistischer Nachfragerstellung ein Auftrag mit lediglich geringfügigem Volumen aus grundrechtlicher Perspektive irrelevant sein. Entsprechend abgestuft sind die Anforderungen an die Legitimation der Vergabeentscheidung, die bei einer Eingriffswirkung lediglich auf gesetzlicher Grundlage ergehen kann; Art. 12 Abs. 1 S. 2 GG. So muss sich die Nichtberücksichtigung der betroffenen Bieter entweder mit der Verfolgung allgemeiner oder überragender Interessen des Gemeinwohls rechtfertigen lassen, je nachdem, ob lediglich eine mögliche Berufsausübungsregelung oder eine Berufswahlschranke vorliegt[1125].

(bbbb) Auftragssperren

Vor dem Hintergrund dieser verfassungsrechtlichen Direktiven stellt sich die Frage, welche Anforderungen an Auftragssperren zu stellen sind. Dabei sei zunächst daran erinnert, dass Art. 12 Abs. 1 GG für jeden Unternehmer ein verfassungskräftiges Recht enthält, mit einem Gebot in das Vergabeverfahren aufgenommen zu werden.

1120 BGH, Beschl. vom 18.01.2000, WuW/E Verg 297 = WuW 2000, 327 – Tariftreueerklärung II.

1121 OLG Frankfurt, Urt. vom 26.07.1988, WuW/E OLG 4354 = WuW 1989, 752 ff. – Betankungsventile.

1122 Eine Abhängigkeit kann schon dann vorliegen, wenn das betroffene Unternehmen lediglich 1/5 seines Umsatzes durch Beauftragungen der öffentlichen Hand erzielt; vgl. LG Kiel, Urt. vom 18.05.1983, WuW/E LG/AG 510 = WuW 1984, 402 ff.

1123 *Huber*, Der Schutz des Bieters im öffentlichen Auftragswesen unterhalb der sog. Schwellenwerte, JZ 2000, 877, 879; *ders.*, Konkurrenzschutz im Verwaltungsrecht 1991, S. 445; *Manssen*, in: v. Mangoldt/Klein/Starck, Das Bonner Grundgesetz 1999, Art. 12 Abs. 1, Rn. 97.

1124 BVerfGE 82, 209, 229.

1125 BVerfGE 7, 377, 405 f. – Apothekenurteil.

Jeder Ausschluss vom Verfahren durch eine Auftragssperre stellt daher einen Eingriff in Art. 12 Abs. 1 GG dar[1126]. Dieses Ergebnis rechtfertigt sich nicht zuletzt auch aus der deutlich erkennbaren subjektiv berufsregelnden Tendenz jeder Auftragssperre, die immer auf die Beeinflussung der Modalitäten beruflicher Ausübung gerichtet ist. Sei es, dass die Bieter vom Vergabeverfahren ausgeschlossen werden, weil sie keine Steuern, Abgaben oder Beiträge zur Sozialversicherung geleistet haben[1127] oder zur Zahlung von Tariflöhnen angehalten werden sollen[1128].

Der Gesetzesvorbehalt von Art. 12 Abs. 1 S. 2 GG erzwingt daher für jede Auftragssperre eine gesetzliche Grundlage, so dass eine Aussperrung von Unternehmen auf der Grundlage der verwaltungsinternen Verdingungsordnungen[1129] den verfassungsrechtlichen Anforderungen nicht genügt[1130]. Dabei darf nicht außer Acht gelassen werden, dass abhängig von den wirtschaftlichen Folgen Auftragssperren als Berufsausübungsregelungen oder als subjektive Berufswahlschranken wirken können. Je stärker die Verdienstmöglichkeiten und Wettbewerbschancen der Betroffenen gemindert werden, die Beeinträchtigung also „schwerwiegender" wird, desto höher werden die Anforderungen an die Legitimation der Sperre[1131]. Die zum Eingriff ermächtigenden gesetzlichen Regulierungen müssen demnach zur Erreichung eines legitimen Zwecks geeignet, notwendig und angemessen sein und aus vernünftigen Erwägungen des Gemeinwohls ergehen oder dem Schutz überragender Gemein-

---

1126 So auch zu Recht *Huber*, Konkurrenzschutz im Verwaltungsrecht 1991, S. 444.

1127 Vgl. dazu nur §§ 25 Nr. 1 Abs. 2 i.V.m. 8 Nr. 5 VOB/A 1/1: „(1) Von der Teilnahme am Wettbewerb können Unternehmen ausgeschlossen werden, (a) über deren Vermögen das Konkursverfahren oder das Vergleichsverfahren eröffnet oder die Eröffnung beantragt worden ist, (b) deren Unternehmen sich in Liquidation befinden, (c) die nachweislich eine schwere Verfehlung begangen haben, die ihre Zuverlässigkeit als Bewerber in Frage stellt, (d) die ihre Verpflichtung zur Zahlung von Steuern und Abgaben sowie der Beiträge zur gesetzlichen Sozialversicherung nicht ordnungsgemäß erfüllt haben, (e) die im Vergabeverfahren vorsätzlich unzutreffende Erklärungen in bezug auf ihre Fachkunde, Leistungsfähigkeit und Zuverlässigkeit abgegeben haben, (f) die sich nicht bei der Berufsgenossenschaft angemeldet haben."

1128 § 1 Abs. 2 VgG Bln: „Von der Teilnahme an einem Wettbewerb um einen Bauauftrag oder Dienstleistungsauftrag im Sinne des Absatzes 1 sollen Bewerber bis zu einer Dauer von zwei Jahren ausgeschlossen werden, die ihre Arbeitnehmer entgegen einer Auflage nach Absatz 1 Satz 2 nicht nach den jeweils in Berlin geltenden Entgelten entlohnen."

1129 Vgl. allerdings zur möglichen Qualifikation als normkonkretisierende Verwaltungsvorschriften oder als Rechtsverordnung auf kommunaler Ebene unter 3.Teil B.II.1.c.bb.(2)(a)(cc)(bbb).

1130 §§ 25 Nr. 1 Abs. 2 i.V.m. 8 Nr. 5 VOB/A 1/1; §§ 25 Nr. 1 Abs. 2 lit. b i.V.m. 7 Nr. 5 VOL/A 4/1.

1131 BVerfGE 86, 28, 38-39: „Die Eingriffsintensität ist aber mit dieser Feststellung nicht hinreichend bestimmt. Beschränkungen der freien Berufsausübung sind in vielfältig abgestufter Weise denkbar. Sie können sogar zu Eingriffen in die Freiheit der Berufswahl nahekommen [...]. Aber auch wenn sie weniger weit gehen, ist zu berücksichtigen, wie sich die Belastungen und Beschränkungen auswirken, insbesondere wie stark die Verdienstmöglichkeiten und Wettbewerbschancen der Berufsangehörigen gemindert werden."

schaftsgüter dienen[1132]. Auftragssperren aufgrund schwerer Verfehlungen, die eine Zuverlässigkeit des potentiellen Auftragnehmers in Frage stellen, können also durchaus den verfassungsrechtlichen Anforderungen genügen, so sie nur auf formell- oder materiell-gesetzlicher Grundlage ergehen.

(cccc) Vergabefremde Regulierungen

Damit erhebt sich gleichfalls die Frage, inwieweit die freiheitsrechtlichen Direktiven besondere Anforderungen an die Instrumentalisierung der öffentlichen Auftragsvergabe für vergabefremde Zwecke vorzeichnen. Vor dem Hintergrund der vorstehenden Ausführungen dürfte vor allem problematisch sein, ob die weit verbreitete Praxis der vergabefremden Nutzung staatlicher Beschaffungen durch verwaltungsinterne Richtlinien[1133] dem Gesetzesvorbehalt des Art. 12 Abs. 1 S. 2 GG gerecht wird. Das muss zunächst, wie im Rahmen der Auftragssperren, dann verneint werden, wenn der Unternehmer aufgrund Nichterfüllung einer vergabefremden Vorgabe schon nicht mit einem Gebot in das Verfahren aufgenommen wird[1134]. Eine solche Maßnahme bedarf einer gesetzlichen Grundlage. Diese Einschränkung gilt natürlich unabhängig von einschlägigen Auftragsvolumina. § 97 Abs. 4 Hs. 2 GWB kommt daher in diesem Zusammenhang in gewissem Umfang auch nur deklaratorische

---

1132 BVerfGE 7, 377, 405 f.

1133 Vgl. dazu nur exemplarisch: „Runderlaß des Ministeriums für Wirtschaft, Technologie und Verkehr, Öffentliches Auftragswesen, Ausschluß von Unternehmen bei der Vergabe öffentlicher Aufträge bei illegaler Beschäftigung von Arbeitskräften und Einführung einer Tariftreueverpflichtung", Niedersächsisches MBl. Nr. 18/1995, 566, 568; „Runderlaß des Ministeriums für Wirtschaft, Technologie und Verkehr, Öffentliches Auftragswesen, Berücksichtigung des Umweltschutzes", Niedersächsisches MBl. Nr. 32/1992, 1286, 1287; „Runderlaß Minister für Arbeit, Gesundheit und Soziales u.a. zur Berücksichtigung des Umweltschutzes bei der Vergabe öffentlicher Aufträge vom 29.03.1985", MBl. Nordrhein-Westfalen, Nr. 31/1985, 556; „Richtlinie zur Mindestlohn-Erklärung bei Bauvergaben", Thür. StAnz. Nr. 51/1996, 2302; „Abschnitt I der Richtlinie des Ministeriums für Wirtschaft und Infrastruktur zur Mittelstandsförderung und zur Bekämpfung illegaler Beschäftigung, der Schwarzarbeit und des ruinösen Wettbewerbs im Zusammenhang mit der Vergabe öffentlicher Aufträge vom 01.12.1995", Thür. StAnz. Nr. 51/1995, 2103 ff.; „Runderlaß des Ministeriums für Wirtschaft und Mittelstand, Technologie und Verkehr vom 27.09.1996, bevorzugte Berücksichtigung von Ausbildungsbetrieben bei der Vergabe öffentlicher Aufträge", MBl. Nordrhein-Westfalen, Nr. 73/1996, 1659, geändert durch „Runderlaß des Ministeriums für Wirtschaft und Mittelstand, Technologie und Verkehr vom 18.08.1998, Bevorzugte Berücksichtigung von Ausbildungsbetrieben bei der Vergabe öffentlicher Aufträge", MBl. Nordrhein-Westfalen 1998, 1023.

1134 BVerwGE 75, 109, 115; vgl. exemplarisch VV zur Bekämpfung unlauterer Beschäftigung (Amtsbl. für Brandenburg, Nr. 13 vom 20.03.1996) Nr. 6.2.1: „Bei Aufträgen über wiederkehrende Leistungen und bei Aufträgen über Bauleistungen ist mit den Bietern zu vereinbaren, daß sie die am Ort der Leistung für ihre Tätigkeitszweige geltenden Tarifverträge einhalten [...]. Liegt die Vereinbarung nicht rechtzeitig vor, kann das Angebot von der Wertung ausgeschlossen werden."

Wirkung zu, soweit diese Vorschrift eine gesetzliche Grundlage für andere oder weitergehende Anforderungen statuiert, um neben der Fachkunde, Leistungsfähigkeit und Zuverlässigkeit der Unternehmen den Zugang zum Verfahren zu steuern, so drückt sie lediglich die Voraussetzungen aus, die sich bereits aus Art. 12 Abs. 1 S. 2 GG ergeben.

Doch auch die bevorzugte Vergabe öffentlicher Aufträge unter vergabefremden Aspekten[1135] bedarf in der Regel einer gesetzlichen Grundlage. Hier sei nochmals daran erinnert, dass eine „normale" Auftragsvergabe aufgrund der fehlenden finalen Beeinträchtigung objektiv so schwer und unerträglich sein muss, dass insgesamt die Beeinträchtigung dem Staat als Eingriff zugerechnet werden kann. Die Anforderungen an die objektiven Auswirkungen des staatlichen Einkaufs müssen demzufolge geringer sein, wenn die Benachteiligung aufgrund einer deutlich erkennbaren subjektiv berufsregelnden Tendenz ergeht[1136].

Wenn also ein Bieter deshalb bei der Zuschlagsentscheidung benachteiligt wird, weil er keine Tariflöhne zahlt, keine Lehrlinge ausbildet, etc., dann ist diese Maßnahme schon aufgrund ihrer subjektiv berufsregelnden Tendenz grundrechtsspezifisch. Ab welcher Schwelle sich hier die Beeinträchtigung wirtschaftlicher Interessen zu einem solch „erheblichen" Wettbewerbsnachteil ausweitet, der die Anforderungen an die objektiven Auswirkungen des staatlichen Zugriffs erfüllt, obliegt richterlicher Wertung[1137].

Vor diesem Hintergrund gilt es festzuhalten, dass die Nichtberücksichtigung eines Bieters bei der eigentlichen Vergabe des Auftrages auf der Grundlage wirtschafts- oder sozialpolitisch motivierter Regulierungen, die zu einem „erheblichen" Wettbe-

---

1135 Vgl. dazu exemplarisch: „Runderlaß des Ministeriums für Wirtschaft und Mittelstand, Technologie und Verkehr vom 27.09.1996, bevorzugte Berücksichtigung von Ausbildungsbetrieben bei der Vergabe öffentlicher Aufträge", MBl. Nordrhein-Westfalen, Nr. 73/1996, 1659, geändert durch „Runderlaß des Ministeriums für Wirtschaft und Mittelstand, Technologie und Verkehr vom 18.08.1998, Bevorzugte Berücksichtigung von Ausbildungsbetrieben bei der Vergabe öffentlicher Aufträge", MBl. Nordrhein-Westfalen 1998, 1023: „Bei öffentlichen Aufträgen des Landes, die ausschließlich mit Landesmitteln finanziert werden, ist bei Vorliegen etwa gleichwertiger Angebote solchen Betrieben der Zuschlag zu erteilen, die in angemessenem Umfang ausbilden, insbesondere weibliche Auszubildende."; VV des Ministeriums für Wirtschaft und Verkehr, Landwirtschaft und Weinbau, des Ministeriums des Inneren und für Sport und des Ministeriums der Finanzen vom 30.09.1998, MBl. Rheinland-Pfalz, Nr. 14/1998, 490 ff., Nr. 10.3.4.: „Liegt das Angebot eines nach Nummer 10.1 bevorzugten Bewerbers nur geringfügig über dem wirtschaftlichsten oder annehmbarsten Angebot, so soll ihm auch in diesem Fall der Zuschlag erteilt werden."

1136 Vgl. dazu auch BVerwGE 71, 187, 193; 90, 112, 121.

1137 Vgl. nochmals die richterlichen Wertungsentscheidungen im Rahmen der Prüfung der Eingriffsintensität einer Nichtaufnahme einer Klinik in den Krankenhausbedarfsplan (BVerfGE 82, 209, 224), der Ablehnung einer öffentlichen Bestellung als Sachverständiger (BVerfGE 86, 28, 38) oder einer Nichtbenennung als Unternehmensberater gegenüber Existenzgründern (BVerwGE 89, 281, 284).

werbsnachteil führt, dem Gesetzesvorbehalt des Art. 12 Abs. 1 S. 2 GG unterliegen. Die Vergabe ist demnach rechtswidrig, wenn die Verteilungsentscheidung nicht aufgrund gesetzlicher Grundlage erfolgte.

Damit stellt sich auch hinsichtlich der Verfolgung vergabefremder Zwecke das Problem der Verhältnismäßigkeit[1138]. Die Anforderungen an die Rechtfertigung vergabefremder Regulierungen steigen dabei auch mit dem Maß objektiver Beeinträchtigung. Stellt sich die Benachteiligung nur als Berufsausübungsregelung dar, reichen vernünftige Gründe des Allgemeinwohls, um eine Differenzierung zwischen den einzelnen Unternehmen vorschreiben zu können. So dürfte die bevorzugte Vergabe von Aufträgen an Unternehmen, die Ausbildungsplätze bereitstellen, im Regelfall verfassungsgemäß sein[1139]. Demgegenüber mangelt es bei einer gesetzlich geforderten Abgabe einer Tariftreueerklärung schon an einem legitimen Zweck, weil – wie zu Recht auch vom BGH angenommen – eine solche Erklärung[1140] einen Verstoß gegen die negative Koalitionsfreiheit darstellt[1141]. Wenn dagegen, wie im Fall der Berliner Vergabestellen für den Straßenbausektor, öffentliche Auftraggeber eine marktbeherrschende Position innehaben, und eine kontinuierliche Nichtberücksichtigung sich zu einer Zulassungsbeschränkung ausweitet, muss die entsprechende Differenzierung überragenden Gemeinwohlinteressen dienen.

Darüber hinaus ist zu beachten, dass die Beschränkung der Berufsfreiheit durch vergabefremde Kriterien nicht nur nach ihren wirtschaftlichen Auswirkungen zu bewerten ist, sondern auch nach den rechtlichen Voraussetzungen, an die sie geknüpft ist[1142]. Wenn demnach eine Differenzierung nach Kriterien erfolgt, die nicht in der persönlichen Einflusssphäre des Bieters liegen, kann eine Rechtfertigung nicht

---

1138 BVerfGE 7, 377, 405 f.; 86, 28, 41.

1139 Vgl. § 2 VgG Bln: „Bei der Vergabe von öffentlichen Aufträgen über Bauleistungen sowie über Dienstleistungen bei Gebäuden und Immobilien erhalten im Rahmen der geltenden vergaberechtlichen Bestimmungen bei den Regelungen des § 1 entsprechenden und sonst gleichwertigen Angeboten die Unternehmen bevorzugt den Zuschlag, die Ausbildungsplätze bereitstellen, sich an tariflichen Umlageverfahren zur Sicherung der beruflichen Erstausbildung oder an Ausbildungsverbünden beteiligen [...].“

1140 Vgl. § 1 VgG Bln.

1141 Das Gericht hatte in der Entscheidung Art. 12 Abs. 1 GG allerdings nicht problematisiert, sondern in der Verpflichtung auf Abgabe der Tariftreueerklärung einen Verstoß gegen das Diskriminierungsverbot von § 20 Abs. 1 GWB gesehen. Das Wettbewerbsrecht wird allerdings durch die höherrangigen öffentlich-rechtlichen Vorgaben des Grundgesetzes verdrängt; vgl. *Huber*, Konkurrenzschutz im Verwaltungsrecht 1991, S. 449; a.A. BGH, Beschl. vom 18.01.2000, WuW/E Verg 297 = WuW 2000, 327 – Tariftreueerklärung II; OLG Frankfurt, Urt. vom 03.12.1996, ZVgR 1996, 129 ff; OLG Koblenz, Urt. vom 03.02.1988, NVwZ 1989, 182 f.; BKartA, Beschl. vom 03.11.1997, WuW/E Verg 7 = WuW 1998, 207 – Tariftreueerklärung.

1142 BVerfGE 86, 28, 39.

nur durch allgemeine Gründe des Allgemeinwohls erreicht werden[1143]. Daher wären Differenzierungen nach regionalen Kriterien nur verfassungsgemäß, wenn ihre Zielsetzungen über die Anforderungen zur Rechtfertigung einer Berufsausübungsregelung hinausgehen[1144]. Höheren Anforderungen muss demnach auch eine Differenzierung entsprechen, wenn kleinere oder mittelständische Unternehmen bevorzugt berücksichtigt werden sollen[1145].

(bb) Die Eigentumsgarantie – Art. 14 Abs. 1 GG

(aaa) Das Schutzgut

Möglicherweise könnte die Vergabe öffentlicher Aufträge auch dem Entfaltungsspektrum von Art. 14 Abs. 1 GG unterfallen. Die Eigentumsgarantie schützt den konkreten Bestand an vermögenswerten Gütern und ihre wirtschaftliche Verwendungsmöglichkeit und damit im Gegensatz zu Art. 12 Abs. 1 GG nicht den Erwerb, sondern das Erworbene[1146]. In diesem Zusammenhang gehört auch der Gewerbebetrieb in seiner bloßen Existenz zum Eigentum im Sinne von Art. 14 Abs. 1 GG[1147]. Darüber hinaus soll der eingerichtete und ausgeübte Gewerbebetrieb[1148], also der spezifische Mehrwert des Betriebes als organische Einheit dem Eigentum zugehö-

---

1143 BVerfGE 86, 28, 40.

1144 Vgl. Bekanntmachung zu der Verdingungsordnung für Bauleistungen (VOB) – Vergabeverfahren in den neuen Bundesländern vom 26.06.1991, BAnz. 1991, Nr. 124, 4467 ff.; § 5 Abs. 1: „Liegt das Angebot eines kleineren und mittleren Unternehmens aus dem Beitrittsgebiet um nicht mehr als 20% [...] über dem wirtschaftlichsten oder annehmbarsten Angebot, so kann ihm eingeräumt werden, in den bei der Vergabe für den Zuschlag in Betracht kommenden Preis des wirtschaftlichsten oder annehmbarsten Angebots eines westdeutschen Bieters einzutreten."; Gesetz zur Förderung des Zonenrandgebietes vom 05.08.1971 (BGBl. I 1971 S. 1237 ff.); § 2: „Zum Ausgleich von Standortnachteilen, zur Sicherung und Schaffung von Dauerarbeitsplätzen sowie zur Verbesserung der Infrastruktur werden insbesondere folgende Maßnahmen durchgeführt: [...] Nr. 3: Bevorzugung bei der Vergabe öffentlicher Aufträge."

1145 Vgl. dazu § 13 Abs. 1 ThürMFG: „[...] Durch die Streuung der Aufträge sind kleinere und mittlere Unternehmen soweit wie irgend möglich zu berücksichtigen, wenn ihr Angebot im Rahmen der Vergabeordnung sowohl hinsichtlich Preisen wie auch der anderen Konditionen anderen Anbietern ebenbürtig ist."

1146 BVerfGE 30, 292, 334 f.; 65, 237, 248; 82, 209, 234; 88, 366, 377.

1147 BVerfGE 30, 292, 235; 82, 209, 234.

1148 Vgl. dazu auch OLG Koblenz, Urt. vom 03.02.1988, NVwZ-RR 1989, 182: „Der Kl. steht der mit der Klage geltend gemachte Anspruch auf Aufhebung der „Auftragssperre" gem. §§ 823 (i.V. mit §§ 89, 31 bzw. 831 BGB), 1004 BGB nicht zu, auch wenn mit der Auftragssperre in ihren eingerichteten und ausgeübten Gewerbebetrieb eingegriffen wird."

ren[1149]. Dieser Mehrwert besteht aus den ideellen Gütern, die als Ergebnis des unternehmerischen Erfolges den Wert des Unternehmens auf dem Markt bestimmen[1150]; wozu unter anderem „geschäftliche Verbindungen, Beziehungen, der Kundenstamm"[1151] oder auch das Renommee einer Marke zählen[1152]. Absatzchancen, Verdienstmöglichkeiten oder bloße Aussichten werden dagegen nicht von Art. 14 Abs. 1 GG geschützt[1153].

(bbb) Die Eingriffsrelevanz der öffentlichen Auftragsvergabe

Fraglich ist demnach, ob diese von Art. 14 Abs. 1 GG geschützten Güter durch die Vergabe öffentlicher Aufträge beeinträchtigt werden können.
Möglicherweise könnte schon die Einstellung in das Vergabeverfahren dem eigentumsrechtlichen Entfaltungsspektrum unterfallen, wenn man mit Teilen der Literatur die Wettbewerbsfreiheit dem Schutzbereich von Art. 14 Abs. 1 GG zuordnet[1154]. Auch wenn die einschlägigen Ausführungen eine genaue Spezifikation vermissen lassen, wieweit diese Wettbewerbsfreiheit im Rahmen der Eigentumsgarantie geht, so kann doch nicht zweifelhaft sein, dass deren Umfang nicht die der Berufsfreiheit erreichen kann. Denn Art. 12 Abs. 1 GG schützt zukunftsgerichtet[1155] den Zugang zum Markt und damit die bloße Möglichkeit, sich konkurrierend mit eigenen Gütern und Dienstleistungen gegenüber den Konkurrenten durchzusetzen, während Art. 14 Abs. 1 GG bestandserhaltend das Ergebnis dieser Erwerbsbetätigung schützt[1156]. Im Gegensatz zur persönlichkeitsbezogenen Berufsfreiheit ist der Schutz des Eigentums objektbezogen und sichert die durch eigene Arbeit und Leistung bereits geschaffe-

---

1149 Vgl. dazu BGHZ 23, 157, 162 f.; 78, 41, 44; 92, 34, 37; BVerwGE 36, 248, 249; 62, 224, 226; 66, 307, 309; *Frenz*, Verwaltungsgerichtlicher Rechtsschutz in Konkurrenzsituationen 1999, S. 99; Zweifel an dieser Konstruktion äußernd - BVerfGE 51, 193, 221 f.; 68, 193, 222 f.; 74, 129, 148; *Huber*, Konkurrenzschutz im Verwaltungsrecht 1991, S. 323.

1150 *Di Fabio*, Grundrechte im präzeptoralen Staat am Beispiel hoheitlicher Informationstätigkeit, JZ 1993, 689, 693.

1151 BGHZ 23, 157, 162 ff.; 45, 150, 155; 78, 41, 44.

1152 *Di Fabio*, Grundrechte im präzeptoralen Staat am Beispiel hoheitlicher Informationstätigkeit, JZ 1993, 689, 693.

1153 BVerfGE 45, 142, 173; 74, 129, 148; 81, 70, 96; 84, 133, 157; BVerwGE 66, 307, 309; *Depenheuer*, in: v. Mangoldt/Klein/Starck, Das Bonner Grundgesetz 1999, Art. 14 Abs. 1, Rdnr. 137.

1154 In diese Richtung *Depenheuer*, in: v. Mangoldt/Klein/Starck, Das Bonner Grundgesetz 1999, Art. 14 Abs. 1, Rn. 102; *Kopp/Schenke*, Verwaltungsgerichtsordnung 2000, § 42, Rdnr. 145; *Schmidt-Preuß*, Kollidierende Privatinteressen im Verwaltungsrecht: das subjektiv-öffentliche Recht im multipolaren Verwaltungsrechtsverhältnis 1992, S. 59.

1155 BVerfGE 30, 292, 334: „Das Grundrecht der Berufsfreiheit ist in hohem Maße zukunftsgerichtet."

1156 BVerfGE 88, 366, 377.

nen vermögenswerten Güter[1157]. Ein Ausschluss vom Vergabeverfahren verwehrt dem Unternehmer jedoch lediglich die Chance, einen Vertrag mit der öffentlichen Hand abzuschließen. Ein möglicherweise daraus resultierender privatrechtlicher Anspruch als vermögenswertes Recht wird damit nicht entzogen, sondern vorenthalten.

Denkbar wäre es jedoch, den Schutz der Wettbewerbsfreiheit insoweit Art. 14 Abs. 1 GG zuzuordnen, als es um die Aufrechterhaltung der der Eigentumsgarantie unterfallenden Existenz des Gewerbebetriebes – sei es nur in seiner tatsächlichen oder auch rechtlichen, damit eingerichteten und ausgeübten Variante – geht[1158]. Denn dem Staat ist es in eigentumsrechtlicher Hinsicht verwehrt, Wettbewerbsbeziehungen so zu verzerren, dass dadurch das Unternehmen als solches bedroht wird. In diesem Sinne hat das BVerfG[1159] staatliche Subventionierungen als Eingriff in Art. 14 Abs. 1 GG eingestuft, wenn dies zur Folge hat, dass die nicht bevorzugten Konkurrenten zur völligen Umstellung oder Aufgabe ihres Unternehmens gezwungen werden. So berührt die Nichtaufnahme eines Krankenhauses in den Krankenhausbedarfsplan das Eigentum, weil die subventionierten Konkurrenten ihre Leistungen so günstig anbieten können, dass für die nicht geförderten Betriebe keine reelle Chance mehr besteht, sich konkurrierend am Markt durchzusetzen. Die Zufügung solcher Wettbewerbsnachteile kommt – so der Gewerbebetrieb schon bestanden hat und durch die staatliche Benachteiligung aufgegeben werden muss – als Eingriff in Art. 14 Abs. 1 GG in Frage[1160]. In dieser Hinsicht ist demnach die Wettbewerbsfreiheit als Teil der Eigentumsgarantie einzuordnen, um als eine Art vorgezogene Verteidigungslinie die Existenz des Unternehmens als konkretes vermögenswertes Recht zu schützen[1161]. Parallel dazu wird auch im staatlichen Verdrängungswettbewerb ein Eingriff in Art. 14 Abs. 1 GG gesehen, wenn die öffentliche Hand Marktsektoren monopolisiert und dadurch bereits bestehende Betriebe zur Aufgabe zwingt[1162].

Vor diesem Hintergrund könnte sich auch der staatliche Einkauf als eigentumsrelevant erweisen, sofern die Unternehmen in ihrer Existenz von staatlicher Nachfrage abhängen. Wie bei staatlicher Subventionierung eines Konkurrenten oder einer Verdrängung vom Markt durch staatliche Monopole wird dem Grundrechtsträger verwehrt, sich konkurrierend am Markt durchzusetzen, wenn er nicht in das Vergabe-

---

1157 BVerfGE 30, 292, 334.

1158 BVerfGE 82, 209, 234.

1159 BVerfGE 82, 209 f.

1160 BVerfGE 82, 209, 234.

1161 Vgl. zur Frage des Substanzentzuges durch eine Indienstnahme Privater BVerfGE 30, 292, 335.

1162 *Huber*, Konkurrenzschutz im Verwaltungsrecht 1991, S. 323.

verfahren aufgenommen oder kontinuierlich nicht berücksichtigt wird und dadurch sein Gewerbebetrieb (möglicherweise) als solcher gefährdet ist.
In Ausnahmefällen kann damit durchaus auch der staatliche Einkauf das Entfaltungsspektrum der Eigentumsgarantie berühren, allerdings wird er insoweit von Art. 12 Abs. 1 GG als sachnäheres Grundrecht verdrängt[1163]. Denn die Vergabe öffentlicher Aufträge betrifft vordringlich die Betätigung, damit die Erwerbstätigkeit der Bieter, die in berufsausübungs- oder zulassungsbeschränkender Form berührt sein kann.

(cc) Die Schutznormen des Vergaberechts / Rechtfertigung

Wenn mithin öffentliche Auftraggeber durch einen Ausschluss vom Vergabeverfahren oder den Zuschlag an einen Konkurrenten in die Berufsfreiheit eines Bewerbers, respektive Bieters eingreifen, gilt es als nächstes die Frage zu erheben, welche Vorschriften nach den Vorgaben des Gesetzesvorbehalts des Art. 12 Abs. 1 S. 2 GG diesen Eingriff rechtfertigen können. Auf nationaler Ebene haben die Vergabestellen neben den haushaltsrechtlichen Vorschriften[1164], die Verdingungsordnungen[1165] und verschiedene vergabefremde Regulierungen[1166] zu beachten. Diese Vorgaben kommen zunächst in Betracht, das Spektrum abzustecken, in welchem die Verwaltung rechtmäßig auf die berufsfreiheitsrechtlichen Schutzgüter der um die öffentlichen Aufträge konkurrierenden Unternehmen zugreifen kann. Unter verfassungsrechtlichem Blickwinkel sind sie allerdings nur geeignet, die durch die öffentliche Auftragsvergabe tangierten Grundrechte zu begrenzen, wenn sie entsprechend den Vorgaben von Art. 12 Abs. 1 S. 2 GG Gesetzesqualität haben. Darüber hinaus muss die in Frage stehende Vorschrift grundsätzlich Außenwirkung zeitigen, also durch inhaltliche Regelungen ein Rechtsverhältnis zwischen Bürger und öffentlicher Hand begründen, aufheben oder beenden können. Denn lediglich innenwirksame Regulierungen berühren dieses Verhältnis nicht, so dass durch sie auch nicht der Umfang

1163 Vgl. zur Berufsfreiheit als lex specialis zur Eigentumsgarantie - BVerfGE 84, 133, 157.

1164 § 30 HGrG; §§ 55 Abs. 1 BHO/ThürLHO; § 31 Abs. 1 ThürGemHV; § 6 HGrG; §§ 7 Abs. 1 BHO/ThürLHO; § 53 Abs. 2 ThürKO.

1165 Verdingungsordnung für Leistungen (VOL/A) i.d.F. der Bekanntmachung vom 17.08.2000 (BAnz. Nr. 200 a vom 24.10.2000); Verdingungsordnungen für Bauleistungen (VOB/A) i.d.F. der Bekanntmachung vom 30.05.2000 (BAnz. Nr. 120 a vom 30.06.2000).

1166 § 1 Abs. 1, § 2 VgG Bln vom 09.07.1999 (GVBl. S. 369); § 74 Abs. 1 BVFG (i.d.F. vom 03.09.1971, BGBl. I 1971 S. 1565, 1581, zul. geändert durch Gesetz vom 02.06.1993, BGBl. I 1993 S. 829); § 68 Abs. 1 BEG (i.d.F. vom 29.06.1956, BGBl. I S. 559, zul. geändert durch Art. 3 Abs. 3 des Gesetzes vom 28.10.1996, BGBl. I 1996 S. 1546); § 56 SchwbG (i.d.F. vom 26.08.1986, BGBl. I 1986 S. 1421, 1438, zul. geändert durch Art. 5 des Gesetzes vom 23.07.1996, BGBl. I 1996 S. 1088).

privater grundrechtlicher Abwehrbefugnisse gegenüber staatlichem Handeln definiert werden kann.
Liegen diese Voraussetzungen vor, so empfangen diese Vorschriften – bei Eingriffswirkung der in Frage stehenden Beschaffungshandlung – normimmanente Direktiven von Art. 12 Abs. 1 GG. Den Grundrechtsträgern steht dann zwangsläufig ein Anspruch auf die Einhaltung dieser einfach-rechtlichen Regelungen zu, da jeder rechtswidrige Ausschluss vom Vergabeverfahren, genauso wie eine rechtswidrige Zuschlagserteilung gleichbedeutend mit einem nicht legitimierten Grundrechtseingriff ist.

(aaa) Das Vergabehaushaltsrecht

Dabei kann zunächst festgestellt werden, dass das Haushaltsgrundsätzegesetz, die Bundes- und Landeshaushaltsordnungen und die Gemeindehaushaltsordnungen, welche die öffentlichen Auftraggeber auf die öffentliche Ausschreibung ihrer Aufträge[1167] und die Zuschlagserteilung auf das wirtschaftlichste Angebot binden[1168], formelle, respektive materielle Gesetze sind. Darüber hinaus erhebt sich die Frage, ob diese vergabesteuernden Regelungen ein Rechtsverhältnis zwischen Staat und Bürgern zu begründen in der Lage sind. Dagegen scheint zu sprechen, dass sich diese Vorschriften lediglich mit der Verpflichtung an die öffentlichen Haushaltsträger wenden, dem Gebot der Sparsamkeit und Wirtschaftlichkeit, der gesicherten Dekkung und dem Gleichgewicht des Gesamthaushalts Genüge zu tun, womit sich auch die gesetzliche Bindung auf das Innenverhältnis zu Bund, Ländern und Gemeinden zu beschränken scheint[1169]. Das könnte zu dem Schluss führen, dass das Vergabe-

---

1167 § 30 HGrG; §§ 55 Abs. 1 BHO/ThürLHO: „Dem Abschluß von Verträgen über Lieferungen und Leistungen muß eine öffentliche Ausschreibung vorausgehen, sofern nicht die Natur des Geschäftes oder besondere Umstände eine Ausnahme rechtfertigen."; § 31 Abs. 1 ThürGemHV: „Der Vergabe von Aufträgen muß eine öffentliche Ausschreibung vorausgehen, sofern nicht die Natur des Geschäfts oder besondere Umstände eine beschränkte Ausschreibung oder eine freihändige Vergabe rechtfertigen."

1168 Vgl. § 6 HGrG; §§ 7 Abs. 1 BHO/ThürLHO: „Bei der Aufstellung und Ausführung des Haushaltsplanes sind die Grundsätze der Wirtschaftlichkeit und Sparsamkeit zu beachten."; § 53 Abs. 2 ThürKO: „Die Haushaltswirtschaft ist sparsam und wirtschaftlich zu planen und zu führen."

1169 So ausdrücklich VGH Bad.-Württ., Urt. vom 29.06.1999, DÖV 1999, 79; In diese Richtung auch *Henke*, Das Recht der Wirtschaftsubventionen 1979, S. 125; für eine ausschließliche Innenrechtswirksamkeit von Haushaltsgesetz und Haushaltsplan *Schaefer*, Das Haushaltsgesetz jenseits der Kreditfinanzierungsgrenzen: die Rechtslage bei Überschreiten der Kreditfinanzierungsgrenzen im Bundeshaushaltsgesetz 1996, S. 8-9; *Schliesky*, Öffentliches Wettbewerbsrecht 1997, S. 218; *Schmidt-Preuß*, Kollidierende Privatinteressen im Verwaltungsrecht 1992, S. 228; ausdrücklich für Haushaltsgesetz und -plan offen gelassen; BVerfGE 20, 56, 92; 55, 349, 362.

haushaltsrecht nicht in der Lage ist, die Zugriffsbefugnisse des Staates auf die Grundrechte potentieller Auftragnehmer zu begrenzen.
Eine solche Sichtweise kann jedoch nicht durchgreifen. So hat das BVerfG festgestellt, dass jede Vorschrift Grundrechte begrenzen und damit letztlich auch Außenwirkung zeitigen kann, ohne dass es darauf ankommt, wem gegenüber sie Verbindlichkeit entfalten soll. Entscheidend sei vielmehr, wem gegenüber sie tatsächlich Verbindlichkeit entfaltet[1170]. Vor diesem Hintergrund kann es daher nicht nur darauf ankommen, ob einer bestimmten Vorschrift abstrakt Außenwirkung zuzusprechen ist, es ist vielmehr ausreichend, dass die in Frage stehende Vorgabe im konkreten Einzelfall faktisch steuernd in einem Rechtsverhältnis zwischen der öffentlichen Hand und dem Bürger wirkt, auch wenn dieses Rechtsverhältnis nicht durch die Regelung selbst begründet wurde[1171]. Daher begrenzt das Vergabehaushaltsrecht zumindest dann die Wettbewerbs- und Berufsfreiheit der potentiellen Auftragnehmer, sobald eingriffsrelevante Beschaffungsmaßnahmen des Staates die rechtliche Beziehung zwischen öffentlicher Hand und Bürger herstellen.
Vor dem Hintergrund des Gesetzesvorbehalts kann es deshalb für den Schutznormgehalt einer Vorschrift nur darauf ankommen, ob ihr die Qualität eines Gesetzes zukommt oder ob sich ihre Legitimation, Grundrechtsgüter zu begrenzen, auf eine verfassungsrechtlich zulässige Delegation des Gesetzgebers zurückführen lässt. Diese Vorgabe wird durch die vergabehaushaltsrechtlichen Vorschriften erfüllt, die daher als subjektiv-öffentliche Rechte ein Anspruch auf ihre Einhaltung vermitteln, sobald sich eine vergabebezogene Handlung der öffentlichen Hand als Eingriff in Art. 12 Abs. 1 GG darstellt.

(bbb) Die Verdingungsordnungen

Fraglich ist, ob auch die auf der Grundlage der Bundes-[1172], Landes- und gemeindehausrechtlichen Vorschriften[1173] anwendbaren Basisparagraphen der Teile A der

---

1170 BVerfGE 46, 121, 137: „Art. 12 Abs. 1 GG kommt als Maßstabsnorm nicht nur für solche Vorschriften in Betracht, die sich gerade auf die berufliche Betätigung beziehen und diese unmittelbar zum Gegenstand haben [...]. Der besondere Freiheitsraum, den das Grundrecht sichern will, kann auch durch Vorschriften berührt werden, die infolge ihrer tatsächlichen Auswirkungen geeignet sind, die Berufsfreiheit zu beeinträchtigen."

1171 So sah auch das OVG Rheinland-Pfalz in der haushaltsrechtlichen Verpflichtung auf Ausschreibung der öffentlichen Aufträge nach § 31 Abs. 1 GemHVO zumindest dann eine außenwirksame, individualschützende Norm, wenn sie der Sicherstellung des abgabenrechtlichen Erforderlichkeitsgebot dient; vgl. OVG Rheinland-Pfalz, Urt. vom 09.04.1997, DÖV 1997, 963 f.

1172 §§ 55 Abs. 2 BHO/ThürLHO: „Beim Abschluß von Verträgen ist nach einheitlichen Richtlinien zu verfahren."; vgl. dazu die VV-BHO zu § 55: „2. Sonstige Vergaben; Für öffentliche Aufträge, die nicht dem Vierten Teil des GWB unterliegen, gilt Folgendes: [...] 2.2. Bei der Vergabe von Lie-

Verdingungsordnungen ebenfalls Schutznormen sind. Ohne Zweifel kommt diesen Vorschriften unterhalb der Schwellenwerte keine Gesetzesqualität zu. Vielmehr sind die Basisparagraphen der VOB/A und VOL/A Verwaltungsvorschriften[1174], die sich lediglich verwaltungsintern[1175] an die staatlichen Auftraggeber wenden und grundsätzlich ausschließlich dem staatlichen Innenbereich zuzuordnen sind[1176]. Im Gegensatz zu den haushaltsrechtlichen Vorschriften fehlt ihnen daher die notwendige formell- oder materiell-gesetzliche Substanz, um den Schutzbereich von Art. 12 Abs. 1 GG begrenzen und damit auch grundrechtliche, subjektivierende Direktiven empfangen zu können und als subjektiv-öffentliche Rechte der unterlegenen Bieter gegenüber den öffentlichen Auftraggebern geltend gemacht zu werden.

Damit erhebt sich die Frage, ob sich möglicherweise ihre grundrechtsbegrenzende Legitimation auf der Grundlage einer verfassungsrechtlich zulässigen Delegierung des Gesetzgebers durch die einschlägigen Ermächtigungsnormen des Vergabehaushaltsrechts ergeben könnte. Dass in einem solchen Fall grundsätzlich verwaltungsinterne Vorschriften als gesetzesgleiche Regelungen in Frage kommen, zeigt die Konstruktion der normkonkretisierenden Verwaltungsvorschriften[1177]. Eine solche normkonkretisierende Funktion kommt Verwaltungsvorschriften dann zu, wenn der

---

ferungen und Dienstleistungen sind anzuwenden: 2.2.1 die VOB/A, Abschnitt 1, 2.2.2 die VOL/A, Abschnitt 1"; abgedr. in: Dittrich/Lamm/Köckritz/Ermisch, BHO-Kommentar Stand Mai 2000, § 55 BHO; vgl. dazu auch *Vygen*, in: Locher/Vygen, VOB-Kommentar 2001, Einl., Rdnr. 87; *Zdzieblo*, in: Daub/Meierrose/Eberstein, Kommentar zur VOL/A 2000, A § 9, Rdnr. 24.

1173 § 31 Abs. 2 ThürGemHV: „Bei der Vergabe von Aufträgen und dem Abschluß von Verträgen sind die Vergabegrundsätze der VOB/VOL anzuwenden."

1174 OVG Rheinland-Pfalz, Urt. vom 09.04.1997, DÖV 1997, 963, 964.

1175 BGHZ 139, 259, 269: „Ihrer ursprünglichen Funktion nach sind die Regelungen der VOB/A wie der übrige Teil der VOB die in der Form einer Verwaltungsanweisung niedergelegten, von der öffentlichen Hand unter der maßgeblichen Beteiligung der interessierten Kreise aus der Wirtschaft, insbesondere der Bauwirtschaft, entwickelten allgemeinen Regelungen für die Vergabe öffentlicher Aufträge."; Dittrich/Lamm/Köckritz/Ermisch, BHO-Kommentar Stand Mai 2000, § 55 BHO, S. 12.

1176 Vgl. zur grundsätzlichen Innenwirkung von Verwaltungsvorschriften - *Erbguth*, Normkonkretisierende Verwaltungsvorschriften, DVBl. 1989, 473, 474; *Hansmann*, in: Hansmann, Umweltrecht, Stand Oktober 2000, § 48 BImSchG, Rdnr. 5 ff.; *Kloepfer*, Umweltrecht 1998, § 3, Rdnr. 71; *Ossenbühl*, in: *Erichsen*, Allgemeines Verwaltungsrecht 1998, § 6 V 4, Rdnr. 43.

1177 Vgl. zur Außenwirkung normkonkretisierender Verwaltungsvorschriften im Umwelt-, Abfall-, Miet- und Medienrecht - *Huber*, Die TA Siedlungsabfall und ihre Bindungswirkung 2000, S. 28 ff.; *ders.*, Zum Gestaltungsspielraum des Landesgesetzgebers im Kreislaufwirtschaftsrecht, ThürVwBl. 1999, 97, 107; *ders.*, Zur Notwendigkeit normkonkretisierender Verwaltungsvorschriften – Grundsätzliche Überlegungen am Beispiel des Mietspiegels, ZMR 1992, 469 ff.; *ders.*, Der Immissionsschutz im Brennpunkt modernen Verwaltungsrechts – Fünfzehn Jahre Bundes-Immissionsschutzgesetz, AöR 1989, 252, 301 ff.; *Ladeur*, Normkonkretisierende Verwaltungsvorschriften als Recht privat-öffentlicher Kooperationsverhältnisse, DÖV 2000, 217 ff.; *Storr*, Anmerkung zum Urteil des BVerwG vom 26.01.1996, ZMR 1996, 453, 454.

Gesetzgeber der Verwaltung die Regelung offener Tatbestände übertragen hat. Exemplarisch sei hier die Vorschrift des § 48 BImSchG[1178] genannt, welche der Exekutive explizit die abschließende Normkonkretisierung überlässt. Den aufgrund dieser Ermächtigung erlassenen Technischen Anleitungen[1179] kann eine Gesetzesqualität daher nicht abgesprochen werden[1180]. Entspricht die Ermächtigungsnorm den Anforderungen der Wesentlichkeitsdoktrin[1181] und des Bestimmtheitsgrundsatzes[1182], ist gegen eine solche Delegierung gesetzgeberischer Befugnisse nichts einzuwenden[1183]. So hat die Bindungs- und Außenwirkung solcher normkonkretisierender Verwaltungsvorschriften auch durch das BVerwG Zustimmung gefunden[1184]. Ebenso wie

---

1178 § 48 BImSchG: „Die Bundesregierung erläßt nach Anhörung der beteiligten Kreise (§ 51) mit Zustimmung des Bundesrates zur Durchführung dieses Gesetzes und der auf Grund dieses Gesetzes erlassenen Rechtsverordnungen des Bundes allgemeine Verwaltungsvorschriften, insbesondere über 1. Immissionswerte, die zu dem in § 1 genannten Zweck nicht überschritten werden dürfen, 2. Emissionswerte, deren Überschreitung nach dem Stand der Technik vermeidbar ist, 3. Das Verfahren zur Ermittlung der Emissionen und Immissionen, 4. Die von der zuständigen Behörde zu treffenden Maßnahmen bei Anlagen, für die Regelung in einer Rechtsverordnung nach § 7 Abs. 2 oder 3 vorgesehen werden können, unter Berücksichtigung insbesondere der dort genannten Voraussetzungen."; § 1 BImSchG: „Zweck diese Gesetzes ist es, Menschen, Tiere und Pflanzen, den Boden, das Wasser, die Atmosphäre sowie Kultur- und sonstige Sachgüter vor schädlichen Umwelteinwirkungen und, soweit es sich um genehmigungsbedürftige Anlagen handelt, auch vor Gefahren, erheblichen Nachteilen und erheblichen Belästigungen, die auf andere Weise herbeigeführt werden, zu schützen und dem Entstehen schädlicher Umwelteinwirkungen vorzubeugen."

1179 Technische Anleitung zur Reinhaltung der Luft (TA-Luft) vom 04.04.1986 (GMBl. I S. 95, ber. S. 202) und die Technische Anleitung zum Schutz gegen Lärm (TA-Lärm) vom 26.08.1998 (GMBl. S. 503).

1180 *Huber*, Die TA Siedlungsabfall und ihre Bindungswirkung 2000, S. 28, 33.

1181 BVerfGE 83, 130, 142: „Rechtsstaatsprinzip und Demokratieprinzip verpflichten den Gesetzgeber, die für die Grundrechtsverwirklichung maßgeblichen Regelungen selbst zu treffen und diese nicht dem Handeln und der Entscheidungsmacht der Exekutive zu überlassen."

1182 *Lücke*, in: Sachs, Grundgesetz-Kommentar 1999, Art. 80, Rdnr. 21; *Papier/Möller*, Das Bestimmtheitsgebot und seine Durchsetzung, AöR 1997, 178 ff.

1183 *Huber*, Die TA Siedlungsabfall und ihre Bindungswirkung 2000, S. 28, 32.

1184 BVerwGE 72, 300, 320: „Die Allgemeine Berechnungsgrundlage ist nach abschließender Beratung im Länderausschuß für Atomkernenergie vom Bundesinnenminister als eine künftig bei Genehmigungsverfahren anzuwendende Richtlinie erlassen worden. Sie soll – solange eine nach § 45 Satz 2 StrlSchV noch zu erlassende Rechtsverordnung nicht ergangen ist – sicherstellen, daß die Einhaltung der Dosisgrenzwerte nach Maßgabe des § 45 Satz 1 StrSchV auf der Basis hinreichend konservativer Rechenmodelle und Datenansätze geprüft wird, damit es beim späteren Betrieb der Anlage zu keiner – mit Maßnahmen der Umgehungsüberwachung ohnehin nicht nachzuweisenden – Überschreitung dieser Grenzwerte gegenüber einem einzelnen kommt. Damit hat die Richtlinie eine normkonkretisierende Funktion und ist im Gegensatz zu lediglich norminterpretierenden Verwaltungsvorschriften für die Verwaltungsgerichte innerhalb der von der Norm gesetzten Grenzen verbindlich."; BVerwG, Beschl. vom 15.02.1988, NVwZ 1988, 824, 825; BVerwG, Beschl. vom 10.01.1995, NVwZ 1995, 994: „Daß die Emissionswerte der TA Luft mit dieser

Rechtsvorschriften kommt dieses Administrativrecht dann als grundrechtliche Schrankenziehungen in Frage[1185], so dass grundsätzlich auch die VOB/A und die VOL/A als Schutznormen dienlich sein könnten.

Eine solche Wirkung scheitert jedoch an der fehlenden Bestimmtheit der Ermächtigungsnormen. Dies erschließt schon der Wortlaut der §§ 55 Abs. 2 BHO/ThürLHO. Wenn hier lediglich auf eine Regelung über den „Abschluß von Verträgen" abgestellt wird, ist schon fraglich, ob der Gesetzgeber der Verwaltung überhaupt die Regelung des Vergabeverfahrens übertragen hat oder ob sich die erwähnten Richtlinien nicht vielmehr nur auf die Vertragsbedingungen beziehen. Angesichts der Offenheit der Verweisungen kann von einer Erfüllung des Bestimmtheitsgebotes nicht die Rede sein[1186].

Dieses Ergebnis rechtfertigt sich auch vor dem Hintergrund der kommunalhaushaltsrechtlichen Vorschriften, die, wie § 31 Abs. 2 ThürGemHV, ausdrücklich zur Regelung der „Vergabe von Aufträgen" und dem „Abschluß von Verträgen" auf die Verdingungsordnungen verweisen[1187].

Damit stellt sich jedoch die Frage, ob den Verdingungsordnungen für Aufträge zumindest auf kommunaler Ebene eine materielle Außenwirkung zuzuerkennen ist. Wenn die Gemeindehaushaltsverordnung, wie § 31 Abs. 2 ThürGemHV, als Rechtsverordnung[1188] unmittelbar die Vergabegrundsätze der Verdingungsordnungen als Grundlage der staatlichen Beschaffungen festlegt[1189], unterscheidet sich diese Verweisungstechnik nicht durchgreifend von der oberhalb der EG-Schwellenwerte[1190].

Funktion auch im gerichtlichen Verfahren beachtlich sind, versteht sich von selbst und ist daher nicht erst in einem Revisionsverfahren zu klären."

1185 Vgl. dazu *Huber*, Zur Notwendigkeit normkonkretisierender Verwaltungsvorschriften – Grundsätzliche Überlegungen am Beispiel des Mietspiegels, ZMR 1992, 469, 471.

1186 So auch *Huber*, Konkurrenzschutz im Verwaltungsrecht 1991, S. 448-449.

1187 § 31 Abs. 2 ThürGemHV: „Bei der Vergabe von Aufträgen und dem Abschluß von Verträgen sind die Vergabegrundsätze der VOB/VOL anzuwenden."

1188 § 129 Abs. 2 ThürKO: „Der Innenminister wird weiter ermächtigt, im Einvernehmen mit dem Finanzminister durch Rechtsverordnung zu regeln: [...] 3. Die Ausschreibungen von Lieferungen und Leistungen und die Vergabe von Aufträgen, [...]."

1189 § 31 Abs. 1 ThürGemHV: „Der Vergabe von Aufträgen muß eine öffentliche Ausschreibung vorausgehen, sofern nicht die Natur des Geschäfts oder besondere Umstände eine beschränkte Ausschreibung oder eine freihändige Vergabe rechtfertigen."; § 31 Abs. 2 ThürGemHV: „Bei der Vergabe von Aufträgen und dem Abschluß von Verträgen sind die Vergabegrundsätze der VOB/VOL anzuwenden."

1190 Vgl. 97 Abs. 6 GWB: „Die Bundesregierung wird ermächtigt, durch Rechtsverordnung mit Zustimmung des Bundesrates nähere Bestimmungen über das bei der Vergabe einzuhaltende Verfahren zu treffen, insbesondere über die Bekanntmachung, den Ablauf und die Arten der Vergabe, über die Auswahl und Prüfung der Unternehmen und Angebote, über den Abschluß des Vertrages und sonstige Fragen des Vergabeverfahrens."; §§ 4-7 VgV - Danach sind, wenn die Auftragsvolumina des § 2 Nr. 1-8 VgV erreicht wurden, für Bauaufträge der 2. Abschnitt der VOB/A (§ 6

Da den Verdingungsordnungen – in der Literatur zwar nicht ganz unbestritten[1191], aber von der Rechtsprechung allgemein anerkannt[1192] – im Anwendungsbereich des VgRÄG materiell-gesetzliche Qualität durch den Verweis in der VgV[1193] zukommt, kann grundsätzlich auf der Ebene der Gemeindehaushaltsverordnungen nichts anderes gelten. Deshalb muss den Basisparagraphen der VOB/A und VOL/A für öffentliche Auftragsvergaben im kommunalen Bereich zumindest dann Außenwirkung zuerkannt werden, wenn sich ihre Geltung auf eine explizit formulierte formell-gesetzliche Ermächtigungsgrundlage zurückführen lässt.

(ccc) Zusammenfassung / Fazit

Auch unterhalb der EG-Schwellenwerte kommt somit einer erheblichen Bandbreite vergabesteuernder Normen konkurrenzschützende Wirkung zu. So sich ein Unternehmen in den Verteilungskampf um die Vergabe öffentlicher Aufträge begibt und sich ein entsprechender Ausschluss vom Verfahren oder die Erteilung des Zuschlags an den Konkurrenten als Eingriff in Art. 12 Abs. 1 GG darstellt, können die vergabehaushaltsrechtlichen Vorschriften, die auf gesetzlicher Grundlage ergangenen vergabefremden Regulierungen und Auftragssperren und die Verdingungsordnungen für öffentliche Aufträge auf kommunaler Ebene als subjektiv-öffentliche Rechte gegenüber den Vergabestellen geltend gemacht werden.

Da der Ausschluss vom Vergabeverfahren einen unmittelbaren und zielgerichteten Zugriff auf die Wettbewerbsfreiheit des sich bewerbenden Unternehmens bedeutet, besteht grundsätzlich ein Anspruch auf die Einhaltung der zugangssteuernden Normen, insbesondere also darauf, dass die Auftraggeber ihre Aufträge grundsätzlich öffentlich und lediglich bei besonderen Umständen oder aufgrund der Natur des

---

VgV) für Liefer- und Dienstleistungsaufträge der 2. Abschnitt der VOL/A (§ 4 VgV) und für freiberufliche Leistungen die VOF (§ 5 VgV) anzuwenden. Sektorenauftraggeber, welche die Voraussetzungen des § 98 Nr. 1-3 GWB erfüllen, haben die dritten Abschnitte der VOL/A und VOB/A (§ 7 Abs. 1 Nr. 1, 2 VgV) private Sektorenauftraggeber nach § 98 Nr. 4 GWB die 4. Abschnitte der VOL/A und VOB/A (§ 7 Abs. 2 Nr. 1, 2 VgV) anzuwenden.

1191 Vgl. dazu krit. im Hinblick auf Art. 80 Abs. 1 S. 4 GG - *Dreher*, Die Zukunft des untergesetzlichen Vergaberechts, NVwZ 1999, 1265, 1268.

1192 Davon gehen sämtliche Vergabesenate der OLG aus; vgl. nur OLG Naumburg, Beschl. vom 15.03.2001, 1 Verg 11/00, nicht veröffentl., Kurzfassung abgedr. in: Forum Vergabe e.V., Monatsinfo 4/2001, Anlage 4; BayObLG, Beschl. vom 21.12.2000, Verg 13/00; OLG Celle, Beschl. vom 12.02.2001, 13 Verg 2/01; OLG Düsseldorf, Beschl. vom 14.03.2001, Verg 32/00; OLG Düsseldorf, Beschl. vom 05.03.2001, Verg 2/01; OLG Koblenz, Beschl. vom 22.03.2001, 1 Verg 9/00, nicht veröffentl., Kurzfassungen aller Entscheidungen abgedr. in: Forum Vergabe e.V., Monatsinfo 3/2001, Anlagen 2-11.

1193 §§ 4-7 VgV.

Geschäfts beschränkt ausschreiben oder freihändig vergeben[1194]. Ebenso haben die Unternehmen einen Anspruch auf Zugang zum Verfahren, wenn der einschlägige Ausschluss zu Unrecht auf einer Auftragssperre beruht, etwa, wenn sie mangels Zahlung tariflicher Löhne von der Vergabe ausgeschlossen werden[1195].
Wenn sich demnach die Zuschlagserteilung für den unterlegenen Konkurrenten als Eingriff in seine Berufsfreiheit auswirkt, haben die Bieter einen Anspruch auf Erteilung des Zuschlags auf das wirtschaftlichste Angebot[1196]; gleiches gilt, wenn der Auftrag auf der Grundlage vergabefremder Regulierungen erging[1197], obwohl das Unternehmen keine Frauen oder Behinderte, etc. fördert[1198]. Damit ist, ebenso wie oberhalb der EG-Schwellenwerte, grundsätzlich von einem Bescheidungsanspruch und – abhängig davon, ob und wieweit im konkreten Einzelfall ein Beurteilungsspielraum der Vergabestelle bestand – auch von einem Anspruch auf Erteilung des Zuschlags auszugehen[1199].

(ddd) Der Gesetzesvorbehalt und die Regelung des Vergabeverfahrens

Damit erhebt sich die Frage, ob die einfach-gesetzliche Ausgestaltung des Vergabeverfahrens den verfassungsrechtlichen Anforderungen an die Regelung grundrechtsrelevanten Handelns des Staates entspricht.
Nach den vorstehenden Ausführungen ist klargestellt, dass sich die Vergabe öffentlicher Aufträge durchaus als Eingriff in die Berufsfreiheit darstellen kann. Wenn eine Beschaffungsentscheidung dieses Freiheitsrecht berührt, so erlaubt Art. 12 Abs. 1 S. 2 GG nur Eingriffe „[...] auf der Grundlage einer gesetzlichen Regelung, die Umfang

---

1194 § 30 HGrG; §§ 55 Abs. 1 BHO/ThürLHO; § 31 Abs. 1 ThürGemHV.

1195 Vgl. § 1 Abs. 2 VgG Bln: „Von der Teilnahme an einem Wettbewerb um einen Bauauftrag oder Dienstleistungsauftrag im Sinne des Absatzes 1 sollen Bewerber bis zu einer Dauer von zwei Jahren ausgeschlossen werden, die ihre Arbeitnehmer entgegen einer Auflage nach Absatz 1 Satz 2 nicht nach den jeweils in Berlin geltenden Entgelten entlohnen."

1196 Vgl. § 6 HGrG; §§ 7 Abs. 1 BHO/ThürLHO: „Bei der Aufstellung und Ausführung des Haushaltsplanes sind die Grundsätze der Wirtschaftlichkeit und Sparsamkeit zu beachten."; § 53 Abs. 2 ThürKO: „Die Haushaltswirtschaft ist sparsam und wirtschaftlich zu planen und zu führen."

1197 Vgl. dazu exemplarisch BrandLGG vom 04.07.1994 (GVBl. I S. 254); § 14: „(1) Beim Abschluß von Verträgen über Leistungen mit einem Aufwand von über 100 000 Deutsche Mark soll bei gleichwertigen Angeboten derjenige Anbieter bevorzugt werden, der sich der Gleichstellung von Frauen im Erwerbsleben angenommen hat."; § 56 SchwbG: „(1) Aufträge der öffentlichen Hand, die von Werkstätten für Behinderte ausgeführt werden können, sind bevorzugt diesen Werkstätten anzubieten."

1198 *Huber*, Konkurrenzschutz im Verwaltungsrecht 1991, S. 450-451.

1199 OLG Düsseldorf, Beschl. vom 10.05.2000, Verg 5/00, nicht veröffentl., Kurzfassung abgedr. in: Forum Vergabe e.V., Monatsinfo 5/2000, Anlage 8; KG Berlin, Beschl. vom 13.10.1999, BauR 2000, 565.

und Grenzen des Eingriffs deutlich erkennen läßt. Dabei muß der Gesetzgeber selbst alle wesentlichen Entscheidungen treffen, soweit sie gesetzlicher Regelung zugänglich sind."[1200] Diese Vorgabe konkretisiert den aus dem Rechtsstaats- und Demokratieprinzip abgeleiteten allgemeinen Gesetzesvorbehalt, der den Gesetzgeber im Bereich der Grundrechtsverwirklichung verpflichtet, die maßgeblichen Regelungen im wesentlichen selbst zu treffen und diese nicht der Entscheidungsmacht der Exekutive zu übertragen[1201]. Die Verwirklichung der Berufsfreiheit der Bieter, die sowohl durch die Einstellungsentscheidung, als auch die Verteilungsentscheidung betroffen sein kann, zwingt den Gesetzgeber zu einer rechtssatzförmigen Gestaltung des Auswahlverfahrens und der relevanten Auswahlgesichtspunkte[1202].

Das bedeutet freilich nicht, dass der Gesetzgeber alle erforderlichen Vorgaben explizit in Gesetzesform zu gießen hat; vielmehr kann er sich auch unbestimmter Rechtsbegriffe bedienen. Den verfassungsrechtlichen Anforderungen des Art. 12 Abs. 1 S. 2 GG genügt ein solches Vorgehen allerdings nur dann, wenn die maßgebenden Merkmale aussagekräftig genug sind, um als unbestimmte Rechtsbegriffe gehandhabt und überprüft werden zu können[1203]. Subsumiert man die fragmentarischen Regelungen des Vergabehaushaltsrechts unter diese Vorgaben, so wird offensichtlich, dass im Rahmen der öffentlichen Auftragsvergabe erheblicher Regelungsbedarf besteht. So fordern zwar die einschlägigen Vorgaben grundsätzlich eine öffentliche Ausschreibung der Aufträge, davon kann allerdings abgewichen werden, wenn die „Natur des Geschäfts" oder „besondere Umstände" dafür sprechen[1204]. Diese unbestimmten Rechtsbegriffe lassen nach den allgemeinen Auslegungsregelungen keinen Rückschluss darauf zu, welche Kriterien im Einzelfall vorliegen müssen, um diese Ausnahmen zu begründen.

Des Weiteren ist zu bedenken, dass die öffentliche Ausschreibung zwar allen Bewerbern die Möglichkeit eröffnet, ein Angebot abzugeben, weitere Auswahlgesichtspunkte fehlen jedoch. Insbesondere mangelt es an einer rechtssatzförmigen Regelung hinsichtlich der persönlichen Befähigung der Bieter, deren Prüfung auf Fachkunde,

---

1200 BVerfGE 73, 280, 294; 82, 209, 224.

1201 BVerfGE 33, 125, 158; 34, 52, 60; 34, 165, 192 f.; 45, 400, 417; 47, 46, 78 f.; 49, 89, 127; 83, 130, 142.

1202 BVerfGE 73, 280, 296 m.w.N.; 82, 209, 227.

1203 BVerfGE 82, 209, 225.

1204 § 30 HGrG; §§ 55 Abs. 1 BHO/ThürLHO; Eine Ausnahme gilt für das kommunale Vergabehaushaltsrecht, das wie § 31 Abs. 2 ThürGemHV unmittelbar auf die Verdingungsordnungen verweist und damit die Regelwerke in die materiell-gesetzliche Ebene der Gemeindehaushaltsverordnung inkorporiert.

Leistungsfähigkeit und Zuverlässigkeit lediglich in den Verdingungsordnungen vorgeschrieben ist[1205].

Weiterhin kann sich die Vergabe öffentlicher Aufträge auch als Zulassungsbeschränkung darstellen, so dass die rechtsförmigen Regelungen, die diesen Freiheitsbereich der Bieter steuern, den damit erhöhten Anforderungen hinlänglich Rechnung tragen müssen[1206]. Auch wenn sich die Anforderungen an den Gesetzgeber nicht statisch feststellen lassen, so scheint doch sicher, dass die derzeitige gesetzliche Grundlage des staatlichen Einkaufs dem verfassungsrechtlichen Gesetzesvorbehalt nicht entspricht. Zwar wird sich dagegen einwenden lassen, dass ein Großteil der staatlichen Einkäufe die freiheitsrechtlichen Belange der Bieter nicht berührt, was den Gesetzgeber jedoch nicht aus seiner Verantwortung entlassen kann, durch ein regulatives Korsett die Beschaffungen der Verwaltung entsprechend vorzuzeichnen. So hat nicht zuletzt das BVerfG deutlich werden lassen, dass die gesetzgeberische Grundlage in ihrer Existenz und Ausgestaltung auch an dem potentiellen Grad der berufsregelnden Wirkungen staatlichen Handelns ausgerichtet sein muss[1207]. Darüber hinaus werden die folgenden Ausführungen hinsichtlich der Einwirkungen des Gleichheitsgrundsatzes auf die Vergabe öffentlicher Aufträge zeigen, dass der Gesetzgeber auch in verteilungsrechtlicher Hinsicht eine rechtssatzförmige Ausgestaltung des öffentlichen Einkaufs vorzunehmen hat.

(dd) Zusammenfassung / Fazit

Die Wettbewerbs- und Berufsfreiheit der um die öffentlichen Aufträge konkurrierenden Bieter zeichnet mithin die Determinanten beschaffungsrelevanten Vorgehens der öffentlichen Hand in ganz erheblichem Maße vor. Die Vergabeentscheidungen des Staates können somit dann nicht lediglich als Reflex innerhalb eines dem öffentlichen Wohl verpflichteten Rechtsgebietes betrachtet werden, wenn sie auf die freiheitsrechtlichen Direktiven des Grundgesetzes treffen. Der Gesetzgeber hat mit der Verpflichtung auf öffentliche Ausschreibung und wirtschaftliche Einkäufe das Spektrum abgesteckt, in welcher sich die Vergabebehörden zu bewegen haben, sobald sich der Einkauf von Gütern und Dienstleistungen im grundrechtsrelevanten Bereich bewegt. Jedes Abweichen von den einfach-gesetzlichen Vorgaben geht dann mit einer Verletzung von Art. 12 Abs. 1 GG einher, so dass für die Grundrechtsträger

---

1205 Vgl. dazu nur § 8 Nr. 3 Abs. 1 VOB/A 1/1: „Von den Bewerbern oder Bietern dürfen zum Nachweis ihrer Eignung (Fachkunde, Leistungsfähigkeit und Zuverlässigkeit) Angaben verlangt werden über [...]."

1206 BVerfGE 82, 209, 227.

1207 BVerfGE 11, 30, 42 f.; 30, 292, 313 f.; 61, 291, 309; 82, 209, 227.

ein verfassungsrechtlich vorgezeichnetes Recht auf die Einhaltung des legislativ vorgegebenen Eingriffsrahmens besteht. Die normimmanenten Wirkungen von Art. 12 Abs. 1 GG entfalten sich allerdings nur in dem dargestellten Umfang, so dass der Staat aus freiheitsrechtlicher Sicht zunächst weder in seiner Entscheidung tangiert wird, überhaupt Beschaffungen vorzunehmen, noch kann von den nicht berücksichtigten Bietern in der Vielzahl der Fälle ein Zuschlag auf das wirtschaftlichste Gebot eingefordert werden.

Trotzdem sind die freiheitsrechtlichen Implikationen auf die Vergabeentscheidungen der öffentlichen Hand in der gerichtlichen Praxis zu Unrecht unterrepräsentiert. Insbesondere der grundrechtlich radizierte Anspruch der Bieter mit einem Gebot in jede Verteilungsentscheidung eingestellt zu werden, wird regelmäßig missachtet. Wenn das Beschaffungsamt des Innenministeriums lediglich 22%[1208] und das Bundesamt für Wehrtechnik 3,13%[1209] aller Aufträge öffentlich ausschreibt, werden die Schwierigkeiten deutlich, einen Anspruch auf Zugang zum Markt der öffentlichen Aufträge praktisch zu verwirklichen.

Wenn also die §§ 97 Abs. 1 i.V.m. Abs. 7 GWB den Bietern oberhalb der EG-Schwellenwerte einen Anspruch auf wettbewerbliche Verfahren und damit auch einen Anspruch auf öffentliche Ausschreibungen nach § 101 Abs. 1 GWB gewährt, so zeichnet das VgRÄG lediglich deklaratorisch nach, was das Grundgesetz für die Unternehmen schon bereithält.

(b) Das Gleichbehandlungsgebot – Art. 3 Abs. 1 GG

Die verfassungsrechtlichen Bindungen der einkaufenden Verwaltung beschränken sich jedoch nicht auf die freiheitsrechtlichen Vorgaben des Grundgesetzes. Denn grundsätzlich zwingt das Gleichbehandlungsgebot des Art. 3 Abs. 1 GG die vollziehende Gewalt auf eine willkürfreie und nach sachgerechten Kriterien erfolgende Verteilung öffentlicher Güter.

(aa) Die unmittelbaren Ansprüche aus Art. 3 Abs. 1 GG

Damit erhebt sich zunächst die Frage, ob und inwieweit der Gleichheitssatz einen unmittelbaren Rechtsschutz für unterlegene Bieter gegenüber dem Handeln öffentli-

---

1208 Vgl. Beschaffungsbericht des BMI, Jahresbericht 1998, S. 17. Im Jahre 1997 wurden 69,5% der Aufträge freihändig und 28% öffentlich ausgeschrieben; vgl. Beschaffungsbericht des BMI, Jahresbericht 1997, Anhang 5.

1209 Vgl. Jahresbericht des Wettbewerbs- und Mittelstandsbeauftragten des Bundesamtes für Wehrtechnik und Beschaffung für das Jahr 1997 vom 23.10.1998, S. 2-3.

cher Auftraggeber gewährt. Eine solche Möglichkeit scheint zunächst an dem Dogma zu scheitern, dass Art. 3 Abs. 1 GG kein eigenständiges subjektiv-öffentliches Recht enthält, weil es die dafür unerlässliche Beziehung zwischen dem Grundrechtsträger und der begehrten Maßnahme nicht selber herstellen könne. Vielmehr sei die Verletzung subjektiver Rechtspositionen außerhalb des Gleichheitsgrundsatzes konstitutiv, um den abwehrrechtlichen Gehalt von Art. 3 Abs. 1 GG auslösen zu können[1210].

Diese Ansicht scheitert allerdings schon daran, dass Art. 1 Abs. 3 GG den Gesetzgeber schon beim Erlass der Gesetze an den Gleichheitssatz bindet. Die Legislative kann daher nicht über die subjektiv- oder objektiv-rechtliche Ausgestaltung des einfachen Rechts den Grundrechtsträgern die Anwendung von Art. 3 Abs. 1 GG eröffnen oder verschließen[1211].

Die ablehnende Ansicht weist allerdings auf eine grundsätzlich zu lösende Problematik hin, wenn es nämlich die Frage zu beantworten gilt, die persönliche und sachliche Reichweite des abwehrrechtlichen Gehalts von Art. 3 Abs. 1 GG zu ermitteln. Denn der Gleichheitssatz schützt keinen substantiellen Freiheitsbereich oder ein Rechtsgut, sondern nur das Einhalten einer Relation[1212]. Vor diesem Hintergrund setzt die Rechtsanwendungsgleichheit, also ein Verbot willkürlicher oder sachwidriger Diskriminierung, voraus, dass in persönlicher und sachlicher Hinsicht Maßstäbe vorhanden sind, die der Verwaltung vorgeben, zwischen wem gleichzubehandeln und welche Handlung gleichmäßig vorzunehmen ist.

1210 In diese Richtung BVerwGE 65, 167, 173: „Was Art. 3 GG anbetrifft, so kann dahinstehen, ob der Gleichheitssatz überhaupt ein Recht im Sinne des § 113 Absatz 1 Satz 1 VwGO vermittelt oder nur bei vorausgesetzter rechtlicher Betroffenheit die Rechtsgleichheit gewährleistet."; BayVGH, Urt. vom 17.12.1973, BayVBl. 1974, 278, 279: „Schließlich läßt sich der Klageanspruch auch nicht auf die von der Klägerin in Anspruch genommene Verfassungsbestimmung der Art. 3, 12, 14 GG stützen. Zwar ist jedes Verwaltungshandeln, auch die Ermessensausübung i.S. des § 114 VwGO, u.a. durch die Verfassung eingegrenzt [...]. Allein aus den allgemeinen, im Verfassungsrecht garantierten Rechten ergibt sich noch nicht die verletzbare subjektive Rechtsstellung i.S. von § 42 Abs. 2, § 113 Abs. 1 VwGO. Sie bedarf vielmehr der Ableitung aus der speziell in Frage stehende Regelung [...], die hier, wie ausgeführt, subjektive Berechtigungen Dritter nicht enthält."; *Ax*, Rechtsschutz bei der Vergabe öffentlicher Aufträge in Deutschland und Frankreich – eine rechtsvergleichende Untersuchung 1996, S. 114.

1211 *Hermes*, Gleichheit durch Verfahren bei der staatlichen Auftragsvergabe, JZ 1997, 909, 914; *Heun*, in: Dreier, Grundgesetz-Kommentar 1996, Art. 3 Abs. 1, Rdnr. 15; *Huber*, Der Schutz des Bieters im Bereich des öffentlichen Auftragswesens unterhalb der sog. Schwellenwerte, JZ 2000, 877, 880; *Pietzcker*, Zu den Voraussetzungen des Anspruchs auf Gleichbehandlung nach Art. 3 Abs. 1 GG, JZ 1989, 305; *ders.*, Rechtsschutz bei der Vergabe öffentlicher Aufträge, NVwZ 1983, 121, 123; *ders.*, Rechtsbindungen bei der Vergabe öffentlicher Aufträge, AöR 1982, 61, 80.

1212 *Pietzcker*, Zu den Voraussetzungen des Anspruchs auf Gleichbehandlung nach Art. 3 Abs. 1 GG, JZ 1989, 305.

Dabei kann Art. 3 Abs. 1 GG aufgrund seiner „relativen Natur" diese Maßstäbe nicht selber bilden, sondern setzt sie vielmehr voraus[1213].
Diese Konkretisierungsaufgabe obliegt zunächst dem Gesetzgeber, indem er normativ die von der Verwaltung einzuhaltenden Maßstabskriterien bildet[1214]. Für den Bereich der öffentlichen Beschaffungen hat die Legislative unterhalb der Schwellenwerte lediglich sachliche, nicht jedoch persönlich individualisierende Differenzierungskriterien festgesetzt.
So ist die Eröffnung des Vergabeverfahrens durch eine öffentliche Ausschreibung vorzunehmen, sofern nicht die Natur des Geschäfts oder besondere Umstände eine Ausnahme rechtfertigen[1215] und der Zuschlag auf das wirtschaftlichste Angebot zu erteilen[1216]. Damit ist den Beschaffungsbehörden die Auslegung der unbestimmten Rechtsbegriffe „Natur des Geschäfts", „besondere Umstände" und „Wirtschaftlichkeit" übertragen und ein Ermessen eingeräumt, von öffentlicher Ausschreibung abzuweichen, „sofern" diese Voraussetzungen gegeben sind.
Art. 3 Abs. 1 GG bindet demnach die Verwaltung an eine willkürfreie und sachgemäße Auslegung dieser unbestimmten Rechtsbegriffe und die Ausübung ihres Ermessens. Um die abwehrrechtliche Dimension von Art. 3 Abs. 1 GG auszulösen, bedarf es jedoch einer Individualisierung der Grundrechtsträger, die unter Berufung auf den Gleichheitssatz die gesetzlichen Vorgaben durchsetzen können. Art. 3 Abs. 1 GG kann demnach zunächst nur eine potentielle Schutznorm sein. Konkreten Konkurrenzschutz entwickelt der Gleichheitssatz nur für jene Unternehmen, die für sich eine Gleich„behandlung", also eine Erweiterung ihrer persönlichen Rechtssphäre durch eine bestimmte Leistung der Verwaltung erstreben[1217]. Für den Bereich der öffentlichen Auftragsvergabe sind das jene potentiellen Auftragnehmer, die sich auch tatsächlich um eine Einstellung in das Vergabeverfahren und die Erteilung des Zuschlags bewerben. Eine willkürliche oder unsachliche Differenzierung stellt sich dann gerade als eine Verkürzung ihrer grundrechtlich geschützten Gleichbehandlungsinteressen dar. Diese haben dann auch auf der Grundlage von Art. 3 Abs. 1 GG einen unmittelbaren Anspruch, nicht willkürlich vom Verfahren ausgeschlossen zu wer-

---

1213 Zu Recht *Kopp*, Der Rechtsschutz im Subventionsrecht, WiVerw. 1978, 175, 189.

1214 *Pietzcker*, Zu den Voraussetzungen des Anspruchs auf Gleichbehandlung nach Art. 3 Abs. 1 GG, JZ 1989, 305, 307; *ders.*, Der Anspruch auf ermessensfehlerfreie Entscheidung, JuS 1982, 106, 110.

1215 § 30 HGrG; §§ 55 Abs. 1 BHO/ThürLHO.

1216 § 6 Abs. 1 HGrG, §§ 7 Abs. 1 BHO/ThürLHO.

1217 *Pietzcker*, Zu den Voraussetzungen des Anspruchs auf Gleichbehandlung nach Art. 3 Abs. 1 GG, JZ 1989, 305, 307; *ders.*, Der Anspruch auf ermessensfehlerfreie Entscheidung, JuS 1982, 106, 110.

den[1218], sowie darauf, dass die Vergabe des öffentlichen Auftrags nach sachgerechten Wirtschaftlichkeitserwägungen erfolgt[1219].

Eine besondere Rolle kommt im Zusammenhang mit den gleichheitsrechtlichen Ansprüchen den Verdingungsordnungen zu, die die Auslegung der unbestimmten Rechtsbegriffe und die Ausübung des Ermessens konkretisieren[1220]. „Wirtschaftlichkeit" bedeutet demnach, dass die Vergabe der öffentlichen Aufträge an fachkundige, leistungsfähige und zuverlässige Unternehmer zu angemessenen Preisen zu erfolgen hat[1221]. Weiterhin bestimmen die Verdingungsordnungen die Maßstäbe zur Auslegung der unbestimmten Rechtsbegriffe „Natur des Geschäfts" oder der „besonderen Umstände", die der Verwaltung eine Abweichung von der öffentlichen Ausschreibung erlauben[1222]. Dabei kann nur bei Unzweckmäßigkeit der öffentlichen Ausschreibung vom vollständig wettbewerblichen Verfahren abgesehen werden. Eine beschränkte Ausschreibung kann nur dann vorgenommen werden, wenn lediglich ein kleiner Kreis von Unternehmen den gewünschten Auftrag zu erfüllen in der Lage ist. Die freihändige Vergabe kann unter anderem aus Gründen der Dringlichkeit, der Geheimhaltung oder bei einem besonderen Missverhältnis zwischen Aufwand und Nutzen der öffentlichen Ausschreibung durchgeführt werden.

Zumindest dann, wenn sich die Vergabebehörde durch ständige Praxis selbst an die in den Verdingungsordnungen vorliegenden Norminterpretationen und Ermessensleitlinien gebunden hat, steht den Bietern ein Anspruch aus Art. 3 Abs. 1 GG in Verbindung mit der Verwaltungspraxis auf Einstellung in das Vergabeverfahren oder Erteilung des Zuschlags zu[1223].

1218 *Hermes*, Gleichheit durch Verfahren bei der staatlichen Auftragsvergabe, JZ 1997, 909, 914; *Huber*, Der Schutz des Bieters im öffentlichen Auftragswesen unterhalb der sog. Schwellenwerte, JZ 2000, 877, 880; *Pietzcker*, Rechtsschutz bei der Vergabe öffentlicher Aufträge, NVwZ 1983, 121, 123; *ders.*, Rechtsbindungen bei der Vergabe öffentlicher Aufträge, AöR 1982, 61, 80; *ders.*, Anmerkungen zum Urteil des OLG Düsseldorf vom 12.02.1980, DÖV 1981, 539, 540 weist allerdings zu Recht darauf hin, dass Art. 3 Abs. 1 GG keinen Anspruch auf öffentliche Ausschreibung gibt. Richtigerweise gewährt Art. 3 Abs. 1 GG lediglich die Ungleichbehandlung gegenüber sich selbst abzuwehren, womit Genüge getan ist, wenn der Bewerber in das Verfahren eingestellt wird.

1219 Vgl. *Dürig*, in: Maunz/Dürig/Herzog, GG-Kommentar Stand August 2000, Art. 3 Abs. 1 GG, Rdnr. 504; *Pietzcker*, Anmerkungen zum Urteil des OLG Düsseldorf vom 12.02.1980, DÖV 1981, 539, 540.

1220 §§ 55 Abs. 2 BHO/ThürLHO; vgl. zur Konkretisierung von unbestimmten Rechtsbegriffen und Ermessen durch Verwaltungsvorschriften - *Pieroth/Schlink*, Grundrechte-Staatsrecht II 2000, § 11 IV 2, Rdnr. 494; *Pietzcker*, Zu den Voraussetzungen des Anspruchs auf Gleichbehandlung nach Art. 3 Abs. 1 GG, JZ 1989, 305, 307.

1221 § 2 Nr. 1, Nr. 2, § 3 Nr. 2, § 8, § 25 VOB/A 1/1; § 2 Nr. 1, 2, 3, § 7, § 25 VOL/A 4/1.

1222 Vgl. § 3 Nr. 2, 3, 4 VOB/A 1/1; § 3 Nr. 2, 3, 4 VOL/A 4/1.

1223 Vgl. zur Außenwirkung kraft Selbstbindung BVerwGE 61, 15, 18 – st. Rspr.; *Huber*, Allgemeines Verwaltungsrecht 1997, S. 45; *Faber*, Drittschutz bei der Vergabe öffentlicher Aufträge, DÖV 1995, 403, 408.

(bb) Die Interdependenz von Freiheit und Gleichheit

Gleichwohl muss der Umfang konkurrenzschützender Ansprüche unterlegener Bieter aus Art. 3 Abs. 1 GG zunächst schemenhaft bleiben. Diese Problematik ist dem Gleichheitssatz inhärent, ist es doch überaus schwierig zu bestimmen, unter welchen Umständen tatsächlich ein bestimmtes Verwaltungshandeln „willkürlich" oder „sachwidrig" ist. Die einschlägigen Versuche, willkürliche oder sachwidrige Differenzierung durch eine „[...] am Gerechtigkeitsgedanken orientierten Betrachtungsweise [...]"[1224] zu definieren oder eine Verletzung von Art. 3 Abs. 1 GG anzunehmen, wenn „[...] sich ein vernünftiger, aus der Natur der Sache sich ergebender oder sonstwie einleuchtender Grund [fehlt]"[1225], tauscht letztlich nur Begrifflichkeiten aus, ohne deren Unbestimmbarkeit zu beseitigen. Da Art. 3 Abs. 1 GG seine Wirkung im Gefüge des Grundgesetzes entfaltet, kann sich daher die Bestimmung, was eine willkürliche oder sachwidrige Differenzierung darstellt, nur hinreichend aus dem verfassungsrechtlichen Kontext des Gleichheitssatzes ergeben[1226].

So schärfen sich die inhaltlichen Konturen des Willkürverbots im Einwirkungsbereich der Freiheitsrechte. Schon das BVerwG hob in seiner „Subventionsentscheidung" die wechselwirksame Beziehung von Wettbewerbsfreiheit und Chancengleichheit im Bereich der auswählenden und verteilenden Verwaltung hervor[1227]. Der Grundgedanke besteht darin, dass die Anfechtung einer differenzierenden Maßnahme dann als willkürlich möglich sein muss, wenn dadurch freiheitsrechtlich geschützte Interessen beeinträchtigt werden[1228]. Vor diesem Hintergrund steigen die Anforderungen an eine Gleichbehandlung der Unternehmen bei öffentlichen Beschaffungen, wenn sich die Verwaltung differenzierend im Entfaltungsspektrum von Art. 12 Abs. 1 GG bewegt[1229]. Wie festgestellt, können sich der Ausschluss vom Vergabeverfahren und die Zuschlagsentscheidung als Eingriff in die Berufsfreiheit der Bieter darstellen. Wenn es also über die Frage zu bestimmen gilt, was tatsächlich eine willkürliche oder unsachgemäße Auslegung der „Natur des Geschäfts", „besondere

---

1224 BVerfGE 9, 124, 129.

1225 BVerfGE 12, 341, 348.

1226 Vgl. dazu nur *Starck*, in: v. Mangoldt/Klein/Starck, Das Bonner Grundgesetz 1999, Art. 3 Abs. 1, Rdnr. 13.

1227 BVerwGE 30, 191, 197: „Hier besteht die Möglichkeit, daß der Staat die Chancengleichheit zerstört, indem er dem einen Gewerbetreibenden Vorteile zukommen läßt, die er dem Konkurrenten verweigert, und dadurch die Wettbewerbslage derart verzerrt, daß der Nichtbegünstigte nicht mehr existenzfähig ist."

1228 BVerwGE 30, 191, 197.

1229 *Huber*, Der Schutz des Bieters im öffentlichen Auftragswesen unterhalb der sog. Schwellenwerte, JZ 2000, 877, 880.

Umstände" und „Wirtschaftlichkeit" oder der Ausübung des „sofern" Ermessens ist, können die Einwirkungen der Berufsfreiheit nicht ohne Bedeutung sein. Vielmehr erfahren bei der Auslegung unbestimmter Rechtsbegriffe und der Ausübung von Ermessen die gleichheitsrechtlichen Direktiven eine freiheitsrechtliche Konkretisierung in der Weise, dass eine Differenzierung „[...] nicht zulässig [ist], wenn sie eine Ungleichbehandlung zur Folge hätte, die zu Rechtseingriffen bei einem von der Handlung Betroffenen führ[t]."[1230] Es sind mithin die Schranken der Verfassung außerhalb von Art. 3 Abs. 1 GG, die „[...] in die Prüfung des Gleichheitssatzes hinein[wirken], indem sie darüber Aufschluss geben, ob für eine Ungleichbehandlung verschiedener Gruppen ein sachlicher Grund besteht."[1231] Dieser Grundsatz ist sowohl in der Rechtsprechung als auch in der Literatur anerkannt[1232].

Allerdings ist damit noch nicht über die Frage entschieden, wann sich eine Ungleichbehandlung durch eine Auslegung der unbestimmten Rechtsbegriffe und der Ausübung des Ermessens als willkürlich oder sachwidrig darstellt. Es sind vielmehr die Schranken-Schranken der Berufsfreiheit, die letztlich bestimmen, ob die Ungleichbehandlung auf sachlicher Grundlage erfolgte[1233]. Je intensiver mithin die Berufsfreiheit der Bieter beeinträchtigt wird, desto enger wird der Differenzierungsrahmen, der der Verwaltung im Rahmen der Auslegung der geschilderten unbestimmten Rechtsbegriffe und der Ermessensausübung hinsichtlich des Abweichens von der öffentlichen Ausschreibung zukommt. Abhängig davon, ob die Verwaltungsentscheidung als Berufsausübungsregelung oder Berufswahlschranke wirkt, liegt eine willkürliche Differenzierung dann vor, wenn durch sie kein legitimer Zweck verfolgt wird, die Eignung fehlt oder keine allgemeinen, respektive überragenden Gründe des Gemeinwohls die Ungleichbehandlung rechtfertigen[1234].

1230 *Huber*, Konkurrenzschutz im Verwaltungsrecht 1991, S. 525.

1231 BVerfGE 93, 121, 133 f.

1232 BVerfGE 33, 303 ff.; BVerwGE 30, 191 ff.; 60, 154 ff.; 65, 167 ff.; 94, 64 ff.; BayVGH, Urt. vom 22.07.1982, DVBl. 1983, 274, 275; OVG Lüneburg, Urt. vom 26.08.1981, NVwZ 1983, 49, 50; VGH München, Beschl. vom 15.12.1981, NJW 1982, 2134, 2136; OLG Koblenz, Urt. vom 03.02.1988, NVwZ-RR 1989, 182; *Hermes*, Gleichheit durch Verfahren bei der staatlichen Auftragsvergabe, JZ 1997, 909, 913; *Huber*, Konkurrenzschutz im Verwaltungsrecht 1991, S. 511 ff.; *Maaß*, Die neuere Rechtsprechung des BVerfG zum allgemeinen Gleichheitssatz - Ein Neuansatz ?, NVwZ 1988, 14, 18 f.; *G. Müller*, Der Gleichheitssatz, VVDStRL 1989, 38, 45 ff.; *Starck*, in: v. Mangoldt/Klein/Starck, Das Bonner Grundgesetz 1999, Art. 3 Abs. 1, Rdnr. 17.

1233 *Huber*, Konkurrenzschutz im Verwaltungsrecht 1991, S. 528: „[Es] kann im Zusammentreffen mit Freiheitsrechten für den Gleichheitssatz nichts anderes gelten, als für die betroffenen Freiheitsrechte selber. Letztlich bedeutet dies, daß sich die Strukturen der Freiheitsrechte gegenüber denen des Gleichheitssatzes zumindest bis zu einem bestimmten Grade durchsetzen, bzw. die inhaltliche Offenheit des Gleichheitssatzes anfüllen."

1234 BVerfGE 7, 377, 405 f.

Die Relevanz des Gleichheitssatzes im Bereich der öffentlichen Auftragsvergabe kann demnach nicht hoch genug eingeschätzt werden. Nicht umsonst fand dieses verfassungsrechtliche Gebot auch Eingang in eine der Grundsatznormen des VgRÄG. So statuiert § 97 Abs. 2 GWB: „Die Teilnehmer an einem Vergabeverfahren sind gleich zu behandeln, es sei denn, eine Benachteiligung ist aufgrund dieses Gesetzes ausdrücklich geboten oder gestattet." Auf die Beseitigung jeder gesetzlich nicht gerechtfertigten Ungleichbehandlung besteht nach § 97 Abs. 7 GWB ein subjektiv-öffentliches Recht. Die einfach-gesetzliche Verschärfung des Willkürverbotes für Auftragsvergaben im Bereich des VgRÄG kommt nicht von ungefähr, sollen doch nach § 97 Abs. 1 GWB wettbewerbliche und transparente Vergabeverfahren sichergestellt werden. Die Interdependenz von Freiheit und Gleichheit wurde hier also vom Gesetzgeber erkannt; fehlt ein wettbewerbliches Verfahren, werden die Unternehmen nicht gleich behandelt; wird nicht gleich behandelt, entsteht kein Wettbewerb; ohne Wettbewerb kein wirtschaftlicher und sparsamer Einkauf. Die einfach-rechtlich ausgeformte Beziehung von Wettbewerb und Gleichbehandlung im Anwendungsbereich des VgRÄG konkretisiert demnach lediglich die nach dem Grundgesetz bereits bestehende „Konnexität von Freiheit und Gleichheit"[1235].

(cc) Zusammenfassung / Fazit

Auch wenn der Gleichbehandlungsgrundsatz in der Praxis des Bieterschutzes kein ähnliches Schattendasein wie Art. 12 Abs. 1 GG fristet, hat sich letztlich auch Art. 3 Abs. 1 GG nicht als scharfes Schwert zum Schutz der Unternehmer gegenüber der Willkür öffentlicher Auftraggeber erwiesen. So sieht zwar die Zivilrechtsprechung auch die fiskalisch handelnde Verwaltung an den Gleichheitssatz gebunden[1236]; trotz alledem blieben Sachentscheidungen zugunsten der Bieter die Ausnahme[1237]. Die Wirkungslosigkeit des Gleichheitssatzes als Rechtsschutzinstrument der Unterneh-

---

1235 *Huber*, Konkurrenzschutz im Verwaltungsrecht 1991, S. 511.

1236 Unmittelbare Bindung - BGH, Urt. vom 14.12.1967, NJW 1977, 628, 630; OLG Koblenz, Urt. vom 03.02.1988, NVwZ-RR 1989, 182 f.; Mittelbare Bindung über die Generalklauseln der §§ 138, 242, 826 BGB, § 1 UWG, § 20 Abs. 1 (scil. § 26 Abs. 2) GWB - OLG Düsseldorf, Urt. vom 12.02.1980, NJW 1981, 537, 538 – Fernmeldetürme.

1237 OLG Düsseldorf, Urt. vom 12.02.1980, DÖV 1991, 537, 539: „Dies bewirkt, daß [...] insbesondere der Gleichheitsgrundsatz zur Geltung kommt mit der Frage, daß die Bekl. bei ihrer Auftragsvergabe zu einer weitgehend starren Gleichbehandlung gehalten und zur öffentlichen Ausschreibung ihrer gewichtigeren Aufträge im Rahmen von Hilfsgeschäften nicht nur berechtigt, sondern auch verpflichtet ist."; dagegen OLG Koblenz, Urt. vom 03.02.1988, NVwZ-RR 1989, 182: „Ein rechtswidriger Eingriff in den Gewerbebetrieb der Kl. könnte sich überhaupt erst daraus ergeben, daß sie bei Ausschreibung und Vergabe von Aufträgen willkürlich übergangen würde, diesen Tatbestand muß die Kl. beweisen; [...]."

mer findet allerdings seine Gründe nicht in der fehlenden Effektivität des Anspruchs an sich; vielmehr ist eine Berufung auf Gleichbehandlung häufig faktisch nicht möglich, weil die Bieter überhaupt nicht oder zu spät von entsprechenden Vergaben erfahren[1238]. Wenn, wie die Zahlen aus der Praxis des staatlichen Einkaufs zeigen, die freihändige Vergabe der Regelfall ist, wird deutlich, dass die Einforderung von Gleichbehandlung in den meisten Fällen von vornherein zum Scheitern verurteilt sein muss[1239]. Wie im beruflichen Zulassungswesen geht es jedoch bei der staatlichen Beschaffung von Gütern und Dienstleistungen neben der Verwirklichung der Berufsfreiheit, um die Wahrung der grundrechtlich geschützten Chancengleichheit der Bieter. Diesen Anspruch sicherzustellen, ist Aufgabe des Gesetzgebers. Nicht zuletzt führt das BVerfG aus, dass die Verwirklichung der Grundrechte eine dem Grundrechtsschutz angemessene Verfahrensgestaltung fordert[1240].

Für die öffentliche Auftragsvergabe bedeutet dies, dass die Bekanntgabe der Aufträge, als auch die Kriterien über die Teilnahme am Vergabeverfahren und die Zuschlagserteilung, wie Anforderungen an Zuverlässigkeit, Leistungsfähigkeit und Fachkunde der Unternehmen, gesetzlich zu regulieren sind. Hier zeigt auch ein beispielhafter Blick auf das europäische Vergaberecht, welche Geringschätzung auf nationaler Ebene dem grundgesetzlich gebotenen Gleichheitsschutz zuteil wird. So hat der europäische Gesetzgeber erkannt, dass die Verwirklichung des Diskriminierungsverbotes bei staatlichen Beschaffungen nur durch eine entsprechende Verfahrensgestaltung sichergestellt werden kann. Daher wurden die nationalen Gesetzgeber auf der Grundlage der EG-Koordinierungsrichtlinien verpflichtet, die Vorschriften über das Vergabeverfahren einer gesetzlichen Regulierung zuzuführen und insbesondere für eine bieterschützende Ausrichtung der Bekanntmachungs- und Teilnahmebedingungen Sorge zu tragen. Letztlich richtet sich auch Art. 3 Abs. 1 GG als Subjektivierungsauftrag an die Legislative, indem durch drittschützende Normen der materielle Gleichbehandlungsanspruch sicherzustellen ist[1241]. Schon aus diesem Grunde wird die objektiv-rechtliche Ausgestaltung des Vergabehaushaltsrechts den grundgesetzlichen Anforderungen nicht gerecht. Auch wenn durch die normimmanenten Wirkungen des Art. 12 Abs. 1 GG diese Vorschriften teilweise subjektiv-öffentliche Rechte bereithalten, kann der eigenständige Gleichheitsschutz durch Verfahren nicht von einem Eingreifen der Freiheitsrechte abhängig sein. Zum anderen ermangeln diese Vorschriften – wie schon im Rahmen von Art. 12 Abs. 1 GG

1238 *Hermes*, Gleichheit durch Verfahren bei der staatlichen Auftragsvergabe, JZ 1997, 909, 914.

1239 So vergab das Bundesministerium des Inneren im Jahr 1999 insgesamt 76,1% aller Aufträge freihändig; vgl. Beschaffungsbericht des BMI, Jahresbericht 1999, S. 19.

1240 Vgl. dazu BVerfGE 73, 280, 295-296.

1241 *Hermes*, Gleichheit durch Verfahren bei der staatlichen Auftragsvergabe, JZ 1997, 909, 914.

dargestellt – grundlegender Auswahlgesichtspunkte, wie der Eignungsanforderungen an die Bewerber, um angemessenen Grundrechtsschutz zu gewährleisten. Der Gesetzgeber ist mithin nicht aus seiner Verantwortung entlassen, entweder das VgRÄG auch für Aufträge unterhalb der EG-Schwellenwerte fruchtbar zu machen oder zumindest die Basisparagraphen der Verdingungsordnungen auf eine gesetzliche Ebene zu heben. Gleichheitsschutz durch Verfahren ist nur dann sichergestellt, wenn auch jeder potentielle Bieter tatsächlich auf der Grundlage subjektivrechtlicher Verfahrens- und Auswahlregulierungen seine Grundrechte durchzusetzen vermag. Damit bleibt zu konstatieren, dass der Gesetzgeber im Rahmen des staatlichen Einkaufs seiner grundrechtlichen Schutzpflicht nicht in Ansätzen gerecht geworden ist.

(dd) § 100 Abs. 1 GWB als verfassungswidrige Norm ?

Vor diesem Hintergrund gilt es die Frage aufzuwerfen, ob die derzeitige Teilung des öffentlichen Auftragsrechts durch die §§ 100 Abs. 1[1242], 127 GWB[1243] i.V.m. der VgV[1244] entlang der EG-Schwellenwerte[1245] in einen Bereich unter der Ägide des VgRÄG und den großen „Rest“[1246] vor den Anforderungen des Gleichheitssatzes bestehen kann. Neben der Verpflichtung der vollziehenden Gewalt, das Recht gleichmäßig anzuwenden, wendet sich Art. 3 Abs. 1 GG an die gesetzgebende Gewalt, das Recht auch gleich zu setzen[1247]. Danach ist nach dem BVerfG die Rechtssetzungsgleichheit verletzt, wenn „[...] eine Gruppe von Normadressaten im Ver-

---

1242 § 100 Abs. 1 GWB: „Dieser Teil gilt nur für Aufträge, welche die Auftragswerte erreichen oder überschreiten, die durch [die] Rechtsverordnung nach § 127 GWB festgelegt sind (Schwellenwerte).“

1243 § 127 GWB: „Die Bundesregierung kann durch Rechtsverordnung mit Zustimmung des Bundesrates Regelungen erlassen 1. Zur Umsetzung der Schwellenwerte der Richtlinien der Europäischen Gemeinschaft über die Koordinierung der Verfahren zur Vergabe öffentlicher Aufträge in das deutsche Recht [...].“

1244 §§ 4-7 VgV mit Verweis auf die entsprechenden EG-Schwellenwerte.

1245 Art. 6 Abs. 1 BKR - 5.000.000,- Euro für Bauaufträge; Art. 5 Abs. 1 lit. a LKR/Art. 7 Abs. 1 DKR - 200.000,- Euro für Liefer- und Dienstleistungsaufträge; Art. 14 Abs. 1 SKR - 400.000,- Euro bei Liefer- und Dienstleistungsaufträgen, 5.000.000,- Euro bei Bauaufträgen der Sektorenauftraggeber.

1246 Hier sei nochmals daran erinnert, dass von den 400,- Mrd. DM, die jährlich von der öffentlichen Hand in Deutschland für öffentliche Aufträge aufgewandt werden (Studie des Statistischen Bundesamtes vom 25.08.1999 - Size and structure of the German public procurement market in 1995, An empirical survey from the Federal Statistical Office of Germany, launched by the EU-Commission, S. 2, 6), lediglich 200,- Mrd. DM unter Anwendung des VgRÄG ausgegeben werden; *Wilburn/Reichling*, Germany Adopts New Procurement Code, 1 The International Construction Law Review, 130 (2000).

1247 Vgl. dazu nur *Starck*, in: v. Mangoldt/Klein/Starck, Das Bonner Grundgesetz 1999, Art. 3 Abs. 1, Rdnr. 2.

gleich zu anderen Normadressaten anders behandelt wird, obwohl zwischen beiden Gruppen keine Unterschiede von solcher Art und solchem Gewicht bestehen, daß sie die ungleiche Behandlung rechtfertigen könnten."[1248] Letztlich hat der Gesetzgeber demnach „wesentlich Gleiches gleich, wesentlich Ungleiches seiner Eigenart entsprechend ungleich zu behandeln."[1249]
Die legislative Differenzierung manifestiert sich dabei insbesondere hinsichtlich effektiven Bieterschutzes. Das VgRÄG zerschneidet das Vergaberecht in einen „rechtsstaatlichen" und einen weitgehend rechtsschutzlosen Bereich. So ist den konkurrierenden Unternehmen oberhalb der Schwellenwerte mit § 97 Abs. 7 GWB ein subjektiv-öffentliches Recht auf die Einhaltung sämtlicher Vergabenormen eingeräumt. Die Durchsetzung dieser Rechtsposition wird durch die aufschiebende Wirkung des Nachprüfungsantrages und die Vorabinformation flankiert, so dass die Bieter auch faktisch die rechtmäßige Verteilung öffentlicher Aufträge durchsetzen können. Im Einklang damit können sich die Unternehmer oberhalb der EG-Schwellenwerte auf eine Reihe verschärfter Verfahrensregelungen berufen; exemplarisch seien nur die strengeren Voraussetzungen für freihändige Auftragsvergaben genannt[1250].
Unterhalb der Schwellenwerte sind die Auftraggeber dagegen nur an die grundsätzlich objektiv wirkenden haushaltsrechtlichen Normen und die verwaltungsinternen Vorgaben der Verdingungsordnungen gebunden. Weder hat der Gesetzgeber den Bietern einen Anspruch auf die Einhaltung der Normen eingeräumt, noch ist ihnen ein durch Suspensiveffekt oder Vorabinformation bewehrtes Rechtsschutzverfahren zur Durchsetzung ihrer subjektiv-öffentlichen Rechte aus Art. 12 Abs. 1 GG und Art. 3 Abs. 1 GG an die Hand gegeben[1251]. Die Auswirkungen sind entsprechend. Während die unterlegenen Bieter unterhalb der Schwellenwerte nur im Ausnahmefall mit einem Begehren auf Primärrechtsschutz durchdringen[1252], die Vergabe öffentli-

---

1248 BVerfGE 55, 72, 88; 75, 108, 157 – st. Rspr.

1249 BVerfGE 3, 58, 135 f.; 42, 64, 72; 71, 255, 271.

1250 §§ 3, 3 a, 8, 8 a VOB/A 1/2; §§ 3, 3 a, 7, 7 a VOL/A 4/2.

1251 Vgl. zur Zuständigkeit der Vergabekammern und der Vergabesenate der Oberlandesgerichte anhand der Schwellenwertvorgaben in den §§ 100 Abs. 1, 127 GWB i.V.m. §§ 4-7 VgV; OLG Koblenz, Beschl. vom 08.02.2001, 1 Verg 5/00, nicht veröffentl., Kurzfassung abgedr. in: Forum Vergabe e.V., Monatsinfo 3/2001, Anlage 8.

1252 Vgl. dazu exemplarisch OLG Düsseldorf, Urt. vom 12.02.1980, DÖV 1981, 537 ff. – Fernmeldetürme; OLG Frankfurt, Urt. vom 26.07.1988, WuW/E OLG 4354 = WuW 1989, 752 ff. – Betankungsventile; OLG Frankfurt, Urt. vom 03.12.1996, ZVgR 1997, 129 ff.; OLG Düsseldorf, Urt. vom 29.07.1998, WuW/E Verg 197 = WuW 1999, 341 ff. – Baumpflegearbeiten; LG Kiel, Urt. vom 18.05.1983, WuW/E LG/AG 510 = WuW 1984, 402 ff. – Auftragsvergabe für Straßenbau.

cher Aufträge sich damit weitgehend im „Arkanbereich der Verwaltung“[1253] abspielt, können sich die Unternehmen im Rahmen von Aufträgen unter dem VgRÄG effektiv gegen die Willkür öffentlicher Auftraggeber wehren[1254].

Möglicherweise könnten jedoch zwischen den Normadressaten Unterschiede von solcher Art und solchem Gewicht bestehen, dass die Ungleichbehandlung sich nicht auf wesentlich gleiche Regelungskomplexe bezieht. Eine solche Überlegung lässt sich nicht von vornherein von der Hand weisen, sind doch Projekte, wie der Umbau des Berliner Olympiastadions oder der Bau des Flughafens Berlin-Brandenburg nicht unbedingt mit einem Bleistifteinkauf vergleichbar. Eine solche quantitative Betrachtungsweise ließe jedoch die qualitative Vergleichbarkeit der Vergabe öffentlicher Aufträge für die betroffenen Auftragnehmer außer Acht. Unabhängig von den in Frage stehenden Auftragsvolumina üben die Grundrechtsträger ihre berufliche Tätigkeit aus, so dass sich eine Diskriminierung im Rahmen kleinerer Projekte – bei entsprechender Abhängigkeit von öffentlicher Nachfrage – im Hinblick auf eine Beeinträchtigung von Art. 12 Abs. 1 GG durchaus „grundrechtsrelevanter“ darstellen kann[1255]. Fraglich ist auch, was den Bauunternehmer von einem Lieferanten unterscheidet, wenn ersterer rechtmäßige Vergabeverfahren nur bei der Vergabe eines Auftrages ab 5.000.000,- Euro effektiv durchsetzen kann, während der Lieferant von den Segnungen des VgRÄG schon dann profitiert, wenn er um einen Auftrag im Wert von 200.000,- Euro konkurriert.

Diese Einschätzung allein kann eine Verfassungswidrigkeit des § 100 Abs. 1 GWB allerdings noch nicht begründen. Dem Gesetzgeber steht aufgrund der inhaltlichen Offenheit von Art. 3 Abs. 1 GG eine weitgehende Gestaltungsfreiheit zu, auch wesentlich gleiche Lebenssachverhalte unterschiedlich zu regeln[1256]. So kommt eine

---

1253 *Huber*, Die Europäisierung des öffentlichen Auftragswesens in Deutschland, in: Dörr/Fink/Hillgruber/Kempen/Murswiek (Hrsg.), Die Macht des Geistes, FS Schiedermair 2001, S. 765, 768.

1254 Bei 356 Beschlüssen der Vergabekammern und 100 Beschlüssen der Vergabesenate der OLG zwischen dem 01.01.1999 und dem 31.12.2000 obsiegten die klagenden Bieter vor den Vergabekammern in ca. 31% und vor den Vergabesenaten der Oberlandesgerichte in ca. 47% der Fälle; mitgeteilt in: Forum Vergabe e.V., Monatsinfo 1/2001, S. 9.

1255 In diese Richtung auch *Binder*, Effektiver Rechtsschutz und neues Vergaberecht - Überlegungen zur Verfassungsmäßigkeit der Differenzierung nach Schwellenwerten in §§ 97 ff. GWB, ZZP 2000, 195, 213.

1256 BVerfGE 84, 348, 359: „Die Anwendung des allgemeinen Gleichheitssatzes nach Art. 3 Abs. 1 GG verlangt den Vergleich von Lebensverhältnissen, die nicht in allen, sondern stets nur in einzelnen Elementen gleich sind. Grundsätzlich ist es Sache des Gesetzgebers, darüber zu entscheiden, welche von diesen Elementen er als maßgebend für eine Gleich- oder Ungleichbehandlung hält. [...] Bei der Überprüfung eines Gesetzes auf seine Vereinbarkeit mit dem Gleichheitssatz ist vom Bundesverfassungsgericht nicht zu untersuchen, ob der Gesetzgeber die zweckmäßigste oder gerechteste Lösung gefunden hat, sondern nur, ob er die verfassungsrechtlichen Grenzen seiner Gestaltungsfreiheit überschritten hat.“; BVerfGE 90, 22, 26: „Art. 3 Abs. 1 GG läßt dem Gesetz-

verfassungswidrige Ungleichbehandlung erst dann in Frage, wenn „[...] sich ein vernünftiger, aus der Natur der Sache sich ergebender oder sonstwie einleuchtender Grund für die gesetzliche Differenzierung nicht finden läßt, d.h. wenn die Regelung als willkürlich bezeichnet werden muß."[1257]
Dabei ist, wie dargestellt, eine willkürliche Ungleichbehandlung zunächst anhand einwirkender Freiheitsrechte zu bestimmen[1258]. Der Gesetzgeber ist immer dann ungebundener, durch eine Differenzierung ein politisches Ziel zu verfolgen, wenn keine Freiheitsrechte oder sonstige verfassungsrechtliche Güter berührt werden[1259]. Vor diesem Hintergrund kann dem Gesetzgeber durch den Erlass des VgRÄG kein Verstoß gegen ein sich aus der Verfassung ergebendes Differenzierungsverbot vorgeworfen werden. Denn weder berührt die ausdrückliche Gewährung subjektiv-öffentlicher Rechte, noch die strengeren Verfahrensregulierungen ein Freiheitsrecht der potentiellen Auftragnehmer für Vergaben unterhalb der Schwellenwerte. Vielmehr hat der Gesetzgeber sowohl im VgRÄG als auch im Vergabehaushaltsrecht mit der Verpflichtung auf öffentliche Ausschreibungen und die Vergabe des Auftrages auf das wirtschaftlichste Gebot, grundsätzlich die Voraussetzungen geschaffen, um den Unternehmen ihre Wettbewerbs- und Berufsfreiheit und Chancengleichheit zu erhalten. Die relevanten Unterschiede ergeben sich erst, wenn die Vergabeverwaltung gegen diese Vorgaben verstößt und der Unternehmer um ihre Einhaltung nachsucht.
Die fehlenden Implikationen seitens der Freiheitsrechte bedeuten nicht zwangsläufig, dass die durch das VgRÄG getroffene Differenzierung vor dem Gleichheitssatz Bestand haben kann. Denn Art. 3 Abs. 1 GG enthält einen unmittelbaren Anspruch gegenüber dem Gesetzgeber auf Rechtssetzungsgleichheit, so dass jede Ungleichbehandlung einer Rechtfertigung durch einen sachlichen Grund bedarf. Damit erhebt sich die Frage, welche Gründe die Aufsplitterung des Vergaberechts zulassen. Nach dem Gesetzgeber, der in der amtlichen Begründung zum VgRÄG auf die „Vielzahl der Fälle" verweist, die subjektiv-öffentliche Rechte und ein vergabespezifisches Rechtsschutzverfahren auch unterhalb der Schwellenwerte nicht zuließen[1260], sollen dafür Überlegungen der Verwaltungsökonomie ausreichen. Auch wenn die praktischen Erfordernisse der Verwaltung nicht von vornherein als verfassungsrechtliche Rechtfertigung einer Ungleichbehandlung ausscheiden, kann dadurch eine Verlet-

---

geber weitgehende Freiheit, Lebenssachverhalte und das Verhalten von Personen entsprechend dem Regelungszusammenhang unterschiedlich zu behandeln."

1257 BVerfGE 12, 341, 348.

1258 BVerfGE 93, 121, 133 f.

1259 *Starck*, in: v. Mangoldt/Klein/Starck, Das Bonner Grundgesetz 1999, Art. 3 Abs. 1, Rdnr. 11.

1260 Amtliche Begründung zum VgRÄG, BT-Drucks. 13/9430, zu § 109, S. 15.

zung des Gleichbehandlungsgrundsatzes nicht vorschnell ausgeschlossen werden. So besteht auch nach dem BVerfG eine solche Zielsetzung vor den Anforderungen des Grundgesetzes nur, wenn eine begrenzte Gruppe von Grundrechtsträgern geringfügig betroffen ist[1261]. Davon kann jedoch im Rahmen der Vergabe öffentlicher Aufträge nicht die Rede sein. Zum einen sei hier nochmals daran erinnert, dass lediglich die Hälfte des jährlichen Auftragsvolumens unter Anwendung des VgRÄG vergeben wird. Wenn man bedenkt, dass unterhalb der Schwellenwerte aufgrund des geringeren Volumens der Aufträge zahlenmäßig mehr Einkäufe getätigt werden als im Anwendungsbereich des VgRÄG, ist nicht lediglich eine geringe Anzahl von Unternehmen durch die Differenzierung betroffen. Zum anderen können die Auswirkungen auf die potentiellen Auftragnehmer nicht als geringfügig erachtet werden, wenn abhängig von den Kosten des zu erstellenden Projekts oder der Lieferung, effektiver Primärrechtsschutz keinem Primärrechtsschutz gegenüber steht.

Vor diesem Hintergrund muss festgehalten werden, dass der Gesetzgeber durch den Erlass des VgRÄG seine Verpflichtungen auf Rechtssetzungsgleichheit verletzt hat[1262]. Dieses Ergebnis wird auch durch eine Entscheidung des Österreichischen Verfassungsgerichtshofes bestätigt, der die dem § 100 Abs. 1 GWB entsprechende Norm[1263] des österreichischen Vergabegesetzes für verfassungswidrig erklärte. Der Gesetzgeber habe das verfassungsrechtliche Gleichbehandlungsgebot verletzt, da es im Unterschwellenbereich der Auftragsvergabe an außenwirksamen Regulierungen und an vergabespezifischem Rechtsschutz fehle und für die einschlägige Differenzierung kein sachlicher Grund bestände[1264]. Eine andere Einschätzung lässt sich auch

---

1261 BVerfGE 82, 60, 101-102: „Der Gesichtspunkt, daß der Gesetzgeber den praktischen Erfordernissen der Verwaltung Rechnung tragen darf, kann eine Ungleichbehandlung bei der Regelung von Masseerscheinungen rechtfertigen. Allerdings gilt dies nur mit Einschränkungen. Der Gesichtspunkt der Verwaltungsökonomie darf regelmäßig nur in geringfügigen und besonders liegenden Fällen zu Ungleichheiten führen, während stärkere Belastungen ganzer Gruppen das Maß des verfassungsrechtlich Zulässigen überschreiten können. Sofern die Belastungen gering sind, können Gründe der Praktikabilität jedoch auch die Benachteiligung größerer Gruppen rechtfertigen."

1262 So *Binder*, Effektiver Rechtsschutz und neues Vergaberecht – Überlegungen zur Verfassungsmäßigkeit der Differenzierung nach Schwellenwerten in §§ 97 ff. GWB, ZZP 2000, 195, 215; a.A. wohl BayObLG, Beschl. vom 02.11.2000, Verg 8/00, nicht veröffentl., S. 4: „Da der Nachprüfungsantrag aus diesem Grund offensichtlich nicht zulässig ist, kann der Senat selbst dessen Unzulässigkeit aussprechen, selbst wenn er – wozu er allerdings nicht neigt – § 100 GWB für verfassungswidrig halten würde."

1263 § 3 BVergG (BGBl. 462/1993): „(1) Dieses Bundesgesetz gilt für die Vergabe von Bauaufträgen und Baukonzessionsaufträgen dann, wenn der geschätzte Auftragswert ohne Umsatzsteuer mindestens fünf Millionen ECU beträgt."

1264 Österr. VfGH vom 30.11.2000, Az: G 110/99 ua, nicht veröffentl., S. 7: „Durch das BVergG wurden die öffentlichen Auftraggeber - außenwirksam - zur Einhaltung eines bestimmten Verfahrens bei der Vergabe öffentlicher Aufträge verpflichtet und den Bewerbern und Bietern wurden vice versa Rechtspositionen zur Durchsetzung der Einhaltung der verfahrensrechtlichen Verpflichfür den deutschen Rechtsraum nicht treffen, so dass die Frage einschlägiger Industrieverbände: „Effektiver Rechtsschutz zukünftig auch unterhalb der Schwellenwerte ?“[1265] zumindest aus verfassungsrechtlicher Sicht bejaht werden muss. Vor diesem Hintergrund kann mithin der Überlegung, dass die „Metamorphose“[1266] des deutschen Vergaberechts noch nicht abgeschlossen ist, ohne weiteres zugestimmt werden.

(3) Zusammenfassung / Fazit

Wenn man demnach die Anspruchsbreite der unterlegenen Bieter gegenüber den öffentlichen Auftraggebern im Auge behält, unterscheiden sich die Rechtsschutzmöglichkeiten nicht durchgreifend danach, ob sich ein Unternehmer gerade um die Vergabe eines Auftrages im Unter- oder Oberschwellenbereich bemüht. Unabhängig von einschlägigen Auftragsvolumina genießt jeder Grundrechtsträger einen verfassungsrechtlich determinierten Anspruch auf Zugang zum Vergabeverfahren und die Vergabe des Auftrages auf das wirtschaftlichste Gebot.

Das VgRÄG zeichnet mit seiner ausdrücklichen Gewährleistung eines Anspruchs auf Einhaltung der Vorschriften über das Vergabeverfahren nur einfach-rechtlich nach, was das Grundgesetz an Rechtsschutz schon für die Unternehmen bereithält. Diese Einschätzung kann nicht weiter verwundern, sichern doch die vom deutschen Gesetzgeber mit den §§ 97 ff. GWB umgesetzten Richtlinien lediglich die Grundfreiheiten und das Diskriminierungsverbot, mithin die Rechte, die den Grundrechtsträgern schon aus der Wettbewerbs- und Berufsfreiheit des Art. 12 Abs. 1 GG und dem Gleichbehandlungsgrundsatz des Art. 3 Abs. 1 GG zustehen.

Was jedoch den Rechtsschutz im öffentlichen Auftragswesen „auseinanderdriften“ lässt, sind die fehlenden durchsetzbaren Verfahrensregulierungen für öffentliche Beschaffungen außerhalb des VgRÄG. Weder besteht ein subjektiv-öffentliches Recht auf die Bekanntmachung öffentlicher Aufträge, noch sind die Auftraggeber verpflichtet, nicht berücksichtigte Bieter vor der Erteilung des Zuschlages von der

---

tungen der öffentlichen Auftraggeber eingeräumt. Dem Verfassungsgerichtshof ist zunächst nicht erkennbar, was es sachlich rechtfertigen könnte, Bewerbern und Bietern derartige Rechtspositionen nur einzuräumen, wenn sie sich um Aufträge über einem bestimmten Schwellenwert bemühen, nicht aber, wenn der Auftrag diese Größenordnung nicht erreicht. Wieso etwa ein Bewerber um einen Bauauftrag in der Größenordnung von 50 Mio. S - anders als ein Bewerber um einen Lieferauftrag in gleicher Größenordnung oder um einen Bauauftrag in der Größenordnung von 70 Mio. S - kein subjektives Recht auf Einhaltung der die öffentlichen Auftraggeber bei der Vergabe öffentlicher Aufträge bindenden Vorschriften haben soll, ist vorläufig nicht einsichtig.“

1265 Forum Vergabe e.V., Monatsinfo 1/2001, S. 1.

1266 *Huber*, Die Europäisierung des öffentlichen Auftragswesens in Deutschland, in: Dörr/Fink/Hillgruber/Kempen/Murswiek (Hrsg.), Die Macht des Geistes, FS Schiedermair 2001, S. 765, 782.

Vergabeentscheidung zu unterrichten, um durch einstweiligen Rechtsschutz die Durchsetzung der verfassungsrechtlichen Ansprüche sicherzustellen. Dieser Vorwurf lässt sich dagegen nicht dem europäischen Gesetzgeber machen, der die widerstrebende Legislative zum Erlass des effektiven Rechtsschutz sichernden VgRÄG zwang.

d. Eröffnung des Rechtsweges und Gewährung effektiven Rechtsschutzes

Die Tatbestandsvoraussetzungen von Art. 19 Abs. 4 GG sind mithin beim staatlichen Einkauf erfüllt. Die öffentlichen Auftraggeber beschaffen als Träger und in Vollzug öffentlicher Gewalt ihre Güter und Dienstleistungen. Sämtliche öffentlich-rechtlichen Beschaffungsregulierungen des VgRÄG sind bieterschützend, mithin gerichtlich einklagbar. Unterhalb der Schwellenwerte sind es der Gleichbehandlungsgrundsatz und die Wettbewerbs- und Berufsfreiheit, welche den Bietern Abwehransprüche gegenüber den öffentlichen Auftraggebern entweder unmittelbar oder im Wege normimmanenter Direktiven gewährleisten. Gegen jede Verletzung dieser subjektiv-öffentlichen Rechte ist nach Art. 19 Abs. 4 GG der Rechtsweg eröffnet. Damit erhebt sich die Frage, inwieweit den Bietern effektiver Rechtsschutz gewährleistet wird. Auch im Rahmen dieser Untersuchung erzwingt die Zweiteilung des Vergaberechts eine isolierte Prüfung der Situation unter- und oberhalb der Schwellenwerte. Dabei gilt es die Nachprüfungsverfahren auf der Grundlage von Art. 19 Abs. 4 GG zunächst daraufhin zu untersuchen, ob „[...] der Zugang zu Gericht und zu einer gerichtlichen Entscheidung [...] in keinem Fall ausgeschlossen, faktisch verhindert bzw. in unzumutbarer, durch Sachgründe nicht mehr zu rechtfertigender Weise erschwert [wird]."[1267] Zum anderen gilt es zu untersuchen, ob den Bietern Erfüllung und Restitution, mithin die Beseitigung der einschlägigen Rechtsverletzungen möglich ist[1268].
Demgemäß wird zunächst das Nachprüfungsverfahren der §§ 102 ff. GWB den Mittelpunkt der Untersuchung bilden, namentlich inwieweit die zwingenden Anforderungen von Art. 19 Abs. 4 GG durch das VgRÄG eine verfassungsgemäße Umsetzung gefunden haben. Daraufhin wird sich die entsprechende Untersuchung hinsichtlich der Durchsetzung subjektiv-öffentlicher Rechte auch unterhalb der Schwellenwerte anschließen. Gleichwohl schon in der vorstehenden Untersuchung zu Art. 3 Abs. 1 GG die Beantwortung dieser Frage zu einem Gutteil vorweggenommen wurden, gilt es doch die unter den gegebenen Bedingungen denkbare

---

1267 *Huber*, in: v. Mangoldt/Klein/Starck, Das Bonner Grundgesetz 1999, Art. 19 Abs. 4, Rdnr. 407.

Rechtsfolge und die Ausgestaltung der vom Gesetzgeber zu erlassenden Verfahrensregulierungen nachzuzeichnen.

aa. Das Nachprüfungsverfahren oberhalb der EG-Schwellenwerte

In Anlehnung an das kartellverwaltungsrechtliche Nachprüfungsverfahren hat sich der deutsche Gesetzgeber entschieden, die potentiellen Auftragnehmer des Staates zur Nachprüfung der Entscheidungen öffentlicher Auftraggeber vor das gemischt verwaltungsinterne und gerichtliche System der Vergabekammern und Vergabesenate der Oberlandesgerichte zu verweisen. Die durch § 97 Abs. 7 GWB eingeräumten Primäransprüche können dabei ausschließlich vor diesen Foren geltend gemacht werden[1269]. Dabei sind die Vergabekammern für die dem Bund zurechenbaren Aufträge im Einklang mit den gesetzgeberischen Vorgaben beim Bundeskartellamt (§ 106 Abs. 1 GWB), auf der Ebene der Länder hauptsächlich bei den Landesverwaltungsämtern oder Regierungspräsidien eingerichtet[1270]. Die Mitglieder der Vergabekammern werden auf fünf Jahre berufen (§ 105 Abs. 4 S. 1 GWB) und sind trotz ihrer persönlichen und sachlichen Zuordnung zur vollziehenden Gewalt, lediglich dem Gesetz unterworfen und entscheiden unabhängig und eigenverantwortlich über die eingelegten Nachprüfungsanträge (§ 105 Abs. 1, Abs. 4 S. 2 GWB). Dabei hält das VgRÄG auch die Möglichkeit der Schaffung einer „vorgelagerten" dritten Instanz mit den Vergabeprüfstellen auf Bundes- und Länderebene bereit, die auf Antrag der Bieter oder von Amts wegen gleichfalls Primärrechtsschutz gewähren können (§ 103 GWB). Von dieser Möglichkeit wurde aber bisher nur zurückhaltend Gebrauch gemacht[1271]. Aufgrund der verwaltungsinternen Zuordnung der Vergabekammern und Vergabeprüfstellen bilden diese Foren nicht den „Rechtsweg"[1272] i.S.v. Art. 19 Abs. 4 GG, erzwingen doch die verfassungsrechtlichen Anforderungen den

---

1268 BVerfG, Beschl. vom 19.09.1989, NJW 1990, 501; *Schmidt-Aßmann*, in: Maunz/Dürig/Herzog, GG-Kommentar Stand August 2000, Art. 19 Abs. 4 GG, Rdnr. 283-85.

1269 Vgl. § 104 Abs. 2 GWB: „Rechte aus § 97 Abs. 7 sowie sonstige Ansprüche gegen öffentliche Auftraggeber, die auf die Vornahme oder das Unterlassen einer Handlung in einem Vergabeverfahren gerichtet sind, können außer vor den Vergabeprüfstellen nur vor den Vergabekammern und dem Beschwerdegericht geltend gemacht werden. Die Zuständigkeit der ordentlichen Gerichte für die Geltendmachung von Schadensersatzansprüchen und die Befugnisse der Kartellbehörden bleiben unberührt."

1270 Vgl. dazu die Übersicht der Vergabekammern und der Vergabesenate, mitgeteilt in: Forum Vergabe e.V., Monatsinfo 9/2000, Anlage 2.

1271 Vergabeprüfstellen sind lediglich auf Bundesebene, in Brandenburg, Bremen, Rheinland-Pfalz, Schleswig-Holstein und in Thüringen eingerichtet; vgl. die entsprechende Übersicht in: Forum Vergabe e.V., Monatsinfo 9/2000, Anlage 2.

1272 *Gröning*, Die Grenzen des „Rechtswegs" zu den Vergabekammern, ZIP 2000, 1714 ff.

Zugang zu staatlichen Gerichten i.S.v. Art. 92, 97 GG[1273]. Damit wird die grundgesetzlich vorgezeichnete Rechtswegeröffnung lediglich durch die Beschwerde (§ 116 GWB) zu den Vergabesenaten der OLG erfüllt[1274].

(1) Die unzulässige Einschränkung der Rechtsschutzgarantie

Bevor also der unterlegene Bieter um Aufhebung einer vergabebehördlichen Entscheidung vor einer gerichtlichen Instanz nachsuchen kann, ist die Einlegung eines Nachprüfungsantrages bei der Vergabekammer zwingend (§ 107 Abs. 1 GWB). Der entsprechende Antrag hat detailliert Rechtsschutzbegehren und -begründung zu enthalten, mithin umfassend aufzuführen, welche Handlung oder Unterlassung von der Vergabestelle gefordert wird (§ 108 Abs. 1 GWB). Des Weiteren sind die verfügbaren Beweismittel, der Antragsgegner und andere Beteiligte aufzuführen, genauso wie der Antrag die Versicherung zu enthalten hat, dass die behauptete Rechtsverletzung gegenüber der Vergabestelle gerügt wurde (§ 108 Abs. 2 GWB).

(a) Die Antragsbefugnis

Nach den Vorstellungen des Gesetzgebers sind nur solche Unternehmen antragsbefugt, die neben der Verletzung eines Rechts aus § 97 Abs. 7 GWB, ein Interesse am Auftrag haben und denen durch die Rechtsverletzung ein Schaden entstanden ist oder zu entstehen droht. Bis auf die Forderung einer Verletzung der Rechte aus § 97 Abs. 7 GWB wurden damit die wortlautgleichen Vorgaben der EG-Rechtsmittelrichtlinien[1275] in das VgRÄG übernommen. Um den Nachweis einer Kausalität zwischen Vergaberechtsverstoß und tatsächlichem oder drohendem Schaden zu führen, muss der Antragsteller ohne Rechtsverstoß eine „echte Chance" auf Zuschlagsertei-

---

1273 *Huber*, in: v. Mangoldt/Klein/Starck, Das Bonner Grundgesetz 1999, Art. 19 Abs. 4, Rdnr. 449 ff.

1274 *Huber*, Die Europäisierung des öffentlichen Auftragswesens in Deutschland, in: Dörr/Fink/Hillgruber/Kempen/Murswiek (Hrsg.), Die Macht des Geistes, FS Schiedermair 2001, S. 765, 778.

1275 Artt. 1 Abs. 3 RMR, SRMR: „Die Mitgliedstaaten stellen sicher, daß das Nachprüfungsverfahren entsprechend den gegebenenfalls von den Mitgliedstaaten festzulegenden Bedingungen zumindest jedem zur Verfügung steht, der ein Interesse an einem bestimmten öffentlichen Liefer- oder Bauauftrag hat oder hatte und dem durch einen behaupteten Rechtsverstoß ein Schaden entstanden ist bzw. zu entstehen droht."

lung gehabt haben[1276], wobei nach der gesetzgeberischen Intention diese Voraussetzung dann erfüllt ist, wenn der Bieter „in die engere Wahl" gekommen wäre[1277]. Auch wenn die Vergabekammern nur überaus zurückhaltend eine Antragsbefugnis mangels einer „echten Chance" auf Zuschlagserteilung verweigern[1278], so erhebt sich doch die Frage nach der verfassungsrechtlichen Zulässigkeit von § 107 Abs. 2 GWB. Denn Art. 19 Abs. 4 GG ist ein schrankenlos gewährleistetes Grundrecht, dessen Rechtsfolge auf Eröffnung des Rechtsweges und Gewährung von Rechtsschutz gerichtet ist, sobald die Verletzung subjektiv-öffentlicher Rechte durch einen Träger öffentlicher Gewalt im Raume steht. Wenn demnach der Zugang zum Nachprüfungsverfahren neben einer Rechtsverletzung an die Darlegung eines Auftragsinteresses und einer „echten Chance" auf Zuschlagserteilung gekoppelt wird, zieht § 107 Abs. 2 GWB der Rechtsschutzgarantie eine einfach-gesetzliche Schranke. Vorbehaltlos gewährleistete Grundrechte dürfen aber nur dann auf solche Weise begrenzt werden, wenn die entsprechende Schrankenziehung durch kollidierende Verfassungsgüter legitimiert ist. Als verfassungsrechtliche Rechtfertigung dieser einfachrechtlichen Beschränkung käme im Rahmen der öffentlichen Auftragsvergabe zunächst das Verfassungsgut der Verwaltungseffizienz (Art. 20 Abs. 3 GG) in Frage, denn die Durchführung eines Nachprüfungsverfahrens bedeutet zwangsläufig, dass notwendige Einkäufe von Gütern und Dienstleistungen unter Umständen für lange Zeit „Brach" liegen. Genauso ist auch – wie in jedem multipolaren Verwaltungs-

---

1276 Vgl. BayObLG, Beschl. vom 21.05.1999, WuW/E Verg 239 = WuW 1999, 1037, 1044 – Trinkwasserstollen; *Boesen*, Vergaberecht 2000, § 107, Rdnr. 54; *Portz*, in: Eschenbruch/Hunger/ Kulartz/Kus/Niebuhr/Portz, Kommentar zum Vergaberecht 2000, § 107, Rdnr. 22.

1277 Siehe dazu die Amtliche Begründung zum VgRÄG, BT-Drucks. 13/9340, zu § 135, S. 22. Das zieht zwangsläufig nach sich, dass dieser Nachweis nur zu führen ist, wenn das Bietergebot schon in das Verfahren eingestellt wurde, während eine „echte Chance" auf Zuschlagserteilung antizipiert wird, wenn der Bieter schon durch den Rechtsverstoß gar keine Möglichkeit hatte, ein Gebot abzugeben; OLG Düsseldorf, Beschl. vom 13.04.1999, WuW/E Verg 223 = WuW 1999, 813 (vollständige Version - nicht veröffentlicht, S. 24) – Restabfallbehandlungsanlage.

1278 Vgl. VK Sachsen-Anhalt vom 21.12.2000, VK Hal 22/00, mitgeteilt in: Forum Vergabe e.V., Monatsinfo 2/2001 - fehlende Antragsbefugnis lediglich bei evident fehlender Aussicht auf Zuschlagserteilung, was nur dann vorliegt, wenn der Bieter kein zuschlagsfähiges Angebot abgegeben hat. A.A. OLG Düsseldorf, Beschl. vom 14.05.2001, Verg 19/01, nicht veröffentl. Version, S. 5-6, mitgeteilt in: Forum Vergabe e.V., Monatsinfo 5/2001, wonach eine „echte Chance" u.a. schon dann abzulehnen sei, wenn der Bieter lediglich das drittbeste Angebot abgegeben habe. Wenn das Gericht in einem solchen Fall ein mangelndes Rechtsschutzbedürfnis annimmt, so wird übersehen, dass zumindest nicht auszuschließen ist, dass die besser platzierten Bieter in Konkurs gehen können, so dass auch nachrangigen Angeboten nicht von vornherein eine Chance auf Zuschlagserteilung abgesprochen werden kann. Des Weiteren stellt sich schon die Frage, ob überhaupt davon ausgegangen werden kann, dass im Vergabenachprüfungsverfahren ein Rechtsschutzinteresse zu den Sachurteilsvoraussetzungen gehören kann, da dieses Verfahren auch der objektiven Rechtmäßigkeitskontrolle dient; vgl. VK Rheinland-Pfalz, Beschl. vom 28.11.2000, VK 1/99, nicht veröffentl., mitgeteilt in: Forum Vergabe e.V., Monatsinfo 5/2001.

rechtsverhältnis[1279] – an die freiheitsrechtlichen Interessen des Konkurrenten zu denken, der schon für den Zuschlag auserkoren war und durch das Rechtsschutzverfahren an der Ausführung des möglicherweise für seine wirtschaftliche Existenz notwendigen Auftrages unverhältnismäßig lange gehindert wird. Zum Schutze dieser – mit dem Rechtsschutzinteresse des unterlegenen Bieters kollidierenden Güter – kommen somit als verfassungsrechtlich zulässige Schrankenziehungen u.a. materielle Präklusionsnormen, wie § 107 Abs. 3 GWB[1280], die Beschränkung von Rechtsmitteln, wie § 121 Abs. 4 GWB[1281], oder die Festlegung prozessualer Fristen[1282] in Frage. Die Forderung nach einem Interesse am Auftrag und einer „echten Chance" auf Erteilung des Zuschlags geht jedoch über das verfassungsrechtlich zulässige Maß hinaus. Denn Art. 107 Abs. 2 GWB beschneidet dem rechtsschutzsuchenden Bieter nicht das „Wie", sondern das „Ob" einer Durchsetzung subjektiv-öffentlicher Rechte. Denn letztlich können die Vergabekammern den Zugang zum verfassungsgebotenen Rechtsschutz durch die Beschwerdegerichte bei fehlendem Interesse am Auftrag oder mangels Chancen auf Zuschlagserteilung schlechthin verweigern, auch wenn der öffentliche Auftraggeber (möglicherweise) ein subjektiv-öffentliches Recht verletzt hat.

Diese materielle Beschränkung verstößt gegen Art. 19 Abs. 4 GG, der „[...] dem einzelnen einen möglichst lückenlosen gerichtlichen Schutz gegen die behauptete Verletzung seiner Rechtssphäre durch Eingriffe der öffentlichen Gewalt [gewährleistet]."[1283] Wenn demnach einem Bieter der Zugang zum Nachprüfungsverfahren trotz behaupteter Verletzung seiner Rechte aus § 97 Abs. 7 GWB verweigert wird, ist damit der Rechtsweg zu den regulären Gerichten eröffnet. Dem steht allerdings § 104 Abs. 2 GWB entgegen, der zur Durchsetzung der Bieterrechte ausschließlich auf den Rechtsweg der §§ 102 ff. GWB verweist. Diese Kollision kann nichts anderes bedeuten, als dass eine der beiden Normen als Verstoß gegen Art. 19 Abs. 4 GG verfassungswidrig ist.

1279 *Huber*, in: v. Mangoldt/Klein/Starck, Das Bonner Grundgesetz 1999, Art. 19 Abs. 4, Rdnr. 384 ff.

1280 § 107 Abs. 3 GWB: „Der Antrag ist unzulässig, soweit der Antragsteller den gerügten Verstoß gegen Vergabevorschriften bereits im Vergabeverfahren erkannt und gegenüber dem Auftraggeber nicht unverzüglich gerügt hat. Der Antrag ist außerdem unzulässig, soweit Verstöße gegen Vergabevorschriften, die aufgrund der Bekanntmachung erkennbar sind, nicht spätestens bis zum Ablauf der in der Bekanntmachung benannten Frist zur Angebotsabgabe oder zur Bewerbung gegenüber dem Auftraggeber gerügt werden."

1281 § 121 Abs. 4 GWB: „Gegen eine Entscheidung [Vorabentscheidung über den Zuschlag durch das Beschwerdegericht] nach dieser Vorschrift ist ein Rechtsmittel nicht zulässig."

1282 *Huber*, in: v. Mangoldt/Klein/Starck, Das Bonner Grundgesetz 1999, Art. 19 Abs. 4, Rdnr. 386.

1283 BVerfGE 67, 43, 58.

(b) Der Suspensiveffekt

Wenn der rechtsschutzsuchende Unternehmer die Klippe der Antragsbefugnis „umschifft" hat, sein Nachprüfungsantrag mithin nicht als offensichtlich unzulässig ausgeschlossen wurde (§ 110 Abs. 2 GWB), stellt die Vergabekammer den Antrag der Vergabestelle zu, der ab diesem Moment hinsichtlich der Zuschlagsentscheidung aufschiebende Wirkung entwickelt (§ 115 Abs. 1 GWB). Diese Vorschrift ist als Verbotsgesetz ausgestaltet, so dass ein trotzdem erteilter Zuschlag nach § 134 BGB nichtig ist[1284]. Der Suspensiveffekt ist für den effektiven Primärrechtsschutz der unterlegenen Bieter essentiell, da ein einmal erteilter Zuschlag nicht wieder aufgehoben werden kann (§ 114 Abs. 2 S. 1 GWB). Freilich konnte auch diese Rechtsschutzgewährleistung ihre volle Wirksamkeit erst entfalten, nachdem der Gesetzgeber die öffentlichen Auftraggeber mit der neuen Vergabeverordnung verpflichtete, nicht berücksichtigte Bieter vor dem abschließenden Vertragsschluss über die Erteilung des Zuschlags an den Konkurrenten zu unterrichten[1285]. Wie die Gewährung subjektiv-öffentlicher Rechte aus § 97 Abs. 7 GWB blieb bis dahin auch dieses prozessuale Sicherungsinstrument zu einem Gutteil faktisch wirkungslos[1286], erfuhren doch die Bieter häufig erst nach dem Zuschlag von ihrem Unterliegen.

Allerdings kann der Suspensiveffekt auf der Grundlage vielfältiger Ausnahmeregulierungen aufgehoben werden. So kann die Vergabekammer auf Antrag des Auftraggebers eine vorzeitige Erteilung des unanfechtbaren Zuschlags gestatten, „[...] wenn unter Berücksichtigung aller möglicherweise geschädigten Interessen sowie des In-

---

1284 Amtliche Begründung zum VgRÄG, BT-Drucks. 13/9430, zu § 128, S. 20.

1285 Vgl. dazu den allerdings erst mit der neuen Vergabeverordnung zum 01.02.2001 in Kraft getretenen § 13 VgV: „Der Auftraggeber informiert die Bieter, deren Angebote nicht berücksichtigt werden sollen, über den Namen des Bieters, dessen Angebot angenommen werden soll und über den Grund der vorgesehenen Nichtberücksichtigung ihres Angebotes. Er gibt die Information spätestens 14 Kalendertage vor dem Vertragsschluss ab. Ein Vertrag darf vor Ablauf der Frist oder ohne dass die Information erteilt worden und die Frist abgelaufen ist, nicht geschlossen werden. Ein dennoch abgeschlossener Vertrag ist nichtig."

1286 Die zwingende Vorabinformationsverpflichtung aufgrund der Vorgaben von Art. 19 Abs. 4 GG wurde vor Erlass der neuen VgV lediglich von der VK Bund vertreten; vgl. VK Bund I, Beschl. vom 29.04.1999, WuW/E Verg 218 = WuW 1999, 660 – Euro-Münzplättchen II; VK Bund I, Beschl. vom 09.01.2001, VK 2-42/00 – Ersatzneubau der Schleuse Nauenburg, nicht veröffentl., mitgeteilt in: Forum Vergabe e.V., Monatsinfo 3/2001; a.A. KG Berlin, Beschl. vom 15.11.2000, KartVerg 16/00 – Bauvergabe, nicht veröffentl., Kurzfassung in: Forum Vergabe e.V., Monatsinfo 11/2000, Anlage 3; VK Nordbayern, Beschl. vom 09.08.2000, 320.VK-3194-07/00 – Vergabe einer Baukonzession, nicht veröffentl., mitgeteilt in: Forum Vergabe e.V., Monatsinfo 1/2001; VK Nordbayern, Beschl. vom 09.11.2000, 320.VK-3194-28/00 – Trockenbauarbeiten, nicht veröffentl., mitgeteilt in: Forum Vergabe e.V., Monatsinfo 12/2000; VK Mecklenburg-Vorpommern, Beschl. vom 11.01.2001, 1 VK 13/00 – Bauüberwachung Internationale Gartenbauausstellung Rostock, nicht veröffentl., mitgeteilt in: Forum Vergabe e.V., Monatsinfo 2/2001.

teresses der Allgemeinheit an einem raschen Abschluß des Vergabeverfahrens die nachteiligen Folgen einer Verzögerung der Vergabe bis zum Abschluß der Nachprüfung die damit verbundenen Vorteile überwiegen [...]" (§ 115 Abs. 2 S. 1 GWB). Obwohl diese Entscheidung auf Antrag des Bieters vom Beschwerdegericht wieder aufgehoben werden kann (§ 115 Abs. 2 S. 2 GWB), stellt sich die Frage, ob die Vorgabe des § 115 Abs. 2 S. 1 GWB vor den Anforderungen von Art. 19 Abs. 4 GG bestehen kann. Denn durch § 114 Abs. 2 S. 1 GWB wird die stattgebende Entscheidung, sei es durch die Vergabekammer oder das Gericht, irreparabel. Letztlich bedeutet die Genehmigung einer Zuschlagserteilung in dem dem einstweiligen Rechtsschutz nachgebildeten § 115 Abs. 2 S. 1 GWB eine Vorwegnahme der Hauptsache. Diese ist nach allgemeiner Auffassung nur dann zulässig, wenn die Aufschiebung der Beschaffung für die öffentlichen Interessen unzumutbar ist und ein hoher Grad an Wahrscheinlichkeit für ein Unterliegen des antragstellenden Bieters spricht[1287]. So hat auch das BVerfG[1288] zu solchen Entscheidungen klargestellt, dass dem verfassungsgebotenen Rechtsschutz grundsätzlich nur dann Genüge getan ist, wenn über Verwaltungsentscheidungen, die nicht wiedergutzumachende Folgen hervorrufen, soweit als möglich erst in der Hauptsache entschieden wird. Das schließt allerdings nicht aus, dass unaufschiebbare Maßnahmen im Interesse des allgemeinen Wohls auch schon vor der Hauptsacheentscheidung in die Wege geleitet werden können; so kann das Rechtsschutz- dann hinter das öffentliche Vollzugsinteresse zurücktreten, wenn ein Begehren offensichtlich unbegründet ist.
Ohne Zweifel ist also eine Vorabgestattung des Zuschlags nicht ohne Prüfung der Sach- und Rechtslage möglich. Ein solcher Auftrag ergibt sich allerdings weder aus dem Wortlaut von § 115 Abs. 2 S. 1 GWB, noch aus den gesetzgeberischen Motiven[1289]. Entgegen den übereinstimmenden Ausführungen in der Literatur[1290] wägen daher sowohl die Vergabekammern[1291] als auch die Gerichte[1292] ohne Prüfung der

---

1287 BVerfGE 35, 382, 402; 67, 43, 61 f.; 69, 315, 363; 79, 69, 75; BVerwGE 63, 110, 111-112; OVG Lüneburg, Beschl. vom 02.07.1979, NJW 1989, 253; *Kopp/Schenke*, Die Verwaltungsgerichtsordnung 2000, § 123, Rdnr. 14 m.w.N.

1288 BVerfGE 67, 43, 58-59.

1289 Amtliche Begründung zum VgRÄG, BT-Drucks. 13/9430, zu § 125 Abs. 2, S. 20.

1290 *Boesen*, Vergaberecht 2000, § 115, Rdnr. 31; *Reidt*, in: Reidt/Stickler/Glahs, Vergaberecht – Kommentar 2000, § 115, Rdnr. 37 ff.

1291 VK Bund II, Beschl. vom 30.06.1999, ZVgR 1999, 265 – Neubau eines Dienst- und Wohngebäudes; VK Nordbayern, Beschl. vom 14.12.2000, 320.VK-3194-31/00 – Vergabe von Versicherungsdienstleistungen, nicht veröffentl., mitgeteilt in: Forum Vergabe e.V., Monatsinfo 1/2001.

1292 Vgl. BayObLG, Beschl. vom 23.12.1999, Verg 9/99, nicht veröffentl., Kurzfassung in: Forum Vergabe e.V., Monatsinfo 03/2000, Anlage 2; a.A. OLG Thüringen, Beschl. vom 26.10.1999, BauR 2000, 95, 97 – Talsperre Leibis/Lichte allerdings in einer Entscheidung zu § 118 Abs. 2 GWB.

Erfolgsaussichten des Antrages nur das Vollzugsinteresse mit dem Interesse des Bieters an der Klärung der Sach- und Rechtslage ab. Kritisch im Hinblick auf die verfassungsrechtlichen Anforderungen ist nicht allein der Mangel der zwingenden Kontrolle in tatsächlicher und rechtlicher Hinsicht. Vielmehr ermangelt es der gesetzlichen Vorschrift auch an einem Hinweis, dass die irreparable Zuschlagserteilung, die möglicherweise als schwerwiegender Eingriff in die Berufsfreiheit des unterlegenen Bieters wirkt, nur gestattet werden kann, wenn eine entsprechende Aufschiebung unzumutbar ist. Den Anforderungen von Art. 19 Abs. 4 GG nach wirksamer gerichtlicher Kontrolle wird § 115 Abs. 2 S. 1 GWB daher nicht gerecht.

(c) Die Entscheidung der Vergabekammer

Scheitert das zulässige Rechtsschutzbegehren nicht an den verfassungsrechtlich unzulässigen Voraussetzungen und hat der Bieter den begründeten Rechtsverstoß gegenüber der Vergabestelle ordnungsgemäß gerügt[1293], stellt die Vergabekammer die Rechtsverletzung fest und trifft die entsprechenden Maßnahmen, um die Rechtsverletzung zu beseitigen oder die Schädigung der betroffenen Interessen zu verhindern (§ 114 Abs. 1 S. 1 GWB). Das Nachprüfungsorgan ist dabei nicht an die Anträge gebunden, sondern hat ein rechtmäßiges Vergabeverfahren herzustellen. Auch wenn der Gesetzgeber davon ausgeht, dass der Vergabekammer bei der abschließenden Entscheidung eine „flexible Reaktion" auf die Belange des Bieters und des öffentlichen Interesses an einer zügigen Auftragserteilung zustehen soll[1294], kann letztlich vor den Anforderungen von Art. 19 Abs. 4 GG nur die Beseitigung der geltend gemachten Rechtsverletzung – mithin Primärrechtsschutz bestehen –, eingeschlossen die Anordnung an die Vergabestelle, den Zuschlag an den antragstellenden Bieter zu

---

1293 Die fehlende Rüge der behaupteten Rechtsverletzung hat sich in der bisherigen Vergabepraxis als einer der Hauptgründe erwiesen, welche zu einer Abweisung der einschlägigen Nachprüfungsanträge führte; vgl. dazu exemplarisch: VK Niedersachsen, Beschl. vom 20.11.2000, 203 VgK-13/2000 – Sammlung und Beförderung von Abfällen; VK Niedersachsen, Beschl. vom 15.11.2000, 203 VgK-14/2000 – Ausschreibung zur thermischen Behandlung von Restabfällen, Entscheidungen nicht veröffentl., mitgeteilt in: Forum Vergabe e.V., Monatsinfo 1/2001; VK Saarland, Beschl. vom 17.08.2000, 3 VK 4/2000 – Entsorgung von FCKW-haltigen Hauskühl- und Kältegeräten; VK Saarland, Beschl. vom 24.10.2000, 3 VK 7/2000 – Einsammeln und Befördern von Abfällen aus privaten Haushalten; VK Sachsen, Beschl. vom 01.11.2000, 1 SVK 90/00 – Einführung eines Liegenschafts- und Gebäudeinformationssystems LIGIS; OLG Düsseldorf, Beschl. vom 15.11.2000, Verg 15/00; Entscheidungen nicht veröffentl., mitgeteilt in: Forum Vergabe e.V., Monatsinfo 12/2000.

1294 Vgl. Amtliche Begründung zum VgRÄG, BT-Drucks. 13/9340, S. 19.

erteilen, wenn nach Beachtung des Beurteilungsspielraumes eine „Wertungsreduktion auf Null“ anzunehmen ist[1295].

(2) Die sofortige Beschwerde zum Oberlandesgericht

Wie erwähnt, enthält erst die gegen die Entscheidungen der Vergabekammer zur Verfügung stehende sofortige Beschwerde zu den Vergabesenaten der örtlich zuständigen OLG die i.S.v. Art. 19 Abs. 4 GG zwingende Rechtswegeröffnung (§ 116 Abs. 1, 3 GWB). Dieses Rechtsmittel ist binnen einer Notfrist von zwei Wochen schriftlich und begründet beim Beschwerdegericht einzulegen (§ 117 Abs. 1, 2 GWB). Das Nachprüfungsverfahren hält daneben die Möglichkeit einer „Untätigkeitsbeschwerde“ bereit, wenn die Vergabekammer nicht innerhalb von fünf Wochen entschieden hat und deshalb eine Ablehnung des Antrages fingiert wird (§ 116 Abs. 2 GWB).

(a) Die aufschiebende Wirkung der sofortigen Beschwerde

Als indisponible Voraussetzung effektiver Rechtsschutzgewährleistung entwickelt die sofortige Beschwerde suspendierende Wirkung gegenüber der Entscheidung der Vergabekammer (§ 118 Abs. 1 GWB). Nach § 118 Abs. 3 GWB hat der Zuschlag grundsätzlich solange zu unterbleiben, bis das Beschwerdegericht die Entscheidung der Vergabekammer aufhebt. Auch § 118 Abs. 3 GWB ist als Verbotsgesetz ausgestaltet, so dass ein trotzdem erteilter Zuschlag gemäß § 134 BGB nichtig ist. Dabei hält allerdings das Rechtmittelverfahren für den beschwerdeführenden Bieter eine Besonderheit bereit. Denn hinsichtlich der aufschiebenden Wirkung der Beschwerde gestaltet sich die Situation nur unproblematisch, wenn die Vergabekammer dem Auftraggeber die Erteilung des Zuschlags untersagt hat und daraufhin von diesem um Aufhebung der Entscheidung nachgesucht wird. Schwieriger gestaltet sich die Lage, wenn der Bieter von der Vergabekammer abschlägig beschieden wurde und dieser nun seinerseits Beschwerde einlegt. Zwar zeitigt auch dieser Antrag aufschiebende Wirkung gegenüber der vergabekammerlichen Entscheidung, so dass die Wirkung des § 115 Abs. 1 GWB zunächst aufrechterhalten bleibt; jedoch entfällt der Suspensiveffekt zwei Wochen nach Ablauf der Beschwerdefrist, also spätestens vier Wochen nach Entscheidung der Vergabekammer (§ 118 Abs. 1 S. 2 GWB). Das

---

1295 Vgl. dazu VK Nordbayern, Beschl. vom 20.07.2000, 320.VK-3194-14/00 – Bauvorhaben Straßenbrücke über die Bahnlinie, nicht veröffentl., mitgeteilt in: Forum Vergabe e.V., Monatsinfo 11/2000; OLG Düsseldorf, Beschl. vom 10.05.2000, Verg 5/00, nicht veröffentl., Kurzfassung in: Forum Vergabe e.V., Monatsinfo 5/2000, Anlage 8.

zwingt den erstinstanzlich unterlegenen Bieter neben der sofortigen Beschwerde einen Antrag auf Verlängerung der aufschiebenden Wirkung bis zur Entscheidung des Beschwerdegerichts zu stellen (§ 118 Abs. 1 S. 3 GWB), da sonst der öffentliche Auftraggeber bei laufendem Rechtsmittelverfahren den Zuschlag erteilen kann.
Das Beschwerdegericht prüft den Antrag des Bieters hinsichtlich der Erfolgsaussichten in der Hauptsache und wägt daraufhin das Aussetzungs- mit dem Vollzugsinteresse ab (§ 118 Abs. 2 GWB) ab. Die von den Beschwerdeführern geltend gemachten Rechtsverstöße werden dabei einer summarischen Prüfung unterzogen[1296]. Dieses strukturell vorläufige Verfahren hat sich im Laufe der Vergabepraxis indes als ein extensiv genutztes Instrument herausgebildet, den öffentlichen Auftraggebern vor einer Entscheidung in der Hauptsache die nicht anfechtbare Erteilung des Zuschlags zu gewähren, indem die einschlägigen Anträge der Bieter abgelehnt wurden[1297].

1296 Vgl. dazu nur OLG Naumburg, Beschl. vom 19.10.2000, 1 Verg 9/00 – Rettungsdienst, nicht veröffentl., Kurzfassung in: Forum Vergabe e.V., Monatsinfo 10/2000, Anlage 13.

1297 OLG Düsseldorf, Beschl. vom 19.07.2000, Verg 10/00, nicht veröffentl., Kurzfassung in: Forum Vergabe e.V., Monatsinfo 7-8/2000, Anlage 11; OLG Stuttgart, Beschl. vom 12.04.2000, 2 Verg 3/00 – Ausbau Kläranlage, nicht veröffentl., Kurzfassung in: Forum Vergabe e.V., Monatsinfo 7-8/2000, Anlage 20; KG Berlin, Beschl. vom 25.07.2000, KartVerg 11/00 – Arbeitsplatzcomputer, nicht veröffentl., Kurzfassung in: Forum Vergabe e.V., Monatsinfo 9/2000, Anlage 4; KG Berlin, Beschl. vom 30.08.2000, KartVerg 13/00 – Arbeitsplatzcomputer II, nicht veröffentl., Kurzfassung in: Forum Vergabe e.V., Monatsinfo 9/2000, Anlage 5; KG Berlin, Beschl. vom 05.09.2000, KartVerg 15/00 – Verkehrserhebung 1999/2000, nicht veröffentl., Kurzfassung in: Forum Vergabe e.V., Monatsinfo 9/2000, Anlage 6; OLG Naumburg, Beschl. vom 10.08.2000, 1 Verg 5/00 – Reinigungsarbeiten und Speisenversorgung, nicht veröffentl., Kurzfassung in: Forum Vergabe e.V., Monatsinfo 9/2000, Anlage 9; OLG Stuttgart, Beschl. vom 11.07.2000, 2 Verg 5/00, nicht veröffentl., Kurzfassung in: Forum Vergabe e.V., Monatsinfo 10/2000, Anlage 4; OLG Stuttgart, Beschl. vom 11.07.2000, 2 Verg 5/00, nicht veröffentl., Kurzfassung in: Forum Vergabe e.V., Monatsinfo 10/2000, Anlage 8; OLG Düsseldorf, Beschl. vom 05.10.2000, Verg 14/00 – Gemeinschaftsinitiative EQUAL, nicht veröffentl., Kurzfassung in: Forum Vergabe e.V., Monatsinfo 10/2000, Anlage 9; OLG Düsseldorf, Beschl. vom 14.09.2000, Verg 17/00, nicht veröffentl., Kurzfassung in: Forum Vergabe e.V., Monatsinfo 10/2000, Anlage 10; OLG Naumburg, Beschl. vom 19.10.2000, 1 Verg 9/00 – Rettungsdienst, nicht veröffentl., Kurzfassung in: Forum Vergabe e.V., Monatsinfo 10/2000, Anlage 13; KG Berlin, Beschl. vom 15.11.2000, KartVerg 16/00, nicht veröffentl., Kurzfassung in: Forum Vergabe e.V., Monatsinfo 11/2000, Anlage 3; OLG Düsseldorf, Beschl. vom 06.11.2000, Verg 20/00 – Bundesgerichtshof, Erweiterung eines Dienstgebäudes, nicht veröffentl., Kurzfassung in: Forum Vergabe e.V., Monatsinfo 11/2000, Anlage 4; OLG Düsseldorf, Beschl. vom 13.11.2000, Verg 25/00 – Spezialflugzeuge, nicht veröffentl., Kurzfassung in: Forum Vergabe e.V., Monatsinfo 11/2000, Anlage 5; OLG Naumburg, Beschl. vom 11.07.2000, 1 Verg 4/00 – Entsorgungsdienstleistungen, nicht veröffentl., Kurzfassung in: Forum Vergabe e.V., Monatsinfo 11/2000, Anlage 7; OLG Düsseldorf, Beschl. vom 13.11.2000, Verg 18/00 – GIS-Systeme, nicht veröffentl., Kurzfassung in: Forum Vergabe e.V., Monatsinfo 12/2000, Anlage 5; OLG Naumburg, Beschl. vom 08.11.2000, 1 Verg 10/00 – Abschlepp- und Notöffnungsaufträge, nicht veröffentl., Kurzfassung in: Forum Vergabe e.V., Monatsinfo 12/2000, Anlage 9; OLG Düsseldorf, Beschl. vom 19.12.2000, Verg 28/00, nicht veröffentl., Kurzfassung in: Forum Vergabe e.V., Monatsinfo 1/2001, Anlage 3; BayObLG, Beschl. vom 21.12.2000, Verg 13/00 – Neubau Landratsamt, nicht veröffentl., Kurzfassung in: Forum Vergabe

Dabei ergeben sich im Rahmen des Verfahrens nach § 118 Abs. 1 S. 3 GWB die identischen verfassungsrechtlichen Probleme, wie hinsichtlich der Vorabgestattung des Zuschlages durch die Vergabekammer. Wenn das Gericht den Antrag des Bieters ablehnt, trifft der Auftraggeber mit der vorzeitigen Zuschlagserteilung eine irreparable Entscheidung, so dass letztlich in dieser Entscheidung die Vorwegnahme der Hauptsache zu sehen ist. Vor dem Hintergrund der zwingenden Anforderungen von Art. 19 Abs. 4 GG kann eine solche Entscheidung – wie erwähnt – nur gefällt werden, wenn ein hoher Grad an Wahrscheinlichkeit für ein Unterliegen des Bieters spricht und die Aufschiebung der Beschaffungsmaßnahme für die Gemeinwohlinteressen unzumutbar ist[1298]. Im Einklang mit dem Wortlaut des Gesetzes, nach welchem die Erfolgsaussichten der Beschwerde lediglich „berücksichtigt" werden, lehnen die Gerichte allerdings die einschlägigen Anträge der Beschwerdeführer schon dann ab, wenn das Begehren keine hinreichende Aussicht auf Erfolg bietet[1299].
Vorbild für eine rechtmäßige Prüfung der Verlängerungsanträge ist demgegenüber die berühmte „Talsperre Leibis/Lichte-Entscheidung" des OLG Jena, in welcher das Gericht im Gegensatz zur überwiegenden Rechtsprechung die Besonderheiten der Vorabgestattung des Zuschlags durch die Ablehnung des Verlängerungsantrages deutlich werden ließ[1300]. Unmissverständlich wurde klargestellt, dass eine solche Vorwegnahme der Hauptsache nicht schon mangels bloßer Erfolgsaussichten der Beschwerde und einem Überwiegen öffentlicher Vollzugsinteressen getroffen werden kann, sondern, dass das Rechtsmittel offensichtlich unbegründet und schwerwiegende Gründe gegen eine Aufschiebung der Beschaffung sprechen müssen, um die aus Art. 19 Abs. 4 GG folgenden verfassungsmäßigen Rechtsschutzgewährlei-

---

e.V., Monatsinfo 3/2000, Anlage 2; OLG Celle, Beschl. vom 12.02.2001, 13 Verg 2/01 – Entsorgung von Problemabfällen, nicht veröffentl., Kurzfassung in: Forum Vergabe e.V., Monatsinfo 3/2001, Anlage 4; OLG Düsseldorf, Beschl. vom 05.03.2001, Verg 2/01 – Lieferung von mind. 580 17-Zoll-Monitore, nicht veröffentl., Kurzfassung in: Forum Vergabe e.V., Monatsinfo 3/2001, Anlage 7.

1298 BVerfGE 35, 382, 402; 67, 43, 61 f.; 69, 315, 363; 79, 69, 75; BVerwGE 63, 110, 111-112; OVG Lüneburg, Beschl. vom 02.07.1979, NJW 1989, 253; *Boesen*, Vergaberecht 2000, § 118, Rdnr. 29; *Kopp/Schenke*, Die Verwaltungsgerichtsordnung 2000, § 123, Rdnr. 14 m.w.N.

1299 Vgl. dazu nur exemplarisch OLG Düsseldorf, Beschl. vom 19.07.2000, Verg 10/00, nicht veröffentl., Kurzfassung in: Forum Vergabe e.V., Monatsinfo 7-8/2000, Anlage 11: „Hieran gemessen scheidet im Streitfall eine Verlängerung der aufschiebenden Wirkung über den in § 118 Abs. 1 S. 2 GWB genannten gesetzlichen Wirkungszeitpunkt hinaus aus, da die sofortige Beschwerde der Antragstellerin gegen den angefochtenen Beschluß der Vergabekammer unter Zugrundelegung der im vorgeschalteten Verfahren nach § 118 Abs. 1 S. 3 GWB gebotenen summarischen Würdigung der Sachlage keine Aussicht auf Erfolg verspricht [...]." (unveröffentl. Version, S. 3).

1300 OLG Jena, Beschl. vom 26.10.1999, BauR 2000, 95 ff. – Talsperre Leibis/Lichte.

stung nicht unzulässig einzuschränken[1301]. Diesen Anforderungen genügt der geringe Standard des § 118 Abs. 2 GWB keinesfalls, der die Gerichte nur auf eine Berücksichtigung der Erfolgsaussichten der Beschwerde verpflichtet und ein einfaches Überwiegen öffentlicher Vollzugsinteressen für die Ablehnung des Antrages auf Verlängerung der aufschiebenden Wirkung ausreichen lässt. Hinsichtlich dieser Vorgaben ist damit eine legislative Korrektur angezeigt.

(b) Die Vorabentscheidung über den Zuschlag

Damit erschöpfen sich jedoch die Möglichkeiten für die öffentlichen Auftraggeber nicht, trotz laufendem Nachprüfungsverfahren, einen Abschluss des Vergabevorganges herbeizuführen. Vielmehr kann das Beschwerdegericht nach § 121 GWB auf Antrag der Vergabestelle die vorzeitige Erteilung des Zuschlags explizit gestatten. Vor dem Hintergrund der vergabegerichtlichen Praxis, den Antrag der privaten Beschwerdeführer auf Verlängerung der aufschiebenden Wirkung ihres Nachprüfungsantrages abschlägig zu bescheiden, wird diese vom Gesetzgeber vorgesehene

---

1301 OLG Jena, Beschl. vom 26.10.1999, BauR 2000, 95, 97 – Talsperre Leibis/Lichte: „Auch unter Beachtung des in § 113 GWB für das Verfahren vor der Vergabekammer und in §§ 118 Abs. 2, 121 GWB für das gerichtliche Beschwerdeverfahren zum Ausdruck gebrachte Beschleunigungsgebotes gewährleistet das Vergabenachprüfungsverfahren in erster Linie effektiven Rechtsschutz. Daher sind die Neuregelungen des Vierten Teils des GWB um einen sorgfältig gewichteten einstweiligen Rechtsschutz unter Beachtung sowohl der Belange der öffentlichen Auftraggeber und damit auch der Allgemeinheit wie der Interessen der konkurrierenden Bieter bemüht [...]. Ähnlich § 80 VwGO geht § 115 Abs. 1 GWB davon aus, daß bis zur abschließenden Entscheidung über den Prüfungsantrag und damit bis zur Feststellung der Korrektheit des Vergabeverfahrens der Zuschlag unterbleibt, es sei denn, die Voraussetzungen der §§ 115 Abs. 2, 121 Abs. 1 GWB liegen vor. Die Wirksamkeit der Vergabeprüfung wäre grundsätzlich in Frage gestellt, würde die Zuschlagserteilung irreparabel freigegeben (vgl. § 114 Abs. 2 Satz 1 GWB) und der Mitbewerber auf Schadensersatzansprüche gemäß § 126 GWB verwiesen. Deswegen hängt [...] die Anordnung der Fortdauer der aufschiebenden Wirkung nicht davon ab, ob die Beschwerde voraussichtlich Erfolg hat. Nur dann, wenn die im Rahmen von § 118 Abs. 2 GWB gebotene summarische Prüfung damit endet, daß die sofortige Beschwerde des vor der Vergabekammer erfolglos gebliebenen Konkurrenten voraussichtlich als unbegründet zurückzuweisen sein wird, kann die aufschiebende Wirkung nicht über den in § 118 Abs. 1 Satz 2 GWB genannten Zeitpunkt hinaus verlängert werden. Gleiches gilt, wenn – ohne daß die Beschwerde offensichtlich unbegründet wäre – eine Abwägung der Individualinteressen der Verfahrensbeteiligten wie der mit der Ausschreibung als solcher und mit einem raschen Abschluß des Vergabeverfahrens verbundenen allgemeinen Belange ergibt, daß die Folgen einer Verzögerung der Auftragsvergabe die dem Offenlassen der Vergabeentscheidung entsprechenden Vorteile überwiegen. Mithin bedarf es schwerwiegender Gründe des allgemeinen Wohls, um den Weg zu einem Zuschlag vor dem Abschluß des Vergabenachprüfungsverfahrens durch Entscheidung über die nicht offenkundig unzulässige oder unbegründete Beschwerde zu öffnen, sei es durch bloßes Freigeben der Handlungsbefugnisse der Vergabestelle gemäß § 118 Abs. 1, 2 GWB, sei es [...] durch ausdrückliche Gestattung der Zuschlagserteilung gemäß § 121 GWB."

Möglichkeit vor Abschluss des Beschwerdeverfahrens einen vorzeitigen Vollzug der Beschaffung zu erlauben, jedoch vergleichsweise selten wahrgenommen[1302]. Die Entscheidung hat innerhalb von fünf Wochen zu ergehen, kann aber im Ausnahmefall verlängert werden. Da entsprechende Verfahren vor den OLG in der Regel neun Monate dauern, soll durch diese Vorschrift eine zügige Abwicklung öffentlicher Einkäufe unterstützt werden[1303].

Diese Vorabgestattung des Zuschlages kann entweder bei überwiegenden Erfolgsaussichten des Auftraggebers (§ 121 Abs. 1 S. 1 GWB) oder bei überwiegenden öffentlichen Interessen an der Zuschlagserteilung (§ 121 Abs. 1 S. 2 GWB) ergehen. Entgegen der legislativen Motive[1304] und Stimmen in der Literatur[1305] macht das Gesetz damit eine stattgebende Entscheidung nicht von kumulativen, sondern alternativen Begründungsmöglichkeiten abhängig[1306]. Denn § 121 Abs. 1 S. 2 GWB gewährt eine Vorabentscheidung „auch" nach Abwägung der widerstreitenden Interessen, so dass selbst ohne summarische Prüfung der Sach- und Rechtslage[1307] oder gar bei Feststellung der Rechtswidrigkeit des Vergabeverfahrens der Zuschlag vorab gestattet werden kann. Auch wenn die zur Entscheidung berufenen Gerichte von dieser Alternativmöglichkeit des Satzes 2 bisher nicht Gebrauch gemacht haben und die Erfolgsaussichten der Beschwerde, bei zusätzlicher Abwägung der widerstreitenden Interessen, prüften[1308], bedarf der Wortlaut einer Korrektur, um rechtsstaatli-

---

1302 Vgl. dazu OLG Celle, Beschl. vom 14.03. und 14.04.2000, 13 Verg 2/00 – Unterhaltsreinigungen von Klinik- und Wohngebäuden, nicht veröffentl, Kurzfassung in: Forum Vergabe e.V., Monatsinfo 7-8/2000, Anlage 7; OLG Bremen, Beschl. vom 20.07.2000, Verg 1/2000 – Grunderneuerung Bundesautobahn 27, nicht veröffentl., Kurzfassung in: Forum Vergabe e.V., Monatsinfo 9/2000, Anlage 7; OLG Naumburg, Beschl. vom 19.10.2000, 1 Verg 9/00, nicht veröffentl., Kurzfassung in: Forum Vergabe e.V., Monatsinfo 10/2000, Anlage 13.

1303 Amtliche Begründung zum VgRÄG, BT-Drucks. 13/9430, zu § 131, S. 21.

1304 Amtliche Begründung zum VgRÄG, BT-Drucks. 13/9430, zu § 131, S. 21.

1305 *Schneevogl/Horn*, Das Vergaberechtsänderungsgesetz, NVwZ 1998, 1242, 1245.

1306 In diese Richtung auch zu Recht *Gröning*, Rechtsschutzqualität und Verfahrensbeschleunigung im Entwurf für ein Vergaberechtsänderungsgesetz, ZIP 1998, 370, 376; *Boesen*, Das Vergaberechtsänderungsgesetz im Lichte europarechtlicher Vorgaben, EuZW 1998, 551, 556.

1307 So ausdrücklich auch *Stickler*, in: Reidt/Stickler/Glahs, Vergaberecht - Kommentar 2000, § 121, Rdnr. 20: „Ist eine Beurteilung der Erfolgsaussichten der sofortigen Beschwerde auch nach Sachverhaltsaufklärung nicht abschließend möglich, kann das Gericht den Zuschlag auch gestatten, wenn unter Berücksichtigung aller möglicherweise geschädigten Interessen sowie des Interesses der Allgemeinheit an einem raschen Abschluß des Vergabeverfahrens die nachteiligen Folgen einer Verzögerung der Vergabe bis zur Beschwerdeentscheidung überwiegen."

1308 Vgl. dazu nochmals OLG Celle, Beschl. vom 14.03. und 14.04.2000, 13 Verg 2/00 – Unterhaltsreinigungen von Klinik- und Wohngebäuden, nicht veröffentl, Kurzfassung in: Forum Vergabe e.V., Monatsinfo 7-8/2000, Anlage 7; OLG Bremen, Beschl. vom 20.07.2000, Verg 1/2000 – Grunderneuerung Bundesautobahn 27, nicht veröffentl., Kurzfassung in: Forum Vergabe e.V., Monatsinfo 9/2000, Anlage 7; OLG Naumburg, Beschl. vom 19.10.2000, 1 Verg 9/00, nicht veröffentl., Kurzfassung in: Forum Vergabe e.V., Monatsinfo 10/2000, Anlage 13.

chen Anforderungen zu genügen[1309]. Da auch die Entscheidung nach § 121 Abs. 1 GWB einer Vorwegnahme der Hauptsache gleichkommt, sprechen identische Erwägungen gegen die verfassungsrechtliche Zulässigkeit von § 121 GWB, wie sie schon im Rahmen der Vorabgestattung des Zuschlags durch die Vergabekammer (§ 115 Abs. 2 S. 1 GWB), der Nachprüfung dieser Entscheidung durch das Beschwerdegericht (§ 115 Abs. 2 S. 2 GWB) und des Antrages auf Verlängerung der aufschiebenden Wirkung (§ 118 Abs. 1 S. 3, 2 GWB) angesprochen wurden[1310].

(c) Die Ermittlung der Entscheidungsgrundlage

Wenn das Begehren des Antragstellers auf Primärrechtsschutz sich nicht durch eine gestattete Zuschlagserteilung erledigt, entscheidet das Beschwerdegericht – wie auch die Vergabekammer – als Tatsacheninstanz (§ 117 Abs. 2 Nr. 2 GWB) und ermittelt den Sachverhalt von Amts wegen (§§ 120 Abs. 2 i.V.m. 70 Abs. 1 GWB). Allerdings hat der Beschwerdeführer trotzdem zu erklären, inwieweit die vergabekammerliche Entscheidung angefochten und eine Abänderung beantragt wird (§ 117 Abs. 1 Nr. 1 GWB).

Im Hinblick auf den Anspruch des Antragstellers auf richterliches Gehör nach Art. 103 Abs. 1 GG gilt es in diesem Zusammenhang auf eine problematische Entscheidung des BayObLG einzugehen. Aus dem Wortlaut von § 117 Abs. 1 Nr. 1 GWB hat das Gericht nämlich nicht nur geschlossen, dass der Beschwerdeführer den Umfang der Nachprüfung des Vergabeverfahrens bestimmt[1311], sondern auch, dass solche Rechtverletzungen gegenüber der Vergabestelle nicht mehr geltend gemacht werden können, die nicht Gegenstand des vergabekammerlichen Verfahrens waren oder mit denen der Beschwerdeführer erstinstanzlich präkludiert ist[1312]. Diese Ansicht kann allerdings nicht durchgreifen, weil das OLG nach dem Amtsermittlungsgrundsatz auf eine vollständige Klärung der Sach- und Rechtslage verpflichtet ist. Die Beschränkung der Entscheidung auf die durch den Rechtsmittelführer vorgebrachten Rechtsverletzungen ist damit nicht vereinbar. Der Untersuchungsgrundsatz ist Folge des Grundsatzes der Gesetzmäßigkeit der Verwaltung und der Gewährung

---

1309 Diese verfassungsrechtlich unzulässige Verwerfung ebenfalls problematisierend *Boesen*, Vergaberecht 2000, § 121, Rdnr. 7: „Da die Gestattung des Zuschlags nach § 121 faktisch einer gerichtlichen Endentscheidung gleichkommt, muß der Interessenabwägung eine Prüfung der Sach- und Rechtslage vorausgehen, um rechtsstaatlichen Anforderungen genügen zu können."

1310 In diese Richtung *Boesen*, Das Vergaberechtsänderungsgesetz im Lichte europarechtlicher Vorgaben, EuZW 1998, 551, 557; *Gröning*, Rechtsschutzqualität und Verfahrensbeschleunigung im Entwurf für ein Vergaberechtsänderungsgesetz, ZIP 1998, 370, 375.

1311 BayObLG, Beschl. vom 21.05.1999, WuW/E 239 = WuW 1999, 1037, 1039 – Trinkwasserstollen.

1312 BayObLG, Beschl. vom 21.05.1999, WuW/E 239 = WuW 1999, 1037, 1040 – Trinkwasserstollen.

effektiven Rechtsschutzes gegen Akte von Trägern öffentlicher Gewalt und obliegt den Nachprüfungsorganen wegen des öffentlichen Interesses an der sachlichen Richtigkeit der vergabebehördlichen Entscheidung[1313]. Zudem ist zu bedenken – wie in der Literatur kritisch angemerkt[1314] –, dass nach Ansicht des Gerichts zwangsläufig auch solche Rechtsverletzungen nicht zur Entscheidung des Beschwerdegerichts gestellt werden könnten, die erst nach Abschluss des vergabekammerlichen Verfahren vom Beschwerdeführer erkannt oder vom öffentlichen Auftraggeber begangen wurden. Bei Befolgung dieser Entscheidung würde daher neben der Verweigerung richterlichen Gehörs[1315] der Rechtsweg i.S.v. Art. 19 Abs. 4 GG zur Prüfung einer behaupteten Verletzung eines subjektiv-öffentlichen Rechts verschlossen.

(d) Die Beschwerdeentscheidung

Im Einklang mit dem das Vergabenachprüfungsverfahren bestimmenden Art. 19 Abs. 4 GG hat das Beschwerdegericht in Gefolge eines begründeten Antrages die Rechtsverletzung festzustellen und die Entscheidung der Vergabekammer aufzuheben (§ 123 S. 1 GWB). Das Gericht kann dabei selbst in der Sache entscheiden oder der Vergabekammer aufgeben, unter Berücksichtigung der Rechtsauffassung des Gerichts erneut zu entscheiden. Von dieser Entscheidungsbefugnis ist – soweit dies die einzig rechtmäßige Entscheidung darstellt – auch die zwingende Anordnung auf Zuschlagserteilung erfasst[1316].

(3) Zusammenfassung / Fazit

Effektiver Rechtsschutz, als Substrat des Garantiegehalts von Art. 19 Abs. 4 GG, wird demnach durch das Vergabenachprüfungsverfahren nicht in jeder Hinsicht gewährleistet. Auch wenn das Interesse an einer beschleunigten Nachprüfung von Bieteranträgen verständlich ist – können doch durch die aufschiebende Wirkung des Antrages für das Funktionieren der öffentlichen Ordnung möglicherweise unerlässli-

---

1313 *Kopp/Schenke*, Die Verwaltungsgerichtsordnung 2000, § 86, Rdnr. 1.

1314 *Hunger*, in: Eschenbruch/Hunger/Kulartz/Kus/Niebuhr/Portz, Kommentar zum Vergaberecht 2000, § 117 Rdnr. 10; *Boesen*, Vergaberecht 2000, § 117, Rdnr. 40.

1315 Vgl. zur Stellung von Art. 103 Abs. 1 GG im Vergabenachprüfungsverfahren: OLG Jena, Beschl. vom 22.12.1999, BauR 2000, 95 – Talsperre Leibis/Lichte; OLG Koblenz, Beschl. vom 22.03.2001, 1 Verg 9/00 – Sammlung und Beförderung von Abfällen u.a., nicht veröffentl., Kurzfassung in: Forum Vergabe e.V., Monatsinfo 3/2001, Anlage 9.

1316 OLG Düsseldorf, Beschl. vom 10.05.2000, Verg 5/00, nicht veröffentl., Kurzfassung in: Forum Vergabe e.V., Monatsinfo 5/2000, Anlage 8; ansonsten Bescheidungsanspruch; KG Berlin, Beschl. vom 13.10.1999, BauR 2000, 565.

che Beschaffungsmaßnahmen ausgesetzt werden –, erhebt sich dennoch die Frage, ob das Vollzugsinteresse der öffentlichen Hand nicht zu übermäßig im Mittelpunkt gesetzgeberischer Überlegungen stand. Wenn der Gesetzgeber der Vergabekammer und dem Vergabesenat weitreichende Möglichkeiten einräumt, auch ohne jegliche Prüfung der Sach- und Rechtslage unter Hinweis auf die bis zu 9-monatige Verfahrensdauer vor den Oberlandesgerichten das Beschaffungsinteresse über das Rechtsschutzinteresse der Bieter zu stellen, liegt die Vermutung nahe, dass hier der Rechtsstaat vor den faktischen Gegebenheiten einer kapazitätsmäßig überforderten Richterschaft kapituliert. Die Anforderungen von Art. 19 Abs. 4 GG sind jedoch strikt. Die Revidierung der Verletzung eines subjektiv-öffentlichen Rechts ist verfassungsgeboten, so dass der Legislative die Änderung des Nachprüfungsverfahrens der §§ 102 ff. GWB obliegt. Die Antragsbefugnis kann nicht mangels einer echten Chance auf die Zuschlagserteilung oder des Interesses am Auftrag abgelehnt werden. Das muss schon deshalb gelten, wenn diese Entscheidung durch ein Forum gefällt wird, welches die Anforderungen an den Rechtsweg i.S.v. Art. 19 Abs. 4 GG nicht erfüllt. Eine Vorabgestattung des Zuschlages – als Vorwegnahme der Hauptsache – ist ohne jegliche Prüfung der Sach- und Rechtslage oder ohne ein offensichtlich zu erwartendes Unterliegen des Bieters bei unzumutbarer Aufschiebung der Beschaffung, sei es, dass eine Verlängerung der aufschiebenden Wirkung des Nachprüfungsantrages versagt wird oder explizit auf Antrag der Vergabebehörde durch die Vergabekammer oder das Beschwerdegericht gewährt wird, nicht zulässig.

Sachgemäß hat der Gesetzgeber den Nachprüfungsforen die Prüfung der Entscheidungen öffentlicher Auftraggeber nach dem Untersuchungsgrundsatz aufgegeben. Diese unterliegen als Träger öffentlicher Gewalt dem Gesetzmäßigkeitsprinzip, so dass durch die vollständige Sachverhaltsaufklärung dem öffentlichen Interesse an der Rechtmäßigkeit der Vergabeverfahren Rechnung getragen wird. Nicht zuletzt ist es dieser verwaltungsprozessrechtlichen Ausgestaltung zu verdanken, dass sich die Nachprüfungsverfahren in einer Vielzahl der Fälle erfolgreich für die rechtsschutzsuchenden Antragsteller gestalten. So obsiegten die Bieter seit In-Kraft-Treten des VgRÄG bis zum 31. Dezember 2000 vor den Vergabekammern in 31% und vor den Beschwerdegerichten in 47% der Fälle[1317].

1317 Mitgeteilt in: Forum Vergabe e.V., Monatsinfo 1/2001, S. 9; Einschränkend ist allerdings an dieser Stelle zu erwähnen, dass ein Obsiegen der Bieter nicht gleichbedeutend mit einer Revidierung der Rechtsverletzung sein muss. Vielmehr erledigt sich das Vergabeverfahren, wenn der öffentliche Auftraggeber den Zuschlag durch Vorabgestattung oder aufgrund Nichtverlängerung der aufschiebenden Wirkung des Bieterantrages vor Ablauf des Nachprüfungsverfahrens erteilen kann. Auf Antrag des Bieters kann die Vergabekammer oder das Beschwerdegericht die Rechtswidrigkeit ex-post feststellen (§ 114 Abs. 2 S. 2; § 123 S. 3 GWB), so dass auch der Bieter mit seinem Feststellungsantrag obsiegen kann.

bb. Das Nachprüfungsverfahren unterhalb der EG-Schwellenwerte

Außerhalb des Anwendungsbereiches des VgRÄG mangelt es dagegen an einer einfach-gesetzlichen Ausgestaltung eines Nachprüfungsverfahrens, so dass sich der Garantiegehalt von Art. 19 Abs. 4 GG grundsätzlich unbeschränkt entfalten könnte, sobald die Verletzung subjektiv-öffentlicher Rechte im Raume steht. Eine Beschränkung dieser Rechtsschutzgewährleistung kann – wie schon erwähnt – lediglich durch kollidierende Verfassungsgüter legitimiert werden. Gegen Fristen, Präklusionsnormen bestehen daher keine Bedenken. Ein vollständiger Ausschluss des Anspruchs auf Restitution ist demgegenüber nicht möglich, so dass zunächst den Stimmen eine Absage zu erteilen ist, die unter Berufung auf den Grundsatz „pacta sunt servanda" den Beschaffungsvertrag für unanfechtbar halten[1318].

Wenn sich der rechtswidrige Ausschluss vom Verfahren oder die Zuschlagserteilung als eine Verletzung verfassungsrechtlich vorgezeichneter subjektiv-öffentlicher Rechte darstellt, steht auch das zivilrechtliche Vertragsrecht dem Restitutionsanspruch des Bieters nicht im Weg. Steht ein Primäranspruch eines potentiellen Auftragnehmers im Raume, hat der Auftraggeber im Rahmen der Vergabe einer Bauleistung den Vertrag nach § 649 BGB oder nach § 8 Nr. 1 Abs. 1 VOB/B – „Der Auftraggeber kann bis zur Vollendung der Leistung den Vertrag jederzeit kündigen." aufzulösen. Wenn ein Dienstleistungsauftrag vergeben wurde, muss nach den §§ 620-623 BGB gekündigt werden. Dagegen ist der Rücktritt von einem Leistungsvertrag bei Erfüllung der Verpflichtungen durch den Lieferanten nicht möglich, wenn sich der öffentliche Auftraggeber vertraglich keinen Rücktritt nach §§ 467 i.V.m. 346 BGB vorbehalten hat. Theoretischerweise müsste der öffentliche Auftrag dann ein zweites Mal unter Beachtung der Vorschriften des Vergabehaushaltsrechts vergeben werden.

Die praktische Unmöglichkeit solchen Vorgehens liegt zumindest dann auf der Hand, wenn der benachteiligte Unternehmer gar nicht oder zu spät von der Vergabe des Auftrages erfährt oder der Vertrag schon vollzogen wurde. Letztlich beseitigt der Vertragsschluss zumindest faktisch die legitimen Primäransprüche der benachteiligten Unternehmen. Dabei steht dieses Ergebnis den expliziten Ausführungen des BVerfG diametral entgegen: „Der Rechtsschutzgarantie des Art. 19 Abs. 4 GG kommt nicht nur die Aufgabe zu, jeden Akt der Exekutive, der in Rechte des Bürgers eingreift, vollständig der richterlichen Prüfung zu unterstellen, sondern auch irreparable Entscheidungen soweit als möglich auszuschließen [...] denn das dem gerichtlichen Rechtsschutzverfahren vorgelagerte Verwaltungsverfahren darf nicht

---

1318 Siehe *Seidel*, Die Anwendung der EG-Richtlinien für die öffentlichen Aufträge in der Bundesrepublik Deutschland, EuR 1990, 158, 168 ff.

so ausgestaltet sein, dass es den gerichtlichen Rechtsschutz vereitelt oder unzumutbar erschwert."[1319]
Diese Vorgabe an den Gesetzgeber bedarf offensichtlich keiner Kommentierung; Vergabe- und Rechtsschutzverfahren sind zur Sicherung der den unterlegenen Bietern zustehenden Ansprüche aus Art. 3 Abs. 1 GG und Art. 12 Abs. 1 GG zu restrukturieren. Eine endgültige Lösung bietet dabei lediglich das in der Literatur unter den Schlagworten „Das gestufte Auswahlverfahren als Lösung"[1320] oder „Effektiver Rechtsschutz und gestuftes Vergabeverfahren"[1321] propagierte zwei-stufige Vergabeverfahren. Entweder ist der öffentlich-rechtliche Zuschlag vom zivilrechtlichen Vertragsschluss zu trennen oder die nicht berücksichtigten Bietern sind – im Einklang mit den Vorgaben des § 13 VgV und den entsprechenden Ausführungen des BVerfG zur Situation im Beamtenrecht[1322] – innerhalb einer für ihre Rechtsschutzentscheidung ausreichenden Zeitspanne vor Erteilung des Zuschlags von der geplanten Auswahlentscheidung zu unterrichten. Freilich kann auch diese Maßnahme nur rechtsschutzsichernd wirken, wenn die entsprechenden Aufträge auf der Grundlage durchsetzbarer Regulierungen von den öffentlichen Auftraggebern bekannt zu machen sind.

2. Der einschlägige Rechtsweg

Damit gilt es abschließend über den im Vergabenachprüfungsrecht einschlägigen Rechtsweg zu entscheiden. Der gemeinsame Senat der obersten Bundesgerichte befand dahingehend: „[...] Ob eine Streitigkeit öffentlich-rechtlich oder bürgerlichrechtlich ist, richtet sich [...] nach der Natur des Rechtsverhältnisses, aus dem der Klageanspruch hergeleitet wird. Dabei kommt es [...] regelmäßig darauf an, ob die an der Streitigkeit Beteiligten zueinander in einem hoheitlichen Verhältnis der Über- und Unterordnung stehen und ob sich der Träger hoheitlicher Gewalt der besonderen, ihm zugeordneten Rechtssätze des öffentlichen Rechts bedient oder ob er sich den für jedermann geltenden zivilrechtlichen Regelungen unterstellt."[1323] Da die Auftraggeber als Träger öffentlicher Gewalt ihre Güter und Dienstleistungen auf der Grundlage der öffentlich-rechtlichen Sondernormen des VgRÄG und des Vergabehaushaltsrechts beschaffen, das gesamte Vergaberechtsverhältnis durch verfassungs-

---

1319 BVerfG, Beschl. vom 19.09.1990, NJW 1990, 501 f.

1320 *Huber*, Der Schutz des Bieters im öffentlichen Auftragswesen unterhalb der sog. Schwellenwerte, JZ 2000, 877, 882.

1321 *Hermes*, Gleichheit durch Verfahren bei der staatlichen Auftragsvergabe, JZ 1997, 909, 914.

1322 BVerfG, Beschl. vom 19.09.1990, NJW 1990, 501 f.

1323 GmS-OGB - BVerwGE 74, 368, 370; BVerwGE 97, 331, 335 – Tierkörperbeseitigungsanlage.

rechtliche Bindungen überlagert wird, die Bieter somit ihre Ansprüche aus den subjektiv-öffentlichen Rechten der §§ 97 ff. GWB, Art. 12 Abs. 1 GG und Art. 3 Abs. 1 GG ableiten, ist unabhängig von den in Frage stehenden Auftragsvolumina der Rechtsweg gemäß § 40 Abs. 1 VwGO zu den Verwaltungsgerichten eröffnet. Demzufolge stellt sich auch § 104 Abs. 2 GWB, der die unterlegenen Bieter im Anwendungsbereich des VgRÄG an die Vergabekammern und Vergabesenaten verweist, als abdrängende Sonderzuweisung dar.

III. Zusammenfassung / Fazit

Zusammenfassend lässt sich mithin feststellen, dass der europa- und verfassungsrechtliche Anpassungsdruck die Vergabe öffentlicher Aufträge aus seiner Stellung als willkür- und diskriminierungsbelastetes fiskalisches Hilfsgeschäft zumindest teilweise befreit hat. Die Implementierung des europäischen Vergaberechts durch das VgRÄG sichert dabei aber letztlich nur die Rechtsschutzgewährleistungen, die den unterlegenen Bietern bereits zu einem Gutteil aus den freiheits- und gleichheitsrechtlichen Vorgaben des Grundgesetzes zustehen. Unter der Prämisse des grundrechtsungebundenen Staates, der sich als „Gleicher unter Gleichen" die Sachmittel zur Erfüllung seiner Aufgaben beschafft, mussten allerdings die bieterschützenden Implikationen des Verfassungsrechts auf das öffentliche Auftragswesen faktisch leer laufen. Es war mithin das Europarecht, das sich zugunsten der konkurrierenden Unternehmen als „Bannerträger"[1324] verfassungsrechtlicher Gewährleistungen bewährte und somit als Implementierungskatalysator national-staatlicher Rechtsschutzgarantien wirkte.
Das diese Beziehung nicht einseitiger Natur ist, zeigt die „Euro-Münzplättchen II" Entscheidung der Vergabekammer Bund[1325], in welcher unter Rückgriff auf Art. 19 Abs. 4 GG die Verpflichtung auf Vorabinformation hergeleitet wurde, um damit den europarechtlich vorgegebenen Anspruch auf Zuschlagserteilung sicherzustellen. Dadurch hatte dieses Nachprüfungsforum die grundgesetzlichen Anforderungen an die Überprüfbarkeit der Erteilung des Zuschlags spezifiziert, die der EuGH[1326] wenig später unter Rückgriff auf die Vorgaben der EG-Rechtsmittelrichtlinien feststellte. Außerhalb des VgRÄG verbleibt jedoch dem Gesetzgeber weiterhin vergabespezifi-

---

1324 *Huber*, Die Europäisierung des öffentlichen Auftragswesens in Deutschland, in: Dörr/Fink/Hillgruber/Kempen/Murswiek (Hrsg.), Die Macht des Geistes, FS für Schiedermair 2001, S. 765, 782.

1325 VK Bund I, Beschl. vom 29.04.1999, WuW/E Verg 218 = WuW 1999, 660 – Euro-Münzplättchen II.

schen Bieterschutz nach den Grundsätzen der „Zwei-Stufen-Theorie“[1327] einzuführen[1328].

C. Zusammenfassung / Fazit / Ausblick

Die dogmatischen Grundlagen, die faktische Durchschlagskraft und die funktionale Ausrichtung des deutschen und U.S.- amerikanischen Bieterschutzes sind nunmehr nachgezeichnet. Auch wenn dem Rechtsschutz der Unternehmen in den zu vergleichenden Rechtsordnungen keine ähnlich weitgehende Übereinstimmung wie den Regulierungen des Vergabeverfahrens bescheinigt werden kann, so lassen sich doch einige Parallelitäten hinsichtlich der einschlägigen Entwicklung und derzeitiger Ausformung nicht von der Hand weisen. So waren sowohl in Deutschland als auch in den Vereinigten Staaten die Unternehmen grundsätzlich nicht befugt, auf die Einhaltung der Vorschriften über das Vergabeverfahren zu klagen. Frappierend bekannt dürften dem deutschen Juristen dabei insbesondere die Ausführungen des „U.S. Federal Supreme Court“ in „Perkins v. Lukens Steel“ vorkommen, in welcher das Gericht eine einschlägige Klage mit dem Hinweis abwies, dass die Vergaberegulierungen lediglich dem sparsamen und wirtschaftlichen Einkauf des Staates dienen, mithin objektiv-rechtlich[1329] und nicht bieterschützend wirken[1330]. Die identische Situation bestand für Unternehmen im deutschen Rechtsraum, die sich einer öffentlichen Hand gegenüber sahen, die ihre Güter und Dienstleistungen auf der Grundlage objektiv-rechtlich wirkender haushaltsrechtlicher Vorschriften und den Verdingungsordnungen beschaffte. Die Durchbrechung dieses Grundsatzes und die Einführung von Primärrechtsschutz für die Bieter könnten sich hinsichtlich ihrer dogmatischen Grundlage in beiden Rechtsordnungen allerdings nicht grundlegender unterscheiden. Während der „U.S. Court of Appeals for the District of Columbia“ in

---

1326 EuGH, Urt. vom 28.10.1999, Rs. C-81/98, WuW/E 262 = WuW 1999, 1262 – Alcatel-Austria AG.

1327 *Ipsen*, Öffentliche Subventionierung Privater, DVBl. 1956, 602 ff.

1328 So auch *Hermes*, Gleichheit durch Verfahren bei der staatlichen Auftragsvergabe, JZ 1997, 909, 915; *Huber*, Der Schutz des Bieters im öffentlichen Auftragswesen unterhalb der sog. Schwellenwerte, JZ 2000, 877, 882; *Triantafyllou*, Europäisierungsprobleme des Verwaltungsprivatrechts am Beispiel des öffentlichen Auftragsrechts, NVwZ 1994, 943, 946.

1329 Perkins v. Lukens Steel Co., 310 U.S. 113; 60 S.Ct. 869; 84 L.Ed. 1108 (1940): „[...] bidders must establish a legal right to redress [...] i.e., in the procurement context, a statute conveying a legal privilege.“

1330 Perkins v. Lukens Steel Co., 310 U.S. 113, 126; 60 S.Ct. 869, 876; 84 L.Ed. 1108 (1940): „Section 3709 of the Revised Statutes requires for the Government`s benefit that its contracts be made after public advertising. It was not enacted for the protection of sellers and confers no enforceable rights upon prospective bidders.“

seiner Leitentscheidung „Scanwell v. Shaffer“[1331] den Bietern bestätigte, kein subjektiv-öffentliches Recht auf die Einhaltung der Vergaberegulierungen zu haben[1332], sie vielmehr als Popularkläger[1333] das öffentliche Interesse an wirtschaftlichem Einkauf gegenüber dem beschaffenden Staat durchsetzen[1334], steht den Unternehmen nach deutscher Doktrin nunmehr ein solcher individualschützender Anspruch nach § 97 Abs. 7 GWB zu. Diese fundamentale Unterscheidung wirkt sich nicht nur auf die gerichtlichen Auseinandersetzungen zwischen Auftraggebern und Auftragnehmern, sondern den gesamten Umfang bieterschutzrechtlicher Möglichkeiten aus. Diese Problematik ist im Auge zu behalten, wenn es im Folgenden die Gegensätze und Übereinstimmungen der nationalen Lösungen anhand der gesetzlichen Grundlagen, einschlägiger Kasuistik und der dem Bieterschutz von der Legislative und Judikative zugedachten Funktion zusammenfassend herauszuarbeiten gilt.

I. Der Rechtsschutz unterlegener Bieter im Spiegel vergaberechtlicher Praxis

1. Der außergerichtliche Rechtsschutz

Trotz der vielfältigen national-spezifischen Unterschiede des Rechtsschutzes der Bieter kann als übereinstimmendes Merkmal zunächst konstatiert werden, dass die Nachprüfung behaupteter Vergaberechtsverletzungen in beiden Rechtsordnungen

---

1331 Scanwell, Inc. v. Shaffer, 424 F.2d 859, 864 (D.C.Cir. 1970): „The public interest in preventing the granting of contracts through arbitrary or capricious action can properly be vindicated through a suit brought by one who suffers injury as a result of the illegal activity, but the suit itself is brought in the public interest by one acting as a „private attorney general“.“

1332 Scanwell, Inc. v. Shaffer, 424 F.2d 859, 864 (D.C.Cir. 1970): „In essence this is precisely what the appellant sought to do in the case at bar; there is no right in Scanwell to have the contract awarded to it in the event the district court finds illegality in the award of the contract [...]. Thus the essential trust of appellant`s claim on the merits is to satisfy the public interest in having agencies follow the regulations which control government contracting.“

1333 Vgl. auch Delta Data System Corp. v. Webster, 744 F.2d 197, 206 (D.C.Cir. 1984): „In any case, this is not merely a private contract but one for the procurement of goods and services by the federal government. The award procedures established by legislation and regulation for that purpose are not designed to establish private „entitlements“ to public businesses, but rather to produce the best possible contracts for the government in the majority of cases. See Perkins v. Lukens Steel Co., 310 U.S. 113, 127; 60 S.Ct. 869, 876; 84 L.Ed. 1108 (1940); [...] This principle was not changed by the landmark case in which this court recognized the standing of private plaintiffs to sue for violation of procurement laws.“

1334 Vgl. auch SMS Data Prods. Group, Inc. GSBCA No. 10864 - P, 91 - 1 B.C.A., (CCH) 23, 464, at 117, 118 (1990): „The purpose of the protest process is to assure that in federal agency procurements, not only are vendors treated fairly, but also - of greater importance in crafting relief - that the agency ultimately makes an award against the bid or proposal that is most advantageous to the United States.“

sowohl durch die Gerichte als auch außergerichtliche Foren erreicht werden kann. Augenfällig ist dabei insbesondere die parallele Stellung der Vergabekammern und des „General Accounting Office", welche die Hauptlast der vergabespezifischen Auseinandersetzungen zu bewältigen haben.

a. Die Schwesterforen: Vergabekammer und General Accounting Office

Wenn sich ein Unternehmer rechtswidrig von einem Vergabeverfahren ausgeschlossen sieht, die Revidierung einer sonstigen Verfahrensverletzung erstrebt oder den seiner Meinung nach ungerechtfertigten Zuschlag an einen Konkurrenten verhindern oder aufheben lassen will, so gilt es für ihn zunächst, durch einen Nachprüfungsantrag bei diesen Foren eine Aussetzung des Vergabeverfahrens zu erreichen. Ist der Bieter antragsbefugt, stellen die Nachprüfungsorgane den Antrag der Vergabebehörde zu, der sodann die Zuschlagserteilung, respektive die Vertragsausführung suspendiert. Dabei können hinsichtlich der Voraussetzungen, die der Bieter für die einschlägige Antragsbefugnis zu erfüllen hat, erhebliche Überschneidungen festgestellt werden. Sowohl der „Competition in Contracting Act" als auch das VgRÄG – abgesehen von der Verletzung eines subjektiv-öffentlichen Rechts nach § 97 Abs. 7 GWB – verlangen ein Interesse am Auftrag und den Nachweis einer potentiellen oder tatsächlichen wirtschaftlichen Schädigung. Diese Voraussetzungen sind regelmäßig dann erfüllt, wenn das Bietergebot eine „echte Chance" auf Zuschlagserteilung gehabt hätte, mithin in die „engere Auswahl" gekommen wäre. Zumindest zum gegenwärtigen Zeitpunkt sind allerdings noch erhebliche Unterschiede zu erkennen, welchen Geboten eine „echte Chance" auf Zuschlagserteilung zuerkannt wird. Während nach U.S.- amerikanischer Doktrin ein Bieter nur dann als antragsbefugt gilt, wenn sein Gebot „next-in-line" ist, wird von den deutschen Nachprüfungsforen, wenn auch nicht durchgehend, eine „echte Chance" auf Zuschlagserteilung nur dann abgelehnt, wenn das Gebot nicht zuschlagsfähig ist. Diese Ansicht besticht aus mehreren Gründen. Zum einen kann – zumindest theoretisch – bis zum Abschluss des Vergabeverfahrens nicht ausgeschlossen werden, dass die höherrangigen Bieter in Konkurs gehen, somit auch niederrangige Angebote letztlich zum Zuge kommen. Zum anderen dient das Nachprüfungsverfahren nicht nur dem Schutz der Bieter, sondern vielmehr auch einer objektiven Rechtmäßigkeitskontrolle, so dass ein Ausschluss niederrangiger Gebote unter Behauptung eines fehlenden Rechtsschutzinteresses nicht durchgreifen kann. Nicht zuletzt sei hier auch nochmals an die Problematik der „federal mail" und der „buy-off settlements" erinnert. Je weniger Bieter antragsbefugt sind, desto höher ist die Möglichkeit, dass die Vergabebehörde und der potentielle oder tatsächliche Zuschlagsempfänger kollusiv den Antragsteller mit Vergünstigungen zur Rücknahme seines Nachprüfungsbegehrens bewegen – sei es, dass dem

Antragsteller unmittelbar Zahlungen geleistet werden, ein Subunternehmerauftrag versprochen wird oder er den Zuschlag unter der Bedingung erhält, den ursprünglich ausgewählten Konkurrenten als Subunternehmer zu verpflichten. Dieses Vorgehen, in den Vereinigten Staaten häufig praktiziert, von der Berliner Landesregierung im Rahmen des Projektes „Umbau Berliner Olympiastadion“ übernommen, um das „Hochtief-Konsortium“ von einer Beschwerde vor dem Vergabesenat des Kammergerichts abzuhalten, verhindert die Durchsetzung rechtmäßiger Vergabeverfahren und schädigt Staat und Steuerzahler. Obwohl im deutschen Rechtsraum bereits Angleichungstendenzen an die „Rechtsprechung“ des „General Accounting Office“ zu verzeichnen sind, sollte die restriktive Auslegung im U.S.- amerikanischen Rechtsraum keinesfalls Vorbildwirkung für die hiesige vergabekammerliche Praxis oder die Rechtsprechung zeitigen.
Die Differenzen des Rechtsschutzverfahrens setzen sich fort, wenn es die Möglichkeiten der Vergabebehörden zu analysieren gilt, die aufschiebende Wirkung eines Nachprüfungsantrages auszusetzen. Während nach U.S.- amerikanischer Doktrin der Suspensiveffekt bei besonderer Dringlichkeit der Beschaffung oder überwiegendem Vollzugsinteresse durch die Vergabestellen selbst aufgehoben werden kann und die Antragsteller ihrerseits eine Wiederherstellung desselben durch den „U.S. Court of Federal Claims“ beantragen müssen, sind die öffentlichen Auftraggeber nach deutschem Recht verpflichtet, eine Vorabgestattung des Zuschlags durch die Vergabekammer zu beantragen. Angesichts der Tatsache, dass die U.S.- amerikanischen Gerichte begonnen haben, diese Entscheidung der Vergabebehörden als richterlich nicht überprüfbare Ermessensentscheidung der Exekutive anzusehen, wird die Zukunft zeigen, inwieweit der Suspensiveffekt als Instrument effektiven Bieterschutzes im anglo-amerikanischen Rechtsraum erhalten bleibt.

b. Die faktische Durchschlagskraft

Auch die bieterschützende Durchschlagskraft der Nachprüfungstätigkeit der Foren differiert ganz erheblich. Das kann nicht weiter verwundern, ermittelt doch das „General Accounting Office“ den relevanten Sachverhalt nicht von Amts wegen, stützt sich bei der Entscheidungsfindung lediglich auf die von der Behörde zugänglich gemachten Akten und geht grundsätzlich von der Rechtmäßigkeit sämtlicher vergabebehördlicher Entscheidungen aus. Im Einklang mit dieser „behördenfreundlichen“ Einstellung lehnt dieses Forum grundsätzlich die Anträge der Bieter auf Durchführung einer mündlichen Verhandlung ab und befindet über die geltend gemachten Rechtsverletzungen ohne streitiges Verfahren auf schriftlichem Wege. Selbst rechtswidrige Entscheidungen der Behörden werden nicht aufgehoben; vielmehr muss es dem Bieter gelingen, eine offensichtlich willkürliche Benachteiligung

nachzuweisen, damit dieses Forum korrigierend in das Vergabeverfahren eingreift. Daher kann es auch nicht erstaunen, dass lediglich in 13% aller anhängigen Verfahren die einschlägigen Nachprüfungsanträge zum Erfolg führen.
Demgegenüber strahlt im deutschen Rechtsraum die Einräumung subjektiv-öffentlicher Rechte durch § 97 Abs. 7 GWB schon auf die Ausgestaltung des Nachprüfungsverfahrens vor den verwaltungsinternen Vergabekammern aus. Zu denken sei hier insbesondere an die Verpflichtung auf Entscheidung im mündlichen Verfahren, die Ermittlung des Sachverhalts von Amts wegen und die zwingende Beseitigung jeder festgestellter Rechtsverletzungen, ohne dass es auf eine willkürliche oder diskriminierende Benachteiligung des Bieters ankäme. Auf der Grundlage dieser Vorgaben haben sich die Vergabekammern als effektives Instrument zum Schutz der Bieterrechte und zur Durchsetzung rechtmäßiger Vergabeverfahren etabliert, was sich auch darin manifestiert, dass immerhin 1/3 aller bisherigen Nachprüfungsanträge erfolgreich waren.
Trotz aller Kritik an der mangelnden Effizienz des Nachprüfungsverfahrens vor dem „General Accounting Office" darf allerdings nicht außer Acht gelassen werden, dass dieses Forum unabhängig von einschlägigen Auftragsvolumina angerufen werden kann, während die Bieter nach deutscher Doktrin nur in den Genuss vergabekammerlichen Protektion kommen, wenn sie um Aufträge im Oberschwellenbereich konkurrieren. Diese Zerschlagung des Bieterschutzes trifft allerdings in dreifacher Weise auf den Revidierungsdruck des Grundgesetzes. Die mögliche Beeinträchtigung der Wettbewerbs- und Berufsfreiheit durch die Vergabeentscheidungen des Staates fordert eine dem Grundrechtsschutz angemessene Verfahrensgestaltung, die durch eine umfassende Regelung des Auswahlverfahrens und der beschaffungsbezogenen Auswahlkriterien zu verwirklichen ist; das Diskriminierungsverbot richtet sich als Subjektivierungsauftrag an den Gesetzgeber, diese rechtsförmige Regelung bieterschützend auszugestalten; und schließlich stellt sich vor dem Hintergrund der Rechtsprechung des österreichischen Verfassungsgerichtshofes die Frage, inwieweit die Verweigerung vergabespezifischen Rechtsschutzes im Bereich unterhalb der Schwellenwerte vor dem Gebot der Rechtssetzungsgleichheit bestehen kann.
Nicht zuletzt zeigen die Erfahrungen aus den Vereinigten Staaten, welche heilsamen Wirkungen Bieterschutz auf die Durchsetzung rechtmäßiger Vergabeverfahren zur Sicherung wirtschaftlicher und sparsamer Einkäufe der öffentlichen Hand haben kann. Obwohl dem „General Accounting Office" eine insgesamt nur schwache Stellung im Gefüge des Rechtsschutzes der Unternehmen bei der Vergabe öffentlicher Aufträge bescheinigt werden muss, wirkte doch insbesondere die aufschiebende Wirkung der Nachprüfungsanträge wettbewerbsstärkend, was sich nicht zuletzt darin widerspiegelt, dass die dortigen Vergabebehörden genötigt wurden, statt ursprünglich 60% nur noch jeden zehnten Auftrag ohne vorherigen Teilnahmewettbewerb

freihändig zu vergeben. Wenn der deutsche Gesetzgeber ernsthaft eine effiziente Verwendung steuerlicher Mittel nach dem Gebot der wirtschaftlichen und sparsamen Haushaltsführung erstrebt, gilt es auch unterhalb der EG-Schwellenwerte effektiven Bieterschutz zu etablieren.

2. Die gerichtliche Auseinandersetzung

Demgegenüber spielen sowohl in Deutschland als auch in den Vereinigten Staaten die Gerichte, mithin die Vergabesenate der OLG und der inzwischen ausschließlich zuständige „U.S. Court of Federal Claims", eine geringere Rolle als Instrument der Bieter zur Durchsetzung rechtmäßiger Vergabeverfahren. Die Gründe dafür sind jedoch überaus heterogener Natur. Während sich die quantitativ geringere Zahl von Verfahren vor den Vergabesenaten der OLG schon daraus erklärt, dass diese lediglich als Beschwerdegerichte tätig werden, stellt sich für die richterliche Nachprüfungstätigkeit in den Vereinigten Staaten die Frage, inwieweit sich die zurückhaltende Einstellung der Bieter bei der Einlegung von Rechtsschutzbegehren damit erklären lässt, dass von judikativer Seite die Gewährung effektiven Rechtsschutzes nicht unbedingt zu erwarten ist.

a. Der Zugang zur richterlichen Sachentscheidung

Nach dem „Administrative Dispute Resolution Act" ist grundsätzlich jeder Unternehmer zur Klage befugt, der ein Interesse am Auftrag geltend machen kann. Dabei scheint dieses Kriterium nur auf den ersten Blick eindeutig über den Zugang zu einer gerichtlichen Entscheidung im Rahmen von Bieterklagen zu befinden. Vielmehr ist in der Judikatur deutlich geworden, dass ein Unternehmen nicht schon dann klagebefugt ist, wenn es nach dem Wortlaut des Gesetzes ein Interesse am Auftrag geltend machen kann. Aufgegeben scheint dabei zunächst die Ansicht, dass ein Kläger nur dann ein solches Interesse geltend machen könnte, wenn er im Einklang mit den Vorgaben des „Competition in Contracting Act" eine wirtschaftliche Schädigung zu befürchten oder bereits erlitten hat. Genauso ist auch der ursprünglich zivilrechtlichen Herleitung eine Absage erteilt worden, nach welcher dann ein Interesse am Auftrag zu bejahen wäre, wenn ein implizierter Vertrag zwischen öffentlichem Auftraggeber und potentiellem Auftragnehmer durch den Verstoß gegen Vergaberegulierungen verletzt sein könnte. Damit verdeutlichen sich insoweit Parallelen zum Rechtsschutz nach deutscher Doktrin, als dass die dem implizierten Vertrag ver-

gleichbare „culpa in contrahendo" als primärrechtlicher Anspruch nicht über die Stellung als Randnotiz in der Literatur[1335] hinauskam.
Vielmehr wird eine Klagebefugnis inzwischen auch vom „U.S. Court of Federal Claims" in der Tradition der allgemeinen Bundesgerichte auf der Grundlage des „Administrative Procedure Act", mithin auf verwaltungsverfahrensrechtlicher Grundlage geprüft. Damit hat der Bieter grundsätzlich dann ein Interesse am Auftrag und ist klagebefugt, wenn er nachweisen kann, durch den behaupteten Vergaberechtsverstoß tatsächlich beeinträchtigt zu sein und eine drittschützende Norm einen Anspruch auf Abwehr dieser Beeinträchtigung einräumt. Da nach ständiger Rechtsprechung aller Gerichte die allgemeinen Vergabenormen nicht bieterschützend sind, bleibt abzuwarten, wie der „U.S. Court of Federal Claims" diesen Konflikt aufzulösen versucht. Demgegenüber kann die Frage nach der konkurrenzschützenden Wirkung der Vergaberegulierungen die Unternehmen im deutschen Rechtsraum zumindest im Anwendungsbereich des VgRÄG nicht mehr beschäftigen.
Der Zugang der Bieter zu einer gerichtlichen Entscheidung im U.S.- amerikanischen Rechtsraum wird zusätzlich dadurch erschwert, dass die Gerichte eine tatsächliche Beeinträchtigung nur dann anerkennen, wenn der Klageführer eine „echte Chance" auf Zuschlagserteilung hat. Im Einklang mit der Auslegung des „General Accounting Office" tendieren die Gerichte verstärkt dazu, diese Anforderung nur dann zu bejahen, wenn das Klägergebot „next-in-line" war. Die negativen Auswirkungen einer solchen Praxis wurden bereits dargestellt; die in diese Richtung zielende Rechtsprechung im deutschen Rechtsraum, die unter Hinweis auf ein fehlendes Rechtsschutzbedürfnis auch einem drittplazierten Bieter die Antragsbefugnis absprach, sollte vor diesem Hintergrund tunlichst aufgegeben werden.

b. Die Gewährung effektiven Rechtsschutzes

Doch selbst wenn es dem Bieter gelingt, die hohen Hürden der Klagebefugnis zu überwinden und eine Rechtsverletzung nachzuweisen, kann von Seiten des „U.S. Court of Federal Claims" noch keine Gewährung von Primärrechtsschutz erwartet werden. Entgegen der eindeutigen Aussagen des „Administrative Procedure Act", der die Aufhebung jedes Rechtsverstoßes und willkürlicher Ermessensausübung anordnet, nahm der U.S.- amerikanische Gesetzgeber mit dem „Administrative Dispute Resolution Act" das öffentliche Auftragsrecht explizit von dieser Vorgabe aus. Den Gerichten ist vielmehr aufgegeben, nur ausnahmsweise Primärrechtsschutz zu gewähren und sich grundsätzlich darauf zu beschränken, obsiegenden Klägern den

---

1335 *Faber*, Drittschutz bei der Vergabe öffentlicher Aufträge, DÖV 1995, 403, 409.

Ersatz ihrer Angebotskosten zuzusprechen. Mit dieser legislativen Anordnung wurde jedoch lediglich die ständige Rechtsprechung der zuständigen Gerichte in Gesetzesform gegossen, die von jeher in der Tradition von „Perkins v. Lukens Steel“ nur überaus zurückhaltend revidierend in den Vergabeprozess eingriffen. Die extensive Ausübung dieses „judicial self-restraint“ kann wiederum nur mit dem fehlenden Anspruch auf die Einhaltung der Vorschriften über das Vergabeverfahren erklärt werden. Damit bleibt zu konstatieren, dass nach U.S.- amerikanischer Doktrin die Auswahl der staatlichen Vertragspartner grundsätzlich der ausschließlichen Zuständigkeit der Vergabebehörden obliegt.
Eine solche Beschränkung besteht im Gefüge des Bieterschutzes im deutschen Rechtsraum freilich nicht; nach dem VgRÄG haben die Beschwerdegerichte vielmehr jeden Vergaberechtsverstoß aufzuheben. Mit dieser Vorgabe hat der deutsche Gesetzgeber allerdings lediglich den aus Art. 19 Abs. 4 GG resultierenden Anspruch auf Beseitigung der Verletzung eines subjektiv-öffentlichen Rechts einer einfachgesetzlichen Ausformung zugeführt. Im Gegensatz zur richterlichen Praxis in den Vereinigten Staaten ist – im Falle einer Wertungsreduktion auf Null – davon auch die Anordnung der Vergabe des Auftrages an den rechtsschutzsuchenden Bieter eingeschlossen.
Trotz der Unzulänglichkeiten des richterlich gewährten Rechtsschutzes im angloamerikanischen Rechtsraum sei allerdings auch hier daran zu erinnern, dass sich der U.S.- amerikanische Gesetzgeber im Gegensatz zu seinem deutschen Pendant enthalten hat, die sachliche Nachprüfungszuständigkeit des „U.S. Court of Federal Claims“ vom Umfang der in Frage stehenden Aufträge abhängig zu machen. Wie erwähnt, wird sich jedoch der deutsche Gesetzgeber seinen verfassungsrechtlichen Pflichten, auch unterhalb der EG-Schwellenwerte vergabespezifischen Rechtsschutz einzuführen, nicht mehr lange entziehen können.

3. Die verfassungsrechtlichen Ansprüche

Erhebliche Überschneidungen beider Rechtsordnungen ergeben sich auch hinsichtlich der Frage, welche primärrechtlichen Ansprüche den benachteiligten Bietern aus den Verfassungen der zu vergleichenden Rechtsordnungen zuwachsen.
So wurden von den Gerichten auch schon vor „Scanwell v. Shaffer“ im Zusammenhang mit längerfristigen Auftragssperren die „due process“ – Anforderungen des V. Amendments auf die Gewährung eines Anhörungsverfahrens zugunsten der Unternehmen in Stellung gebracht. Wenn die Gerichte dabei zur Begründung dieses Anspruchs auf die freiheitsrechtlichen Interessen der Bieter verweisen, als geeignete Bieter mit einem Gebot in das Vergabeverfahren aufgenommen zu werden und sich konkurrierend um die Vergabe öffentlicher Aufträge durchsetzen zu können, so

manifestieren sich in dieser Vorgabe ähnliche verfassungsrechtliche Bindungen für die U.S.- amerikanischen Vergabebehörden, denen auch die öffentlichen Auftraggeber in Deutschland im Hinblick auf die durch das Grundgesetz geschützte Wettbewerbsfreiheit unterliegen.

Augenfällige Parallelitäten ergeben sich auch hinsichtlich der wechselwirksamen Beziehung von Gleichheits- und Freiheitsrechten auf die Vergabe öffentlicher Aufträge. So hat der „U.S. Federal Supreme Court“ in „Adarand v. Pena“ in solchen vergabefremden Regulierungen einen Verstoß gegen den Gleichheitssatz gesehen, die sich als Eingriff in die Freiheitsgewährleistungen der Verfassung darstellen. Daher sei eine solche Ungleichbehandlung nur verfassungsgemäß, wenn sie der Verfolgung eines legitimen öffentlichen Interesses dient. Eine Differenzierung aufgrund ethnisch motivierter vergabefremder Regulierungen kann somit als besonders schwerwiegender Eingriff in die Freiheitsrechte vor den Schranken der Verfassung nur bestehen, wenn einem überragenden öffentlichen Interesse gedient wird. Auch wenn der Ausgleich von in der Vergangenheit liegenden Diskriminierungen rassischer Minderheiten durchaus als überragendes öffentliches Interesse anerkannt wird, so müssen sich doch Grenzen und Umfang des Eingriffs hinreichend deutlich aus der gesetzlichen Grundlage ergeben, wobei die tatsächlichen Voraussetzungen des Rechtfertigungsgrundes strenger richterlicher Kontrolle unterliegen. Die Vergabe öffentlicher Aufträge aufgrund von Vorschriften, die diesen Anforderungen nicht entsprechen, kann danach als willkürliche Diskriminierung aufgehoben werden.

Auch die Träger öffentlicher Gewalt in Deutschland unterliegen den wechselwirksamen freiheits- und gleichheitsrechtlichen Vorgaben des Grundgesetzes. Obwohl sich hier die Behauptung vollkommener Übereinstimmung verbietet, so steigt – ähnlich der U.S.- amerikanischen Doktrin – doch der Rechtfertigungsbedarf legislativer als auch exekutiver Maßnahmen, je schwerwiegender das Vorgehen in die Freiheitsrechte der um die Aufträge konkurrierenden Bieter eingreift. Daher wird mit zunehmender Beeinträchtigung der Wettbewerbs- und Berufsfreiheit der Differenzierungsspielraum der Verwaltung geringer, wenn es über die Auswahl der in das Vergabeverfahren aufzunehmenden Bewerber und die Bestimmung des wirtschaftlichsten Angebots zu entscheiden gilt.

4. Der Niedergang von „Scanwell v. Shaffer“ in den Vereinigten Staaten

Trotz der zunehmenden Anerkennung konkurrenzschützender Ansprüche aus der Verfassung bleibt der Unternehmer der Willkür U.S.- amerikanischer öffentlicher Auftraggeber weitgehend schutzlos ausgeliefert. Vor dem Hintergrund, dass von richterlicher Seite nur in Ausnahmefällen rechtswidrig benachteiligten Bietern Primärrechtsschutz gewährt wird, damit letztlich Verstöße gegen die wirtschaftliche und sparsame Einkäufe des Staates sichernden Vergaberegulierungen ungesühnt bleiben, stellt sich die Frage, was von „Scanwell v. Shaffer" übrig geblieben ist. Die Idee des unterlegenen Bieters als „private attorney general", der als Instrument der staatlichen und steuerzahlerischen Interessen die rechtmäßige Vergabe öffentlicher Aufträge gegenüber den Beschaffungsbehörden durchsetzt, musste letztlich aufgrund des Fehlens korrespondierender subjektiv-öffentlicher Rechte der Unternehmen scheitern. Die Vorstellung der staatlichen Beschaffungstätigkeit als ausschließlicher Domäne der Verwaltung nach den immer noch gültigen Vorgaben von „Perkins v. Lukens Steel" hat in den Vereinigten Staaten somit weiterhin Konjunktur.

Demgegenüber beginnt sich im deutschen Rechtsraum der Bieter als Instrument zur Durchsetzung wettbewerblicher und transparenter Vergabeverfahren zu entfalten. Mit der Einforderung der Ansprüche auf die Einhaltung der Vorschriften über das Vergabeverfahren und damit der Sicherung wirtschaftlicher und sparsamer Einkäufe der öffentlichen Hand findet letztlich die „Scanwell-doctrin" auf der Grundlage des VgRÄG ihre Umsetzung. Allerdings wird mit dieser objektiven Rechtmäßigkeitskontrolle – die zwar vor dem Hintergrund von Art. 19 Abs. 4 GG nur Reflex des Individualrechtsschutzes der Unternehmen ist – keine Besonderheit des angloamerikanischen Rechtssystems übernommen. So spielte schon bei der Gestaltung der EG-Koordinierungsrichtlinien – auf europäischer Ebene keine Neuigkeit[1336] – der mit subjektiven Rechten ausgestattete Bieter als Instrument zur Durchsetzung gesetzmäßiger Vergabeverfahren keine untergeordnete Rolle[1337]. Trotz einiger Stimme in der Literatur[1338] werden jedoch in Deutschland die heilsamen Wirkungen des Bieterschutzes zur Sicherung eines wirtschaftlichen und sparsamen Einkaufs des

---

1336 Vgl. hierzu EuGH, Slg. 1963, 1, 24 ff. – Algemene Transport - en Expeditie Onderneming van Gend & Loss./.Niederländische Finanzverwaltung; *Huber*, in: v. Mangoldt/Klein/Starck, Das Bonner Grundgesetz 1999, Art. 19 Abs. 4, Rdnr. 356; *ders.*, Beihilfen und Vertrauensschutz im Gemeinschaftsrecht und nationalem Verwaltungsrecht, KritV 1999, 359, 369-370; *ders.*, Recht der Europäischen Integration 1996, § 6 Rdnr. 11, § 22 Rdnr. 15; *ders.*, Gemeinschaftsrechtlicher Schutz vor einer Verteilungslenkung durch deutsche Behörden, EuR 1991, 31, 32 ff.; *Schwarze*, Die Vergabe öffentlicher Aufträge im Lichte des europäischen Wirtschaftsrechts, EuZW 2000, 133, 135.

1337 *Dreher*, Der Anwendungsbereich des Kartellvergaberechts, DB 1998, 2579, 2588; *Schwarze*, Die Vergabe öffentlicher Aufträge im Lichte des europäischen Wirtschaftsrechts, EuZW 2000, 133, 135.

1338 *Dreher*, Der Anwendungsbereich des Kartellvergaberechts, DB 1998, 2579, 2588; *Huber*, Die Europäisierung des öffentlichen Auftragswesens in Deutschland, in: Dörr/Fink/Hillgruber/Kempen/Murswiek (Hrsg.), Die Macht des Geistes, FS für Schiedermair 2001, S. 765, 768; *ders.*, Das öffentliche Auftragswesen als Beschaffungsvorgang oder Instrument der Wirtschaftslenkung und der Sozialgestaltung, ThürVwBl. 2000, 193; *Schwarze*, Die Vergabe öffentlicher Aufträge im Lichte des europäischen Wirtschaftsrechts, EuZW 2000, 133, 135.

Staates unterschätzt[1339]. Selbst in der Rechtsprechung[1340] werden die rechtsschutzsuchenden Unternehmen teilweise noch als Hindernisse effizienter Beschaffungen angesehen. Das muss um so mehr verwundern, als dass selbst der deutsche Gesetzgeber in der Gesetzesbegründung zum VgRÄG die positiven Auswirkungen effektiven Rechtsschutzes auf den staatlichen Einkauf anerkannt hat[1341].

II. Ausblick

Die Aussichten für den Rechtsschutz unterlegener Bieter bei der Vergabe öffentlicher Aufträge in den Vereinigten Staaten verdüstern sich weiter, wenn man die rechtspolitische Entwicklung in Betracht zieht. Hier sei nicht zuletzt an die Abschaffung der Nachprüfungszuständigkeit des „General Services Board of Contract Appeals“ erinnert, welches die Beschaffungsverfahren auf der Grundlage des Amtsermittlungsgrundsatzes untersuchte und im Gegensatz zum „General Accounting Office“ nicht die Rechtmäßigkeit der Vergabeentscheidungen antizipierte. Die hohen Erfolgsquoten der Bieter vor diesem Forum, welches wahrlich effektiven Rechtsschutz gewährte, waren dabei offensichtlich der Grund, sich dieses Nachprüfungsverfahrens zu entledigen. In diese Richtung zielt letztlich auch die Abschaffung der konkurrierenden Zuständigkeit der „U.S. Federal District Courts“. Die potentiellen Auftragnehmer der U.S.- amerikanischen Beschaffungsbehörden müssen nunmehr ihre Begehren vor dem in Washington D.C. ansässigen „U.S. Court of Federal Claims“ anhängig machen. Die bisherigen Erfahrungen zeigen jedoch, dass diesem Forum nicht die gleiche Unabhängigkeit von der vollziehenden Gewalt bescheinigt werden kann, wie den allgemeinen Bundesgerichten.

Wenn also von Seiten des U.S.- amerikanischen Gesetzgebers die kontinuierliche Beschränkung von Bieterschutz zu konstatieren ist, so wird dabei an den vehementen Abwehrkampf erinnert, den der deutsche Gesetzgeber gegen die Etablierung

---

1339 In diese Richtung argumentierend *Seidel*, Eine problematische Entscheidung - Das Spannungsfeld funktionierender Vergabemarkt und absoluter Rechtsschutz, VergabeRecht 1998, 37, 38: „Die Auffassung des VG Regensburg, wonach die Auftraggeber verpflichtet werden müßten, „allen nicht berücksichtigten Mitbewerbern rechtzeitig vor der Auftragserteilung mitzuteilen, daß sie für die Auftragserteilung nicht in Frage kommen, ...“ macht das Spannungsverhältnis zwischen absolutem Rechtsschutz auf der einen Seite und der aus ordnungspolitischen, derzeit insbesondere konjunkturpolitischen und arbeitsmarktpolitischen Gründen unverzichtbaren Funktionsfähigkeit des Vergabemarktes auf der anderen Seite deutlich.“

1340 OLG Rostock, Beschl. vom 22.02.2000, 17 W 1/00 – Deponiekapazität, nicht veröffentl., mitgeteilt in: Forum Vergabe e.V., Monatsinfo 4/2000, Blatt 6: „Bei der Auslegung [von § 107 Abs. 2 S. 2 GWB] ist des Weiteren auch das nicht zu übersehende praktische Bedürfnis zu berücksichtigen, den Kreis der Antragsberechtigten einzugrenzen [...].“

1341 Amtliche Begründung zum VgRÄG, BT-Drucks. 13/9430, S. 13.

subjektiver Bieterrechte in der Vergangenheit ausfocht. Während allerdings die höherrangigen Vorgaben des Europarechts den Widerstand gegen rechtsstaatliche Gewährleistungen in der hiesigen Rechtsordnung langfristig durchbrechen konnten, existiert effektiver Rechtsschutz für die potentiellen Auftragnehmer in den Vereinigten Staaten nahezu nicht. Die Forderungen nach der Gewährleistung von Primäransprüchen für die unterlegenen Bieter, die von Seiten der U.S.- amerikanischen Regierung[1342] an den deutschen Gesetzgeber gestellt wurden, sind inzwischen in Deutschland erfüllt, während sie in den Vereinigten Staaten ihrer Umsetzung harren.

1342 Vgl. Fact Sheet, Title VII Decisions On Discriminations In Foreign Government Procurement Issued By The Office Of The U.S. Trade Representative, April 30 (1996), abgedr. in: Schriftenreihe des Forum Vergabe e.V., Heft 6, Kap. 10.2., Anlage 1.

Literaturverzeichnis:

Englischsprachige Literatur:

Adams, Walter/Brock, James W., The Bigness Complex, 1986

Allen, Rand J./Maynard, Kevin J./Silien, Daniel A., The ADRA and Post-Award Bid Protests at the Court of Federal Claims: New Options to Weigh, BNA`s Federal Contracts Report, April 5, 1999

Baumol, William J./Ordover, Janusz A., Use of Antitrust to Subvert Competition, 28 J.L.&Econ. 247 (1985)

Becker, Gary S./Stigler, George J., Law Enforcement, Malfeasance, and Compensation of Enforcers, 3 J.Legal Stud. 1 (1974)

Bebchuk, Lucian Arye, Suing Solely to Extract a Settlement Offer, 17 J.Legal Stud. 437 (1988)

Blanch, James T., The Constitutionality of the False Claims Act Qui Tam Provision, 16 Harv.J.L.&Pub.Pol`y, 701 (1993)

Buchanan, James M./Tullock, G., The Calculus of Consent, Ann Arbor 1962

Burnett, William B./Kovacic, William E., Reform of United States Weapons Acquisition Policy: Competition, Teaming Agreements, and Dual-Sourcing, 6 Yale J. on Reg. 249 (1989)

Burnham, William, Introduction to the Law and Legal System of the United States, St.Paul (Minn.) 1995

Brittin, Alexander J., The Comptroller General`s Dual Statutory Authority to Decide Bid Protests, 22 Pub.Cont.L.J. 636 (1993)

Brown, June Gibbs, The Department of Defense Voluntary Disclosure Program: A Description of the Process, 1988 A.B.A. Sec.Pub.Cont.Law, Tab A

Bruff, Harold H., Specializied Courts in Administrative Law, 43 Admin.L.Rev. 329 (1991)

Cabral, Luis/Greenstein, Shane, Switching Costs and Bidding Parity in Government Procurement of Computer Systems, 6 Journal of Law, Economics and Organization, 453 (No. 2, Fall 1990)

Caminker, Evan, The Constitutionality of Qui Tam Actions, 99 Yale L.J. 341 (1989)

Cantor, Jonathan R., Bid Protests and Procurement Reform: The Case for Leaving Well Enough Alone, 27 Pub. Cont. L.J. 155 (1997)

Castleton, Todd B., Compounding Fraud: Information Under the False Claims Act and the 1993 Amendments to the Federal Rules of Civil Procedure, 4 Geo.Mason U.L.Rev 327 (1996)

Castorph, Laveta, The Constitution and Reconstitution of the Standing Doctrine, 30 St.Mary`s L.J. 471 (1999)

Cavannagh, John E., Can Procurement Ethics Laws Be Cost Effective?, Changing Times/Changing Ethical Relationships: What's Acceptable & What's Not?, A.B.A. 1990 Sec.Pub.Cont.Law, Tab D, 4

Chase, Arlo, Maintaining Procedural Protections for Welfare Recipients: Defining Property for the Due Process Clause, 23 N.Y.U.Rev.L. & Soc.Change 571 (1997)

Cibinic, John/Lasken, Jesse E., The Comptroller General and Government Contracts, 38 Geo.Wash.L.Rev. 349 (1970)

Claybrook, Frederick W. Jr., The Initial experience of the Court of Federal Claims in Applying the Administrative Procedure Act – Learning Lessons All Over Again, 29 Pub.Cont.L.J. 1 (1999)

ders., A Modest Proposal: Why Not Award Lost Profits to a Disappointed Bidder ?, 33-Sum Procurement Law. 8 (1998)

ders., Good Faith in the Termination and Formation of Federal Contracts", 56 MD.L.Rev. 555 (1997)

Clement, Kwane A., Preserving Congress's Control of the Purse Strings: Government Contracts and a New Approach to Standing and Standard of Review, 65 Geo.Wash.L.Rev. 571 (1997)

Corr, Christopher F./Zissis, Kristina, Convergence and Opportunity: The WTO Government Procurement Agreement and U.S. Procurement Reform, 18 N.Y.L.Sch.J.Int`l & Comp.L. 303 (1999)

Davidson, Michael J., The Joint Defense Doctrine: Getting Your Story Straight in the Mother of All Legal Minefields, June Army Lawyer 17 (1997)

DeSouza, Patrick J., Regulating Fraud in Military Procurement: A Legal Process Model, 95 Yale L.J. 390 (1986)

Dooley, Melanie L., Acquisition Reform: Kelman Concerned About COFC`s Handling of New Protests Role, Vows to End Scanwell Jurisdiction by 2001, BNA`s Federal Contracts Report, December 9, 1996

Downs, A., An Economic Theory of Democracy, New York 1957

Fletcher, William A., The Structure of Standing, 98 YaleL.J. 221 (1988)

France, Steve, The Private War on Pentagon Fraud, 76-Mar A.B.A.J. 46 (1990)

Gabig, Jerome S., A Primer on Federal Information Systems Acquisitions: First Part of a Two-Part Article, 17 Pub.Cont.L.J. 31 (1987)

Gilliam, Thomas J. Jr., Contracting with the United States in its Role as a Regulator: Striking a Bargain with an Equitable Sovereign or a Capricious Siren ?, 18 Miss.C.L.Rev. 247 (1997)

Glazer, Myron Perez/Glazer, Penina Migdal, The Whistle Blowers: Exposing Corruption in Government and Industry, 1989

Gump, Thomas K., Rationalizing the Procurement Dispute Process: The Case of Consolidating Federal Court Bid Protest Fora, 42 Fed.Law. 20 (1995)

Greenstein, Shane, Procedural Rules and Procurement Regulations: Complexity Creates Trade-offs, 9 Journal of Law, Economics, & Organization" 159 (1985)

Greve, Martin S., The Private Enforcement of Environmental Law, 65 Tul.L.Rev. 339 (1990)

Hansen, Robert M., CICA without Enforcement: How Procurement Officials and Federal Court Decisions are Undercutting Enforcement Provisions of the Competition in Contracting Act, 6 Geo.Mason L.Rev. 131 (1997)

Hutchinson, Ron R., The Government's Audit and Investigative Powers Over Commercial Item Contracts and Subcontracts, 27 Pub.Cont.L.J. 263 (1998)

Jaffe, Louis L., Judicial Control of Administrative Action, Boston 1965

Johnston, Robert E., 1001 Attorneys General: Executive-Employee Qui Tam Suits and the Constitution, 62 Geo.Wash.L.Rev. 609 (1994)

Kannan, Phillip M., Perkins v. Lukens Steel Company: Fifty-Two and Counting, 22 Pub.Cont.L.J. 463 (1993)

ders., Jurisdiction of District Courts in Cases Involving Government Contracts, 21 Pub.Cont.L.J. 416 (1992)

Kaplow, Louis, Private Versus Social Costs in Bringing Suit, 15 J.Legal Stud. 371 (1986)

Kelman, Steven, Procurement and Public Management – The Fear of Discretion and the Quality of Government Performance, Washington D.C. 1990

Keyes, W. Noel, Federal Contracts under the Federal Acquisition Regulations, 2nd Edition, St.Paul 1996

Kovacic, William E., Law, Economics, and the Reinvention of Public Administration: Using Relational Agreements to Reduce the Costs of Procurement Regulation and Other Forms of Government Intervention in the Economy, 50 Admin.L.Rev. 141 (1998)

ders., The Civil False Claims Act as a Deterrent to Participation in Government Procurement Markets, 6 Sup.Ct.Econ.Rev. 201 (1998)

ders., Evaluating the Effects of Procurement Reform, 33-WTR Procurement Law 1 (1998)

ders., Whistleblower Bounty Lawsuits as Monitoring Devices in Government Contracting, 29 Loy.L.A.L.Rev. 1799 (1996)

ders., Procurement Reform and the Choice of Forum in Bid Protest Disputes, 9 Admin.L.J.Am.U. 461 (1995)

ders., Regulatory Controls as Barriers to Entry in Government Procurement, 25 Pol`y Sci. 29 (1992)

Kunich, John C., Qui Tam: White Knight or Trojan Horse, 33 A.F.L.Rev. 31 (1990)

Laffont, Jean-Jacques/Tirole, Jean, A Theory of Incentives in Procurement and Regulation, Cambridge (Massachusetts), London 1993

Landes, William M./Posner, Richard A., The Private Enforcement of Law, 4 J.Legal Stud. 1 (1975)

Leitzel, Jim/Tirole, Jean, Incentives in Procurement Contracting, Boulder, San Francisco Oxford 1993

Lieberman, Richard D., Bid Protests: Bid Protests at the Court of Federal Claims and the General Accounting Office: A Comparison, Federal Contracts Report, March 31, 1997

ders., Scorekeeping Bid Protests in Six Forums, Federal Contracts Report, February 27, 1995

Mason, Michael F., Bid Protests and the U.S. District Courts – Why Congress should not allow the Sun to Set on this Effective Relationship, 26 Pub.Cont.L.J. 567 (1997)

Marshall, Robert C./Meurer, Michael J./Richard, Jean-Francois, Curbing Agency Problems in the Procurement by Protest Oversight, 25 Rand Journal of Economics 297 (No. 2, Summer 1994)

dies., Litigation Settlement and Collusion, The Quarterly Journal of Economics 211 (February 1994)

dies., The Private Attorney General Meets Public Contract Law: Procurement Oversight by Protest, 20 Hofstra L.Rev. 1 (1991)

Mashaw, Jerry L./Merril, Richard A./Shane, Peter M., Administrative Law – The American Public Law System, 4th Edition, St.Paul (Minn.) 1998

Massengale, Eugen W., Fundamentals of Federal Contract Law, New York, Westport, London 1991

McCracken, Richard E., What to Do on Receipt of a Notice of Termination of US Government Contracts, 41 Cost Engineering 41 (No. 1, January 1999)

McCullough, James J./Fried Perry, Anne B./Harris, Frank, The U.S. Court of Federal Claims` New Post-Award Protest Jurisdiction – The First Year, 25 Andrews Gov`t Cont.Litig.Rep. 11 (1998)

McGarry, Michael S., Winning the War on Procurement Fraud: Victory at What Price?, 26 Colum.J.L. & Soc.Probs. 249 (1993)

Meyer, Debra G., Would You Pay $ 30,- for this Screw?, A.F.J.Int`l. 40 (Sept. 1983)

Milton, Donn, Standards of Review of Specifications in Government Procurements: An Equal Protection Analog, 58 Geo.Wash.L.Rev. 573 (1990)

Molho, Ian, The Economics of Information – Lying and cheating in Markets and Organizations, Malden, Oxford 1997

Mookherjee, Dilip/Png, I.P.L., Corruptible Supervisors and Law Enforcers: How Should They Be Compensated ?, UCLA, J.E.Anderson School of Management, Business Economics Working Paper No. 90-23, March 1991

Morawetz, Nancy, A Due Process Primer: Litigating Government Benefit Cases in the Block Grant Era, 30 Clearinghause Rev. 97 (1996)

Morris, Richard B., Encyclopaedia of American History, 1961

Mueller, Dennis C., Public Choice II, New York, Port Chester, Melbourne, Sydney 1989

Naegelen, Florence/Mougeot, Michel, Discriminatory Public Procurement Policy and Cost Reduction Incentives, 67 Journal of Public Economics 349 (1998)

Niskanen, William A., Bureaucracy and Representative Government, Chicago, New York 1971

Noll, Roger G./Owen, Bruce M., „The Political Economy of Deregulation", Washington D.C. 1983

Noll, Roger G., Economic Perspectives on the Politics of Regulation, S. 1253 ff., in: Schmalensee/Willig, Handbook of Industrial Organization, Volume II, Amsterdam, New York, Oxford, Tokyo 1989

ders., Reforming Regulation – Studies in the Regulation of Economic Activity, Washington D.C. 1971

Pachter, Jonathan, P., The Need for a Comprehensive Judicial Remedy for Bid Protests, 16 Pub.Cont.L.J. 47 (1986)

Pearson, Rebecca, The Air Force's Experience with the Expanded Bid Protest Jurisdiction in the Court of Federal Claims, 34-Fall Procurement Law 3 (1998)

Perrow, Charles, The Analysis of Goals in Complex Regulations, 26 American Sociological Review 854 (1961)

Phillips, Cy, The Myth of „Competitive Prejudice", 21 Andrews Gov`t Cont.Litig.Rep. 3 (1997)

ders., The United States Court of Federal Claims: An Invigorated Protest Forum, 19 Andrews Gov`t Litig.Rep. 3 (1997)

Pomeranz, Morton, Toward a New International Order in Government Procurement, 11 Law & Policy in International Business 1263 (1979)

Posner, Richard, Will the Federal Courts Survive Until 1984: An Essay on Delegation and Specialization of the Judicial Function, 56 S.Cal.L.Rev. 761 (1983)

Revesz, Robert L., Specialized Courts and the Administrative Lawmaking System, 138 U.Pa.L.Rev. 1111 (1991)

Richmond, Henry R., Recovery of Legal Expenses in Bid Protests Before the GAO and the GSBCA, Army Law. 3 (July 1994)

Riordan, Mark A., Federal Court Actions Challenging Agency Overrides of the CICA Stay, 23 Pub.Cont.L.J. 397 (1994)

Rose-Ackermann, Susan, Corruption – A Study in Political Economy, New York, San Francisco, London 1978

Roth, William V. Jr., The Malmanagement Problem: Finding the Roots of Government Waste, Fraud, and Abuse, 58 Notre Dame L.Rev. 961 (1983)

Salanie, Bernhard, The Economics of Contracts – A Primer, Cambridge, London 1997

Sappington, David E.M., Incentives in Principal-Agent Relationships, 5 Journal of Economic Perspectives 45 (No. 2, Spring 1991)

Saviano, Thomas S., Overriding A Competition In Contracting Act Stay: A Trap For The Wary, Army Law. 22 (1995)

Scalia, Antonin, The Doctrine of Standing As an Essential Element of the Separation of Powers, 17 Suffolk U.L.Rev. 881 (1983)

Schultze, Charles L., The Politics and Economics of Public Spending, Washington D.C. 1968

Sherman, Stanley N., Government Procurement Management, Germantown (Maryland) 1991

Stewart, Richard B., The Reformation of American Administrative Law, 88 Harv.L.Rev. 1667 (No. 8, June 1975)

Sunstein, Cass R., Standing and the Privatization of Public Law, 88 Colum.L.Rev. 1432 (1988)

Tomaszczuk, Alex D./Jensen, John E., The Adjudicatory Arm of Congress – The GAO's Sixty-Year Role in Deciding Government Contract Bid Protests Comes Under Renewed Attack by the Department of Justice, 29 Harv.J.on Legis. 399 (1992)

Villet, Jeffrey M., Equitable Jurisdiction in Government Contract Bid Protest Cases: Discerning the Boundaries of Equity, 17 Pub.Cont.L.J. 152 (1987)

Waldman, Michael L., The 1986 Amendments to the False Claims Act: Retroactive or Prospective ?, 18 Pub.Cont.L.J. 469 (1989)

Wallace, David A./Schooner, Steven L., Affirmative Action in Procurement: A Preview of the Post-Adarand Regulations in the Context of an Uncertain Judicial Landscape, 3 Army Law. 3 (1997)

Weitzel, James McKay Jr., GAO Bid Protest Procedures under the Competition in Contracting Act: Constitutional Implications after Buckley and Chadha, 34 Cath.U.L.Rev. 485 (1985)

Wildavsky, Aaron, The Politics of the Budgetary Process, Boston 1964

Wilson, James Q., Bureaucracy – What Government Agencies Do and Why They Do It, 1989

Wilburn, William K./Reichling, Ingrid, Germany Adopts New Procurement Code, 1 The International Construction Law Review 130 (2000)

Zahler, Eric H., Allowability of Legal Expenses in a Defense of Fraud Proceeding, „The New Wave of Qui Tam", A.B.A. 1988 Sec. Pub. Cont. Law, 1

Deutschsprachige Literatur:

Albers, Marion, Faktische Grundrechtsbeeinträchtigungen als Schutzbereichsproblem, DVBl. 1996, S. 233 ff.

Ax, Thomas/Schneider, Matthias, Verhütung und Bekämpfung von Korruption im Zusammenhang mit Vergabeverfahren in der öffentlichen Verwaltung, ZVgR, 1. Ausgabe 2000, S. 48 ff.

Ax, Thomas, Rechtsschutz bei der Vergabe öffentlicher Aufträge in Deutschland und Frankreich, Münster 1996

Badura, Peter, Grundrechte der Gemeinde ?, BayVBl. 1989, Heft 1, S. 1 ff.

Bechthold, Rainer, „Kartellgesetz - Gesetz gegen Wettbewerbsbeschränkungen, 2. Auflage, München 1999

Benedict, Christoph, Sekundärzwecke in Vergabeverfahren, Heidelberg 2000

Bethge, Herbert, Der Grundrechtseingriff, VVDStRL 57 (1997), S. 7 ff.

Binder, Jens-Hinrich, Effektiver Rechtsschutz und neues Vergaberecht - Überlegungen zur Verfassungsmäßigkeit der Differenzierungen nach Schwellenwerten in §§ 97 ff. GWB, ZZP 2000, 113. Band, Heft 2, S. 195 ff.

Blankart, Charles B., Öffentliche Finanzen in der Demokratie, 3. Auflage, München 1998

Bleckmann, Albert/Eckhoff, Rolf, Der „mittelbare“ Grundrechtseingriff, DVBl. 1988, Heft 8, S. 373 ff.

Blumenwitz, Dieter, Einführung in das anglo-amerikanische Recht, 6. Auflage, München 1996

Boesen, Arnold, Vergaberecht - Kommentar zum 4. Teil des GWB, 1. Auflage, Köln 2000

ders., Das Vergaberechtsänderungsgesetz im Lichte der europarechtlichen Vorgaben, EuZW 1998, Heft 18, S. 551 ff.

ders., Der Rechtsschutz bei der Vergabe öffentlicher Aufträge, NJW 1997, Heft 6, S. 345 ff.

Bornheim, Helmerich/Stockmann, Rainer, Die neuen Vergabevorschriften – Sind auch private Auftraggeber zur europaweiten öffentlichen Vergabe von Bauaufträgen verpflichtet ?, BB 1995, Heft 12, S. 582 ff.

Braun, Wilfried, Wandel in den Handlungsformen der Leistungsverwaltung, BayVBl. 1983, Heft 8, S. 225 ff.

Brenner, Michael/Huber, Peter M., Europarecht und Europäisierung in den Jahren 1998/1999, DVBl. 1999, Heft 22, S. 1559 ff.

Brenner, Michael, Allgemeine Prinzipien des verwaltungsgerichtlichen Rechtsschutzes in Europa, DV 1998, Heft 31, S. 1 ff.

ders., Neuere Entwicklungen im Vergaberecht der Europäischen Union, Schriftenreihe des Forschungsinstituts für Europarecht der Karl-Franzens-Universität Graz, Band 11, 1997

ders., Der Ausschluß von Wettbewerbern als Sanktion im öffentlichen Auftragswesen vor dem Hintergrund der EG-Richtlinien, Zentrum für Europäisches Wirtschaftsrecht - Vorträge und Berichte, Nr. 77, Bonn 1997, S. 1 ff.

ders., Die Einwirkungen der EG-Vergaberichtlinien auf die Struktur der Auftragsvergabe in Deutschland, Ziemske/Langheid/Wilms/Haverkante (Hrsg.), Staatsphilosophie und Rechtspolitik, Festschrift für Martin Kriele zum 65. Geburtstag, München 1997, S. 1431 ff.

ders., Der Gestaltungsauftrag der Verwaltung in der Europäischen Union, Tübingen 1996

Broß, Siegfried, Die neuere Rechtsprechung des Bundesgerichtshofs zur Vergabe öffentlicher Aufträge, VerwArch 2000, Bd. 91, S. 133 f.

Brugger, Winfried, Einführung in das Öffentliche Recht der USA, 2. Auflage, München 2001

Burgi, Martin, Funktionale Privatisierung und Verwaltungshilfe, Tübingen 1999

Burmeister, Joachim, Der Begriff des Fiskus in der heutigen Verwaltungsrechtsdogmatik, in: DÖV 1975, Heft 20, S. 695 ff.

Byrd, B. Sharon, Anglo-American Law & Language, München 1997

Daub, Walter/Meierrose, Rudolf/Eberstein, Hans-Hermann, Kommentar zur VOL/A, 5. Auflage, Wiesbaden 2000

Di Fabio, Udo, Grundrechte im präzeptoralen Staat am Beispiel hoheitlicher Informationstätigkeit, JZ 1993, Heft 14, S. 689 ff.

Dolzer, Rudolf, Verwaltungsermessen und Verwaltungskontrolle in den Vereinigten Staaten, DÖV 1982, Heft 14, S. 578 ff.

Dreher, Meinrad, Anmerkung zum Urteil des EuGH vom 26.09.2000 Kommission ./.Französische Republik, JZ 2001, Heft 3, S. 140 f.

ders., Die Zukunft des untergesetzlichen Vergaberechts, NVwZ 1999, Heft 12, S. 1265 ff.

ders., Bestehender Wettbewerb und Auftraggeberbegriff des Kartellvergaberechts, WuW 1999, Heft 3, S. 244 ff.

ders., Politische Vorgaben bei der Vergabe öffentlicher Aufträge aus rechtswissenschaftlicher Sicht – Thesen, ZVgR 1999, 6. Ausgabe, S. 289 f.

ders., Der Anwendungsbereich des Kartellvergabegesetzes, DB 1998, S. 2579 ff.

Dreier, Horst, Grundgesetz - Kommentar, Tübingen 1996

Drügemöller, Albert, Vergaberecht und Rechtsschutz, Berlin, Heidelberg, New York 1999

Eckhoff, Rolf, Der Grundrechtseingriff, Köln, Berlin, Bonn, München 1992

Ehlers, Dirk, Verwaltung in Privatrechtsform, Berlin 1984

Erath, Franz, Förmliche Verwaltungsverfahren und gerichtliche Kontrolle, Stuttgart 1995

Erbguth, Wilfried, Normkonkretisierende Verwaltungsvorschriften, DVBl. 1989, Heft 10, S. 473 ff.

Erichsen, Hans-Uwe (Hrsg.), Allgemeines Verwaltungsrecht, 11. Auflage, Berlin, New York 1998

Eschenbruch, Klaus/Hunger, Kai-Uwe/Kulartz, Hans-Peter/Kus, Alexander/Niebuhr, Frank/Portz, Norbert, Kommentar zum Vergaberecht, Neuwied 2000

Faber, Angela, Drittschutz bei der Vergabe öffentlicher Aufträge, DÖV 1995, Heft 10, S. 403 ff.

Forsthoff, Ernst, Der Staat als Auftraggeber, Stuttgart 1963

Frenz, Walter, Verwaltungsgerichtlicher Rechtsschutz in Konkurrenzsituationen, Berlin 1999

Frey, Bruno S./Kirchgässner, Gebhard, Demokratische Wirtschaftspolitik – Theorie und Anwendung, 2. Auflage, München 1994

Friesen, Alexander von, Umgestaltung des öffentlichrechtlichen Bankensektors angesichts des Europäischen Beihilfenrechts, EuZW 1999, Heft 19, S. 581 ff.

ders., Staatliche Haftungszusagen für öffentliche Kreditinstitute aus europarechtlicher Sicht, Stuttgart u.a. 1998.

Gallwas, Hans-Ullrich, Faktische Beeinträchtigungen im Bereich der Grundrechte, Berlin 1970

Gröning, Jochem, Die Grenzen des „Rechtswegs" zur Vergabekammer, in: ZIP 2000, Heft 39, S. 1714 ff.

ders., Das deutsche Vergaberecht nach dem Urteil des EuGH vom 28.Oktober 1999 – Alcatel AG u.a., WRP 2000, Heft 1, S. 49 ff.

ders., Rechtsschutzqualität und Verfahrensbeschleunigung im Entwurf für ein Vergaberechtsänderungsgesetz, ZIP 1998, Heft 8, S. 370 ff.

Hailbronner, Kay, Die Neugestaltung des Vergabewesens durch die Europäische Gemeinschaft, EWS 1997, Heft 3, S. 73 ff.

ders., Die Vergabe öffentlicher Aufträge nach europäischem Gemeinschaftsrecht, WiVerw. 1994, S. 173 ff.

Hansmann, Klaus (Hrsg.), Umweltrecht, Band I, München Stand Oktober 2000

Heiermann, Wolfgang/Ax, Thomas, Rechtsschutz bei der Vergabe öffentlicher Aufträge", Wiesbaden, Berlin 1997

Heise, Gabriele, Der Begriff des „öffentlichen Auftraggebers" im neuen Vergaberecht, LKV 1999, Heft 6, S. 210 ff.

Henke, Wilhelm, Das Recht der Wirtschaftssubventionen, Tübingen 1979

Hermes, Georg, Gleichheit durch Verfahren bei der staatlichen Auftragsvergabe, JZ 1997, Heft 19, S. 909 ff.

Hesse, Konrad, Grundzüge des Verfassungsrechts der Bundesrepublik Deutschland, 20. Auflage, Heidelberg 1995

Hösch, Ulrich, Die Nachprüfung von Vergabeentscheidungen der öffentlichen Hand, BayVBl. 1997, Heft 7, S. 193 ff.

Huber, Peter M., Die Europäisierung des öffentlichen Auftragswesens in Deutschland, in: Dörr/Fink/Hillgruber/Kempen/Murswiek (Hrsg.), Die Macht des Geistes, Festschrift für Hartmut Schiedermair, Heidelberg 2001, S. 765 ff.

ders., Die TA Siedlungsabfall und ihre Bindungswirkung, Köln 2000

ders., Der Schutz des Bieters unterhalb der sog. Schwellenwerte, JZ 2000, Heft 18, S. 877 ff.

ders., Das öffentliche Auftragswesen als Beschaffungsvorgang oder Instrument der Wirtschaftslenkung und der Sozialgestaltung – Zum Umgang mit sog. beschaffungsfremden Vergabekriterien –, ThürVwBl. 2000, Heft 9, S. 193 ff.

ders., Zum Gestaltungsspielraum des Landesgesetzgebers im Kreislaufwirtschaftsrecht, ThürVwBl. 1999, Heft 5, S. 97 ff.

ders., Rechtliche Grenzen von Planungswertausgleich und städtebaulichen Verträgen, DÖV 1999, Heft 5, S. 173 ff.

ders., Beihilfen (Art. 87, 88 EGV 1999) und Vertrauensschutz im Gemeinschaftsrecht und im nationalen Verfassungsrecht, KritV 1999, Heft 4, S. 359 ff.

ders., Das Menschenbild im Grundgesetz, Jura 1998, Heft 9, S. 505 ff.

ders., Allgemeines Verwaltungsrecht, 2. Auflage, Heidelberg 1997

ders., Recht der Europäischen Integration, München 1996

ders., Die Verwaltungsgerichte und der Mietspiegel, JZ 1996, Heft 18, S. 893 ff.

ders., Die parlamentarische Demokratie unter der Bedingung der europäischen Integration, Huber (Hrsg.) Das Ziel der Europäischen Integration, Berlin 1996

ders., Maastricht – ein Staatsstreich ?, Stuttgart 1993

ders., Zur Notwendigkeit normkonkretisierender Verwaltungsvorschriften, ZMR 1992, Heft 11, S. 469 ff.

ders., Konkurrenzschutz im Verwaltungsrecht: Schutzanspruch und Rechtsschutz bei Lenkungs- und Verteilungsentscheidungen der öffentlichen Verwaltung, Tübingen 1991

ders., Gemeinschaftsrechtlicher Schutz vor einer Verteilungslenkung durch deutsche Behörden, EuR 1991, Heft 1, S. 31 ff.

ders., Der Immissionsschutz im Brennpunkt modernen Verwaltungsrechts - Fünfzehn Jahre Bundes-Immissionsschutzrecht, AöR 1989, Band 114, S. 253 ff.

ders., Grundrechtsschutz durch Organisation und Verfahren als Kompetenzproblem in der Gewaltenteilung, München 1988

Ipsen, Hans Peter, Öffentliche Subventionierung Privater, DVBl. 1956, Heft 16, S. 602 ff.

Isensee, Josef/Kirchhof, Paul, Handbuch des Staatsrechts der Bundesrepublik Deutschland – Finanzverfassung - Bundesstaatliche Ordnung, Heidelberg, Band III 1988, Band V 1992

Jasper, Ute/Marx, Fridhelm, Vergaberecht – Gesetzessammlung, München 1997

Kalinowsky, Marc, Der Anspruch der Bieter auf Einhaltung des Vergaberechts nach § 97 Abs. 7 GWB, Schriftenreihe des Forum Vergabe e.V., Heft 11, Berlin 2000

Kling, Michael, Die Zulässigkeit vergabefremder Regelungen – Möglichkeiten und Grenzen der politischen Instrumentalisierung der Vergabe öffentlicher Aufträge, Schriftenreihe des Forum Vergabe e.V., Heft 12, Berlin 2000

Kloepfer, Michael, Umweltrecht, 2. Auflage, München 1998

Kopp, Ferdinand O./Ramsauer, Ulrich, Verwaltungsverfahrensgesetz - Kommentar, 7. Auflage, München 2000

Kopp, Ferdinand O./Schenke, Wolf-Rüdiger, Verwaltungsgerichtsordnung - Kommentar, 12. Auflage, München 2000

Kopp, Ferdinand O., Die Entscheidung über die Vergabe öffentlicher Aufträge und über den Abschluß öffentlich-rechtlicher Verträge als Verwaltungsakte ?, BayVBl. 1980, S. 609 ff.

ders., Der Rechtsschutz im Subventionsrecht, WiVerw. 1978, Heft 3, S. 175 ff.

Korbion, Herrmann/Hochstein, Reiner, Vergaberechtsänderungsgesetz, Düsseldorf 1999

Köckritz von, Sieghardt/Ermisch, Gunter/Dittrich, Norbert/Lamm, Christel, BHO-Kommentar, München Stand Mai 2000

Krämer, Martin, Strategie der Korruptionsvermeidung - Maßnahmen in der kommunalen Verwaltung, VergabeRecht 1996, Heft 1, S. 41 ff.

Ladeur, Karl-Heinz, Normkonkretisierende Verwaltungsvorschriften als Recht privat-öffentlicher Kooperationsverhältnisse, DÖV 2000, Heft 6, S. 217 ff.

Linneweber, Axel, Einführung in das US- amerikanische Recht, Frankfurt a.M. 1994

Locher, Horst/Vygen, Klaus, VOB-Kommentar, 14. Auflage, Wiebaden 2001

Mangoldt von, Hermann/Klein, Friedrich/Starck, Christian, Das Bonner Grundgesetz - Kommentar, 4. Auflage, München 1999

Martin-Ehlers, Andres, Die Unterscheidung zwischen Zuschlag und Vertragsschluß im europäischen Vergaberecht, EuZW 2000, Heft 4, S. 101 ff.

ders., Die Unzulässigkeit vergabefremder Kriterien, WuW 1999, Heft 7/8, S. 685 ff.

Maaß, Rainald, Die neuere Rechtsprechung des BVerfG zum allgemeinen Gleichheitssatz – Ein Neuansatz ?, NVwZ 1988, Heft 1, S. 14 ff.

Maunz, Theodor, Die staatliche Verwaltung der Zuschüsse und Subventionen, BayVBl. 1962, Heft 1, S. 1 ff.

Maunz, Theodor/Dürig, Günter/Herzog, Roman/Scholz, Rupert, Das Grundgesetz – Kommentar, München Stand August 2000

Maurer, Hartmut, Allgemeines Verwaltungsrecht, 12. Auflage, München 1999

Müller, Nikolaus, Rechtsformenwahl bei der Erfüllung öffentlicher Aufgaben (Institutional Choice, Köln, Berlin, Bonn, München 1993

Müller, Georg, Der Gleichheitssatz, VVDStRL (47) 1989, S. 38 ff.

Münch von, Ingo/Kunig, Phillip, Das Grundgesetz, 5. Auflage, Band I, München 2000

Neßler, Volker, Politische Auftragsvergabe durch den Staat ?, DÖV 2000, Heft 1, S. 145 ff.

Niebuhr, Frank/Kulartz, Hans-Peter/Kus, Alexander/Portz, Norbert (Hrsg.), Kommentar zum Vergaberecht, Neuwied 2000

Niebuhr, Frank/Eschenbruch, Klaus, Das neue Vergaberecht 1998, Jahrbuch für Baurecht 1998, S. 195 ff.

Noch, Rainer, Vergaberecht und subjektiver Rechtsschutz, Baden-Baden 1998

ders., Ausschreibungspflicht privater Unternehmen, DÖV 1998, Heft 15, S. 623 ff.

Papier, Hans-Jürgen/Möller, Johannes, Das Bestimmtheitsgebot und seine Durchsetzung, AöR 1997, S. 178 ff.

Pfaff, Dieter/Zweifel, Peter, Die Principal-Agent Theorie, WiSt 1998, Heft 4, S. 184 ff.

Pernice, Ingolf/Kadelbach, Stefan, Verfahren und Sanktionen im Wirtschaftsverwaltungsrecht, DVBl. 1996, Heft 19 , S. 1100 ff.

Pestalozza, Christian, Formenmißbrauch des Staates, München 1973

Pieroth, Bodo/Schlink, Bernhard, Grundrechte-Staatsrecht II, 16. Auflage, Heidelberg 2000

Pietzcker, Jost, Die neue Gestalt des Vergaberechts, ZHR 1998, Heft 162, S. 427 ff.

ders., „Zu den Voraussetzungen des Anspruchs auf Gleichbehandlung nach Art. 3 I GG", in: JZ 1989, Heft 7, S. 305 ff.

ders., Grundrechtsbetroffenheit in der verwaltungsrechtlichen Dogmatik, Püttner (Hrsg.), Festschrift für Otto Bachof zum 70. Geburtstag am 6. März, München 1984, S. 131 ff.

ders., Rechtsschutz bei der Vergabe öffentlicher Aufträge, NVwZ 1983, Heft 3, S. 121 ff.

ders., Der Anspruch auf ermessensfehlerfreie Entscheidung, JuS 1982, Heft 2, S. 106 ff.

ders., Rechtsbindungen bei der Vergabe öffentlicher Aufträge, AöR 1982, Bd. 107, S. 61 ff.

ders., Der Staatsauftrag als Instrument des Verwaltungshandelns, Tübingen 1978

Quack, Friedrich, Deliktischer Rechtsschutz im Vergaberecht oder Ist die VOB/A ein Schutzgesetz ?, ZVgR 1997, 2. Ausgabe, S. 92 ff.

Redecker, Konrad/von Oertzen, Hans-Joachim, Die Verwaltungsgerichtsordnung, 13. Auflage, Stuttgart, Berlin, Köln 2000

Reidt, Olaf/Stickler, Thomas/Glahs, Heike, Vergaberecht - Kommentar, Köln 2000

Riegert, Robert A., Das amerikanische Administrative Law, Berlin 1967

Riese, Christoph, Vergaberecht, Berlin, Heidelberg 1998

Richter, Rudolf/Furubotn, Eirik, Neue Institutionenökonomik – Eine Einführung und kritische Würdigung, Tübingen 1996

Rittner, Fritz, Öffentliches Auftragswesen und Privatrecht, ZHR 1988, Heft 152, S. 319 ff.

ders., Das deutsche Öffentliche Auftragswesen im europäischen Kontext, NVwZ 1995, Heft 4, S. 313 ff.

ders., Die „sozialen Belange" i.S. der EG-Kommission und das nationale Vergaberecht, EuZW 1999, Heft 22, S. 677 ff.

Rosen, Harvey S./Windisch, Rupert, Finanzwissenschaft I, München, Wien 1992

Roth, Wolfgang, Faktische Eingriffe in Freiheit und Eigentum, Berlin 1994

Rösler, Hannes, Rechtsvergleichung als Erkenntnisinstrument in Wissenschaft, Praxis und Ausbildung, JuS 1999, Heft 11, S. 1084 ff.

Rust, Ursula, GWB – Vergaberecht und soziale Standards, EuZW 1999, Heft 15, S. 453 ff.

Sachs, Michael (Hrsg.), Das Grundgesetz - Kommentar, 2. Auflage, München 1999

Schaefer, Kyrill, Das Haushaltsgesetz jenseits der Kreditfinanzierungsgrenzen: die Rechtslage bei Überschreiten der Kreditfinanzierungsgrenzen im Bundeshaushaltsgesetz, Heidelberg 1996

Schliesky, Utz, Öffentliches Wettbewerbsrecht – Verhaltensbezogene Determinanten von wirtschaftsbezogenem Staatshandeln, Berlin 1997

Schmidt-Aßmann, Eberhardt, Der Grundrechtsschutz gemischt-wirtschaftlicher Unternehmen nach Art. 19 Abs. 3 GG, BB 1990, Beilage 34 zu Heft 27, S. 1 ff.

Schmidt-Preuß, Matthias, Kollidierende Privatinteressen im Verwaltungsrecht: das subjektive öffentliche Recht im multipolaren Verwaltungsrechtsverhältnis, Berlin 1992

Schneevogl, Kay U./Horn, Lutz, Das Vergaberechtsänderungsgesetz, NVwZ 1998, Heft 12, S. 1242 ff.

Schumacher, Friedrich A., Rechtsschutz bei der Vergabe öffentlicher Aufträge, Regensburg 1998

Schütze, Hans Georg, Der Erlaß von Rechtsvorschriften durch die Bundeswirtschaftsverwaltung in den USA, Berlin 1974

Schwarze, Jürgen, Die Vergabe öffentlicher Aufträge im Lichte des europäischen Wirtschaftsrechts, EuZW 2000, Heft 5, S. 133 ff.

ders., Europäisches Verwaltungsrecht, Bd. I, Baden-Baden 1988

Seidel, Ingelore, Eine problematische Entscheidung – Das Spannungsfeld funktionierender Vergabemarkt und absoluter Rechtsschutz, VergabeRecht 1998, Heft 2, S. 37 ff.

Seidel, Ingelore, Zur Wandlung des Begriffsinhaltes „öffentlicher Auftraggeber" im EG-Vergaberecht vom institutionellen zum funktionellen Begriff, sowie zu aktuellen Anwendungsfragen des erweiterten Begriffs, ZfBR 1995, Heft 5, S. 227 ff.

ders., Die Anwendung der EG-Richtlinien für die öffentlichen Aufträge in der Bundesrepublik Deutschland, EuR 1990, S. 158 ff.

Sommermann, Karl-Peter, Die Bedeutung der Rechtsvergleichung für die Fortentwicklung des Staats- und Verwaltungsrechts in Europa, DÖV 1999, Heft 24, S. 1017 ff.

Spannowsky, Willy, Öffentlich-rechtliche Bindungen für gemischt-wirtschaftliche Unternehmen, ZHR 1996, Heft 160, S. 560 ff.

Spießhöfer, Birgit/Lang, Matthias, Der neue Anspruch auf Information im Vergaberecht, ZIP 2000, Heft 10, S. 446 ff.

Stelkens, Paul/Bonk, Hans Joachim/Sachs, Michael, Verwaltungsverfahrensgesetz - Kommentar, 5. Auflage, München 1998

Storr, Stefan, Anmerkung zum Urteil des BVerwG, ZMR 1996, Heft 8, S. 453 ff.

Thode, Reinhold, Zum vergaberechtlichen Status von juristischen Personen des Privatrechts, ZIP 2000, Heft 1, S. 2 ff.

Triantafyllou, Dimitris, Europäisierungsprobleme des Verwaltungsprivatrechts am Beispiel des öffentlichen Auftragswesens, NVwZ 1994, Heft 10, S. 943 ff.

Voppel, Reinhard, Neuerungen im Vergaberecht durch das VgRÄG, LKV 1999, Heft 1, S. 5 ff.

Wahl, Rainer, Die doppelte Abhängigkeit des öffentlichen Rechts, DVBl. 1996, Heft 12, S. 641 ff.

Weber-Dürler, Beatrice, Der Grundrechtseingriff, VVDStRL 57 (1997), S. 57 ff.

Weinacht, Felix, Vorlagebeschluss zur Berliner Tariftreueerklärung und vergabefremde Kriterien im Kartellvergaberecht, WuW 2000, Heft 4, S. 382 ff.

Weissenberg, Paul, Öffentliche Aufträge – Instrumente neutraler Beschaffung oder staatlicher Steuerung – Parallelität und Konflikte, DB 1984, Heft 44, S. 2285 ff.

Wieser, Robert, Ansätze zur Lösung von Principal-Agent-Problemen bei der öffentlichen Auftragsvergabe, ZögU 1997, Heft 3, Band 20, S. 348 ff.

Wolff, Hans J./Bachof, Otto/Stober, Rolf, Verwaltungsrecht I, 11. Auflage, München 1999

Yukins-Karitzky, Barbara, Die Staatshaftung im amerikanischen Recht, AöR 1962, Bd. 87, S. 370 ff.

Zezschwitz, Friedrich v., Rechtsstaatliche und prozessuale Probleme des Verwaltungsprivatrechts, NJW 1983, Heft 34, S. 1873 ff.

Zuleeg, Manfred, Rechtsschutz und Grundrechtsbindung bei der Vergabe öffentlicher Aufträge, WiVerw. 1984, Heft 2, S. 112 ff.

Zweigert, Konrad/Götz, Hein, Einführung in die Rechtsvergleichung auf dem Gebiete des Privatrechts, 3. Auflage, Tübingen 1996

Peter Lang · Europäischer Verlag der Wissenschaften

Ohler, Frank Peter

Zum Begriff des Öffentlichen Auftraggebers im Europäischen Vergaberecht

Frankfurt/M., Berlin, Bern, Bruxelles, New York, Oxford, Wien, 2001.
XXIX, 214 S.
Europäische Hochschulschriften: Reihe 2, Rechtswissenschaft. Bd. 3115
ISBN 3-631-36654-X · br. € 46.–*

Gegenstand dieser Untersuchung ist der Begriff des Öffentlichen Auftraggebers im Europäischen Vergaberecht. Dieser bestimmt wesentlich den Anwendungsbereich des Europäischen Vergaberechts. Aufgrund der unterschiedlichen Rechtstraditionen und Ziel- und Zwecksetzungen weicht der Auftraggeberbegriff des Europarechts von dem des nationalen Vergaberechts ab. Viele Auslegungsfragen sind unklar und umstritten. Die Arbeit versucht eine Auslegung auf der Grundlage der schon bekannten Begriffe des europäischen Wirtschaftsrechts. So werden Ansätze einer allgemeinen Begriffsbestimmung entwickelt. Diese werden auf zwei besonders strittige Einzelfragen angewandt: die öffentlich-rechtlichen Rundfunkanstalten und die Religionsgemeinschaften. Abschließend werden einige aktuelle Fragestellungen, etwa die "In-House"-Vergabe, erörtert.

Aus dem Inhalt: Die Rechtsgrundlagen des Auftraggeberbegriffes im Europäischen Vergaberecht · Das Vergaberecht und der Auftraggeberbegriff · Der Auftraggeberbegriff des Europäischen Vergaberechts · Öffentlich-rechtliche Rundfunkanstalten und gemeinschaftliches Vergaberecht · Die Religionsgemeinschaften und das Europäische Vergaberecht · Der Wandel des Vergaberechts vom Haushaltsrecht zum Marktordnungsrecht

FSC
www.fsc.org
MIX
Papier | Fördert
gute Waldnutzung
FSC® C083411

Kolibri 360 GmbH
Ferdinand-Jühlke-Straße 7
99095 Erfurt, Deutschland
produktsicherheit@kolibri360.de

Druck:
CPI Druckdienstleistungen GmbH
im Auftrag der
Kolibri 360 GmbH
Ferdinand-Jühlke-Str. 7
99095 Erfurt